Nobis, Éditeur, rue d'Enfer-Saint-Michel, 66.

MUSÉE DRAMATIQUE,

RECUEIL DE PIÈCES NOUVELLES

REPRÉSENTÉES SUR LES THÉATRES DE PARIS,

Ornées chacune d'une fort jolie vignette, et paraissant par livraisons à 20 centimes.

Chaque livraison est composée de 16 à 24 pages.

Lorsqu'une pièce forme plusieurs livraisons, ces livraisons sont toujours publiées ensemble.

PROSPECTUS.

Ce recueil comble une lacune qui existait depuis long-temps, en mettant la librairie dramatique à la portée de tous, au moyen d'éditions soignées, correctes, pittoresques, joignant au très bon marché l'élégance parfaite de l'exécution.

Le succès qu'a obtenu le Musée Dramatique (*) et qui a de beaucoup dépassé nos espérances, nous a encouragé à perfectionner encore plus notre œuvre ; car, nous désirons que chacun le sache, le Musée Dramatique est moins une spéculation de

---

(*) Le Musée Dramatique contient des ouvrages de la plupart de nos notabilités littéraires, parmi lesquelles nous citerons : MM. Scribe, Théaulon, Brazier, Dumersan, Bayard, Léon Halevy, Frédéric de Courcy, Vanderburch, Gabriel, Dumanoir, De Forges, de Leuven, Cogniard, Jaime, Rochefort, Lhérie, A. Dartois, Alexis Decomberousse, E. Cormon, Lubize, Théodore Muret, A. Dennery, Barthélemy, Tournemine, Didier, Deslandes, Montigny, Laurencin, Vaez, etc., etc., etc.

notre part, que l'ambition d'exécuter quelque chose de bien en typographie. En éditant des pièces de théâtre, nous n'avons pas eu la prétention d'offrir tout ce qui se joue, mais seulement un choix de ce qu'il y a de mieux, dans un format léger, gracieux, orné de tous les accessoires qui peuvent embellir une semblable entreprise. C'est ce qui nous a empêché d'adopter le format compact à deux colonnes, extrêmement convenable pour les œuvres complètes, renfermées par ce moyen en peu de volumes, mais déplacé selon nous pour un genre de publications susceptible de se modifier à l'infini. Nous avons voulu que les dames qui se plaisent particulièrement à la lecture de ces sortes d'ouvrages, pussent badiner pour ainsi dire avec notre format, et le tenir sans peine et sans fatigue dans leurs mains délicates.

Nous avons la conscience d'avoir bien fait jusqu'ici; nous espérons faire mieux encore. Loin donc que nous craignions le reproche que nos derniers volumes ne ressemblent pas aux premiers sous le rapport de l'exécution, nous sommes persuadés que le public, juste appréciateur de nos efforts, remarquera que chaque pièce a toujours quelque chose de mieux que celle qui la précède.

On souscrit à PARIS, chez NOBIS, ÉDITEUR, rue d'Enfer-Saint-Michel, 66. (*Écrire franco.*)

Conditions de la souscription pour Paris.

En payant d'avance le montant d'un volume, ou vingt livraisons, au prix de *quatre francs*, on recevra *franco*, à domicile, les livraisons au fur et à mesure qu'elles paraîtront.

On peut commencer sa souscription à dater du volume en train de paraître.

Deux volumes sont en vente.

Chaque Pièce et chaque Volume se vendent séparément.

Ils sont paginés de manière à former toujours un ouvrage complet.

Les ouvrages publiés dans le MUSÉE DRAMATIQUE étant la propriété de l'éditeur ne feront jamais partie d'aucune autre publication à bon marché.

LE PENSIONNAIRE,

ou

CENT FRANCS PAR MOIS,

COMÉDIE EN UN ACTE MÊLÉE DE COUPLETS,

PAR MM. DUMERSAN ET GABRIEL,

REPRÉSENTÉE POUR LA PREMIÈRE FOIS, A PARIS, SUR LE THÉATRE DE LA GAÎTÉ,
LE 9 OCTOBRE 1836.

scène XVII.

PARIS,
NOBIS, ÉDITEUR, RUE DU CAIRE, N° 5.
—
1836.

Personnages.   Acteurs.

M. LOCARD.   M. LEBEL.
Mme LOCARD, sa femme   Mme CHÉZA.
LEGAI, en pension chez eux.   M. CHÉRI.
Mme SAINT-AMANT, jeune veuve. Mlle ÉLISE.
THÉRÈSE, servante chez M. Locard. Mlle LÉONTINE

La scène est à Paris, chez M. Locard

J.-R. MEVREL, Passage du Caire, 54.
(Nobis et Maillet).

LE PENSIONNAIRE,

ou

CENT FRANCS PAR MOIS;

COMÉDIE EN UN ACTE.

Le théâtre représente un salon simple. — A droite du spectateur, la porte de la cuisine et celle de la salle à manger. — Porte au fond. — A gauche, la porte de la chambre du pensionnaire; au premier plan, la cheminée. Quelques fauteuils; à droite un guéridon.

SCÈNE I.

LEGAI, dans sa chambre, et THÉRÈSE, dans sa cuisine; les portes sont ouvertes et la scène est vide.

LEGAI, appelant.

Thérèse! Thérèse!

THÉRÈSE, sans sortir de sa cuisine.

Qu'est-ce qu'appelle?..

LEGAI.

C'est moi, Thérèse.

THÉRÈSE.

Attendez un moment... je guette mon lait, qu'est sur le feu, qui va s'enfuir, qui bout.

LEGAI.

Viens toujours, tu le guetteras après.

THÉRÈSE.

J' peux pas, que j' vous dis; v'là qui s'enlève...

LEGAI.

A quelle heure déjeune-t-on, ici?

THÉRÈSE.

A dix heures.

LEGAI.

C'est bien tard, j'ai déjà une faim de tous les diables... apporte-moi le journal.

THÉRÈSE.

Il n'est point z'encore arrivé...

LEGAI.

Oh! point z'encore... Eh bien! ton lait est-il enlevé?

THÉRÈSE.

Oui, tenez... v'là c' que c'est.   (On l'entend souffler dessus.)

LEGAI.

Viens vite; j'ai besoin de toi.

THÉRÈSE, sortant de sa cuisine.

Par exemple!.. moi, entrer le matin dans la chambre d'un homme... Pour qui me prenez-vous?   (Elle va à sa porte et la ferme.)

SCÈNE II.

THÉRÈSE, M. LOCARD.

M. LOCARD.

A qui donc en as-tu, Thérèse?

THÉRÈSE.

Au pensionnaire qui me tourmente déjà. Vous ne m'en demandez pas en huit jours autant que lui z'en deux heures. (L'imitant.) La bonne!.. que mes habits soient cirés, Thérèse que mes bottes soient battues, descendez me chercher une cigarre... Il paraît qu'il fume!

M. LOCARD.

Ah! il fume, M. Legai?

THÉRÈSE.
Je trouve que cet homme-là a un ton bien mauvais.
M. LOCARD.
Mais non, il s'est présenté chez nous sans faire de façons... j'aime ça, moi.
THÉRÈSE.
Ah ça! monsieur, vous le connaissez bien n'est-ce pas?.. c'est que, quand on prend quelqu'un en pension...
M. LOCARD.
Certainement, c'est un habitué du Café-Turc, je l'ai vu souvent jouer au billard; il est très fort au doublet; il m'a entendu dire que je cherchais un pensionnaire, et il s'est offert avec infiniment de délicatesse.
THÉRÈSE.
Ah! il va z'au Café-Turc.
M. LOCARD.
Dis donc, Thérèse... tâche donc de parler mieux que ça... tu mets des Z partout.
THÉRÈSE.
Dam! monsieur, j' n'ai pas été à la mutuelle.
M. LOCARD.
C'est que ça fait de mauvaises liaisons, et dans la cuisine, ça ne vaut rien. As-tu lu les LIAISONS DANGEREUSES?
THÉRÈSE.
Je ne sais pas lire.
M. LOCARD.
C'est un joli roman.
THÉRÈSE.
Je ne suis pas romantique.
M. LOCARD.
Tant mieux... Au surplus, je te disais donc qu'il va au Café-Turc, et qu'il y connaît tout le monde, je l'ai vu causer avec des auteurs, avec des acteurs; il a des billets de spectacle...
THÉRÈSE.
C'est bon! je lui dirai qu'il m'en donne un, pour y aller avec mon cousin le voltigeur, à quinze sous de supplément.
M. LOCARD.
Tu me parles toujours d'un voltigeur... Ah ça! mais, est-ce bien ton cousin?
THÉRÈSE.
Puisque c'est le fils de ma tante... vous savez bien que je suis d'une famille de militaires.
M. LOCARD.
Prends bien garde, Thérèse... je n'ai pas de conseils à te donner là-dessus... et puis, il n'est peut-être plus temps...
THÉRÈSE.
Que voulez-vous dire, monsieur?.. Soyez paisible, monsieur, il n'y aura jamais rien à dire de dessus notr' compte.
Mme LOCARD, en dehors.
Thérèse... Thérèse...
THÉRÈSE.
Ah! v'là l'tour de madame.
M. LOCARD.
Entends-tu ma femme qui t'appelle?
THÉRÈSE.
Il faudrait être sourde, pour ne pas l'entendre.
M. LOCARD, avec douceur.
Va voir ce qu'elle veut, ma bonne petite Thérèse, entends-tu...
(Il lui tape sur le bras.)
THÉRÈSE.
Taisez-vous donc, monsieur, v'là madame.
M. LOCARD.
Et compte toujours sur ton bon maître... (Riant.) Ah! ah! ah! cette bonne Thérèse...
THÉRÈSE, riant aussi.
J' vous dis que v'là madame... pas de bêtises, monsieur... Ah! ah! ah! ce bon M. Locard. (A part.) Est-il drôle, à c' matin.

SCÈNE III.

Les Mêmes; Mme LOCARD entre en appelant.

Mme LOCARD.

Thérèse!.. Thérèse, le pensionnaire a-t-il tout ce qu'il lui faut?

THÉRÈSE, avec humeur.

Eh! mon Dieu, oui, madame... Il ne demande rien!.. On n'entend parler que du pensionnaire. (Elle sort.)

SCÈNE IV.

M. LOCARD, Mme LOCARD.

Mme LOCARD.

Qu'a donc Thérèse avec sa mauvaise humeur?.. en vérité, il faudrait que les maîtres prissent l'avis des domestiques!.. celle-là voudrait mener la maison, elle a un ascendant sur vous, M. Locard... ce n'est pas que je sois jalouse... mais si j'en croyais notre voisine, Mme Saint-Amant, il ne tiendrait qu'à moi de prendre de l'ombrage.

M. LOCARD.

Ah!.. votre Mme Saint-Amant, voilà encore une bonne langue. Ne se dit-elle pas veuve d'un capitaine qui est mort à Alger?

Mme LOCARD.

Ça n'empêche pas que vous avez trop de complaisances pour Thérèse.

Air de Céline.

J'ai remarqué que cette fille
Met bien du zèle à vous servir;
Quand elle vous voit son œil brille,
Et cela me fait réfléchir.
Je lui crois beaucoup de finesse;
Aujourd'hui l'on voit, entre nous,
Plus d'une servante maîtresse...
Je ne dis pas cela pour vous!

LOCARD.

Tu te plains toujours de Thérèse,
Veux-tu qu'elle soit sans défaut?
Je sais qu'elle en prend à son aise,
Qu'elle se promène un peu trop,
Qu'elle connaît des militaires,
Mais elle est fidèle, je croi;
Tant de femmes ne le sont guères...
Je ne dis pas cela pour toi!

Mme LOCARD.

Il ne faudrait plus que ça.

M. LOCARD.

Eh bien! Mme Locard, eh bien!.. allons donc... vous ne venez pas, ce matin, recevoir le tribut conjugal? (Il veut l'embrasser.)

Mme LOCARD.

Prenez donc garde, M. Locard, si M. Legai nous voyait...

M. LOCARD.

Et quand il nous verrait!.. cela ne peut que lui donner une idée avantageuse du ménage dans lequel on le reçoit, et d'une tendresse réciproque que le temps a consolidée.

Mme LOCARD.

Le temps!.. le temps!.. vous n'avez que ce mot à la bouche... Je brillerais encore dans mon comptoir, si vous ne vous étiez pas retiré trop tôt du commerce.

M. LOCARD.

Je me sentais encore capable de tenir boutique dix bonnes années, mais j'ai préféré vendre notre fonds. On doit me liquider dans un an: quand j'aurai reçu ce qui me revient et soldé vingt-quatre mille francs qui sont hypothéqués dessus, et que, par parenthèse, je ne vois pas moyen de payer avant ma liquidation, j'achèterai des rentes sur l'État, et nous vivotterons sans inquiétude et sans ambition.

Mme LOCARD.

C'est égal, monsieur, nous aurions pu faire de meilleures affaires dans la passementerie, si vous aviez risqué la fourniture en gros, plutôt que de vous borner à vendre au comptant des glands de canapés, des cordons de sonnettes et des épaulettes de garde-nationale.

M. LOCARD.

J'ai été au certain, Mme Locard.

Mme LOCARD.

Nous avons de quoi vivre, mais assez mesquinement... cependant je vous rends justice, pour augmenter notre aisance vous avez eu l'heureuse idée de prendre un pensionnaire.

M. LOCARD.

Je croyais que c'était une idée à toi.

Mme LOCARD.

C'est une bonne spéculation.

M. LOCARD.

Cependant...

Mme LOCARD.

Eh bien !

M. LOCARD.

Je pensais cette nuit...

Mme LOCARD.

A quoi ?

M. LOCARD.

Quand je ne dors pas, je réfléchis, et en me retournant, je me disais, ça peut devenir gênant.

Mme LOCARD.

M. Locard, un homme aimable et honnête ne gêne jamais; cent francs par mois ne sont point à dédaigner dans un ménage... nous n'augmenterons pas beaucoup notre ordinaire; quant au logement, nous avions là cette petite pièce qui ne nous servait pas, et puis un pensionnaire peut en amener un autre, et quand on en a deux ou trois, la table se trouve défrayée et le logement payé.

M. LOCARD.

S'il nous en venait un second, où diable le mettrais-tu ?

Mme LOCARD.

Dans votre chambre.

M. LOCARD, avec humeur.

Eh bien ! et moi ?

Mme LOCARD.

On trouverait toujours de la place pour vous... n'avons-nous pas la chambre de Thérèse ?

M. LOCARD.

Comment ! tu me mettrais avec Thérèse ?

Mme LOCARD.

Ce serait curieux, par exemple.

M. LOCARD.

Eh bien ! et elle, où la nicheras-tu ?

Mme LOCARD.

Dans la soupente.

M. LOCARD.

Prends garde que Thérèse veuille monter à l'échelle !... Mais chut ! voilà M. Legal qui sort de chez lui.

SCÈNE V.

Les Mêmes, LEGAL, il entre en fredonnant.

LEGAL.

M. et Mme Locard, je vous souhaite le bonjour.

Mme LOCARD.

Bonjour, M. Legal ; comment avez-vous passé la nuit ?

M. LOCARD.

Le lit était-il bon... on avait fait recarder les matelas.

Mme LOCARD.

Monsieur n'a pas besoin de savoir cela... vous a-t-on bien servi, monsieur ?..

LE PENSIONNAIRE.   7
LEGAI.
Parfaitement; d'ailleurs, je ne suis pas difficile; j'ai été deux ans clerc d'huissier, cinq ans lancier polonais, après cela, commis-voyageur; vous voyez que je n'ai pas toujours couché sur la plume.
M. LOCARD.
Sans doute... Ah! vous avez été commis-voyageur? Dans quelle partie?
LEGAI.
Dans la bijouterie... je voyageais pour placer des bagues, des boucles d'oreilles, des chaînes en chrysocalque.
M. LOCARD.
Ah! des bijoux faux...
LEGAI.
C'est la grande mode; on en rencontre partout à présent.

Air de l'Écu de six francs.

On fait, graces à l'art chimique,
Des diamans avec du charbon;
C'est encor plus économique,
Que de l'or avec du laiton,
Et du marbre avec du carton.
Des grands hommes comme les nôtres,
Font voir dans ce siècle d'abus;
Que les bijoux et les vertus,
Sont aussi rares que les autres.

M. LOCARD.
J'aurais beaucoup aimé les voyages, mais j'ai pris de bonne heure les goûts casaniers.
LEGAI.
Tout le monde n'a pas la même vocation. Je cherche maintenant à m'établir, et en attendant, me voilà installé chez vous; je me trouve ma foi. très heureux, votre maison me rappelle celle d'un employé des finances, chez lequel j'ai été en pension pendant six mois, faubourg Montmartre.
M. LOCARD.
Monsieur, j'espère que vous serez content chez nous... un ordinaire réglé, mais modeste. Les excès de table sont nuisibles à la santé.
Mme LOCARD.
Mais, paix donc, M. Locard, ne vous mêlez pas de la table. (A Legai.) Nous faisons très bonne chère, monsieur.
LEGAI, déclamant.
Concevez donc, M. Locard, la position d'un célibataire obligé de se livrer aux soins mercenaires d'une femme de ménage; à la cuisine banale d'un traiteur, à la société vague des promenades ou des cafés... quel isolement l'attend, quand l'heure morale du repos le ramène à son appartement solitaire... mais lorsqu'il a le bonheur de rencontrer une bonne pension: il revit en famille; une société douce l'attache, aucun soin ne le tourmente; il trouve des égards, des conseils, quelquefois même des secours précuniaires. (Mouvement de M. Locard.) Oui, homme respectable, femme charmante... je regarde votre pension, comme jadis je regardais la maison paternelle; vous, comme mon père, et votre épouse comme ma sœur. Douce illusion que procure une modique somme de cent francs par mois, puisse-tu durer toute la vie.
Mme LOCARD.
Comme il s'exprime avec facilité.
M. LOCARD.
C'est drôle comme chacun voit les choses sous un aspect diéffrent... je ne vois dans un pensionnaire, qu'un homme qui occupe une chambre chez moi, qui paie son mois exactement... et qui dîne toujours très sobrement.
LEGAI.
Ah! fi!..

Air de Préville et Taconnet.

Vous dépouillez de son prestige,
L'état heureux que je chéris.
Je sais ce que l'usage exige;
Mais laissez-moi pour mon modique prix,
Croire aux biftecks, aux poulets, aux perdrix.

Dans un beau rêve, un repas délectable,
Des mets exquis, par leur illusion,
Font au gourmet, chérir sa pension...
En s'éveillant, au moins s'il sort de table,
Il ne craint pas une indigestion.

M. LOCARD.

J'ai remarqué aussi dans votre discours de réception, un passage...

LEGAI.

Comment, dans mon discours de réception?

M. LOCARD.

Oui, cette petite tirade de tout à l'heure, j'ai remarqué dis-je, le passage des ressources pécuniaires...

Mme LOCARD.

Ne vous mêlez donc pas de l'argent, M. Locard.

M. LOCARD.

Encore un mot, monsieur, quand on doit habiter sous le même toit, il faut se connaître; car, ce qui réunit les hommes, ce sont les opinions, les principes... et il faut que je vous prévienne d'une chose, pour être toujours d'accord ici, nous ne parlons jamais politique.

LEGAI.

Ah! vous avez bien raison; on crie, on se dispute, on se brouille, et les choses n'en vont pas moins leur train... alors, vous parlez de beaux-arts.

M. LOCARD.

Non, je n'en suis pas amateur.

LEGAI.

Du commerce?

M. LOCARD.

Je l'ai quitté, et cela m'ennuierait.

LEGAI.

De littérature?..

M. LOCARD.

Du tout... je n'y connais rien.

LEGAI, riant.

Ah ça! mais, de quoi donc parle-t-on chez vous?

M. LOCARD.

Dame! de ce dont on parle... de choses et d'autres...

LEGAI.

J'entends! vous parlez de la pluie et du beau temps... de l'état de votre santé... Comment ça va-t-il, M. Locard?

M. LOCARD.

Ça va assez bien, je vous remercie.

LEGAI.

Il fait beau temps, n'est-ce pas?

M. LOCARD.

Oui, le baromètre est remonté.

LEGAI.

Voilà une conversation qui n'est pas séditieuse.

Mme LOCARD, avec prétention.

Tout le monde ne prend pas les mêmes sujets de conversation que M. Locard, et je puis me flatter que la mienne...

M. LOCARD.

Oui, je rends justice à ma femme, personne n'est versé comme elle dans la littérature dramatique, elle aime beaucoup les pièces nouvelles.

LEGAI.

Et vous l'y conduisez souvent?..

M. LOCARD.

Jamais...

LEGAI.

Alors, c'est comme si elle ne les aimait pas.

M. LOCARD.

Ecoutez donc, pardon...

Air du vaudeville d'Une Heure de Folie.

Je n'y vais point, pourtant à son plaisir,
Cela ne met aucun obstacle,

Ma femme va s'y divertir,
Et, quand elle sort du spectacle,
En nous couchant, elle me conte tout,
Ça m'amuse et ça m'intéresse...
LEGAI.
Et vous dormez ?
M. LOCARD.
Toujours beaucoup.
LEGAI.
Comme si vous voyiez la pièce.

SCÈNE VI.
LES MÊMES, THÉRÈSE.
THÉRÈSE, entrant.
Monsieur, le déjeuner z'est servi... oh! la la, j'ai ti chaud!
M. LOCARD.
Te voilà tout en nage.
THÉRÈSE.
Dam, après un coup de feu comme celui-là... c'est que ça pressait.
M. LOCARD.
C'est bien fatigant de préparer du café au lait!
THÉRÈSE.
Du café au lait... ah! bien oui!... dites donc un déjeuner à la fourchette; M. Legai m'a dit qu'il déjeunait toujours comme ça.
LEGAI.
Ah! presque rien... une côtelette, une omelette, un morceau de fromage.
M. LOCARD.
C'est fort bien, mais c'est que le café...
LEGAI.
Eh bien! le café après... le café après, M. Locard; je ne veux pas contrarier vos goûts.
M. LOCARD, bas à sa femme.
Dis donc, ma femme, c'est comme un dîner.
Mme LOCARD.
Ne vous mêlez donc pas de la cuisine.
THÉRÈSE.
Monsieur, si vous voulez descendre à la cave pour chercher du vin.
Mme LOCARD.
C'est ça... pendant ce temps je vais casser du sucre... (a Legai, en s'en allant) nous prenons ici du café excellent, du café torréfié! monsieur, du vrai nectar.
LEGAI.
Bravo! j'aime le nectar à la folie, avec beaucoup de sucre et le petit verre après.
M. LOCARD.
Cet homme est un antropophage, il dévorera ses douze cents francs en un mois. (Il sort.)

SCÈNE VII.
LEGAI, THÉRÈSE.
LEGAI.
Thérèse, j'attends des lettres; va voir chez le portier s'il y en a pour moi.
THÉRÈSE.
Ah! à propos de lettres, j'en ai z'une depuis à c'matin à vot'nom, monsieur; la voilà.
LEGAI.
J'en ai z'une... ah! ah! bonne Thérèse!
THÉRÈSE.
Je croyais que c'était pour moi... J'ai z'un parrain dans les cuirassiers qui m'écrit souvent.
LEGAI.
Ah! tu as un parrain dans les cuirassiers; je m'en serais douté en t'écoutant parler. (à part en regardant la lettre) Tiens, c'est de l'homme d'affaires de la rue de la Verrerie.

THÉRÈSE, à part.

Ah! il a un homme d'affaires!

LEGAI.

Voyons ce qu'il m'écrit... (Il lit) « Enfin, mon cher M. Legai, la succes- » sion de votre oncle est liquidée... » C'est bien heureux! « Mais les rem- » boursemens ne peuvent s'effectuer tout de suite, on a pris des termes, » et vous pouvez compter sur vos fonds dans un an, jusque là vous en » toucherez la rente... » Je l'espère bien. « Mon petit clerc vous portera » tantôt vos papiers et la procuration à signer. » Allons, de la patience, grâce à cet excellent oncle qui a bien voulu se laisser mourir, je vais donc devenir rentier... c'est un excellent état pour lequel je me suis toujours senti des dispositions... (A Thérèse.) Ah ça! ma chère Thérèse, si tu veux que j'aie soin de toi, aie bien soin de moi; un pensionnaire doit être un véritable enfant gâté. (Il lui prend le menton.) Elle me rappelle absolument Victoire de la pension où je suis resté trois mois, rue des Vieilles-Audriettes. Allons déjeuner. (Il sort.)

SCÈNE VIII.

THÉRÈSE, seule et riant.

Ah! ah! quel drôle de corps!.. s'il était généreux, ça ne serait que demi-mal, j'aurais des profits... mais non! ça promet plus que ça ne donne... et puis il m'a dit quelques mots d'agaceries; ceux qui paient les femmes de cette monnaie-là ne se ruinent pas avec elles.

Air : Ils me disaient dans leur langage.

J' vois qu' chez nous il va fair' le diable,
A commander il est enclin;
Je consens à l' servir à table,
A battr' ses habits chaqu' matin;
Je consens à fair' son ménage,
Mais je r'fus'rai tout autre ouvrage,
Et je ferai très bien, je le crois. (BIS.)
Peut-on exiger davantage
Quand on n' donn' que cent francs par mois. (BIS.)

SCÈNE IX.

THÉRÈSE, Mme SAINT-AMANT en demi-deuil.

Mme SAINT-AMANT.

Bonjour, Thérèse.

THÉRÈSE.

Tiens, c'est Mme Saint-Amant... Votr' servante, madame, vous demandez mes maîtres? ils sont à table, ils déjeunent.

Mme SAINT-AMANT.

Tant mieux, Thérèse, c'est à vous que je veux parler. Qu'est-ce que c'est donc que ce monsieur qui est entré hier au soir chez vous et qui n'en est pas ressorti?

THÉRÈSE.

Vous avez remarqué cela, Mme Saint-Amant?

Mme SAINT-AMANT.

C'est la portière qui l'a dit ce matin à ma cuisinière; toute la maison en parle.

THÉRÈSE.

Et l'on a fait des cancans là-dessus?

Mme SAINT-AMANT.

Non, pas moi, mais les voisines... on dit que c'est un bel homme?

THÉRÈSE.

Beau... ah! si on veut... il a de la corporance.

Mme SAINT-AMANT.

C'est donc un parent qui vient de province? ou bien...

THÉRÈSE.

Ne vous tourmentez pas tant pour deviner, c'est un pensionnaire que madame a pris.

Mme SAINT-AMANT.

Mme Locard a pris chez elle un pensionnaire? ah! ah! c'est assez singulier... Et que dit à cela M. Locard?

THÉRÈSE.
Comme à l'ordinaire, il ne dit rien.

Mme SAINT-AMANT.
Mais, Thérèse, ont-ils fait leur déclaration?

THÉRÈSE.
Quelle déclaration?

Mme SAINT-AMANT.
Au commissaire de l'arrondissement.

THÉRÈSE.
Il paraît qu'ils ne savent pas ça :

Mme SAINT-AMANT.
On ne loge pas un étranger chez soi sans le déclarer; il y a tant de mauvais sujets, tant de gens inconnus dans Paris..., et la sûreté publique, ma chère.

THÉRÈSE.
Vous avez raison, Mme Saint-Amant.

Mme SAINT-AMANT.
Et puis on paie patente.

THÉRÈSE.
Il faut payer z'une patente?

Mme SAINT-AMANT.
Et puis on est sujet à visite.

THÉRÈSE.
Ah mon Dieu!

Mme SAINT-AMANT.
Je sais tout cela, moi, j'ai eu des pensionnaires pendant que feu mon mari était à Alger, mais pour la table seulement. Eh bien! ça ne vaut rien, on est dupe, et plusieurs d'entre eux me redoivent encore.

THÉRÈSE.
Vraiment?.. Eux ils disent qu'ils feront payer d'avance les cent francs par mois.

Mme SAINT-AMANT.
Oui, mais ils ne savent pas tous les embarras que ça donne. C'est Mme Locard qui aura eu cette idée-là. (Avec malice.) Où est la chambre du pensionnaire?

THÉRÈSE.
Elle est là; ils ne l'ont pas mal fait z'arranger.

Mme SAINT-AMANT.
Comment, c'est là qu'il demeure? il loge au-dessus de ma tête... s'il fait du bruit je ferai donner congé à M. Locard.

THÉRÈSE.
On aura des égards pour la locataire du second.

Mme SAINT-AMANT.
J'ai 800 fr. de loyer; avec le sou pour livre et l'éclairage, ça va à 850 fr.; la propriétaire y regardera avant de me mécontenter.

THÉRÈSE.
Avec ça que vous n' faites point z'attendre votre terme.

Mme SAINT-AMANT.
A propos, M. Locard était en retard ce terme-ci; j'ai su ça par la propriétaire, car je ne me mêle point de ce qui se passe dans la maison... ils auront pris leur pensionnaire par spéculation?

THÉRÈSE.
Je le croirais t'assez.

Mme SAINT-AMANT.
Si c'est un homme de bon ton, il sera mal chez eux... c'est à moi, veuve et jeune encore, qu'un pensionnaire conviendrait.

THÉRÈSE.
Vous disiez que ça ne valait rien de rien, qu'on était dupe.

Mme SAINT-AMANT.
Je n'en reprendrais un, que si c'était un homme à son aise... il aurait avec moi une société douce et un étage de moins à monter.

THÉRÈSE.
C'est déjà queuqu' chose.

Mme SAINT-AMANT.
Je ne puis pas avant quelque temps, les convenances, les usages... Il n'y a pas encore un an que j'ai perdu mon mari.

THÉRÈSE.
Pauvre capitaine! on dit qu'il est mort en Afrique?
Mme SAINT-AMANT.
En combattant les Arabes du désert...

AIR . T'en souviens-tu?

Ce cher ami, combien je le regrette,
Je le voyais pourtant bien rarement...
Mais je lisais son nom dans la gazette,
Cela suffit pour un cœur bien aimant.
Les Algériens connaissaient son courage,
Et de sa mort ils furent les témoins...
Perdre un époux à la fleur de son âge...

THÉRÈSE, essuyant ses yeux avec son tablier.

Vrai ça fend l' cœur... ah! les maudits Bédouins!
Vous rendre veuve à la fleur de votre âge,
On devrait bien supprimer les Bédouins.

Mme SAINT-AMANT.
Ah ça! Thérèse, je m'en vais, puisqu'ils sont à table; je reviendrai voir M. Locard... à quelle heure sa femme sort-elle?... ah! si le pensionnaire lui tient compagnie, elle ne sortira pas; c'est égal, je viendrai : je veux le voir, ce pensionnaire.

M. LOCARD, au dehors.
Thérèse, le café.

THÉRÈSE.
Excusez, Mme Saint-Amant, v'là qu'on m'appelle.

LEGAI, criant aussi en dehors.
Allons donc, Thérèse, le café?

Mme SAINT-AMANT.
Ah! mon Dieu!.. quelle est cette voix?

THÉRÈSE.
Cette voix, madame? c'est la voix du pensionnaire. On y va. (Elle sort.)

Mme SAINT-AMANT.
La voix du pensionnaire!..

SCÈNE X.
Mme SAINT-AMANT.

Cela n'est pas possible... Je me trompe sans doute... (Elle va regarder près de la porte.) Mais non, c'est lui!.. c'est M. Legai... dans cette maison!.. par exemple! je ne m'attendais pas à cette rencontre... vrai... je suis tout émue... Je ne lui pardonnerai jamais ce manque de procédés... Après être resté en pension chez moi pendant près d'un an... il est de retour à Paris, et je n'en sais rien. Il n'aura pas d'excuse!.. mon ancienne portière sait ma nouvelle demeure, et certainement!.. Mais qui a pu l'amener ici?.. le décider à loger chez M. Locard? cette maison est assez monotone... est-ce que par hasard, une rencontre avec Mme Locard et le désir de chercher à lui plaire... Oh! cela serait piquant, le mari est un sot, la femme est une coquette... j'ai deviné... prenez garde à votre pensionnaire, M. Locard, mais je suis bonne voisine, je veillerai pour vous.

SCÈNE XI.
Mme SAINT-AMANT, THÉRÈSE, puis LEGAI.

THÉRÈSE, accourant.
Mme Saint-Amant, mes bourgeois ont pris le café... les voilà!

Mme SAINT-AMANT, vivement.
Je ne veux pas le voir encore...je sors...A revoir, ma bonne petite Thérèse. (Elle sort.)

THÉRÈSE.
Ah! sa bonne petite Thérèse... Qu'est-ce qu'elle a donc la voisine?

LEGAI entre en riant.
Ah! ah! ah! ce pauvre M. Locard!.. Ah! Thérèse, reçois mes complimens; ton déjeûner était parfait...

THÉRÈSE.
Qu'est-ce qui vous fait donc rire, monsieur?
LEGAI.
C'est M. Locard qui me fait la moue. Il regrette une aîle de poulet que tu as eu la maladresse de mettre sur la table, et que j'ai eu la distraction de manger.
THÉRÈSE.
C'est que c'est son morceau, l'aîle, et vous ne lui avez laissé que le cou.
LEGAI, riant plus fort.
En vérité... Ah! ah! ah!.. Où est donc le journal?
THÉRÈSE.
Tiens!.. je l'avais dans ma poche... Dépêchez-vous, parce qu'on l'attend z' au premier.
LEGAI.
Tu mets donc tout dans ta poche? (Il prend le journal et lui arrête la main.) Quelle main blanche et potelée... je ne m'étonne pas qu'elle prépare de si bonnes choses.
THÉRÈSE, voulant retirer sa main.
Laissez donc, monsieur, j'vas crier d'abord si vous ne me lâchez pas.
LEGAI.
C'est qu'elle est d'une fraîcheur... (Il va pour la baiser et s'arrête.) Est-ce que tu as mis un ognon dans l'omelette?
THÉRÈSE.
Tiens, je crois bien, c'est ça qui donne du goût!
LEGAI.
Ah! ah! ah! la drôle de fille...

SCÈNE XII.

Les Mêmes, M. LOCARD.

M. LOCARD.
Eh bien! M. le pensionnaire, qu'est-ce que vous faites donc à Thérèse?
THÉRÈSE.
Il me fait des agaceries. (Elle se sauve.)
LEGAI, riant.
Ah! ah! ah! je lui faisais des complimens sur sa cuisine; est-ce que cela vous contrarie... Mais dites-moi donc, M. Locard, vous prenez beaucoup d'intérêt à Thérèse.
M. LOCARD.
Monsieur, je vous prie de croire...
LEGAI.
Quoi?
M. LOCARD.
Que jamais je n'ai pensé...
LEGAI.
Ah! ah! ah! quand ça serait... soyez tranquille, je n'en dirai rien à madame. (Il va s'asseoir près du feu pour lire le journal.)
M. LOCARD, à part.
Il me regarde d'un air moqueur; est-ce qu'il s'imaginerait... (Il fredonne en se retournant.) Cette diable de Thérèse qui ne m'a pas donné le journal, j'ai l'habitude de le lire tous les jours le premier après le déjeuner.
LEGAI, continuant de lire, assis devant le feu.
Le voilà, je le tiens.
M. LOCARD, contrarié.
Quand je ne lis pas mon journal, le premier, je suis comme un corps sans ame.
LEGAI.
Il paraît assez intéressant aujourd'hui.
M. LOCARD.
Que dit-on aux nouvelles étrangères?
LEGAI, en lisant.
Ah! mon Dieu! voilà qui va encore faire bien crier.
M. LOCARD, épouvanté.
Qu'est-ce que c'est? est-ce que nous aurions à craindre...

LEGAI, lisant.

« Préfecture de police... ordonnance concernant les chiens errans. » Vous n'avez pas un petit chien, M. Locard?

M. LOCARD.

Non, monsieur, je n'ai qu'un chat pour détruire les souris ; je n'aime que les animaux utiles... mais permettez... (Il veut lui prendre le journal des mains.) C'est que je le lis toujours le premier.

LEGAI.

Attendez deux secondes encore.

M. LOCARD.

Dites-moi au moins si la rente...

LEGAI.

Est-ce que vous jouez la rente, M. Locard?

M. LOCARD.

Non, monsieur, je ne joue pas les jeux de hasard, le loto et le domino seulement ; mais j'ai l'habitude de lire...

LEGAI.

Ah! ah! voilà un article fort intéressant : « Une jeune dame, d'un phy-
» sique agréable et d'une éducation soignée, mais qui a eu des malheurs,
» demande un pensionnaire mâle pour la table et le logement ; elle parta-
» gerait le sien avec lui, et il aurait tous les soins et tous les égards qu'un
» homme peut désirer, moyennant 50 francs par mois! » Voyez donc, M. Locard, vous qui me prenez le double, et qui vous plaignez.

M. LOCARD.

Monsieur, je ne me plains pas, mais...

LEGAI.

Ma foi, si je vous gêne, j'irai chez la jeune dame.

M. LOCARD.

Je ne dis pas que vous me gênez, mais...

LEGAI, s'étendant devant la cheminée.

Je ne suis pas de ces égoïstes qui aiment à prendre leurs aises au détriment de tout le monde.

M. LOCARD.

Il fait froid aujourd'hui, trouvez-vous?

LEGAI.

Non! voilà un bon feu! Est-ce que vous êtes frileux, M. Locard? Thérèse, une bûche!

M. LOCARD.

Il y en a bien assez comme cela. (A part.) Il tient toute la cheminée! on ne peut pas en approcher ; il a les jambes d'une longueur!... en vérité, il se croit au café.

THÉRÈSE, rentrant.

Monsieur, la bonne du premier vient chercher le journal.

LEGAI.

Tiens, donne-le ; je l'ai lu.

THÉRÈSE, le lui prenant.

Merci!   (Elle sort vivement.)

M. LOCARD.

Mais je ne l'ai pas lu, moi, Thérèse. (A part.) Diable de pensionnaire, va. (A Legai.) Vous êtes cause que mon tour est passé ; nous sommes quatre dans la maison abonnés au même... il faudra payer votre part.

LEGAI.

Pourquoi, je le lirai tous les jours après vous.

M. LOCARD.

C'est ça, comme ce matin, et je m'en passerai, moi.

SCÈNE XIII.

LES MÊMES, Mme LOCARD. Elle a son châle et son chapeau.

Mme LOCARD, à son mari.

Mon ami, je viens de recevoir un billet de deux places pour le concert qui se donne ce matin dans la salle du Colisée au bénéfice d'une famille polonaise.

LEGAI.

Vous aimez la musique, Mme Locard?

Mme LOCARD.

Qui est-ce qui ne l'aime pas aujourd'hui? un concert est pour moi une partie de plaisir. On dit que celui-là sera fort bien; on y entendra plusieurs artistes distingués, et il sera terminé par ce morceau qui est à la mode: les Huguenots, avec l'accompagnement obligé de cloches et de tam-tam.

M. LOCARD.

La musique va bien loin, je ne sais pas où elle s'arrêtera.

AIR : Restez, restez, troupe jolie.

On risque tout, ma chère amie,
Aujourd'hui pour se faire un nom;
Cloches, chaudrons, mousqueterie,
Passent pour être de bon ton.

LEGAI.

Nous aurons bientôt du canon.
Du bruit l'oreille s'accommode,
Grâce à ces nouveaux instrumens,
Tous nos orchestres à la mode
Ont des succès étourdissans.   (BIS.)

Mme LOCARD, à son mari.

Mais, mon ami, je ne puis pas aller seule au concert, et si tu veux rester chez toi...

LEGAI, avec empressement.

Je vous offre la main, belle dame, si M. Locard le permet.

Mme LOCARD.

Monsieur, avec bien du plaisir.

M. LOCARD, bas à sa femme.

Mais qui est-ce qui lui dit que je ne veux pas t'y conduire?

Mme LOCARD, bas à son mari.

Chut! la politesse exige... il faut des égards pour conserver un pensionnaire.

M. LOCARD, à part.

Que le diable l'emporte!

LEGAI.

Madame, je suis à vos ordres.

Mme LOCARD.

Partons, monsieur.

AIR du Calife de Bagdad.

J'aime la musique française,
Ce concert-là doit être beau...
Une cantatrice hollandaise
Chantera le premier morceau;
Un Allemand doit nous surprendre,
Deux Anglais s'y feront entendre;
On dit qu'on n'a rien vu de tel...

LEGAI.

Mais c'est donc la tour de Babel.   (BIS.)

Mme LOCARD et LEGAI.

Partons.   (4 FOIS.)
Pour le dîner nous reviendrons.

SCÈNE XIV.

M. LOCARD, seul.

Allez, allez au concert... au fait, je ne puis pas trop lui en vouloir de sa galanterie... il offre son bras à ma femme, c'est naturel; mais malgré ça j'aurais voulu profiter du billet. (Il tousse.) Diable de pensionnaire qui me fait déjeuner à la fourchette... quand on n'en a pas l'habitude... (Appelant.) Thérèse! Thérèse!..   (Il tousse toujours.)

THÉRÈSE, au-dehors.

Monsieur, qu'est-ce qu'il faut z' encore?

M. LOCARD.

Prépare-moi un verre d'eau sucrée, ma fille.

THÉRÈSE.

C'est bon, je vais vous tourner ça.

SCÈNE XV.
M. LOCARD, Mme SAINT-AMANT.

Mme SAINT-AMANT, à part en entrant.

Je l'ai vu sortir avec elle... je n'y tiens plus. (Haut) Bonjour, mon voisin.

M. LOCARD, enfermant son humeur.

Ah! votre serviteur, ma voisine.

Mme SAINT-AMANT.

Qu'est-ce donc? vous paraissez avoir de la contrariété.

M. LOCARD.

Ah! ce n'est rien.

Mme SAINT-AMANT.

Si fait... Où va donc votre femme avec un étranger? ils descendaient l'escalier si vîte...

M. LOCARD.

Ils vont ensemble au concert du Colisée.

Mme SAINT-AMANT.

N'est-ce pas un pensionnaire que vous venez de prendre?

M. LOCARD, soupirant.

Oui, oui.

Mme SAINT-AMANT.

Cela a l'air de vous déplaire.

M. LOCARD.

Pourquoi donc ça, me déplaire?

Mme SAINT-AMANT, avec intention.

Ah! c'est que quelquefois dans un ménage il faut si peu de chose pour troubler la paix...

M. LOCARD.

Mme Saint-Amant, de ce côté-là je suis tranquille, ma femme ne fait rien que de raisonnable.

Mme SAINT-AMANT.

J'entends; vous êtes le maître chez vous.

M. LOCARD.

Et Mme Locard la maîtresse; c'est un pouvoir balancé, notre ménage est constitutionnel

Mme SAINT-AMANT.

Comme était le mien du vivant de ce pauvre capitaine... J'en ai eu aussi des personnes en pension chez moi.

M. LOCARD.

Eh bien! dites-moi, est-ce une bonne spéculation?

Mme SAINT-AMANT.

Excellente!.. par exemple il faut mettre de côté bien des préjugés, fermer l'oreille aux propos et les yeux sur bien des choses... Vous n'êtes pas jaloux?

M. LOCARD.

Je le suis un peu.

Mme SAINT-AMANT.

Tant pis.

Air : Taisez-vous.

Quand on prend un pensionnaire,
Et qu'on veut le garder long-temps,
La femme doit chercher à plaire
Par des soins doux et complaisans,
Par des égards toujours constans.
Quelque peu de coquetterie
Lui plait et le fixe chez nous;
Alors si, par galanterie,
A madame il fait les yeux doux...
   Taisez-vous, taisez-vous,
    Jaloux,
   Taisez-vous.

Si le pensionnaire à table
Près de madame a son couvert,
Si, lui voyant un air aimable,
Il trouve bon ce qu'elle sert...

Et s'il devient tendre au dessert;
Si pour voir la pièce nouvelle,
Il la conduit à l'Opéra;
S'il rentre un peu tard avec elle,
Et si l'on jase sur cela...
　　Taisez-vous, taisez-vous,
　　　Jaloux,
　　Taisez-vous.

M. LOCARD.

Je n'avais pas pensé à tout cela.

Mme SAINT-AMANT.

Ce n'est rien, quand vous aurez l'habitude...

M. LOCARD.

L'habitude de quoi?

Mme SAINT-AMANT.

D'une infinité de petits détails que vous connaîtrez plus tard.

M. LOCARD.

J'en connais déjà bien assez comme ça.

Mme SAINT-AMANT.

Par exemple, il ne faut pas être méfiant quand on veut être heureux... le capitaine ne l'était pas.

M. LOCARD.

Moi, je le suis.

Mme SAINT-AMANT.

Vous avez tort; les apparences peuvent être trompeuses. Il y a des maris qui se cachent... qui écoutent... qu'apprennent-ils?.. des choses fort désagréables.

M. LOCARD.

Cependant...

Mme SAINT-AMANT.

On se croyait aimé de sa femme, on est quelquefois désabusé... plus de confiance, plus de bonheur.

M. LOCARD.

Il est pourtant bon de savoir à quoi s'en tenir.

Mme SAINT-AMANT.

Pourquoi? vous êtes sûr de Mme Locard; vous connaissez la moralité de votre pensionnaire.

M. LOCARD, à part.

C'est ça qui m'effraie...

Mme SAINT-AMANT.

Allons, allons, vous êtes le plus heureux des hommes!

M. LOCARD.

C'est possible, mais...

Mme SAINT-AMANT, vivement.

Qu'est-ce que j'entends?.. une voiture qui s'arrête... (Allant à la fenêtre.) Ah! c'est Mme Locard qui rentre avec lui.

M. LOCARD.

Comment? dans une zéphirine!

Mme SAINT-AMANT.

Ça ne peut pas vous porter ombrage, il pleuvait il n'y a qu'un instant... Je vous laisse, mon voisin, je ne veux pas les rencontrer; je sors par le petit escalier... Surtout ne vous montez pas la tête. (Elle sort en disant.) Allons, allons, ça va bien.

SCÈNE XVI.

M. LOCARD, puis LEGAI.

M. LOCARD.

Elle avait bien besoin de venir, Mme Saint-Amant; me voilà tout troublé. (Appelant.) Thérèse.

THÉRÈSE, au-dehors.

Monsieur!

M. LOCARD.

Et ce verre d'eau sucrée.

THÉRÈSE.

Je le tourne... ça commence à fondre ; ce sucre de betterave c'est dur comme des pavés.

M. LOCARD.

Mets-y un peu de fleur d'orange.

LEGAI.

Eh bien! M. Locard, nous voilà revenus ; encore un concert manqué.

M. LOCARD.

Comment, le concert n'a pas lieu?

LEGAI.

Ne m'en parlez pas, ils sont charmans avec leurs indispositions ; nous étions déjà dans la salle, qui menaçait d'être pleine, quand on est venu annoncer que la première cantatrice était enrhumée, que le cornet à piston avait la colique, et que le hautbois s'était démis la hanche. Si vous aviez vu tous les amateurs désappointés frapper sur les banquettes... il y en a un qui a crevé la grosse caisse.

AIR : Le soir au boulevart du Temple.

Alors, sans tambour ni trompette,
Le directeur vient subito,
Dire qu'on rendra la recette,
Et qu'il faut passer au bureau.
Bientôt, tout le monde s'écoule...
J'ai vu, je ris en y songeant,
Des billets donnés, dans la foule,
Qui redemandaient leur argent !

Je ne m'attendais guère à rencontrer là, madame Saint-Ville, qui criait aussi comme les autres.

M. LOCARD.

Qu'elle est cette dame ?

LEGAI.

Une petite femme chez laquelle j'ai été en pension l'été dernier aux Batignolles.

M. LOCARD.

Ah ça! mais dites-moi donc, je ne vois pas ma femme ?

LEGAI.

Elle ôte son châle et son chapeau dans votre salon... il est gentil votre petit salon... mais par exemple, je suis obligé de vous le dire, à vous qui avez du goût... il y a deux gravures de trop ; il faudra les mettre dans ma chambre.

M. LOCARD.

Je n'y manquerai pas, des gravures superbes ! l'apothéose de Napoléon, qui m'a coûté trois francs d'occasion.

SCÈNE XVII.

LES MÊMES, THÉRÈSE, apportant un verre d'eau sucrée.

THÉRÈSE.

V'là le verre d'eau sucrée !

LEGAI, allant à elle.

Tiens, cette bonne Thérèse, quelle attention... (Il avale le verre d'eau.) Merci, ma fille... Si un pensionnaire se plaint ici, par exemple! Ah! j'avais une soif... diable de concert manqué, ça contrarie, ça échauffe le sang!

THÉRÈSE.

Mais, monsieur, ce n'était pas pour vous...

M. LOCARD, à part.

Ah ben! ah ben!.. As-tu vu Thérèse, comme il a avalé ça... d'un trait ?

THÉRÈSE.

Et à la fleur d'orange, encore, en v'là une sévère.

LEGAI.

Ah! c'était pour M. Locard, j'en suis désolé ! vite Thérèse, prépare un autre verre à ton maître.

M. LOCARD.
C'est ça... et mon sucre!.. non, Thérèse, je vais boire un verre d'eau rougie...
LEGAI.
Cette petite course m'a donné de l'appétit... à quelle heure le second déjeuner?..
M. LOCARD.
Un second déjeuner, mais monsieur, je suis forcé de vous le dire, ce n'est pas dans nos conditions.
LEGAI.
Ah! une bagatelle! une tranche de pâté.... un verre de Madère, pour attendre cinq heures.
M. LOCARD, bas à Thérèse.
Thérèse, ne lui donne rien... Monsieur, vous avez un appétit de Gargantua.
LEGAI.
Du tout, je mangeais bien plus, autrefois!
M. LOCARD, à part.
Tout ça me contrarie; je vais, sans plus tarder, en causer avec Mme Locard; ne lui donne rien, Thérèse... c'est un ogre, que cet homme-là.

SCÈNE XVIII.
LEGAI, THÉRÈSE.
LEGAI.
Toute réflexions faites, je crois que je ne serai pas mal dans cette maison-ci... (A Thérèse qui le regarde avec étonnement.) Eh bien! voyons, qu'est-ce que tu as à me regarder comme ça?
THÉRÈSE.
Je n'en reviens pas... je vous regarde comme une imbécile... j'ai t'été dans ben des maisons, monsieur, mais j' n'ai pas encore rencontré un gourmand comme vous.
LEGAI.
Que voulez-vous dire, Mlle Thérèse?..
THÉRÈSE.
Êtes-vous sur votre bouche, hein?..
LEGAI.
Ah ça! mais, tu prends des licences...
THÉRÈSE.
Moi, je ne prends rien, c'est vous qui prenez tout; pauvre M. Locard! en v'là un que vous allez faire damner... enfin, il ne peut plus mettre la main sur rien, sans qu'il vous voie tout de suite allonger la vôtre.

Air du vaudeville de la Famille du Porteur d'eau.

    Vous prenez l'ail' de son poulet,
    Vous lui prenez son eau sucrée;
    Du concert, vous prenez l' billet,
    Tout ça n'aura pas de durée.
    Si vous restiez chez nous, seul'ment,
    Un mois entier, je le proclame,
    Notr' maître aurait peu d'agrément;
    Il serait trop heureux, vraiment,
    Si vous n' lui preniez pas sa femme.   (BIS.)

LEGAI.
Je ne vous comprends pas, mademoiselle; je ne veux pas vous comprendre.
THÉRÈSE.
C'est bon, c'est bon, vous êtes un fier finot; mais voyez-vous, moi, avec mon p'tit air, j'y vois clair.
LEGAI.
Veux-tu bien aller à ta cuisine.
THÉRÈSE.
J'y vois clair, je ne vous dis que ça.   (Elle sort.)

SCÈNE XIX.
LEGAI, puis Mme LOCARD.
LEGAI, un moment seul.

Quelle singulière idée elle a à cette petite fille... lui prendre sa femme; c'est drôle, je n'y avais pas encore pensé.

Mme LOCARD, à la cantonnade.

M. Locard, vous ne m'avez jamais parlé comme ça; c'est inconcevable, c'est affreux!..

LEGAI.

Qu'avez-vous donc, madame?

Mme LOCARD, se retournant.

Ah! monsieur, c'est vous qui êtes cause de tout cela.

LEGAI.

Cause innocente, sans doute; de quoi s'agit-il?

Mme LOCARD.

Jamais M. Locard ne m'avait parlé ainsi... croiriez-vous, monsieur, qu'il s'avise d'être jaloux, et que votre présence lui sert de prétexte!

LEGAI.

De prétexte, madame.

Mme LOCARD, avec intention dissimulée.

Cependant, je suis bien persuadée que vous n'avez fait nulle attention à moi.

LEGAI, à part.

Parbleu! voilà qui est singulier... absolument, comme quand j'étais en pension chez M. et Mme Rigault, rue du Croissant.

Mme LOCARD.

Répondez, monsieur; seriez-vous assez peu raisonnable pour avoir conçu la pensée de chercher à me plaire...

LEGAI.

Que trouveriez-vous là, de si extraordinaire?.. (A part.) Allons, il n'y a pas encore de temps perdu. (Haut.) Quand on est aussi aimable que vous!.. on doit s'attendre à charmer tout homme qui a des yeux... un cœur...

Mme LOCARD.

Comment, monsieur, au lieu de nier une chose pareille...

LEGAI.

Je m'en garderais bien, madame; et je me croirais coupable de vous avoir vue, sans être frappé de tout ce qui vous rend si intéressante.

Mme LOCARD.

Voilà qui est un peu fort...

LEGAI, s'enflammant avec intention.

Quoi!.. vous auriez pour moi tant d'égards, et je me montrerais ingrat? vous m'offririez un logement agréable, et je ne chérirais pas la maîtresse de maison, qui l'embellit... une table soignée, et je n'estimerais pas celle qui veille à ce que mon goût soit caressé... une conversation délicieuse, et je n'adorerais pas la femme qui répand sur les plaisirs communs de la vie, les charmes brillans de l'esprit! non, madame, non! exiger autre chose de moi, c'est me demander l'impossible... Ouf! (Il s'essuie le front.)

Mme LOCARD.

Ah! monsieur, j'étais loin de m'attendre...

LEGAI.

Je mets tout mon bonheur à vous voir, à contempler toutes les qualités qui vous distinguent des autres femmes, et je me regarde, dès à présent, comme le plus heureux des pensionnaires. (Il lui baise la main.)

SCÈNE XX.
LES MÊMES, Mme SAINT-AMANT.
Mme SAINT-AMANT.

A merveille, M. Legal.

LEGAI.

Que vois-je?.. quelle surprise!.. quoi! Mme Saint-Amant ici?..

Mme SAINT-AMANT.

Moi-même, monsieur, vous ignoriez que je demeurais dans cette maison?

LEGAI, avec embarras.

Quel plaisir de vous revoir! et comment se porte le bon capitaine?.. Plaît-il, vous ne me répondez pas?..

Mme SAINT-AMANT.

Mon costume vous répond assez pour moi.

LEGAI.

Ah! pardon! je n'avais pas remarqué...

Mme LOCARD, d'un air piqué.

Que désirez-vous, Mme Saint-Amant?

Mme SAINT-AMANT.

Je vous ai dérangée, Mme Locard?

Mme LOCARD.

Du tout, madame...

Mme SAINT-AMANT.

Cependant, madame...

Mme LOCARD.

Quoi, madame?

Mme SAINT-AMANT.

Rien, madame!

LEGAI.

Eh bien! eh bien!.. qu'est-ce donc? deux belles voisines, deux femmes fort aimables qui ont l'air d'être mal ensemble?

Mme SAINT-AMANT.

Taisez-vous, monstre!

Mme LOCARD, les observant, à part.

Monstre! (Haut.) Il paraît que madame vous connaît...

LEGAI.

J'ai eu l'honneur d'être en pension chez elle.

Mme LOCARD, à part.

Et moi qui lui faisais bonne mine... je me suis bien trompée sur son compte. (Haut.) Fort bien, monsieur, puisque le hasard vous rassemble, que ne retournez-vous chez Mme Saint-Amant.

Mme SAINT-AMANT.

Du tout, monsieur est très bien chez vous.

AIR du Dieu et la Bayadère

Oui restez chez madame.

Mme LOCARD.

Retournez chez madame.

Mme SAINT-AMANT.

Ne vous gênez en rien.

Mme LOCARD.

Vous y serez fort bien.

Mme SAINT-AMANT.

Ah! pardonnez, madame.

Mme LOCARD.

Ah! pardonnez, madame.

Mme SAINT-AMANT.

Un pareil entretien.

Mme LOCARD.

Un pareil entretien.

LEGAI, à part.

J'en rirais sur mon ame,
Si je ne devais pas
Ménager chaque femme...
Grand Dieu quel embarras!

Mme SAINT-AMANT, à Legai.

Ne quittez pas madame.

Mme LOCARD.

Retournez chez madame.

Mme SAINT-AMANT.

Ne vous gênez en rien.

Mme LOCARD.

Vous y serez fort bien.

Ah! pardonnez, etc.

Mme LOCARD, à part.

Décidément cet homme-là ne me convient pas.

LEGAI, bas à Mme Locard.

Mais, madame, est-ce que vous supposez...

Mme LOCARD, lui lançant un regard.

C'en est assez, monsieur. (Elle sort.)

SCÈNE XXI.
LEGAI, Mme SAINT-AMANT.

LEGAI, à part.

Diable! retournons-nous. (Haut.) Avez-vous pu croire un seul instant, charmante amie, que je vous ai oubliée, et que...

Mme SAINT-AMANT.

Vous osez chercher à vous excuser.

LEGAI, avec feu.

Ma justification sera facile; oui, madame, un devoir impérieux me condamnait au silence; ami du capitaine, j'ai dû fuir votre vue pour ne pas m'exposer à trahir sa confiance.

Mme SAINT-AMANT.

Bon apôtre!.. Et pourquoi baisiez-vous la main de Mme Locard?

LEGAI.

C'est par distraction je vous assure... l'habitude d'être galant...

Mme SAINT-AMANT.

Taisez-vous, je vous en voudrais moins si elle était mieux que moi.

LEGAI.

C'est ce qui doit vous rassurer... et puisque je vous trouve libre, puisque le sort vous a privée d'un brave...

Mme SAINT-AMANT.

J'en suis vivement affectée.

LEGAI.

Je le crois, pourtant je vois avec plaisir que vous êtes toujours très bien portante... Vous devez avoir, comme veuve d'un officier, une pension de retraite?..

Mme SAINT-AMANT.

Oui, j'ai pour ami un sous-chef des bureaux de la guerre qui me l'a fait obtenir.

LEGAI, vivement.

Vous avez une pension! Ah si j'avais une fortune, je la mettrais à vos pieds.

Mme SAINT-AMANT, tendrement.

Qu'importe la fortune quand on s'aime.

LEGAI.

Ah! cela ne peut pas nuire.

Mme SAINT-AMANT.

Air de la Famille de l'Apothicaire.

Loin du tourbillon de Paris,
Un couple heureux vivrait tranquille;
On peut voir deux cœurs bien épris
Dans un désert chercher asile.

LEGAI.

Si ce bonheur m'était offert,
Avec vous je saurais y vivre,
Oui, je ne voudrais qu'un désert...
(A part.) Et des rentes sur le grand-livre.

SCÈNE XXII.
LES MÊMES, LOCARD, Mme LOCARD. Ils entrent en se parlant bas.

M. LOCARD, avec embarras.

Ah! je vous cherchais, M. Legai, pour vous dire que ma femme et moi nous avons réfléchi que, dans un petit ménage comme le nôtre, un pensionnaire ne pouvait pas se trouver convenablement, et que...

LEGAI.

Je vous assure que je me trouve à merveille chez vous.

M. LOCARD.

Non... notre cuisine est trop modeste.

LEGAI.

Simple et nourrissante... la sobriété, c'est la mère de la santé, comme vous disiez tantôt. (Mme Locard pousse le bras de son mari pour qu'il continue.)

M. LOCARD.

Heim! oui... et puis notre cuisinière, sous prétexte qu'il y a une personne de plus à servir, vient de nous demander de l'augmentation.

LEGAI.

Eh bien! mais il faut l'augmenter, cela me paraît fort naturel.

M. LOCARD.

Et puis on jase dans la maison; on dit : Un étranger chez M. Locard... chez un homme marié...

LEGAI.

Mais il faut laisser jaser les mauvaises langues.

(Mme Locard pousse encore son mari par le bras.)

M. LOCARD, bas.

Qu'est-ce qu'il faut lui dire?.. Ah!.. (Haut.) Et puis notre logement est très petit...

LEGAI.

Il en est plus commode, on a tout sous la main.

M. LOCARD.

Enfin, voyez-vous, nous n'avions pas assez réfléchi... nous ne voulons plus de pensionnaire.

LEGAI.

Vous avez raison, il n'en faut qu'un seul; n'en prenez pas d'autres... je fais votre affaire, vous faites la mienne, qu'est-ce qu'il faut de plus?

Mme LOCARD, vivement.

Ce n'est pas cela, monsieur.

Air : Depuis long-temps j'aimais Adèle.

Certes, vous êtes bien aimable,
Vous avez tenue et bon ton,
Votre esprit est fort agréable,
Vous honorez une maison.
Voyant votre galanterie
De vous j'avais très bien jugé.

LEGAI.

On ne peut être plus polie...

Mme LOCARD.

Recevez donc votre congé.

LEGAI.

Ah! je comprends maintenant le discours préparatoire de M. Locard.

SCÈNE XXIII.

LES MÊMES, THÉRÈSE, apportant un paquet de papiers.

THÉRÈSE, à Legai.

Monsieur, monsieur, voilà z'un petit bonhomme qui vient de la part de votre homme d'affaire.

Mme LOCARD.

De son homme d'affaires!

LEGAI.

Je l'attendais; donne vite. (Il décachète et lit.) « Monsieur, nous avons li-
» quidé votre succession : il y avait une opposition en première instance,
» mais nous avons eu un référé et un jugement contradictoire; j'ai dressé
» inventaire, et dépôt fait à l'enregistrement; je vous envoie vos pièces et
» le mémoire des frais. » (Parlant.) Ah! les frais, ça ne s'oublie pas. (Examinant les papiers.) Ah! voilà le titre qui m'assure ma créance... 24,000 francs.

M. LOCARD.

24,000 francs!.. Diable! c'est gentil à trouver.

LEGAI, lisant.

« Payable à un an de date. »—« Que vois-je?—« Payable à un an de date,
» par M. Locard, ancien passementier, rue Aux Fers. »

Mme LOCARD.

Qu'entends-je?

THÉRÈSE, à part.

Comment! z'il est riche comme ça?

M. LOCARD.

Qu'est-ce que vous dites donc?... c'est vous que je dois rembourser?.. vous, M. Legai?... qu'est-ce qui l'aurait cru?... Mme Locard, c'est lui qui est possesseur de mon billet.

LEGAI.

J'en suis enchanté! cela se trouve à merveille!

M. LOCARD.

Alors, vous êtes donc le neveu de M. Legai, le tapissier?

LEGAI.

Précisément... je suis neveu d'un tapissier, et je n'ai jamais pu me mettre dans mes meubles... (En se retournant du côté de la veuve.) Mais j'espère y être bientôt... Mme Saint-Amant, à l'expiration de ce deuil, si vous voulez bien encore tourner les yeux de mon côté...

Mme SAINT-AMANT, lui prenant la main.

Vous étiez l'ami du capitaine...

LEGAI.

Nous le pleurerons ensemble...

THÉRÈSE, à part.

Ils disent qu'ils vont pleurer... plus souvent...

Mme LOCARD, avec affectation.

Vous pouvez le pleurer dès aujourd'hui, monsieur, si ça vous fait plaisir.

LEGAI, parcourant toujours les papiers.

Vous allez donc me payer les arrérages échus...

M. LOCARD.

Mais je ne suis pas en mesure; puisque je prenais un pensionnaire pour... Je ne pourrai vous rembourser que dans trois mois.

Mme SAINT-AMANT.

Dans trois mois, mon deuil sera fini.

LEGAI.

Allons, je vois que je resterai chez vous trois mois encore... pour l'intérêt de mon argent.

M. LOCARD, à part.

Oui, mais du train dont il va...c'est de l'argent qu'il place à dix pour cent.

LEGAI.

Soyez tranquille, je ne serai pas trop exigeant. (A Mme Saint-Amant.) Tous les matins, j'irai vous rendre une petite visite... et tous les soirs... à propos, Thérèse, tu apporteras deux chandelles dans ma chambre... je lis toujours dans mon lit. (A M. Locard.) Etes-vous assuré, M. Locard?

M. LOCARD.

Pourquoi ça?

LEGAI.

C'est que j'ai mis le feu, deux fois, aux rideaux de mon alcôve, dans mon ancienne pension de la rue d'Enfer.

M. LOCARD, à part.

Ah! voilà un pensionnaire qui me fera mourir, c'est sûr.

LEGAI.

Air : En avant, bon courage.

Sans soucis et sans peine,
J'ai peu d'ambition;
Et pour vivre sans gêne,
J'aime une pension.

CHOEUR.

Sans soucis et sans peine, etc.

THÉRÈSE, au public.

Air du vaudeville du Dîner de Madelon.

Messieurs, j' suis infatigable;
Si vous v'nez loger chez nous,
J' vous réponds qu' je m' sens capable
D' mettre l' couvert pour vous tous;
Plaire à chaqu' pensionnaire,
Voilà mon intention,
Mais vous n'oublierez pas j'espère
La p'tite servante d' la pension. (bis.)

FIN.

IL SIGNOR BARILLI,

VAUDEVILLE EN UN ACTE,

PAR M. GUSTAVE VAEZ,

REPRÉSENTÉE POUR LA PREMIÈRE FOIS, A PARIS, SUR LE THÉATRE DE LA GAÎTÉ, LE 22 OCTOBRE 1836.

(DIRECTION BERNARD-LÉON.)

Que vois-je? — C'est elle! — C'est lui !   (SCÈNE VII.)

PARIS,
NOBIS, ÉDITEUR, RUE DU CAIRE, N° 5.

1836.

Personnages.   Acteurs.

BARILEI,   MM. Lhérie.
GIACOMO,   Armand.
INNOCENTIN,   Ledel.
Le capitaine ROLAND,   Laisné.
TÉRÉSA,   Mmes Elise.
ZERLINE,   Rougemont.
Dames de la ville.
Militaires.
Comédiens.

La scène se passe en Italie, dans un village à dix lieues de Rome, chez Giacomo

J.-R. MEYREL, Passage du Caire, 54.

IL SIGNOR BARILLI,

VAUDEVILLE EN UN ACTE.

Le théâtre représente une salle d'auberge, l'entrée par le fond ; à la gauche de l'acteur une porte et une table avec un couvert en désordre. — A la droite, sur le premier plan, une autre table recouverte d'un tapis où se trouvent étalés quelques livres de comptes ; du même côté, deux autres portes. — Au fond, un guéridon et une armoire.

SCÈNE I.

GIACOMO, LE CAPITAINE ROLAND, MILITAIRES, à table.

(Ils sont tous en habits de voyage ; le capitaine a de grosses moustaches noires ; c'est un grand et bel homme.)

CHŒUR.

Air de Gillette de Narbonne.

Versez, versez,
Jamais assez,
Du vin, du vin,
Jusqu'à demain,
Ne laissons pas un verre plein.

GIACOMO.

Dites donc, tout en soupant nous avons atteint le jour, et voici l'heure où la voiture va passer.

ROLAND.

Nous allons donc nous séparer, mon pauvre Jacques.

GIACOMO.

Ah ! vous êtes heureux vous autres, vous allez revoir la France, toi surtout, capitaine Roland, tu vas à Paris ; moi, me voilà pour toujours fixé en Italie, dans ce village à dix lieues de Rome, département du Tibre.

ROLAND.

Plains-toi donc de ton sort, une femme superbe, un pays charmant, et la plus belle hôtellerie de la route impériale, où tu peux traiter gratis tous tes vieux camarades.

GIACOMO.

Oui, cela a bien son prix... Quand je fus blessé au passage du pont de Lodi, où, en ma qualité de trompette de cuirassiers, j'avais sonné la charge assez glorieusement, je m'en vante, et que je me vis forcé de prendre mon congé illimité, je me fixai en Italie par amour pour la musique italienne... et comme la pension de retraite n'était pas assez forte pour me faire vivre indépendant, j'épousai la maîtresse de cette hôtellerie, veuve fraîche et jolie, qui avait alors un goût décidé pour le militaire français, surtout quand il était joli garçon, et je n'étais pas mal. Tout alla bien d'abord, ma femme et moi nous aimions également le plaisir ; mais ne voilà-t-il pas qu'un cardinal de malheur s'avisa de la convertir en passant, et depuis ce moment il n'y a plus eu moyen d'entendre d'autre musique que celle de l'orgue ; elle ne sort pas de la chapelle du couvent... aussi quelle jouissance pour moi lorsqu'une affaire peut me conduire à Rome ; je ne sors plus du spectacle... oh ! je m'en donne !

ROLAND.

La chapelle et le théâtre, voilà un ménage bien uni !

GIACOMO.

Mais nous vivons d'assez bonne intelligence ma femme et moi ; d'ailleurs je suis fait au bruit du canon, quand ma femme gronde, je me crois encore au service et j'obéis au commandement.

ROLAND.

Quant à nous, nous ne pouvons pas nous plaindre de l'hôtesse, depuis que nous sommes chez toi, moi surtout, elle m'a traité comme le meilleur de tes amis.

GIACOMO.

Tu me fais plaisir de me dire cela, capitaine Roland, car ça m'étonne; s'il s'agissait du capucin Antonio, qui vient de partir, je le comprendrais; Mme Giacomo est un ange pour tous les révérends qui passent ici, et moi j'aime que tous les voyageurs soient également bien traités. Mais je crois que j'entends la voiture... oui, c'est bien elle. (Mouvement.) Un instant, elle va s'arrêter pour changer de chevaux, nous avons le temps de boire un dernier coup à la gloire que notre grande armée vient encore d'acquérir dans les champs d'Iéna. Allons amis, le verre en avant et un chorus général pour la chanson que nous avons tant chantée.

ROLAND.

C'est dit.

GIACOMO.

Air nouveau de M. Elwart.

En courant nous aimons,
En riant nous mourons,
Tous joyeux compagnons
   De la gloire !
En amour, aux combats,
De tous temps nos soldats
Ont soumis la victoire.
Le plaisir ici-bas
Peut narguer le trépas,
On se dit, si je meurs,
Les autres sont vainqueurs!
Le petit caporal n'est-il pas avec nous ;
Les Français avec lui n'ont jamais le dessous.

CHOEUR.

Le plaisir ici-bas
Peut narguer le trépas

GIACOMO.

Le petit confiant
Nous a dit en partant :
« Vous vaincrez, croyez-en
   Ma boussole. »
Puis à Millésimo,
Montenotte et Vico,
Il nous tint sa parole.
Nous marchions gais soldats,
Et gaiment sur nos pas
Partout avec l'airain
S'entendait ce refrain :
Le petit caporal est plus grand qu'un revers,
Avec lui, s'il le veut, nous aurons l'univers.

CHOEUR.

Le plaisir ici-bas
Peut narguer le trépas, etc.

(On entend un fouet et le bruit d'une voiture.)

GIACOMO.

Mais la voiture va partir... au revoir, mes camarades... Adieu, capitaine Roland... embrassez pour moi toute la France, et quelques Françaises en particulier. (Il leur donne des poignées de main ; ils sortent en reprenant le chœur.)

CHOEUR.

Le petit caporal est plus grand qu'un revers,
Avec lui, s'il le veut, nous aurons l'univers.

(Ils sortent.)

SCÈNE II.

GIACOMO, ZERLINE.

GIACOMO.

Les voilà partis, et de Jacques l'ancien trompette de cuirassiers, me voilà redevenu Giacomo, maître d'une hôtellerie italienne... (Appelant.) Lauretta, Lauretta!

ZERLINE, accourant.

Vous appelez, mon ami?

GIACOMO.

Tiens, c'est toi, Zerline, où donc est la fille?

ZERLINE.

Je ne sais, je venais...

GIACOMO.

Déjà levée... pour étudier la musique, je parie.

ZERLINE.

Toujours.

GIACOMO.

Tu soupires, mon enfant... comment si matin? Ta mère t'aurait-elle fait du chagrin hier au soir?

ZERLINE.

Un peu, à cause de ce mariage,... vous savez bien?

GIACOMO.

Comment, elle t'en parle encore? je lui ai pourtant dit ma façon de penser sur mon neveu le signor Innocentin.

ZERLINE.

Je ne peux pas le souffrir; d'abord il chante au lutrin.

GIACOMO, bas.

Et tu aimerais mieux qu'il chantât au théâtre, n'est-ce pas?

ZERLINE.

Oh! oui, car moi je suis comme vous, j'aime les artistes, et surtout les chanteurs; c'est si gentil les artistes, ils ont un air ouvert, riant, ils sont toujours gais, tandis que mon cousin Innocentin est toujours comme cela.

(Elle imite une pose de Tartufe.)

GIACOMO.

Oh! comme c'est ça! c'est notre Tartufe de Paris au naturel; il est vrai que celui-là c'est le Tartufe de tous les pays. Mais dis-moi donc, Zerline, où tu as pris un penchant si décidé pour les artistes?

ZERLINE.

A Rome, mon ami, la dernière fois que vous m'y avez menée.

GIACOMO.

Ah oui! ce jour où ma femme m'avait tant recommandé de te conduire à l'adoration de saint Pierre.

ZERLINE.

Et que nous sommes allés voir les Noces de Figaro.

GIACOMO.

Veux-tu bien te taire, si ta mère t'entendait!... Ah! c'est ce soir-là que tu as pris tant de goût pour la musique et les artistes.

ZERLINE.

Figaro était charmant.

GIACOMO.

Ah! c'est Figaro! Diable! tu n'es pas dégoûtée; le premier chanteur de l'Italie, le signor Barilli.

ZERLINE.

Ah! mon ami!

Air du Piège

Si par la douceur de son chant
D'abord il surprit mon oreille,
Bientôt sa grace et son talent
Me parurent une merveille.

Mon cœur, tout bas, disait bravo ;
Et voyez quel songe profane,
La nuit je rêvai Figaro
Et je croyais être Suzanne.

GIACOMO.

Diantre ! cela paraît sérieux ; heureusement pour moi tu ne vas pas souvent à Rome, et nous n'y restâmes que trois jours car si tu avais revu Figaro...

ZERLINE.

Je le revis, mon ami.

GIACOMO.

Hein ! et où donc ça ?

ZERLINE.

Le lendemain, à l'hôtellerie des comédiens, où tu m'avais laissée pour aller... je ne sais où.

GIACOMO, à part.

J'étais allé à une répétition de Don Juan.

ZERLINE.

Je rêvais, toute seule dans ma chambre, au plaisir que m'avait fait le spectacle de la veille, tout à coup on frappe à la porte, j'ouvre, c'était Figaro.

GIACOMO.

Le signor Barilli ! que diable venait-il faire là ?

ZERLINE.

Il cherchait une prima donna qui était arrivée de la veille à l'hôtel des Comédiens ; j'étais si émue que je ne pouvais lui répondre, il s'en aperçut, et se retira en me regardant, comme il regardait Suzanne la veille.

GIACOMO.

Voyez-vous ça... et il ne te dit rien ?

ZERLINE.

Non... il semblait aussi surpris que moi, je le regardai par la fenêtre ; il tourna trois fois la tête, et le lendemain, quand tu fus encore parti...

GIACOMO, à part.

Toujours pour la répétition.

ZERLINE.

Figaro revint à l'hôtellerie, et il se trompa de porte, comme la veille.

GIACOMO.

Oh ! oh ! il se trompa encore, et cette fois, te dit-il quelque chose, Figaro ?

ZERLINE.

Il me demanda si j'étais au théâtre, je lui dis que non... il soupira, et me dit... « C'est bien dommage ! » puis il s'en alla en me regardant toujours, et je ne le revis plus... car nous partîmes le soir ; mais depuis ce temps, quand ma mère veut m'apprendre quelque cantique, je suis toujours prête à le chanter sur les airs de Figaro.

GIACOMO.

Oh ! si ma femme savait cela, elle m'arracherait les yeux. (A part.) C'est ma faute ! si je l'avais menée à l'adoration de saint Pierre, elle n'adorerait pas aujourd'hui, il signor Figaro.

ZERLINE.

Et puis, mon ami, il faut bien vous dire toute la vérité : Quand j'étais au couvent à Florence, j'avais entendu chanter à notre chapelle, un jeune homme dont la voix et la figure m'étaient restées là ; jugez de ma surprise, lorsque dans Figaro, je reconnus le chantre de la chapelle du couvent.

GIACOMO.

Oh ! tu m'en diras tant. (A part.) Ça me paraît tout simplement une belle et bonne passion.

ZERLINE.

Taisons-nous... voilà ma mère.

SCÈNE III.

Les Mêmes, TÉRÉSA, puis INNOCENTIN.

TÉRÉSA, un livre d'église à la main.

Zerline...

ZERLINE.

Ma mère...

TÉRÉSA.

Vous allez venir à l'office avec nous... votre cousin vient nous chercher.

INNOCENTIN, entrant, un morceau de musique à la main et chantant.

Lacrymosa... Hum! hum!

ZERLINE.

Il faut que je range ici...

TÉRÉSA.

Ah! ah! il paraît qu'il y a eu grand festin, cette nuit.

GIACOMO.

Nous attendions la diligence.

TÉRÉSA.

Enfin, ces militaires sont partis... c'est fort heureux! ce capitaine Roland, me déplaisait souverainement.

GIACOMO.

Vous l'avez pourtant assez bien traité.

TÉRÉSA.

Mon Dieu! c'était seulement pour vous faire plaisir; je sais combien vous chérissez tout ce qui vous rappelle la France.

GIACOMO.

C'est bien naturel...

A tous les cœurs bien nés...

TÉRÉSA.

Laissez cela, Zerline, la fille se chargera de ce soin, ou M. Giacomo, qui ne vient pas à l'office, lui.

GIACOMO.

Ma foi, non!.. les dimanches et les fêtes, c'est bien assez.

INNOCENTIN.

Hum! hum!

TÉRÉSA.

Impie! mais je ne désespère pas de vous voir rentrer dans la bonne voie, car vous êtes du reste un parfait honnête homme que j'estime, que j'aime.

INNOCENTIN.

Hum! hum!

GIACOMO.

Et moi donc!

(Il veut lui prendre la main et la baiser.)

TÉRÉSA.

Après l'office.

GIACOMO.

C'est juste... le créateur, avant la créature.

INNOCENTIN.

Hum! hum!

GIACOMO.

Ah ça! qu'est-ce qu'il a donc notre neveu, ce matin?.. Hum! hum! est-ce qu'il n'a plus que cela à dire.

INNOCENTIN.

Je suis enrhumé, mon très cher oncle; et alors, naturellement, hum! hum!

TÉRÉSA.

Vous avez bien tort de ne pas venir à l'office avec nous; vous entendriez Innocentin chanter un délicieux motet du révérend père Bazilio, le maître de chapelle de Saint-Pierre.

INNOCENTIN.

Je ne sais pas si je pourrai chanter ce matin, je n'ai pas tous mes moyens; et pour chanter la musique du révérend Bazilio, il en faut de fameux; mais si mon très cher oncle était présent, je ferais un effort pour lui plaire... hum! hum!

GIACOMO, à part.

Le caffard. (Haut.) D'abord, moi, je n'aime pas la musique d'église, et puis... (Bas à Térésa.) Je n'aime pas votre Innocentin, surtout depuis qu'il veut épouser notre petite Zerline.

TÉRÉSA.

Oui, je sais que ce mariage lui déplait, mais elle a tort; mon neveu est homme de bien, qui, sans l'amour qu'il a pour elle...

GIACOMO.

Ou pour votre fortune.

INNOCENTIN.

Hum! hum!.. venez-vous chère tante.

TÉRÉSA.

C'est faux.

GIACOMO, à part.

Quand il chante, c'est possible.

TÉRÉSA.

Enfin, sans cet amour tout terrestre, Innocentin entrerait dans le couvent.

GIACOMO.

Il ne lui manquerait plus que ça.

TÉRÉSA.

Vous aimeriez mieux qu'il se fît chanteur.

GIACOMO.

Dame! chacun a ses idées.

AIR du Charlatanisme.

Le théâtre offre l'attirail,
Des rangs, des grandeurs de la terre,
Mais de la ruse, avec détail,
Une affiche instruit le parterre.
Dans le monde c'est sans pudeur,
Que maint hypocrite vous triche,
Car j'ai vu plus d'un imposteur,
Jouer partout l'homme d'honneur...
Sans faire poser une affiche,

INNOCENTIN.

Hum! hum!

TÉRÉSA.

M. Giacomo, retenez ce que je vous dis : le théâtre vous perdra; et maintenant hâtons-nous, car l'office sera commencé.

ZERLINE, à part.

Ce sera toujours cela de gagné.

GIACOMO, bas.

Dis donc, ne va pas chanter là-bas quelque air de Figaro.

ZERLINE.

Oh non! mais je vais bien penser à lui.

INNOCENTIN.

Ma jolie petite cousine, voulez-vous prendre mon bras.

ZERLINE.

Non, je prendrai celui de ma mère.

INNOCENTIN, toussant.

Hum! hum!

TÉRÉSA.

AIR : Suivez en tout ma loi. (PRIMA DONNA.)

Partons, d'un pas pressé
Courons à la chapelle ;
L'office nous appelle,
Il sera commencé.

INNOCENTIN, à part.

Je le vois trop, ma cousine m'évite.

ZERLINE, à Giacomo.

Voyez combien sa mine est hypocrite.

INNOCENTIN, à part.

Pour convaincu,
Moi, je me tiens d'avance,
Que par cette alliance
Je dois être... hum! hum!

ENSEMBLE.

Partons, d'un pas pressé, etc.   (Ils sortent.)

SCÈNE IV.

GIACOMO, seul.

Au fait, il faut convenir que Mme Giacomo est une digne femme !.. et je l'aime encore mieux dévote que coquette ; sur ma foi, Mme Giacomo est encore fort jolie ; et ce n'est pas étonnant, la sagesse conserve !.. Pendant qu'ils sont sortis, occupons-nous des affaires de la maison ; j'ai là des comptes à régler.   (Il s'assied à la table du côté droit.)

SCÈNE V.

GIACOMO, BARILLI, entrant enveloppé dans un grand manteau ; il a un paquet dans une cravatte de soie ; un grand chapeau couvre sa figure.

BARILLI, de la porte.

Voici une hôtellerie de bonne apparence... entrons, holà! quelqu'un...

GIACOMO, se retournant.

Voilà.

BARILLI.

Êtes-vous l'hôtellier ?

GIACOMO.

C'est moi-même ! (A part.) Quel est ce personnage ? (Haut.) Que demande monsieur ?

BARILLI.

Une chambre pour me reposer, et un bon déjeuner pour me restaurer, car j'ai passé la nuit en voiture...

GIACOMO.

On va vous servir sur-le-champ, mon brave. (A part.) Quel singulier accoutrement...

BARILLI, à part.

Mon costume fait son effet... comme sur la route.

GIACOMO, à part.

On dirait d'un bandit des marais pontins ; pourtant, je ne connais pas de brigands, et cette figure ne m'est pas inconnue.

BARILLI.

Qu'avez-vous donc à me regarder, seigneur hôtellier ?

GIACOMO.

Pardon, mais il me semble que ce n'est pas la première fois que je vois votre seigneurie.

BARILLI.

Vous voulez dire ma figure.

GIACOMO.

Je ne puis me rappeler...

Il signor Barilli.

BARILLI.

Allez-vous quelquefois à Rome?.

GIACOMO.

Tant que je peux...

BARILLI.

Êtes-vous allé au théâtre?

GIACOMO.

Ce n'est que pour ça que je fais ce voyage.

BARILLI.

Ah! ah! vous n'avez donc pas de spectacle, ici?

GIACOMO.

La ville offre si peu de ressources... cependant, quelquefois, il nous vient des chanteurs ambulans à la fête locale ou au grand marché, qui est demain précisément; les comédiens sont arrivés hier à l'hôtellerie en face; mais plus je vous regarde.

BARILLI.

Allons, allons! je vois que je suis en pays de connaissance et que je puis me fier à vous... (Il ôte son manteau et paraît habillé en figaro.)

GIACOMO.

Que vois-je?.. le signor Barilli!

BARILLI.

Silence! car tel que vous me voyez, je suis fugitif, poursuivi.

GIACOMO, effrayé.

Par la police?

BARILLI.

Non, par des créanciers... c'est moins dangereux.

GIACOMO.

A la bonne heure; le signor Barilli chez moi, cet artiste si renommé... je disais aussi, cette figure!.. c'est donc là votre costume de voyage?

BARILLI, riant.

Pour le moment, voici tout mon bagage. (Il montre son petit paquet.)

GIACOMO.

Ah ça! comment se fait-il qu'un artiste comme vous ait des créanciers, et des créanciers si ridicules.

BARILLI.

C'est ce que je me demande aussi quelquefois; mais, que voulez-vous...

AIR du Verre.

Mon cher, on ne peut pas non plus
Penser à tout : je veux bien croire,
Que je leur dois quelques écus
Qui me sortent de la mémoire.
Non, vrai, je l'oublie et pourtant,
Ma mémoire est des plus parfaites;
Mais au théâtre, il m'en faut tant,
Qu'il n'en reste plus pour mes dettes.

GIACOMO.

Au fait, ça me paraît naturel.

BARILLI.

N'est-ce pas?.. eh bien, ils ne veulent pas comprendre ça, et hier, pendant la ritournelle d'un duo, la prima donna, qui prétend m'aimer beaucoup, et qui peut-être me l'a prouvé, en me sacrifiant les offres brillantes que lui faisait le signor Bazilio, le maître de chapelle de St-Pierre, la prima donna enfin, me glisse dans la main un petit billet, je rentre dans la coulisse, et je lis : « Va-t'en, les huissiers t'attendent dans ta loge pour t'arrêter. » Je ne me le fis pas dire deux fois, et après la pièce, m'enveloppant dans mon manteau, je quittai le théâtre, malgré les cris du public qui me rappelaient.

GIACOMO.

Et les huissiers?

BARILLI.

Ils auront pu paraître à ma place ! quant à moi, je courus bien vite chez la prima donna où je m'étais habillé, et qui m'avait conduit dans sa voiture; la porte était fermée, je frappe, la camériste paraît à la fenêtre, je lui demande mon petit paquet, elle me le jette, et je monte dans la première voiture que je rencontre sur la route, je croyais me rendre directement à Florence, mais ma foi, la faim m'a forcé de descendre dans ce village.

GIACOMO.

Vous avez faim...

BARILLI.

Et je n'ai point d'argent; ce qui est une singulière contradiction; mais je compte vendre mon costume de Figaro; il est tout neuf.

GIACOMO.

Et vous croyez que je le souffrirai, moi, vieux trompette de cuirassiers, moi, fou de théâtre et de musique, moi, qui ai fait dix fois le voyage de Rome, pour vous admirer; non, non, seigneur Barilli, je vous loge, je vous nourris, je vous nourris comme un chanoine, et vous me paierez en musique, ça vous va-t-il ?

BARILLI.

Vous êtes un brave homme ! et j'accepte le marché.

GIACOMO.

Pour le déjeuner, vous me donnerez quelques petits couplets, pour le dîner ou le souper, c'est-à-dire un repas complet, un grand air, et pour la nuit...

BARILLI.

Un nocturne.

GIACOMO.

Comme vous dites... j'adore les nocturnes.

BARILLI, à part.

Il est original. (Haut.) Mon cher hôte, j'ai bien envie de vous chanter tout de suite un grand air.

GIACOMO, mettant son tablier.

C'est-à-dire que vous voulez un repas complet; chantez, chantez, je vais mettre moi-même votre couvert et vous servir.. Je ferme les portes.

(Il les ferme.)

BARILLI

Et moi je commence.

Air du BARBIER

Tra la la la la la la.

GIACOMO.

Ah ! un air de connaissance !

(Il apporte le guéridon sur le devant de la scène, un peu à gauche, et met le couvert.)

BARILLI, à part.

C'est un vieux militaire de Bonaparte, improvisons-lui d'autres paroles en l'honneur de son général. (Il commence, Giacomo s'assied pour écouter.)

Gloire à jamais au fils de la victoire,
Il nous conduit en chantant à la gloire.
Le grand homme, quel général,
Que l' p'tit caporal !

GIACOMO, pendant que l'orchestre continue.

n plat de ravioli.

(Il prend un plat dans l'armoire, le pose sur la table et se rassied.)

BARILLI, reprenant.

Si quelque roi lui déclare la guerre,
Napoléon n'attend pas un instant ;
Il prend son trône, il le donne à que'q'frère,
C'est se conduire en bon parent.

GIACOMO, ravi.

Ça vaut coquille de macaroni. (Même jeu.)

BARILLI.
Mais si ce roi demande grace,
L' p'tit caporal sur son trône le replace,
En lui disant : Soyez sag' désormais,
Ou j' vous mettrai pour quinz' jours aux arrêts.
L' p'tit caporal sait s' faire justice,
Il met les rois à la sall' de police.

GIACOMO, idem.

Ah! ça vaut mon dernier flacon de vin de Syracuse. (Même jeu.)

BARILLI.
V'là la paix, plus d'ennemis,
Nous rentrons tous au pays,
Mais si que qu' jour, de ce qui nous regarde,
Les autr's voulaient s' mêler, soyons en garde,
Rallions-nous avec fierté
Pour la gloire et la liberté.
Ah! soyons sourds à de lâches alarmes,
Jeunes et vieux, reprenons tous les armes,
Ne flânons pas aux bords du Rhin,
Rentrons dans Vienne, dans Berlin.
D'abord au petit trot,
Ensuite au grand galop,
A la victoire on nous verrait voler bientôt.

GIACOMO, au comble de l'enthousiasme.

Bravo, bravissimo!

BARILLI.

Etes-vous content?

GIACOMO.

Si je suis content!.. vous êtes servi... signor, et tout ce qu'il y avait de mieux dans l'armoire... (A part.) Si ma femme voyait cela...

BARILLI, regardant le repas.

Oui, oui, je vois que vous êtes content. (Il se met à table.)

GIACOMO, lui versant à boire.

Goûtez-moi d'abord de ce vin-là.

BARILLI, buvant.

Oh! oh! ceci est de la flatterie toute pure, je ne mérite pas...

GIACOMO.

Il n'y a rien de trop bon pour un gosier comme le vôtre.

BARILLI.

C'est un vin digne des dieux.

GIACOMO.

C'est du vin de Syracuse que ma femme garde pour les prélats qui logent chez nous; mais les chanteurs sont mes prélats à moi.

BARILLI.

Je comprends, je comprends.

GIACOMO.

Ah ça! vous voilà bien établi, bien servi...

BARILLI.

Vous me quittez?

GIACOMO.

Je vais donner un coup-d'œil à ma maison, il ne faut pas que les plaisirs fassent oublier les affaires.

BARILLI.

C'est juste.

GIACOMO.

Dès que vous aurez fini, voici votre chambre, c'est la plus belle de l'hôtellerie; mais si vous voulez m'en croire, vous changerez de costume, car ma femme n'a pas pour les acteurs la même vénération que moi.

BARILLI, mangeant.

J'entends, j'entends, soyez tranquille, je vais reprendre mes habits de ville.

GIACOMO.

A propos, seigneur Figaro... (Sérieusement.) Vous allez trouver ici quelqu'un de connaissance, mais vous êtes un homme d'honneur, et je me flatte que vous vous souviendrez que vous êtes l'hôte d'un vieux soldat français.

(Il sort.)

SCÈNE VI.
BARILLI, seul.

Que diable veut-il dire? quelqu'un de connaissance... je n'en ai point, que je sache, dans ce pays, où je n'étais jamais passé qu'en courant la poste. Me voilà donc forcé de quitter l'Italie, heureusement un engagement superbe m'attend à Paris, et je ne regrette ici que la jolie petite inconnue que j'ai rencontrée le mois dernier à l'hôtel des comédiens, à Rome, elle avait un air si doux, si candide, et avec cela des yeux d'artiste; jamais aucune femme n'avait fait tant d'impression sur moi, pas même notre prima donna qui m'adorait pourtant, témoin l'avis charitable qu'elle m'a donné et le sacrifice généreux qu'elle m'a fait des amours du révérend père Francesco... Me sacrifier un trésorier! mais c'est sublime pour une cantatrice! et comme c'est heureux que mes habits se soient trouvés chez elle, je n'aurais jamais osé retourner chez moi, et je serais forcé de rester en Figaro, costume fort agréable le soir au théâtre, mais très peu à la mode pour courir les rues et les salons. Le point important c'est que me voilà sorti des griffes de mes créanciers, devenus tout à coup récalcitrants je ne sais pourquoi, car ces braves gens dormaient sur leurs deux oreilles. En arrivant à Paris, si j'ai le bonheur d'y réussir, mon premier soin sera de les satisfaire.

Air du Carnaval.

On peut, je pense, en parlant de ses dettes,
Par un bon mot quelquefois s'égayer ;
C'est fort plaisant, mais quand elles sont faites,
Il faut trouver l'instant de les payer.
Car sur la scène, à Paris, comme à Rome,
Le vrai public, toujours juge excellent,
Aime à sentir le cœur de l'honnête homme
Sous les dehors de l'homme de talent.

SCÈNE VII.
BARILLI, ZERLINE.

ZERLINE.

Enfin j'ai pu m'échapper de la chapelle du couvent...

BARILLI.

Quelle est cette jeune fille?

ZERLINE, l'apercevant.

Que vois-je!

BARILLI.

C'est elle!

ZERLINE.

C'est lui! (A part et avec joie.) C'est Figaro.

Air du Barbier.

BARILLI.	ZERLINE.
Surprise extrême,	Surprise extrême,
Bonheur suprême,	Bonheur suprême,
Celle que j'aime	Celui que j'aime
Elle est ici.	Il est ici.
Son cœur palpite,	Mon cœur palpite,
Son sein s'agite,	Mon sein s'agite,
Pauvre petite,	Quelle visite !
Quoi la voici !	Oui le voici.

BARILLI.

Eh quoi! c'est vous, belle ingénue,
Que je retrouve en ce séjour !

Cette rencontre inattendue,
Est un doux miracle d'amour.

TOUS DEUX.

Surprise extrême, etc.

BARILLI.

Cette maison serait la vôtre?

ZERLINE.

Oui, c'est celle que j'habite.

BARILLI.

Eh quoi! vous êtes la fille de ce digne hôtellier, et voilà cette connaissance dont il me parlait tout à l'heure? mais comment savait-il?..

ZERLINE.

Je lui ai tout raconté.

BARILLI.

Ah! ah! et il ne s'est pas fâché?

ZERLINE.

Il aime tous les artistes, lui.

BARILLI.

Oui, son enthousiasme va jusqu'au vin de Syracuse.

ZERLINE.

Ce n'est pas comme ma mère.

BARILLI.

Elle est donc bien rigide?

ZERLINE.

Oh! elle fait crime de tout; par exemple, je ne sais pas ce qu'elle peut avoir à se reprocher, car elle passe tant de temps à s'accuser de ses fautes, qu'il ne lui reste pas un moment pour les commettre. Tant que le capucin Antonio est resté dans notre auberge, c'était des conférences à n'en plus finir.

BARILLI.

Ah!

ZERLINE.

Et prenez garde qu'elle ne veuille vous convertir comme le capitaine Roland.

BARILLI.

Ah! elle avait aussi des conférences avec le capitaine Roland.

ZERLINE.

Pour le convertir, car elle déteste les militaires autant que les artistes.

BARILLI.

Et vous, ma belle enfant, les détestez-vous aussi les artistes?

ZERLINE.

Oh! moi, au contraire.

BARILLI.

Vous les aimez?

ZERLINE.

Je n'en aime qu'un.

BARILLI.

Voulez-vous me dire son nom?

ZERLINE.

Oh! jamais.

BARILLI.

Je ne vous inspire donc aucune confiance... c'est mon habit peut-être... je vais le quitter.

ZERLINE.

Au contraire, il est si gentil, mais si gentil, qu'en le regardant j'ai presque la passion du théâtre... oh! si ce n'était pas à cause de ma mère...

BARILLI

Eh bien?

ZERLINE.

Tenez, je vais vous dire le rêve de tous mes instants; je voudrais être cantatrice, prima donna.

BARILLI.

Cantatrice ! prima donna !

ZERLINE.

C'est ma vocation... et ma mère veut me mettre au couvent, à moins que je ne consente à épouser un homme que je déteste. Oh ! je ferais plutôt quelque coup de ma tête.

BARILLI.

Le charmant petit caractère ; mais prenez bien garde d'écouter trop vite une fausse idée.

ZERLINE.

Quoi ! c'est vous qui l'appelez ainsi ?

BARILLI.

Air de M. Panseron.

Que Figaro prêche ainsi la morale,
C'est du nouveau, j'en conviens franchement,
Mais de vos yeux la candeur virginale
M'en fait ici la loi, ma belle enfant.
Si le théâtre, en rêve, offre pour plaire
L'enivrement du succès, du plaisir,
  Avant tout aux vœux d'une mère.
  Jeune fille, il faut obéir. } BIS.
(A part gaîment)   Oh ! bravo !
  Figaro !
 Voilà du nouveau !
 Bravo ! bravo !
 Voilà du nouveau !

ZERLINE.

Quel langage !

Même air.

Quoi ! si des arts le dieu puissant m'appelle,
Il me faudra, lui résistant toujours,
Dans les ennuis d'une chaîne cruelle,
  Passer ici mes tristes jours.
Et si, de plus, ma mère que j'honore,
Mais qui souvent me querelle à plaisir,
  Au couvent veut me mettre encore.

BARILLI.

Il faudra toujours obéir.

ZERLINE.

Au couvent, quoi retourner encore.

BARILLI.

A sa mère il faut obéir.

ENSEMBLE.

BARILLI, avec gaîté.
 Ah ! bravo !
 Figaro !
Voilà du nouveau !
Bravo ! bravo !
Voilà du nouveau !
ZERLINE, avec étonnement.
 Figaro !
Voilà du nouveau !

Mais si ma mère n'était pas ma mère...

BARILLI.

Que voulez-vous dire ?

ZERLINE.

Si j'étais, je suppose, une orpheline élevée par elle...

BARILLI.

Vous devriez la respecter encore davantage, car alors ses bienfaits envers vous ne lui seraient pas commandés par la nature.

ZERLINE, piquée.

Eh bien! monsieur, j'obéirai.

BARILLI.

D'ailleurs, pour être cantatrice, prima donna, comme vous dites, il faut plus qu'une vocation décidée, il faut un talent avéré.

ZERLINE.

Et qui vous dit que je n'en aurai pas un jour?.. toutes les nuits, comme ma chambre est au fond du corridor et loin de ma mère, je me lève, j'étudie... cette nuit, devant ma glace, j'ai répété tout le rôle de Suzanne, et quelque chose me dit là... Tenez, ma mère est absente, voyez plutôt.

TÉRÉSA, en dehors.

Zerline! Zerline!

ZERLINE.

C'est ma mère.

BARILLI.

Qui n'aime pas les chanteurs... Je vais quitter ce costume.

ZERLINE.

Oh! c'est dommage; il vous va si bien!

BARILLI.

Je le reprendrai pour vous plaire... et pour entendre l'air de Suzanne. (Il lui baise la main.) C'est qu'elle est vraiment adorable.

TÉRÉSA, frappant toujours.

Zerline! Zerline!

BARILLI.

Je cours mettre mes habits de ville qui sont dans ce paquet. (Il l'entr'ouvre.) Eh bien! qu'est-ce que cela veut dire? ce ne sont pas mes habits... Quel est ce costume? Oh! cela va me servir.

ZERLINE.

Sauvez-vous, la voilà. (Il entre dans sa chambre et s'enferme.)

SCÈNE VIII.

ZERLINE, TÉRÉSA.

ZERLINE, à part.

Oh! j'avais tant prié pour le revoir.

TÉRÉSA, entrant.

Pourquoi donc avez-vous quitté l'église avant moi.

ZERLINE.

Pour venir aider à mon père.

TÉRÉSA.

Oh! Zerline, Zerline, tu t'occupes trop des affaires de ce monde, et pas assez des choses du ciel.

ZERLINE.

Mon père dit que j'ai le temps.

TÉRÉSA.

M. Giacomo, ferait bien mieux d'y songer aussi; tu as entendu le sermon du père Brindi, mon enfant, la fin du monde approche.

ZERLINE, à part.

Raison de plus pour se divertir.

TÉRÉSA.

Avez-vous vu le voyageur qui, dit-on, est arrivé en notre absence?

ZERLINE.

Le voyageur... non, non, ma mère, pas encore.

TÉRÉSA.

D'après la description qu'on m'a faite de son grand manteau et de sa tournure toute mystérieuse, c'est encore quelqu'un de ces vagabonds que mon mari aime tant.

ZERLINE.
S'il faut en juger par le déjeuner qu'il lui a fait servir, ce doit être quelqu'un de distinction ; voyez plutôt, ma mère.

TÉRÉSA.
Ah ! mon Dieu ! tout ce que j'avais là en réserve pour les saints personnages qui daignent descendre dans notre auberge ; et mon vin de Syracuse, Dieu me pardonne.

ZERLINE, à part.
Rien n'est trop bon pour Figaro.

TÉRÉSA.
Décidément, M. Giacomo perd la raison, et si ce voyageur est encore un de ces aventuriers, comme on en voit tant... je le prierai d'aller chercher un gîte ailleurs.

ZERLINE.
Oh ! ma mère... il a l'air si bon...

TÉRÉSA.
Il a l'air si bon ! vous l'avez donc vu ?

ZERLINE.
Ah ! qu'est-ce que j'ai dit là !

TÉRÉSA.
Quoi, Zerline, vous avez fait un mensonge, et vous ne craignez pas que le ciel... quel est ce voyageur ?.. parlez, je veux le savoir.

ZERLINE.
Voilà mon père, qui va vous le dire.

SCÈNE IX.
Les Mêmes, GIACOMO.

GIACOMO.
Eh bien ! qu'est-ce donc ? que voulez-vous savoir ?

TÉRÉSA.
Je veux savoir quel est le nouvel hôte auquel vous avez fait boire mon vin de Syracuse.

GIACOMO.
Ah ! vous ne l'avez pas encore vu ?

TÉRÉSA.
Non, mais je me doute bien ce que ça peut être... quelque militaire.

GIACOMO.
Doucement, ne disons pas de mal de ceux-là, car j'en étais, je m'en vante.

TÉRÉSA.
Un artiste.

GIACOMO.
Possible encore.

TÉRÉSA.
Un comédien, peut-être.

GIACOMO.
Je ne dis pas non.

TÉRÉSA.
Et vous croyez que je le garderai chez moi ; ne l'espérez pas, monsieur, je ne veux pas damner mon ame à cause de vous... et je vais...

(Barilli sort de sa chambre ; il est costumé en Bazile et s'avance lentement.)

GIACOMO, à part.
Que vois-je ?..

ZERLINE, bas à Giacomo.
C'est Figaro qui a pris les habits de Bazile.

GIACOMO, à part, étouffant un éclat de rire.
Oh !..

SCÈNE X.

LES MÊMES, BARILLI.

BARILLI.

Air des Visitandines.

Le Ciel mes sœurs, et vous mon frère,
Vous accorde sur cette terre,
Et ses faveurs et ses bienfaits...
Jusqu'au suprême jour, qu'il vous conduise en paix...
Moi, je viens, d'une ame remplie
D'espérance et de charité,
Vous promettre dans l'autre vie,
Les célestes amours et leur félicité.

TÉRÉSA.

Comment, c'est un révérend père que mon mari avait si bien reçu, et moi qui me fàchais contre lui! pardon, mon cher Giacomo, pardon, vous êtes un digne homme, et je suis une folle de vous avoir soupçonné.

ZERLINE, bas à Giacomo.

C'est qu'il est encore gentil comme cela...

GIACOMO, faisant tous ses efforts pour ne pas rire.

Tais-toi, je le vois bien. (Passant auprès de Barilli.) Où avez-vous donc trouvé ce costume?

BARILLI, bas.

Je vous expliquerai...

GIACOMO, id.

Et cette barbe?

BARILLI, id.

C'est le crin d'un de vos fauteuils, que je vous demande bien pardon d'avoir dégarni.

TÉRÉSA.

A qui donc ai-je l'honneur de parler, mon révérend?

BARILLI.

Au maître de chapelle de Saint-Pierre.

GIACOMO, à part, étouffant un éclat de rire.

Oh! en voilà encore une bonne...

TÉRÉSA.

Le célèbre Bazilio, dont la réputation comme prédicateur, et maître de chapelle, remplit tous les états romains. Ah! seigneur, combien je suis flattée, que vous ayez donné la préférence à mon hôtellerie. Zerline, un fauteuil pour le révérend.

GIACOMO, à part.

Oh! le comédien! comme il a trouvé juste le moyen de se faire adorer de ma femme.

TÉRÉSA.

Si vous preniez encore un peu de ce vin de Syracuse?

BARILLI.

Volontiers, volontiers... (Zerline court prendre le flacon.) Notre saint père le pape n'en boit pas de meilleur.

TÉRÉSA.

Je suis pas trop flattée; maintenant, j'ai là d'une gelée de coings de Padoue, avec des biscuits de Venise...

BARILLI.

J'ai goûté de tout cela.

TÉRÉSA.

Ce cher Giacomo, il a fait les choses comme je les aurais faites moi-même... oh! d'abord toute ma maison est à votre service.

GIACOMO.

Quand je disais!

TÉRÉSA.

On voulait justement ce matin exécuter à l'église du couvent, un motet de votre excellence, mais mon neveu, Ignacio-Innocentin, qui devait le chanter, s'est trouvé tout à coup pris d'un rhume affreux. J'espère cependant que vous pourrez l'entendre, car nous vous garderons quelques jours, n'est-ce pas?

BARILLI.

Tant que vous voudrez, ma sœur.

GIACOMO, bas à Zerline.

Comme c'est heureux pour moi.

ZERLINE.

Et pour moi donc.

TÉRÉSA.

Ah! je suis au comble de la joie! Un homme comme vous dans ma maison, cela va nous attirer toutes les faveurs du ciel... et déjà n'en est-ce pas une que cet empressement que mon mari a mis à recevoir un homme de votre état, lui qui...

BARILLI.

Eh quoi! signora, votre mari?..

TÉRÉSA, bas.

C'est un Français... (Barilli se lève et recule d'un pas à chaque mot.) Un ancien militaire, un renégat, qui n'aime que les artistes, les chanteurs; ah! si vous pouviez le convertir, quelle obligation je vous aurais!

BARILLI.

J'y mettrai tous mes soins, signora.

ZERLINE, bas à Giacomo.

Air d'Aristippe.

Ah! comme il est encore bien dans ce rôle!

TÉRÉSA, à Barilli

Le doux accueil vraiment qu'il vous a fait,
Tout à la fois me calme et me console.

BARILLI.

J'espère bien le gagner tout-à-fait.

TÉRÉSA.

A ce bonheur, ainsi j'ose prétendre,
Puisqu'en ces lieux, dès qu'il vous vit, déjà
La voix du ciel à lui se fit entendre.

BARILLI, à part.

Oui, dans un air de l'opéra-buffa.

TÉRÉSA.

Mais je veux que toute notre petite ville connaisse l'honneur que je reçois, et je vous demanderai la permission de vous présenter toutes nos dames de la congrégation.

ZERLINE, à part.

Pauvre Figaro!

BARILLI, à part.

Ah mon Dieu! (Bas à Giacomo.) Sont-elles jeunes?

GIACOMO, de même.

Pas une.

BARILLI, de même.

C'est égal, je suis ici par esprit de pénitence.

GIACOMO.

Vous y avez la main.

TÉRÉSA.

Je vous laisse, mon révérend, avec mon mari et ma fille; convertissez M. Giacomo, je vous en prie, et, quant à ma Zerline, faites-lui entendre qu'elle doit absolument épouser son cousin Ignacio Innocentin, dont je vous parlais tout à l'heure.

BARILLI.

Celui qui chante mes motets?

TÉRÉSA.

Lui-même... (Bas.) Ou qu'elle doit se résoudre à prendre le voile.

BARILLI, à part.

Pauvre petite! (Bas.) Soyez tranquille, je vais lui parler de la bonne manière.

TÉRÉSA.

Oh! je connais le pouvoir de votre éloquence, et je suis remplie d'espérance... Ah! mon mari, mon mari, quelle occasion pour vous, si vous saviez en profiter! (Elle sort.)

SCÈNE XI.

ZERLINE, BARILLI, GIACOMO.

GIACOMO.

Je profiterai, Mme Giacomo, je profiterai... je l'attends au grand air du dîner.

BARILLI, sans se retourner.

Est-elle partie?

GIACOMO.

Oui.

BARILLI, avec élan.

Ah!

TOUS TROIS.

Ah bravo!
Figaro!
Voilà du nouveau!
Bravo! bravo!
Voilà du nouveau!

GIACOMO.

Mais dites-moi, je vous prie, comment vous vous trouvez nanti de ce noir costume.

BARILLI.

Vous m'en voyez encore tout étourdi; comme je vous l'ai dit tantôt, la camériste de la prima donna m'a jeté ce paquet par la fenêtre, et dans sa précipitation, la pauvre fille aura pris un paquet pour l'autre.

GIACOMO.

Oui, mais comment ces habits-là étaient-ils chez la prima donna?

BARILLI, bas.

Eh! mon cher ami, est-ce que ces habits-là n'entrent pas partout? (A voix basse.) C'étaient ceux du signor Bazilio... chut.

ZERLINE, vivement.

Qu'est-ce que c'est?

GIACOMO.

Rien, rien, nous parlons morale. (A part) Courons avertir nos comédiens, que j'ai l'honneur de posséder dans mon auberge le premier chanteur de l'Italie.

BARILLI.

Vous me quittez, mon cher hôte?

GIACOMO.

Oui, je sors pour une surprise que je vous ménage.

BARILLI.

J'avais pourtant à vous parler sérieusement d'une chose tout-à-fait gaie.

GIACOMO.

Et laquelle?

BARILLI.

De mon mariage avec votre aimable fille.

ZERLINE.

Qu'entends-je?

GIACOMO.

Vous voulez rire.

BARILLI.

C'est très sérieusement... elle vous a tout raconté. (Innocentin entre; Barilli prend la main de Zerline.) Consentez-vous, mon cher hôte, à m'accorder sa main?

SCÈNE XII.

LES MÊMES, INNOCENTIN. Il a sous le bras le livre que portait Térésa à sa première entrée.

INNOCENTIN, dans le fond.

Oh! le révérend qui demande ma cousine en mariage, c'est bien invraisemblable... hum! hum!

GIACOMO.

Innocentin!

ZERLINE.

Tout est perdu!

BARILLI, à mi-voix.

Eh non! l'opéra-buffa est là. (Haut.) Oui, M. Giacomo, je vous demande la main de Zerline pour un de mes plus proches parens, auquel je laisserai tout ce que j'ai.

GIACOMO, riant, à part.

Il n'a rien.

INNOCENTIN.

Hum! hum! c'est différent, je disais aussi, un abbé épouser une femme!
(Il s'approche doucement.)

GIACOMO.

Seigneur révérend, votre demande m'honore, mais Zerline n'est pas ma fille; elle dépend de Mme Giacomo, à qui elle a été confiée par sa mère, une brave dame qui est morte dans le couvent des Ursulines, de notre petite ville, et je doute fort que Mme Giacomo renonce (bas) pour Figaro (haut) aux projets qu'elle a déjà formés pour l'établissement de Zerline.

BARILLI.

Je saurai bien trouver un moyen, (bas) toujours d'opéra-buffa, (haut) pour la faire consentir.

ZERLINE.

Oh! je vous en prie, mon révérend; car moi je n'aime pas du tout mon cousin Innocentin.

INNOCENTIN, avançant.

Hum! hum!

BARILLI.

Quel est ce petit jeune homme si frais et si blond?

INNOCENTIN.

C'est moi, mon révérend.

GIACOMO.

C'est M. Innocentin, dont nous parlions tout à l'heure, et qui a toujours l'art de surprendre son monde fort agréablement. (A part.) Il n'entre jamais, ce garçon-là; il se glisse.

INNOCENTIN.

Je viens présenter ma vénération au révérend don Bazilio, et lui demander des conseils sur la manière de chanter le motet qu'il a composé pour la fête du bienheureux saint Pancrace de Modène.

BARILLI.

Ah! ah! mon motet pour la fête de saint Pancrace de Modène. (A part.) Le diable m'emporte si je sais ce que c'est.

GIACOMO.

Nous vous laissons avec lui. Viens, Zerline.

BARILLI, bas.

Merci de la corvée.

GIACOMO.

Dites donc, si vous pouviez le convertir au théâtre, hein?

BARILLI.

Ce serait un coup de maître.

GIACOMO.

Courons exécuter mon projet... Viens, Zerline.

ZERLINE sort en chantant
Ah bravo !
Figaro !

SCÈNE XIII.

BARILLI, INNOCENTIN.

INNOCENTIN, à part.

Quelle cousine mondaine j'ai là!.. hum! hum! Je conçois presque qu'elle ne m'aime pas; nous avons des goûts si opposés! c'est le ciel et l'enfer, et c'est moi qui suis le ciel.

BARILLI.

Avancez-moi un fauteuil, mon frère.

INNOCENTIN.

C'est trop d'honneur, excellence... hum! hum!

(Il avance un fauteuil; Barilli s'asseoit gravement.)

BARILLI.

Quel livre avez-vous là?

INNOCENTIN.

Ce sont les HEURES de ma chère tante, qu'elle avait oubliées.

BARILLI, les prenant.

Ah! ah! voilà des HEURES dignes d'une duchesse.

INNOCENTIN.

C'est un présent fait à ma tante par un cardinal.

BARILLI.

Oh! c'est un livre superbe. (Il l'ouvre.) Que vois-je? ces mots au crayon... (Il lit.) « Fautes récentes... » Oh! c'est la liste des péchés de notre hôtesse. cela doit être curieux. (Il lit.) « Le capucin Antonio... le capitaine Roland... gourmandise. »

INNOCENTIN.

Hum! hum!

BARILLI, fermant le livre.

Vous dites donc que vous allez chanter un de mes motets.

INNOCENTIN.

Si vous voulez bien le permettre, excellence.

BARILLI.

Mais il me semble que vous n'aviez pas attendu ma permission. Voyons, voyons, je vous écoute.

INNOCENTIN, toussant très fort.

Hum! hum!

BARILLI.

Cette musique là n'est pas de moi!

INNOCENTIN.

Excellence, je ne chante pas encore, je tousse.

BARILLI, à part.

L'imbécile! (Haut.) Ah! je disais aussi... commencez...

INNOCENTIN, d'une voix fausse.

« Lacrymosa, »

BARILLI, l'interrompant.

Assez, assez, ménagez-vous, ménagez votre diamant; mais comment se fait-il qu'avec une voix pareille, vous ne soyez pas déjà au théâtre.

INNOCENTIN.
Au théâtre, bonté divine!
BARILLI.
Oui, monsieur, au théâtre, où votre voix vous appelle, et vous promet la plus belle fortune!
INNOCENTIN.
Hum! hum! quoi, mon révérend... c'est vous, qui voulez...
BARILLI.
Eh! oui, monsieur, votre vocation n'est pas d'être chantre... elle est d'être chanteur.
INNOCENTIN.
Chanteur! c'est-à-dire, acteur, comédien... votre excellence veut m'éprouver sans doute! moi, chanteur de théâtre... hum! hum!
BARILLI.
Oui, monsieur, chanteur... chanteur! ah! si vous saviez ce que c'est...
INNOCENTIN.
J'espère bien que je ne le saurai jamais! et que jamais je ne verrai un seul de ces mécréans en face... des comédiens... Oh!
BARILLI.
Profane! fermez toutes les portes...
INNOCENTIN.
Excellence...
BARILLI.
Fermez tout, vous dis-je... je veux vous convertir...
INNOCENTIN.
Me convertir... comment? hum! hum! (Il va fermer les portes et revient s'asseoir, en couvrant sa figure de ses deux mains.) Oh! Diavolo!

BARILLI, avec élan.

Musique de M. Béancourt.

En tous lieux, aujourd'hui, les honneurs, la puissance...
Sont, du talent, le partage flatteur,
Les arts donnent l'indépendance,
Quel sort plus beau que celui du chanteur!

(Il attire Innocentin par le bras et le force à écouter.)

Voyez... il entre en scène... un frémissement de plaisir l'accueille, écoutez... il déploie toute la magie de sa puissance... quel délire! toutes les mains applaudissent, toutes les voix crient : Bravo! la salle est pavoisée de mouchoirs qu'on agite, on le rappelle, il vient, une couronne tombe à ses pieds... une couronne! et peut-être un bouquet plus doux que vingt couronnes.—Tous les salons lui sont ouverts; qu'il paraisse, il est l'ame de la fête; partout il est aimé, car s'il chante pour le riche il chante pour le pauvre, et le pauvre bénit son nom.—Veut-il voir d'autres pays; partout on l'appelle, partout il trouve des amis, partout la fortune sème l'or sur ses pas; toute sa vie est un enchantement... cette musique, ces lumières, ce parfum de femmes et de fleurs, ces applaudissemens qui enivrent de volupté... dix ans d'une autre vie sont dans une pareille heure.

Ah! quel bonheur
D'être chanteur!
Pour lui, les belles
Sont peu cruelles,
Et les amours
Durent toujours.

INNOCENTIN. Il a écouté avec une attention croissante le tableau que lui fait Barilli; il semble émerveillé et s'anime sensiblement; l'allégro achève de le transporter, il s'écrie :
O che gusto, che gusto.

TÉRÉSA, frappant à la porte.
Ouvrez, ouvrez, c'est moi.

INNOCENTIN.
Quel fâcheux contre-temps, j'étais en extase.
BARILLI.
Pas un mot de tout ceci, ou vous êtes damné.
INNOCENTIN.
Damné, damné, ça m'est égal! au diable le diable!
(Il va ouvrir en chantant le motif de l'air : AH! QUEL PLAISIR D'ÊTRE CHANTEUR!)

SCÈNE XIV.

LES MÊMES, TÉRÉSA, puis GIACOMO.

TÉRÉSA.
Eh bien! mon neveu, vous avez vu notre révérend, qu'en dites-vous?
INNOCENTIN, chantant.
Ah! quel plaisir! Ah! ah! ah!
GIACOMO, entrant.
Allons! ma femme est encore là. (Bas à Barilli.) Eh bien! où en sommes-nous?..
BARILLI, bas.
Votre neveu est à nous, je lui ai donné le diable au corps; voyez.
INNOCENTIN, chantant.
Ah! quel bonheur!
D'être chanteur!
TÉRÉSA.
Il a donc été content de votre voix, et les paroles du motet?..
INNOCENTIN, sans l'écouter.
Pour lui les belles
Sont peu cruelles.
Ah! ah! ah!
TÉRÉSA.
Ceci n'est pas dans le motet, je suppose.
INNOCENTIN.
Ah! ah! ah! (Il sort en faisant des roulades et en dansant.)
TÉRÉSA, remontant la scène.
Innocentin! mon neveu!

SCENE XV.

BARILLI, GIACOMO, TÉRÉSA.

BARILLI, bas à Giacomo.
Maintenant, au tour de votre femme, je vais lui jouer une scène de Tartufe.
GIACOMO, à part.
Oh! le comédien!
BARILLI.
Laissez-nous seuls.
GIACOMO.
Oh! faut-il que je m'en aille?
BARILLI.
Oui.
TÉRÉSA, revenant.
L'enthousiasme lui aurait-il fait tourner la tête? que peut lui avoir dit notre pieux voyageur?
BARILLI.
Je lui ai chanté un motet de ma façon... Maintenant je voudrais causer un moment avec vous, si votre mari veut bien nous le permettre.

TÉRÉSA.
Je vais lui demander. (Brusquement.) Laissez-nous, Giacomo.

GIACOMO, à part.
Je donnerais je ne sais quoi pour entendre seulement d'une oreille.

BARILLI.
Eh bien ! mon ami.

GIACOMO.
Je sors puisqu'il le faut. (Bas.) Vous me raconterez tout, n'est-ce pas ?

BARILLI.
Empêchez qu'on ne vienne nous interrompre.

GIACOMO.
Oui, Tartufe, oui.   (Il sort par la seconde porte à droite.)

SCENE XVI.
BARILLI, TÉRÉSA.

BARILLI, à part.
Sachons à quoi m'en tenir.

TÉRÉSA.
J'ai couru chez toutes ces dames, et vous allez les voir arriver... vous vous êtes peut-être ennuyé en mon absence ?

BARILLI.
Non, madame; j'étais là plongé dans une lecture qui m'occupait beaucoup.

TÉRÉSA.
Comment ce livre se trouve-t-il en vos mains ? je croyais l'avoir laissé...

BARILLI.
C'est votre neveu qui vous a rendu le service de le rapporter.

TÉRÉSA.
Je le reconnais bien là... c'est un être adorable ; il pense à tout.

BARILLI.
C'est pour cela que vous voulez lui donner votre charmante fille ?

TÉRÉSA.
Oui, c'est un point résolu; il faut que Zerline épouse Innocentin, ou qu'elle entre au couvent.

BARILLI, à part.
C'est ce que nous verrons. (Haut.) Mais avez-vous bien consulté le cœur de votre fille ? savez-vous si l'amour ne rendrait pas ses vœux criminels ? vous êtes trop jeune encore pour méconnaître la voix des passions.

TÉRÉSA.
Que dites-vous ?

BARILLI.
J'ai vu à quelles pages de ce livre de consolation vous recourez le plus souvent... j'y ai trouvé écrits au chapitre de la pénitence ces deux noms : le capucin Antonio, le capitaine Roland... puis des phrases soulignées comme celle-ci : « Le repentir est une seconde innocence...» et j'ai espéré que celle dont l'âme se complaît en de semblables pensées, montrerait quelque tolérance pour son prochain.

TÉRÉSA.
Il est vrai que je ne suis pas assez irréprochable moi-même pour pouvoir me montrer bien sévère.

BARILLI.
Si votre cœur a quelque secret qui lui pèse, faites-le moi connaître, vous serez soulagée... Eh bien ! vous hésitez ?

TÉRÉSA.
Je n'ose, et pourtant je voudrais bien tout vous dire.

BARILLI.
Ne tremblez pas ainsi, vous n'êtes point devant un tribunal sacré, devant

un juge, c'est un ami sûr et discret qui vous offre ses conseils, et en qui vous pouvez avoir toute confiance. (Il va prendre des sièges.)

SCÈNE XVII.
Les Mêmes, GIACOMO entr'ouvrant la porte.

GIACOMO.

On n'entend pas un mot derrière cette porte ; heureusement que je sais mon Molière aussi, moi. (Il se glisse sous la table, puis relève le tapis du côté du public.) Fais le Tartufe maintenant, va ton train, je suis Orgon, moi.

BARILLI, à Térésa.

Vous n'hésitez plus, n'est-ce pas?

TÉRÉSA.

Votre douceur est si ravissante! et puis ne nous apprend-on pas qu'il sera beaucoup pardonné à qui aura beaucoup aimé?

BARILLI.

Sans doute... ainsi, dites-moi bien tout.

GIACOMO, riant.

Oh! elle va lui dire... et je suis là.

BARILLI.

Je vous écoute.

GIACOMO.

Et moi aussi ; je suis enchanté de connaître les petits secrets de ma femme... oh! fameux!
(Il étouffe un éclat de rire ; mais Barilli s'aperçoit de sa présence.)

BARILLI, à part vivement.

Giacomo!

TÉRÉSA.

J'ai bien des reproches à me faire au sujet d'un capitaine Roland.

GIACOMO.

Hein?..

BARILLI, à part.

Que faire et comment empêcher?..

TÉRÉSA, continuant.

Mon mari...

BARILLI.

Arrêtez!.. je comprends votre embarras et je sais un moyen de vous l'épargner. En ne confiant ces secrets qu'à mes yeux, votre voix ne devra pas les articuler... écrivez sur la marge de ce livre ce que vous alliez me dire, je lirai.

TÉRÉSA.

Oh! merci! (Elle va écrire.)

GIACOMO, tirant Barilli par l'habit.

Laissez-la donc parler.

BARILLI, faisant l'étonné.

Quoi!

GIACOMO, riant.

Je suis là, moi.

BARILLI.

Qu'y venez-vous faire?

GIACOMO.

Je joue Orgon ; faites parler ma femme, ça m'amusera.

BARILLI.

Je ne puis plus maintenant.

GIACOMO.

Vous me montrerez le livre, hein?

BARILLI.

Oui ; la voilà, cachez-vous, Orgon.

GIACOMO.
Oui, Tartufe.
TÉRÉSA, revenant.
Voilà mes secrets, je vous les confie.
BARILLI, à part après avoir lu.
C'est bon! Zerline est à moi.

SCÈNE XVIII.
Les Mêmes, ZERLINE.

ZERLINE.
Ma mère! ma mère! voilà toutes ces dames qui vous demandent.
TÉRÉSA.
Il ne faut pas les faire attendre, je vais vous les amener; je laisse ce livre entre vos mains; plus tard, j'écouterai votre parole... Viens Zerline, viens avec moi au-devant de ces dames.
ZERLINE.
Je ne pourrai pas rester un instant seule avec lui.
(Barilli lève sa barbe et baise la main de Zerline, qui sort avec Térésa.)

SCÈNE XIX.
GIACOMO, sortant de dessous la table, BARILLI.

GIACOMO.
Voyons le livre, voyons le livre.
BARILLI.
Par où diable êtes-vous passé?
GIACOMO.
Par la porte, tout bonnement... Voyons le livre.
BARILLI.
Vous avez failli faire manquer tout.
GIACOMO.
C'est bien plutôt vous, en empêchant ma femme de parler; mais nous allons lire à nous deux.
BARILLI.
Quoi?
GIACOMO.
Ce qu'elle a écrit là-dessus.
BARILLI.
Y pensez-vous?
GIACOMO.
Pourquoi pas?
BARILLI.
Abuser ainsi, ce serait mal.
GIACOMO.
Ah bah! qu'est-ce qu'il peut y avoir? ma femme est une honnête femme; je ne crains pas de trouver là des choses qui... c'est seulement pour s'amuser un peu... allons...
BARILLI.
Non, je ne le puis.
GIACOMO, sérieusement.
Alors il y a donc des choses qui...
BARILLI, vivement.
Rien; et pour vous le prouver, je vais vous lire moi-même ce qui est écrit.
GIACOMO, se frottant les mains.
Ça m'est égal.
BARILLI, feignant de lire.
« Je me reproche d'avoir manqué de complaisance pour mon mari. »

GIACOMO.

Il y a ça, bonne femme !

BARILLI.

« Je me reproche d'avoir quelquefois battu ce pauvre Giacomo. »

GIACOMO.

Vrai, elle se reproche... eh bien ! c'est d'une bonne femme !.. oh ! c'est que c'est vrai, elle lève parfois la main... et dam, ça tombe où ça peut.

BARILLI, riant.

Oh ! oh ! vous en convenez ?

GIACOMO, avec bonhommie.

Eh bien ! oui, je suis un vieux soldat, moi, ça m'amuse !... ah ! elle se reproche ça... Eh bien ! non, bats-moi tant que le cœur t'en dira, tu es une bonne femme, là... Mais je ne vois pas ce qu'elle commençait au sujet du capitaine Roland.

BARILLI, à part.

Diable !..

GIACOMO.

Qu'est-ce qu'elle a donc à se reprocher au sujet du capitaine Roland ?

BARILLI.

De ne pas l'avoir accueilli aussi bien que vous l'auriez désiré.

GIACOMO.

Eh bien ! c'est un scrupule qui me touche... mais rassurez-là, le capitaine est parti enchanté ; il me le disait encore ce matin. Convenez que j'ai là une bien bonne femme.

BARILLI.

Et vous êtes un bon homme.

GIACOMO.

Voyons le reste.

BARILLI, à part.

C'est que je ne sais plus que lui dire, moi... on vient, je suis sauvé.

SCÈNE XX.

Les Mêmes, ZERLINE, TÉRÉSA, Dames de la ville, apportant des confitures et des sirops ; elles sont toutes vieilles ; quelques-unes ont des lunettes vertes.

GIACOMO, à Barili.

Voilà votre corvée, je vous quitte et je reviens... mais vous me montrerez le livre. (Il sort.)

BARILLI.

Oh ! les dévotes qui m'apportent des confitures.

CHOEUR.

Air : Charmante jeunesse.

Nous t'apportons, oh ! saint homme,
Ces sirops, ces sucs de pomme,
Et ces douceurs qu'on renomme
  Dans notre canton ;
Reçois avec indulgence,
Ce don de peu d'importance,
Et notre humble révérence,
  Toi qu'on dit si bon.

SCÈNE XXI.

Les Mêmes, GIACOMO, CHANTEURS, en différens costumes du Mariage de Figaro, INNOCENTIN en Chérubin.

GIACOMO.

Entrez, mes amis, le voilà !

BARILLI, bas.

Mais, qu'est-ce que j'entends encore.

CHOEUR.

Air de la Gazza.

Célébrons, célébrons, le grand homme,
Qu'en ces lieux nous avons rencontré ;
Il faisait les délices de Rome,
Et partout il sera désiré.

TÉRÉSA.

Qu'est-ce donc, M. Giacomo?

GIACOMO.

La troupe de nos chanteurs, qui vient rendre ses hommages à don Bazilio.

TÉRÉSA et LES DAMES.

Des comédiens!

BARILLI.

Expliquez-moi, mon cher hôte...

GIACOMO.

Excellence! tout ceci est bien simple : ces braves chanteurs ayant appris que vous êtes par hasard dans ce pays, viennent vous rendre hommage comme à leur patron.

TÉRÉSA.

Quelle audace!

GIACOMO.

Et vous prier en même temps de vouloir bien donner ce soir une représentation à leur bénéfice.

TÉRÉSA.

Quel scandale! ils le prennent pour un comédien. (Murmures d'indignation parmi les dames.) Mais, que vois-je? mon neveu sous ces habits!

INNOCENTIN.

Oui, ma tante, et me voilà prêt à débuter dans le rôle de Chérubin, des Noces de Figaro; je sais déjà mon grand air : (Il chante d'une voix fausse.)

Mon cœur soupire...
Ah! quel bonheur d'être chanteur!

TÉRÉSA.

Débuter! un rôle! le Mariage de Figaro!.. qu'est-ce que cela signifie?

GIACOMO.

Cela signifie que votre neveu a été converti par le père Bazilio.

BARILLI, jetant sa robe de Bazile.

Qui n'est autre que l'acteur Barilli. (Les dames poussent un cri.)

GIACOMO.

Le premier chanteur de l'Italie.

LES CHANTEURS.

Vive Barilli!

TÉRÉSA, se réfugiant à droite avec les dames.

Oh! sainte Madone, ma maison est pleine de renégats; venez, mesdames, venez, Zerline!

BARILLI.

Un instant, belle dame, j'ai une grace à vous demander... et vous en avez tant, que vous ne voudrez pas me refuser celle-là, c'est de vouloir bien m'accorder la main de Zerline, que j'aime depuis son voyage à Rome.

TÉRÉSA.

Qu'entends-je?..

ZERLINE.

Oui, oui, ma mère, ma bonne mère, et je l'aime aussi.

TÉRÉSA.

Oh! grands dieux! qu'est-ce que j'apprends?..

GIACOMO.

Je suis la caution du signor Barilli, c'est un homme d'honneur...

TOUS LES CHANTEURS.

Oui! oui!

TÉRÉSA.

Moi, donner Zerline à un comédien!

BARILLI, à Térésa.

Le capucin Antonio m'a chargé de vous prêcher l'indulgence.

TÉRÉSA.

Monsieur!

BARILLI.

Et le capitaine Roland me recommande à vos bontés.

TÉRÉSA.

Monsieur, abuserez-vous?

BARILLI, avec dignité.

Abuser! (Il arrache une page du livre et la remet à Térésa.) Tenez, madame, je ne sais rien... vous êtes maîtresse de mon sort.

TÉRÉSA, saisit la page et la déchire.

Sortez de chez moi, jamais je ne consentirai à ce mariage. (A part.) Il n'a plus d'armes contre moi.

BARILLI.

Mille pardons, madame, je me suis trompé, c'est la page d'avant que j'ai arrachée... la bonne y est encore, et je ne vous la remettrai qu'en échange de votre consentement... sinon... (Il tend le livre à Giacomo.)

TÉRÉSA, vivement.

Je consens, je consens à tout; puisqu'elle vous aime... épousez-là.

ZERLINE.

Quel bonheur!

GIACOMO, prenant le livre.

Mais, moi, je veux savoir ce qu'il y a sur cette fameuse page.

TÉRÉSA.

Ah! mon Dieu! empêchez...

BARILLI.

Rassurez-vous, vous avez déchiré la bonne.

TÉRÉSA.

Ah! si je l'avais su!

GIACOMO, à Barilli.

Mais qu'est-ce qu'il y avait donc?

BARILLI.

Mon ami, c'est une confidence sacrée, elle doit mourir avec moi... pardonnez-moi, mesdames, cette petite ruse de mon état; pour l'expier, je donne demain une représentation au bénéfice de la congrégation... cette soirée, je la consacre à mes chers camarades.

TOUS.

Vive Barilli!

INNOCENTIN.

Vive Barilli!.. vive les comédiens! vive les musiciens! oh! ma tante, voulez-vous débuter avec moi? il nous manque justement une Rosine dans la troupe.

TÉRÉSA.

Taisez-vous, payen!

INNOCENTIN.

Hum! hum!

GIACOMO.

Seigneur Barilli, vous me devez un petit air pour votre coucher.

BARILLI.

Je vais m'acquitter sur-le-champ.

AU PUBLIC.

Air de Blangini.

C'est entre nous de puissance à puissance,
Votre orchestre succède au mien ;
Déjà d'ici je vois d'avance
Se préparer chaque musicien,
Chacun de vous devient musicien.
Quel chorus ferez-vous? je tremble,
Rassurez mes esprits troublés,
Dans tous les tons, chantez ensemble,
Mais non pas dans toutes les clés.

FIN.

LA SOEUR GRISE

ET

L'ORPHELIN,

MÉLODRAME EN QUATRE ACTES ET CINQ TABLEAUX,

PAR MM. VALORY ET MONTIGNY ;

REPRÉSENTÉ POUR LA PREMIÈRE FOIS, A PARIS, SUR LE THÉATRE DES FOLIES DRAMATIQUES, LE 22 OCTOBRE 1836.

Je sauve l'honneur de votre nom. (ACTE III, SCÈNE 10.)

PARIS,

NOBIS, ÉDITEUR, RUE DU CAIRE, N° 5.

1836.

Personnages.	Acteurs.
M. BURMSTER.	MM. Saint-Mar.
MAXIMILIEN, son fils.	Jules Juteau.
M. VALBENBRACK.	Neuville.
HUGUES, jeune ouvrier.	Palaiseau.
WOLFF,	Milet.
MAURICE, } amis de Maximilien.	Belmont.
FRÉDÉRIC,	Bienfait.
UN BRIGADIER DE MARÉCHAUSSÉE.	Dupré.
UN CONSEILLER.	
UN OFFICIER DE POLICE.	
UN DOMESTIQUE.	
SOEUR MARTHE.	Mme Delille.
THÉRÈSE, domestique chez Valbenbrack.	Mlle Ernestine.

Deux Dames,
2me Conseiller,
Un Postillon,   } personnages muets.
Voleurs,
Soldats de Maréchaussée,

La scène est à Stutgard, pour les trois premiers actes ; dans la Forêt-Noire, pour le quatrième.

Les personnages sont inscrits dans l'ordre qu'ils occupent en scène. Toutes les indications sont prises de la droite et de la gauche de l'ACTEUR. Le premier inscrit tient la droite.

J.-R. MÉVREL, passage du Caire, 54.

LA SOEUR GRISE ET L'ORPHELIN,

MÉLODRAME EN QUATRE ACTES ET CINQ TABLEAUX.

ACTE I.

PREMIER TABLEAU.

Une mansarde.—Porte au fond ; à droite, une table et une chaise ; à gauche, un lit de sangle et une chaise.

SCÈNE I.

THÉRÈSE, HUGUES.

(Au lever du rideau, ils viennent de reconduire le médecin, qui est censé descendre l'escalier.—Hugues a le bras en écharpe.)

HUGUES, à la cantonnade.

Au plaisir de vous revoir, monsieur le docteur.

THÉRÈSE, de même.

Merci des bons soins que vous avez donnés à Hugues... prenez garde en descendant ; l'escalier est si noir.

HUGUES, descendant en scène.

Au fait, ça serait dommage s'il s' cassait une jambe ou un bras... lui qui les raccommode si bien aux autres... car enfin me v'là guéri ! je ne suis plus dans le régiment des éclopés...

THÉRÈSE.

Grace à ce brave homme de docteur...

HUGUES.

Et à c'te bonne sœur Marthe... que c'est elle qui m'a envoyé le cérugien de son hospice, et que j'ai été traité comme un crésus qui aurait payé deux florins par visite ; pourtant c'était la moitié pour rien... et le restant gratis.

THÉRÈSE.

Ah dam ! à domicile, c'est toujours mieux qu'avec tout le monde.

(Elle s'approche du lit, où elle s'occupe à brosser et plier la redingote de Hugues[*].)

HUGUES.

Ma foi, j'en sais rien ; je me rappelle encore quand on m'a ramassé... je venais de porter secours à un jeune étudiant qui se faisait abîmer de coups ; quatre contre un... en bon Allemand, j' pouvais pas souffrir ça... pour le débarrasser, je me fais casser un bras... on me porte à l'hospice, sans me demander mon adresse... on me met dans un bon lit, avec des draps blancs, des petits bouillons et du sucre dans ma tisanne... j'étais avec tout le monde, cependant... Eh ben ! j'aurais pas été mieux chez moi... il est vrai qu'à l'époque, chez moi c'était sous l'établi de mon maître menuisier, et que je couchais dans les copeaux.

THÉRÈSE.

Mais depuis, la Providence est venue à ton secours.

HUGUES.

Oui, la Providence, sous les traits de sœur Marthe... après m'avoir soigné, dorlotté, pas comme une infirmière, mais comme une mère... comme la meilleure des mères... a-t-elle pas voulu absolument me louer c'te chambre, et me mettre dans mes meubles... un luxe asiatique... deux chaises et un lit de sangle !

THÉRÈSE.

Excellente femme ! que ne lui dois-tu pas !

[*] Hugues, Thérèse.

HUGUES.

Au contraire... c'est qu'elle dit que tout ça, c'est pour rien, et que je ne lui dois pas un sou. Oh! si j' pouvais découvrir...

THÉRÈSE.

Quoi donc?

HUGUES.

Rien... une histoire qu'elle m'a contée... vois-tu, Thérèse, pour cette femme-là.., mon sang, ma vie, mes deux yeux, mes deux bras.., et c'est pas trop, puisqu'elle m'en a déjà rendu un... tout, j' donnerais tout!

THÉRÈSE, assise sur la chaise près du lit.

Eh ben! qu'est-ce qui me restera donc à moi?

HUGUES, s'asseyant sur le pied du lit.

Toi, c'est juste... faut te faire ta part; car t'es ma compagne d'enfance, la fille de celui qui m'a pris à la maison des orphelins, qui m'a mis le pain et le rabot à la main... et à c'te heure que ta position sociale est la même que la mienne, que tu n'as ni père ni mère, t' as besoin d'un soutien, d'un mari... et j' te soutiendrai, moi.

THÉRÈSE.

C'est-à-dire que tu m'épouseras.

HUGUES.

Dès que nous aurons un petit magot devant nous; pour se marier, faut être riches,

THÉRÈSE.

Est-ce que j'ai pas soixante-dix florins de placés?..

HUGUES.

Soixante-dix florins! c'est gentil, j' gage ben que c' n'est pas chez ton nouveau maître que tu les as amassés.

THÉRÈSE.

J' crois ben! un vieil avare d'usurier, qui se couche aussitôt qu'il fait nuit, pour ne pas brûler de chandelle.

HUGUES.

J'espère ben que tu ne moisiras pas dans cette place-là... je n' sais pas où je l'ai envoyé ton M. Valbenbrack, mais il n' me revient guère.

(Ils se lèvent tous les deux.)

THÉRÈSE.

A propos... tu sais ben, M. Maximilien... ce jeune homme pour qui t'as eu le bras cassé... il est venu l'autre jour chez M. Valbenbrack; faut croire qu'ils font des affaires ensemble,

HUGUES.

Des affaires, avec ce vieil usurier-là?.. tant pis pour M. Maximilien, que je ne connais pas beaucoup... mais qui m'a l'air d'un bon enfant.

THÉRÈSE.

C'est vrai qu'il n'est pas fier, pour un jeune homme du monde.

HUGUES.

Il est venu me voir ben des fois pendant ma maladie!

THÉRÈSE.

C'est égal... je ne me figure pas que ça soit une connaissance à fréquenter; c'est pas un jeune homme rangé que celui qui court les tavernes et les tabagies, qui se prend de dispute avec des mauvais sujets, qui se grise... car enfin, il était gris, ce jour-là..,

HUGUES.

Bah! bah! ça peut arriver à tout le monde, ça... quand on boit,... peut-être qu'il a un grand feu dans l' gosier, c' jeune homme. Chut! c'est lui!

SCENE II.

MAXIMILIEN, HUGUES, THÉRÈSE.

MAXIMILIEN, entrant,

Salut, cher libérateur... je viens vous offrir un petit bonjour et une grosse poignée de main.

(Il lui tend la main.)

HUGUES, lui donnant la main gauche.

Trop aimable, M. Maximilien.

MAXIMILIEN.

Encore la gauche ?.. Ah ça, quand sera-t-il donc guéri ce diable de bras droit... quand pourra-t-on le secouer cordialement ?

HUGUES.

Le secouer ?.. pas encore de quelque temps... mais pour une poignée de main d'ami... présent. (Il dégage son bras.)

MAXIMILIEN.

A la bonne heure ! nous voilà grand garçon !.. Bonjour, Mlle Thérèse... vous avez dit à mon libérateur que nous nous sommes retrouvés en pays de connaissance, chez ce vieil harpagnon de Valbenbrack ?

HUGUES.

Et j'espère qu'avant qu'il soit peu, ce n'est plus là qu'on pourra rencontrer ma Thérèse.

MAXIMILIEN.

Chez M. Valbenbrack ?.. bonne maison, pourtant... excellente réputation... un philantrope ?

HUGUES.

Un usurier, vous voulez dire.

MAXIMILIEN.

Eh ! mon cher, les usuriers... c'est la Providence de la pauvre jeunesse.

HUGUES.

Possible... mais ça n'a rien de commun avec la jeunesse pauvre.

THÉRÈSE.

Et nous sommes de c'tte jeunesse-là, nous.

MAXIMILIEN.

Et c'est ce qui m'humilie, de n'avoir encore rien fait pour mon libérateur ; mais ça ne se passera pas comme ça...

HUGUES.

Comment, voulez-vous donc que ça se passe ?.. croyez-vous pas que je vous ai secouru pour que ça me rapporte quelque chose ?

MAXIMILIEN.

Non... je connais votre désintéressement ; mais entre amis, tout est commun : vous m'avez aidé de votre courage ; moi, je vous aide de ma bourse.

HUGUES.

Du tout, du tout... je n'entends pas ça.

MAXIMILIEN.

Mon jeune ami, vous avez d'autant plus tort de refuser, qu'en réalité je ne vous offre encore rien... par l'excellente raison que je suis à sec.

HUGUES.

Eh ben ! tant mieux ! ça me fait plaisir !

MAXIMILIEN.

Que je sois à sec ?..

THÉRÈSE, riant.

Parce qu'il n'aura pas la peine de vous refuser.

MAXIMILIEN.

Ah ! fort bien... mais d'un moment à l'autre, ça peut changer : hier soir, par exemple, si la chance n'avait pas tourné tout d'un coup... si la rouge avait seulement passé deux fois de plus...

HUGUES.

Eh ben ?

MAXIMILIEN.

Eh bien ! je serais riche, aujourd'hui.

THÉRÈSE.

Comment... comment... la rouge ?..

MAXIMILIEN.

Oh! vous ne comprenez pas cela, jeune colombe... mais nous autres hommes...

THÉRÈSE.

Au contraire... je comprends parfaitement que vous parlez de fort vilaines maisons...

HUGUES.

Vrai! M. Maximilien, est-ce que vous allez quelquefois dans ces endroits-là?

MAXIMILIEN, riant.

Quelquefois... oui. (A part.) Sont-ils neufs!

THÉRÈSE.

Mais, monsieur, savez-vous qu'on s'y perd?

MAXIMILIEN, de même.

Bah! bah! on vous donne un numéro en entrant, on ne peut pas manquer de se retrouver... Ah! ah! ah! (Se reprenant.) Je plaisante, entendez-vous... n'allez pas prendre ce que je dis au sérieux.

HUGUES.

Oh! je pense bien...

MAXIMILIEN.

Je vais là... moi... par hasard... quand j'ai de l'argent de trop, ce qui n'arrive pas souvent... parce que le papa est un peu serré... et puis vous savez, les jeunes gens ont tant d'occasions... le spectacle, la taverne et le beau sexe... parce qu'avant tout, hommage au beau sexe!

(Il salue Thérèse, près de laquelle il passe*.)

THÉRÈSE, à part.

Il n'a pas l'air très bon sujet.

MAXIMILIEN.

Du reste, pour que vous n'ayez pas trop mauvaise opinion de moi, je vous dirai qui je suis; aussi bien est-il temps, mon cher libérateur, que vous sachiez qui vous avez obligé. Je ne suis encore pour vous que M. Maximilien, ou Max tout court, comme disent mes amis; mais j'ai une famille; mon nom de famille est Burmster; je suis dans la magistrature... c'est-à-dire que mon père, M. Burmster, est bourgmestre du quartier de l'Aigle-Noir.

THÉRÈSE.

Et vous?

MAXIMILIEN.

Moi, je suis son fils; si jamais vous aviez besoin de ma protection, ou de celle de mon père...

THÉRÈSE.

Vous êtes le fils de M. le bourgmestre? et vous n'avez pas trouvé moyen de faire arrêter les vauriens qui vous battaient!

MAXIMILIEN.

Je le pouvais... mais plus on est puissant, plus on est généreux; je vous l'avouerai même, je ne leur en veux pas... ce n'était pas méchanceté... seulement les farceurs avaient bien dîné.

THÉRÈSE.

Ils auraient dû dîner un peu moins et ne pas casser un bras à mon pauvre Hugues, vos farceurs.

MAXIMILIEN.

Oh! c'est très mal... et ils en étaient désolés. (A part.) Le lendemain, quand ils ont été dégrisés.

HUGUES.

Vous les connaissez donc?

MAXIMILIEN, embarrassé*.

Je les ai revus depuis... par hasard. (A part.) Des amis intimes. (Haut.) Ils m'ont parlé de vous avec un intérêt...

---

* Hugues, Maximilien, Thérèse.

HUGUES.

Vrai ?..

MAXIMILIEN.

Ils seront enchantés de faire plus ample connaissance...

HUGUES.

Est-ce qu'ils voudraient me casser une jambe ?

MAXIMILIEN.

Fi donc !.. je veux vous faire déjeuner ensemble aujourd'hui même.

THÉRÈSE, qui est remontée un peu, descend entre les deux*.

Merci... merci... je ne veux pas qu'on m'estropie mon futur.

MAXIMILIEN.

Tranquillisez-vous... c'est chez moi... voici ma carte : « Max. Burmster, rue St-Ægidius, maison de la ville. » Le lieu du rendez-vous est respectable ; dans une heure donc, mon cher libérateur... vous viendrez, n'est-ce pas ?.. vous et Mlle Thérèse...

THÉRÈSE.

Oh ! moi, je ne suis pas libre**.

MAXIMILIEN.

Tant pis pour nous qui serons privés ; mais vous au moins, mon brave Hugues, vous ne refuserez pas. Je n'ai rien fait encore pour vous prouver ma reconnaissance ; je veux que nous vidions ensemble une bouteille de vin du Rhin... Oh ! ne dites pas non, je serais obligé de vous en vouloir, et ça me ferait de la peine, parce que je déteste l'ingratitude ; j'ai des défauts, beaucoup de défauts peut-être, mais je ne suis pas ingrat... Adieu, adieu, dans une heure.   (Il sort. Hugues le reconduit.)

SCÈNE III.

HUGUES, THÉRÈSE.

THÉRÈSE.

J'espère que tu n'iras pas à ce déjeuner ?

HUGUES.

Je ne voudrais pourtant pas désobliger ce jeune homme.

THÉRÈSE.

Tu trouves plus commode de me faire de la peine à moi.

HUGUES.

Ah ! si tu te fâches...

THÉRÈSE.

Je me fâcherai si tu ne veux pas comprendre que ta place n'est pas avec des évaporés du genre de ton M. Maximilien.

HUGUES.

Crois-tu pas que je veux en faire ma société ?.. oh ! sois paisible, je laisse ces manières-là aux jeunes gens de bonne famille ; ils n'ont rien à faire, ils sont forcés d'être mauvais sujets pour se créer une occupation.

THÉRÈSE.

C'est agréable pour leurs parens.

HUGUES.

Tant pis pour les parens, pourquoi sont-ils riches ?

THÉRÈSE.

Ainsi tu n'iras pas ?

HUGUES.

Non... je trouverai un prétexte.

THÉRÈSE, cherchant.

Oui, tu diras...

HUGUES.

J' dirai... que j'ai eu une crampe... ou ben que sœur Marthe m'a défendu de sortir... hein ? ça vaut mieux !

* Hugues, Thérèse, Maximilien.
** Thérèse, Hugues, Maximilien

THÉRÈSE.

Ah! oui, c'te bonne sœur Marthe que je ne connais pas, que j' n'ai pas encore vue... et que j'aime tant, parce qu'elle aime mon petit Hugues... il faut lui obéir à sœur Marthe. Adieu, je m'en vais pour ne pas être grondée. (Elle l'embrasse.) T'es bien gentil, tu fais tout ce que veut ta petite Thérèse; tu seras le modèle des maris; adieu.

(Elle sort après l'avoir embrassé de nouveau.)

SCÈNE IV.

HUGUES, seul.

Et je pourrai me vanter d'avoir pas trop mal choisi ma moitié. C'te bonne Thérèse... en v'là une qui rendra son époux fortuné. Allons, allons, j' crois que l' mauvais temps est passé pour moi; j' suis pas faignant dans mon état... et avec de l'ordre, de l'économie et beaucoup de copeaux, c'est ben l' diable si on n' faisait pas bouillir la marmite. Pendant que je suis seul, faut que j'essaie si mon poignet commence à répondre à l'appel; c'te chaise... (Il la soulève difficilement.) J' vous enlève ça comme une vraie plume, et je la repose de même, sans effort ni douleur... ça m' fait du mal c'pendant... Oh! avant une huitaine, j' serai des bons et j' gagnerai mes dix florins par semaine comme un joli garçon; c' qui n' m'empêchera pas d'poursuivre mon idée, et d' tâcher de découvrir c' que c'te bonne sœur Marthe cherche depuis si long-temps. Oh! brave femme!.. y a pas deux mois que j' la connais, et ben j' l'aime... comme il m' semble que j'aurais aimé ma mère. Il y a d' la folie peut-être à croire que moi, pauvre ouvrier, qui n' connais personne sous le soleil, j' lui ferai retrouver c'te fortune qu'elle a perdue... eh ben! c'est une idée que j'ai là... (Frappant son front.) Comme si on m' l'y avait plantée avec un clou. On monte l'escalier! (Il va voir à la porte.) C'est elle... rentrons mon bras dans son domicile, et pas d'évolutions... sœur Marthe n' veut pas que j' bouge; j' vas faire semblant d' dormir, elle sera contente, et elle m'embrassera.

(Il remet son bras dans le mouchoir qui le soutient et s'assied sur la chaise à gauche, où il paraît s'être endormi.)

SCÈNE V.

S. MARTHE, HUGUES.

S. MARTHE. Elle s'arrête au fond.

Il dort... pauvre enfant... la fatigue... et l'ennui sans doute; mais grace au ciel, il est guéri maintenant. Heureux accident!.. c'est à lui que j'ai dû... (Elle s'approche et écarte le col de chemise de Hugues.) Voilà ce signe bienheureux qui après vingt ans... oh! merci, mon Dieu, merci! profitons de son sommeil.

(Elle le baise au front. Hugues fait un mouvement comme s'il s'éveillait; S. Marthe s'éloigne vivement du côté opposé, où elle dépose un petit panier sur la table.)

HUGUES, à part.

J'étais sûr que de dormir, ça me vaudrait un petit bonjour. (Haut, et comme un homme qui s'éveille.) Ah! c'est vous, ma sœur... y a-t-il long-temps que vous êtes là?

S. MARTHE.

J'arrive. Voici votre déjeuner. (Elle l'a tiré du panier.) Comment vous trouvez-vous?

HUGUES. Il se lève.

Bien, ma sœur, oh! très bien... grace à vos bons soins, mon bras est tout à fait sur ses jambes.

S. MARTHE.

Le docteur est déjà venu?

HUGUES.

Et il permet que je sorte.

S. MARTHE.

Eh bien! vous voilà content... vous n'allez plus avoir besoin de nous.

HUGUES.

De lui... non; mais vous, ma sœur, est-ce que j'aurai plus le plaisir de vous voir, parce que j'ai le malheur d'être bien portant? c'est que j' serais capable de me faire fiche un autre atout soigné, et tout de suite.

S. MARTHE.

Allons, allons, enfant... Vous avez donc un peu d'amitié pour votre pauvre garde-malade?

HUGUES.

C'est-à-dire qu'il me semble que j' pourrai jamais reconnaître c' que vous avez fait pour moi, quand même je vivrais deux cents ans, ce qui n'est pas probable.

S. MARTHE.

Aimez-moi, c'est tout ce que je vous demande.

HUGUES.

Oh ça! c'est fait et pour long-temps... mais ça ne suffit pas. Tenez, je voudrais seulement que vous soyez un homme, pour que vous puissiez avoir une bonne dispute... je me battrais et je me ferais tuer pour vous.

S. MARTHE.

Tuer! mais vous me feriez beaucoup de chagrin.

HUGUES.

Vrai? oh ben! soyez tranquille, allez, on m' tuera pas facilement. C'est égal, j' voudrais qu'on dise du mal des sœurs devant moi... ils auraient de l'agrément ceux-là; je leur z'y enlèverais de fameux copeaux de dessus les os des jambes.

S. MARTHE.

Voyons, voyons, ne faites pas le méchant comme cela; venez ici près de moi et parlons raison. (Elle s'assied à droite; Hugues est debout près d'elle.) Vous voilà rétabli; quels sont vos projets? qu'avez-vous intention de faire?

HUGUES.

Voilà, ma sœur: j'ai l'intention de reprendre mon état de menuisier et de me jeter à corps perdu dans les fenêtres, les chaufferettes et les souricières, conjointement avec Thérèse qui sera ma femme.

S. MARTHE.

Thérèse! votre femme!

HUGUES.

Ah! c'est vrai! j' vous ai pas encore parlé d' ça, ma sœur; Thérèse... vous n' l'avez pas vue encore, parce qu'elle est en service, et elle n'est pas libre tous les quarts d'heure. Mais c'est la fille de défunt papa Anselme, mon père d'adoption; j'ai promis qu'elle serait Mme Hugues, et c'tte promesse-là, voyez-vous, c'est sacré.

S. MARTHE.

A la bonne heure, mais êtes-vous sûr que le moment soit venu? un ménage c'est quelque chose, et si vous avez des enfans...

HUGUES.

Eh ben! nous les élèverons, nous travaillerons pour les nourrir. Ah! je vois c' que c'est... vous avez peur de l'exemple que m'ont donné mon père et ma mère, que j' n'ai jamais connus; oh! soyez tranquille, je n' sais pas comment j' me suis trouvé orphelin, si c'est la faute de ma mère, mais je peux répondre d'une chose, c'est que, si le bon Dieu me donne des enfans, et je l'espère ben, il n'y aura pas de misère qui tienne, mais j' serais homme à travailler vingt-quatre heures par jour plutôt que de les envoyer ou on m'a mis.

S. MARTHE, à part et douloureusement.

Oh! mon Dieu!

HUGUES.

Et Thérèse pense comme moi, je le sais; ainsi vous voyez que c'est la femme qu'il me faut.

S. MARTHE.

Oui, mon ami, mais auparavant, j'aurais voulu vous établir. (Elle se lève.)

HUGUES.

M'établir? ah! ma sœur, pas d' bêtise; il me semble que vous avez ben assez fait comme ça; vous voudriez peut-être m'offrir de m'acheter une boutique?

S. MARTHE.

Je voudrais, mon cher enfant, tout ce qui pourrait assurer votre bonheur. Ah! si j'étais autre chose qu'une pauvre femme sans fortune... si le ciel permettait...

HUGUES.

Que vous retrouviez le bien que vous avez perdu? certainement que ça ne peut pas vous manquer... vous êtes ben trop bonne, et le bon Dieu est trop juste pour qu'un jour ou l'autre c'te fortune-là vous soit pas rendue.

S. MARTHE.

Eh bien! écoutez, Hugues, puisque vous n'avez pas désespéré, puisque vous avez ainsi confiance au bon Dieu, je vous dirai que, depuis quelques jours, j'ai obtenu sur cette mystérieuse affaire un renseignement précieux.

HUGUES.

Vrai, vous savez le nom de votre voleur?

S. MARTHE.

Mon ami, pourquoi supposer le mal? rappelez-vous ce que je vous ai raconté, rien ne prouve que je soie victime d'un vol.

HUGUES.

Laissez donc, vous croyez toujours le bien, vous... moi, j'ai mon idée, c'te fortune dont vous êtes privée depuis vingt-cinq ans, j'gage qu'elle a été volée; enfin quéque vous avez appris?

S. MARTHE.

Oh! bien peu de chose! et ce n'est peut-être encore qu'un faux indice. (Lui montrant un papier.) Je vous ai lu cette lettre, la dernière que mon père ait écrite... Il y est question d'un ami qu'il ne nomme pas et que nous n'avons jamais pu découvrir; eh bien! cet ami à qui mon père avait confié sa fortune, on m'assure qu'il doit être connu d'une personne que l'on m'a désignée...

HUGUES.

Et c'te personne, vous l'avez vue?

S. MARTHE.

Je sais son nom d'aujourd'hui seulement... M. Valbenbrack.

HUGUES.

Valbenbrack? j' connais ça... un vieux gueux.

S. MARTHE.

Qui vous a dit?..

HUGUES.

Personne; mais v'là comme j' l'ai jugé tout de suite... un vieux gueux! Comment! et M. de Hordenstein, votre père, qui était un brave militaire, connaissait ce Valbenbrack?

S. MARTHE.

Je n'oserais l'affirmer, mais j'ai comme un souvenir confus d'avoir autrefois entendu prononcer ce nom.

HUGUES.

Et vous avez commencé les poursuites?

S. MARTHE.

Les poursuites! mais vous n'y pensez pas, mon ami; ce que je peux tout au plus me permettre, c'est une démarche auprès de ce monsieur; seulement il serait plus convenable qu'elle fût faite par un homme versé dans les affaires, revêtu même d'un caractère public... et moi qui ne connais personne dans cette ville, où je n'habite que depuis quelques mois, où je vis dans la retraite, au chevet des malades...

HUGUES, qui tout en l'écoutant a paru réfléchir et chercher.

Attendez! j'ai votre homme.

S. MARTHE.

Vous!

HUGUES.

Oh! je ne suis qu'un pauvre ouvrier, c'est vrai; mais j'ai des amis, des amis qui ont le bras long, et pour qui on peut se le faire casser.

S. MARTHE.

Mais...

HUGUES, très chaudement.

Oh! je vous en prie, ma bonne petite sœur Marthe, si vous m'aimez vraiment comme vous le dites, ne me refusez pas c'plaisir-là à moi qui vous aime comme une mère!

S. MARTHE, attendrie.

Cher enfant!.. mais quel plaisir?..

HUGUES.

Quel plaisir?.. ah! c'est vrai;.. je n'vous ai pas dit... j'perds la tête, tant j'suis heureux... de trouver une occasion de vous être bon à quelque chose. Oh! si ça pouvait réussir!..

S. MARTHE.

Mais expliquez-moi...

HUGUES.

Tout ce que j'peux vous expliquer, c'est qu'il faut que ce soit moi qu'vous chargiez des démarches pour le succès de c'te affaire-là... confiez-moi seulement cette lettre. (Il la lui prend.) Oh! je sais tout ce qu'il faut savoir... vous m'avez conté l'affaire une seule fois... mais voyez-vous ça m'intéressait tant! oh! tout ça est là... là... rangé, casé, et chevillé... Soyez paisible... j'oublierai rien... et soyez-en sûre, s'il y a moyen de moyenner une réussite... je réussirai, car c'est pour vous, ma sœur, ma bonne sœur, pour vous que je travaillerai!

S. MARTHE, les larmes aux yeux.

Eh bien! oui... j'y consens; oui, je veux me confier à vous!

HUGUES, transporté.

Oh! merci... merci!

(Il se débarrasse de son écharpe, s'approche du lit, ôte sa veste et passe sa redingote.)

S. MARTHE, à part.

Seigneur, vos desseins sont impénétrables! mais si votre heure est venue, dites, ô mon Dieu, n'est-il pas bien que ce soit cet enfant qui serve d'instrument à votre justice?

SCÈNE VI.

S. MARTHE, THÉRÈSE, HUGUES.

THÉRÈSE, entrant.

Mon ami, c'est encore moi... (Apercevant S. Marthe.) Oh! qu'est-ce que je vois là?.. (Elle s'arrête étonnée.)

HUGUES.

Eh ben! c'est sœur Marthe, qui est si bonne pour moi... et que tu désirais tant connaître *. (A S. Marthe.) Ma sœur, c'est Thérèse... elle est gentille, n'est-ce pas?

S. MARTHE.

Qu'elle soit bonne et honnête... c'est la vraie beauté **. (Elle s'approche de Thérèse et lui dit affectueusement.) Mon enfant, bientôt peut-être vous serez la femme de Hugues; S. Marthe désire seulement obtenir de vous un peu de cette amitié qu'elle trouve aujourd'hui chez votre futur.

THÉRÈSE, embarrassée.

Certainement, ma sœur... (A part.) Oh! c'est étonnant!..

S. MARTHE.

Voici l'heure du pansement à l'hospice... adieu, mes bons amis, je vous quitte... à demain.

HUGUES.

, ma sœur. Mais moi, dès aujourd'hui, je me mets en campa-

* S. Marthe, Hugues, Thérèse.
** Hugues, S. Marthe, Thérèse.

gne ; si j'osais... j' vous demanderais de nous embrasser Thérèse et moi... ça m' donnerait encore plus de courage.

S. MARTHE, avec effusion.

Adieu, mes enfans, adieu. (Elle les embrasse ; Hugues la reconduit.)

SCÈNE VII.
HUGUES, THÉRÈSE.

HUGUES, revenant à Thérèse.

Eh ben ! qu'est-ce qui te ramène ?

THÉRÈSE.

Je venais... monsieur part pour la campagne... je venais te dire que je déjeune avec toi.

HUGUES.

Ah ! tant mieux !.. mais pourquoi que t' as l'air tout chose ?

THÉRÈSE.

C'est vrai que j' suis un peu interloquée... c'est sœur Marthe...

HUGUES.

Eh bien ! quoi ?

THÉRÈSE.

Sais-tu à qui elle ressemble ?

HUGUES.

A une bonne personne.

THÉRÈSE.

Et puis à autre chose encore... à un portrait qui est chez M. Valbenbrack, dans le salon... un militaire, qui a une belle figure avec des épaulettes en épinards.

HUGUES, vivement.

Un militaire... qui ressemble à sœur Marthe ?

THÉRÈSE.

J'ai pas voulu lui dire, de peur de l'offenser, qu'elle ressemblait à une peinture ; mais quand elle m'a embrassée, j'ai cru embrasser le portrait, moins les épaulettes. (Elle passe à la table et met le couvert*.)

HUGUES.

Un portrait chez Valbenbrack !.. et M. de Hordenstein qui était militaire !... bon ! bon ! ça s' débrouille.

THÉRÈSE.

Hein ? qu'est-ce que tu dis ?

HUGUES.

Rien... une histoire... je te conterai ça. (A lui-même.) Oui, oui, j'ai là tout mon plan arrêté : J' passe chez l'écrivain public ; j' lui fait mettre l'histoire au net et dans l' soigné... d' là j' vas droit au premier magistrat ; M. Maximilien est son fils, il m'a dit que si j'avais besoin de lui, j' pouvais compter... j' vas savoir tout à l'heure c' que vaut sa parole. Thérèse, nous partons.

THÉRÈSE, qui pendant ce temps s'est occupée à disposer sur la table le déjeuner apporté par sœur Marthe.

Comment ! nous partons !.. et le déjeuner ?

HUGUES.

Nous attend chez mon ami Maximilien.

THÉRÈSE.

Chez ce mauvais sujet ?

HUGUES, lui montrant la carte remise par Maximilien.

Chez Maximilien Burmster, fils de M. Burmster, bourgmestre du quartier de l'Aigle-Noir. Viens, je te conterai le reste en route... maintenant à la Maison-de-Ville !

(Il la prend sous le bras, l'entraîne, et tous deux sortent en courant.)

* Thérèse, Hugues.

FIN DU PREMIER TABLEAU.

DEUXIÈME TABLEAU.

La chambre de Maximilien. — Porte au fond; porte à gauche; au milieu, la table. — A droite, le canapé; au fond, à gauche, un guéridon.

SCÈNE VIII.
THÉRÈSE, HUGUES, MAXIMILIEN, FRÉDÉRIC, MAURICE, WOLFF, DEUX DAMES.

(On est à la fin du déjeuner; la table est chargée de bouteilles et d'assiettes vides, de serviettes dépliées, etc., etc.; les personnages sont groupés çà et là sur des fauteuils, étendus sur le canapé ou debout; l'un fume, l'autre boit, celui-ci chante, celui-là déclame).

MAXIMILIEN, chantant à pleine voix.

L'amour, le jeu, le bon vin,
Voilà mon joyeux refrain,

(Parlé.) En chœur!

TOUS.

Et ma philosophie. (BIS.)

MAURICE, étendu sur le dos d'un fauteuil renversé par terre, les pieds en l'air; il a sur la tête sa serviette dont il s'est fait un bonnet.

Ceci vous représente, messieurs, une admirable scène du chef-d'œuvre de notre immortel Schiller; le vieux Moor, étendu dans son grand fauteuil, rend au ciel sa pauvre vieille ame. (D'une voix cassée et ridiculement plaintive.) « La mort... un voile noir... flotte... devant mes yeux. Mon Dieu! que ton » nom soit... »

FRÉDÉRIC, qui s'est approché de lui par derrière, lui jetant sur la tête un coussin de canapé.

Béni!

Ah! ah! ah!

TOUS, riant bruyamment.

WOLFF, gravement.

AMEN.

HUGUES, à Thérèse qui est près de lui assise sur le canapé.

Ils sont drôles, n'est-ce pas?

THÉRÈSE, avec indifférence.

Oui... mais je m'amuse mieux avec toi seul.

HUGUES.

Une fois de temps en temps, ça fait bien de voir le grand monde.

THÉRÈSE.

C'est égal, il n'y en a qu'un qui me plaise un peu dans tout cela.

HUGUES.

Lequel?

THÉRÈSE.

Ce vieux monsieur qu'ils appellent l'inspecteur.

HUGUES.

Oui, il a l'air bien respectable; dam un ancien inspecteur des monnaies retiré, ça a du poids!.. Cependant il y était aussi le jour de mon bras, et il tapait ferme.

WOLFF, montrant sa pipe éteinte.

Max, du feu.

FRÉDÉRIC, lui fourrant sous le nez un papier allumé [*].

Voilà.

WOLFF, sans se déranger.

Frédéric, vous êtes ivre.

FRÉDÉRIC.

C'est forcé, quand c'est Max qui paie.

---

[*] Thérèse, Hugues, Maximilien, les dames, Maurice, Frédéric, Wolff.

MAURICE.

Oh! qui paie... tu veux dire qui régale.

MAXIMILIEN.

Il est vrai que s'il fallait payer comptant, votre serviteur de tout mon cœur... la rouge m'a mis sur le sable.

WOLFF, toujours fumant.

Inconvénient des jeux de hasard!

HUGUES, naïvement.

Oh! M. l'inspecteur a bien raison.

MAURICE.

Oui, l'inspecteur aime mieux les cartes.

FRÉDÉRIC.

C'est vrai, ça file mieux... à preuve.

(Il frappe sur sa poche et sur celle de Wolff.)

MAXIMILIEN *.

Inspecteur, est-ce que vous avez de l'argent à me prêter?

WOLFF.

Non, mon jeune ami; mais je peux vous en faire gagner.

MAXIMILIEN.

Par les cartes?

WOLFF.

Non pas... vous êtes trop gauche de vos dix doigts.

MAXIMILIEN.

Comment donc alors?

WOLFF.

Je vous conterai cela, car vous en aurez besoin très prochainement.

MAXIMILIEN.

Que voulez-vous dire?

WOLFF.

Les effets que vous avez souscrits au juif Daniel...

MAXIMILIEN.

Je les renouvellerai.

WOLFF.

Impossible.

MAXIMILIEN.

Les aurait-il passés?

WOLFF.

J'en ai peur.

MAXIMILIEN.

Si cela est, je suis perdu.

WOLFF.

Il est vrai qu'il n'est pas plus permis d'abuser de la signature de son père...

MAXIMILIEN, lui fermant la bouche.

Silence!

WOLFF, tranquillement.

Enfant, que craignez-vous? les loups ne se mangent pas.

MAURICE, qui s'est approché, montrant Hugues et Thérèse **.

Oui, mais ces innocentes brebis...

HUGUES, à Thérèse.

Dis donc, je crois que nous les gênons... ils parlent bas.

THÉRÈSE.

Et ils nous regardent.

HUGUES, se levant.

M. Maximilien, est-ce que monsieur votre père ne viendra pas bientôt?

MAXIMILIEN, se retournant vivement.

Mon père!

* Thérèse, Hugues, les Dames, Frédéric, Maurice, Maximilien, Wolff.
** Thérèse, Hugues, les Dames, Frédéric, Max, Wolff, Maurice.

HUGUES.
Vous savez, pour l'affaire en question.
MAXIMILIEN.
Oui, oui, il viendra.
MAURICE, bas à Maximilien.
Couleur, n'est-ce pas?
MAXIMILIEN, de même.
Il est absent pour la journée.
WOLFF.
Tant mieux... je n'aime les magistrats que quand ils sont malades, parce qu'on les couche. (On frappe à la porte du fond.)
MAXIMILIEN, à voix basse.
Chut! c'est lui! je reconnais sa manière de frapper... Eh vite, eh vite, enlevez tout... la table dans la chambre à côté... vous aiderez le garçon à desservir, et puis par le petit escalier...
MAURICE, prenant la table avec Frédéric et l'emportant dans la chambre à gauche.
Connu... connu... on va filer.
BURMSTER, en dehors.
Maximilien, ouvrez... c'est moi.
WOLFF, à demi-voix.
C'est bon, c'est bon, on y va. Messieurs, pas de cohue, la main aux dames*.
(Il prend la main de Thérèse.)
THÉRÈSE, se tournant vers Hugues.
Mais...
HUGUES, la suivant.
Oui, j'y vais.
MAXIMILIEN, l'arrêtant.
Et votre mémoire? Restez, voici mon père.
(Frédéric et Maurice ont fait sortir les deux Dames et fermé la porte de côté. Maximilien ouvre celle du fond.)

SCÈNE IX.
HUGUES, MAXIMILIEN, BURMSTER.
BURMSTER.
Vous m'avez fait attendre, Maximilien; vous n'étiez pas seul.
MAXIMILIEN.
Non, mon père... j'étais avec monsieur dans la pièce à côté.
BURMSTER.
Qu'est-ce que monsieur?
HUGUES.
Mon, magistrat, je suis Hugues, compagnon menuisier... (Bas à Maximilien.) J'vas dire que nous sommes amis?
MAXIMILIEN, de même.
Non... non... Il faudrait parler de la querelle.
BURMSTER, à Hugues.
Après?
HUGUES, regardant Maximilien.
Ah!.. après?..
MAXIMILIEN, d'un air dégagé.
Allons, mon garçon, pas de fausse honte... présentez le mémoire que nous étions en train d'examiner, quand mon père est arrivé.
(Il le fait passer **.)
HUGUES.
Ah! le mémoire... (A part.) Tiens! c'est pas maladroit ce qu'il a trouvé là C'est égal, v'là la peur qui me galope.

* Hugues, Maximilien, Thérèse, Wolff, une Dame, Frédéric, une Dame, Maurice.
** Maximilien, Hugues, Burmster.

BURMSTER.

Eh bien! j'écoute.

HUGUES.

Voilà, magistrat, voilà... (A part.) C'est pour sœur Marthe... la reconnaissance va me délier la langue. (Haut.) V'là ce que c'est, magistrat: J' suis ouvrier menuisier..., une fois dit, pas la peine de le répéter, bon... v'là qu'à la suite de mots, j'ai eu le bras cassé et des bosses à la tête, bon... v'là qu'on me conduit à l'hospice, oùsqu'il y avait une sœur... sœur Marthe... une vraie sœur du bon Dieu quoi !.. v'là qu'elle m' prend en affection ni plus ni moins que si j'étais son enfant... sauf qu'elle n'en a pas, vù qu'elle est sœur, bon... v'là qu'elle m' met dans mes meubles, deux chaises et un lit de sangle... et v'là qu' tout en jabotant elle m' raconte ses malheurs, à savoir qu'elle a été dépouillée de sa fortune par une personne inconnue qu'elle n' sait pas qui... bon !.. v'là qu'ça m' donne des idées... je fais écrire tout ça en fine coulée et du style à huit sous sur c'tte feuille de papier avec laquelle j'ai l'honneur d'être... voilà !

BURMSTER, prenant le papier.

Tout cela n'est pas très clair.

MAXIMILIEN, riant.

Non, cela n'est pas très clair.

HUGUES.

C'est vrai, mon magistrat... je manie mieux le rabot que la parole.

MAXIMILIEN.

Mon père lira le mémoire.

HUGUES.

Oh! il est supérieurement conditionné; je me suis adressé à quelqu'un de la partie... il vous a distillé ça... dam! chacun son état... si je l'avais chargé de me raboter seulement une planche de sapin, mon homme de plume aurait fait de la bouillie pour les chats.

BURMSTER.

C'est bien... j'examinerai cette affaire.

HUGUES.

Quand faudra venir chercher la réponse?

BURMSTER.

Ne vous dérangez pas mon garçon; quand j'aurai besoin de vous, je saurai vous trouver; tenez, sortez par ici, vous serez plus vite dehors.

(Il va ouvrir la porte de côté.)

MAXIMILIEN, à part.

Malédiction! il va tout découvrir!.. (Burmster ouvre la porte et fait passer Hugues. Maximilien jette un coup-d'œil dans la chambre.) Dieu soit loué! ils sont partis!

SCÈNE X.

MAXIMILIEN, BURMSTER.

BURMSTER, descendant en scène.

Ce garçon m'intéresse.

MAXIMILIEN, d'un air dégagé.

N'est-ce pas papa, qu'il est gentil?

BURMSTER, sévèrement.

Écoutez-moi, monsieur; nous avons à causer sérieusement.

(Il s'assied à gauche.)

MAXIMILIEN, à part.

« Monsieur... » c'est un sermon... pourvu qu'il n'ait rien appris des billets Daniel.

BURMSTER.

La remise d'une affaire, qui devait me tenir dehors toute la journée, me donne en ce moment un loisir sur lequel je n'avais pas compté : nous l'emploierons à parler de vous... de votre avenir.

MAXIMILIEN, à part.

Ça sera long. (Haut.) Mon père, vous êtes bien bon.

BURMSTER.

Je l'ai toujours été trop pour vous. (Mouvement de Maximilien.) Ne m'interrompez pas ; j'ai été trop bon pour vous, parce que j'étais trop faible pour votre mère... pour votre mère qui ne vivait que pour vous aimer... mais qui vous aimait de cet amour aveugle et coupable, qui produit d'abord les enfans gâtés, ensuite les jeunes gens sans conduite, et plus tard les hommes sans probité.

MAXIMILIEN.

Quoi !.. mon père !..

BURMSTER, doucement.

Oh ! je vous en prie, pas de protestations... vous m'en avez tant fait qui n'ont amené aucun bon résultat ! j'aime mieux, voyez-vous, une bonne et ferme résolution dont vous ne me disiez rien, mais dont je puisse voir les heureux effets.

MAXIMILIEN, à part.

Il n'est pas si mal disposé que je croyais... si j'osais je lui dirais tout.

BURMSTER.

Eh bien !.. vous réfléchissez, Maximilien ?.. avez-vous bien compris ce que je vous demande ?

MAXIMILIEN, avec élan.

Oui, mon père... oh ! oui, et pour vous le prouver, tenez... je veux vous parler avec une franchise que je n'ai jamais mise avec vous... je vous laisserai lire dans mon ame... je vous dirai tout !

BURMSTER, vivement, et se levant.

Bien, Maximilien, bien ! mais je veux que vous puissiez dire que l'exemple de la franchise, comme l'exemple de tout ce qui est bon et honorable, vous a été donné par l'homme que vous appelez du nom de père ; aussi bien êtes-vous maintenant en âge de me comprendre, et tôt ou tard vous sauriez ce que je vais vous dire aujourd'hui.

MAXIMILIEN.

Je vous écoute.

BURMSTER.

Je vous le dis à vous, Maximilien, comme je le dirais à Dieu, si dans ce moment j'avais à répondre, devant lui, de ma vie passée ; je n'ai jamais eu à rougir, dans toute ma vie, que d'une seule action, mais cette action fut un crime.

MAXIMILIEN.

Un crime !

BURMSTER.

Non pas de ceux que les lois poursuivent et flétrissent... oh ! non !.. de ceux que la justice humaine laisse passer inaperçus et impunis, mais qui ne peuvent échapper au plus cruel de tous les châtimens, le remords. Il y a vingt ans, j'en avais alors vingt-six, et je n'étais qu'un petit avocat de province, sans fortune et sans cause, mais brûlant du désir d'arriver, plein de confiance dans l'avenir et dans ce qu'on avait la complaisance d'appeler mon talent et ma bonne mine. Le hasard me fit rencontrer à peu près en même temps deux femmes, dont chacune était placée dans une position bien différente : l'une (je vous la nommerai plus tard) jeune et riche, mais déjà veuve à dix-neuf ans, et restée mère d'un enfant au berceau ; l'autre... celle-là s'appelait Clémentine, elle était jeune aussi, belle, d'une noble naissance ; mais sans fortune, sans famille, car elle était fille d'un proscrit. J'aimai Clémentine, elle aussi m'aima... mais hélas ! dans le même temps que la pauvre fille allait devenir mère, un mariage se concluait pour celui qu'elle s'accoutumait déjà à nommer son époux, mariage de convenance et d'intérêt que rendaient inévitable des exigences de famille, auxquelles je n'avais ni le pouvoir, ni même, je dois l'avouer à ma honte, la volonté bien ferme de résister. Faire disparaître toutes les traces d'une liaison antérieure à mon mariage me parut dès lors une nécessité : le même sentiment d'égoïsme qui me faisait amant coupable, me rendit père dénaturé : une femme dont j'avais payé le dévoûment, fit disparaître l'enfant de Clémentine; la mère le crut mort... il n'était qu'orphelin !..

MAXIMILIEN.

Alors ?..

BURMSTER.

Alors, je me crus dégagé envers la pauvre fille, alors je me dis que j'étais libre... que je pouvais en épouser une autre... et j'épousai la jeune et riche veuve que j'ai promis de vous nommer, et je reconnus son fils pour le mien... et cette femme que j'épousais, Maximilien, c'était votre mère; et cet enfant étranger que j'adoptais pour repousser le mien... cet enfant étranger, c'était vous !

MAXIMILIEN, au comble de l'étonnement.

Moi !

BURMSTER, d'un ton de reproche doux.

Vous !.. vous sur la tête de qui j'ai reporté tout ce qui s'était éveillé en moi de sentimens paternels, à la naissance du fils que je vous ai sacrifié ! vous à qui j'ai donné tout l'amour que je devais à un autre, et qui, en retour, ne m'avez encore donné que des chagrins !

MAXIMILIEN, confus.

Oh ! pardon... pardon, mon p... monsieur... (Il va pour tomber à genoux.)

BURMSTER, le relevant.

Non, mon ami, non... je suis encore, je veux toujours être votre père... mais j'ai voulu vous rappeler tout ce que je vous ai donné, tout ce que j'ai fait pour vous au préjudice d'un autre, d'un autre qui, s'il est vivant encore, est malheureux peut-être, tandis que vous, Maximilien... Eh bien ! vous ne voudrez pas me payer d'ingratitude, n'est-ce pas ?.. vous me tiendrez compte de mon amour pour vous ? ce que je vous ai donné, ce que je vous donne encore tous les jours en bons soins et en attachement, vous me le paierez, Maximilien, en docilité, en bonne conduite ?.. Voulez-vous me le promettre ?

MAXIMILIEN.

Oui, je le promets, monsieur.

BURMSTER, très affectueusement.

Je vous ai déjà dit que vous parliez toujours à votre père : pour que vous risquiez moins de l'oublier, je désire que vous vous sépariez moins de moi ; vous me suivrez dans mes travaux de tous les jours ; vous tâcherez que mes occupations deviennent les vôtres... à mon tour, où vous prendrez vos plaisirs je m'efforcerai de trouver les miens... et pour commencer, puisque je suis libre aujourd'hui, nous dînerons ensemble dehors... et puis ce soir, nous irons au Grand-Théâtre; allez vous habiller mon ami, vous me reprendrez ici, et nous achèverons en chemin notre conversation; car vous savez, Maximilien, vous m'avez promis une entière franchise... vous tiendrez parole, n'est-ce pas... vous me direz tout ?..

MAXIMILIEN, gêné.

Oui, mon père... certainement... je veux tout vous dire... (A part.) Quand je me croyais son fils... j'aurais tout avoué peut-être...

BURMSTER.

Va, mon ami, va... je t'attends ici.*

MAXIMILIEN, a part.

Maintenant... oh ! je n'oserai jamais !   (Il entre à gauche.)

SCÈNE XI.

BURMSTER, seul.

Je ne m'étais pas trompé... le cœur est bon... ma confidence n'est pas venue trop tard... en l'attendant, jetons un coup-d'œil sur le mémoire de ce jeune ouvrier. (Il lit.) « A M. Burmster, bourgmestre, la demoiselle Clé-
» mentine de Hordenstein... » Que vois-je !.. Clémentine vivante... et dans cette ville ! (Il continue de lire.) « Fille de feu Charles-Joseph, vicomte de
» Hordenstein, colonel de cavalerie...» c'est bien son père !.. ô joie ! ô bonheur !..je la reverrais !..mais où se cache-t-elle ?..(Lisant.) « A l'hospice Saint-

---

* Burmster, Maximilien.

» Magloire, sous le nom et les habits de sœur Marthe! elle demande jus-
» tice... un dépôt... c'est toute sa fortune... un homme peut donner des
» renseignemens... le nommé Valbenbrack... un portrait chez lui... » Oh!
ces indices doivent me suffire... Valbenbrack! je connais cet homme!..
aujourd'hui même, à l'instant... je cours chez lui... Mon Dieu! mon Dieu!
faites que je réussisse... que je lui rende, à cette pauvre femme que j'ai si
indignement trompée, que je lui rende cette fortune dont elle est privée
depuis plus de vingt ans! que je répare, autant qu'il est en moi, le mal que
je lui ai fait! et puis après, mon Dieu, pour dernière expiation, prenez
ma vie... et je mourrai content!

SCÈNE XII.
BURMSTER, MAXIMILIEN.

MAXIMILIEN.

Mon père, je suis prêt.

BURMSTER.

Ah! mon ami, pardon... mais notre promenade à un autre jour. Ce papier que vous m'avez fait remettre... une affaire du plus haut intérêt, qui
va me prendre le reste de ma journée... et dont il faut que je m'occupe à
l'instant... à demain, Maximilien, à demain... (A lui-même.) Une heure de
réflexion sur cette affaire... et puis chez Valbenbrack!

(Il sort rapidement par le fond.)

MAXIMILIEN, seul.

Non, je n'aurais pas osé lui faire connaître ma position tout entière! je
n'ai plus droit de compter sur l'indulgence d'un père!.. plus tard, peut-
être... mais plus tard sera-t-il temps encore?.. ce Wolff m'a fait peur ce
matin... oh! n'importe! je suis heureux que l'arrivée de M. Burmster ait
éloigné cet homme... ses conseils sont mauvais... hélas! dans la route où
je me suis engagé, est-il possible encore de se sauver par le bien?

SCÈNE XIII.
MAXIMILIEN, WOLFF.

WOLFF. Il rentre par la porte de gauche.

Mon jeune ami, c'est moi.

MAXIMILIEN.

Encore ici! par quel hasard?

WOLFF.

Votre société attend au petit estaminet en bas... comme l'estaminet est
un peu mauvais genre, je causais, moi, avec le magasin de modes en face,
j'y ai quelques protégées; je me doutais bien que le sermon aurait une
fin... et je tenais à vous revoir.

MAXIMILIEN.

Qu'avez-vous à me dire?

WOLFF.

Comme je causais là, j'ai vu Daniel.

MAXIMILIEN.

Vous lui avez parlé?.. Qu'a-t-il dit?

WOLFF, froidement.

Ce que j'avais prévu... ils sont passés.

MAXIMILIEN, atterré.

Malgré ses promesses... le misérable!

WOLFF.

Et l'échéance...

MAXIMILIEN, désespéré.

Dans trois jours! que faire?.. n'est-il aucun moyen?

WOLFF.

Un seul.

MAXIMILIEN.

Lequel?

WOLFF.

Un peu fort peut-être... mais à peu près sûr... et puis c'est le seul.

MAXIMILIEN.

Lequel ?

WOLFF.

C'est votre petit ami, le menuisier... et sa jolie Thérèse, qui me l'ont suggéré tout à l'heure... sans s'en douter il est vrai.

MAXIMILIEN.

Mais, ne puis-je savoir ?..

WOLFF.

Je les entends...

SCÈNE XIV.

WOLFF, MAXIMILIEN, HUGUES, MAURICE. Ils entrent de la gauche.

HUGUES.

Affaire arrangée !.. ces dames montent avec le café... et puis comme le bourgeois de ma Thérèse part aujourd'hui à la campagne, ma Thérèse et moi nous sommes les maîtres, et nous recevons nos amis dans le salon de M. Valbenbrack.

MAXIMILIEN.

Comment ?

HUGUES.

Ah ! dam ! M. Maximilien, vous ne pouvez pas refuser... vous nous avez reçus ce matin... une politesse en vaut une autre... et puisque votre libérateur n'a pas de salon à lui, on lui en prête un ; au fait le vieux, c'est son état de prêter... Ah ! ah ! ah ! (Il rit.)

MAXIMILIEN, bas à Wolff.

Mais ce moyen ?

WOLFF, bas à Maximilien.

Je n'ai pas le temps de vous expliquer ici... (Haut.) A ce soir chez Valbenbrack.

HUGUES.

Rien qu'entre z'hommes... Thérèse servira... nous prendrons le thé.

WOLFF, très froidement.

Et quelque chose avec.

MAXIMILIEN.

A ce soir, donc !

MAURICE.

Voici les dames...

HUGUES.

Et le café !..

(Thérèse et les deux dames entrent avec Frédéric, qui porte un plateau. On se groupe autour du guéridon.)

WOLFF, resté un moment à part.

Avec nous, le fils du premier magistrat... l'affaire est sûre !.. (A Maurice qui lui présente une tasse.) Il est bien chaud ?..

FIN DU PREMIER ACTE.

ACTE II.

Le cabinet de Valbenbrack. Trois portes au fond : celle du milieu conduit dehors ; celle de la gauche de l'acteur conduit au salon et chez Thérèse ; celle de la droite dans la chambre à coucher. — Au premier plan, à gauche, un petit cabinet ; du même côté, un secrétaire. — Au premier plan à droite, une fenêtre ; au deuxième, une armoire secrète cachée dans la muraille. Un guéridon à droite. — Huit heures du soir. — Sur le secrétaire une bougie allumée.

SCÈNE I.

VALBENBRACK, assis devant son secrétaire.

Huit heures déjà... la voiture part à neuf heures, hâtons-nous de ranger ces papiers. Tous ces dossiers chez mon homme de loi... pas de rémission pour les débiteurs retardataires ; de l'argent ou la prison, c'est mon principe. Ils m'appelleront usurier... les ingrats !.. moi qui me prive de tout pour leur être utile, pour leur prêter à un intérêt modeste, cinq pour cent... par mois. Commandement de déguerpir à ces deux locataires arriérés. J'entends d'ici la complainte obligée : « Ah ! M. Valbenbrack, de malheureux pères de famille... de pauvres ouvriers ! » Eh ! mes enfans, c'est justement pour cela que je vous donne congé... pardieu, si vous étiez riches, j'attendrais ; mais vous êtes pauvres, à la porte, c'est mon principe. Maintenant la précaution d'habitude quand je me mets en voyage : je prévois toujours le cas où des malfaiteurs s'introduiraient ici ; et, comme il faut que tout le monde vive, je leur fais leur part... un demi-florin dans ce tiroir, et puis écrivons : « Cejourd'hui 25 mai 1828, il me reste en caisse » un demi-florin. » Là ! c'est généralement au secrétaire que ces messieurs s'adressent... dès qu'on aurait lu ce chiffon de papier on n'irait pas plus loin. (Il ferme le secrétaire et pose la lumière sur le guéridon.) Et d'ailleurs bien malin qui découvrirait mon trésor... ce cher argent que j'ai eu tant de peine à amasser. Ah ! c'est à ce bon colonel que j'ai dû le commencement de ma petite fortune ; les cent mille florins qu'il m'a confiés ont prospéré... aussi je ne passe jamais devant son portrait sans ôter mon chapeau et sans remercier en moi-même ses héritiers que je n'ai jamais trouvés... il est vrai que je ne les ai jamais cherchés. (Il s'est approché du placard secret.) Oh ! mes chers petits jaunets, mes bons gros doublons, mes excellens effets au porteur, vous êtes là, chers enfans, vous dormez tranquilles, votre ami veille sur vous... adieu, pensez à moi comme je pense à vous... adieu... oh ! que je vous voie encore une fois avant de partir.

(Il fait le geste de pousser le ressort et s'arrête au bruit que fait Thérèse.)

SCÈNE II.
VALBENBRACK, THÉRÈSE.

VALBENBRACK, mécontent.

Qu'est-ce ?

THÉRÈSE.

C'est moi, monsieur. (A part.) Il ne s'en va pas, et ces messieurs sont là.

VALBENBRACK.

Je le vois bien que c'est toi... mais qu'est-ce que tu veux ?

THÉRÈSE.

Monsieur, c'est vos deux locataires...

VALBENBRACK.

Ils m'apportent de l'argent ?.. qu'ils entrent.

THÉRÈSE.

Non, monsieur, ils m'ont chargé de vous demander du temps.

VALBENBRACK.

Je n'y suis pas.

THÉRÈSE.

Ah ! monsieur, ils sont ben tristes, allez, ben malheureux.

VALBENBRACK.

Il me semble que je suis encore plus malheureux qu'eux, puisqu'ils ne me paient pas.

THÉRÈSE.

Ils pleuraient à chaudes larmes.

VALBENBRACK*.

Ce ne sont pas des larmes que je leur demande, c'est de l'argent. Ça serait agréable d'être propriétaire, si les locataires payaient leur terme avec des larmes !

THÉRÈSE, à part.

Oh ! le mauvais cœur !

VALBENBRACK.

Hein ?

THÉRÈSE.

J' dis qu'il est bientôt l'heure.

* Thérèse, Valbenbrack.

VALBENBRACK.

L'heure de quoi?

THÉRÈSE.

De partir.

VALBENBRACK.

C'est bon, c'est bon... vous êtes bien pressée d'être seule, pour gaspiller tout chez moi. Tâchez de vous coucher de bonne heure pour ne pas brûler de chandelle, et faites bien attention en dormant si vous n'entendez rien*.

THÉRÈSE.

Comment, en dormant?

VALBENBRACK.

Oui, oui, en dormant. Une bonne domestique veille toujours pour ses maîtres... même quand elle dort, elle a un œil ouvert. Je vais fermer ma valise et je pars. (Il sort par le fond, porte à droite.)

SCÈNE III.

THÉRÈSE, HUGUES, puis MAXIMILIEN.

HUGUES, se montrant à la porte à gauche.

Est-il parti?

THÉRÈSE.

Non, non, pas encore.

HUGUES.

Ces messieurs sont toujours là, dans ta chambre.

THÉRÈSE.

Qu'ils ne s'impatientent pas, il doit être parti à neuf heures au plus tard, j' vas le renvoyer.

MAXIMILIEN, entrant du même côté que Hugues**.

Pas encore, auparavant il faut que je lui parle.

HUGUES.

A M. Valbenbrack?

MAXIMILIEN.

A lui-même, ce soir. (A part.) J'essaierai ce dernier moyen.

THÉRÈSE.

Mais...

MAXIMILIEN.

Oh! pas de mais... il le faut.

HUGUES, qui a été écouter à la porte du fond.

On monte l'escalier. (Il entr'ouvre la porte et regarde.) M. Burmster.

MAXIMILIEN.

Mon père ici! quel motif?..

HUGUES.

J'y suis, mon mémoire sans doute.

MAXIMILIEN.

Oh! qu'il ne me voie pas ici! Je rentre là; dès qu'il sera parti, Mlle Thérèse, avertissez-moi, il faut que je voie Valbenbrack ce soir même.

THÉRÈSE.

Convenu. (Maximilien rentre à gauche***.)

HUGUES.

Et moi, dis donc, où me cacher pour entendre? car il vient pour l'affaire de sœur Marthe, ben sûr, et ça m'intéresse... Oh! vertueux magistrat, il n'a pas perdu de temps. Dis donc, j'ai vu le portrait, là, tout à l'heure... c'est vrai que c'est frappant.

THÉRÈSE, vivement.

Oui, mais on vient... tiens, là, dans ce cabinet.

(Elle indique le cabinet à gauche.)

HUGUES, y entrant****.

Oh! fameux! j' serai aux premières loges, j' vas savoir le secret.

---

* Valbenbrack, Thérèse.
** Thérèse, Maximilien, Hugues.
*** Hugues, Thérèse.
**** Thérèse, Hugues.

THÉRÈSE, lui jetant la porte sur le nez.

Bavard! (Entre Burmster.)

SCENE IV.
VALBENBRACK, BURMSTER, THÉRÈSE, HUGUES, caché.

BURMSTER.

M. Valbenbrack?

THÉRÈSE.

Il est ici; je vais annoncer monsieur.

VALBENBRACK, entrant du fond à droite, sa valise sous le bras.

Me voici prêt, je pars.

BURMSTER, le saluant.

Monsieur...

VALBENBRACK.

M. Burmster...

BURMSTER.

Je vous dérange, peut-être... mais l'affaire est de la plus haute importance.

VALBENBRACK.

Donnez-vous donc la peine de vous asseoir. (A part.) Les billets du fils... j'étais sûr qu'il rembourserait. (Haut.) Thérèse, laissez-nous... (A part.) Et Daniel qui avait peur... on ne perd jamais avec les magistrats.

(Thérèse sort.)

SCÈNE V.
VALBENBRACK, BURMSTER, HUGUES, dans le cabinet et se montrant de temps à autre ; Burmster et Valbenbrack sont assis.

BURMSTER.

Je désire, monsieur, ne pas abuser de vos momens... je vais droit au fait... permettez-moi de compter sur toute votre attention.

VALBENBRACK.

Je suis oreilles de la tête aux pieds.

HUGUES.

Moi, je n'ai pas de coton dedans.

BURMSTER.

Il y a environ 25 ans, un gentilhomme, qui se trouvait à Vienne, écrivait à sa femme, laquelle habitait alors à soixante lieues de la capitale; voici la lettre qu'il lui adressait. (Il tire de sa poche une lettre qu'il déplie.)

VALBENBRACK, à part.

Quelle diable d'histoire va-t-il me conter?

BURMSTER, lisant.

« Ma chère femme, je vous écris à la hâte, avant de partir pour la
» France, et c'est la seule lettre que vous recevrez de moi, jusqu'à ce que
» nous nous revoyions à Paris, où je vous donne rendez-vous. Compromis
» dans une affaire politique, je me suis un moment flatté de l'espoir d'é-
» chapper à la condamnation qui me menaçait, et qui maintenant m'exile
» à jamais de mon pays. J'avais prévu l'arrêt, qui ordonne la confiscation
» de mes biens, et je me suis hâté de vendre à vil prix (car il y avait
» nécessité) tout ce que je possède. J'ai réalisé une somme de cent mille
» florins. »

VALBENBRACK.

Hein?..

BURMSTER.

Qu'avez-vous, monsieur?..

VALBENBRACK.

C'est le chiffre... vous dites?..

BURMSTER.

Cent mille florins. « C'est tout ce qu'il faut pour vous assurer une exis-
» tence honorable à vous, ma chère femme, et à notre petite Clémentine.
» Quant à moi, j'espère prendre du service en France. Je dépose cette
» somme de cent mille florins dans une maison riche et solide : vous devi-

» nez que ce dépôt, je suis obligé de le faire sous un nom emprunté. Un
» ami fidèle... » Vous suivez bien ?..
VALBENBRACK.
Très bien, très bien... un ami fidèle...
BURMSTER.
« Auquel j'écris par une voie sûre, se chargera d'en toucher la rente
» qu'il vous fera compter à vous; il a également plein pouvoir pour opérer
» le déplacement total de la somme et vous la rembourser, dans le cas où
» telle serait plus tard votre intention. Vous comprenez que, dans ma po-
» sition, je ne pourrais pas, sans imprudence, vous donner par écrit ni
» le nom de cet ami, ni celui du banquier : car cette lettre devant vous ar-
» river par les voies ordinaires, d'autres yeux que les vôtres la liront peut-
» être avant vous. C'est donc seulement, quand je vous verrai, que je
» pourrai vous donner de plus amples détails. Aussitôt ma lettre reçue,
» quittez la terre que vous habitez, car au moment où je vous écris, vous
» n'êtes plus chez vous. Adieu, ma chère femme, je pars dans une heure,
» l'âme triste, le corps souffrant, mais impatient de vous embrasser, vous
» et ma fille bien-aimée. Nous nous reverrons à Paris; Dieu voudra, je
» l'espère, que ce soit pour long-temps!.. Votre fidèle époux... »
(Il s'arrête.)

VALBENBRACK qui, pendant toute cette lecture, est resté immobile et impassible, dit
avec une compassion affectée au moment où Burmster s'arrête.

Pauvre homme!.. souffrant! malade!.. Ah! eh bien, monsieur?..
BURMSTER.
Eh bien, monsieur, vous avez suivi la lecture de cette lettre?
VALBENBRACK.
Depuis A jusqu'à Z.
BURMSTER.
Qu'en dites-vous?
VALBENBRACK.
Que c'est la lettre d'un père tendre et d'un époux accompli.
BURMSTER.
Mais cette lecture n'a-t-elle réveillé chez vous aucun souvenir?
VALBENBRACK.
Aucun.
BURMSTER.
Peut-être quand vous saurez de qui elle est signée...
VALBENBRACK.
En effet, peut-être... veuillez me dire le nom...
BURMSTER.
Charles, vicomte de Hordenstein.

VALBENBRACK, paraissant chercher.

Robenstein? connais pas.
BURMSTER.
Je dis Hordenstein, colonel de cavalerie.
VALBENBRACK.
Je ne me rappelle pas avoir connu le moindre colonel, même d'infanterie.

HUGUES, à part.

Oh! le vieux gredin... il n'avouera pas!

BURMSTER, se levant.

Pourtant, on m'a parlé d'un certain portrait...

VALBENBRACK, se levant aussi.

En uniforme de colonel... vous avez parbleu raison... un morceau distingué ma foi... je l'ai acheté dans une vente... et je peux le dire, je l'ai
eu pour rien. J'ignore qui il représente... mais je gagerais qu'il est frappant de ressemblance... on voit ça aux épaulettes.
BURMSTER.
Tout porte à croire que c'est le portrait du vicomte de Hordenstein.
VALBENBRACK.
Ah! oui dà! et M. de Robenstein désirerait peut-être rentrer en posses-
sion de son portrait?

BURMSTER.

M. de Hordenstein est mort, depuis environ vingt-cinq ans.

VALBENBRACK.

Mort, dites-vous ? l'auteur de cette épître si intéressante !

BURMSTER.

Dix jours environ après l'envoi de cette lettre, lorsqu'à peine il avait mis le pied sur la terre de France, une maladie aiguë l'emporta, avant même qu'il eût pu revoir sa femme et sa fille, à qui il ne laissait sur leur fortune d'autre renseignement que la lettre dont je vous ai donné lecture.

VALBENBRACK.

Laquelle n'apprend rien du tout... Et quelles sont les intentions de ces dames ?

BURMSTER.

La mère, hélas ! n'a pas survécu long-temps à son époux !

VALBENBRACK.

Malheur sur malheur !

BURMSTER, continuant.

La fille seule est vivante, elle est pauvre, et l'on m'avait fait espérer, monsieur, que vous pourriez me donner, sur le sort des cent mille florins, quelques indices.

VALBENBRACK.

Désolé, monsieur, de ne les connaître ni d'Ève ni d'Adam.

BURMSTER, se levant.

Vous voudrez bien me pardonner d'avoir abusé de vos momens.

VALBENBRACK.

Disposez de moi en toute occasion... Si le portrait en question est réellement ce que vous pensez, je me ferai un devoir de le céder, avec un léger bénéfice, à Mlle de Brobestein...(Se reprenant.) Hordenstein... Pardon, les noms que j'entends pour la première fois, j'ai le malheureux défaut de les écorcher.

HUGUES, caché.

Comme ceux qui lui empruntent de l'argent.

BURMSTER, à part.

Cet homme se joue de moi, j'aurai l'œil sur lui.

(Il sort en saluant Valbenbrack, qui le reconduit.)

HUGUES, à part.

Est-ce que je me serais trompé ?

SCÈNE VI.

VALBENBRACK, HUGUES, caché.

VALBENBRACK, redescendant la scène rapidement.

Ah ! grand Dieu ! qui jamais se serait attendu ?.. après vingt-cinq ans !.. c'est une surprise du plus mauvais goût... car enfin six mois, un an après, je ne dis pas ; mais vingt-cinq ans. (Il se promène avec agitation.)

HUGUES, à part, en le regardant.

Qu'est-ce qu'il a donc à soliloquer et à faire les grands bras ? Il n'a plus l'air aussi tranquille.

VALBENBRACK.

Voyez-vous, si on était homme à se démonter, à perdre la tête... heureusement... Voyons, du sang-froid ; ce Burmster ne va pas en rester là peut-être, et si quelqu'autre indice... récapitulons... Le portrait ne m'inquiète pas ; mais n'ai-je pas conservé autre chose de ce cher colonel ? ses lettres, la dernière surtout, celle qui m'annonçait... l'ai-je brûlée ? non, j'ai peur de l'avoir. (Il fait un pas vers le secrétaire et s'arrête.) Pas ici, mais là, (Indiquant le placard.) avec tout ce que j'ai de précieux. Eh vite ! eh vite ! elle a beau être bien cachée, au feu, au feu, c'est plus sûr.

(Il prend la bougie, va à la porte du fond, met le verrou, vient au placard qui s'ouvre au moment où il pousse le ressort, y prend un grand portefeuille rempli de papiers, qu'il commence à examiner. Hugues ne perd pas un seul de ses mouvemens.)

HUGUES, à part.

Oh ! quéque ça peut être que ces papiers si bien cachés ? des preuves, je parie, et il va les brûler peut-être. (Valbenbrack, qui tient un papier, étend la main vers la bougie.) Juste !.. oh ! je l'étranglerai plutôt sur la place !

(Il fait un mouvement pour sortir du cabinet; on frappe à la porte du fond ; Valbenbrack serre vivement le papier dans le portefeuille et renferme tout dans le placard ; Hugues rentre dans le cabinet.)

VALBENBRACK, à part.

M. Burmster qui revient peut-être... Au diable l'importun! (Il va ouvrir.)

SCÈNE VII.

VALBENBRACK, MAXIMILIEN, HUGUES, toujours caché.

VALBENBRACK, respirant à la vue de Maximilien.

M. Maximilien! ah!

MAXIMILIEN.

M. Valbenbrack, vous pouvez me rendre le plus signalé des services.

VALBENBRACK, à part.

Je le vois venir; l'affaire Daniel. (Haut.) De quoi s'agit-il? pour rendre service je suis toujours là.

MAXIMILIEN.

Vous voyez un homme au désespoir !.. Je suis perdu si demain je n'ai pas trois mille florins.

VALBENBRACK.

Trois mille florins, ça peut se trouver.

MAXIMILIEN.

Ah! je vous devrai la vie.

VALBENBRACK.

Non, vous ne me devrez pas la vie, vous me devrez six mille florins, en supposant que je vous en prête trois.

MAXIMILIEN.

Tout ce que vous voudrez.

VALBENBRACK.

Bien! Quelles sont les garanties que vous m'offrez?

MAXIMILIEN.

Ma signature.

VALBENBRACK.

Hein?.. je dis quelles garanties?..

MAXIMILIEN, appuyant.

Ma signature.

VALBENBRACK.

La signature d'un jeune homme...

MAXIMILIEN.

D'un jeune homme d'honneur.

VALBENBRACK.

Mon cher monsieur, règle générale : tous les jeunes gens qui empruntent sont des jeunes gens d'honneur au moment où ils empruntent.

MAXIMILIEN.

Q'est-ce à dire, monsieur? les billets que je vous ferais seraient payés.

VALBENBRACK.

Comme vous paierez sans doute ceux que vous avez souscrits pour après-demain au juif Daniel.

MAXIMILIEN.

Quoi! vous savez?

VALBENBRACK.

Je suis en compte avec Daniel.

MAXIMILIEN.

Et mes billets...

VALBENBRACK.

Sont passés dans mon portefeuille.

MAXIMILIEN.

Ainsi, c'est de vous seul que dépend...

VALBENBRACK.

Non pas vraiment, c'est de vous qu'il dépend de m'offrir des garanties suffisantes.

MAXIMILIEN.

N'aurez-vous pas au besoin ma liberté?

VALBENBRACK.

Ah fi! vous me connaissez mal! user de pareils moyens ! mais enfin j'ai votre signature, ne pourriez-vous m'en offrir une autre également bonne, celle de votre père, par exemple?

MAXIMILIEN, vivement.

Mon père refuserait.

VALBENBRACK.

Est-ce donc un obstacle?

MAXIMILIEN.

Monsieur...

VALBENBRACK.

Je croyais que, sur les effets de Daniel, la signature de M. Burmster...

MAXIMILIEN *.

Eh! monsieur, c'est précisément cette première faute que je voudrais réparer et non pas aggraver. M. Valbenbrack, je vous en supplie, c'est la vie, c'est l'honneur que je vous demande.

VALBENBRACK.

Quant à l'honneur et à la vie, jeune homme, je n'ai pas l'intention de vous en priver; mais pour de l'argent, je vous ai dit à quelle condition...

MAXIMILIEN, suppliant.

Oh! vous ne serez pas sans pitié...

VALBENBRACK.

Pardon, mais l'heure me presse**...

MAXIMILIEN, de même.

Non, M. Valbenbrack, non, je ne sortirai pas d'ici que je n'aie obtenu...

VALBENBRACK.

C'est donc moi qui vais vous céder la place. (Fausse sortie. A part.) J'aurais pourtant bien voulu en finir et brûler cette lettre... si je restais... non, cela pourrait éveiller les soupçons du magistrat... ne changeons rien à mes dispositions... partons toujours... quitte à trouver un prétexte pour revenir.

MAXIMILIEN, qui l'observe.

Eh bien! monsieur, vous avez réfléchi?..

VALBENBRACK.

Oui, monsieur, j'ai réfléchi... que la diligence est comme la marée... elle n'attend pas. J'ai bien l'honneur de vous saluer... (A part.) Et ma lumière qui brûle... allons dire à Thérèse de congédier cet emprunteur tenace.

(Il sort par le fond.)

SCÈNE VIII.
MAXIMILIEN, HUGUES, caché.

MAXIMILIEN, tombant abattu sur un siége à droite.

Plus d'espoir! homme impitoyable... mais que faire, donc?.. effacer un premier crime par un crime nouveau!.. oh! ma tête se perd!..

SCÈNE IX.
MAXIMILIEN, MAURICE, FRÉDÉRIC, WOLFF, puis HUGUES, sortant de sa cachette; les trois autres entrent de la gauche.

MAURICE, gaîment à Maximilien.

Parti? (Aux autres.) Parti!

FRÉDÉRIC.

Procédons à l'inspection des lieux...

WOLFF.

Inspecter... ça me regarde.

HUGUES, entrant vivement.***

J'ai tout vu... tout entendu... je connais son secret!

TOUS.

Un secret!

MAXIMILIEN.

Vous étiez là!

HUGUES.

Oui, M. Maximilien... et je l'ai entendu le vieux gredin, qui était sourd

* Maximilien, Valbenbrack, Hugues.
** Valbenbrack, Maximilien, Hugues.
*** Maximilien, Hugues, Maurice, Frédéric, Wolff.

à toutes vos prières... mais soyez paisible... nous le tenons! c'est là*...
(Frappant sur le placard.) Là, qu'il cache la preuve de son crime.

TOUS.

Son crime!

HUGUES.

Oh! j'en suis sûr... j' l'ai vu prendre et remettre là bien précieusement, un grand portefeuille rouge... et puis les billets de M. Maximilien... vous savez... il vous l'a dit lui-même... passés dans mon portefeuille... eh ben! encore une fois, le portefeuille est là!

WOLFF, examinant la place.

Ah! c'est là?.. mais comment?...

HUGUES**.

Oh! il y a un secret... faut pas nous amuser à le chercher... pas tant de précautions à prendre avec un voleur... avec un gueux qui retient la fortune des autres... faut enfoncer l'armoire!

MAXIMILIEN.

Comment! enfoncer...

WOLFF, vivement.

Certainement... c'est le plus sûr moyen de ravoir vos billets...

HUGUES.

Et la fortune de ma bienfaitrice! j' vas dans la cuisine à Thérèse chercher des outils.   (Il sort par le fond à gauche.)

SCÈNE X.

Les Mêmes, hors HUGUES.

MAURICE, partant d'un éclat de rire.

Il va très bien, le petit... en l'attendant, faisons chanter l'oiseau.
(Il tire de sa poche un rossignol, et s'occupe avec Frédéric à forcer le secrétaire.)

MAXIMILIEN, à Wolff, qui est resté près du placard.

Wolff, vous m'aviez promis un moyen?..

WOLFF.

Eh bien! voilà un moyen... vous reprenez vos titres.

MAXIMILIEN.

Mais, ai-je le droit?..

WOLFF.

Vous les reprenez, pour lui en donner d'autres à la place, vous ne faites pas de tort à votre créancier, et vous l'empêchez de vous en faire un considérable.

MAXIMILIEN, à lui-même.

Et puis... il l'a voulu!
(Wolff continue de lui parler bas, pendant que Maurice a forcé le secrétaire.)

MAURICE.

Là... ouvre-moi ton cœur, cher secrétaire.

FRÉDÉRIC, fouillant.

Et voyons ce qu'il a dans l'ame.

MAURICE.

Un demi-florin!

FRÉDÉRIC.

Et un chiffon de papier.

MAURICE, lisant.

« Cejourd'hui, 25 mai 1828, il me reste en caisse... » Nous sommes volés! (Il repousse le tiroir.) Prenons toujours le demi-florin, ça paiera la voiture.

SCÈNE XI.

Les Mêmes, HUGUES, apportant un ciseau, un marteau, etc., etc.; il est en manches de chemise.

HUGUES.

Messieurs, v'là tout ce qu'il faut... j' suis menuisier de mon état, ça ne sera pas long. (Il travaille tout en parlant.) Je m' suis mis à mon aise, comme vous voyez... du reste, le thé va son train... l'eau est bouillante.,. mais

---

* Hugues, Wolff, Maximilien, Maurice, Frédéric.
** Wolff, Maximilien, Hugues, Maurice, Frédéric.

Thérèse est allée faire ses provisions... parce que faut vous dire... il n'y a rien ici, ni sucre... le vieux chiche fait ses verres d'eau sucrée avec un filet de vinaigre.

WOLFF.

C'est un très bon ouvrier.

HUGUES.

Ah! j' connais mon affaire, là... (L'armoire s'ouvre.) C'est fait! v'là le grand portefeuille... (Il le prend et dit à Maximilien.) A nous deux, M. Maximilien... je dois avoir vos billets.

MAXIMILIEN.

Mes billets...(Il suit Hugues vers le secrétaire où tous deux ouvrent le portefeuille*.)

MAURICE, devant l'armoire ouverte.

A nous le reste! (Comptant de l'œil.) Un, deux, trois, quatre, cinq, six... il y a au moins vingt sacs! voilà le vrai tiroir à la monnaie!

MAXIMILIEN.

Ils n'y sont pas.

WOLFF, gravement.

Le superbe coup-d'œil pour un ancien inspecteur des monnaies... je rentre en fonctions... enlevons!

MAURICE et FRÉDÉRIC.

Oui, oui... enlevons!

HUGUES, se retournant.

Hein?.. (Ils les voit qui prennent les sacs d'argent et les posent sur le guéridon.) Eh ben! qu'est-ce que vous faites donc?

WOLFF.

Notre part.

HUGUES.

Vous prenez l'argent?

WOLFF.

Qu'est-ce que tu veux que nous prenions.

HUGUES.

Mais, vous êtes donc des voleurs?

MAURICE.

Et toi, qui enfonces les armoires?..

HUGUES.

Moi! je suis un honnête homme!

WOLFF.

Comme nous.

HUGUES, se tournant vers Maximilien.

Comment, M. Maximilien, c'est là vos amis?

MAXIMILIEN, troublé.

Mais, j'ignorais**... Maurice, Frédéric, que faites-vous? voler l'argent!

HUGUES, s'avançant.

Ah! mais un instant... je ne mange pas de ce pain là, moi!

(Maurice le repousse.)

MAXIMILIEN, à Wolff.

M. Wolff, vous m'avez trompé d'une manière infâme!

WOLFF, sans s'arrêter.

Vous êtes un niais.

HUGUES, étendant les mains sur les sacs qui couvrent la table.

Je vous dis, moi, que je ne souffrirai pas...

MAURICE.

Ah ça! est-ce qu'ils vont nous embêter long-temps?.. arrière, invalide.

(Il prend Hugues par son bras malade et le pousse violemment. Hugues tombe et pousse un cri douloureux. Dans la lutte, le guéridon est tombé; la lumière s'est éteinte.)

HUGUES.

Oh! mon bras!

VALBENBRACK, en dehors.

Thérèse, Thérèse... venez m'éclairer.

WOLFF.

Du monde!

* Frédéric, Wolff, Maurice, Hugues, Maximilien.
** Frédéric, Wolff, Maximilien, Maurice, Hugues.

MAXIMILIEN.

C'est Valbenbrack!

MAURICE, ouvrant la fenêtre.

Sauve qui peut! (Wolff et Frédéric descendent par la fenêtre.)

WOLFF, en passant.

Avantage de travailler à l'entresol.

MAXIMILIEN, cherchant Hugues dans l'obscurité.

Mais ce brave garçon...

MAURICE, le poussant vers la fenêtre.

Ne t'inquiètes pas... il nous suit.

VALBENBRACK, dehors.

Thérèse! (Maximilien et Maurice s'échappent.)

SCÈNE XII.
HUGUES, puis VALBENBRACK, et ensuite THÉRÈSE.

HUGUES, qui s'est relevé avec peine.

On vient!.. mais le portefeuille... (Il marche à tâtons vers le secrétaire, et reprend le portefeuille qui y est resté.) Je ne laisserai pas ici la fortune de ma bienfaitrice.

VALBENBRACK, paraissant à la porte.

Thérèse! (A lui-même.) Moi qui cherchais un prétexte pour revenir... la voiture a versé.

HUGUES, à part.

Valbenbrack! tâchons de lui échapper.

(Il va donner dans Valbenbrack, que l'obscurité l'empêche de voir, le renverse et se sauve par le fond.)

VALBENBRACK, tombant.

Au secours! Thérèse! au voleur!

THÉRÈSE, entrant du fond à gauche avec de la lumière.

Qu'est-ce qu'il y a?

VALBENBRACK, en se relevant, aperçoit l'armoire ouverte et ses sacs tout bouleversés.

Ah! je suis dévalisé, ruiné, assassiné!

THÉRÈSE, sur l'escalier au fond.

Au voleur! au voleur!.. arrêtez le voleur!

(Le rideau tombe.)

FIN DU DEUXIÈME ACTE.

ACTE III.

Le cabinet de Burmster. — Porte au fond, deux portes latérales, — A gauche de l'acteur, une petite table; à droite, un bureau.

SCÈNE I.
BURMSTER, MAXIMILIEN.

(Maximilien, devant la petite table à gauche; Burmster entre de droite, tenant à la main des papiers.)

BURMSTER, à lui-même.

Plus j'examine ces renseignemens, plus ils me semblent positifs; et cependant j'ai échoué auprès de ce Valbenbrack... sa figure, que j'observais hier, est restée impassible.

MAXIMILIEN, à part, sans se déranger.

Il ne s'aperçoit pas que je suis là, feignons aussi de ne pas le voir.

(Il écrit avec action.)

BURMSTER, de même.

Pauvre Clémentine! ne pourrai-je donc au moins réparer une partie de mes torts envers elle? cette fortune qu'elle croit perdue, si je pouvais la lui rendre, alors au moins, mais seulement alors, je me croirais le droit de paraître devant elle. (Apercevant Maximilien.) Ah! c'est vous, Maximilien; au travail déjà, c'est exemplaire.

MAXIMILIEN.
Mon père, je vous ai promis...
BURMSTER.
De changer de conduite, c'est fort bien ; mais vous tenez vos promesses, c'est encore mieux. Qu'avez-vous fait de votre soirée d'hier ?
MAXIMILIEN.
Hier, mon père ? un tour de promenade en vous quittant, et puis j'étais rentré avant dix heures.
BURMSTER.
Eh bien ! que toutes vos soirées ressemblent à celle d'hier.
MAXIMILIEN, à part.
Oh ! s'il savait...

SCÈNE II.
BURMSTER, UN OFFICIER DE POLICE, MAXIMILIEN.
L'OFFICIER DE POLICE, apportant un papier et un portefeuille.
M. le magistrat, je suis chargé de vous remettre ce rapport sur un vol commis la nuit dernière. Un homme a été arrêté, on a trouvé sur lui ce portefeuille.
MAXIMILIEN, à part.
Le portefeuille de Valbenbrack ! qui donc a été pris !
BURMSTER, à l'officier.
Que dans une heure le prévenu soit ici, je l'interrogerai.
(L'officier s'incline et sort.)

SCÈNE III.
BURMSTER, MAXIMILIEN.
BURMSTER, qui a été s'asseoir devant son bureau, lit tout haut le rapport.
« Hier soir, entre neuf et dix heures, rue de Berlin, des voleurs se sont » introduits dans le domicile du sieur Valbenbrack, alors absent. » Entre neuf et dix !.. peu de temps après que je l'ai eu quitté. « La garde urbaine a » pu saisir un des malfaiteurs au moment où il s'échappait de la maison : » C'est le nommé Hugues, ouvrier menuisier. »
MAXIMILIEN, qui suit la lecture, à part.
Pauvre garçon ! c'est lui.
BURMSTER, réfléchissant.
Hugues, menuisier... mais il me semble, Maximilien, que c'est le jeune homme...
MAXIMILIEN.
Qui vous a présenté hier un mémoire... ce doit être lui.
BURMSTER.
Ce garçon m'a paru honnête.
MAXIMILIEN.
Et il l'est, mon père, oh ! j'en répondrais.
BURMSTER.
Cependant on le trouve nanti d'un portefeuille qui paraît contenir des valeurs considérables... l'aurait-il trouvé ? serait-il victime d'une erreur ? Je veux que cette affaire s'instruise au plus tôt... achevons la lecture de ce rapport.
(Il lit tout bas.)
MAXIMILIEN, à part.
Pauvre diable ! j'en suis fâché pour lui, mais dans mon intérêt vaut mieux lui qu'un autre ; il s'en tirera facilement, parce qu'après tout il n'a pas cru mal faire, et au moins il ne dénoncera personne, lui... Je vais toujours lui écrire un mot pour le rassurer et pour qu'il se taise.
(Il écrit.)

SCÈNE IV.
BURMSTER, THÉRÈSE, MAXIMILIEN.
(Thérèse entre timidement par la porte du fond ; elle porte sur son bras une redingote.)
THÉRÈSE, à part.
Ça doit être ici, on m'a dit la porte au fond du collidor. (Apercevant Maximilien qui écrit.) Ah ! v'là du monde, j' vas demander, on n' peut pas me refuser ça. (Elevant un peu la voix.) C'est-il ici qu'il faut s'adresser. ?..

MAXIMILIEN, qui s'est retourné, la reconnaît.

Thérèse!.. chut!

THÉRÈSE, de même.

C'est vous, M. Maximilien. (Pleurnichant.) Eh ben! vous savez le malheur?

MAXIMILIEN.

Silence! tout va bien.

THÉRÈSE, baissant la voix.

Mais non, il est en prison.

MAXIMILIEN.

Pas pour long-temps.

THÉRÈSE.

Qui est-ce qui dit ça?

MAXIMILIEN, lui montrant Burmster qui examine les papiers.

Mon père, qui lui veut du bien; soyez tranquille, il ne lui arrivera rien de fâcheux.

THÉRÈSE, avec joie.

Vrai? contez-moi donc ça. (Elle pose la redingote sur le dos d'une chaise près de Maximilien et va s'asseoir, quand Burmster se retourne.)

BURMSTER.

Qu'est-ce?

THÉRÈSE, faisant la révérence.

C'est moi, monsieur le magistrat.

BURMSTER.

Qui êtes-vous?

THÉRÈSE.

J' suis Thérèse, domestique de mon état, et fiancée de Hugues, le menuisier.

BURMSTER.

Ah! le jeune homme... et que demandez-vous?

THÉRÈSE.

La permission de le voir et de lui porter sa redingote, car faut vous dire, monsieur le magistrat, qu'on l'a arrêté en manches de chemise, et il ne doit pas faire chaud en prison.

BURMSTER,

Attendez un moment. (Il écrit.)

MAXIMILIEN, à part.

Quelle idée!.. il aura mon billet.

(Il glisse un billet dans la poche de la redingote.)

BURMSTER, donnant à Thérèse la permission.

Tenez.

THÉRÈSE.

Merci, monsieur le juge, comben que c'est?

BURMSTER, souriant.

Rien, mon enfant, rien. Maximilien, conduisez cette jeune fille, et puis vous prierez messieurs les conseillers Friedberg et Muller de se rendre ici; je ne veux pas que cette affaire souffre le moindre retard*.

THÉRÈSE, joyeuse.

Ben des remercîmens, monsieur le juge... ah! j' croyais que la justice coûtait plus cher que ça. (Elle a repris la redingote et sort avec Maximilien par la gauche. Un domestique paraît à la porte du fond.)

SCÈNE V.

BURMSTER, UN DOMESTIQUE.

LE DOMESTIQUE, annonçant.

Sœur Marthe, de l'hospice Saint-Magloire, demande à être introduite auprès de monsieur le bourgmestre.

BURMSTER, se levant.

Faites entrer. (Le domestique sort.) Sœur Marthe... c'est Clémentine... est-ce un rêve?.. Clémentine ici!.. oh! pourrai-je soutenir ses regards et ses reproches? Je mourrai de honte à ses yeux, peut-être, et cependant je veux la revoir... la voici. (Il reste immobile.)

* Burmster, Maximilien, Thérèse.

SCÈNE VI.
BURMSTER, S. MARTHE.

S. MARTHE, s'arrêtant après avoir jeté un regard sur Burmstér.

(A part.) C'est bien lui !.. Mon Dieu, n'abandonnez pas la pauvre femme, éloignez de son cœur tout souvenir de colère, donnez-lui seulement la force de prier... (Haut et s'avançant vers Burmstér.) Monsieur, vous ne me connaissez pas...

BURMSTER.

Quoi ! madame...

S. MARTHE.

Il est impossible, monsieur, que vous me connaissiez... habitant cette ville depuis fort peu de temps, c'est aujourd'hui seulement que j'ai su le nom de son premier magistrat. Sœur Marthe n'est pas connue de M. Burmster, et cela seul a pu la décider à risquer la démarche qu'elle hasarde aujourd'hui.

BURMSTER.

Puis-je vous demander, madame, le motif de cette démarche ?

S. MARTHE.

Le motif, monsieur, c'est l'événement de cette nuit, événement sans doute bien ordinaire pour vous, magistrat suprême, qui ne devez voir là qu'un vol comme tant d'autres; pour moi, monsieur, c'est la source d'anxiétés et d'inquiétudes cruelles, c'est ce qui me jette dans le trouble où vous me voyez.

BURMSTER, avec beaucoup d'intérêt.

Calmez-vous, madame.

S. MARTHE.

Est-il vrai, monsieur, que le jeune homme arrêté hier soit un ouvrier du nom de Hugues ?

BURMSTER.

Cela est vrai ?

S. MARTHE.

Quel est son crime ?

BURMSTER.

On l'accuse de vol.

S. MARTHE, vivement.

Un vol ! c'est impossible, il est innocent.

BURMSTER.

Je le crois, madame, je crois ce jeune homme incapable d'une action honteuse.

S. MARTHE.

Le connaîtriez-vous, monsieur ?

BURMSTER.

J'ai eu l'occasion de le voir à propos d'une affaire qui m'intéressait moi-même bien vivement, le recouvrement de la fortune de Mlle de Hordenstein. Je ne saurais vous dire combien je m'estimerais heureux de réussir dans les démarches que j'ai déjà faites à ce sujet; et si mademoiselle...

S. MARTHE, avec une gravité douce.

Parlons de ce jeune homme, c'est de lui, monsieur, que je suis venue vous entretenir.

BURMSTER.

Vous paraissez, madame, vous inquiéter beaucoup du sort de ce jeune homme, c'est un motif plus que suffisant pour que je m'en inquiète moi-même d'une façon toute particulière. Souffrez pourtant que je le fasse sans perdre de vue un seul instant les intérêts de Mlle de Hordenstein, qui sont pour moi quelque chose de sacré. Je ne sais pas encore quel sera le résultat de mes démarches, j'ignore également de quel œil Mlle de Hordenstein verra mes efforts; mais je peux le dire, la seule récompense que j'ambitionnerais, ce serait, après le plaisir de lui avoir été utile, celui de savoir qu'elle recevrait sans répugnance un service qui lui viendrait de moi.

S. MARTHE.

Hélas, monsieur, le service que vous rendriez à Mlle de Hordenstein, ne serait après tout qu'un service d'argent, et vous me permettrez de vous rappeler que, depuis vingt ans qu'elle vit dans la solitude et l'éloignement du monde, la pauvre Clémentine a eu le temps de s'accoutumer à toutes les privations de l'indigence ; mais une mère, monsieur, croyez-vous qu'une mère puisse s'accoutumer à l'idée de voir son fils flétri et malheureux ?

BURMSTER, vivement.

Une mère, dites-vous ?

S. MARTHE, contenant son émotion.

Et Mlle de Hordenstein connaît la mère de ce jeune homme, elle a pleuré avec la mère, elle a souffert de toutes ses angoisses, et maintenant, s'il est une prière suprême qu'elle adresse à la justice des hommes comme à celle de Dieu, c'est de sauver le fils, c'est d'arracher cet enfant à l'infamie.

(Elle tombe à ses genoux.)

BURMSTER, très ému.

Madame, madame, je ferai tout... on vient, de grace relevez-vous.

(Il s'empresse de la relever ; entre un domestique.)

LE DOMESTIQUE, annonçant.

M. Valbenbrack.

BURMSTER, remontant au fond pour faire signe qu'on peut entrer.

Valbenbrack ! * Il vient porter plainte contre ce jeune homme. (A Marthe.) Madame, puisque le sort du prévenu vous intéresse à un si haut degré, entrez ici, vous serez témoin des efforts que je vais faire, vous entendrez tout, vous serez juge aussi bien que moi.

(Il la fait entrer à droite ; Valbenbrack entre du fond ; le domestique sort.)

SCÈNE VII.
BURMSTER, VALBENBRACK.

VALBENBRACK, entrant en désordre.

Monsieur, monsieur, je suis un homme perdu, ruiné, assassiné, depuis hier je ne mange plus, je ne dors plus, on assure que j'existe encore, mais je ne puis le croire... non, bien décidément je n'existe plus.

BURMSTER.

Calmez-vous, monsieur, calmez-vous.

VALBENBRACK, criant plus fort.

Que je me calme, monsieur, quand les scélérats, non contens de me voler, de me dépouiller de ce que je possède, m'ont encore hideusement renversé et contusionné ! quand je puis montrer les traces de leur dépravation morale et de leur brutalité physique écrites sur mon malheureux individu en caractères tout bleus et tout noirs.

BURMSTER.

J'ignorais, monsieur...

VALBENBRACK.

Oui, monsieur, il y a eu effraction de ma caisse et de mes reins.

BURMSTER.

Mais enfin, monsieur, la perte est-elle ?..

VALBENBRACK.

Immense, monsieur, immense ; d'abord un demi-florin qu'ils ont dérobé dans mon secrétaire, ensuite un portefeuille contenant des valeurs considérables.

BURMSTER, lui montrant le portefeuille.

N'est-ce pas celui-ci ?

VALBENBRACK, étendant la main.

Lui-même !.. permettez...

BURMSTER, retenant le portefeuille.

Un moment, il a été saisi sur le jeune homme arrêté à quelques pas de votre maison.

VALBENBRACK.

Je recommande cet odieux jeune homme à toute la vindicte des lois ; mais rendez-moi... (Il étend la main.)

BURMSTER.

Je dois d'abord m'assurer que rien n'y manque.

VALBENBRACK.

Au fait, ce jeune chef de bande a dû être pressé de me dévaliser.

BURMSTER.

Asseyez-vous.

VALBENBRACK.

Vous êtes bien bon, je vous remercie.

* Burmster, S. Marthe.

LA SOEUR GRISE ET L'ORPHELIN.

BURMSTER.
Veuillez me désigner les valeurs une à une.

VALBENBRACK.
Volontiers; je tâcherai, monsieur, de me rappeler, car depuis cette horrible catastrophe, je n'ai plus deux idées à moi. D'abord il y avait un billet de banque de deux cents ducats.

BURMSTER, qui s'est assis et a ouvert le portefeuille.
Le voici.

VALBENBRACK.
Vraiment! les infâmes ne l'auront pas aperçu!.. ensuite quatre actions de la banque de Vienne.

BURMSTER.
Elles y sont.

VALBENBRACK.
Sauvées aussi!.. les scélérats!.. plus, trois effets à diverses échéances.

BURMSTER.
Les voilà.

VALBENBRACK.
Oui, oui, les voilà!.. oh! lâches bandits!.. plus, dix-sept billets protestés.

BURMSTER.
En une seule liasse; il s'y trouvent.

VALBENBRACK.
Très bien! enfin une mèche de cheveux de ma pauvre défunte, et une dent de la susdite montée en épingle.

BURMSTER.
Rien n'y manque.

VALBENBRACK.
Rien n'y manque en effet, ces infâmes brigands ne m'ont rien pris du tout. Je tremblais pour les restes précieux de mon épouse et pour mes actions sur la banque... grace au ciel, je retrouve tout dans son état primitif.

BURMSTER, dépliant un dernier papier.
Il reste encore un papier... Que vois-je?.. une lettre du vicomte de Hordenstein.

VALBENBRACK, très vivement.
Hein?.. (A part.) Je suis pris!

BURMSTER, parcourant la lettre.
Il annonce le dépôt qu'il vient de faire de cent mille florins... il vous désigne le banquier... et cet ami qu'il charge de ses pleins pouvoirs, c'est vous!.. et, depuis vingt-cinq ans, vous retenez une fortune qui n'est pas la vôtre, et vous laissez dans l'indigence l'héritière légitime!..

VALBENBRACK.
Monsieur, j'ignorais l'existence d'une héritière légitime...

BURMSTER.
L'ignoriez-vous hier, monsieur, quand vous avez osé nier devant moi?..

VALBENBRACK.
Hier, monsieur, j'ai eu tort peut-être; mais enfin, mettez-vous à ma place, après vingt-cinq ans, c'est bien dur... Tenez, monsieur, je ne suis pas un Turc... je retrouve les choses à peu près telles qu'elles étaient, eh bien! prenons qu'on ne m'a pas volé, je retire ma plainte, je n'en veux à personne et restons-en là.

BURMSTER.
Qu'osez-vous proposer, monsieur? mais ne comprenez-vous pas que c'est vous que mon devoir m'ordonne à présent de poursuivre?

VALBENBRACK.
Je comprends parfaitement que vous vous créez un devoir chimérique...

BURMSTER.
Pas un mot de plus, monsieur; une plainte a été formée par vous, un homme arrêté, il faut que la justice ait son cours. Quant à l'affaire de la succession que vous voudriez étouffer, abstenez-vous de toute prière auprès de moi; en supposant que vous pussiez me décider à devenir votre complice, vous ne devriez pas être plus tranquille, car nous avons parlé devant témoin.

VALBENBRACK, effrayé.
Quel témoin?

BURMSTER, indiquant la porte à droite.

J'entre ici, monsieur, et tout-à-l'heure je serai près de vous avec la personne à qui vous pourrez adresser vos prières, car cette personne a tout entendu, et elle aussi a droit de prononcer si la fortune de Mlle de Hordenstein doit rester en vos mains. (Il entre à droite.)

SCÈNE VIII.
VALBENBRACK, seul.

Un témoin! mais c'est un guet-à-pens!.. qu'est-ce qu'il veut dire par sa personne qui a droit de prononcer?.. je m'y perds. (Avec colère.) Imbécile que je suis, d'être parti sans avoir brûlé ce maudit papier!.. C'est un enragé que ce magistrat-là!.. si je lui offrais de partager... partager, c'est diablement cher. Non, seulement de lui rendre les billets de son fils... je les ai justement sur moi. (Il les tire de sa poche et les considère.) En voilà, ma foi, pour trois mille florins... Eh bien! oui, mais si c'est vrai qu'il y ait un témoin...

SCÈNE IX.
VALBENBRACK, THÉRÈSE.

THÉRÈSE, en dehors.

J' vous dis qu'il faut que j' parle encore à M. le bourgmestre.
(Elle entre de la gauche.)

VALBENBRACK.

Thérèse!.. Et que viens-tu lui dire à ton bourgmestre?

THÉRÈSE.

Que mon pauvre Hugues est innocent.

VALBENBRACK.

Innocent! lui qui est cause de tout mon malheur! Je veux qu'il soit pendu.

THÉRÈSE.

Oh! ben! non, par exemple, il n' le mérite guères... à preuve que tout-à-l'heure M. le magistrat m'avait permis d'aller le voir pour lui porter sa redingote et un mot de consolation pour le réchauffer. J'arrive à la maison d'arrêt, mais le geôlier me dit avec sa jolie voix (Faisant la grosse voix) : « Le » prisonnier est impossible à parler pour le quart-d'heure. — Mais, que je » réponds, voulez-vous lui remettre c'te redingote et ce ducat que je lui » apportais? — Je suis susceptible de tout ça pour vous obliger, » qu'il me répond toujours avec sa voix flûtée; alors je glisse ma monnaie dans la poche, et devinez c' que je trouve?

VALBENBRACK.

Au diable la bavarde!

THÉRÈSE.

Je trouve un billet, je l' confisque, l'agréable geôlier prend la redingote et m' pousse dans la rue... j' lis mon billet... savez-vous c' qu'il dit mon billet?

VALBENBRACK.

Laisse-moi tranquille!

THÉRÈSE.

Il dit le nom des voleurs, et c'est pas mon petit Hugues!.. lisez...
(Elle le lui met sous le nez.)

VALBENBRACK, lisant.

« Tu n'as rien à craindre; les seuls coupables, Wolff, Maurice et Frédé-» ric ont quitté la ville cette nuit; dis les choses telles qu'elles se sont pas-» sées, contente-toi de ne pas me nommer, et pas d'inquiétude sur moi, » le nom de mon père me met à l'abri même du soupçon. »

THÉRÈSE.

Hein? « les seuls coupables! »

VALBENBRACK.

Oui.

THÉRÈSE.

Et puis : « Dis les choses telles qu'elles se sont passées... » à preuve qu'il n'a pas fait de mal, n'est-ce pas?

VALBENBRACK, sans l'écouter.

Qui diable a écrit?.. je connais cette main-là. (Jetant un coup d'œil sur les billets qu'il a toujours entre les mains.) Justement! je le tiens.

THÉRÈSE.

Le voleur?

VALBENBRACK.
Oui! oui!.. ah! M. le magistrat inflexible, nous verrons si vous êtes toujours aussi impitoyable... tout est sauvé *.
THÉRÈSE.
Qui sauvé? mon petit Hugues, n'est-ce pas? j'en étais sûre.
VALBENBRACK.
On vient... va-t-en**.
THÉRÈSE.
Et mon papier?.. vous gardez mon papier?
VALBENBRACK.
Laisse, j'en ai besoin pour le confondre.
THÉRÈSE.
Ah! vous allez parler... parler tout de suite, n'est-ce pas? bon... bon... j' vous laisse. (Revenant.) Dites donc, monsieur, tâchez qu'il sorte aujourd'hui; la nuit il serait capable d'attraper un rhume.
VALBENBRACK, la poussant dehors.
Oui; mais va-t-en, va-t-en donc! (Elle sort par le fond.)

SCÈNE X.
S. MARTHE, BURMSTER, VALBENBACK.

VALBENBRACK, à part en voyant entrer S. Marthe.
Ah! c'est le témoin en question! (Haut.) Eh bien! M. le magistrat, puis-je espérer...
BURMSTER, montrant S. Marthe.
Adressez-vous, monsieur, à l'héritière que vous avez dépouillée.
VALBENBRACK.
Quoi! madame...
BURMSTER.
Madame est la fille unique du vicomte de Hordenstein.
VALBENBRACK.
En vérité!..*** quoique je n'aie pas l'avantage de connaître madame, je dépose mon hommage. (Il salue.) Mais ce que j'ai à vous dire, M. le magistrat, est relatif, non plus à la succession, mais au vol commis hier chez votre serviteur.
BURMSTER.
Auriez-vous découvert...
VALBENBRACK.
Les vrais coupables? oui monsieur, car, selon toute apparence, le jeune homme arrêté est innocent.
S. MARTHE, avec joie.
Innocent!
BURMSTER.
Et ces coupables, qui sont-ils?
VALBENBRACK.
Avant que je vous les nomme, une question, monsieur : quels que soient ceux que je vais vous désigner, il est bien entendu que ni leur position, ni le nom qu'ils portent, ni rien au monde ne pourrait les soustraire aux coups de la justice?
BURMSTER.
Rien, monsieur, car la justice est instituée pour frapper comme pour protéger tout le monde.
VALBENBRACK.
C'est ce que j'ai toujours pensé. Veuillez, monsieur, prêter l'oreille à ce que je vais lire; ce billet est adressé au jeune ouvrier que vous allez interroger. (Il lit.) « Tu n'as rien à craindre; les seuls coupables, Wolff, » Maurice et Frédéric, ont quitté la ville cette nuit. » (S'interrompant.) Sans vous demander permission, M. le bourgmestre... je continue : « Dis les » choses telles qu'elles se sont passées; contente-toi de ne pas me nommer, » et pas d'inquiétude sur moi... le nom de mon père me met à l'abri même » du soupçon. »
BURMSTER.
Ce billet est celui d'un complice; et il est signé?..

* Thérèse, Valbenbrack.
** Valbenbrack, Thérèse.
*** S. Marthe, Burmster, Valbenbrack.

VALBENBRACK.

Un billet de ce genre ne se signe pas, mais on peut connaître l'écriture.

BURMSTER.

Et vous l'avez reconnue?

VALBENBRACK.

Comme vous allez la reconnaître aussi.   (Il lui présente le billet.)

BURMSTER.

Que vois-je! l'écriture...

VALBENBRACK, retirant le papier.

De votre fils.

S. MARTHE.

Est-il possible?..

BURMSTER.

Je suis déshonoré!

VALBENBRACK.

Pas encore publiquement, et il ne tiendra qu'à vous de l'éviter.

BURMSTER.

Comment?

VALBENBRACK.

Je n'ai contre votre fils qu'une seule preuve... ce billet...

BURMSTER.

Cela est vrai.

VALBENBRACK.

Comme vous n'en avez qu'une contre moi, la lettre en question.

BURMSTER.

Eh bien! monsieur?

VALBENBRACK.

Eh bien! ne comprenez-vous pas qu'un échange?..

BURMSTER.

Dites un crime.

VALBENBRACK.

Qui effacera le crime de votre fils, sans qu'il vous en coûte un denier.

BURMSTER.

Mais mon devoir, mais ma conscience...

VALBENBRACK.

Mais le déshonneur, mais l'infamie d'une condamnation... car il vous faudra condamner votre fils.

BURMSTER, avec force.

Je le condamnerai!.. mieux vaut mon fils flétri que la loi violée!

VALBENBRACK.

Ainsi nous aurons le chagrin de voir un jeune homme de vingt ans figurer au pilori avec cette inscription au-dessus de sa tête : « Maximilien Burmster, voleur. »

BURMSTER, cachant sa figure dans ses mains.

O Dieux!

S. MARTHE, s'avançant vers Valbenbrack*.

Vous ne verrez pas cela, monsieur; donnez-moi ce billet, voici la lettre de mon père.   (Elle la lui donne.)

BURMSTER.

Que faites-vous?

S. MARTHE, déchirant le billet que lui a remis Valbenbrack.

Je sauve l'honneur de votre nom.

VALBENBRACK, déchirant la lettre.

En effet, voilà qui concilie tout.

BURMSTER, à S. Marthe.

Mais votre fortune...

S. MARTHE.

Ma seule fortune aujourd'hui, c'est l'honneur, c'est la vie de l'enfant que vous allez juger!

BURMSTER.

Quoi! ce pauvre Hugues...

S. MARTHE.

Sauvez-le! sauvez-le!..

* Burmster, S. Marthe, Valbenbrack.

VALBENBRACK, avec emphase.

Madame, du moment que c'est là tout ce que vous demandez, je ne veux pas être avec vous en reste de générosité... je pardonne à ce jeune pêcheur.

SCÈNE XI.
MAXIMILIEN, BURMSTER, S. MARTHE, VALBENBRACK.

MAXIMILIEN, entrant du fond.

Mon père, voici messieurs les conseillers Muller et Friedberg.

BURMSTER.

Sortez, monsieur, je sais tout... un billet écrit de votre main m'a tout appris. Quittez la ville aujourd'hui, à l'instant même ; aujourd'hui je ne fais que vous chasser, demain je vous condamnerais comme infâme... sortez...

MAXIMILIEN, d'un air suppliant.

Mon père...

BURMSTER.

Plus rien entre nous... je vous ai dit de sortir.

(Il lui montre la porte à droite, Maximilien s'incline et sort. Entrent du fond les deux conseillers, Hugues, etc., etc.)

SCÈNE XII.
1er CONSEILLER, 2e CONSEILLER, BURMSTER, HUGUES, entre deux gendarmes, THÉRÈSE, S. MARTHE, VALBENBRACK.

Burmster et les deux conseillers sont assis autour du bureau à droite ; tous les autres sont debout.

HUGUES, apercevant S. Marthe.

Sœur Marthe! (Il se jette à genoux devant elle.) ma bienfaitrice, je ne suis pas coupable.

S. MARTHE, le relevant.

Du courage.

HUGUES.

Oh! j'en ai du courage... et de la joie, car j'ai réussi.

THÉRÈSE.

Oui, réussi... à te faire arrêter.

HUGUES, bas à Thérèse.

Tais-toi, poltronne.

VALBENBRACK.

Avant de pousser l'affaire plus loin, je dois déclarer, messieurs, qu'il y a eu erreur de ma part en annonçant que j'avais été volé... je retire ma plainte.

S. MARTHE, à part.

Il va m'être rendu.

THÉRÈSE.

J'étais ben sûre qu'il était innocent.

1er CONSEILLER.

Cependant un portefeuille a été saisi sur ce jeune homme, et ce portefeuille vous appartient.

VALBENBRACK.

Je l'avais perdu, ce jeune homme l'a trouvé, je le retrouve à mon tour, je le reprends, et tout est fini. (A part.) Si ce n'est pas là de la générosité.

HUGUES.

Un instant, je m'y oppose.

VALBENBRACK.

Comment! vous vous opposez à ce que je reprenne mon portefeuille, en proclamant votre innocence?

HUGUES.

Innocent! je ne veux pas l'être à ce prix. Oui, messieurs, ce portefeuille, je l'ai pris ; mais non pour voler, non pour faire une action infâme... j'ai pris ce portefeuille, messieurs, pour en tirer un papier que je savais y être renfermé, lequel papier prouve que l'homme ici présent retient en son pouvoir, depuis vingt-cinq ans, une somme de cent mille florins appartenant à Mlle Clémentine de Hordenstein... Voilà pourquoi j'ai pris ce portefeuille.

LE CONSEILLER.

Et pour y parvenir?..
HUGUES.

Je me suis introduit chez cet homme, et pendant son absence j'ai brisé l'armoire où je savais qu'il cachait la preuve de son crime... et la preuve, elle est là, ouvrez le portefeuille.
LE CONSEILLER.

Le portefeuille est entre les mains de la justice, plus tard on examinera...
VALBENBRACK, vivement*.

Non, monsieur, non, pas plus tard... c'est à l'instant même que je désire être lavé de l'odieuse calomnie dont ce misérable ose me flétrir pour prix de ma générosité. Je demande que le portefeuille soit ouvert; on se convaincra facilement que cette pièce imaginaire n'existe pas.
LE CONSEILLER.

Votre demande est juste. (A Burmster.) M. le président, nous allons examiner.
(Ils ouvrent le portefeuille, dont ils passent les papiers en revue.)
S. MARTHE, à part.

Il est perdu!
HUGUES, à part.

Comment! il a le front de demander... oh! le vieux gredin!.. c'est une ruse... mais il va changer de gamme.
LE CONSEILLER.

Ce jeune homme a menti, rien de semblable à l'acte dont il parle ne se trouve dans ce portefeuille.
HUGUES.

Comment! vous n'avez pas trouvé?..
LE CONSEILLER, se levant.

Silence!.. Vû les preuves résultant de l'instruction, ouï le prévenu dans ses aveux, nous conseillers d'accusation, renvoyons le nommé Hugues, menuisier, devant le tribunal criminel, comme accusé de vol avec effraction, crime puni par la loi d'une peine de dix à vingt ans de travaux forcés.
S. MARTHE, avec un cri déchirant.

Ah! mon fils!   (Elle tombe évanouie aux pieds de Hugues.)
TOUS.

Son fils!   (Tableau. — La toile tombe.)

* 1er conseiller, 2e conseiller, Burmster, Valbenbrack, Hugues, Thérèse, S. Marthe.

FIN DU TROISIÈME ACTE.

ACTE IV.

Une forêt. — A gauche de l'acteur, une maisonnette ayant l'extérieur d'un cabaret; devant la porte, une table et des bancs. — A droite, au premier plan, un banc de gazon.

SCÈNE I.

MAURICE, déguisé; VOLEURS, puis THÉRÈSE.
(Maurice et ses compagnons entrent de la droite.)
TOUS, frappant sur la table avec leurs bâtons.

Ohé! la maison!
THÉRÈSE, sortant de la maison.

Qu'est-ce qu'il faut?
MAURICE.

Du vin! (Thérèse entre dans la maison.) Et du bon! asseyons-nous, mes amis.
(Ils prennent place autour de la table.)
THÉRÈSE, rentrant avec une bouteille et des gobelets.

Voilà! voilà!
MAURICE, à un camarade.

Verse à la santé de Mlle Thérèse.
THÉRÈSE.

Tiens! vous savez mon nom?

MAURICE.
Et c'est celui d'une jolie fille.
THÉRÈSE.
D'où ça que vous m' connaissez donc?
MAURICE.
N'étiez-vous pas à Stutgard, il n'y a pas plus de trois mois?
THÉRÈSE.
C'est là que vous m'avez vue?
MAURICE.
Et je ne m'attendais guères à vous retrouver aujourd'hui, tenant un cabaret sur la lisière de la Forêt-Noire.
THÉRÈSE.
Je n'y avais jamais pensé non plus, moi... mais vous savez le proverbe, l'homme propose...
MAURICE, se levant.
Et la justice dispose.
THÉRÈSE.
Hein? qu'est-ce que vous dites?
MAURICE.
Je dis que quand on a une dette à lui payer à dame justice, on ne fait pas mal de lui brûler la politesse... et c'est très bien à vous et à c'te bonne femme, qui demeure ici avec vous, de n'avoir pas abandonné le pauvre débiteur.
THÉRÈSE.
Je ne comprends pas un mot à tout ce que vous dites.
MAURICE.
Eh bien! je vais tâcher d'être plus clair: Si vous aviez occasion de rencontrer... par hasard... un brave garçon, appelé Hugues, dites-lui que j'ai vu, dans les environs, un de ses anciens amis qui ne l'a pas oublié.
THÉRÈSE, avec défiance.
Un ami? (A part.) C'est des espions... avec ça qu'il m' semble reconnaître c'te voix-là! (Haut.) J' vous répète que je suis seule avec ma tante dans ce cabaret que j'ai acheté du fruit de mes économies...
MAURICE.
Vous êtes heureuse d'avoir pu en faire chez ce vieux pingre de Valbenbrack.
THÉRÈSE, à part.
C'est le diable déguisé que cet homme-là... il connaît tout le monde.
MAURICE.
Mais, j'aperçois un ami.... allons, Mlle Thérèse, une seconde bouteille, et dormez sur les deux oreilles, innocente brebis, votre secret est entre bonnes mains.
THÉRÈSE, à part.
J' vas toujours dire à Hugues de s' tenir sur ses gardes.
(Elle entre dans la maison; Maximilien arrive du fond.)

SCÈNE II.

MAURICE, VOLEURS, MAXIMILIEN, mal vêtu, la barbe longue.
MAURICE.
Eh bien! quelles nouvelles de la ville?
MAXIMILIEN.
Excellentes!.. l'usurier est en route; il a accepté la moitié de la chaise de poste du cher inspecteur.
MAURICE.
Alors, tu es content?
MAXIMILIEN.
Oui... car je serai vengé de cet homme... de ce Valbenbrack à qui je dois tous mes malheurs! pour acquitter une première dette contractée envers lui, je suis devenu faussaire; parce que j'étais faussaire, je me suis fait complice d'un vol; et maintenant... maintenant, je suis des vôtres...
MAURICE.
Notre chef!

MAXIMILIEN.

Bel honneur, vraiment!

MAURICE.

Vas-tu pas faire le fier? lorsque chassé par l'estimable auteur de tes jours, tu errais dans ces contrées sans pain, sans gîte, tu étais moins difficile; aujourd'hui, monsieur rougit de lui, parce qu'il rougit de nous; tiens... je te conseille de te repentir... de demander grace.

MAXIMILIEN.

Tais-toi, bavard.... je sais que le seul repentir possible, pour moi, c'est une balle dans la tête; la seule grace que j'ai droit d'attendre, c'est la potence!

MAURICE.

Bien dit! quand on n'a plus à craindre que le suicide et le bourreau, on se moque de tout... même des gendarmes!

MAXIMILIEN.

Vous n'avez rien vu?

MAURICE.

Pas la queue d'un uniforme.

MAXIMILIEN.

Ce n'est pas pour moi, que je tremble, mais pour celui qui s'est réfugié là... (Il indique la maison.) Deux fois il m'a sauvé, la première en me défendant, la seconde en ne me dénonçant pas : je lui dois la vie et l'honneur... (Avec amertume.) L'honneur!

MAURICE.

Encore tes réflexions philosophiques...

MAXIMILIEN.

Silence! quelqu'un... partons.

SCÈNE III.

LES MÊMES, THÉRÈSE.

THÉRÈSE, apportant une bouteille.

V'là la bouteille demandée.

MAURICE, versant.

Camarades, le coup de l'étrier! (A Thérèse.) Qu'est-ce que nous devons?

THÉRÈSE.

Un florin.

MAXIMILIEN, jetant deux pièces sur la table.

En voici deux.

THÉRÈSE, étonnée.

Deux!

MAURICE.

Il y en a un pour la jolie fille; au revoir, cabaretière des amours... nous avons encore à faire un joli bout de chemin, nous allons à la foire de Leipsick.

THÉRÈSE.

Vous êtes donc des marchands?

MAURICE.

Des commerçans, oui... des faiseurs d'affaires... nous achetons des marchandises au-dessous du cours... Adieu! (Ils sortent par la gauche.)

SCÈNE IV.

THÉRÈSE, seule.

Est-ce que je me serais trompée?.. un florin à la fille... la police n'est pas si généreuse; n'importe, ils sont partis... prévenons Hugues qu'il peut sortir; pauvre garçon! être enfermé comme ça toute la sainte journée. (Appelant.) Hugues! Hugues!

SCÈNE V.

THÉRÈSE, HUGUES, S. MARTHE.

HUGUES, montrant sa tête à la porte.

Liberté, LIBERTAS! hein, Thérèse? (Entrant en scène.) Ah! que c'est bon le grand air!

S. MARTHE, *entrant après lui.*

Pauvre enfant! la vie que tu mènes, depuis près de trois mois, est bien triste... tu n'es pas heureux ici?

HUGUES.

Je ne suis pas heureux! quand j'ai près de moi tout ce qui m'est cher... Thérèse, qui sera ma femme... et vous... vous qui êtes ma mère! ma mère! moi qui vous aimais déjà tant, j' peux vous aimer, maintenant, d'un amour de fils!..

S. MARTHE.

Cher enfant!

HUGUES.

Oh! c'est le ciel, qui m'inspirait, lorsque je voulais me sacrifier pour vous! quand j'aurais donné pour vous ma vie, eh! je n'aurais fait que vous rendre ce que vous m'aviez donné déjà! mais non, le bon Dieu n'a pas voulu nous séparer... il m'a rendu la liberté!

THÉRÈSE.

Par un miracle.

S. MARTHE.

Oh! je n'oublierai jamais les trois jours d'angoisses qui ont suivi ta condamnation à dix années d'une peine infamante!

HUGUES.

Ni moi, la nuit de ma délivrance; il m' semble encore que c'est un rêve : j' dormais dans mon cachot.... comme un homme qui n'a pas d'autre occupation... pan... pan... que j' me sens faire sur l'épaule; c'était une main, dont la figure m'était d'autant plus inconnue... qu'il faisait noir comme dans une bouteille d'encre.—« Qui vive? — Suis-moi, si tu veux être libre, » dit l' propriétaire de la main. Au p'tit bonheur! je me lève... et je vois la lueur d'une lanterne... juste ce qu'il en fallait pour éclairer la main qui me conduisait sans dire un seul mot, et à qui j' répondais sur le même ton. Tout d'un coup, ma main... quand j' dis la mienne... non, l'autre... lève une dalle et me fait signe de descendre... me v'là en bas... c'était un cimetière.

THÉRÈSE.

Dieux! que j'aurais eu peur!

HUGUES.

Et moi donc, si j'avais eu le temps; mais j' savais que la prison était un ancien couvent, et qu'on m'avait mis dans un des cachots oùsque les moines enfermaient les frères que le chapitre avait condamnés à mourir... je m' dis : « C'est par c't escalier-là qu'on descendait l' corps du condamné... » j'aime mieux y descendre vivant que mort. » Tout d'un coup, en passant sous une voûte, nous entendons des cris aigus, un grand bruit... frou, frou, frou... la lanterne s'éteint, et nous sommes enveloppés par une nuée...

THÉRÈSE.

De revenans?

HUGUES.

Non... de chauve-souris, que la lumière avait éveillées en sursaut.... car il paraît que ces oiseaux-là dorment très bien sans veilleuse. Nous continuons notre route et notre conversation... toujours sans rien dire; nous arrivons à une grille, la main l'ouvre; et nous v'là dans la campagne. « Tu » es libre, que me dit la main; suis ce sentier jusqu'à la lisière de la Forêt-» Noire; tu tourneras à gauche, et de l'éminence où tu seras, tu apercevras une lumière; marche droit à elle; et frappe à une porte qui s'ou» vrira devant toi. »

S. MARTHE.

Et cette porte, mon pauvre enfant, c'est ta mère qui te l'a ouverte; car un billet, venu par une voie mystérieuse, m'avait prévenue qu'à l'auberge des Quatre Chemins, à l'entrée de la Forêt-Noire, sur la route de Stutgard à Leipsick, je retrouverais mon fils.

HUGUES.

Et personne ici n'a pu vous donner d'autres renseignemens?..

S. MARTHE.

La vieille femme, que nous avons trouvée, ne nous a dit que ces mots :

« Cette auberge est à vous; on vous prie de continuer à y recevoir les voyageu.s. »
THÉRÈSE.
Et voilà comment nous sommes devenues cabaretières ; mais j' vous demande qui ça peut être...
HUGUES.
Qui m'a délivré?.. ma foi j' n'en sais rien, il m'avait semblé d'abord que la voix de c'te main du bon Dieu n' m'était pas inconnue... mais j'ai beau chercher... j'ai fini par me dire que ça ne pouvait pas être un homme ; il n'y a pas un homme au monde qui se serait donné autant de peine pour un pauvre diable comme moi.
S. MARTHE.
Il y en a un peut-être.
HUGUES.
Lequel, donc ?
S. MARTHE.
Ton père.
HUGUES.
Mon père! il serait vivant! et vous ne me l'avez pas nommé !
S. MARTHE.
Je n'en ai pas le droit, un jour peut-être tu le connaîtras... c'est qu'alors ton père aura demandé son fils, c'est qu'il t'aura ouvert ses bras... jusques-là, j'ai juré de me taire.
THÉRÈSE, vivement.
J'entends marcher.
HUGUES.
C'est les pas de plusieurs hommes armés.
THÉRÈSE, qui a remonté au fond.
Les gendarmes!
S. MARTHE, à Hugues qu'elle pousse dans la chaumière.
Rentre vite, mon enfant, et cache-toi.
THÉRÈSE.
Soyez tranquille, il a le temps... je vas les faire jaser.

SCÈNE VI.
S. MARTHE, assise sur le banc à droite, UN BRIGADIER, trois Soldats de maréchaussée, THÉRÈSE.
LE BRIGADIER.
A qui appartient cette maison ?
S. MARTHE.
A moi, monsieur le brigadier.
THÉRÈSE, s'avançant.
Qu'est-ce qu'il faut vous servir ?.. du vin, de la bière, du chnik... oh ! du chnik ! nous en avons qui résusciterait un mort... quand ça vous passe par le gosier, on dirait un fer rouge... c'est très rafraîchissant.
LE BRIGADIER.
Bien obligé de votre offre hospitalière, jeune syrène ; mais pour le quart-d'heure, c'est pas nos gosiers que nous venons satisfaire, c'est nos yeux vigilans.
THÉRÈSE.
Si c'est pour vos yeux, nous avons de l'eau de puits... c'est encore très bienfaisant, l'eau de puits, on trempe son mouchoir dedans, et on se bassine l'œil à discrétion.
LE BRIGADIER.
Merci de rechef, jeunesse officieuse... nous n'avons pas besoin de bassinoire, nous voulons simplement pénétrer dans votre intérieur, pour y opérer une légère perquisition, relativement à un jeune scélérat, qui s'est évadé de la prison de Stutgard. (Il fait un pas vers la maison.)
S. MARTHE, à part.
Il est perdu!
THÉRÈSE, lui barrant le passage.
Comment! une perquisition! apprenez, brigadier, que nous ne sommes pas des femmes qu'on perquisitionne.

LE BRIGADIER.

Jeune cabaretière, je vous enjoins de ne pas abuser de la faiblesse de votre sexe pour me barrer le passage ; je respecte la beauté, mais quand le devoir l'exige, je la bouscule... (Il la fait pirouetter*.) Entrez, camarades, cherchez partout... moi, je reste à la porte, et j'intercepte la sortie.

(Les soldats entrent dans la maison.)

THÉRÈSE, à part.

Comment le tirer de là ? essayons... il est caché en bas. (Regardant la croisée et faisant des signes.) Hem ! hem !

LE BRIGADIER, vivement.

Qu'est-ce que c'est ?

THÉRÈSE.

Rien... je suis enrhumée... pas du cerveau, de la poitrine... et je tousse... v'là tout, c'est ma toux. (Elle fait de nouveaux signes, le brigadier les remarque.)

LE BRIGADIER, à part.

Le gibier est en haut ! (Criant par la porte aux soldats qui sont dans la maison.) Montez au premier !

S. MARTHE, bas à Thérèse.

Imprudente !

THÉRÈSE, de même.

C'est ce que je voulais. (Haut et chantant.)

Prenez garde, (BIS).

Le brigadier d'en bas regarde.

LE BRIGADIER.

Oui, oui, je regarde... et si l'oiseau bouge, je le tire au vol.

(En disant cela, il couche en joue la fenêtre et reste les yeux fixés dessus.)

THÉRÈSE, passant devant lui et masquant la porte**.

Brigadier, vous n'avez pas le droit de tuer un homme comme un pierrot.

LE BRIGADIER, toujours dans la même position.

Ça m'est égal... je le prends le droit.

THÉRÈSE.

C'est une injustice... à bas le brigadier !

(Pendant que le brigadier a toujours les yeux fixés sur la fenêtre, Hugues se glisse derrière Thérèse qui est toujours devant la porte, et disparaît par la gauche. Le brigadier n'a pas bougé.)

S. MARTHE, à part.

Il est sauvé !

LE BRIGADIER, se retournant vers S. Marthe.

Plaît-il ?

UN GENDARME, paraissant à la fenêtre.

Personne en haut ni en bas.

THÉRÈSE.

Enfoncé, le brigadier !***

LE BRIGADIER.

Comment ! enfoncé !

THÉRÈSE.

Eh ! oui ! vous ne voyiez pas que tous les signes que je faisais, tout ce que je vous disais, c'était histoire de rire et de s'amuser une minute ; mais, beau brigadier, il n'y a pas plus d'homme caché dans c'te maison que dans vos bottes à l'écuyère. (Les gendarmes sortent de la maison.)

LE BRIGADIER.

Vous êtes donc une farceuse, alors ?

THÉRÈSE, riant, et lui fourrant des tapes et des coups de poing.

Mais oui, mais oui, mais oui...****

LE BRIGADIER.

Ah ben ! je vous reconnaîtrai, petite folâtre ; adieu, nous reviendrons rire ici.

THÉRÈSE.

Vous partez tout de suite ? eh ben ! moi aussi.

* S. Marthe, Thérèse, les Soldats, le Brigadier.

** S. Marthe, le Brigadier, Thérèse.

*** S. Marthe, Thérèse, le Brigadier.

**** S. Marthe, les Soldats, le Brigadier, Thérèse.

LE BRIGADIER.

Vous?

THÉRÈSE, prenant un panier à l'entrée de la maison.

J'ai affaire à la ville, pour y renouveler nos provisions ; serez-vous assez galans pour m'accompagner jusqu'à la lisière du bois ?

LE BRIGADIER.

Comment donc!.. le gendarme est toujours galant... dès que la consigne le permet.

THÉRÈSE.

Eh ben ! j' profiterai de votre société*. (Bas à S. Marthe en l'embrassant.) Et j' serai sûre de les éloigner. (Elle prend un gendarme sous chaque bras.) Me v'là en bonne compagnie... en avant marche. (Elle sort avec eux par le fond à droite.)

SCÈNE VII.

S. MARTHE, puis HUGUES.

S. MARTHE, se lève et les suit des yeux.

Les voilà partis !

HUGUES, rentrant du côté opposé.

Et moi, me v'là revenu.   (Tous deux s'asseoient sur le banc à droite.)

S. MARTHE.

Cher enfant, combien j'ai tremblé !

HUGUES.

Bah ! bah ! j'étais sûr que c'te fine mouche de Thérèse nous tirerait de là.

S. MARTHE.

Sans sa présence d'esprit, c'en était fait de toi.

HUGUES.

Après ça, puisqu'au premier moment j' serai son mari, elle a travaillé pour elle.

S. MARTHE.

Pour elle, pour nous... car c'est ensemble seulement que nous pouvons être heureux !

HUGUES.

Et ce bonheur d'être réunis, depuis plus de deux mois nous le goûtons, ma mère !

S. MARTHE.

Mais, hélas ! cela doit-il durer ! qui sait ce que nous garde l'avenir ! d'un moment à l'autre, on peut découvrir la retraite... et quand tu échapperais aux poursuites... si nous sommes condamnés à nous cacher encore long-temps, nos ressources seront bientôt épuisées, et que devenir, alors ? personne au monde ne pourrait s'intéresser à nous !

(Pendant les dernières paroles de Marthe, Burmster a paru au fond à gauche : il s'approche du banc sur lequel la mère et l'enfant se sont assis ; il est tout près d'eux à ces mots de S. Marthe : « Personne au monde ne pourrait s'intéresser à nous. » et dit d'une voix douce) :

BURMSTER.

Et moi, Clémentine ?

SCÈNE VIII.

S. MARTHE, BURMSTER, HUGUES.

S. MARTHE, effrayée.

Quelqu'un ! (Reconnaissant Burmster.) Vous ici, monsieur !

HUGUES, de même.

M. Burmster !

BURMSTER.

Ne m'attendiez-vous pas, Clémentine ?.. après ce que j'ai fait pour cet enfant...

S. MARTHE.

Il est donc vrai ! c'est vous...

* Marthe, Thérèse, les Soldats, le Brigadier.

BURMSTER.

Moi, qui ai pensé qu'en sauvant le fils, je réparerais une partie du mal que j'ai fait à la mère!

S. MARTHE.

Hugues, mon fils, tombe aux pieds de ton libérateur...

HUGUES, à genoux devant Burmster.

Ah! monsieur!

BURMSTER.

Est-ce là, madame, tout ce que vous direz à votre fils? la place de cet enfant est-elle seulement à mes pieds? dites, ô Clémentine, dites... cet enfant renié le jour de sa naissance par son coupable père; enlevé, dès le berceau, aux embrassemens et à l'amour de sa mère, cet enfant que j'ai cru perdu et que vous avez dû croire mort, dites... je ne me trompe pas... c'est bien lui que je vois?

S. MARTHE, attendrie.

C'est lui!

BURMSTER.

Et vous le mettez à genoux devant moi!.. Oh! mais dites-lui donc, madame, que sa place est sur mon cœur!

HUGUES, se relevant étonné, à S. Marthe.

Que dit-il?.. ma place...

S. MARTHE, lui montrant Burmster.

Sur le cœur de ton père!

HUGUES, au comble de la surprise.

Mon père?

S. MARTHE.

Je peux te le nommer... puisqu'il t'ouvre ses bras.

HUGUES.

Après m'avoir rendu la liberté... oh! mons... mon père!

(Il se précipite dans les bras de Burmster et de S. Marthe. Tous trois confondent leurs embrassemens et leurs larmes.)

BURMSTER.

Mais, Clémentine, quel heureux hasard vous a fait découvrir...

S. MARTHE.

J'avais consacré ma vie au soulagement de ceux qui souffrent. Un jour, il y a dix ans de cela, la Providence m'amena devant le lit de mort d'une femme que je reconnus; c'était elle qui s'était chargée de me faire croire à la mort de mon fils : Dieu permit que cette femme se repentît; elle m'apprit que mon fils pouvait être vivant encore, me dit à quels signes je devrais infailliblement le reconnaître, et mourut. Dix années de ma vie s'écoulèrent à chercher cet enfant dans les maisons d'orphelins, dans les hôpitaux, partout où il y avait des malheureux... et c'est seulement il y a quatre mois que le ciel me l'a fait retrouver dans un jeune ouvrier, qu'on apporta blessé à l'hospice Saint-Magloire.

HUGUES.

Encore, si j'avais eu l'esprit de me faire casser le bras dix ans plus tôt... Il y aurait déjà dix ans que je vous aimerais, ma bonne mère... et dire que, de pauvre compagnon menuisier, me v'là fils d'un bourgmestre!

BURMSTER.

Tu es fils d'un simple bourgeois de Stutgard.

S. MARTHE.

Que dites-vous?

BURMSTER.

Pour sauver notre fils, j'ai manqué à mes devoirs de magistrat, je ne devais pas en conserver le titre. C'est moi qui ai pénétré de nuit dans ton cachot, mon enfant; c'est moi qui t'ai fait évader par un chemin que seul je connaissais; c'est moi qui vous ai fait dire mystérieusement de vous rendre ici, Clémentine, dans cette maison que j'avais achetée, pour vous y offrir un asile. Mais tout cela accompli, j'ai dû me démettre de ma charge; d'ailleurs un autre, que j'ai long-temps appelé mon fils, a mis le déshonneur sur mon nom, un déshonneur profond, ineffaçable, celui du crime!

S. MARTHE.

Que je vous plains, mon ami!

BURMSTER.

Je ne suis pas à plaindre, je suis heureux! ma famille à présent, c'est vous, c'est l'enfant que je retrouve aujourd'hui! mon bonheur, c'est celui que je vais me faire près de vous, loin du monde, et de cette position brillante à laquelle ma jeunesse et mon ambition avaient tout sacrifié, et qui ne m'a donné que chagrins et regrets amers!

S. MARTHE.

Et maintenant, vous voulez...

BURMSTER.

Je désire, maintenant, que vous soyez prêts à partir cette nuit...

HUGUES.

Cette nuit?

BURMSTER.

Oui... j'ai tardé jusqu'à ce jour, parce que je voulais aussi que ton départ ne fût pas celui d'un coupable, qui dérobe sa fuite à la justice des hommes; j'ai adressé au prince une demande en grace; c'est la seule récompense que je réclame de quinze années passées à son service; et cependant, j'attends encore la réponse. Mais je retourne à la ville, et dans quelques heures, quand vous me reverrez ici, c'est que tout sera prêt pour notre départ.

S. MARTHE.

Où devons-nous aller?

BURMSTER.

Vous choisirez, Clémentine, loin de ce pays qui nous rappellerait de tristes souvenirs, et ensemble... le bonheur ne peut nous manquer. Jusques-là, de la prudence... que Hugues rentre dans la maison et ne se montre sous aucun prétexte.

S. MARTHE.

Mon ami, je vous accompagnerai quelques pas, et je m'assurerai que notre bonne Thérère a réussi à éloigner la maréchaussée.

BURMSTER.

En effet, votre bonne Thérèse... je ne l'ai pas vue... ce soir, je l'embrasserai aussi... et demain, nous serons tous heureux.

(Il s'éloigne avec S. Marthe par le fond à droite. Hugues les conduit, puis redescend en scène.)

HUGUES.

Je suis là à me tâter pour savoir si j'suis bien éveillé... je retrouve ma mère... mon père! en v'là du bonheur! j'peux pas m'y habituer... c'est comme un habit neuf... si content qu'on soit d'l'avoir sur l'dos, les premiers jours... ça gêne un peu; mais on s'y fait... du bruit... je m'éclipse.

(Il entre dans la maison dont il ferme la porte.)

SCÈNE IX.

VALBENBRACK, WOLFF, Un Postillon.

(Ils entrent de la droite. Wolff soutient Valbenbrack et le fait asseoir sur le banc.)

WOLFF, au postillon.

Maladroit! avoir versé notre chaise dans un fossé. (A Valbenbrack.) Comment vous trouvez-vous, mon cher compagnon de voyage?

VALBENBRACK, piteusement.

Un peu mieux... c'est la hanche qui a porté.

WOLFF, au postillon.

Allons, imbécile, à vos chevaux... et voyez à faire relever la chaise. (Bas.) La voiture en lieu de sûreté, et envoie-moi les amis.

(Le postillon sort par la gauche.)

VALBENBRACK.

Que disiez-vous donc à cet homme?

WOLFF.

Croiriez-vous que ce drôle me recommande de ne pas l'oublier?

VALBENBRACK.

C'est indécent... Oh! les reins!.. l'oublier! je le voudrais, que mes côtes s'en souviendraient.

WOLFF.

Je suis forcé de regretter, aujourd'hui, que vous ayez bien voulu accepter une place dans ma voiture. Je m'en veux, maintenant, d'avoir fait connaître dans les salons de la haute société, l'intention où j'étais de quitter

Stutgard, et le désir que j'avais de trouver une personne honorable, qui voulut bien partager ma chaise.
VALBENBRACK.
Moi qui partais aussi, je ne pouvais espérer une plus agréable manière de voyager... rien à payer, et la société d'un savant distingué... un ancien inspecteur...
WOLFF.
Des monnaies... vous êtes bien bon... le plaisir est pour moi.
VALBENBRACK.
Et pour moi l'honneur.
WOLFF, saluant.
Vous me comblez. (A part.) Les autres n'arrivent pas... la conversation devient bien fadasse. (Haut.) Eh! mais, j'y pense... et nos bagages qui sont restés sur la voiture, à la merci du premier venu... et dans la forêt noire! êtes-vous bien sûr de ce postillon?
VALBENBRACK, se levant.
Ce postillon? mais... c'est le vôtre.
WOLFF.
Le mien... c'est juste; mais je dis : êtes-vous bien sûr de lui? il me semble qu'il a quelque chose dans la figure... vous savez... là... dans l'œil...
VALBENBRACK.
Vous croyez qu'il a quelque chose dans l'œil? c'est possible, au reste, mes bagages ne m'inquiètent guères... dans ma valise et dans mon sac de nuit, j'ai fait la part de messieurs les détrousseurs de grande route... du foin et de la paille.
WOLFF, riant.
Ah! c'est très adroit. (A part.) Suite de ton système, vieux ladre! (Haut.) Vous dites comme ce fameux philosophe grec ou bavarois... je porte tout avec moi... et votre tout, c'est ce grand et gros portefeuille... bien enfoncé là... dans votre poche de côté... vous ne l'avez pas perdu, dans la bagarre, ce cher portefeuille?
VALBENBRACK.
Non, non... soyez tranquille.
WOLFF.
C'est que je tiens à votre fortune... comme si elle était à moi.
VALBENBRACK.
Vous êtes trop bon!.. (A part.) Comme il me dit ça.
WOLFF.
Je vous laisse un instant et je vole...
VALBENBRACK.
Vous volez!..
WOLFF.
Je vole à ma chaise et je reviens à vous ; je vous recommande notre cher portefeuille. (Wolff sort par le fond à gauche.)

SCENE X.
VALBENBRACK, seul.
Comment! notre cher portefeuille!.. il a un petit air dégagé en parlant de... c'est effrayant, chez un homme qui a tant d'amour pour les monnaies. J'ai peut-être eu tort d'accepter sans connaître ; mais j'étais pressé de partir; cette affaire des Hordenstein avait fait du bruit, et puisque j'ai pris le bon parti de tout réaliser et de passer à l'étranger, je ne pouvais trouver une meilleure occasion... partir tout de suite et GRATIS... c'est égal, maintenant que j'y réfléchis, cette place offerte GRATIS... les manières de monsieur l'inspecteur... tout cela me devient suspect. Je ferais peut-être bien de ne pas continuer... entrons provisoirement. (Il va à la porte.) Tiens! la porte est fermée. (Il frappe.) J'attendrai-là... c'est plus sûr.
(Il frappe de nouveau ; Hugues paraît à la croisée, où il se montre avec précaution.)

SCÈNE XI.
HUGUES, à part, à la croisée.
Oui, frappe... plus souvent que j'ouvrirai.
VALBENBRACK, criant et frappant.
Eh bien! est-ce qu'il n'y a personne?

HUGUES, à part.

J'connais c'te voix là! (Il se penche et regarde.) Valbenbrack! oh! scélérat! (Criant, tout en descendant l'escalier dans l'intérieur.) On y va! on y va!

VALBENBRACK.

Ah! c'est heureux!.. ah ça! mais vous êtes donc sourd?..

HUGUES, ouvrant la porte et se trouvant nez à nez avec lui.

Et toi, es-tu aveugle?

VALBENBRACK, à part.

Hugues ici! je suis perdu.

HUGUES.

Ah! tu ne m'attendais pas!..

VALBENBRACK.

Que voulez-vous?

HUGUES.

Je veux que tu me rendes la fortune que tu as volée à la famille du colonel Hordenstein.

VALBENBRACK.

Je ne sais pas ce que vous voulez dire, mon cher ami; vous vous êtes déjà fait à ce sujet là une affaire désagréable avec la justice...

HUGUES.

Oh! ce jour là tu as été le plus fin, mais aujourd'hui c'est le plus fort qui aura raison, et le plus fort c'est moi. (Il le saisit à la gorge.)

VALBENBRACK.

Mais vous m'étranglez...

HUGUES, le terrassant sur le banc.

Dis que tu rendras cette fortune, ou je te jure que tu ne voleras plus personne.

VALBENBRACK, criant.

A l'assassin! au secours! au secours!

SCÈNE XII.

VALBENBRACK, S. MARTHE, HUGUES, puis WOLFF.

MARTHE, accourant entre Hugues et Valbenbrack.

Que vois-je?.. arrêtez, Hugues, arrêtez!

HUGUES.

Ma mère, laissez-moi punir cet infâme!

VALBENBRACK.

Par pitié, madame, retenez-le.

S. MARTHE, à Hugues.

Mon enfant, je t'en prie...

HUGUES.

Mais vous ne reconnaissez donc pas l'homme qui vous a volée?

S. MARTHE.

Je le reconnais.

HUGUES.

Et vous le défendez quand je veux le punir?

S. MARTHE.

Je me contente de le mépriser.

VALBENBRACK.

Ah! madame, que de bontés! je vous remercie. (A part.) Je suis sauvé.

(Il va pour s'éloigner.)

HUGUES, le suivant.

Oh! je te retrouverai, vieux gredin.

WOLFF, qui vient d'entrer, passant entre eux deux.[*]

Qu'est-ce?.. mon ami, je vous prends sous ma protection.

HUGUES, venant regarder Wolff sous le nez.

Ah! c'est vous, monsieur l'inspecteur?.. bien, bien... je suis fixé, voleur et compagnie.

WOLFF.

Hein?..

HUGUES, le menaçant.

De quoi?..

S. MARTHE, entraînant Hugues.

Hugues, mon ami, pas d'imprudence, hâtons-nous de rentrer.

(Hugues et Marthe entrent dans la maison.)

[*] Valbenbrack, Wolff, Hugues, S. Marthe.

SCÈNE XIII.

VALBENBRACK, WOLFF, puis MAXIMILIEN, MAURICE, FRÉDÉRIC, DEUX VOLEURS.

WOLFF.

Que diable voulait ce jeune cadet? il vous traite avec une familiarité... il vous a appelé gredin, il vous connaît donc?

VALBENBRACK, tremblant.

Mais vous-même, ne vous a-t-il pas appelé voleur?

WOLFF.

Le polisson en est bien capable.. il ne paraît pas fort sur le choix des mots. Je venais vous prévenir, cher ami, que notre chaise est sur pied.

VALBENBRACK, à part.

Et moi je n'ai plus de jambes.

WOLFF.

Quand vous voudrez partir.

VALBENBRACK.

Partir... mais...

WOLFF.

Est-ce que vous voulez rester?

VALBENBRACK.

Non, non, je ne veux pas rester.

WOLFF.

Alors, vous voulez partir*?

VALBENBRACK, a part.

Je suis entre deux feux, ne pouvoir ni rester avec l'un, ni partir avec l'autre... assommé ou dévalisé, quelle position!

WOLFF.

Venez-vous enfin?

VALBENBRACK.

Mais... la nuit approche, et tous deux seuls dans cette forêt...

WOLFF.

Seuls?.. nous ne le sommes pas. (Montrant les voleurs qui sont entrés.) J'ai trouvé de la société... ces messieurs qui sont en chasse.

VALBENBRACK, les apercevant, à part

Miséricorde!.. si ce sont là des figures de chasseurs!.. ils font assurément la chasse aux chrétiens.

WOLFF, à part.

Ah ça! se décidera-t-il? il est inutile de travailler si près d'une maison habitée. (Haut) Allons, cher ami, ces messieurs nous attendent.

(Il le fait passer.)

VALBENBRACK, très embarrassé.

Mais... je n'ai pas l'avantage de connaître ces messieurs...

MAXIMILIEN, s'avançant**.

Comment, M. Valbenbrack, vous ne reconnaissez pas vos anciens amis?

VALBENBRACK.

M. Maximilien!

MAXIMILIEN.

Oui... Maximilien qui n'a rien oublié... Maximilien à qui vous avez refusé l'argent qu'il vous demandait à genoux et les larmes aux yeux... Maximilien, enfin, que vous avez perdu par un premier prêt usuraire, et que vous n'avez pas voulu sauver quand il en était temps encore.

VALBENBRACK, tremblant.

J'ai eu tort, cent fois tort... mais...

MAXIMILIEN.

Aujourd'hui, usurier, je n'emprunte plus en suppliant; aujourd'hui je prends le poignard à la main; c'est toi qui l'as voulu, toi qui m'as fait ce que je suis, c'est donc toi seul que tu dois accuser. Si tu n'avais pas fait de moi un faussaire et un voleur, tu ne me retrouverais pas aujourd'hui devenu assassin!..

VALBENBRACK, à genoux.

Grace! grace!.. que vous faut-il?

MAXIMILIEN.

Il faut nous suivre.

* Wolff, Valbenbrack.
** Maximilien, Valbenbrack, Maurice, Wolff.

VALBENBRACK.
Non, non, je ne vous suivrai pas. (On l'entraîne.) Grace! au secours! au se...
(On le bâillonne; tous disparaissent par la droite. La nuit est venue.)

SCÈNE XIV.
THÉRÈSE, HUGUES.

THÉRÈSE, arrivant de gauche, une lanterne à la main, et portant un panier.
Enfin!.. trois lieues avec ce panier, c'est long et lourd. j'étais pas trop rassurée moi, la nuit, dans c'te forêt... Hein? (Ecoutant.) Ah! mon Dieu!.. des gémissemens; est-ce qu'en mon absence?.. Hugues, es-tu là? au secours!

HUGUES, sortant de la maison.
C'est la voix de Thérèse.

THÉRÈSE.
Ah! te voilà! j'ai tremblé pour toi... mais on assassine quelqu'un.

HUGUES.
Des assassins!.. attends, il y a un fusil dans la maison.
(Il rentre dans la maison; des gendarmes arrivent de la gauche.)

LE BRIGADIER.
D'où viennent ces cris?

THÉRÈSE, indiquant la droite.
Tenez, de ce côté, au bout de la clairière. (Les gendarmes disparaissent par la droite.) Oh! les scélérats!.. pourvu que les gendarmes arrivent à temps!
(On entend des coups de feu dans la coulisse à droite.)

SCÈNE XV.
HUGUES, armé d'un fusil, MAXIMILIEN, BURMSTER, MARTHE, THÉRÈSE.

BURMSTER, arrivant de la gauche.
Des coups de feu! un assassinat sans doute. (Regardant à droite.) Un des meurtriers se sauve de ce côté. (Maximilien paraît, les vêtemens en désordre, le poignard à la main; Burmster lui barre le passage.)

MAXIMILIEN, le poignard levé.
Passage, ou tu es mort!

HUGUES, qui a reconnu Burmster.
Que vois-je? mon père!
(Il décharge son fusil sur Maximilien, qui tombe blessé à mort.)

MAXIMILIEN, tombant.
Ah!

BURMSTER, le reconnaissant.
Maximilien!

HUGUES.
Et c'est moi qui l'ai tué! (Il se met à genoux près de lui et le soutient.)

MAXIMILIEN.
Merci, Hugues, merci.. tu m'as épargné le plus grand des crimes : sans toi j'étais parricide!.. tiens, prends ce portefeuille, c'est la fortune de ta bienfaitrice...

HUGUES, prenant le portefeuille, qu'il donne à Marthe.
De ma mère!

MAXIMILIEN.
Valbenbrack... est mort; mon père... ne me maudissez pas. (Il meurt.)

SCÈNE XVI.
LES MÊMES, LE BRIGADIER, GENDARMES amenant prisonniers WOLFF, MAURICE, FRÉDÉRIC.

LE BRIGADIER.
Un meurtre vient d'être commis; la victime a déclaré en mourant que nous devions trouver ici le nommé Hugues, échappé des prisons de Stutgard.

BURMSTER, s'avançant et montrant Hugues.[*]
Monsieur le brigadier, voici le jeune homme que vous cherchez. (Montrant un papier.) Et voici la grace de ce jeune homme, que le prince a bien voulu signer aujourd'hui. Vous me reconnaissez sans doute, je suis Burmster. Demain, je quitte l'Allemagne et je pars pour la France... (Montrant Marthe.) avec ma femme, (Montrant Hugues et Thérèse.) et mes deux enfans.

[*] Gendarmes et voleurs prisonniers, le brigadier, Burmster, Marthe, Hugues, Thérèse.

FIN.

LA
VALLÉE DES FLEURS,

BALLADE EN UN ACTE, MELÉE DE COUPLETS,

PAR MM. GABRIEL ET DE FORGE;

REPRÉSENTÉE POUR LA PREMIÈRE FOIS, SUR LE THÉATRE DU PALAIS-ROYAL,
LE 29 OCTOBRE 1836.

Comment! c'est ça, vot' poulette?   (SCÈNE V.)

PARIS,
NOBIS, ÉDITEUR, RUE DU CAIRE, N° 5.

1836.

Personnages.	Acteurs.
LE BARON DE BUZENDORFF, magnat de Hongrie.	MM. SAINVILLE.
LE DOCTEUR FLASTERKASTEN, son médecin.	BARTHÉLEMY.
DANIEL, page du baron.	ALCIDE TOUSEZ.
REUBEN, jeune pâtre.	Mmes WILMEN.
FLEUR-DES-CHAMPS,	PERNON.
ROSE,	JENNY.
EGLANTINE,	PAULINE.
HORTENSIA, } jeunes filles de la vallée.	
IRIS.	
VIOLETTE,	
PERVENCHE,	
LA MÈRE MARGUERITE, tante de Fleur-des-Champs.	TOBY.
UN PIQUEUR.	
PAYSANS.	
DOMESTIQUES DU BARON.	
GARDES.	

La scène se passe dans un petit village sur les bords du Danube

J.-R. MEVREL, Passage du Caire, 54.

LA VALLÉE DES FLEURS,

BALLADE EN UN ACTE.

Le théâtre représente un riant paysage ; le Danube coule au fond ; ses bords sont couverts de joncs et de roseaux. Un rocher assez élevé forme saillie au-dessus du fleuve ; sur ce rocher une petite croix de bois grossièrement façonnée. — A droite du spectateur, sur le premier plan, la maison de la mère Marguerite.

SCÈNE I.
LE BARON, LE DOCTEUR.

Au lever du rideau, le baron, assis sur une saillie du rocher, au bord du fleuve, pêche à la ligne ; il est endormi et tient encore sa ligne à la main. Le docteur arrive par la gauche du spectateur ; il a l'air de chercher quelqu'un.

LE DOCTEUR.

Ouf ! voilà deux bonnes heures que je bats la campagne pour trouver mon illustre malade. Je n'en puis plus. (Apercevant le baron.) Ah ! le voici. (Il s'en approche.) Il dort, et ce n'est pas étonnant avec un passe-temps pareil. Qui reconnaîtrait, dans cette posture ridicule, très haut et très puissant seigneur Théodule-Hildebrand de Buzendorff, baron du Saint-Empire, magnat de Hongrie, etc., etc., pêchant à la ligne dans le Danube comme un simple paysan, prenant des goujons comme un simple..? c'est-à-dire, non, il n'en a pas pris... il y a même une toile d'araignée après sa ligne ! Est-il possible qu'une créature humaine...

Air de Julie.

En vérité, moi, je m'étonne
Qu'on puisse trouver du plaisir
A ce passe-temps monotone,
Qui n'est bon qu'à vous abrutir.
On l'a bien dit, cet ustensile,
Rarement funeste au poisson,
Commence par un hameçon
Et finit par un imbécile.

Mais cet endroit humide et marécageux pourrait donner des fraîcheurs à mon illustre malade, éveillons-le. (Il touche le bras du baron.)

LE BARON, se frottant les yeux.
Hein ! il a mordu.

LE DOCTEUR.
Monseigneur...

LE BARON.
Ah ! c'est vous, docteur ? je vous ai pris pour un barbillon de la grosse espèce.

LE DOCTEUR, à part.
Merci. (Haut.) Vous avez causé bien des inquiétudes, monseigneur, car l'heure du déjeuner est passée depuis long-temps, et ne vous voyant pas revenir, j'ai lâché tous vos domestiques dans les champs, avec ordre de ne pas rentrer sans vous.

LE BARON.
Je vais vous dire, docteur... (Il regarde sa ligne.) hé ! hé ! (Il la tire de l'eau.) Allons donc, c'est un goujon, en voilà un enfin ; mettez-le avec les autres.

LE DOCTEUR.
En vérité, monseigneur, je ne conçois rien à cette passion pour la pêche, qui vous est venue subitement, d'autant plus que je crois me rappeler...

LE BARON, se levant.
Que je n'aime pas le poisson, n'est-ce pas ?.. c'est vrai, pour rien au monde je ne toucherais à une matelotte.

LE DOCTEUR.
Tous les contrastes sont dans la nature ; mais alors...

LE BARON.
Mon cher docteur Flasterkasten, un médecin est comme un confesseur, il doit tout savoir, sachez donc tout...

Air de Masaniello.

Un autre motif qu'on ignore,
Entre nous, m'attire en ces lieux;
Ce qui m'y conduit dès l'aurore
C'est le pouvoir de deux beaux yeux.
Habitans de cet rivière,
Je vous vois fuir tous sans regrets;
C'est un autre poisson, j'espère,
Que je prendrai dans mes filets.

LE DOCTEUR.

Quoi! monseigneur...

LE BARON.

Oui, mon cher Flasterkasten, je suis amoureux comme un fanatique, comme une bête...

LE DOCTEUR.

Ça ne m'étonne pas... peut-on savoir le nom de l'objet?

LE BARON.

Il n'en a pas.

LE DOCTEUR.

Comment?

LE BARON.

Ou plutôt il en a un provisoire.

LE DOCTEUR.

J'ai peine à comprendre.

LE BARON.

Ça ne m'étonne pas; vous savez que dans cette vallée, qui fait partie de ma baronnie, depuis un temps immémorial, toutes les jeunes filles, en naissant, reçoivent le nom d'une fleur...

LE DOCTEUR.

J'ai souvent pensé que ce pouvait bien être cette coutume qui avait fait nommer cet endroit la Vallée-aux-Fleurs.

LE BARON, après avoir réfléchi.

C'est probable... Or, la jeune fille en question m'a conté que, lorsqu'elle vint au monde, toutes les fleurs connues dans ce canton se trouvaient prises par d'autres, et sa mère, n'ayant plus le choix, lui donna le nom d'une petite fleur bleuâtre qui vient au bord de l'eau, et qu'on appelle Fleur-des-Champs, en attendant mieux.

LE DOCTEUR.

Oh! j'y suis, j'y suis, c'est la nièce de la vieille mère Marguerite, qui demeure là. (Il montre la maison.) Il serait possible? ma foi, monseigneur, je vous croyais plus de goût.

LE BARON.

Qu'est-ce à dire, Flasterkasten?

LE DOCTEUR.

Une petite folle assez gentillette, c'est vrai, mais simple, gauche, ignorante, insignifiante comme sa fleur.

LE BARON.

Vous croyez, docteur?

LE DOCTEUR.

Si vous tenez absolument à prendre une femme parmi vos vassales, au moins choisissez... c'est qu'il y en a d'infiniment préférables : nous avons Rose qui est très jolie, Violette est modeste, Iris a les plus belles couleurs, Églantine est fort piquante.

LE BARON.

Au fait, docteur, je crois que vous avez raison, il ne faut rien précipiter; aussi bien je n'ai encore vu cette petite que très superficiellement.

LE DOCTEUR.

Comment!

LE BARON.

Je veux dire d'une manière très superficielle.

LE DOCTEUR.

Tenez, justement, monseigneur, c'est aujourd'hui la fête de la Fille du Danube, toutes nos jeunes fleurs doivent se rassembler ici pour la célébrer, vous pourrez les passer en revue.

LE BARON.
Ah ça! docteur, voilà bien long-temps que j'entends parler de cette fête, et je n'ai jamais su quelle en était l'origine.
LE DOCTEUR.
Ah! ça remonte à une tradition fort ancienne, à quelque superstition sauvage... figurez-vous... je ne suis guère au courant de toutes ces niaiseries.
LE BARON.
Oh! je sais que vous êtes un esprit fort, docteur Flasterkasten... mais moi, j'ai toujours eu idée que ce devait être intéressant, et je voudrais savoir... (On entend un air de cornemuse.)
LE DOCTEUR.
Rien de plus facile; j'entends la cornemuse du petit pâtre Reuben, il sait par cœur tous les vieux contes, toutes les chansons du pays.
(Reuben paraît au fond, sur un rocher.)
LE BARON.
Ça se trouve bien, dites-lui d'approcher.

SCÈNE II.
LE DOCTEUR, LE BARON, REUBEN.
LE DOCTEUR.
Approche, petit Reuben, monseigneur désire connaître l'histoire de la Fille du Danube; n'a-t-on pas fait là-dessus une ballade?
REUBEN.
Ah! oui, monseigneur; elle est ben vieille, à ce qu'on dit, mais elle est ben jolie.
LE BARON.
Chante-nous ça, mon garçon. (Lui tapant sur la joue.) Eh! eh! il est tout drôlet, ce petit.

REUBEN chante en s'accompagnant de temps en temps de sa cornemuse

AIR d'Adam.

Autrefois une fille,
Sans parens, sans famille,
Mais accorte et gentille,
Régnant sur tous les cœurs,
Aima le plus beau page
De tout le voisinage;
Elle était la plus sage
De la Vallée-aux-Fleurs.
Craignant, dans sa tendresse,
De perdre tant d'appas,
Il lui disait sans cesse :
Ne m'oubliez pas.

Mais le seigneur ordonne,
Il offre sa couronne,
Veut la faire baronne,
Pour eux quel désespoir!
O beau page, dit-elle,
Dans sa douleur mortelle,
Je te serai fidèle.
Et puis, quand vint le soir,
Le Danube qui gronde
La reçut dans ses bras,
Murmurant dans son onde :
Ne m'oubliez pas.

LE BARON, attendri.
Pauvre fille! le Danube la gronde.
REUBEN, criant.
Troisième couplet,

Mais comme elle était sage,
Le lendemain le page,
Plongeant avec courage,
Vivante la trouva.

LE BARON, parlant.
Vivante! le lendemain de sa mort! quel phénomène!

REUBEN, continuant.

Et depuis, quand fillette
Dans le fleuve se jette,
Aux propos d'amourette
Si son cœur résista,
On peut de la pauvrette
Empêcher le trépas.
Quand c'est une coquette,
On n'en revient pas.

LE BARON.

Ah! il résulte de ça que lorsque la jeune fille a... ou plutôt quand elle n'a pas... le garçon qui risque le plongeon pour elle... diable! diable!

LE DOCTEUR.

Ça me paraît de la plus complète invraisemblance.

REUBEN.

Oh! non, monsieur le docteur, l'ermite de la Roche-Noire assure que toutes les jeunes filles vertueuses peuvent se jeter à l'eau sans crainte pour éprouver leurs amans.

LE BARON.

Et dis-moi, petit, en a-t-on déjà retiré quelques-unes du fleuve?

REUBEN.

Jamais, monseigneur, mais ça peut venir.

LE BARON, au docteur.

Au fait, ce qu'il dit là me semble assez judicieux, et son histoire m'a intéressé au dernier point; cette jeune fille, ce page... à propos de page, ça me fait penser que je n'ai pas vu le mien depuis ce matin. (Appelant.) Holà! mon page!

LE DOCTEUR.

Je gagerais qu'il est encore à courir après quelque jeune fille... c'est un véritable papillon, ce petit Daniel.

REUBEN, à part.

Ah! oui, il est ben heureux d'être hardi comme ça!

LE BARON.

Mais il se fait tard, allons déjeuner; je ferai porter ensuite dans la vallée mes ordres souverains. (Le baron et le docteur sortent.)

SCÈNE III.

REUBEN seul, regardant la maison de Fleur-des-Champs.

Dire que c'est là qu'elle demeure, et que je n'ai jamais osé lui parler... elle n'a pourtant pas l'air méchant, au contraire; mais quand je la vois, ça me donne des petits frissons, mon cœur fait boum! boum! comme s'il allait quasi me défoncer l'estomac, et puis je reste de d'là devant elle... Avec ça qu'elle n'a des yeux que pour son Daniel, ce grand vilain page à monseigneur. Sont-elles bizarres, ces femmes... aller s'amouracher d'un Daniel! Ah! je suis ben sûr qu'il ne l'aime pas autant que moi celui-là.

AIR de Mme Duchambge.

Et si je devenais
Un peu plus téméraire,
A celle qui m'est chère
Enfin je parlerais;
Car on dit qu'une femme
D'un aveu plein de flamme
Ne s'offense jamais.

D'abord je lui dirais :
Mam'zelle, je vous aime;
Dans mon délire extrême,
P't-êtr' bien que j' l'embrasserais;
Car on dit qu'une femme
D'un baiser plein de flamme
Ne s'offense jamais.

(On entend Daniel rire dans la coulisse.)

SCÈNE IV.
DANIEL, REUBEN.
REUBEN, à part.

Ah! le v'là, c' beau page.

DANIEL, chantant en s'accompagnant sur une mandoline; il a le costume de Chérubin

J'avais une marraine,
Que mon cœur (bis) a de peine...
J'avais une marraine
Que toujours j'adorai.
Tra la la, etc.

REUBEN.

Comme vous êtes gai, M. Daniel !

DANIEL.

Ah! c'est toi, petit pâtre?.. dam! mon garçon, c'est dans mon état; quand monseigneur m'a pris à son service, j'étais un lourdaud comme toi, une bête comme toi, car je suis né vilain et très vilain... J'eus le bonheur de plaire à monseigneur par l'adresse avec laquelle je pêchais l'anguille du Danube, il me fit page, et une fois page, il a bien fallu me dégourdir... je suis devenu folâtre, libertin, tapageur... un vrai sacripant, aussi toutes les filles raffolent de moi, c'est à qui m'aura, elles disent que je suis un charmant polisson.

REUBEN, à part.

Est-il heureux, c't' animal-là, est-il heureux!

DANIEL.

Tout à l'heure encore, en traversant le village, j'ai rencontré deux fleurs, qui allaient puiser de l'eau à la fontaine, la grande Camomille, la fille de l'apothicaire, et la petite Campanule, la nièce au sonneur, je les ai agacées... je les ai pincées... Eh bien! elles n'ont pas pu résister, elles m'ont donné chacune...

REUBEN.

Un baiser?

DANIEL.

Non! une giffle à tour de bras! nous avons plu ri!.. Oh! les commères! Ah ça! et toi, jeune chevrier de la montagne, comment gouvernes-tu les amours?

REUBEN.

Eh ben, à la douce, M. Daniel... je ne suis pas hardi, fendant comme vous.

DANIEL.

Il faut le devenir, vertuchou!.. imite-moi! que diable! tâche de prendre mes manières... ma grace... mon aplomb... ma désinvolture! as-tu une bonne amie, seulement?

REUBEN, riant.

Oh! oh! oh!..

DANIEL.

Oh! oh! oh!.. pataut. Eh bien! je t'en trouverai une, il y a la petite Jonquille qui pourrait bien faire ton affaire; mais en attendant, je veux te montrer comment on s'y prend auprès des belles, tiens, la mienne, Fleur-des-Champs, demeure là, je n'ai qu'à l'appeler... à la voix de son Daniel, elle va paraître tout de suite.

AIR : Oh! ma tendre musette

Objet de ma tendresse,
Parais, c'est ton Daniel ;
Viens, ma belle maîtresse,
Réponds à mon appel...
Viens, par une caresse,
Me transporter au ciel ;
Viens, ma belle maîtresse,
Au long regard de miel.

(Sur la ritournelle de cet air, la porte de la chaumière s'ouvre, et la mère Marguerite paraît.)

SCÈNE V.
LES MÊMES, LA MÈRE MARGUERITE.
DANIEL, lui tournant le dos.

Tiens! tiens... quand je te disais... je regarde pas. (Prenant la main de la mère Marguerite et la baisant.) Petite poulette, va!

REUBEN.
Comment, c'est ça, votre poulette ?
DANIEL, se retournant.
Hein ! qu'est-ce que c'est ? comment, mère Marguerite, c'est vous qui faites de ces plaisanteries-là, fi ! à votre âge !
REUBEN, riant.
Ah ! ah ! ce pauvre Daniel !
MARGUERITE.
Qu'est-ce que vous faites ici ?.. votre place est à la cour, maintenant.
DANIEL, avec sentiment.
Je me plais aux lieux qui virent les jeux de mon enfance... mère Marguerite... et puis... Fleur-des-Champs n'est pas à la cour, elle est ici ; est-elle ici ?
MARGUERITE.
Non ; elle est depuis ce matin dans la vallée avec ses compagnes, occupées à cueillir des fleurs, pour faire les chaperons qu'elles doivent porter à la fête d'aujourd'hui.
DANIEL.
Ah ! oui, la fête de la Fille du Danube, qui se jeta dans le fleuve, après avoir attaché son bouquet et sa couronne à cette petite croix.
MARGUERITE.
Et depuis ce temps, quand on voit à cette croix une couronne et un bouquet, on sait ce que ça veut dire...   (Elle soupire.)
DANIEL.
Allons donc, dame Marguerite, allons donc, ayons des idées plus gaies ; dans ce jour de fête et de plaisir, on dansera... je veux danser une gigue avec Fleur-des-Champs.
MARGUERITE.
C'est ben de l'honneur pour nous, un beau page comme vous, M. Daniel.
DANIEL.
C'est ce que les dames de la cour me disent souvent, dame Marguerite. (Il se donne des airs.) Des cœurs de femmes ! je n'ai qu'à me baisser pour en prendre. Tête bleu.
REUBEN, à part.
Oh ! je n'en voudrais qu'un seul, moi.
MARGUERITE.
Ah ! ah ! v'là nos jeunes filles, Fleur-des-Champs est au milieu d'elles... surtout, M. Daniel, ayez un peu de tenue.
DANIEL.
Prenez garde, je vais les dévorer, vos jeunes filles...
MARGUERITE.
Un page est capable de tout !
DANIEL.
Regarde-moi faire, Reuben, je vas les lutiner... je vas les taquiner... je vas les butiner...
(La musique devient vive ; toutes les jeunes filles entrent. Chacune tient un gros bouquet de la fleur dont elle porte le nom.)

SCÈNE VI.

LES MÊMES, FLEUR-DES-CHAMPS, ROSE, HORTENSIA, ÉGLANTINE, IRIS, VIOLETTE, PERVENCHE.

CHOEUR.

Air de Grisar (LA FÊTE DES MADONES.)

Venez, jeunes compagnes,
Tressons couronnes et bouquets,
Que la dépouille des campagnes
Brille à nos corsets.
Nous te fêtons, vierge de la vallée,
Toi, que jadis le Danube épargna,
Et ce qu'il fit pour toi si désolée
Peut-être un jour, pour nous il le fera !
Venez, jeunes compagnes, etc.

FLEUR-DES-CHAMPS.
Bonjour, ma tante !.. Ah ! tiens, je ne te voyais pas, Daniel : bonjour, mon gros page.

DANIEL.
Il est sûr que huit ou dix pages comme moi feraient un joli volume.
FLEUR-DES-CHAMPS, aux autres.
Il est gentil... pas vrai?
REUBEN, à part.
Et pas un mot! pas un regard pour le pauvre Reuben.
FLEUR-DES-CHAMPS.
Daniel, ce n'est pas pour vous flatter, mais vous êtes charmant, ce matin!
DANIEL, avec modestie.
Oh!
ROSE.
C'est un beau garçon!
DANIEL, id.
Oh! je suis jeune... j'ai la beauté du diable!
ÉGLANTINE.
Il a le teint d'une fraîcheur...
DANIEL.
Oui, c'est ce qu'on disait tout à l'heure, en me voyant passer... tiens, v'là le page de monseigneur... il est frais!
FLEUR-DES-CHAMPS, apercevant Reuben.
Ah! te voilà ici, petit Reuben?
REUBEN, balbutiant.
Oui... mam'zelle...
FLEUR-DES-CHAMPS.
Dis-donc, tu gardes joliment ton troupeau, nous venons d'apercevoir un de tes moutons qui se promenait de l'autre côté du torrent de la Roche-Noire.
REUBEN, restant immobile devant elle.
Ah!..
DANIEL, le contrefaisant.
Ah!.. mais, cours donc après... enfant stupide... tu t'exposes à recevoir de ton maître une innombrable quantité de calottes.
FLEUR-DES-CHAMPS, à Reuben qui ne bouge pas et qui la dévore des yeux.
Va donc!
REUBEN.
Oui, oui, mam'zelle... (A part en s'en allant.) Et pas une parole de bonté...
Ah!..
(Il sort.)

SCÈNE VII.
LES MÊMES, excepté REUBEN.

DANIEL.
Je le crois frappé d'idiotisme... malheureux jeune crétin que tu es, va!
MARGUERITE, à Fleur-des-Champs.
Mais, dites-moi donc, mesdemoiselles, vous êtes restées bien long-temps dans la prairie?
FLEUR-DES-CHAMPS.
C'est que voyez-vous, ma tante, nous venons d'assister à un concert.
MARGUERITE.
A un concert?
FLEUR-DES-CHAMPS.
Oui, à l'entrée du petit bois, je crois en vérité que tous les oiseaux du pays s'étaient réunis sur le vieux chêne, vous savez ben... ce gros arbre qui a plus de 2000 ans... voilà qu'ils se sont mis à chanter tous ensemble... on aurait dit un air du pays; aussi, nous étions là, autour de l'arbre, prêtant l'oreille, et ne disant pas un seul mot.
DANIEL.
V'là le plus fort!
FLEUR-DES-CHAMPS.
Et, maintenant, nous savons l'air que les oiseaux chantaient, et à la veillée, nous vous le ferons entendre.
DANIEL.
Oh! tout de suite? hein? tout de suite! ça doit être curieux!
FLEUR-DES-CHAMPS.
Y êtes-vous toutes, mesdemoiselles?

TOUTES.

Oui ! oui ! oui !

FLEUR-DES-CHAMPS.
Air tyrolien de M. Flataw. (Voyez à la fin.)
Ecoutez... m'y voilà !
Le rossignol d'abord se fait entendre,
Comme sa voix est douce et tendre
Ah ! ah ! ah ! ah ! ah ! ah !
Puis la fauvette
Vive et coquette
Lui répond comme cela :
Ah ! ah ! ah ! ah ! ah ! ah !
La tourterelle,
Tendre et fidèle,
Roucoule un amoureux soupir...
Et l'alouette
Tout haut caquette...
C'est un bruit à vous étourdir.
Ah ! ah ! ah ! ah !

TOUTES.
Ah ! ah ! ah !
Pour l'oreille ravie,
Quelle douce harmonie !
Vraiment, vraiment,
C'était charmant !

DANIEL.

C'était ça votre concert... ma foi, parlez-moi de celui que j'ai entendu l'autre soir que j'étais assis sous le vieux saule, occupé à faire des ronds dans l'étang ; c'était de la mélodie un peu mélodieuse.

TOUTES.

Voyons ! voyons !

DANIEL.
Même air.
Ecoutez... m'y voilà !
Maître corbeau commence l'ouverture,
Comme sa voix est douce et pure !
Coa ! coa ! coa !
La pie-grièche,
Toujours revêche,
Soudain rebecque dans son coin.
Gentille canne
Ainsi cancanne :
Coin ! coin ! coin !
Puis la grenouille,
Qui dans l'eau grouille,
Du fond de son petit thorax,
Dit : Bré ké ké ké kouax !

TOUTES, criant et se bouchant les oreilles
Ah ! quel affreux charivari !
Notre concert était bien plus joli.
C'est la fauvette,
Vive et coquette,
Qui gazouille comme cela :
Ah ! ah ! ah !
La tourterelle,
Tendre et fidèle,
Roucoule un amoureux soupir...
Et l'alouette
Tout haut caquette.
C'est un bruit à vous étourdir.
Ah ! ah ! ah !
Pour l'oreille ravie,
Quelle douce harmonie !
Vraiment ! vraiment
C'était charmant !

SCÈNE VIII.

Les Mêmes, LE DOCTEUR, suivi d'un Piqueur avec une trompette, deux Gardes; le piqueur sonne une fanfare.

DANIEL.
Qu'est-ce que c'est que ça? une proclamation de monseigneur...

FLEUR-DES-CHAMPS.
Tiens, c'est le docteur qui va la lire.

DANIEL.
Certainement, monseigneur l'a pris pour tout faire... Nous allons voir ce que c'est.

LE DOCTEUR, après la fanfare.
Habitans de la Vallée-des-Fleurs, écoutez avec respect les ordres de votre seigneur et maître. (Il ouvre un écrit et lit.) « Haut et puissant seigneur » Théodule-Hildebrand de Buzendorff, baron du Saint-Empire, magnat de » Hongrie, suzerain du Danube aux lieux dits la Vallée-des-Fleurs, fait » savoir à ses vassaux et vassales qu'il se rendra aujourd'hui même à la » fête de la Fille du Danube, pour choisir parmi les fleurs de sa vallée » seigneuriale la jeune fille qui, par un hymen légitime, doit embellir la » soixante-cinquième année de son âge et la quinzième de son règne. Il est » donc ordonné aux jeunes filles de la vallée de se réunir sur-le-champ au » bord du Danube, afin que le haut et puissant seigneur sus-nommé puisse » choisir la plus jolie et la plus aimable pour l'élever au rang de baronne. » — Donné en notre château de Buzendorff, etc., etc. »

(Fanfare; le docteur et les gardes sortent.)

LES JEUNES FILLES, sautant de joie.
Baronne! baronne!.. ah! quel bonheur!.. Vive monseigneur!

DANIEL, à part.
En voilà un ordre à la Buzendorff!

MARGUERITE.
Quel honneur pour notre vallée, et quel bonheur si le choix de monseigneur pouvait tomber sur Fleur-des-Champs.

FLEUR-DES-CHAMPS, à part.
Baronne! baronne!..

ROSE.
Allons vite mettre nos couronnes pour paraître devant monseigneur.

DANIEL.
Sont-elles coquettes!.. le sont-elles!

CHOEUR.
Venez jeunes compagnes, etc.

(Elles sortent en dansant, excepté Fleur-des-Champs.)

SCÈNE IX.
DANIEL, FLEUR-DES-CHAMPS.

DANIEL.
Fleur-des-Champs... Fleur-des-Champs... voilà une proclamation qui me navre.

FLEUR-DES-CHAMPS.
Pourquoi?

DANIEL.
Pourquoi?.. elle dit pourquoi!.. Vous ne voyez donc pas que du moment que monseigneur se propose d'épouser la plus jolie et la plus aimable, c'est vous qu'il doit choisir indubitablement.

FLEUR-DES-CHAMPS.
Eh bien?

DANIEL.
Eh bien?.. elle dit eh bien!.. Mais vous oubliez donc, champêtre créature, que je vous aime au-delà de toute expression, et que, si je vous perds, je suis capable de devenir encore plus bête que mon maître, si c'est possible.

FLEUR-DES-CHAMPS.
Eh bien!

DANIEL.
Mais vous m'exaspérez avec votre sang-froid, vierge de la Vallée!...oh! non... oh! non!.. vous n'avez jamais aimé votre page, votre gentil page!

FLEUR-DES-CHAMPS.

Ets-ce que c'est ma faute à moi si monsieur le baron veut choisir une femme parmi les jeunes filles de la Vallée-des-Fleurs?

DANIEL.

Non! non! cette atroce idée n'a pu germer que dans la tête d'un magnat; mais vous, vous Fleur-des-Champs, vous devez tout faire, tout tenter pour déplaire à ce seigneur abruti.

FLEUR-DES-CHAMPS.

Et que voulez-vous que je fasse.

DANIEL.

Voilà!.. dans un moment il va se rendre ici pour choisir la plus aimable, la plus gracieuse, la plus spirituelle. il faut qu'il trouve en vous la plus imbécille, la plus niaise.

FLEUR-DES-CHAMPS.

La plus niaise?

DANIEL.

Ça vous sera difficile, je le sais, de paraître sans grace, sans esprit; c'est taquinant, c'est même vexant, si vous voulez, mais l'amour l'ordonne, Fleur-des-Champs, et ton page compte sur toi!

FLEUR-DES-CHAMPS.

Mais ça va m'humilier d'en voir choisir une autre.

DANIEL.

Est-ce que je ne suis pas là pour vous choisir, moi?

FLEUR-DES-CHAMPS.

Vous n'êtes pas baron.

DANIEL.

Ambitieuse!.. oh! Fleur-des-Champs, tu n'as jamais aimé ton Daniel!., (Pleurant.) Il en mourra, ton joli page, mais il te pardonne.

FLEUR-DES-CHAMPS.

Allons, voyons Daniel, puisque tu le veux, je ne plairai pas à monseigneur.

DANIEL.

Bien vrai! tu me promets d'être bien maussade, bien désagréable... tu feras la bête, hein?.. oh! oui, promets-le moi, tu feras la bête... tu devrais aussi te frotter un peu les yeux, ça enlaidit tout de suite.

FLEUR-DES-CHAMPS, à part.

Par exemple!

DANIEL.

Ah! une idée de page!.. pour dégoûter tout-à-fait monseigneur, tu lui diras que tu ne l'aimes pas, que tu en aimes un autre.

FLEUR-DES-CHAMPS.

Toi!

DANIEL.

Ne va pas dire ça, pour me faire envoyer aux oubliettes... non; dis quelqu'un en l'air.

FLEUR-DES-CHAMPS.

Mais qui?

DANIEL.

N'importe, le premier venu, un être insignifiant... tiens, le petit chose qui était là tout-à-l'heure.

FLEUR-DES-CHAMPS.

Reuben?

DANIEL.

C'est juste notre affaire... tu y feras même quelques agaceries pour donner le change à monseigneur.

FLEUR-DES-CHAMPS.

A quoi bon?

DANIEL.

A quoi bon!.. que si on jette quelqu'un dans les oubliettes, il vaut bien mieux que ce soit ce petit être incomplet, et puis une fois monseigneur marié avec un autre, je t'épouserai, moi; tu seras Mme Daniel, je te ferai entrer dans le linge de monseigneur, et tu seras toute la journée avec ton page endiablé, qui te pincera, qui t'asticotera, qui te...

FLEUR-DES-CHAMPS, tristement.

Oui, ce sera lui qui,..

DANIEL, la pinçant.

Mais regarde-moi donc... regardez votre Toto, tout de suite... ah ! mais...

Air de Mlle Puget.

Mire dans mes yeux tes yeux,
Charmante brunette,
Mire dans mes yeux tes yeux,
Tu les verras mieux,
Tes yeux, gentille brunette,
Tes yeux, tes yeux amoureux.
Je veux avoir une place
Près de toi matin et soir ;
Ma chèr', sans être de glace,
J' puis te servir dé miroir.

ENSEMBLE.

DANIEL.	FLEUR-DES-CHAMPS, à part.
Pour mirer tes jolis yeux,	Il m' sembl' que j'ouvre les yeux,
O charmante brunette,	Déjà je regrette
Le plus beau miroir des cieux	D'avoir accueilli les vœux
Ne vaut pas mes yeux,	D'un tel amoureux !
Mes yeux, gentille brunette,	Déjà, oui, je le regrette,
Mes yeux, mes yeux amoureux.	J' pourrais vraiment trouver mieux.

(Sur la ritournelle de cet air, Daniel embrasse Fleur-des-Champs.)

DANIEL.

Grand assassin que je suis ! (Il sort en courant.)

SCÈNE X.

FLEUR-DES-CHAMPS, seule.

Moi paraître niaise, imbécile !.. a-t-on jamais fait à une femme une proposition aussi impertinente, et puis c't idée, me dire d'avoir l'air d'aimer ce petit chevrier à qui je n'ai jamais parlé... Tiens, justement le v'là... il n'est pas beau au moins.

SCÈNE XI.

FLEUR-DES-CHAMPS, REUBEN.

REUBEN, à part.

La v'là seule... si j'osais...

FLEUR-DES-CHAMPS, id.

Il est si timide... il ne me dirait rien... il faut que je lui parle. (Haut.) Eh bien ! Reuben, as-tu retrouvé ton mouton ?

REUBEN.

Oui, mam'zelle, le petit finot s'était caché exprès pour me faire une niche, il était entré dans le verger du vieil ermite, et il était là qui broutait tout à son aise les salades de notre bon père.

FLEUR-DES-CHAMPS.

Ça t'apprendra à avoir l'œil dessus ; tu t'amuses quelquefois dans la vallée, et les moutons en profitent.

REUBEN.

C'est vrai, je rencontre souvent Mlle Rose, Mlle Églantine, Mlle Hortensia... elles me font des malices... elles me font endéver... nous rions... quoi !

FLEUR-DES-CHAMPS.

Ah ! ça te fait plaisir de rire comme ça avec elles ?

REUBEN.

Dam ! ça ne me déplaît pas trop ; mais ça me ferait encor bien plus de plaisir si c'était avec une autre... qui... que...

FLEUR-DES-CHAMPS.

Qui... que... achèves donc...

REUBEN.

Mais elle ne fera jamais attention à moi, celle-là...

FLEUR-DES-CHAMPS.

Tu crois ?

REUBEN.

Et pourtant, j'ai des yeux que pour elle, moi.

FLEUR-DES-CHAMPS.

En vérité! ce pauvre garçon... voyons, Reuben, conte-moi donc bien vite tout ça.

REUBEN.

Oh! je n' peux pas!

FLEUR-DES-CHAMPS.

C'est un secret?

REUBEN, soupirant.

Oui, c'est un secret... un gros secret!

FLEUR-DES-CHAMPS.

Comment, vrai, tu aimes une jeune fille?

REUBEN.

Je l'aime tout plein... l'ermite vient encore de me le dire, pas plus tard que ce matin, il m'a pris le menton; il m'a regardé les yeux, il a mis sa main là... (Il prend la main de Fleur-des-Champs, et la met sur son cœur.) Et il m'a dit : mon garçon, tu penses à quelque chose; tu as un premier amour qui te donne à réfléchir... vous entendez, mam'zelle, un premier amour.

FLEUR-DES-CHAMPS.

C'est vrai que ton cœur bat fort, c'est-y drôle... hein?

REUBEN.

Oui, c'est bien drôle!

FLEUR-DES-CHAMPS.

Ah ça! mais, voyons donc le mien. (Elle met la main sur son cœur.) Ah! c'est singulier, il bat aussi fort que le tien.

REUBEN.

Comment, c'est possible?

FLEUR-DES-CHAMPS.

Sens plutôt...

REUBEN, y mettant la main.

C'est vrai, pourtant.

FLEUR-DES-CHAMPS.

Et puis... qu'est-c' qu'il t'a encore dit, le bon ermite?

REUBEN.

Oh! quelque chose... quelque chose que j' n'ai pas cru; mais qui m'a rendu fièrement heureux, allez!

FLEUR-DES-CHAMPS.

C'est qu'il est joliment savant notre ermite; il t'a dit...

REUBEN.

Il m'a dit que j'épous'rais celle pour qui mon cœur parlait déjà!.. Oh! alors, il fallait me voir, je ne me sentais plus... je sautais... je riais... je prenais les deux mains bien vieilles et bien ridées de notre bon père, je les embrassais, et je crois que j'allais devenir fou quand il m'a fait boire une tasse de lait. (Poussant un soupir.) Ouf! et ça m'a calmé.

FLEUR-DES-CHAMPS.

Il t'a dit tout cela?.. j'irai le voir aussi, moi; car, maintenant que je le regarde, ce garçon, il n'est pas si mal que je croyais... il a une petite figure... et ce Daniel qui me parle de Reuben; qui me donne des idées sur lui... je vous demande s'il est possible d'être plus maladroit!

(Ritournelle du chœur suivant.)

REUBEN.

Ah! mon Dieu! v'là mon seigneur avec sa suite... Oh! s'il choisit celle que j'aime, c'est fini, je quitterai le pays et je m'en irai bien loin, bien loin!

FLEUR-DES-CHAMPS.

Pauvre garçon! voyons, Reuben, avant qu'ils arrivent, dis-moi ton secret.

REUBEN.

Oh! je n'oserai jamais!.. pourtant, si le seigneur la choisit et s'il faut que je parte...

Air : Noble dame.

Avant d' commencer mon voyage,
Ici, mam'zell' vous saurez mon secret;
Oui, de parler, j'aurai le courage
Car, je l' sens là, ça m'étouff'rait!
Et puis, après, faudra vous fuir!
Hélas! pour moi, plus d'avenir!

ENSEMBLE.

FLEUR-DES-CHAMPS.	REUBEN.
Pauvre Reuben, il veut partir,	Pour mon repos, je dois vous fuir,
Hélas! que va-t-il devenir!	Hélas! pour moi, plus d'avenir!
Adieu!	Adieu!

(Reuben sort, Fleur-des-Champs rentre dans la maison.)

SCÈNE XII.

LE BARON, LE DOCTEUR, DANIEL, SUITE DU BARON.

(Le baron entre au milieu de son cortége; il est appuyé sur le docteur. Daniel marche à sa droite, et l'évente avec un éventail garni de plumes.)

CHOEUR.

Air du *Cheval de Bronze*.

En ces lieux, monseigneur
Vient... quel honneur!
Offrir et sa main et son cœur,
A cell' qui dans ce jour
D'un doux retour
Voudra bien payer son amour.

(Le cortége fait le tour du théâtre sur la ritournelle de l'air.)

LE BARON.

Holà! mon page! (Voyant que Daniel est près de lui.) Ah! mon drôle... je voulais voir si vous étiez là!

DANIEL.

Comment, monseigneur, je vous donne de l'air depuis une heure, et vous ne me sentez pas.

LE BARON.

Passez-moi cet éventail, jeune fou. (Il se regarde dans la petite glace qui est au centre de l'éventail.) Allons, allons, je reprends un peu... docteur, grace à vous; j'ai les yeux d'une vivacité... et pas encore une seule ride.

DANIEL, à part.

Oh! pas une... c'est-à-dire! il a deux pattes d'oie effrayantes...

LE DOCTEUR.

Votre maladie, monseigneur, était, ce que nous appelons en latin, HYPOCONDRICOS!.. le mariage achèvera votre guérison.

LE BARON.

Vous croyez, docteur, qu'une femme guérit l'HYPOCONDRICOS?

LE DOCTEUR.

C'est mon opinion... je suis pour les remèdes violens.

LE BARON.

Holà! mon page.

DANIEL, criant.

Présent!

LE BARON.

Reprenez cet éventail, jeune écervelé, et surtout, ne vous éloignez pas. coureur... maintenant, docteur Flasterkasten, je suis à vous...

LE DOCTEUR.

Toutes les fleurs de la vallée sont rassemblées près d'ici... elles n'attendent que vos ordres pour se présenter...

LE BARON.

Qu'elles viennent! (Le docteur fait un signe à la cantonnade.)

SCÈNE XIII.

LES MÊMES, LES JEUNES FILLES.

(Elles entrent ensemble par la gauche, et viennent se placer devant le baron, en lui faisant la révérence; elles portent chacune un chaperon de fleurs dont elles ont le nom. Les jeunes filles sont toutes sur la gauche, et les hommes sur la droite.)

LES JEUNES FILLES.

Air : *Brune et Blonde*. (Mlle PUGET.)

Votre voix m'appelle,
J'accours ici...
Au devoir fidèle;
Oui, me voici...

LE BARON, *suite de l'air.*
Comme à leur aspect, mon ame est émue ;
De brillantes fleurs, quel charmant bouquet.
L'une a pour plaire, sa mine ingénue ;
L'autre me séduit par son air coquet !
Ce doux regard plein d'innocence,
Est fait pour inspirer l'amour.
LE DOCTEUR.
Mais, monseigneur, l'heure s'avance,
Prononcez-vous donc sans retour.
LE BARON.
Soit ! mais je veux voir en ce jour,
Fleur-des-Champs, paraître à son tour !

SCÈNE XIV.

LES MÊMES, FLEUR-DES-CHAMPS. Elle sort de sa maison, et porte un chaperon de petites fleurs bleues.

FLEUR-DES-CHAMPS.

MÊME AIR

Votre voix m'appelle,
J'accours ici...
A devoir fidèle ;
Oui, me voici !..

DANIEL, à part.

Oh ! la maladroite ! la maladroite !.. elle est jolie comme tout...

LE BARON, bas au docteur.

Docteur, elle est charmante...

DANIEL.

Hum ! hum !

LE BARON, à Daniel.

Veux-tu te taire, petit drôle !

LE DOCTEUR, montrant les autres.

Regardez donc celles-ci, monseigneur...

LE BARON.

C'est vrai, c'est vrai ! le choix est très embarrassant, je flotte entre la brune et la blonde, entre la blonde et la châtaigne.

DANIEL, à part.

Qu'est-ce qu'il maronne là, tout seul ?

LE BARON.

Pour en finir, que chacune de ces jeunes fleurs me donne un échantillon de ses talens...

LE DOCTEUR.

C'est cela.

DANIEL.

Avec ça qu'elles en sont pétries de talens ! Rose, fait la galette dans la perfection, Primevère, tricotte que c'est un charme, Iris, joue du timpanon à vous donner la chair de poule.

LE BARON.

Et Fleur-des-Champs ?..

DANIEL, à voix basse.

Elle, monseigneur, c'est la buse des buses...

LE BARON.

Ah ! ah !

FLEUR-DES-CHAMPS.

Par exemple !

LE BARON, à part.

Comment est-il possible qu'avec cette petite figure éveillée... (Haut.) Dis-lui d'approcher.

DANIEL, à Fleur-des-Champs.

Approchez... (Bas.) N'y va pas...

LE BARON.

Approchez ! approchez ! n'ayez pas peur...

FLEUR-DES-CHAMPS, à Daniel.

Faut bien que j'obéisse.

LE BARON.
Comment, pas un pauvre petit talent de société.
DANIEL.
Ça ne sait pas même coudre un bouton.
LE BARON.
Ce n'est pas vous que j'interroge, gringalet! (A Fleur-des-Champs.) Est-ce que vous ne chantez pas un peu?..
DANIEL.
Oh! si peu! si peu...
LE BARON, le regardant sévèrement.
Daniel! (A Fleur-des-Champs.) Au moins, vous dansez?..
DANIEL, bas à Fleur-des-Champs.
Dis que tu as un œil-de-perdrix...
LE BARON.
Eh bien, répondez!
FLEUR-DES-CHAMPS, avec embarras.
Dam, monseigneur! c'est que... c'est que...
DANIEL, bas au baron.
Qu'est-ce que j'avais dit à monseigneur, c'est la plus niaise de la vallée.
FLEUR-DES-CHAMPS, à part.
C'est trop fort!
DANIEL.
Elle est idiote, voilà le mot.
FLEUR-DES-CHAMPS.
Je n'y tiens plus...
LE BARON.
Allons! il n'y faut plus songer, et quoique Fleur-des-Champs soit bien jolie, je vais me décider pour...
FLEUR-DES-CHAMPS.
Arrêtez, monseigneur.
DANIEL.
Qu'est-ce qu'elle a donc?
FLEUR-DES-CHAMPS.
Je ne veux pas tromper un aussi bon seigneur que vous... on vous a dit que j'étais une imbécile, et que je n'avais ni grace ni talent, c'est possible; mais, je veux essayer de vous prouver le contraire, M. Daniel, prenez cette mandoline, et accompagnez-moi.
DANIEL.
Je ne peux pas... j'ai des engelures...
LE BARON.
Page, obéis!
DANIEL, à part, à l'extrémité gauche.
Oh! je ronge mon frein.
FLEUR-DES-CHAMPS.
Attrape!
(Musique. — Fleur-des-Champs se place gracieusement au milieu de ses jeunes compagnes; elles figurent de jolies passes réglées par M. Girel, artiste et maître de ballet du théâtre de la Gaîté.)
LE BARON, se levant après le petit ballet.
Docteur, je suis fasciné, et mon choix est fait... vassaux et vassales ici présens, je choisis pour légitime épouse, (Musique.) l'aimable, la charmante, la ravissante Fleur-des-Champs.
DANIEL, à part.
Je suis englouti! (A Fleur-des-Champs.) Si tu dis oui, je fais un malheur!..
LE BARON, à Fleur-des-Champs.
N'est-ce pas, que tu consens!
FLEUR-DES-CHAMPS.
Dam! monseigneur, c'est ben d' l'honneur pour moi; mais, je voudrais un peu de temps pour réfléchir.
LE BARON.
Soit! dans une heure, je reviendrai savoir ta réponse; mais, jusque là, songe que je suis passionnément amoureux de toi, et que pour t'obtenir, il n'est rien que je ne fasse; je donnerais ma vie, vois-tu!
FLEUR-DES-CHAMPS.
Quoi, monseigneur?

DANIEL.

On dit toujours ça aux jeunes filles.

LE BARON.

La vie d'un baron du Saint-Empire, songes-y bien?.. Partons, messieurs... (A Fleur-des-Champs.) A tantôt! (A Daniel.) Holà! mon page!

DANIEL, criant.

Présent!..

REPRISE DU CHOEUR.

En ces lieux, monseigneur
Vient! quel honneur!
D'offrir et sa main et son cœur,
A cell' qui dans ce jour
D'un doux retour,
A voulu payer son amour.

(Le cortége se remet en marche, et défile comme il est entré; au moment de sortir avec le baron, Daniel laisse là le cortége, et revient précipitamment sur ses pas.)

SCÈNE XV.
DANIEL, FLEUR-DES-CHAMPS.

FLEUR-DES-CHAMPS, se croit seule et réfléchit.

Baronne!..

DANIEL, près d'elle.

Fi!..

FLEUR-DES-CHAMPS, surprise.

Hein! vous m'avez fait peur!

DANIEL, étouffant de dépit.

Mon déjeûner me fait horriblement mal.

FLEUR-DES-CHAMPS.

Pourquoi ça?

DANIEL.

Pourquoi ça?.. elle dit pourquoi ça?..

LE BARON, en dehors.

Holà, mon page!..

DANIEL, criant.

On y va! (A Fleur-des-Champs.) Pourquoi ça? vous le demandez? après nos conventions...

FLEUR-DES-CHAMPS.

Écoutez, M. Daniel, ne me faites pas de scène; nos conventions n'avaient pas le sens commun, me voir préférer une rivale.

LE BARON, en dehors, plus loin.

Holà, mon page!

DANIEL, criant.

On y va! (A Fleur-des-Champs.) Avec ça qu'il est ragoûtant, votre baron.

FLEUR-DES-CHAMPS.

Il n'est pas mal...

DANIEL.

Vous ne l'avez pas vu comme moi; quand il se rase le matin, c'est quelque chose d'hideux.

FLEUR-DES-CHAMPS.

Il est baron!

DANIEL.

Mais, moi! je suis dans l'adolescence, je compte à peine vingt printemps!

LE BARON, très éloigné.

Holà! mon page!

DANIEL, se retournant à la cantonnade.

Ventriloque, va! je n'ai plus qu'un mot à vous dire, si vous épousez monseigneur, je fais un coup de ma tête, parce que moi aussi, je vous aime... moi aussi... je donnerais ma vie, pour vous...

FLEUR-DES-CHAMPS.

On dit toujours ça aux jeunes filles.

DANIEL.

La vie d'un page d'un baron du Saint-Empire, songez-y bien, c'est une existence d'homme que vous allez jouer!

Holà! mon page!

On y va!

LE BARON, *paraissant.*

DANIEL.

(Il suit le baron.)

SCÈNE XVI.
FLEUR-DES-CHAMPS, seule.

A les en croire, monseigneur et son page aimeraient mieux mourir que de me perdre, je crois même que le petit Reuben m'a dit la même chose... Oh! les hommes!.. c'est égal, ça me donne une idée à moi, c'est d'éprouver quel est celui des trois qui m'aime le mieux, ce sera gentil!.. oui, la tradition de la fille du Danube sert mon projet... en attachant mon chapeau et mon bouquet à cette croix, ils s'imagineront tous que je me suis jetée dans le fleuve, et nous verrons quel est celui qui osera m'aller chercher. Ah ça! oui, mais si ni l'un ni l'autre n'a le courage de... (*Gaîment.*) Eh bien! je resterai fille, après tout, je ne suis pas si pressée de me donner un maître.

AIR du Forgeron (Mlle PUGET)

Liberté chérie,
O mes seuls amours!
Toujours, toujours,
Viens charmer mes jours.
Plaisir et folie
Doivent tour à tour
Pour mon bonheur charmer ce séjour.
La la la...

L'autr' jour Daniel qui m'agace,
Vient m' pincer, pan, pan, pan!
Il faut, dit-il, que j' t'embrasse...
Moi je l' reçois, pan, pan, pan.
Je le crois fâché, je m' rapproche,
Mais lui, sans m' faire aucun reproche,
Et sans m' montrer l' moindre courroux,
Me dit, tombant à mes genoux :
Ma fleur si chérie,
O mes seuls amours,
Bats-moi (TER) tous les jours ;
Ta main si jolie
Sera toujours
Plus douce que satin et velours.

Je donnerais pour toi ma vie,
M'ont-ils dit... bon! bon! bon!
Faut-il donc que je m'y fie?
Non, messieurs, non, non, non.
Je veux, par une espiéglerie,
Mettre à l'épreuve leur manie ;
S'ils ont peur, comme je rirai,
Si j' les perds, j' m'en consolerai.
Liberté chérie, etc.

MARGUERITE, *dans la coulisse.*

Fleur-des-Champs! Fleur-des-Champs!

FLEUR-DES-CHAMPS.

On vient, sauvons-nous. (*Elle va accrocher son chapeau et son bouquet à la croix, sur le rocher.*) Là! et maintenant, messieurs, je vous attends.

(*Elle disparait par la gauche.*)

SCÈNE XVII.
LA MÈRE MARGUERITE, *sortant de la chaumière et appelant.*

Fleur-des-Champs!.. voyez si cette petite fille répondra... Fleur-des... (*Regardant la croix.*) Ah! mon Dieu! qu'est-ce que je vois là? cette couronne, ce bouquet après la croix... eh! mais je ne me trompe pas, c'est la couronne de Fleur-des-Champs; la malheureuse enfant se sera jetée dans le fleuve, elle aura voulu tenter l'épreuve du Danube. Au secours! au secours!

(*Toutes les jeunes filles accourent.*)

SCÈNE XVIII.

LA MÈRE MARGUERITE, LE BARON, DANIEL; LE DOCTEUR, Jeunes Filles.

CHOEUR.

Air de Farinelli (Final du premier acte.)
Pourquoi ces cris et ces larmes,
D'où peut venir votre émoi?
Calmez vîte nos alarmes
Et dissipez notre effroi.

MARGUERITE.

Ah! mes enfans, voyez ma peine extrême!
Pour ma triste vieillesse, ah! c'est un coup affreux;
Ma Fleur-des-Champs, ma fille à l'instant même,
Dans l'onde s'est jetée, ici presque à mes yeux.

TOUTES.

Est-il possible!

LE BARON, suivi du docteur et de Daniel; il a entendu les derniers mots de Marguerite.

Hein? qu'est-ce que vous dites là, mère Marguerite?

DANIEL.

Qu'est-ce que vous dites?

MARGUERITE.

Il n'est que trop vrai, monseigneur... voyez cette couronne et ce bouquet. (Elle lui montre la croix.)

TOUS.

Grand Dieu!

DANIEL.

Catastrophe!

MARGUERITE.

Mais il nous reste pour elle une chance de salut.

LE BARON.

Parlez.

DANIEL.

Parlez.

MARGUERITE.

La tradition dit que lorsqu'une jeune fille se jette dans le Danube, on a tout un jour pour la sauver.

LE BARON.

Eh bien!

MARGUERITE.

Eh bien! monseigneur, vous qui aimez Fleur-des-Champs, obligez-moi d'aller la chercher au fond de la rivière, ça sera si tôt fait.

LE BARON.

Oui, mais dites donc, la tradition dit aussi qu'il faut que la jeune fille ait toujours été sage.

MARGUERITE.

Oh! sur ce point-là. j'en mettrais ma main au feu!

LE BARON, incertain.

Vrai!

MARGUERITE.

Oh! bien vrai!

LE BARON.

Dans ce cas, retournons au château... Suivez-moi, docteur.

(Il sort suivi du docteur; Daniel va pour le suivre, Marguerite le retient.)

SCÈNE XIX.

LA MÈRE MARGUERITE, DANIEL, Jeunes Filles.

MARGUERITE.

Et vous, Daniel, laisserez-vous périr la pauvre Fleur-des-Champs?

DANIEL, la ramenant sur le bord du théâtre et prenant un air solennel.

Mère Marguerite, sans farce, en mettriez-vous la main au feu?

MARGUERITE.

Je vous le jure.

DANIEL.

Je n'hésite plus, dans ce cas. (Il ôte sa veste à demi, puis se ravisant, il la remet.) Je vais consulter l'ermite.

Air du chœur précédent.

Plus de peines, plus de larmes,
Calmez ici votre effroi,
Bientôt toutes vos alarmes
Vont cesser et grace à moi.

MARGUERITE.

Quel jour de deuil et d'alarmes !
J' vois redoubler mon effroi ;
Hélas ! je sens à mes larmes
Qu'il n'est plus d'espoir pour moi.

CHŒUR.

Quel jour de deuil et de larmes !
J' sens redoubler mon effroi ;
Pour l'objet de nos alarmes,
Non, plus d'espoir, je le voi.

(Daniel sort en courant et se heurte contre Reuben, qui entre avec un petit paquet au bout d'un bâton.)

SCÈNE XX.

LA MÈRE MARGUERITE, REUBEN, FLEUR-DES-CHAMPS, JEUNES FILLES.

REUBEN, vivement.

Qu'est-ce que je viens d'apprendre, mère Marguerite, Fleur-des-Champs...

MARGUERITE.

Il n'est que trop vrai, mon garçon, elle s'est jetée dans le Danube.

REUBEN.

Mais on peut le sauver encore.

MARGUERITE.

Hélas, personne n'a voulu...

REUBEN.

Personne ! est-ce que je ne suis pas là ?

MARGUERITE.

Quoi ! tu oserais ?

REUBEN.

Quand même je ne croirais pas à la tradition, pour elle, pour Fleur-des-Champs, je me jetterais dans un brasier ardent, trop heureux, si je ne la sauve pas, de mourir avec elle... Donnez-moi son bouquet.

MARGUERITE.

A la bonne heure, en voilà un qui l'aime véritablement.

REUBEN.

Air de la ballade d'Adam.

Ah ! ce précieux gage
Doublera mon courage,
Croyez-en ce présage,
Reuben la sauvera.
O fleurs de ces vallées,
En ces lieux rassemblées,
Plaintives, désolées,
Priez, Dieu m'aidera.

(Il s'élance vers le fleuve, Fleur-des-Champs paraît.)

FLEUR-DES-CHAMPS.

Reuben !

Que cette fleur s'appelle
Du refrain d' la chanson.
Moi, mon Reuben fidèle,
Je veux prendre ton nom.

REUBEN.

Oh ! c'est elle !

FLEUR-DES-CHAMPS.

Oui, c'est moi ; c'est moi qui veux vivre pour ton bonheur.

REUBEN.

Oh ! quel bien ça me fait !

DANIEL, dans la coulisse.

Me voici ! me voici !

REUBEN.

C'est Daniel !

FLEUR-DES-CHAMPS.

Venez, venez tous, ne nous montrons pas encore, et voyons ce qu'il va faire. (Ils entrent dans la maison de Marguerite.)

SCÈNE XXI.

DANIEL, enveloppé dans un manteau.

Je viens de consulter l'ermite, il est fort intelligent, ce vieillard, pour son âge; il m'a fait une réponse que j'étais fort éloigné de prévoir... il m'a dit, ce vieux anachorète : « Savez-vous nager, ô mon fils ? — Mais oui, ô pieux anachorète, vénérable cénobite, ai-je répondu; la coupe, la planche et le plongeon me sont également familiers. — Eh bien ! ô mon fils, pourvu que vous ne soyez pas trop près de votre déjeûner, vous pouvez tenter l'aventure. » Là-dessus j'ai été me mettre en costume, j'ai pris des vessies pour des... et me voilà. (Il jette son manteau et paraît vêtu d'un simple pantalon, et nu jusqu'à la ceinture ; il porte deux vessies sous ses bras ; il va au fond et met son pied dans l'eau.) C'est bien froid !.. ô Fleur-des-Champs ! vous serez peut-être cause que j'attraperai un affreux rhume de cerveau... brrrrr ! que c'est froid !.. Enfin c'est égal, une bonne résolution ! (Il monte sur le rocher.) Une, deux !.. (Il se jette à l'eau.)

FLEUR-DES-CHAMPS, à la fenêtre.

Oh ! ce pauvre Daniel ! heureusement qu'il a pris ses précautions et qu'il n'y a pas de danger.

LE BARON, en dehors.

Venez, venez, mes amis.

FLEUR-DES-CHAMPS, à la fenêtre.

Allons, au tour de monseigneur à présent.

SCÈNE XXII.

LE BARON, LE DOCTEUR, SUITE DU BARON, DEUX PIQUEURS portant un filet.

LE BARON.

Par ici ! par ici ! mes amis, hâtez-vous, jetez ce filet à cette place. (Un des piqueurs lance le filet dans le fleuve. — Musique.) Laissez aller, laissez aller... là... maintenant, tirez. (Le piqueur tire le filet.) Sentez-vous quelque chose ?

LE PIQUEUR.

Oui, monseigneur.

LE BARON.

Mettez-vous-y tous, et si c'est elle, apportez-la avec les plus grandes précautions... vous, docteur, préparez vos sels, vos essences, votre pharmacie !.. Pauvre Fleur-des-Champs ! quelle bonne idée j'ai eue là. (Aux Piqueurs.) Eh bien ! mes amis ?

LES PIQUEURS.

La voilà ! la voilà, monseigneur ! (Ils ont retiré le filet; Daniel est enveloppé dedans ; il est couvert d'herbes, de plantes aquatiques, et il pousse des cris inarticulés. — Il roule jusqu'à l'avant-scène.)

LE BARON.

Elle est évanouie, cette chère amie ! vite, docteur, des secours. (Aux Piqueurs.) Vous, manans, éloignez-vous, pour ne pas alarmer sa pudeur.

LE DOCTEUR, examinant Daniel.

Mais monseigneur, j'ai peine à reconnaître dans cette masse informe...

LE BARON.

Je crois bien, dans un pareil état... (Appelant.) Holà ! mon page !

DANIEL, dans le filet.

Présent !

LE BARON, surpris.

Hein ? qu'est-ce que c'est ? comment, c'est toi, drôle !

DANIEL, toussant.

Hum ! hum !.. ah ! que c'est mauvais ! que c'est mauvais !.. hum ! hum !.. j'en ai absorbé plus d'une voie.

LE BARON.

Et Fleur-des-champs, Fleur-des-Champs, où est-elle ?

DANIEL.

Je l'ai appelée, je l'ai cherchée par mer et par terre, impossible de mettre la main dessus.

LE BARON.

Allons, va te sécher... La malheureuse! elle est donc perdue à jamais!

SCÈNE XXIII.

LE BARON, LE DOCTEUR, DANIEL, FLEUR-DES-CHAMPS, REUBEN, MARGUERITE, Jeunes Filles.

REUBEN.

Pas pour tout le monde, monseigneur.

LE BARON et DANIEL.

Que vois-je?

FLEUR-DES-CHAMPS.

Me voici un peu revenue des belles protestations des amoureux, qui jurent de mourir pour moi... quoique ça, je n'ai pas trop à me plaindre, sur trois il m'en reste un. (Elle tend la main à Reuben.)

DANIEL.

Quoi! le jeune pâtre!

FLEUR-DES-CHAMPS.

Je n'y pensais pas, c'est vous qui me l'avez fait remarquer.

DANIEL.

Perfide! quand je me suis jeté à l'eau...

FLEUR-DES-CHAMPS, avec malice.

Vous savez nager...

DANIEL, à part.

Quel bouillon!

LE BARON, qui est resté pensif, sortant tout-à-coup de sa rêverie.

Holà! mon page!.. décidément je reste garçon.

DANIEL.

Eh bien!.. et moi aussi. C'est dommage pourtant, avec des physiques comme les nôtres, nous aurions eu de bien jolis enfans.

CHOEUR.

Air du Forgeron.

Leur peine est finie,
L'hymen, les amours,
Toujours, toujours,
Vont charmer leurs jours.
Plaisir et folie
Doivent tour-à-tour
Les rendre heureux dans ce doux séjour.

FLEUR-DES-CHAMPS au Public.

Messieurs, j' sens qu'en votr' présence
Mon cœur fait pan, pan, pan,
Pour me rendre l'assurance,
Frappez fort, pan, pan, pan.
A la peur je s'rai peu sensible,
Plus votr' fracas sera terrible,
Plus mon effroi se dissip'ra,
Plus ma confiance renaîtra.
Messieurs, j' vous en prie,
Faites un effort,
Frappez, frappez, oui frappez encor.
Je vous l' certifie,
Vos mains bien d'accord
N' pourront jamais frapper assez fort.

CHOEUR.

Messieurs, j' vous en prie,
Faites un effort,
Frappez, frappez, oui frappez encor.
Je vous l' certifie,
Vos mains bien d'accord
N' pourront jamais frapper assez fort.

MUSÉE DRAMATIQUE.

LE CONCERT DES OISEAUX.
(Voyez page 10.)

CHOEUR

FIN.

UN
SERMENT DE FEMMES,

VAUDEVILLE EN UN ACTE,

PAR MM. LAFITTE ET CORMON;

REPRÉSENTÉ POUR LA PREMIÈRE FOIS, SUR LE THÉATRE DE L'AMBIGU-COMIQUE,
LE 14 NOVEMBRE 1836.

C'est un vrai guet-à-pens !   (SCÈNE XXII.)

PARIS,
NOBIS, ÉDITEUR, RUE DU CAIRE, N° 5.

1836.

Personnages.	Acteurs.
LABOUSSOLE, vieux marin.	MM. CULLIER.
TOUCHARD.	PROSPER.
ANDRÉ, garde-côte.	FRANCISQUE jeune.
MARTHE, femme de Laboussole.	Mmes CLORINDE.
SUZETTE, femme d'André.	AGLAÉ.
MADELEINE, femme de Touchard.	SOPHIE.
LOUISON.	HÉLOÏSE.
THÉRÈSE.	LAURE.

J.-R. MÉVREL, passage du Caire, 54.

UN SERMENT DE FEMMES,

VAUDEVILLE EN UN ACTE.

Le théâtre représente un site sur les bords de la mer. — Des arbres forment les coulisses. — Au fond à gauche, une tour.

SCÈNE I.

MARTHE, vers la route du fond, après avoir regardé au loin avec inquiétude.

J'ai beau regarder... je ne vois rien venir... rien... pas une voile à la mer!.. l'affreuse chose que la guerre! c' village autrefois si populeux, ous'qu'on n'avait qu'à désirer... ous'qu'on s'accordait si bien... aujourd'hui tout y manque... on n' s'y entend plus... on n'y voit que des femmes! c'est endévant! au moins celles qui n' sont pas mariées peuvent prendre patience... parce que... enfin... l'innocence... ça n' sait pas. Mais celles qui ont goûté des douceurs de l'hyménée!.. ah! je les ai vues s'éloigner à pleines voiles les douceurs de l'hyménée... trente hommes superbes! dont un petit... c'était le mien... ça fumait... grognait... rudoyait... mais c'était là... ça avait son flux et son reflux.

AIR : de l'Anonyme.

Il tempêtait, souvent il faisait rage,
Mais par après succédaient les beaux jours.
On s'y habitue et dans un bon ménage,
Tout bien compris on se rattrap' toujours.
C'est un ennui d'être sans cess' paisibles
Au calme plat j'préfer' le carillon,
Ah! les maris sont souvent bien terribles;
Mais l' mariage est parfois assez bon.   (BIS)

Mais ça finira peut-être. Toutes celles qui languissent comme moi, qui attendent leurs maris vont se rendre sur ce rivage... là!.. nous aviserons aux moyens de ne plus nous en séparer et de les bien tenir... quand nous les tiendrons!.. Mais voyez si elles arriveront! je me mange les sens! (On entend fredonner dans la coulisse.) Ah! en v'là une!.. non, c'est la seule qui soye contente. Elle a le sien! est-elle heureuse!

SCÈNE II.

MARTHE, SUZETTE.

SUZETTE.

AIR : Un soir dans la forêt voisine.

Mon Dieu qu'un mari garde-côte
Et qui s'absente nuit et jour,
A notre tendresse fait faute;
Surtout quand on l'aime d'amour,
Qu'on n'veut pas lui jouer d'malin tour.
Faut obéir, le d'voir commande;
Mais si, pendant qu'il est parti
Pour empêcher la contrebande,
On venait la faire chez lui...
    Dam! ça s'pourrait,
    Je n'cherche pas, mais qui sait?..
    De ces choses-là
    Quell' femme répondra?
    Voilà, voilà!
    L' danger de c'métier-là!

MARTHE.
Dieu me pardonne, tu te plains!

SUZETTE.
J' crois bien.

MARTHE.
J' te l' conseille!.. toi qu'as ton mari!

SUZETTE.
Pas tant que je le voudrais, madame Marthe!

MARTHE.
Et si tu ne l'avais pas du tout!

SUZETTE.
Je f'rais comme vous... je jetterais les hauts cris!.. j'enragerais d'en voir un à une autre.

MARTHE.
Tu vois donc ben qu' c'est nous que tu dois plaindre!

SUZETTE.
Ça m'est bien égal... c'est votre affaire!

MARTHE.
Petite féroce! vois donc quelle différence dans not' position.

SUZETTE.
Je vois ce qui me touche... André est vigie et garde-côte.

MARTHE.
Mais les nôtres sont corsaires.

SUZETTE.
Il passe les trois quarts du temps dans sa tour, et je n'ai qu'un quart.

MARTHE.
C'est toujours un quart! tandis que les nôtres passent tout leur temps sur la mer!

SUZETTE.
Eh ben! ça fait un compte rond.

MARTHE.
Égoïste! dire que nos gredins de maris nous ont plantées là pour se promener sur l'océan et mon Laboussole à leur tête! toi!.. tu lui portes la soupe, au tien!

SUZETTE.
C'est justement ça qu'est fumant. A qui qu'ça profite le plus? ça l'engraisse c'est vrai!.. ça lui fait de bonnes grosses joues... j'dis pas le contraire... d'belles couleurs roses... c'est possible... mais ben souvent j' n'en ai qu' la vue.

MARTHE.
Tais-toi, ambitieuse!

SUZETTE.
D'ailleurs, allez vous plaindre à l'empereur!

MARTHE.
A l'empereur!

SUZETTE,
Si vous êtes vexées c'est lui qu'en est cause, ça tient à la politique... André m' l'a expliqué.

MARTHE.
Rexplique-le-moi donc!

SUZETTE.
Oui, mais la soupe d'André va être froide! ah, une idée!.. je vas la mettre au soleil.(Elle dépose son panier près d'un arbre.) Là!.. Voyez-vous, mère Marthe, il y a en Europe une balance... une grande balance qu'il faut tenir droite pour qu'il n'y ait pas de tricheries. Mais les Anglais... ils ont deux poids et deux mesures... ils n' veulent pas que la rivière coule pour tout le monde... et l'empereur dit à ça...

MARTHE.

Qu'est-ce qu'il dit à ça?

SUZETTE, se promenant les mains derrière le dos et faisant semblant de prendre du tabac.

« Ah! ah! vous êtes comme ça!.. vous avez votre manière de voir!.. mar-
» chez... marchez sur l'onde, mais je vous supprime la terre. Plus de mous-
» seline sur la terre, plus d'indigo, plus de canelle, plus de madras sur la
» terre. La terre est à moi! promenez-vous en bateau... et encore je don-
» nerai des encouragemens pour que vous ne soyez pas comme ça sur l'o-
» céan, bras dessus, bras dessous... j'enverrai des petits corsaires et des
» petits gardes-côtes, et si vous n'êtes pas contens, vous viendrez me le
» dire et nous rirons! » (Elle se pose comme l'empereur.)

MARTHE.

C'est ma foi vrai... les petits corsaires sont nos maris.

SUZETTE.

Et les petits gardes-côtes c'est André... et ça s'appelle le... le... système continental.

MARTHE.

Pourtant nos maris sont libres... personne ne les a forcés de s'engager!

SUZETTE.

Oui, mais ce diantre d'empereur vous a des rubriques!.. la gloire... les rubans rouges... les lettres de marques... et les licences!

MARTHE.

Oh! scélérates de licences!

SUZETTE.

Air : de Mazaniello.

Notre Empereur n'est pas blâmable
Car, au fond il est bon Français,
Et jaloux d'notre honneur en diable
Il fait tout ça cont' les Anglais!

MARTHE, soupirant.

Son intention est légitime,
Mais à d'autr' il fait bien du mal!
Et l'Anglais n'est pas seul victime
Du système continental. (bis.)

SUZETTE.

Pauv' mère... va!

MARTHE.

Je n' veux pas qu' tu m' plaignes.

SUZETTE.

On n'sait par quel bout vous prendre.

MARTHE.

Apprends que ça va finir.

SUZETTE.

Tant mieux, car vous me faites de la peine!

MARTHE.

Nous avons assemblée ici, avec les autres.

SUZETTE.

Les autres... comme vous?

MARTHE.

Oui, comme moi.

SUZETTE.

Et pourquoi faire?

MARTHE.

Pour donner un croc-en-jambe au système continental. Allons les chercher car je n'y tiens plus!

SUZETTE.

Bonne chance, madame Marthe!.. (Marthe se retourne, montre le poing à Suzette et s'éloigne vivement. — Suzette allant reprendre la soupe.) Elle me ferait oublier mon André! Ah! elle est encore chaude! (Appelant.) André! André!

SCÈNE III.

SUZETTE, ANDRÉ, *paraissant sur le haut de la tour et tenant une longue-vue comme on tient un fusil au temps d'apprêter les armes.*

ANDRÉ.

Qui vive!

SUZETTE.

C'est moi... Suzette.

ANDRÉ.

Ah! c'est toi, Suzette!.. ma femme!.. Je peux pas quitter mon poste à volonté, je suis en observation... on a signalé une voile à la pleine mer et par trente-cinq degrés OUAIS-NORD-OUAIS.

SUZETTE.

J'me moque bien de ta voile! descendras-tu?

ANDRÉ, *regardant avec sa longue-vue.*

Ça pourrait bien-être des Anglais, vois-tu... ou ben encore des Américains... à moins que ça ne soye des Français ou des Espagnols.

SUZETTE.

En ce cas je remporte la soupe. (Fausse sortie.)

ANDRÉ.

La soupe?.. tu n'es donc pas seule?.. je vas descendre.   (Il descend.)

SUZETTE.

C'est ça, pour la soupe, comme c'est agréable pour moi, jeune, gentille... et on viendra me soutenir que des maris comme ça ne mériteraient pas d'être...

ANDRÉ, *qui est entré en scène regardant sa femme sous le nez.*

Quoi donc?

SUZETTE.

Si! ils le mériteraient!

ANDRÉ.

Ah! mais bien!.. ah! mais joli!.. vois comme j'accours, dès que tu m'appelles!

SUZETTE.

Oui... il y paraît.

ANDRÉ.

J'peux pas exister sans toi!.. quand l'heure du déjeuner arrive, ou ben encore celle du dîner... je d'mande Suzette à corps et à cris.

SUZETTE.

Bonne pièce.

ANDRÉ, *posant la main sur le panier.*

Est-elle encore chaude?

SUZETTE.

Tiens, bourre-toi, vorace!

ANDRÉ, *dévorant la soupe.*

Vous avez l'humeur bien houleuse ce matin, Suzette.

SUZETTE.

J'ai tort, n'est-ce pas?

ANDRÉ.

De quoi te plains-tu, femme exigeante? est-ce que je ne trouve pas bon tout ce que tu m'apportes?

SUZETTE.

Oh! tu t'soignes!.. mais moi, tu m'aimes joliment.

ANDRÉ.

Dam' j'appartiens à la direction des douanes... mon devoir avant tout.

SUZETTE.

Ton devoir est de m'aimer!

ANDRÉ.

Et la côte à garder?

SUZETTE.

C'est moi qu'tu dois garder!

ANDRÉ.

Et ce phare à allumer!..

SUZETTE, sans l'écouter.

C'est moi...

ANDRÉ, l'interrompant.

Hein? voilà, voilà où l'on reconnait que les épouses sont peu patriotes et Françaises! voyons, es-tu Française?

SUZETTE.

Je suis de Caudebec.

ANDRÉ.

Quand tu entends le sacré mot de patrie, qu'est-c' qu' tu éprouves là?

SUZETTE.

Là!.. sous mon fichu?

ANDRÉ.

Immédiatement.

SUZETTE.

Dam!.. j'éprouve...

ANDRÉ.

Attends, j'vas mettre la main sur ton cœur et prononcer le grand mot. (Plaçant par terre le pot dans lequel était sa soupe.) Elle était très bonne.

(Il met la main sur le cœur de Suzette qui cherche à garder son sérieux.)

SUZETTE.

Y es-tu?

ANDRÉ, noblement et en faisant sonner les R.

Patrrrie! Qu'éprouves-tu?

SUZETTE, riant.

Eh! eh! eh!..

ANDRÉ.

Eh! eh! eh!.. C'est-y une réponse patriotique, ça?.. je recommence... pa-trrrrie! Qu'éprouves-tu?

SUZETTE.

Et toi?..

ANDRÉ.

Tiens! c'est vrai!.. j'éprouve quéque chose! oh!.. ah!..

SUZETTE.

Eh! bien?

ANDRÉ.

C'est comme une envie de t'embrasser. Et toi?

SUZETTE.

Et moi, comme une envie de me laisser embrasser.

(Marthe parait au fond avec toutes les autres femmes.)

MARTHE, à part.

Voyons donc c' qu'ils s'disent.

ANDRÉ.

AIR : de Julie.

Si telle est vraiment mon envie,
Et pourquoi donc que j'me gênerais?

SUZETTE.

Et si j'suis ta femme chérie
Pourquoi donc que je résist'rais?

ANDRÉ.

L'amour, mon pays me le crie,
On ne doit pas s'unir pour rien,
Dans l'mariag' c'est en s'aimant bien
Qu'on travaille pour la patrie.

ENSEMBLE, en s'embrassant.

Embrassons-nous aimons-nous bien
Nous travaill'rons pour la patrie!

SCÈNE IV.

Les Mêmes, MARTHE, MADELEINE, Toutes les femmes.

MARTHE, et toutes les femmes avec force.

Est-il possible!..

MARTHE, les séparant.

Misérables!

ANDRÉ.

Eh! ben quoi... qu'est-c' qu'y a? oh! j'comprends!.. c'est les veuves qui voudraient travailler aussi pour la patrie.

SUZETTE.

Sont-elles jalouses!

TOUTES.

C'est une horreur.

MADELEINE.

Ah! que c'est peu généreux!

MARTHE.

Là!.. sous nos yeux!.. comme pour nous narguer!

ANDRÉ.

Ah! parbleu!..j'vas m'gêner pour embrasser ma femme!.. fallait pas regarder ce qui n' vous regardait pas.

MARTHE, le menaçant.

Ça crie vengeance!

TOUTES, de même.

Oui!.. oui!.. vengeance!

AIR : du Morceau d'ensemble.
L'embrasser devant nous
Ah! vraiment ce trait est infâme,
Embrassez-la chez vous,
Mais modérez-vous devant nous.
Rien n'est si dangereux
Que la jalousi' d'une femme,
Rien n'est si dangereux
Mon cher André garde à vos yeux.

ANDRÉ.

Un instant... un instant donc!.. jeunes bacchantes!..

SUZETTE, se plaçant devant lui.

Lui arracher les yeux!

ANDRÉ.

C'est ce que j'ai de mieux.

SUZETTE.

Je vous l'défends!

ANDRÉ, l'excitant.

C'est ça... défends ton maître.

SUZETTE, menaçant les femmes de ses ongles.

Ah! ben!..v'nez donc vous y frotter. Va, André...va, mon ami...aime-moi toujours bien... je t'apport'rai d'la bonne soupe.

ANDRÉ.

Oui, mon chou!.. oui!.. (A part.) Elles bisquent, les veuves.

MARTHE, contractant ses mains.

Gare les griffes!

ANDRÉ.

Tiens... tiens, ma p'tite femme! (Il l'embrasse.)

MARTHE, s'élançant sur Suzette.

J'vas t'embrasser, moi!

SUZETTE, se mettant en défense.

Qu'est-ce que c'est?

TOUTES reprenant.
L'embrasser devant nous
Ah! vraiment ce trait est infâme,
Embrassez-la chez vous
Maia modérez-vous devant nous.
Rien n'est si dangereux
Que la jalousi' d'une femme ;
Rien n'est si dangereux
Mon cher André gare à vos yeux.

(André rentre dans sa tour, protégé par Suzette qui, les mains levées, tiens les femmes en respect.)

SCENE V.
Les Mêmes, hors ANDRÉ.
MARTHE, laissant retomber ses mains.
Allons, bas les armes! quand nous nous égratignerons... à quoi que ça nous avancera? à nous dévisager.
SUZETTE.
C' n'est pas vous qui y perdriez le plus.
MARTHE.
Petite malhonnête! mais je me mets au-dessus d' ça. Ne voyons que l'intérêt général, et ne songeons qu'à remédier à notre affreuse position. Parlons de nos maris.
MADELEINE.
Oui... oui... venons au plus pressé.
SUZETTE.
A la bonne heure, v'là l'essentiel.
MARTHE.
Êtes-vous toutes présentes?
MADELEINE.
Il ne manque personne.
MARTHE.
En ligne; j' vas faire l'appel.

SCÈNE VI.
Les Mêmes, ANDRÉ sur la tour.
ANDRÉ, pendant que les femmes se mettent en ligne.
Voyons donc un peu ce qu'elles ont à jacasser entre elles. Tiens! est-ce qu'elles vont faire l'exercice?
MARTHE, appelant.
Madeleine Touchard?
MADELEINE, portant la main à son bonnet.
Présente!
MARTHE, même jeu.
Thérèse Ledru, Louison Chaud-Chaud, Claudine, Françoise, Ursule, Perrette, Marie. C'est bien ça; plus moi... dame Marthe Laboussole!
SUZETTE.
Vous êtes toutes complettes... et alors... je suis de trop.
MARTHE.
Du tout! restez!.. écoutez et profitez!
SUZETTE.
C'est dit!.. je reste, j'écoute et je profiterai... si ça m' plait!
MARTHE.
Attention!
ANDRÉ.
Qué bon troupier ça fait, la mère Marthe.
MARTHE.
Silence!
MADELEINE.
Nous ne disons rien.
MARTHE.
C'est par précaution.
SUZETTE.
C'est juste.   (Toutes les femmes se rangent en demi-cercle autour de Marthe.)
MARTHE.
Ne maudissez-vous pas le sort qui éloigne de vous vos maris!
TOUTES.
Oh! oui!.. oui!.. oui!..
SUZETTE.
Oh! quel écho!

MARTHE.

Ne gémissez-vous pas de l'isolement où vous êtes plongées?

TOUTES.

Jour et nuit!

SUZETTE.

Comme elles s'entendent!

MARTHE.

Eh bien! voici l'idée qui m'est venue.

SUZETTE, se rapprochant

C'est ça que je tiens à savoir.

ANDRÉ.

Voyons l'idée... si toutefois elle est visible.

MARTHE.

Quand nos corsaires de maris pour réparer leur absence, viendront mettre à nos pieds leur butin, leurs présens et leur amour, suivez alors mon idée et nous serons sûres de les lier pour toujours.

SUZETTE.

Voilà qui est fort.

TOUTES.

Parlez! parlez!..

MARTHE.

Air du major Palmer

Si nous voulons les contraindre
A n' plus fair' notre malheur,
A leur retour il faut feindre
L'indifférenc' et la froideur!
Oui chacune avec adresse
Doit, quand son mari viendra,
Tout r'fuser à sa tendresse

MADELEINE.

Qu'est-c' que vous dites donc là?

(Les femmes se regardent entr'elles.)

ANDRÉ.

En v'là une soignée.

MADELEINE.

Ça s'rait tenter l'impossible,
C' moyen n'est pas de mon goût.
Faudrait un cœur insensible,

SUZETTE.

Faudrait n'êtr' pas femm' du tout.

MARTHE.

Pourquoi ces craintes mortelles
Je vous l' jure il ne faudra
Qu'un seul jour être cruelles!

MADELEINE.

C'est bien assez long comm' ça!

MARTHE.

Après un' pareille absence
Pour nous chacun d'eux sera
Plein d'amour et d'espérance

MADELEINE.

Qu'ils sont gentils comm' ça!

MARTHE.

De not' vengeance occupées
Quoiqu'ils d'mand'nt, refusons bien.

SUZETTE, à part

Ah! qu'ell's seraient attrapées
S'ils ne leur demandaient rien! (TER.)

ANDRÉ, à part.

Je frémis de leur idée!

MARTHE.

Et nous ne céderons que lorsqu'ils auront promis de ne pas repartir... qu'ils l'auront signé... sur papier timbré.

SUZETTE.
Mais c'est leur tête qu'est timbrée !
MARTHE.
Ainsi c'est bien entendu ?
TOUTES.
Oui... oui...
MARTHE.
Pas de regrets, pas de faiblesse !
TOUTES.
Non, non !
MADELEINE.
Nous serons de marbre !
SUZETTE.
Je serai curieuse de voir ça.
MARTHE.
Engageons-nous donc toutes... sur l'honneur !
SUZETTE.
oh ! là ! là !

MARTHE.
Air : quatuor de l'Irato
Jurez-moi,
TOUTES.
Nous jurons !
MARTHE.
Qu'en ce jour...
TOUTES.
Qu'en ce jour
MARTHE.
Vous direz...
TOUTES.
Nous dirons :
Restez ou sinon
Non.
Ce moyen est fort bon !
ANDRÉ.
Une barque venant du côté du port !
TOUTES.
Une barque !
ANDRÉ.
Elle aborde !.. je vois le signal... ce sont vos maris.
(Il descend de sa tour et revient en scène.)
TOUTES, sautant de joie.
Nos maris !..
SUZETTE.
Comme ça les fait sauter !

Air : Galop de Gustave.
Ah ! quel plaisir !
Ils vont venir
Bannissons toutes la tristesse,
Chagrins, ennuis
Sont donc finis,
Nous allons voir nos maris !
Ah ! c'est charmant !
Dans cet instant
Sachons tenir notre promesse,
Oui ce retour
A notre amour
Présage plus d'un beau jour.

MARTHE, dans le fond et regardant au loin. Toutes les femmes sont groupées auprès d'elle.
Les voilà qui montent la côte !..Laboussole est à leur tête, je le reconnais à la beauté de sa taille.

MADELEINE.

Ah! comme ils sont chargés!

MARTHE.

C'est des présens qu'ils nous rapportent.

MADELEINE.

Courons à leur rencontre.

TOUTES.

Oui courons!

MARTHE, se plaçant devant elles.

Arrêtez!.. et votre serment.

MADELEINE.

Nous avons fait un serment?

SUZETTE.

Elles ne s'en souviennent déjà plus?

MARTHE.

Voulez-vous donc que demain ils nous quittent encore!

TOUTES.

Non... non!..

MARTHE.

Demeurons donc ici! recevons nos maris comme il convient à de chastes épouses... à qui c'est bien égal!

SUZETTE, à part.

En v'là des sournoises!

(Toutes les femmes à l'exemple de Marthe prennent un maintien réservé.)

SCÈNE VII.

LES MÊMES, TOUCHARD, LABOUSSOLE, LES MARINS; chacun d'eux apporte un présent à sa femme.

CHOEUR DES MARINS; ils entrent vivement et en désordre.

AIR de Gustave.

Salut pays aimés
O belle Normandie!
Rive toujours fleurie
Salut bords parfumés!
Bénissons le destin
Nous sommes au rivage
Au golfe du ménage
Nous relâchons enfin!

LABOUSSOLE.

Vive Dieu! camarades, ce sont nos légitimes!

TOUCHARD.

Madeleine!

LES MARINS.

A l'abordage! (Ils s'élancent vers leurs femmes pour les embrasser, mais celles-ci les repoussent froidement. Étonnés, ils se retournent et se regardent entre eux.)

ANDRÉ, à Suzette.

Dis-donc; c'est drôle... hein?

LABOUSSOLE.

Comment, pas une parole?

TOUCHARD.

Pas un baiser?

ANDRÉ, à part.

Oui!.. j' t'en souhaite des baisers!.. on a mis dessus un embargo général.

LES MARINS, retournant vers leurs femmes.

C'est moi!.. moi, moi!..

LABOUSSOLE.

Laboussole!..

TOUCHARD.

Touchard!..

LES MARINS, se regardant de nouveau entre eux.

Rien!..

MADELEINE.
Air . du Comte Ory.

C'est un moyen admirable
Que Marthe nous a donné
Il faut être inexorable,

MARTHE.
Comme ils ont l'air étonné !

LABOUSSOLE et TOUCHARD.
Me voilà ma chère femme
Je viens voler dans tes bras.   (Les femmes les repoussent.)
Je vous parle de ma flamme
Et vous ne répondez pas !

MADELEINE, à part en regardant Touchard.
Le v'là donc en personne !

MARTHE, regardant Laboussole
Sa santé m' parait bonne !

LES MARINS.
Un seul mot
Rien qu'un mot
N' s'rait pourtant pas trop !

ENSEMBLE.
{ Le cœur est tout-à-fait muet
  Grand Dieu ! qui les reconnaîtrait.
  LES FEMMES, à part.
  Ils pens'nt que not' cœur est muet,
  Grand Dieu ! quel effet ça leur fait. }

LES MARINS, pendant que les femmes s'éloignent,
Un seul mot
Rien qu'un mot
N' s'rait pourtant pas trop !   (bis.)

SCÈNE VIII.
TOUCHARD, LABOUSSOLE, ANDRÉ, LES MARINS.

ANDRÉ.
J'en reviens à mon dire, c'est fort drôle.

LABOUSSOLE.
Dites donc, les amis, il me semble que nous sommes un brin flibustés.

SUZETTE, à André.
Il appelle ça un brin !

TOUCHARD.
Oui, oui, carottés que nous sommes, nous jettons l'ancre et les voilà qui mettent à la voile!

Air : Vaudeville de l'Avare.
J'accours près d'elle, ell' me repousse,

LABOUSSOLE.
J' veux l'embrasser, elle s'en va.
On nous traite en marins d'eau douce.

TOUCHARD.
Au r'tour, c'est à qui nous r'fus'ra,

LABOUSSOLE.
Je n' les ai jamais vu's comm' ça !

TOUCHARD.
Leur silence a droit d' nous confondre,
Lorsque leurs maris leur parlaient,
Autrefois nos femmes avaient
Toujours quéqu'chose à leur répondre,
Ell's avaient de quoi leur répondre.

SUZETTE, à part.
Elles ont bien encore de quoi.

TOUCHARD.
Tiens, Laboussole, c'est toi qui nous as porté malheur.

LABOUSSOLE.

Mes amis, faut nous venger ! (Il réfléchit.)

TOUS.

Oui, vengeons-nous !

ANDRÉ, se frottant les mains.

C'est excessivement drôle !

TOUCHARD.

Mais comment nous venger ! pas seulement une pauvre petite femme sous la main... Ah ! si !.. Suzette !

ANDRÉ.

Hein ?

TOUCHARD, allant à elle.

Est-elle gentille, Suzette !

SUZETTE.

A la bonne heure ! j'ai cru qu'il était aveugle !

TOUCHARD, la lutinant.

Un baiser, Suzette.

TOUS, l'entourant.

Oui ! oui !

ANDRÉ, se mettant devant sa femme.

Un instant ! ah ! mais ce n'est plus drôle du tout !

TOUCHARD, le faisant pirouetter.

Au contraire, ça commence.

ANDRÉ.

Est-ce que vous croyez me faire tourner comme ça ? corsaires que vous êtes !.. séducteurs amphibies !

TOUCHARD.

Bon ! bon !.. crie !

LABOUSSOLE.

C'est comme si tu chantais...

(Il embrasse Suzette et tous s'empressent pour en faire autant.)

SCÈNE IX.
Les Mêmes, MARTHE, MADELEINE, Les Femmes.

MARTHE, au fond.

Que vois-je ?

TOUTES.

Ah ! les monstres !

ANDRÉ.

C'est une atrocité ! il y a vol avec voies de fait ! je demande des dommages-intérêts.

MADELEINE, à Suzette.

Vous n'avez pas honte ! une femme mariée ! petite sainte-nitouche !..

THÉRÈSE.

Petite mijaurée !

LOUISON.

Petite coquette.

LABOUSSOLE, à part.

Ah ça, mais... qu'est-ce qui leur prend donc ?

MARTHE, à André.

Et c'l'autre imbécile qui les laisse faire.

LABOUSSOLE, qui les a écoutées avec attention.

Quoi !.. de la jalousie !.. elles qui, tout à l'heure... ça ne leur est donc pas égal !.. (Pendant que les femmes querellent Suzette et qu'André leur explique ce qui est arrivé.) Camarades !.. suis-je toujours votre chef ?

TOUS.

Oui.

LABOUSSOLE.

Eh bien ! croyez-en Laboussole ; elles vont revenir vers nous.

TOUCHARD, vivement.

Quel bonheur ! tâchons de les adoucir !

LABOUSSOLE.

Pas de ça !.. vous échoueriez ! voyez votre guide.

MARTHE, *revenant avec les femmes auprès des marins.*
Je vais leur parler!
LABOUSSOLE, *retenant les marins.*
Quand je vous le disais!
MARTHE.
Nous revenons auprès de vous;
LES MARINS.
Non, non, mesdames, laissez-nous.
MARTHE.
Pour nous ayez moins de froideur,
LES MARINS.
Non, rien ne touche notre cœur.
MARTHE
Si nous fûmes coupables,
Nous demandons pardon.
LABOUSSOLE.
Soyons inexorables,
Amis, point de pardon.
TOUTES LES FEMMES.
Acordez-nous notre pardon.
LES MARINS.
Non, non, non,
Point de pardon !

ENSEMBLE.

LES FEMMES.	LES MARINS.
Nous revenons auprès de vous,	Non, non, mesdames, laissez-nous;
Pardonnez-nous, tendres époux;	Allons, allons, éloignez-vous.
Si nous avons été coupables,	Amis, soyons inexorables !
Nous vous en demandons pardon !	Non, pour vous point de pardon,
Accordez-nous notre pardon,	Eloignez-vous point de pardon;
Accordez-nous notre pardon !	Non, non, non, non, point de pardon !

SCÈNE X.
LES MÊMES, hors LES MARINS.
MARTHE.
Comment, ils s'en vont!
MADELEINE.
Sans nous rien dire !
SUZETTE.
Attrape!
ANDRÉ.
C'est vot' satané serment qui en est cause !
MARTHE.
André!
MADELEINE.
Où aviez-vous donc la tête? Il est beau, vot' serment ?
MARTHE.
Madeleine!
LOUISON.
Au fait ! à quoi nous sert-il?
MARTHE.
Louison !.. vous ne voyez donc pas le grand profit que nous en retirerons?
MADELEINE.
Je vois... je vois que jusqu'à présent ça n'a profité qu'à Suzette.
ANDRÉ.
Elle appelle ça profiter !
MADELEINE.
Pour un rien, j'irais retrouver Touchard.
LOUISON.
Et moi, Chaud-Chaud.
THÉRÈSE.
Et moi Drudru !

MARTHE, avec indignation.

Femmes sans courage! (A part.) Faut les remonter un peu! (Haut.) Éh! quoi! vous tremblez déjà! voyons, du sang-froid! nos maris font les fiers! eh bien! tant pire pour eux!.. ils s'en vont! tant pire pour eux... ils quittent leurs femmes! tant pire pour eux!

MADELEINE.

Mais, est-ce tant mieux pour nous?

MARTHE.

Tenons notre serment, et notre conscience sera tranquille.

MADELEINE.

Oui, mais notre cœur?

SUZETTE.

C'est ce diable de cœur qui est gênant!

MARTHE.

Je vois que vous rougissez de votre faiblesse!

SUZETTE.

Je n' vois pas qu'elles rougissent!

ANDRÉ.

Où a-t-elle vu qu'elles rougissaient?

MARTHE.

Ici, André! tu vas aller demander pour moi une entrevue.

TOUTES.

Pour moi aussi, pour moi aussi!

MARTHE.

Y pensez-vous! courir après eux!.. fi donc! n'ai-je pas promis de vous les rendre?

MADELEINE.

Air des Chemins de fer.

En vous chargeant de cette affaire,
Vous n'irez pas sacrifier,
L'intérêt général, j'espère?
A l'intérêt particulier!

MARTHE.

Croyez-en mon expérience,
Je vais, puisqu'il en est besoin,
Les arrêter par ma présence.

SUZETTE, à part.

Ou bien les faire aller plus loin!

TOUTES.

En vous chargeant de cette affaire, etc.

MARTHE.

ENSEMBLE.

En me chargeant de cette affaire,
Je n'irai pas sacrifier,
L'intérêt général, j'espère?
A l'intérêt particulier.

(Toutes les femmes sortent d'un côté avec Suzette. André sort du côté opposé.)

SCÈNE XI.

MADELEINE, seule.

J'ai pas confiance dans Marthe, Touchard reviendra sans doute par ici, et je soutiens qu'on n'est jamais mieux servi que par soi-même... il n'est pas naturel qu'il ne fasse pas plus d'attention à moi... lui qui, à son départ, était tout le contraire.

Air : Mon bouquet du moins y sera.

Son amour me semblait extrême,
Il m' disait! « Que j' quitte d'appas!
« Si tu savais comme je t'aime!
« Au retour Madelein', tu verras! »
Et moi, comptant sur sa tendresse,
Après lui, j' soupirais sans cesse!..
Il arrive... et puis... il s'en va,
Je n' m'attendais pas à voir ça! (bis.)

Ah! mais j'y pense, s'il ne me trouvait plus jolie! si j'étais devenue laide!.. d'puis qu'il est parti, j'suis toujours avec des femmes, et personne ne m'a dit que j'étais jolie... j'suis peut-être affreuse! qu'est-ce qui pourrait donc me dire si je suis affreuse? ah! décidément, il faut que je sache à quoi m'en tenir!

SCÈNE XII.
MADELEINE, TOUCHARD.

TOUCHARD, paraissant au fond du théâtre.

La v'là!

MADELEINE, à part.

C'est lui! voyons donc un peu s'il me cherche. (S'en allant du côté de Touchard.) Laissez-moi, laissez-moi, monsieur, je ne veux pas vous écouter.

TOUCHARD, la retenant.

Tu n' passeras pas.

(Il descend la scène avec elle.)

MADELEINE, joyeuse et à part.

Il me cherchait! (Haut.)

AIR : J' vous dis qu'il est là d'vant mes yeux.

Pourquoi m'empêcher de passer?

TOUCHARD, froidement.

C'est un capric'! c'est une idée.

MADELEINE, à part.

Par son air froid, je m' sens glacer,
A peine s'il m'a regardée.

TOUCHARD, vivement.

Faut que j' te parle absolument,
La chos' devient trop rigoureuse!

MADELEINE, à part.

Comme il me regarde à présent!
Je crois que je n' suis pas affreuse! (BIS.)

TOUCHARD.

Ma petite Madeleine, entendons-nous.

MADELEINE.

Je n' demande pas mieux.

TOUCHARD.

Mais, pour ça, il faut se parler.

MADELEINE.

Eh bien, parlons-nous.

TOUCHARD.

Voyons, qu'est-c' que c'est... je te fais donc peur?

MADELEINE.

Non.... mais, c'est que...

TOUCHARD.

Rapproche-toi donc un peu!

MADELEINE.

Oui... mais, c'est que...

TOUCHARD.

Est-ce que tu n' m'aimes plus?

MADELEINE.

Oh!.. si!.. mais... c'est que...

TOUCHARD.

Tu as peut-être assez de ton mari?

MADELEINE.

Oh! non!.. mais... c'est que...

TOUCHARD.

Ah! c'est que... c'est que... quoi?..

MADELEINE.

Et vous?.. est-ce que vous m'aimez?

TOUCHARD.

Si j' t'aime! plus que jamais?

MADELEINE, vivement.

Bien sûr?.. (A part.) Maudit serment!.. j' voudrais n'avoir pas eu de langue!

TOUCHARD.
Pour lors, puisque tu m'aimes... puisque je t'aime... réponds à notre amour.

MADELEINE.
J' peux pas.

TOUCHARD.
Parce que?

MADELEINE.
J'ai juré.

TOUCHARD.
De ne pas répondre! mais, ne suis-je pas ton mari?

MADELEINE.
C'est vrai.

TOUCHARD.
Ton maître?

MADELEINE.
Tu le dis.

TOUCHARD.
Eh bien! donc.

Ta main, Madeleine,
Cède à ton époux ;
Plus de peine.
MADELEINE.
Refuser, ça gêne!
Donner, c'est si doux!
TOUCHARD.
Jamais de la vie,
Ell' ne me sembla
Si jolie.
MADELEINE.
Dieu! qu' j'avais envie
De m'entend' dir' ça!
ENSEMBLE.
Ah! ah! ah!,.
(Ils se prennent les mains et se regardent tendrement.)
TOUCHARD.
Un baiser, ma chère,
MADELEINE.
Qui! moi!.. consentir
La première!
TOUCHARD.
Cède à ma prière!
MADELEINE.
Regarde, on peut v'nir!
TOUCHARD.
O bonheur extrême!
J' vas voir... attends là!
MADELEINE, à part.
C'est tout d' même,
Faudra, puisqu'il m'aime,
Qu'il courre après ça.
ENSEMBLE.
Ah! ah! ah!...

(Madeleine fait signe à Touchard d'aller voir si personne ne vient. Touchard s'éloigne et disparaît un moment; aussitôt, Madeleine se sauve par la droite, et Laboussole entre par la gauche.)

SCÈNE XIII.
TOUCHARD, LABOUSSOLE, ANDRÉ.

LABOUSSOLE, à André qui le suit.
Ah! elle demande une entrevue! j'en étais sûr, elle n'y peut plus tenir!
ANDRÉ.
Le fait est qu'elle y tient difficilement.
TOUCHARD, revenant en scène en chantant.
Personne, tendre amie... personne...   (Il prend Laboussole dans ses bras.)

LABOUSSOLE.
Eh ben?.. quoi! qu'est-ce?..
TOUCHARD.
Laboussole?..
LABOUSSOLE.
Parbleu! qui donc?
TOUCHARD.
Pardon!.. je croyais... j'avais la tête! (En se sauvant.) Que le diable l'emporte, capitaine!
LABOUSSOLE.
Matelot!

SCÈNE XIV.
LABOUSSOLE, ANDRÉ, puis MARTHE.
LABOUSSOLE.
Ah ça, mais, qu'est-ce qu'il a donc, celui-là? comment!.. il m'appelle sa tendre amie!
ANDRÉ.
Un vieux dur à cuire comme vous!
LABOUSSOLE.
Il est clair qu'il me prenait pour un autre... mais, chut! voici la mienne!
ANDRÉ.
Bien du plaisir, capitaine! (A part.) J'aime mieux qu'elle soit la sienne... que la mienne. (Il passe devant Marthe en riant, et il rentre dans sa tour.)

SCÈNE XV.
MARTHE, LABOUSSOLE.
MARTHE, à part.
Nous voilà donc en présence! (Elle s'arrange et prend l'air riant.)
LABOUSSOLE, à part.
Voyons un peu de quel côté vient le vent.
MARTHE, s'approchant et souriant d'un air coquet.
Ah! Laboussole!
LABOUSSOLE, à part.
Oh! quel air doux!.. c'est un vrai zéphire. Tenons ferme!.. abordons franchement. (Haut.) Que me voulez-vous?
MARTHE, vivement.
Ce que je vous veux?..
LABOUSSOLE, à part.
Voilà la mer qui s'agite!
MARTHE, avec douceur.
Je croyais que c'était vous qui me vouliez quelque chose.
LABOUSSOLE.
Qui a pu vous faire supposer?..
MARTHE.
Eh! quoi!.. en vous retrouvant au milieu de nous, n'avez-vous rien remarqué?
LABOUSSOLE.
Si... Suzette!
MARTHE, piquée
Suzette!..
LABOUSSOLE.
Elle semblait si contente!..
MARTHE.
Elle prend tant de part à tout ce qui nous arrive!..
LABOUSSOLE, à part
Ne lâchons pas le grapin!
MARTHE.
Mais qu'est-ce que vous avez pour être comme vous êtes?
LABOUSSOLE, à part.
Nous y voilà.
MARTHE.
Réponds...

LABOUSSOLLE.

Je ne m'explique pas.

MARTHE.

Mais tu as été six mois absent!.. six mois!.. sais-tu ce que c'est?..

LABOUSSOLLE.

C'est la moitié d'un an !

MARTHE.

C'est un siècle quand on attend. On s'inquiète, on se tourmente, on souffre... en six mois, on change bien !..

LABOUSSOLE.

C'est vrai !.. j'ai trouvé Suzette bien embellie !

MARTHE.

Scélérat !..

LABOUSSOLE, à part.

V'là le bâtiment qui saute !

MARTHE, furieuse.

Qu'as-tu fait de cet empressement pour ton épouse?.. qu'as-tu fait de ton ardeur?.. qu'as-tu fait de ta tendresse?

LABOUSSOLE.

Ce que j'en ai fait ?

MARTHE.

Oui, qu'en as-tu fait ?

LABOUSSOLE.

Je ne m'explique pas.

MARTHE.

AIR : du Luth galant.

De l'expliquer !.. quoi tu refuserais !
De toi c'est là tout ce que j'entendrais !
Ah ! tu tenais jadis un bien autre langage.
Et plein de ton amour après chaque voyage
Quand tu me retrouvais aussi belle, aussi sage,
    Alors tu t'expliquais, (bis.)

LABOUSSOLE.

Oh ! je n'ai pas perdu la mémoire !

Je m'en souviens, quand je vous revoyais
A m'expliquer jadis je me plaisais ;
Et près de vous ayant la parole bien nette,
Je laissais bavarder mes yeux, mon cœur, ma tête ;
Mais vraiment c'est qu'aussi vous n'étiez pas muette
    Lorsque je m'expliquais, (bis)

MARTHE, avec volubilité.

Et c'est à moi que tu reproches le silence !.. à moi qui n'ai jamais eu que les meilleures intentions ; qui m' suis toujours donné tant de peine pour être bonne, douce, aimable et fidèle !.. ah ! Laboussole, donne l'exemple à toute notre jeunesse, redeviens ce que tu étais... tu étais si gentil... moi aussi... tu faisais tout c'que je voulais... je n'en f'sais qu'à ma tête... moi !.. muette !.. muette !.. vois donc... et dépêche-toi de dire le contraire, car en vérité la respiration me manque.

LABOUSSOLE.

Eh ! bien oui... je t'aime !.. je t'aime !..

MARTHE.

Vraiment ?

LABOUSSOLE.

Et je m'en vas.

MARTHE, le retenant.

Tu t'en vas?.

LABOUSSOLE.

C'est la plus grande preuve d'amour que je puisse te donner... car...

MARTHE.

Car ?..

LABOUSSOLE.

Je ne m'explique pas.

MARTHE.

Mais enfin ?.. (Laboussole après lui avoir fait un signe de tête négatif s'éloigne.

SCÈNE XVI.

SUZETTE, MARTHE, puis ANDRÉ.

SUZETTE, *entrant par la droite.*

Oh! que c'est bien fait!.. doit-elle enrager!

MARTHE.

Non!.. quel mystère!.. qui pourra donc me dire?.. (Elle redescend la scène et se trouve en face de Suzette.) Ah! Suzette!.. sais-tu?.. (Suzette fait un signe négatif.) Encore la même réponse!

ANDRÉ, *entrant par la gauche.*

Le projet du capitaine me paraît diablement risqué.

MARTHE, *qui s'est retournée.*

André... mon petit André!.. c'est donc toi qui me diras...

ANDRÉ, *tournant la tête.*

Hen!.. hen!..

MARTHE.

Comment! toi aussi!.. toujours non!.. (Elle lui donne un soufflet.)

ANDRÉ, *criant..*

Ah! au meurtre!.. On m'assassine!..

SUZETTE, *se plaçant entre eux.*

Un soufflet! oh! si ce n'était pas vous...

SCÈNE XVII.

LES MÊMES, MADELEINE, TOUTES LES FEMMES.

SUZETTE.

Battre mon mari!.. quand je ne le fais pas moi-même... (Lui passant la main sur la joue.) Pauvre petit André!.. je te vengerai, va!..

ANDRÉ.

A la bonne heure!.. en v'là des mains douces. (A Marthe.) Mais la vôtre... vous méritez bien la nouvelle que je viens vous annoncer.

TOUTES.

Quelle nouvelle! quelle nouvelle!

ANDRÉ.

De la part de vos maris.

TOUTES.

Qu'est-ce que c'est?.. qu'est-ce que c'est?..

ANDRÉ.

Voilà la chose. Les corsaires s'étant engagés sur l'honneur de repartir demain pour une expédition, ils ont craint, à la maison, l'influence de vos charmes. (A Marthe.) Je ne dis pas ça pour vous. (Mouvement parmi les femmes.)

MADELEINE.

Eh bien!.. achevez donc!

SUZETTE.

Elles n'ont plus envie de rire.

ANDRÉ.

Ils ont résolu pour ne pas manquer à l'appel, de passer la nuit à la belle étoile... dans leurs z'hamacs.

TOUTES.

Ciel!

SUZETTE.

Comme ça les a fait crier en même temps!

ANDRÉ.

Sur ce rivage et par rang d'ancienneté.

MARTHE.

C'est ça, Laboussole à leur tête!

MADELEINE.

C'est une indignité.

MARTHE.

C'est l'abomination des abominations.

ANDRÉ, *se frottant les mains.*

Bon!.. bon!..

SUZETTE.

Elles sont en révolution!

MARTHE, se relevant.

Ils croyent nous réduire par la force! des femmes comme nous!.. c'est le moment de montrer à nos maris qui nous sommes!.. plutôt que de céder, je me passerai du mien toute la vie.

TOUTES.

Moi aussi, moi aussi!..

SUZETTE.

Oui... croyez donc ça!

ANDRÉ.

Si c'était, tout d'même.

MARTHE.

Rejurons d'être fidèles à notre serment.

ANDRÉ.

Comme ça jure.

TOUTES.

Air. Quatuor de l'Irato

Nous jurons qu'en ce jour
Nous dirons : restez ou sinon
Non! (Elles sortent par la gauche, et Suzette par la droite)

SCÈNE XVIII.

ANDRÉ, seul.

Elles s'en vont tout d'même!.. en v'là des femmes!.. et des fortes! je l'disais bien!.. j'en avais un pressentiment. Et Suzette qui me plante là!..

SCENE XIX.

ANDRÉ, TOUCHARD, et LES MARINS.

TOUCHARD, accourant.

André! André!

ANDRÉ.

Ah! bon, v'là les autres.

TOUCHARD.

Eh bien!

ANDRÉ.

Elles sont parties.

TOUCHARD.

Sans rien dire?

ANDRÉ.

Au contraire!.. en criant à qui voulait l'entendre qu'elles n'avaient pas envie de courir après vous, et qu' vous pouviez demeurer dans vos z'hamacs! tant que ça vous ferait plaisir,

TOUS.

Pas possible.

ANDRÉ.

Très possible!.. sont-ils étonnans. Parce qu'ils sont corsaires, ils s'imaginent gouverner leurs femmes comme leurs chaloupes.

TOUCHARD.

On aurait pris le vent sur nous! amis! courons après elles!... toutes voiles dehors et attrape qui peut!

(Ils vont pour sortir, Laboussole se présente avec Suzette.)

SCÈNE XX.

LES MÊMES, SUZETTE, LABOUSSOLE.

SUZETTE.

Arrêtez!

LABOUSSOLE.

Arrêtez!

TOUS.

Laboussole!

ANDRÉ.

Et Suzette!

TOUCHARD.

Nous voulons nos femmes ! (Mouvement pour sortir.)

LABOUSSOLE.

Restez ici !.. tas de mousses que vous êtes !

SUZETTE.

Fiez-vous à notre expérience.

ANDRÉ.

Tu as de l'expérience ?

TOUCHARD.

Mais nos femmes... elle nous fuyent !..

LABOUSSOLE.

Silence, l'équipage !.. vous ne savez ce que vous dites et tout-à-l'heure vous en aurez la preuve

TOUS.

La preuve !

SUZETTE.

Je lui ai donné un moyen.

LABOUSSOLE.

A la manœuvre !.. vos hamacs à ces arbres !

SUZETTE.

Et à chaque hamac, attachez ce grelot. Marche...

LABOUSSOLE.

Marche.

CHOEUR

Air de Fra-Diavolo.

Ayons tous confiance
Grâce à ce moyen-là
Bientôt leur résistance
Mes amis cessera.

(Ils attachent leurs hamacs aux arbres.)

ANDRÉ.

Pardié, je le vois l'effet ! il n'en viendra pas une ! (Ils se retirent tous à droite.)

SUZETTE.

Tais-toi donc, et viens dans ta tour.

ANDRÉ.

Tu n' connais pas la femme... quand une fois elle s'est chaussée d'une idée, le diable la lui ôterait pas de la tête !

SUZETTE, le poussant.

Va donc ! va donc, bavard !

ANDRÉ.

Certainement, qu'il n'en viendra pas une. (Il entre dans sa tour avec Suzette.)

SCÈNE XXI.

MADELEINE, puis toutes LES FEMMES, arrivant les unes après les autres ; puis enfin, MARTHE.

Air nouveau de M. Vogel

MADELEINE.

Me voilà, l'amour le plus tendre,
M'amène ici pour le surprendre ;
Il fait nuit, et j'espère bien,
Que personne n'en saura rien.

LES FEMMES.

Me voilà, l'amour le plus tendre, etc.

MARTHE.

Me voilà, l'amour le plus tendre,
M'amène ici pour le surprendre ;
Il fait nuit, et j'espère bien,
Que personne n'en saura rien.

(Toutes les femmes sautent en même temps dans les hamacs ; aussitôt, les sonnettes se font entendre, et le phare de la tour, allumé par André, éclaire la scène.)

ANDRÉ, sur la tour.

Oh ! quel carillon.

SCÈNE XXII.
Les Mêmes, TOUCHARD, LABOUSSOLE, Les Marins, puis SUZETTE et ANDRÉ.

LES MARINS.
Air : Montagne.

Victoire ! (bis)
Moment bien doux
Pour des époux !
Victoire ! (bis.)
Ell's sont à nous !

TOUCHARD.
Il faut l'avoir vu pour le croire.

LABOUSSOLE.
Et pour des maris quelle gloire !

TOUCHARD.
Recevez tout's nos complimens ;

LABOUSSOLE.
On ne surprend pas mieux les gens !

MARTHE.
C'est un vrai guet-à-pens !

TOUS.
Victoire ! etc.

(Toutes les femmes sautent en bas des hamacs, aidées par leurs maris qui leur donnent la main)

SUZETTE, qui est entrée pendant le couplet, à André qui la suit.
Eh ben !.. toi qui disais qu'il n'en viendrait pas une.

ANDRÉ.
T'avais raison, elles sont venues toutes !

MADELEINE.
Mais, qu'est-ce qui nous a joué ce tour-là ?

MARTHE.
Ce tour infâme !

SUZETTE.
J' m'en vas vous dire : j'étais avec vous quand André vous a annoncé qu'ils allaient tous repartir.

Air de Céline

J'ai compris qu'à cette nouvelle,
Pour les r'voir, vous n' feriez qu'un saut ;
Et c'est moi, femm' jeune et fidèle,
Qui vient d'attacher le grelot !
Jurer d' fuir un mari qu'on aime,
C'est faire outrage au sentiment ;
Et tout' femm' qui jure de même,
Est sûr' de faire un faux serment ! (bis.)

MARTHE.
Allons, allons ! je ne jurerai plus.

CHOEUR FINAL.
Quand l' plaisir nous invite,
Ne l' refusons jamais !
De peur d'être ensuite,
Forcés d' courir après ! (bis.)

MARTHE, au public.
Vaudeville de la Somnambule

Une épouse prudente et sage,
Qui tremble de se parjurer ;
Vous le voyez dans son ménage,
A toujours grand tort de jurer !
Puisqu'il est vrai qu'un serment de femmes,
A bien de la peine à tenir ;
Ah ! puissiez-vous ce soir, mesdames,
Avoir juré de ne pas applaudir ! (bis.)

FIN.

LE PREMIER PAS

DE SON ALTESSE,

VAUDEVILLE EN UN ACTE,

PAR MM. DE LEUVEN ET DEFORGES;

REPRÉSENTÉ POUR LA PREMIÈRE FOIS A PARIS, SUR LE THÉATRE DE LA GAITÉ,
LE 19 NOVEMBRE 1836

(**DIRECTION BERNARD-LÉON.**)

Ma petite, c'est ainsi que l'on se venge d'un mari! (SCÈNE XIX.)

PARIS,
NOBIS, ÉDITEUR, RUE DU CAIRE, N° 5.

1836.

Personnages.	Acteurs.
LE PRINCE ÉDOUARD.	Mlle LÉONTINE.
SIR JOHN PILBURY, secrétaire du prince.	M. ARMAND.
SIR GEORGES BRUMMEL, premier écuyer du prince.	M. CAMIADE.
LA COMTESSE ARABELLA WILFORD, veuve du gouverneur du château de Richmond.	Mlle ÉLISE.
LUCY, jeune Ecossaise.	Mlle ROUGEMONT.
DOMESTIQUES.	

La scène se passe au château de Richmond, près de Londres.

Imp. J.-R. MEVREL, pass. du Caire, 54.

LE PREMIER PAS DE SON ALTESSE,

VAUDEVILLE EN UN ACTE.

Le théâtre représente un salon élégant, portes au fond, et des deux côtés. A gauche, une table et tout ce qu'il faut pour écrire. A droite, sur le premier plan, une fenêtre, un canapé, etc.

SCÈNE I.
LA COMTESSE, seule, entrant, et à la cantonnade.

Que tous les gens de service du château prennent à l'instant la grande livrée, et qu'on ordonne à tous les habitants de se porter avec enthousiasme au-devant de monseigneur. (S'avançant.) C'est singulier, je suis tout émue depuis que j'ai reçu cette lettre de sir John Pilbury, qui m'annonce l'arrivée du prince... c'est pourtant un événement tout naturel... Elevé dans cette résidence dont feu Lord Wilford, mon mari était gouverneur, le prince ne l'a quittée que pour aller terminer à Londres son éducation... et il y revient à sa majorité, ramené sans doute par ses souvenirs d'enfance; j'ai peine à m'expliquer le ton mystérieux de ce billet... relisons...

» Ma chère Lady, nous partons dans une heure pour Richmond; le Prin-
» ce y sera à midi précis, ne manquez pas de vous trouver au château à
» son arrivée... cela est très essentiel. Un grand rôle se prépare pour nous
» si nous savons bien nous entendre : c'est une alliance que je vous offre ;
» nous discuterons ensemble les clauses du traité... je n'ai pas le temps de
» vous en dire davantage... à demain...

» Votre tout dévoué, JOHN PILBURY. »

C'est un habile courtisan que maître John Pilbury, secrétaire intime de son altesse... il ne néglige rien pour capter les bonnes grâces du jeune prince... N'importe, voyons-le venir... (On entend le roulement d'une voiture.) Une voiture !.. serait-ce déjà le Prince ?..

(Elle court à la glace et rajuste sa coiffure.)

UN DOMESTIQUE, entrant et annonçant.

Sir John Pilbury ! (Il sort.)

SCÈNE II.
LA COMTESSE, SIR JOHN PILBURY.

PILBURY.
Air : Accourez tous, venez m'entendre. (PHILTRE.)

De vous revoir, chère comtesse,
Combien mon cœur est enchanté !..
Aux doux instans de ma verte jeunesse
Près de vous je suis transporté.
Je vous retrouve aussi fraîche, aussi belle,
Qu'aux jours des premières amours ;
Le temps qui vole à tire d'aile,
Pour vous a ralenti son cours.
De vous revoir, chère comtesse,
Combien etc., etc. (Il lui baise la main.)

LA COMTESSE.
De revoir bientôt son altesse.
Combien mon cœur est enchanté ! etc.

LA COMTESSE.
Eh bien ! sir John Pilbury, vous arrivez seul ?..

PILBURY.
Oh ! une fantaisie de son altesse... monseigneur a quitté la voiture à deux mille de Richmond et a voulu continuer sa route à cheval... j'ai pris les devants pour causer un instant avec vous de nos projets.

LA COMTESSE, étonnée.
De nos projets ?

PILBURY.

Oui, Comtesse. (Examinant la toilette d'Arabella.) Je crois que je puis dire de nos projets...

LA COMTESSE.

Je ne comprends pas.

PILBURY.

Patience!.. je vais m'expliquer... il s'agit d'une affaire majeure; d'une œuvre de haute morale...

LA COMTESSE, riant.

Ah! mon Dieu! sir John... que peut-il y avoir de commun entre la morale et vous?

PILBURY.

Ah! que c'est méchant! vous croyez peut-être que je n'en ai pas de morale... j'en ai une... à moi... fort agréable... attaché à la personne du prince, je me suis fait une loi d'étudier ses goûts... de me mettre en quatre pour les prévenir... Dans son enfance, il aimait le jeu... j'ai joué avec lui au bilboquet, à la corde, au cheval fondu... en grandissant, il a montré du penchant pour les arts... je suis devenu artiste, poète, musicien... maintenant, il est probable que d'autres idées vont se faire jour dans sa tête... alors...

LA COMTESSE, riant.

J'entends... Le seigneur Pilbury, déjà secrétaire intime, maître des cérémonies, et directeur de la musique de son altesse, ne serait pas fâché d'agrandir encore le cercle de ses attributions.

PILBURY.

Moi... Eh! mon Dieu!.. Je veux être l'ami du prince, pas autre chose... (Examinant la comtesse.) Savez-vous, comtesse, que vous rajeunissez tous les jours!..

LA COMTESSE.

Flatteur!..

PILBURY.

Non... parole d'honneur... je suis sûr qu'en vous voyant, monseigneur en sera frappé... et cela lui fera plaisir, car il a vraiment beaucoup d'affection pour vous.

LA COMTESSE, minaudant.

Je l'ai vu si enfant!..

PILBURY.

Oui, je sais... je sais... il vous appelait sa petite maman... oh! il s'en souvient toujours... c'est un jeune homme plein de bons sentimens, et avouez que ce serait dommage qu'un si heureux naturel fût perverti.

LA COMTESSE.

Il est vrai qu'un prince, à son entrée dans le monde, est entouré de piéges.

PILBURY.

D'énormément de piéges!

Air : Soldat français.

L'adroit flatteur est là pour essayer
De captiver sa jeune confiance ;
L'ambitieux voudrait bien le premier,
Du noble enfant diriger la puissance...
Autour d'un prince adolescent,
L'intrigue s'agite et conspire...
Et pourtant, hélas! bien souvent,
C'est du premier pas d'un enfant
Que dépend le sort d'un empire!

LA COMTESSE.

Cela fait frémir!

PILBURY.

C'est à faire dresser les cheveux sur la tête!.. heureusement, le péril a cessé pour notre jeune prince... du moins, momentanément; il quitte l'air corrompu de la cour, et vient passer trois mois dans ce château où il doit prendre le commandement du régiment royal Ecossais, dont il est colonel; par parenthèse, j'aimerai autant un autre régiment...

LA COMTESSE.

Pourquoi donc?

PILBURY.

Oh! pour raison à moi connue... cela se rapporte à une circonstance de ma vie... Enfin, j'ai l'Ecosse, les Ecossais, voire même les Ecossaises en horreur!.. Pour en revenir à notre jeune prince, depuis quelques jours, seulement, il a atteint sa majorité... son cœur est neuf et n'a pas encore parlé... mais l'éducation sévère qu'il a reçue, la contrainte dont on l'entourait, lui font goûter avec délices ses premiers instans de liberté... c'est le jeune oiseau qui essaye ses ailes... il est encore temps de diriger son essor... mais, plus tard, ma foi... ah! il est bien éveillé... sa tête travaille, il a quinze ans...

LA COMTESSE.

Oui... l'instant est décisif!

PILBURY, regardant la comtesse.

N'est-ce pas, comtesse... au moins, si une personne sage, éclairée, ayant l'expérience du monde, voulait se dévouer pour le préserver des pièges tendus à sa jeunesse... la morale a tant de charmes dans la bouche d'une femme... encore jeune et belle...

LA COMTESSE.

Certainement... mais, où rencontrer cette personne?

PILBURY, la regardant.

J'ai bon espoir... et je crois qu'elle est toute trouvée

LA COMTESSE.

Vous pensez?..

PILBURY.

Oui, oui... maintenant, deux mots sur l'entourage du Prince... Primo, lord Clarendon, premier aide-de-camp... général sexagénaire et goûteux, mentor peu gênant, ne s'occupant que de son dîner et de sa bouteille de clairet... nous ne l'aurons pas avant huit jours... il est encore au lit, de sa dernière indigestion...Secundo, sir Georges Brummel, écuyer cavalcadour, dandy renforcé... connaisseur expert en chevaux... boxeur de première force... toujours courbé devant monseigneur... et bête à faire plaisir... le reste ne vaut pas l'honneur d'être nommé. Ainsi, vous le voyez, nous avons le champ libre...agissons de concert... confiance mutuelle, bien entière... surveillance active... persévérance et tout ira bien... ratifiez-vous le traité?

LA COMTESSE.

En vérité, je ne sais...   (On entend battre aux champs.)

PILBURY.

Voici le Prince... allons, allons, milady, du courage... on se doit à son pays...

Air de la Semaine des Amours

A nous deux,
En ces lieux,
De son altesse
Éclairons la jeunesse.
A nous deux
En ces lieux,
Pour son bonheur
Dirigeons monseigneur.
Comtesse, il vous rendra les armes,
Pour vous quel triomphe éclatant!

LA COMTESSE.
Pour mon cœur aussi que d'alarmes!

PILBURY.
Allons, un peu de dévoûment!

TOUS DEUX.
A nous deux, etc.

(On entend crier au-dehors : VIVE MONSEIGNEUR!)

SCÈNE III.

Les Mêmes, LE PRINCE, en costume de voyage élégant, puis SIR GEORGES.

LE PRINCE, à la cantonade.

Merci, mes bons amis, je suis bien sensible à votre accueil... (Reconnaissant la Comtesse.) Lady Wilford !.. (Il court à elle vivement.)

LA COMTESSE, lui faisant une révérence cérémonieuse.

Monseigneur...

LE PRINCE.

Ah! mon Dieu! n'allez-vous pas faire des cérémonies avec moi... vous qui m'avez vu si enfant... j'ai tant de plaisir à vous revoir, et à ne plus me trouver sous la férule de mes précepteurs.

Air de Doche fils.

Quels transports!.. quel délire!..
Londres, je t'ai quitté...
En ces lieux, je respire
L'air de la liberté!
Gouverneur trop sévère,
Quand tu me tourmentais,
Pour braver ta colère;
Tout bas je me disais :
Du courage, (bis)
Bientôt, enfin, j'aurai quinze ans,
Du courage,
A ce bel âge
Je pourrai prendre du bon temps!

TOUS.

Du courage, (bis)
Enfin, enfin, il a quinze ans.
Du courage,
A ce bel âge
Il pourra prendre du bon temps!

LE PRINCE.

Souvent sur mon passage
J'ai vu des malheureux,
Mon brillant entourage
Toujours m'éloignait d'eux.
Lorsque de leur souffrance
En vain je gémissais,
Pour prendre patience,
Tout bas je répétais :
Du courage, (bis.
Bientôt, enfin, j'aurai quinze ans,
Du courage;
A ce bel âge
Je pourrai prendre du bon temps.

TOUS.

Du courage, (bis.)
Enfin, enfin, il a quinze ans.
Du courage,
A ce bel âge
Il pourra prendre du bon temps.

LA COMTESSE, bas à Pilbury et en montrant sir Georges qui entre en boitant.

Quelle est cette caricature?

LE PRINCE.

C'est la tournure de sir Georges qui vous frappe, je gage... Oh! c'est un élégant, il porte un corset, et défierait tous les cochers de Londres, pour conduire un équipage!.. Allons, sir Georges, saluez milady.

SIR GEORGES.

Oui, monseigneur... (Il s'avance et salue la comtesse très profondément.)

LA COMTESSE, s'apercevant qu'il boite.

Mais, il me semble que monsieur est blessé...

LE PRINCE.

Oh! ce n'est rien... tout-à-l'heure, en franchissant une barrière, sir

Georges a oublié de suivre son cheval... il est resté dans le fossé, où il faisait la plus drôle de figure... N'est-ce pas?
SIR GEORGES, saluant.
Oui, monseigneur.
PILBURY, bas à la comtesse.
Heim!.. est-il bête?..
LE PRINCE, à Pilbury.
Sir John, vous allez écrire à Londres, pour annoncer notre arrivée... vous donnerez aussi des ordres pour qu'on prépare mon uniforme... qu'il soit déballé avec les plus grandes précautions... Brummel, veillez à ce que rien n'y manque, vous vous entendez à cela.
SIR GEORGES, saluant.
Oui, monseigneur.
PILBURY.
Monseigneur n'a plus rien à m'ordonner?
LE PRINCE.
Non!.. On me préviendra seulement quand le régiment sera sous les armes.
SIR GEORGES, saluant.
Oui, monseigneur.
TOUS. Reprise du chœur
Du courage
Enfin, enfin, il a quinze ans, etc.
(Pilbury échange un regard avec la comtesse et sort suivi de sir Georges.)

SCÈNE IV.
LE PRINCE, LA COMTESSE.

LE PRINCE.
Eh! bien, Comtesse, qu'en dites-vous?.. n'ai-je pas déjà l'habitude du commandement?.. la parole brève, le geste impératif!.. ah! il faut être ainsi avec ces messieurs... sans cela, ils diraient qu'on n'a pas de dignité... qu'on ne sait pas tenir son rang...et, à vous parler franchement, ce n'est pas ce qui me plait le plus... j'aimerais tant à vivre avec tout le monde, sans façon, sans étiquette, comme autrefois... vous en souvenez-vous, Comtesse, quand vous m'appeliez Edouard, tout bonnement?
LA COMTESSE.
Vous revoyez donc avec plaisir le château de Richmond?
LE PRINCE.
Pouvez-vous me le demander... j'ai passé dans ce château des années si heureuses... tandis qu'à Londres...
LA COMTESSE.
A Londres!.. vous étiez à la cour...
LE PRINCE.
Ah! j'y menais une triste vie.. il y a trois jours encore, avant d'avoir atteint cette majorité, objet de tous mes vœux, n'étais-je pas traité comme un pauvre esclave?.. gouverneur, sous gouverneur... pédant ennuyeux... c'était à qui me tyranniserait... « L'étude, monseigneur, l'étude! » ils n'avaient que ce mot à la bouche... et quand, le soir, on m'accordait un peu de répit, c'était pour me conduire à ce qu'ils appelaient la promenade... joli plaisir... mesurer mes pas, sur la démarche grave et lente de mon vieux gouverneur... sourire éternellement... saluer du geste les passans qui me regardaient comme une curiosité... et les grands jours, donc!..c'était bien pis!..il me fallait recevoir en cérémonie de nobles personnages, implorant la faveur de faire la cour à mon Altesse... je ne pouvais dire un mot, faire un geste, qui n'eût été réglé d'avance par le maître des cérémonies... c'était à mourir d'ennui... et je ne voudrais pas pour beaucoup recommencer ces tristes années d'apprentissage de prince!..
LA COMTESSE.
Mais aussi, monseigneur, vous voilà libre, maintenant.
LE PRINCE, avec feu.
Oh! oui, libre... que j'aime à me l'entendre dire... je ne suis plus un écolier, je suis prince... colonel d'un beau régiment... et je veux m'amuser tout à mon aise.

Air de Fabry-Garat.

Déjà
Je sens là
Un désir
De plaisir
Et je veux
De ces lieux
Que l'ennui
Soit banni.
Jamais,
Désormais,
De pédans
Obsédans;
Je les fuis
Et j'en suis
Satisfait;
C'en est fait...
Chasseur,
Plein d'ardeur,
Il me faut
Au plutôt
Les chevaux
Les plus beaux,
Des piqueurs,
Des coureurs.
Le cor
Doit encor
Retentir,
Faire fuir,
Effrayer
Le gibier
Aux abois
Dans les bois...

Déjà
Je sens là   etc.

Mais, a ma jeunesse,
Ces jeux, cette ivresse
Je le sens, hélas !
Ne suffisent pas !
Souvent,
En rêvant,
Indécis,
Je me dis !
N'est-il pas
Ici bas
Un bonheur
Plus flatteur !...

Déjà
Je sens là   etc.

LA COMTESSE, à part.

Quelle petite tête!

LE PRINCE.

A propos, comtesse, en entrant dans ce château, j'ai retouvé bien peu de figures de connaissance... les femmes surtout, sont d'une laideur !

LA COMTESSE.

Comment, monseigneur, vous avez remarqué...

LE PRINCE.

Oui, oui, j'ai remarqué une collection de vieilles femmes... je ne peux pas souffrir les vieilles, moi... mais tout cela va changer... j'aime à me voir entouré de figures humaines, de visages gracieux... c'est si gentil, une jolie femme !

LA COMTESSE.
Vous êtes galant, monseigneur.
LE PRINCE.
Oh! mon Dieu, non!.. et c'est ce qui me fâche... car, à mon âge, je devrais l'être... mais on m'a élevé si ridiculement; aussi, je me promets bien de consulter les officiers de mon régiment sur une foule de choses...
LA COMTESSE.
Ah! monseigneur, y pensez-vous?.. cela ne serait pas convenable... quels conseils pourriez-vous attendre de ces jeunes étourdis?..
LE PRINCE.
Au fait, ils se moqueraient peut-être de mon ignorance... mais comment faire?.. enfin, ce soir, je donne un bal... il faudra que j'en fasse les honneurs... Eh bien, je serai au supplice... s'il faut parler à une femme, je deviendrai rouge, je balbutierai... je ferai rire à mes dépens... et c'est très désagréable, pour un prince surtout.
LA COMTESSE.
Allons, monseigneur, vous avez tort de vous défier ainsi de vous-même, votre rôle est si facile.. continuez à être simple, naturel, soyez ce que vous êtes, enfin... et croyez bien que cette timidité, que vous appelez de la gaucherie, est un défaut dont les femmes ne vous sauront pas mauvais gré.
LE PRINCE.
Bien vrai!.. ah! comtesse, vous me ravissez! moi qui me décourageais déjà!.. tenez, désormais, je veux toujours m'en rapporter à vous... et, quand je serai embarrassé, je viendrai vous demander vos conseils... vous ne me les refuserez pas?
LA COMTESSE.
Ne suis-je pas votre amie?
LE PRINCE.
Que vous êtes bonne! tout ce que je vous demande, c'est de me donner de l'aplomb, de l'assurance; enfin, tout ce qu'un jeune homme doit avoir.

Air du Piége.

Naguère encor, me disaient mes régens,
Pleins des hauts faits, et d'Athène et de Rome,
Grace à nos soins intelligens,
De vous, nous saurons faire un homme :
Un homme!.. ont-ils donc réussi?..
Vous ne le pensez pas, je gage,
Mais j'ai l'espoir qu'enfin, ici,
Vous acheverez leur ouvrage!

SCÈNE V.
LES MÊMES, SIR GEORGES.

SIR GEORGES, entrant.
Monseigneur, le régiment est sous les armes, dans la cour d'honneur...
LE PRINCE, à la comtesse.
Ah! il faut que je vous quitte; mais je vous reverrai avant le bal, j'y tiens beaucoup... je veux absolument que vous me donniez une leçon de grace... à tantôt, n'est-ce pas?.. ah! que je suis content... riez donc, sir Georges... riez donc!
SIR GEORGES, riant.
Eh! eh! eh!.. oui, monseigneur. (Le prince sort, sir Georges le suit.)
LA COMTESSE, seule.
Pauvre enfant!.. son embarras est charmant... comment ne pas s'intéresser à lui.

SCÈNE VI.
LA COMTESSE, PILBURY.

LA COMTESSE.
Ah! Pilbury... c'est vous... arrivez donc! j'ai de bonnes nouvelles... mais mon Dieu! quelle pâleur!

PILBURY.
Maudit régiment! maudit Ecossais!
LA COMTESSE.
Que vous est-il arrivé?
PILBURY.
Eh! je viens de rencontrer un de mes beaux-frères... un frère de ma femme.
LA COMTESSE.
Comment! vous êtes marié? je vous croyais garçon.
PILBURY.
Ah! c'est vrai... vous ignorez mon malheur, il faut que je vous conte cela, c'est l'origine de ma haine pour les Ecossais... je vous en parlais ce matin. Figurez-vous qu'il y a deux mois, environ, j'étais allé faire un voyage d'agrément dans cette odieuse Ecosse, pour étudier la nature... j'aime beaucoup la nature, et c'est ce qui me porta malheur; car un beau jour, je me vis traduit chez le schériff du canton, pour conversation criminelle, avec une jeune fermière que je rencontrais quelquefois, par hasard, dans la montagne; jolie, par exemple! des yeux bleus, longs comme ça; il n'y avait pas de preuves et je gagnai mon procès! c'est bien, c'est très bien! me voilà acquitté; mais la jeune fille avait des frères, elle en avait sept, les plus adroits chasseurs du pays, des gaillards, mettant une balle à trois cents pas dans un dollar; ils tinrent conseil, et il fut décidé à l'unanimité, que, pour réparer l'atteinte portée à la réputataion de leur sœur, je l'épouserais, ou que ma tête deviendrait le point de mire de ces messieurs... il fallait opter; d'un côté ceci, (Il fait le geste de mettre en joue.) de l'autre, les grands yeux bleus, mon amour pour la belle nature... que vous dirais-je, comtesse?.. j'épousai.
LA COMTESSE.
Une fermière... ah!
PILBURY.
Je sais bien... c'est une mésalliance! une horrible mésalliance! et lorsque la réflexion me revint, je frémis à l'idée de présenter ma petite montagnarde à la cour, où mon service me rappelait; enfin, un matin, pendant que mes sept beaux-frères étaient à la chasse...

Air : Vaud. de la Petite prude.

A mon réveil adroitement,
Je rassemblai tout mon bagage,
Puis, pour Londres, bien doucement,
Soudain, je me mis en voyage...
J'étais parti comme le vent,
Et dans le trouble de mon âme,
Je m'aperçus, en arrivant,
Que j'avais oublié ma femme!

LA COMTESSE.
Abandonner sa femme! mais, c'est affreux!
PILBURY.
A qui le dites-vous!.. car enfin, je l'aime, cette pauvre petite femme, et souvent j'ai des remords... tenez, aujourd'hui surtout, je voudrais ne l'avoir jamais quittée... tout à l'heure, quand le régiment de son altesse est entré dans la cour, j'ai parfaitement reconnu au premier rang, l'aîné de mes beaux-frères... le plus féroce! un vrai Rob-Roy!
LA COMTESSE.
Eh bien? que pouvez-vous craindre ici?
PILBURY.
Tout, comtesse, tout! s'il me rencontre, je suis un homme perdu! jugez donc... à trois cents pas... dans un dollar...
LA COMTESSE.
Je ne vois qu'un moyen de vous tirer d'embarras, mon pauvre sir John, c'est de reprendre votre femme!
PILBURY.
Vous croyez... mais je serai la risée de toute la cour, une paysanne gentille, à la vérité, mais sans grâce, sans esprit, sans manières... mau-

dit voyage! je vous demande un peu ce que j'allais faire en Écosse. Le prince! gardez-moi le secret, comtesse.

SCÈNE VII.

Les Mêmes, LE PRINCE, en uniforme de colonel écossais; puis SIR GEORGES.

LE PRINCE.

Le beau régiment! les braves soldats! je les aurais volontiers embrassés tous... mais, c'eût été un peu long... ils sont trois mille... Ah! comtesse, si vous les aviez vus... comme ils m'ont accueilli... quel enthousiasme! j'en pleurais de joie.

Air de Blangini.

Vive l'état militaire,
Je le sens, j'aime la guerre,
Ah! quel plaisir, quel bonheur
De se battre avec ardeur!

Je voudrais déjà dans la plaine,
Au bruit éclatant des clairons,
Vers l'ennemi, tout d'une haleine,
Guider mes braves bataillons!
Oui, bientôt, nous aurions, sans peine,
Enlevé redoute et canons!

Oh! d'abord, comme colonel, je serai toujours au premier rang...En avant, au galop!

Vive l'état militaire,
Je le sens, j'aime la guerre,
Ah! quel plaisir, quel bonheur
De se battre avec ardeur!

Et puis, après une victoire,
Quel beau triomphe nous attend!
Des vivat! et des cris de gloire!..
Ah! mes amis, c'est enivrant!

Quand nous rentrons dans la ville, les fenêtres s'ouvrent, les mouchoirs s'agitent... on n'a des yeux que pour nous...

Vive l'état militaire,
Je le sens, j'aime la guerre,
Ah! quel plaisir, quel bonheur
De se battre avec ardeur!

LA COMTESSE, à sir Georges qui entre chargé de pétitions.
Ah! mon Dieu! sir Brummel, pour qui toutes ces lettres?

LE PRINCE.
Pour moi, comtesse! ce sont des placets, des pétitions; j'avais chargé sir Georges de les recevoir; mais il n'a pu y suffire, à l'avenir, je lui adjoindrai un fourgon.

PILBURY.
Si monseigneur m'en croit... nous enverrons bien vite à Londres toutes ces paperasses.

LE PRINCE.
Non pas! vous êtes mon secrétaire, et j'entends que vous les lisiez toutes, je ne m'en réserve qu'une seule, qui m'a été remise à moi-même.

LA COMTESSE.
Sans doute, par quelque vieux soldat?

LE PRINCE.
Oui, oui... précisément... un vieux soldat! (A part.) La plus jolie fille!.. (Haut.) Ah! milady, j'ai engagé à dîner les officiers de mon régiment, veuillez bien donner vos ordres, un repas splendide! pardonnez-moi de vous causer tant d'embarras; mais je suis encore si novice. (A mi-voix.) Nous reprendrons bientôt notre conversation de ce matin, n'est-ce pas?

LA COMTESSE.
Monseigneur, je suis à vos ordres...

LE PRINCE, bas.

A mes ordres... ah! comtesse!.. songez donc que vous êtes le maître, et moi l'écolier. (Haut.) Allons, sir John! examinez ces demandes avec la plus grande attention, vous m'en rendrez compte avant dîner.

BRUMMEL et PILBURY, avec effroi.

Avant dîner!

LE PRINCE.

Brummel vous aidera.

SIR GEORGES, à part.

C'est récréatif!

LE PRINCE.

Plaît-il?

SIR GEORGES, s'inclinant.

Oui, Monseigneur.

PILBURY, à part.

Décidément, il faut que je m'entende avec le major du régiment, pour qu'il mette mon beau-frère aux arrêts...

LE PRINCE.

Air : Vive à jamais la garde citoyenne. (Doche.)

Pour le repas, allons, que tout s'apprête,
Mes officiers seront tous mes amis.
J'espère bien ici leur tenir tête...
Et jusqu'au jour, nous serons réunis.
Qu'on distribue aussi du vin de France
A mes soldats, en ce jour solennel,
C'est bien le cas de rompre l'abstinence,
Quand on reçoit son nouveau colonel.

SIR GEORGES et PILBURY.
Pour le repas, allons! que tout s'apprête,
Et recevons dignement vos amis, etc.

LA COMTESSE.
Pour le repas, allons, que tout s'apprête,
Vos officiers seront tous vos amis,
Quoi, vous daignez, ici, leur tenir tête,
Et jusqu'au jour vous serez réunis.

LE PRINCE.
Pour le repas, allons, que tout s'apprête,
Mes officiers, etc.

ENSEMBLE.

(La comtesse, Pilbury et sir Georges sortent.)

SCÈNE VIII.
LE PRINCE, seul.

Cette bonne comtesse... c'est une excellente amie que j'ai là... elle est encore très bien... mais je ne pense plus qu'à cette jolie fille qui m'a remis ce placet. Voyons donc ce qu'elle demande... (Lisant.) « Monseigneur! c'est » une pauvre femme abandonnée par son mari... » (S'interrompant.) Elle est mariée!.. ah! quel dommage! (Lisant.) « Qui vient implorer votre justice, » contre l'ingrat qui me délaisse... je suis venue de bien loin pour obtenir » une audience et vous faire connaître le nom du coupable, qui est attaché » à votre personne. » (Parlant.) Oui, certes, je la recevrai, et justice lui sera rendue... voyons l'adresse... (Lisant.) « J'attends la réponse de monseigneur » à la porte du château. » Ah! pauvre enfant!.. (Il sonne.)

SCÈNE IX.
LE PRINCE, SIR GEORGES.

LE PRINCE.

Une jeune femme qui a demandé une audience, attend une réponse en bas... faites-la venir ici.

SIR GEORGES, étonné.

Une jeune femme!.. une jeune femme!

LE PRINCE.
Eh! bien... ça vous étonne... vous la conduirez par les petits escaliers.
SIR GEORGES, de même.
Par les petits escaliers!
LE PRINCE.
Oui, je désire que personne ne puisse la voir.
SIR GEORGES, hésitant.
Mais, monseigneur...
LE PRINCE.
Allez!..
SIR GEORGES, saluant.
Oui, monseigneur. (A part.) Une jeune femme!.. les petits escaliers! (Il sort.)

SCÈNE X.
LE PRINCE, seul.

Quelle indignité!.. abandonner une aussi jolie personne... il me tarde de savoir quel est celui de mes gens... ah! je promets bien de la venger par exemple... Eh! bien, ça me fait un drôle d'effet de penser que je vais me trouver seul avec elle... cependant, pour la première audience que je donne, tâchons de bien nous en tirer.

SCÈNE XI.
LE PRINCE, SIR GEORGES, LUCY, elle a le costume écossais, le plaid et un petit chapeau de paille avec un grand voile vert.

LE PRINCE, à part.
AIR d'Emmeline.

ENSEMBLE.
La voilà, (bis.)
Mon cœur bat déjà!
LUCY, à part.
Le voilà, (bis)
Mon cœur bat déjà!
SIR GEORGES, à part
La voilà, (bis.)
Dois-je rester là!..

LE PRINCE.
Sir Georges, je n'y suis pour personne. (Il lui fait signe de sortir.)
SIR GEORGES, saluant.
Oui, monseigneur. (Il sort.)

SCÈNE XII.
LE PRINCE, LUCY.

LE PRINCE, à part.
Tiens!.. on dirait que j'ai peur... ah! bah! une petite villageoise... (Haut.) Approchez, mon enfant.
LUCY, avec timidité.
Me voici, monseigneur.
LE PRINCE, à part.
C'est qu'elle me paraît encore mieux que ce matin... (Haut.) Je vous disais donc, mon enfant... (A part.) Dieu! les beaux yeux!
LUCY.
Plaît-il, monseigneur?
LE PRINCE.
Hein!.. (Moment de silence et d'embarras.) Il faisait bien de la poussière à la revue...
LUCY.
C'est vrai, monseigneur.
LE PRINCE, à part.
Je ne croyais pas que ce fut si difficile à donner une audience... Ah! voyons donc... il s'agit de ne pas avoir l'air d'un écolier... hum! hum!.. (Il prend un air important et s'assied dans un fauteuil. — Haut.) Comment vous appelez-vous?

LUCY.

Lucy, monseigneur.

LE PRINCE.

Il est gentil ce nom-là... Vous n'êtes pas de ce pays?

LUCY.

Non, monseigneur; je suis du comté de Perth, en Ecosse.

LE PRINCE.

Et vous êtes venue seule... de si loin?..

LUCY.

Oh! non, monseigneur... je suis venue avec mon frère Ronald, qui est sergent dans votre régiment.

LE PRINCE.

Dans mon régiment... cela vous donne de nouveaux droits à ma protection... j'ai lu votre placet... votre position m'intéresse... je désire vous être utile... mais il faut pour cela que je connaisse le nom du coupable... parlez, comment se nomme votre mari?

LUCY.

Pilbury, monseigneur.

LE PRINCE.

Pilbury!.. mon secrétaire... c'est impossible!.. depuis quand êtes-vous mariée?

LUCY.

Depuis deux mois, monseigneur.

LE PRINCE.

En effet... je me rappelle... à cette époque, il fit un voyage en Ecosse... oh! le fourbe!.. et vous êtes bien sûre d'être mariée?

LUCY, baissant les yeux.

Dam! monseigneur, je crois que oui.

Air de Doche.

Écoutez ma prière,
Et soyez mon vengeur,
Monseigneur!
Par un arrêt sévère,
Ah! rendez à mon cœur
Un trompeur!
Pour moi, le mariage
Est un cruel tourment;
Oui, vraiment!
Mieux vaudrait le veuvage;
Je r'prendrais un mari
Bien genti.

LE PRINCE.

Mais, pourquoi cet abandon?

LUCY.

Dam! monseigneur, quoiqu'il ne me l'ait jamais dit... je crois bien que j'en ai deviné le motif... avec ma tournure simple, mes manières gauches... M. Pilbury aura craint, en m'avouant pour sa femme... d'avoir à rougir de moi.

LE PRINCE.

Comment!.. c'est par fierté!.. le sot!.. mais c'est que vous êtes charmante!.. il n'y a pas à la cour une femme qui vous vaille... c'est ça qu'elles sont jolies nos grandes dames... quand elle n'ont pas leur rouge, leur blanc, leurs diamans, leurs plumes... (S'animant.) Vous, vous n'avez pas besoin de tout cela... ce teint si frais, cette taille si fine, cette main si blanche...

(Il lui prend la main.)

LUCY, la retirant.

Monseigneur, je suis venue pour vous prier de me rendre mon mari.

LE PRINCE.

Tiens!.. c'est vrai... je n'y pensais plus du mari... soyez tranquille... vous êtes sous ma protection... et je vais le faire venir ici... le traiter de la bonne manière... ah! il rougit de vous... (Il va pour sonner et s'arrête.) Mais non... la

leçon ne serait pas assez forte... je veux le confondre publiquement... justement je donne un bal, ce soir... c'est devant toute ma société qu'il vous reconnaîtra pour sa femme...je vais y réfléchir..(A part.) Il faut absolument que je consulte la comtesse...
(En ce moment, Pilbury paraît à la porte à droite et fait un geste de surprise.)

PILBURY, à part.

Une femme !

LE PRINCE.

En attendant, entrez là... (Il désigne la porte à gauche.) Et surtout, ne vous montrez à personne.

PILBURY, avec joie et à part.

C'est charmant !.. (Il se retire et fait du bruit à la porte pour annoncer sa présence.)

LE PRINCE.

Air : De la Contrelettre.

Ici, quelqu'un s'avance,
Surtout de la prudence,
Ayez bonne espérance,
Car je suis votre ami,

Comptez sur moi ma belle ;
Oui je veux par mon zèle,
D'un époux infidèle,
Vous venger aujourd'hui.

Ici, quelqu'un s'avance, etc.

LUCY.

ENSEMBLE.
Ici quelqu'un s'avance,
Surtout, de la prudence,
Oui, j'ai bonne espérance,
Le Prince est mon ami.

(Le Prince fait entrer Lucy dans la chambre à gauche et sort par le fond.)

SCÈNE XIII.

PILBURY, entrant doucement par la droite en riant aux éclats.

Ah ! ah ! ah !..C'est ravissant !.. c'est délicieux ! le Prince s'est émancipé... il n'a pas perdu de temps... ô nature ! nature ! voilà de tes traits !.. et moi, qui me donnais un mal... et cette pauvre comtesse... tout à l'heure, elle me disait encore: tout va bien... tout va bien !.. c'est étonnant comme ça va bien pour elle... Ah ! ça, ne perdons pas de temps... le hasard m'a rendu possesseur du secret du Prince... sachons en profiter...(Montrant la chambre à gauche.) La favorite est là... il n'y a pas à se tromper... c'est la favorite... si je pouvais la voir... lui parler... m'emparer le premier de sa confiance... ça n'est pas impossible... je viens de faire consigner mon beau-frère... je me sens en verve... ma foi, essayons... (Il va frapper à la porte à gauche.)

SCÈNE XIV.

PILBURY, LUCY; elle sort pendant que Pilbury fait le tour de la chambre pour s'assurer qu'il est seul. Il ne voit pas Lucy.

LUCY, l'apercevant.

Mon mari !.. ah ! mon Dieu !.. et le Prince qui n'est pas là !
(Elle baisse vivement son voile.)

PILBURY, à part, voyant Lucy.

Nous sommes seuls... (L'examinant.) Elle est étrangère... ou bien, c'est peut-être un déguisement... (Il s'avance en cherchant à voir la figure de Lucy.) Madame, vous me trouverez sans doute bien indiscret... mais je n'ai pu résister au désir d'être le premier à vous présenter mes hommages.

LUCY, à part et avec joie.

Il ne me reconnaît pas !

PILBURY, à part, cherchant à voir.

Diable de voile !.. la tournure est distinguée... (Haut.) Oserai-je vous demander, madame, s'il y a long-temps que vous connaissez son altesse.

LUCY, déguisant sa voix.

Je l'ai vu aujourd'hui, pour la première fois.

PILBURY, à part.

Oh! comme c'est heureux! (Haut.) C'est un charmant prince, un peu timide.

LUCY.

Mais non... pas trop...

PILBURY, à part.

Il n'a pas été timide. (Haut.) Il vous a dit, sans doute, qu'il vous trouvait jolie?..

LUCY.

Mais, oui.

PILBURY, à part.

Voyez-vous, le gaillard! (Haut.) Il vous a dit qu'il vous protégerait?

LUCY.

Certainement.

PILBURY, à part.

C'est bien ça!.. (Haut.) Et peut-être a-t-il voulu prendre cette petite main?..

LUCY.

Ah! mais, je l'ai retirée bien vite.

PILBURY, à part.

Aie! aie! c'est quelque petite bourgeoise! (Haut) Vous avez eu tort, mon enfant.

LUCY.

Comment? il fallait...

PILBURY.

Mais, où est le mal? écoutez, je vais vous parler comme un ami, comme un père.

LUCY, à part.

Où veut-il en venir?

PILBURY.

Vous êtes ici sur un terrain bien glissant.

LUCY, regardant autour d'elle.

C'est vrai; j'ai manqué de tomber en entrant.

PILBURY, à part, riant.

Ah! ah! ah!.. Oh! qu'elle est naïve! j'en ferai tout ce que je voudrai... (Haut et d'un ton doctoral.) Voyez-vous, ma chère enfant, un prince, c'est un être à part, à qui l'on doit des égards, de l'obéissance; et puis, les positions ne sont pas toujours les mêmes... ce qui est blâmable dans certaine circonstance, devient méritoire dans telle autre... parce que, enfin, il arrive quelquefois que... alors... il est évident... vous me comprenez?

LUCY.

Du tout.

PILBURY.

C'est égal... parlez-moi franchement... aimez-vous le prince?

LUCY.

Mais, monsieur...

PILBURY.

Aimez-vous le prince?

LUCY, à part.

Ah! mon Dieu! est-ce qu'il croirait? (Haut.) Non, monsieur, je ne l'aime pas.

PILBURY.

Vous n'aimez pas le prince... et c'est à moi que vous le dites... vous devez l'aimer, l'adorer, l'idolâtrer... il me semble qu'il en vaut bien la peine. (Très haut.) Un prince aussi aimable... aussi remarquable... un aussi bon prince! (A part.) S'il pouvait m'entendre.

LUCY, à part, très étonnée.

Ah! je n'en reviens pas.

PILBURY.

Voyez-vous, ma chère enfant, il est bien jeune, cet excellent prince... il a besoin d'indulgence... d'encouragement... Ah! ça, j'espère qu'une fois au faîte des grandeurs où vous allez arriver, vous n'oublierez pas que vous avez en moi, un serviteur fidèle et dévoué; car j'ai bien des grâces à solliciter; d'abord, un poste plus brillant que celui que j'occupe; ensuite, la rupture d'un mariage...

LUCY.

Comment, vous voulez rompre votre mariage?

PILBURY.

Oui, oui, oui... un mariage forcé... je vous conterai cela... ça vous fera frémir!

LUCY, à part.

Ah! mais, c'est un monstre que mon mari!

PILBURY, à part.

Je suis au mieux avec elle... (Haut.) A propos, j'oubliais... êtes-vous mariée?

LUCY, avec une colère concentrée.

Oui, monsieur.

PILBURY, riant, à part.

Eh! eh! eh!.. c'est bien plus drôle! Elle a un mari! en vérité, ces animaux-là sont faits pour être trompés!

LUCY, à part.

Ah! sortons! car je ne pourrais me contenir... (Elle rentre vivement à gauche.)

SCÈNE XV.
PILBURY, seul.

Eh bien! elle me quitte... elle s'éloigne... Ah! je vois ce que c'est... elle aura craint de trahir son incognito. C'est égal, elle est enchantée de moi... ah! ce choix-là va faire crier... nos duchesses diront qu'on leur a fait un passe-droit... je ris, surtout, quand je pense à la figure que fera cette bonne comtesse, en apprenant... Dieu! la voilà! oh! quelle toilette!

SCÈNE XVI.
PILBURY, LA COMTESSE, en grande parure.

LA COMTESSE.

Eh bien! mon cher Pilbury, savez-vous où est le prince?

PILBURY.

Ah! comtesse! est-ce à vous de me le demander... en vérité, vous êtes éblouissante... vous ne voulez donc pas que le pauvre enfant en réchappe?

LA COMTESSE, minaudant.

Cela vous fâche?

PILBURY.

Moi, votre partisan le plus dévoué, personne ne forme des vœux plus ardens que les miens... pour votre élévation... (A part, riant.) Son élévation!..

LA COMTESSE.

Je vous le rends bien.

PILBURY, à part.

Décidément, cette femme-là ne convient pas à monseigneur. (Il va pour sortir.) Comtesse, permettez...

LA COMTESSE.

Comment, vous me quittez?..

PILBURY.

Je vous demande pardon... mille détails à soigner pour la fête de ce soir, des bouquets... une sérénade que l'on va donner à monseigneur, et que je dois diriger... que sais-je... j'en perds la tête... au revoir, milady. (A part, regardant la porte à gauche.) Pauvre comtesse!   (Il sort.)

SCÈNE XVII.

LA COMTESSE, puis LE PRINCE.

LA COMTESSE, seule.

Ce bon Pilbury, il m'est bien attaché... je ferai quelque chose pour lui.

LE PRINCE, entrant.

Ah! milady, je vous cherchais... il faut que je cause avec vous... j'ai le plus grand besoin de vos conseils.

LA COMTESSE.

Comme votre altesse paraît agitée!

LE PRINCE.

Oh! c'est que, depuis ce matin, j'ai fait une foule de réflexions, et je me trouve dans une position fort embarrassante... comme vous avez de l'expérience... car vous en avez, n'est-ce pas?.. vous allez m'aider de vos avis.

LA COMTESSE.

Parlez, monseigneur, parlez!

LE PRINCE.

Ah! ça, vous ne vous fâcherez pas?

LA COMTESSE.

Pouvez-vous le craindre?

LE PRINCE.

C'est que c'est peut-être bien hardi, ce que je vais vous demander... voici le fait... supposons un jeune homme de mon âge... qui se trouve dans un château, presque seul... avec une femme charmante, qui lui plaît... oh! il en perd la tête!

LA COMTESSE.

Je ne vois pas de mal à cela...

LE PRINCE.

N'est-ce pas qu'il n'y a pas de mal à cela... ce pauvre jeune homme a reçu une brillante éducation... il sait le grec, le latin, les mathématiques... des choses superbes enfin... mais il ignore l'essentiel... il ne sait pas comment il faut s'y prendre pour dire à une femme... que... enfin... vous suivez, n'est-ce pas?

LA COMTESSE.

Oui, monseigneur... avec beaucoup d'intérêt.

LE PRINCE.

Alors, vous comprenez son embarras à ce pauvre garçon... Elle est si bien cette femme dont je veux vous parler... (Il regarde la porte à gauche.)

LA COMTESSE, avec modestie.

Ah! monseigneur...

LE PRINCE, même jeu.

Elle a de si jolis yeux!

LA COMTESSE.

Vous la flattez, monseigneur.

LE PRINCE.

Je vous assure que non, comtesse... est-ce que je sais flatter?

RÉCITATIF.

Mais, pour lui plaire,
Que faut-il faire?
Je n'en sais rien.

LA COMTESSE.

Ecoutez bien!

Air du Dieu et la Bayadère

A la femme qu'on aime,

LE PRINCE.

A la femme qu'on aime,

LA COMTESSE.

On dit bien tendrement :

LE PRINCE.
On dit bien tendrement!
LA COMTESSE.
Mon amour est extrême,
LE PRINCE.
Mon amour est extrême,
LA COMTESSE,
J'en fais le doux serment!
LE PRINCE.
J'en fais le doux serment!

(Le Prince a toujours les yeux tournés vers la porte de la chambre où est Lucy.)

ENSEMBLE.
C'est charmant! c'est facile!
De cette leçon-là,
Votre élève docile,
Bientôt profitera.
LA COMTESSE, à part.
C'est charmant! c'est facile!
Pourtant, je le vois là,
L'élève est peu docile,
Mais il profitera.

LE PRINCE.
Après, après, comtesse?
LA COMTESSE.
Redoublant de tendresse,
Alors, il faut oser...
LE PRINCE.
Alors, il faut oser...
LA COMTESSE.
Dans un moment d'ivressse,
LE PRINCE.
Dans un moment d'ivresse,
LA COMTESSE.
Ravir un doux baiser.
LE PRINCE, avec joie.
Ravir un doux baiser.

(La Comtesse se rapproche du Prince qui regarde toujours du côté de la chambre où est Lucy)

ENSEMBLE.
C'est charmant! c'est facile!.. etc.

LE PRINCE.
Mais, comtesse... la leçon n'est pas finie..., après?.. après?.. après?..

SCÈNE XVIII.
LES MÊMES, SIR GEORGES.

SIR GEORGES.
Monseigneur, je viens vous dire...
LE PRINCE.
Allez au diable!
SIR GEORGES, saluant.
Oui, monseigneur.
LE PRINCE.
Voyons, que me voulez-vous?
SIR GEORGES.
Les officiers du régiment de son altesse viennent d'arriver...
LE PRINCE.
Ah! comtesse... veuillez bien les recevoir.
LA COMTESSE.
Comment, monseigneur, vous ne venez pas?..
LE PRINCE.
Je vous suis... je voudrais être seul un instant, pour réfléchir... Brummel, offrez la main à milady.

SIR GEORGES.

Oui, monseigneur.

LE PRINCE.

Je vous rejoins, comtesse.

(Brummel offre la main à la comtesse qui la prend en faisant un geste de colère. Ils sortent tous deux par le fond.)

SCÈNE XIX.
LE PRINCE, puis LUCY.

LE PRINCE, allant ouvrir la porte de gauche.

Air. Vaudeville de la Haine d'une femme.

  Venez, venez, je vous en prie...
  Ma chère Lucy!.. c'est bien moi!..
  Que de charmes!, qu'elle est jolie!
  Auprès d'elle quel doux émoi!..
  Votre leçon, bonne comtesse!
  Ici, me vaudra le bonheur!..
  Mais agissons avec finesse,
  Et surtout pas de maladresse...
(A Lucy.) N'ayez pas peur!)bis.)
  Ma chère enfant, n'ayez pas peur!

LUCY.

Eh bien! monseigneur... vous êtes-vous occupé de moi?

LE PRINCE.

Elle me le demande... depuis ce matin je n'ai pensé qu'à vous... décidément votre mari est un scélérat...

LUCY.

Oh! oui, monseigneur... figurez-vous que tout à l'heure, ici... je l'ai vu...

LE PRINCE.

Et vous lui avez parlé?

LUCY.

Oui... mais sans me faire connaître... ce voile me dérobait à ses yeux...

LE PRINCE.

Et que vous a-t-il dit?

LUCY.

Oh! des choses... des choses à faire frémir!

LE PRINCE.

En vérité?

LUCY, hésitant.

Il m'a conseillé?..

LE PRINCE.

Quoi donc?..

LUCY, baissant les yeux.

De vous aimer...

LE PRINCE.

De m'aimer... Allons, allons, il n'est pas si coupable que je le pensais.

LUCY.

Oh! monseigneur... un mari!..

LE PRINCE.

Vous avez raison... Oui, il est très coupable... et je me charge de sa punition...   (Il lui prend la main qu'il baise.)

LUCY,

Que faites-vous?

LE PRINCE.

C'est sa punition qui commence... (Ici on entend en dehors un prélude de musique militaire.) Ah! mon Dieu!.. qu'est-ce que c'est que ça? (Il va regarder à la fenêtre qu'il ouvre.) Une sérénade... et c'est Pilbury qui conduit l'orchestre...

LUCY.

Mon mari ?..

LE PRINCE.

Lui-même !

PILBURY, en dehors.

Allons, messieurs... l'air favori de monseigneur... et bien en mesure...
(La sérénade accompagne les couplets suivans.)

LE PRINCE.
Air du Bouquet de Bal.

Oui, je veux tenir la promesse
Que je vous ai faite aujourd'hui.
Puisque votre époux vous délaisse,
Moi, je dois vous venger de lui
Mais d'abord, aimez-moi, ma belle,
Car je serai toujours fidèle...
(Il la fait asseoir près de lui sur le canapé.)

PILBURY, criant au dehors aux musiciens.

Amoroso ! comptez les soupirs !

LE PRINCE.
Ma petite, c'est ainsi
Que l'on se venge d'un mari !

LUCY.
Eh ! quoi ! vraiment c'est ainsi
Que l'on se venge d'un mari ?

PILBURY, criant en dehors aux musiciens.

Crescendo !

LE PRINCE.
Ah ! pour mom ame quelle ivresse !
A mes vœux enfin rendez-vous !
(A part.) Je dois ici, de la comtesse,
Suivre les préceptes si doux !
(A Lucy.) Du tendre amour qui nous engage
Il me faut un baiser pour gage.   (Il l'embrasse)

PILBURY, criant en dehors aux musiciens.

Fortissimé ! appuyez sur la note !..

LUCY.
Je ne fais que suivre ici
Tous les conseils de mon mari !

LE PRINCE.
Ma petite, c'est ainsi
Que l'on se venge d'un mari !

PILBURY, criant en dehors.

Bravo ! bravissimo ! vive monseigneur !

SCÈNE XX.

LES MÊMES, LA COMTESSE, puis PILBURY, ensuite SIR GEORGES.

LA COMTESSE, entrant.

Monseigneur... que vois-je !.. une femme !   (Lucy baisse son voile.)

LE PRINCE, courant à la comtesse.

Ah ! comtesse... que je vous ai d'obligations... si vous saviez comme j'ai profité de votre leçon.

(Reprenant le motif du duo.)

C'est charmant ! c'est facile ;
De cette leçon-là,
Votre élève docile
Toujours se souviendra.

PILBURY, entrant avec un bouquet.

J'espère que monseigneur est content de ma sérénade...

LE PRINCE, regardant Lucy.

Enchanté!.. elle m'a fait un plaisir... mais, pour qui ce bouquet?

PILBURY.

Pour la dame de vos pensées, monseigneur.

LA COMTESSE, a Pilbury.

Comment, vous saviez...

PILBURY, d'un air de triomphe.

Je savais tout!

LA COMTESSE.

Traître!

PILBURY, passant près de Lucy.

Permettez-vous, monseigneur?

LE PRINCE.

Offrez, Pilbury... offrez...

SIR GEORGES, entrant.

Monseigneur, le dîner est servi... et messieurs les officiers...

LE PRINCE.

Il ne faut pas les faire attendre. (Offrant la main à la comtesse.) Comtesse...

LA COMTESSE, à part.

Je suis d'une colère!..

LE PRINCE.

Pilbury, soyez le chevalier de madame. (Il lui montre Lucy.)

PILBURY.

Quel honneur!.. mais, belle dame, garderez-vous plus long-temps ce voile fâcheux?..

LE PRINCE.

Pilbury a raison... il est temps de mettre fin à ce mystère...

(Il relève le voile de Lucy.)

PILBURY, la reconnaissant.

Dieu!.. qu'ai-je vu!.. ma femme!..

LA COMTESSE et SIR GEORGES.

Sa femme!..

Air de Rossini.

PILBURY.

Ah! quel événement!
Ah! grand Dieu! quel moment
Quel coup pour mon ame.
Je revois ma femme!..
A quel parti
M'arrêter aujourd'hui?..

LE PRINCE.

Ah! quel événement! quel moment!
Quel coup pour son ame!
Il revoit sa femme!..

ENSEMBLE.

Voyons quel parti
Il va prendre aujourd'hui.

LA COMTESSE.

Quel coup pour mon ame!..
Eh quoi! c'est sa femme!..
Par eux, aujourd'hui
Mon espoir est trahi!

SIR GEORGES.

Quel coup pour son ame!
Eh! quoi! c'est sa femme
Voyons quel parti
Il va prendre aujourd'hui.

LA COMTESSE, à Pilbury.

Votre femme !.. et vous le saviez !

PILBURY.

Mais non... je ne le savais pas... si je l'avais su, est-ce que je lui aurais conseillé tout à l'heure... et la sérénade... ah ! malheureux !..

LE PRINCE.

Pilbury... votre femme n'a rien à se reprocher... c'est elle, au contraire qui vous accuse... vous avez de grands torts envers elle... mais j'ai obtenu votre pardon... désormais, madame ne vous quittera plus... et vous resterez toujours auprès de moi.

LA COMTESSE, bas à Pilbury.

Quoi !.. vous consentiriez ?..

PILBURY.

Au fait... pourquoi pas, comtesse ? comme l'a dit un des nobles aïeux de monseigneur : « HONNI SOIT QUI MAL Y PENSE. »

LE PRINCE.

J'aime les bons ménages... Brummel ! voilà un exemple à suivre... vous vous marierez aussi... avec une jolie femme... et vous ne me quitterez pas non plus...

SIR GEORGES, saluant.

Oui, monseigneur.

CHOEUR.

Air de Lestocq.

En ce jour pour nous quelle ivresse !
Crions tous vive monseigneur !
Plus de crainte plus de tristesse
Il ne veut que notre bonheur.

LE PRINCE, au public

AIR : Paris et le Village.

Près de fillette au minois séduisant,
 J'étais tout à l'heure intrépide,
Mais devant vous, messieurs, en ce moment,
 Le Prince redevient timide.
Pas de bruit, de fâcheux éclats,
Ce soir, ici protégez sa jeunesse...
Voudriez-vous changer en un faux pas,
 Le premier pas de son Altesse ?

REPRISE DU CHOEUR.

En ce jour, etc.

FIN.

LA
MAISON DU BON DIEU,

COMÉDIE-VAUDEVILLE EN UN ACTE.

PAR MM. E. WANDERBURCH ET P^{re} TOURNEMINE.

REPRÉSENTÉE POUR LA PREMIÈRE FOIS, SUR LE THÉATRE DE LA PORTE-SAINT-ANTOINE,
LE 17 NOVEMBRE 1836.

Ces deux sabres d'honneur, je les ai gagnés sur le champ de bataille ! (SCÈNE XV.)

PARIS,
NOBIS, ÉDITEUR, RUE DU CAIRE, N° 5.

1836.

Personnages.	Acteurs.

BERNARD, curé, (66 ans). — MM. Omer.
RÉMOND, ancien sous-officier, son ami, (55 ans). — Henri.
EUGÈNE, } commis voyageurs. — Fontenay.
ISIDOR, } — Séligny.
JULIEN, fils naturel de Rémond, (22 ans). — Hippolyte
PIERRE, garçon de peine. — Fournier.
VÉRONIQUE, sœur de Bernard, (46 ans). — Mmes Ludovic.
PERRINE, servante. — Bligny.
PAYSANS, HOMMES ET FEMMES.

La scène se passe à Sassenage, petit bourg près Grenoble

J.-R. MEVREL, Passage du Caire, 54.

LA MAISON DU BON DIEU,

VAUDEVILLE EN UN ACTE.

Le théâtre représente une salle basse de la maison habitée par Bernard. — De chaque côté, une porte de communication; vers le premier plan, à droite du spectateur, une haute cheminée; au fond, l'entrée principale. Une table, un buffet, quelques chaises composent l'ameublement.

SCÈNE I.
VÉRONIQUE, PERRINE.

(Au lever du rideau, Véronique est assise sur une chaise basse, auprès de la cheminée, elle attise le feu et surveille deux casseroles placées sur des fourneaux dans l'intérieur de l'âtre. Perrine apporte la table à quelques pas de Véronique, et va prendre dans le buffet tout ce qu'il faut pour dresser un couvert.)

VÉRONIQUE, soufflant le feu de l'âtre.

Allons, bien!.. voilà mon feu qui s'éteint, à présent! Perrine, du bois...

PERRINE, quittant ce qu'elle fait.

Tout de suite, mam'selle... (Une horloge sonne trois heures.)

VÉRONIQUE.

Trois heures!.. et pas encore rentré... s'il y a du bon sens à me faire attendre ainsi!.. quel homme insupportable, mon Dieu!

PERRINE.

Ah! mam'selle Véronique! pouvez-vous parler comme ça de vot' frère!.. ce bon m'sieur Bernard, un si brave, un si digne homme!

VÉRONIQUE, avec humeur.

Oui, c'est cela, on le trouve bon parce qu'il n'a rien à lui; qu'il se prive pour aider des ingrats, qu'il garde des domestiques paresseux, et qu'il souffre que dans son presbytère, ils osent se faire l'amour... le digne homme, n'est-ce pas, parce que tout le monde le gruge?.. c'est le fou, l'original, qu'il faudrait dire!.. les chemins qui conduisent ici, sont horribles, il éclaire sa porte le soir, pour éviter, dit-il, les accidens; il n'y a pas d'auberge à plus d'une lieue à la ronde, il reçoit, il couche, il nourrit gratis le premier venu qui se présente... aussi dans le village on appelle sa demeure la MAISON DU BON DIEU... je vous demande s'il ne vaudrait pas autant mettre une enseigne et écrire en bas: Ici, on loge à pied et à cheval!.. (Remuant une casserole.) Là, voilà mes lentilles qui brûlent!..

PERRINE, à part.

C'est ben fait; elle est trop bougonneuse, aussi!

VÉRONIQUE.

Qu'est-ce que vous dites?.. c'est votre faute; me faire causer, me mettre en colère...

PERRINE.

Moi?.. par exemple!.. c'est vous qui me grondez toujours, et que je ne vous réponds jamais rien.

VÉRONIQUE.

Allons, allons, c'est bon, taisez-vous.

PERRINE, à part.

Oh! que c'est ennuyeux, les vieilles filles!

SCÈNE II.
LES MÊMES, PIERRE.

(Pierre paraît à la porte du fond; il n'ose entrer, et fait signe à Perrine qui vient à lui.)

PIERRE, bas.

P'sit!..p'sit!.. dis donc, Perrine, le voyageur d'hier au soir, est-il parti?..

PERRINE, de même.

Dam, je ne sais pas; quéque tu lui veux?

PIERRE.

C'est qu'il m'a promis un pour-boire.

VÉRONIQUE, sans se retourner.

Eh! bien, ce couvert est-il mis?

PERRINE.

Oui, mam'selle, tout à l'heure. (A Pierre.) Ah! mon Dieu, mais t'es trempé comme une soupe!

PIERRE, toujours bas.

Je crois ben, il tombe un brouillard, qu'on ne mettrait pas un chien dehors.

PERRINE, de même.

Eh ben! pourquoi que t'es sorti?

PIERRE.

Pour le voyageur, puisqu'il m'a envoyé savoir à la poste, à quelle heure que passe la diligence de Lyon... Hein, comme je suis moite?

PERRINE.

Ne dis rien, j'te vas prêter sa chaufferette : tu te mettras dessus, ça te réchauffera les pieds.

PIERRE, entrant tout doucement.

A-t-elle des attentions délicates!.. (S'asseyant sur la chaufferette que Perrine vient de lui donner.) Tu crois que ça va me sécher les pieds?

PERRINE.

Prends garde qu'elle ne t'entende; tu sais les trains qu'elle ferait?..

PIERRE.

Pas de danger, va... (Criant.) Oh! ça me brûle?

VÉRONIQUE, se tournant.

Hein, qu'est-ce que c'est?

PERRINE, à part.

Imbécile!..

VÉRONIQUE.

Pierre!.. eh bien! il faut qu'il ait du front, par exemple!.. quand je lui ai défendu...

PERRINE.

Ah! mam'selle Véronique, c'est ben absolument l'hasard, allez!

VÉRONIQUE.

Petite effrontée! vous n'avez pas de honte, de vous en faire conter par ce mauvais garnement?.. (S'adressant à Pierre.) Et toi, drôle, est-ce ici ta place?.. on te paie pour rester à rien faire, n'est-ce pas?

PIERRE.

Rien faire?.. ah! ben, en v'là une bonne!.. Primio, j'ai porté à ce matin de la farine à la mère Leroux, d'la part de m'sieur le curé; deuxio, j'ai arclé la vigne; troisio...

VÉRONIQUE.

Tais-toi, débauché, bon à rien, lâche, gourmand...

Air : Vaudeville de l'Ours et le Pacha.

Il te faudra changer, crois-moi.
Ici, j' te l'dis avec franchise,
Pour qu'on t' garde, corrige-toi
D'ta paresse et d'ta gourmandise.
Ça perd la moitié de son temps,
Quand ça a l' ventr' plein, c'est comme un' souche.

PIERRE.

Faut ben qu'on mang', faut ben qu'on s'couche;
Quéqu'fois, c'est vrai, j'suis su' les dents,
Mais, c'est faux que j'sois su' ma bouche. (bis.)

VÉRONIQUE.

Ça raisonne, je crois... Ah! mon Dieu! et moi qui oublie mes œufs à la coque... (Elle court vers la cheminée et les retire des cendres.) Eh bien! ils sont dans un joli état!

PIERRE.

Ils sont durs?.. faut en faire une omelette.

VÉRONIQUE, en colère.

Pierre, sors d'ici, sors vite; et si je te retrouve encore avec elle... Allons, v'là ma soupe dans les cendres, à cette heure... Mauvais sujet! c'est toi qui es cause de tout cela !.. (Elle prend un brin de fagot et veut le battre.)

SCÈNE III.

LES MÊMES, RÉMOND, en costume du peuple mais cossu; chapeau recouvert d'une toile cirée.

RÉMOND, sortant du cabinet de droite.

Eh bien! eh bien! du tapage?.. diantre! ma chère dame, comme vous y allez! vous donnez le knout à vos domestiques?

VÉRONIQUE, retournant à la cheminée.

De quoi vous mêlez-vous?

PIERRE.

Faites pas attention, voyageur, c'est les caresses d'habitude de mam'selle. (Plus bas.) Elle est méchante comme un âne rouge. (Plus haut.) Ah! à propos, vous savez, la voiture de Lyon?.. eh ben! elle passe aux environs de neuf heures, au bout du petit chemin que je vous ai montré; et si elle n'est pas pleine et qu'il y ait de la place, vous pouvez être sûr...

RÉMOND.

Petit farceur!.. (Il lui donne quelque monnaie.) Ah! tu m'indiqueras aussi la maison du notaire de cet endroit... (A Véronique.) Maintenant, madame l'hôtesse, ma carte, s'il vous plaît?

VÉRONIQUE, à part.

L'hotesse!.. la carte!.. quand je dis qu'ils prennent tous la maison pour une auberge! (Haut et avec humeur.) On ne fait ici la carte à personne, entendez-vous, monsieur.

RÉMOND.

Oh! ne vous fâchez pas; si ça n'est pas votre usage, ça m'est égal... voyons, le lit, le souper d'hier et le déjeuner de ce matin, ça fait au juste...

PERRINE, bas à Rémond.

Mais, ne lui demandez donc pas ça, puisqu'on est reçu ici gratis, pour rien, quoi!

RÉMOND.

Ah! bah!.. comment! quand on m'a enseigné la maison du bon Dieu...

PIERRE.

Eh ben!.. oui, c'est ça; mais la maison du bon Dieu, c'est pas un bouchon, c'est le presbytère.

RÉMOND.

Vraiment!..

PERRINE.

Enfin! vous êtes chez m'sieur Bernard, le curé de Sassenage.

PIERRE.

Et un fameux bon enfant, allez!.. indulgent sur tout, quoi... excepté sur la boisson, par exemple... ah! ça, un verre de vin de trop, y ne vous le passe pas, d'abord!..

RÉMOND, réfléchissant à part.

Bernard... voilà qui est singulier, il me semble que j'ai connu dans le temps, un lapin de ce nom-là... (A Véronique.) Excusez, ma brave dame, je ne me doutais pas que j'étais si bien tombé. Ah! ça, on peut sans doute le voir et le remercier, avant que de partir, ce digne homme-là?.. si vous voulez le prévenir qu'un vieux troupier désire faire sa connaissance...

PERRINE.

Un troupier?.. ah ben!.. il sera aussi joliment content de vous voir, quand il va rentrer, allez! oh! les militaires, il les aime!..

VÉRONIQUE, à part.

La bavarde!

PIERRE.

Je crois ben, quand il en passe, ça lui fait un effet!.. ça lui fait même quéquefois deux effets.

RÉMOND.

En vérité?.. eh bien! je vais faire ma valise, et je reviens à l'instant.

(Il entre dans sa chambre.)

SCÈNE IV.

LES MÊMES, excepté RÉMOND, et bientôt après, BERNARD.

VÉRONIQUE.

Je vous demande un peu de quoi se mêle cette petite sotte?.. retenir cet étranger!.. pour monter encore la tête à mon frère, comme cela arrive chaque fois qu'il rencontre un de ces vauriens de soldats. (A part.) Je ne sais quoi dans celui-ci a réveillé en moi des souvenirs...

PIERRE, bas à Perrine.

Hein, est-elle maronneuse?

(Bernard paraît au fond; il porte un parapluie et semble fort embarrassé de divers objets qu'il tient sous son manteau.)

BERNARD.

Pierre, viens m'aider, mon garçon.

PIERRE.

Tout de suite, M. Bernard. (Il va à lui et le débarrasse; Bernard entre en scène.)

VÉRONIQUE, à son frère.

Ah! enfin, vous voilà... ça n'est pas malheureux! faire une pareille absence, quand vous savez que monseigneur l'évêque est en tournée dans son diocèse; qu'il peut venir ici et s'y arrêter, comme il a fait déjà chez plusieurs de vos confrères; mais à quoi pensez-vous?.. et comme vous voilà mouillé, crotté!

BERNARD, secouant son chapeau, et ôtant le manteau qui le couvre.

Ce n'est rien... Perrine, jette-moi un peu de broussaille dans l'âtre, ma fille. (Perrine s'empresse d'obéir, et lui place même ses pantoufles près du feu.)

VÉRONIQUE.

Et d'où venez-vous, comme ça?

BERNARD.

Je viens... je viens de Grenoble, là, puisqu'il faut tout vous dire... j'y avais affaire.

VÉRONIQUE.

Oui, à faire des emplettes, pour vos fainéants de Sassenage!

BERNARD.

Eh bien! quand ça serait, ma sœur, n'allez-vous pas encore crier à cause de ça?

Air : Amusez-vous, jeunes fillettes.

Pour la veuve de Jean-Marie,
Qui voit nus ses pauvres enfans,
Chez les marchands de friperie,
J'ai choisi quelques vêtemens.
Ça m'a fait un petit voyage;
Mais, Dieu merci, grace à mes soins,
A mon retour dans le village
J'avais trois malheureux de moins.

VÉRONIQUE.

C'est gentil! tout ça vous arrange bien, et votre bourse aussi!

BERNARD.

Jacques est mourant, dans sa chaumière,
Que Dieu veuille le protéger!
J'ai couru chez l'apothicaire
Chercher de quoi le soulager.
Je suis revenu tout en nage;
Mais, Dieu merci, grace à mes soins
A mon retour dans le village,
Un vieux malade souffrait moins.

VÉRONIQUE.

Et tout ça à pied?.. vous vous abîmez le corps! vous êtes vieilli de vingt ans depuis que nous sommes dans ce pays de loups.

BERNARD.

C'est pour cela, l'exercice me fait du bien.

VÉRONIQUE.

Si vous étiez plus économe, si vous ne donniez pas tout, vous pourriez avoir un cheval, une carriole...

BERNARD.

J'aime mieux nourrir des pauvres que des chevaux.

VÉRONIQUE, à part.

Quel homme!

BERNARD, se mettant à la table.

Voyons, Perrine, qu'est-ce que tu vas me donner aujourd'hui?

PERRINE, le servant.

M'sieur le curé, v'là une bonne petite soupe, des œufs mollets, et des lentilles.

BERNARD, gaiment.

Oh! oh! c'est un repas splendide. (Il mange.) Elle est joliment mitonnée ta soupe, tu devrais en garder un peu pour coller le papier de mon alcôve. (Il la laisse et casse un œuf.) Dis donc, Perrine, tu appelles cela des œufs mollets?

PERRINE.

Ils sont peut-être un peu rissolés?

BERNARD, bas.

Chut, chut! ne disons rien, tu serais grondée et moi aussi. (Il goûte aux lentilles.) Pouah! oh! ma foi pour les lentilles, elles ne valent pas le diable!

VÉRONIQUE, avec humeur.

Parbleu! plaignez-vous, quand moi, j'ai eu la peine de faire réchauffer tout cela plus de vingt fois... mais rien n'est jamais à votre goût; vous êtes un homme injuste, acariâtre, abominable!

PIERRE, à part.

Ah! ah! comme elle l'habille!

BERNARD.

Allons, allons, c'est bien... c'est moi qui ai tort.

VÉRONIQUE.

Très certainement... croyez-vous, d'ailleurs, que je ne sois pas lasse de faire ici l'ouvrage d'une péronelle, qui n'est bonne qu'à faire les doux yeux avec ce drôle?

PIERRE, à part.

Bien, v'là encore que c'est mon tour!

VÉRONIQUE, continuant.

Mais j'ai beau dire, vous ne voulez pas réprimer ce scandale; et jusqu'à ce qu'il soit arrivé un malheur...

PIERRE, vivement.

Un malheur?.. de quoi, de quoi, quéque ça veut dire?

BERNARD, bas et plus sévèrement.

Assez, assez, ma sœur; voulez-vous donner à ces enfans des idées qu'ils n'ont pas? ayez un peu plus d'indulgence; vous avez été jeune aussi... vous fûtes long-temps séparée de moi, et si j'avais écouté les propos... mais, c'est de l'histoire ancienne, et comme il ne m'appartient pas non plus d'être trop sévère, ne parlons pas de tout ça... (A Pierre.) Pierre, il commence à faire sombre; vas allumer la lanterne, mon garçon; je te permets d'aimer Perrine, et si vous êtes bien gentils, si vous vous conduisez bien tous les deux, je vous marierai... l'été prochain.

VÉRONIQUE.

Les marier? joli ménage! misère et compagnie!

BERNARD.

Eh! mon Dieu! s'ils sont heureux! cela vaudra une union de princes!

(Un peu à part, à Véronique.)

AIR : De ma Céline amant modeste.

Le fruit qu'on nous défend nous tente,
Je sais cela depuis long-temps;
Et loin de tromper leur attente,
J'unirai ces pauvres enfans.
S'aimer, n'est-il pas de leur âge?
Curé prudent, je vous le dis, enfin,
Mieux vaut un pauvre mariage
Que le baptêm' d'un orphelin.

PIERRE, qui l'a entendu.

Et m'sieur le curé a ben raison... O! ô brave homme du bon Dieu, va!

PERRINE, qui ôte le couvert.

Ah! v'là not' voyageur d'hier soir.

BERNARD, sans regarder.

Ah! ah! d'hier soir? je ne l'ai pas vu celui-là... on en a eu bien soin?

PERRINE.

J' crois ben puisqu'il veut vous remercier.

PIERRE, bas à Bernard.

Un ancien militaire, ne dites pas que c'est moi qui vous l'a dit.

BERNARD, vivement.

Un ancien militaire!..

SCÈNE V.
LES MÊMES, RÉMOND.

RÉMOND, entrant, sa valise sous le bras et un bâton à la main.

C'est sûrement lui; au fait, il a une bonne figure, ce curé-là.

BERNARD, allant à lui.

Mon brave, je regrette de ne m'être pas trouvé au presbytère pour vous recevoir moi-même, mais... (Il l'examine attentivement.)

RÉMOND, le considérant aussi.

Monsieur l'abbé, certainement... c'est moi qui suis... Ah! mon Dieu!.. est-ce possible?.. comment ce serait... Ber... Bernard!

BERNARD, le reconnaissant.

Rémond!

RÉMOND, avec joie.

Eh! oui, mille bombes! Rémond, ton vieux camarade.

VÉRONIQUE, à part et vivement.

Rémond!

PIERRE et PERRINE, de même.

Ah! c'te chose, ils se connaissent!

BERNARD.

Mon ami! (Ils s'embrassent.)

RÉMOND.

Ce bon Bernard!

BERNARD.

Et comment te trouves-tu dans ce pays? je te croyais retiré dans le Nivernais, ta patrie.

RÉMOND.

Je te conterai ça.

VÉRONIQUE, après avoir considéré Rémond plus attentivement et à part.

Oh! c'est lui, c'est bien lui, plus de doutes! (Elle s'évanouit presque.)

PERRINE, allant à elle.

Eh ben! quéque vous avez donc, mamselle?

VÉRONIQUE, se remettant.

Ce n'est rien; venez, Perrine. (A part en sortant.) Sainte Vierge, ayez pitié de moi!

RÉMOND.

Eh! mais, cette pauvre femme...

BERNARD.
Ne fais pas attention... ma chère sœur est un peu sauvage, et ta présence...
RÉMOND.
Ah! c'est ta sœur?.. je t'en fais mon compliment... elle est douce à peu près comme une carabine rouillée.
BERNARD.
Ah! ça, tu n'es pas tellement pressé, que tu ne puisses, j'espère, me donner quelques heures?.. nous casserons une croûte, et nous causerons un peu. Voyons, Pierre, aveins-nous une bouteille de Beaujolais et un morceau de fromage.
PIERRE.
Voui, m'sieur Bernard. (Il va fouiller au buffet.)
BERNARD, à Rémond.
Tu vois que c'est une petite collation bien frugale. (Riant et plus bas.) Mais à la guerre comme à la guerre!
RÉMOND.
Et le plaisir d'être avec toi, donc? ce sera un repas excellent.
PIERRE, qui a servi, bas à Rémond.
Dites donc, voyageur, puisque vous êtes amis ensemble, et que vous le connaissez, tâchez donc qu'il me marie avec Perrine, le plus tôt possible.
RÉMOND.
Eh! le gaillard est pressé, à ce qu'il paraît!
BERNARD.
Mais sois donc tranquille; puisque je te l'ai promis... à condition que d'ici là, tu seras sage, pourtant...

Air : Je sais attacher des rubans.

La pauvre enfant ne t'apportera rien;
Orpheline, sans espérance,
En mariage elle n'a d'autre bien
Que sa vertu, son innocence.
Mais ce trésor, garde-le sur l'honneur,
Songe qu'il faut respecter ce qu'on aime;
N'emprunte rien à ton futur bonheur,
Ce serait te voler toi-même.

Allons, vas allumer ta lanterne, et laisse-nous.
PIERRE.
Voui, m'sieur Bernard. (A part en sortant.) Ça serait me voler moi-même, qu'est-ce qu'il veut donc dire? j'vas l'demander à Perrine.

SCÈNE VI.
BERNARD, RÉMOND.

RÉMOND, à part.
Ce qu'il vient de dire là, à ce garçon, c'est bien... c'est très bien.
BERNARD.
Voyons, assieds-toi là, et renouvelons connaissance le verre à la main.
RÉMOND, se mettant à table.
Volontiers... tu n'es pas bien exigeant, à ce que je vois...
BERNARD, lui versant.
Du tout; la belle chose que de faire trembler tout le monde... tu sais le proverbe : on prend plus de mouches avec du miel qu'avec du vinaigre... Eh bien! moi, j'en fais un précepte de morale... à ta santé, mon vieux...
RÉMOND.
Vieux? je suis ton plus jeune, de douze ans au moins!.. (Il boit.) Parbleu! je n'en reviens vraiment pas; t'avoir quitté dragon, et te retrouver curé : en voilà une métamorphose!

Air : Vaudeville de l'Apothicaire.

Toi, qui j'ai vu si crâne, autrefois,
Racont' moi donc, par quell' prouesse,

Tu laissas l' sabre pour la croix
Et la manœuvre pour la messe?
J'ai beau le voir, là, de mes yeux
A l' croir', sur mon honneur, j' hésite...
Il est donc vrai, que, dev'nu vieux,
Le diable ait pu se faire ermite.

BERNARD.

Ah! c'est qu'il s'est passé bien des choses depuis ce temps-là! tu sais que j'avais été élevé au séminaire?.. la réquisition vint m'enlever à mes études et me mettre un sac sur le dos; ma foi, je pris mon parti, j'étais jeune, enthousiaste; d'abord, je ne vis que mon pays, mais ensuite apparut l'empereur, et je l'aimai, je l'admirai, car il me semblait envoyé par le ciel, pour la gloire de la France!

RÉMOND, buvant.

Ah! quel temps que celui-là!

BERNARD.

J'ai servi loyalement et bravement... et quand j'ai vu ce colosse de force et de puissance tomber de si haut, cette belle armée détruite, la France envahie, Napoléon allant mourir dans une île anglaise, mes idées religieuses me sont revenues; car alors, j'ai compris qu'il n'y avait pas de grandeur véritable sur cette terre!

RÉMOND, ému.

Oui, alors, je conçois maintenant; mais si ça t'est égal, causons de quelque chose d'un peu plus gai, veux-tu?.. tiens, donne-moi à boire. (Voyant que Bernard ne se verse pas.) Eh bien! dis donc, tu l'oublies, toi, l'ancien?..

BERNARD.

Ne fais pas attention, je ne prends jamais plus d'un second verre; c'est... un vœu que j'ai fait...

RÉMOND, gaîment.

Un vœu de ne pas boire? allons donc, tu plaisantes! (Riant.) Un vieux grognard, à qui un verre de vin fait peur!

BERNARD, avec gravité.

Et pourquoi pas?.. ignores-tu donc à quels excès peut porter l'ivresse? et si je te disais qu'un jour, un verre de vin de trop m'a troublé la raison, au point de me faire commettre une faute dont le souvenir est encore là, qui me déchire la conscience?

RÉMOND, sérieusement.

Hein? qu'est-ce tu dis donc?

BERNARD.

Écoute, car je puis te confier cela, à toi; il y a d'ailleurs si long-temps que j'étouffe ce secret en moi-même... (Ils se prennent la main avec émotion. Bernard poursuit, après un moment de silence.) Tu avais quitté notre régiment; c'était dans ces environs, à une époque... bien désastreuse! tout était en déroute... les Autrichiens marchaient sur Lyon, nous allions à leur rencontre... (Soupirant.) Ah! quand j'y songe...

RÉMOND, avec la plus vive attention.

Après...

BERNARD.

Repoussés devant Grenoble, nous nous replions ici, dans ce même village; nous étions exaspérés... les habitans nous fermèrent leurs portes... maréchal-des-logis-chef, je commandais un peloton... je m'y vois encore... la tête tournée, la rage d'être vaincus, et avec cela un verre de vin, un verre de trop, entends-tu... moi qui, tu le sais, avais toujours donné l'exemple de la modération, j'oubliai tout... je fus injuste, cruel...

RÉMOND, vivement.

Toi!

BERNARD.

Je monte l'esprit de mes camarades, nous demandons des vivres qu'on nous refuse... les malheureux! comment auraient-ils pu nous satisfaire, d'autres avant nous les avaient déjà pillés! nous voulons les contraindre, le désespoir les porte à se défendre... une heure après, nous étions déjà loin, et la flamme dévorait une partie de ces chaumières; depuis ce jour, ce fut un remords, vois-tu; car, là, il n'y avait pas d'excuse; (Pleurant.) c'étaient des Français, c'étaient des frères !

RÉMOND, avec émotion.

Ah ! pauvre Bernard !

BERNARD, continuant.

La Restauration vint... le repentir de cette faute, la résolution de ne point porter une autre cocarde, me ramenèrent vers l'asile où s'était écoulé mon enfance : j'y fus reçu, j'y trouvai des consolations... enfin, quelques années après, une cure me fut offerte; juge de ma joie, c'était celle de Sassenage !.. pauvres gens, me dis-je alors, je pourrai donc réparer le mal que je leur ai fait ! je soignerai leurs malades; j'élèverai, j'instruirai leurs enfans, je leur ferai tant de bien à tous, que le bon Dieu me pardonnera peut-être... aussitôt, je réunis le petit avoir que je possédais, et je vins m'installer ici avec ma sœur; ici, voilà ma vie depuis que je l'ai quitté, mon pauvre Rémond, je t'ai montré mon âme tout entière, vois, maintenant, si le prêtre n'a pas bien expié la faute du soldat.

RÉMOND, vivement.

Oh ! oui... tu as raison, et je n'aurais jamais cru qu'un verre de vin... diable d'homme, va, tu m'as tout bouleversé !

BERNARD.

Allons, allons, essuie cette petite larme et bois un coup, ça te remettra.

RÉMOND, mettant la main sur son verre.

Non, non, assez... tout ce que tu viens de me dire... et moi qui ne pensais plus à rien, qui allais tranquillement me marier !

BERNARD, gaîment.

Bah !.. conte-moi donc cela ?

RÉMOND.

Ah ! ça n'est pas précisément un mariage, c'est plutôt une affaire... on me propose une cousine qui exploite la filoselle dans les environs de Saint-Laurent, et possède en outre cent cinquante bons mûriers au soleil; comme j'ai repris le commerce de mon père, et que je suis aussi dans les vers à soie ! je me suis dit : ça va; ce qui fait que, malgré que je ne l'ai pas encore vue, nous avons déjà deux bans à la municipalité.

BERNARD.

C'est tout-à-fait original !

RÉMOND.

La chose...

AIR : De sommeiller encor, ma chérie

Pour faire un' fin, je me marie,
Il faut s'établir tôt ou tard :
Ma femm' paraît un' bonn' réjouie
Et franch'ment, j'la prends au hasard.
Avec le sentiment on s'noie,
J'aim' mieux les écus qu'les amours :
En unissant nos vers à soie
Nous pourrons filer d'heureux jours.

BERNARD, riant.

C'est on ne peut plus juste !

RÉMOND.

Eh ! bien oui, ce matin, je pensais encore ainsi, mais depuis la confidence que tu viens de me faire...

BERNARD.

Quels rapports y a-t-il...

RÉMOND.

Ah ! c'est que je suis comme toi, mon bon Bernard, j'ai un remords... et moins heureux, je n'ai pas réparé...

BERNARD.

Toi, un remords ?.. un sans souci !

RÉMOND.

Oh ! il y a bien long-temps !.. j'avais, je crois... vingt-cinq ans... une jeune fille qui demeurait du côté de chez nous... que j'ai trompée, abandonnée... elle est peut-être morte de chagrin.

BERNARD.

Et tu ne l'as jamais revue ?..

RÉMOND.

Non ; quand je suis revenu au bout de cinq ou six ans, elle avait quitté le pays, et mon père avait gardé notre marmot.

BERNARD.

Tu avais un enfant !..

RÉMOND.

Méchant mioche ! c'était gentil, étant petit... il avait un goût pour la musique !.. aussi il s'est fait trompette dans un régiment ; puis il a quitté la garnison comme il avait abandonné la maison de mon père. Que veux-tu, c'est un mauvais sujet de plus, qui court le monde ; je n'y peux rien, il y a près de quatorze ans que je ne l'ai vu, et en voilà quatre, que je ne sais où il est... Mais tous ces souvenirs-là, vois-tu, ça me chiffonne maintenant, ça me pèse...

BERNARD.

Bien, bien, mon ami, c'est un bon mouvement, cela... réfléchis, et agis selon ton cœur, je suis sûr qu'il te conseillera bien.

PIERRE, en dehors.

Mam'selle Véronique ! mam'selle Véronique !..

RÉMOND, à part avec la plus grande surprise.

Véronique !.. par quel hasard, ce nom, en ce moment...

SCÈNE VII.

LES MÊMES, PIERRE, accourant.

PIERRE.

Mam'selle Véronique ! mam'selle Vé... tiens, où c'qu'elle est donc ?

BERNARD.

Eh ! bien voyons, que lui veux-tu, à ma sœur ?

RÉMOND, à part.

Sa sœur !.. ah ! mon Dieu ! est-ce qu'il serait possible...

PIERRE.

Figurez-vous trois voyageurs, trois... et ils sont faits ! ils sont trempés !.. des vrais caniches, m'sieur le curé.

BERNARD.

Fais-les donc entrer, nigaud.

PIERRE, sortant.

Voui, m'sieur le curé... (A Rémond.) Hein, est-il bon ?

RÉMOND, pensif.

Il n'y a pas à balancer, il faut que je m'assure...

BERNARD.

Nous recauserons tout-à-l'heure ; car nous ne nous disons pas adieu, j'espère ?

RÉMOND, lui pressant la main.

Partir sans t'embrasser, ah ! peux-tu le croire !..

AIR : Vaudeville des Scythes et des Amazones

Non, attends-moi, je reviens tout de suite,
Je n'entends pas te quitter aussi tôt ;
Un mot de foi, m'a dicté ma conduite,
Mon bon Bernard, je reviendrai bientôt,
Oui, sans adieu, je reviendrai bientôt.
(A part.) Se pourrait-il, après vingt ans d'absence !..
C'est mon devoir, et j'irai jusqu'au bout ;
(Haut.) J' n'écoute plus qu' la voix d' ma conscience,
J'sens qu'il faut être honnête homme avant tout.
J' n'écoute plus qu'la voix d' ma conscience,
Comm' toi, j'veux être honnête homme avant tout.
Il faut être honnête homme avant tout. (BIS.) (Il sort.)

SCÈNE VIII.

BERNARD, PIERRE, EUGÈNE en costume de Crispin; ISIDOR en costume de Tartuffe, et JULIEN en habit de ville. Tous trois sont couverts de manteaux et de carricks.

PIERRE, entrant le premier.

Entrez, que je vous dis... vous ne vous trompez pas, vous êtes à la maison du bon Dieu.

JULIEN, gaîment.

Elle a l'air un peu bicoque, ta maison du bon Dieu.

PIERRE.

Bicoque?.. eh! ben, est-il donc malhonnête, celui-là!

EUGÈNE.

Brou! brou! brou!.. nous sommes faits comme des voleurs!...

PIERRE, à part.

Le fait est qu'ils ont des drôles de mines : que diable c'que c'est que ces gens-là...

ISIDOR, frappant sur l'épaule de Bernard.

Voyons, l'hôte, un bon feu, et le meilleur souper possible... nous mourons de faim et de froid.

BERNARD, souriant.

Je ferai de mon mieux... Allons, Pierre, vivement, une bonne bourrée, et que ça flambe.

PIERRE, mettant un fagot dans l'âtre.

L'hôte! l'hôte!.. a-t-on jamais vu... ils se croient... apprenez, messieurs, que m'sieur Bernard n'est pas un...

BERNARD, bas à Pierre.

Paix, bavard, paix... laisse-les croire, ils seront plus à leur aise.

JULIEN, s'approchant de la cheminée.

Ah! ça ravigotte!

EUGÈNE, de même.

Nous avions besoin de ça.

ISIDOR, même jeu.

Et le souper, surtout, soignons le souper.

BERNARD, à Pierre.

Voyons, remue-toi; appelle Perrine, cherche ma sœur...

PIERRE.

Mais, je me remue, m'sieur Bernard... (A part, en sortant.) Diable! comme ils commandent, ceux-là, on dirait des autorités!

SCÈNE IX.

LES MÊMES, excepté Pierre.

JULIEN, fredonnant.

Ut, mi, sol, ut,...

ISIDOR.

Oui, chante, file des games, je te le conseille, tu nous as mis dans un bel embarras!

JULIEN, riant.

Moi, du tout, c'est plutôt Eugène.

EUGÈNE.

Par exemple! c'est toi... je m'en rapporte à Isidor.

ISIDOR, désignant Julien.

Il a raison, c'est ta faute... quel dommage! je suis sûr que j'aurais été superbe dans mon rôle de Tartuffe!.. mais l'orage a commencé d'une telle force!..

BERNARD, se rapprochant.

L'orage... ah! oui, le vent du sud nous en amène souvent dans ce pays.

JULIEN, gaîment.

Vous appelez ça le vent du sud?

ISIDOR.

C'était parbleu bien des sifflets, une grêle de sifflets!

JULIEN, riant toujours.

Dieu ! avons-nous été sifflés !

BERNARD, gaîment.

Bien, bien, j'y suis... vous êtes acteurs...

ISIDOR, vivement.

Non pas, non pas ; amateurs, c'est bien assez ; car je vous jure que l'épreuve de ce soir...

JULIEN.

Bah ! bah !.. je ne dis pas cela, moi, c'était amusant.

BERNARD.

Que vous est-il donc arrivé ?

ISIDOR.

Oh ! une scène dont vous ne vous faites pas d'idée !.. (Riant.) Et cependant à présent que le danger est passé, je suis tenté d'en convenir, c'était drôle...

JULIEN.

Je crois bien !

BERNARD.

Vous avez donc eu quelque querelle, quelque...

ISIDOR.

Tenez, mon cher aubergiste, voici le fait : Nous sommes tous trois dans le commerce ; Julien, tenant les livres d'une des plus fortes maisons de Voreppe, et Eugène et moi, commis voyageurs, stationnaires en ce moment dans cette ville. Fatigués de maîtresses, de jeu, de bals, de bonne chère, et ne sachant vraiment plus quels plaisirs invoquer, l'idée nous passe de jouer la comédie ; la seule des folies que nous n'ayons pas encore faite, nous nous recrutons, on apprend les rôles, et le jour de la représentation était même déjà fixé, lorsque mon fou de Julien ouvre l'avis de nous mener débuter à Grenoble, où il prétend qu'il a une famille riche et puissante.

JULIEN.

C'est vrai ; année commune, mon grand-père avait affaire à plus de cent cinquante mille fabricants.

EUGÈNE.

Il n'est pas plus gascon que ça.

JULIEN.

Il n'y a pas de gasconade ; il faisait dans les vers à soie, et ces ouvriers-là ne tiennent déjà pas tant de place dans une manufacture.

ISIDOR, continuant.

Nous arrivons ; la salle était vacante ; l'offre de la moitié de la recette pour les pauvres, nous rend le maire favorable ; et voilà mon Julien devenu directeur, qui compose pour le soir même une affiche... oh ! mais une affiche comme on en a jamais vu... haute de ça... et des lettres ! CRISPIN MÉDECIN et le TARTUFFE ; nous annonçant comme des artistes de Paris, et lui, se faisant passer pour un élève de Talma.

BERNARD.

Ah ! Talma, un fameux !.. je l'ai vu dans un gratis, aux fêtes du sacre.

ISIDOR, poursuivant.

Chambrée complète. On lève la toile... devinez ce qui arrive ?

BERNARD.

Mais sans doute le personnage qui commençait la pièce.

ISIDOR.

Eh bien ! vous n'y êtes pas. Le personnage qui commençait la pièce était la jeune première, et la jeune première nous avait quittés avec l'amoureux de la troupe. Vous concevez dans quel embarras nous jetait une pareille fugue ?.. Eugène qui veut faire une annonce, s'embrouille et se fait travailler ; on cherche Julien... mon farceur avait rencontré deux trompettes, ses anciens amis, et il était tranquillement avec eux, à prendre du punch au café... enfin, il arrive tout chancelant sur la scène, et au lieu de solliciter l'indulgence du public, savez-vous ce qu'il propose ?.. un solo de trombonne.

JULIEN, riant.

Il fallait bien remplacer un spectacle par un autre.

ISIDOR, de même.

Ah! pour cela, il y a réussi : il n'avait promis qu'un solo, et il y a eu concert; mais c'est l'auditoire qui l'a exécuté. Dieu! quelle symphonie!.. ça marchait à grand orchestre!

BERNARD.

Comment, le public...

ISIDOR.

Ce n'était plus un public, monsieur, c'étaient des lions... Nous insulter ainsi, s'écrient simultanément, deux cents voix renforcées par autant d'instrumens à ouvrir les serrures, à bas! à bas, l'acteur!.. des excusés!.. rendez l'argent; et sans attendre qu'on s'explique, nous sommes assaillis par une grêle de pommes et de pierres : En même temps, les portes des loges sont brisées, les banquettes volent en éclats.. le commissaire veut rétablir l'ordre, sa voix magistrale se perd dans le tumulte, sa personne est outragée! des furieux, des furieux même, avaient escaladé le théâtre et nous poursuivaient jusque dans les coulisses, où une lutte inégale et sanglante allait s'engager, quand heureusement la providence, ou plutôt les quinquets brisés, ont refusé tout à coup leur lumière à cette scène d'horreur.

Air de Marianne.

Profitant de cette heureuse ombre
Pour les débarrasser tous deux,
Je les entraîne sans encombre
Dehors de ce séjour affreux;
 Puis dans la foule,
 Qui sort et roule,
 Nous élançant,
 Poussant et bousculant;
 D'un pas rapide,
 L'instinct pour guide,
 Par des ch'mins sûrs,
 Nous atteignons les murs...
Débris d'une troupe complète,
Nous nous sauvons, mais ô douleur!
Nous n'avons pas eu le bonheur
 De sauver la recette.

BERNARD, gaiment.

Eh! mais c'est tout une histoire que cela, et même une histoire fort plaisante, ma foi! enfin, vous voilà hors d'embarras; oubliez donc ce petit événement, et soyez les bien venus. (Leur désignant la pièce à droite.) En attendant qu'on vous serve à souper; voici ma chambre, je vous l'abandonne : reposez-vous, et si vous voulez vous changer...

JULIEN.

Volontiers, par exemple, car dans l'état où nous sommes, et n'ayant que ce chétif porte-manteau pour tous trois...

BERNARD.

Agissez sans façon... ah! mon Dieu! et mon pauvre Jacques que j'oublie; pardon, mais une affaire indispensable...

ISIDOR.

A votre aise, cher hôte, à votre aise.

BERNARD, avec émotion.

C'est que voyez-vous, mes amis...

Air du Vaudeville de Taconnet.

C'est un vieillard, voyageur comme vous,
Dans le chemin, il s'égara sans doute,
Mais pour mon cœur, c'est un plaisir bien doux
De lui donner la main, jusqu'au bout de la route.
A ses douleurs je me dois tout entier,
Auprès de lui, j'ai promis de me rendre...
Un malheureux doit passer le premier
Et celui-là, n'a pas le tems d'attendre.

(Prenant son parapluie et sortant.)

Allons, sans adieu... faites comme chez vous.

SCÈNE X.

LES MÊMES, excepté BERNARD.

EUGÈNE.

Ma foi, je profite de la permission.

ISIDOR.

Et moi je vais écrire à Voreppe pour donner de nos nouvelles à nos amis

JULIEN.

Approuvé; pendant ce temps, nous deux Eugène, nous allons inspecter les localités. (Il entre dans la chambre de Bernard.)

ISIDOR.

Ah! messieurs, point d'abus, ce brave homme y a mis tant de confiance.

JULIEN, reparaissant sur la porte de la chambre.

Ma foi mes amis, il n'y a pas gras... LE PETIT CARÊME DE MASSILLON, (Ouvrant un autre volume.) HISTOIRE DE NAPOLÉON ET DE LA GRANDE ARMÉE... ah! c'est un peu mieux.

ISIDOR.

Notre hôte aime la lecture, à ce qu'il paraît.

EUGÈNE, endossant une redingote.

Moi, voici mon affaire.

JULIEN, paraissant de nouveau, une bouteille à la main.

Victoire! victoire! voilà le meilleur de la bibliothèque... une collection de Malaga!

EUGÈNE.

Voyons, Julien, ne fais pas de bêtises; respect aux propriétés.

JULIEN.

Tiens! en payant la consommation, on n'a rien à dire.

(Il rentre, Eugène le suit.)

SCÈNE IX.

ISIDOR seul, puis VÉRONIQUE.

ISIDOR, seul.

Diable de Julien! s'il met le nez dans la bouteille, nous n'en pourrons plus jouir; il n'en fait jamais d'autres... (Il s'assied près de la table et se débarrasse de son manteau.) Ah! comme cela, je suis plus à mon aise... (Prenant tout ce qu'il lui faut sur la cheminée.) Ecrivons!..

VÉRONIQUE, entrant tristement.

Sans doute il est parti!.. (Voyant Isidor.) Sainte vierge! que vois-je?.. ces vêtemens... oh! plus de doutes, c'est monseigneur l'évêque... j'en avais un pressentiment : et M. Bernard qui précisément vient encore de sortir; et moi qui ignorais...

ISIDOR, l'apercevant.

Quelle est cette femme?..

VÉRONIQUE, troublée.

Pardon, mille fois pardon si ce n'est pas avec tous les égards... mais quand on n'est pas prévenu.

ISIDOR.

Prévenu de quoi...

VÉRONIQUE.

Mais monseigneur...

ISIDOR, riant.

Monseigneur!.. allons, allons, vous vous trompez et je ne puis souffrir...

VÉRONIQUE.

Bien, bien; monseigneur veut garder l'incognito, n'est-ce pas? je devine, mais quelle joie! quel honneur pour nous!

ISIDOR, à part.

Il y a méprise, c'est tout clair; mais si j'y comprends un mot...

VÉRONIQUE, continuant.

Et juste en ce moment même... ah! c'est une permission du ciel! car je n'aurais jamais osé en faire l'aveu à mon frère; mais à vous, monseigneur.

je vous dirai tout : je fus coupable sans doute ; mais je vous jure que j'ai été bien trompée...

ISIDOR, à part.

Parbleu ! voilà une singulière confidence.

VÉRONIQUE,

Il est ici... je l'ai vu, je l'ai reconnu ; monseigneur, ne m'abandonnez pas ; j'étais si jeune, car voilà plus de vingt-trois ans...

ISIDOR.

Vingt-trois ans ! ah ! c'est une faute déjà bien ancienne !

VÉRONIQUE.

Hélas ! mon frère était aux armées. J'étais seule chez une vieille tante qui est morte depuis... sans expérience, abandonnée à moi-même... (Elle pleure et, se laissant tomber sur un siége.) Ah ! excusez-moi, plaignez-moi, monseigneur, car je suis bien malheureuse !..

ISIDOR.

Ah ! mon Dieu ! est-ce qu'elle va se trouver mal, à présent !.. a-t-on vu un embarras pareil !..

VÉRONIQUE.

AIR du Château Perdu.

Mon repentir, je vous jure est sincère,
Ayez pitié de ma position ;
Mettez le comble à vos bontés, mon père,
En m'accordant votre protection ?

ISIDOR.

J'aurai pour vous la plus grande indulgence,
Calmez-vous donc, vos vœux sont entendus ;
Ce que je vois ; me donne l'assurance
Que maintenant vous ne pêcherez plus.

SCÈNE XII.

Les Mêmes, RÉMOND.

RÉMOND, entrant et à lui-même.

Oui, je n'en puis plus douter, tout ce que j'ai appris chez ce notaire... c'est bien elle... (L'apercevant.) Véronique !

VÉRONIQUE, de même.

Grand Dieu ! c'est lui !.. le voilà... ah ! monseigneur, ayez pitié de moi !..

(Elle se sauve par le fond.)

RÉMOND, surpris.

Monseigneur ? et elle se sauve ?

ISIDOR, à part.

Ah ! voilà le séducteur !

RÉMOND.

Monsieur est sans doute un des supérieurs de ce bon Bernard ?

ISIDOR.

Qui ça, Bernard ?

RÉMOND.

Le curé.

ISIDOR.

Quel curé ?

RÉMOND.

Son frère, son respectable frère qui, je le vois, ne sait rien encore ; mais je vous le promets, il sera content de moi... si seulement elle avait des nouvelles de notre fils.

ISIDOR.

Ah ! il y a un fils ?

RÉMOND.

Monsieur, votre habit est celui d'un saint homme...

ISIDOR, à part.

Mon habit! oh! imbécile que j'étais!.. leur erreur s'explique maintenant...

RÉMOND, continuant.

Vous venez, je le vois, de consoler cette malheureuse fille; daignez maintenant m'entendre.

ISIDOR, à part.

Comment, celui-là aussi!.. ce serait un peu fort!

RÉMOND.

Vous voyez devant vous, ce Philippe Rémond dont vous parlait sans doute la pauvre Véronique : Je la croyais perdue, morte, que sais-je!.. mais puisque je l'ai retrouvée, et qu'elle est la sœur de Bernard, c'est maintenant une affaire d'honneur, et je sais ce qu'il faut que je fasse.

ISIDOR, vivement.

Attendez donc... vous vous nommez Philippe Rémond?

RÉMOND.

Sans doute.

ISIDOR.

Ancien soldat?

RÉMOND.

Huitième chasseur.

ISIDOR.

Il y a environ, ving-deux ans... parbleu! il serait étrange... mais oui, il me l'a conté cent fois, c'est bien cela.

RÉMOND, vivement.

Hein, qu'est-ce que vous dites donc?

ISIDOR.

Je dis, mon brave homme, que je puis vous rendre votre fils; Julien Rémond, reconnu par vous à la mairie de Saint-Pierre-le-Moutier.

RÉMOND.

Département de la Nièvre... est-il possible!

ISIDOR.

Je le connais, nous sommes presque dans la même partie.

RÉMOND, étonné.

Comment ce gamin-là serait maintenant...

ISIDOR.

Dans le commerce.

RÉMOND.

Le commerce? ah ça! vous n'êtes donc pas...

ISIDOR.

Je suis son camarade.

RÉMOND.

Mais ce vêtement?

ISIDOR.

Hasard, circonstance, costume de théâtre.

RÉMOND.

Je tombe de mon haut, comment je retrouverais en un jour... et vous pourrez m'enseigner aussi en quels lieux il reste, n'est-ce pas?

ISIDOR.

Ah! mon Dieu, vous allez le voir, il est là...

RÉMOND, se contenant à peine.

Là... à côté de moi?.. ah! mon cher monsieur, si vous saviez l'effet... quand on s'attend si peu... eh bien j'espère que sans m'en douter, j'étais joliment en famille! (Il va pour entrer dans la chambre que vient de lui désigner Isidor, et s'arrêtant tout-à-coup.) Non, avant tout, il faut que je voie sa mère; que je lui parle, et ce bon Bernard...Ah! tenez, je perds la tête...venez avec moi, j'ai un projet... (S'avançant vers la porte et s'efforçant de parler bas.) Adieu, monstre, ingrat... ah! emmenez-moi, car j'aurais peut-être la faiblesse d'aller lui sauter au cou!

ISIDOR.

Vous suivre, je le veux bien, mais faut il que je prenne au moins le temps de me changer un peu.

RÉMOND.

Dans une autre chambre... venez, venez... (S'adressant à Pierre qui entre en scène.) Ah! ça, toi, petit, ne vas pas faire de bavardages...

PIERRE, stupéfait.

Moi, voyageur, de dessus quoi donc?

RÉMOND.

Suffit, pas un mot... (A Isidor.)

Air du Bonsoir d'Edouard Bouvé.

Allons partons, et faisons diligence,
Allons trouver le maire ou son adjoint,
Il faut ici montrer de la prudence;
Venez mon cher, me servir de témoin.

(Avec curiosité et se rapprochant d'Isidor.)

Comment est-il?..

ISIDOR.

C'est un vrai diable à quatre;
Brave garçon, un peu mauvais sujet:
Aimant à boire, et parfois à se battre...

RÉMOND, à part.

Le scélérat! c'est bien tout mon portrait!

ENSEMBLE.
{
Allons partons, et faisons diligence,
Allons trouver le maire ou son adjoint,
Il faut ici mettre de la } prudence.
Comptez sur moi, comptez sur ma }
Venez mon cher me servir de } témoin.
Venez mon cher je suis votre }

PIERRE, à part.
Qu'est-c' que veut dir' toute c'te manigance,
Que vont-ils fair' chez le maire ou l'adjoint?
J'n'aurai pas d' peine à garder le silence
Car je n' sais rien, j'en prends l' ciel à témoin.
}

(Isidor prend sa valise et sort avec Remond.)

SCÈNE XIII.

PIERRE, seul.

Ah! ça qu'est-ce qu'ils ont donc tous? je leur trouve des airs si drôles! si cocasses! ah! et mamselle Véronique, donc, en v'là un miracle!.. je viens de jaser avec elle, comme elle entrait chez le sonneur... elle est à présent d'une affabilité! elle m'a appelé son petit Pierre. Elle est devenue un amour, elle ne se ressemble plus du tout... Eh bien! où sont donc passés les autres voyageurs? (On entend chanter Julien.) Tiens, ils sont dans la chambre de m'sieur le curé, qu'est-ce qui peuvent donc y faire?.. (Regardant par le trou de la serrure.) Comment, ils ont osé mettre ses z'hardes? ah! mon Dieu! les v'là après le vin de Malaga... ah! comme ils y vont! comme ils y vont!.. surtout le petit...

SCÈNE XIV.

PIERRE, PERRINE, tenant une pile d'assiettes; puis JULIEN et EUGÈNE.

PERRINE, à Pierre.

Eh ben! v'là comme tu m'aides? tu n'as pas mis le couvert de ces messieurs?

PIERRE.

Ces messieurs... ils sont gentils, et mamselle va être contente!.. tiens, tiens, regarde celui-là...

EUGÈNE, suivant Isidor.

Allons, en voilà assez... tu vas l'abîmer.

JULIEN, buvant à même une bouteille.

Laisse donc, je sais bien ce que je puis contenir, peut-être... (Buvant encore.) Pas mauvais, hein, le petit vin de Malaga?

PERRINE.

Par exemple! avoir pris le vin des malades!

JULIEN, étourdi.

C'est le vin des malades?.. si j'avais su ça, je l'aurais bu à leur santé.

PIERRE, avec résolution.

Voyageur, vot' conduite est ridicule.

JULIEN, le faisant tourner.

Qu'est-ce qu'il dit, celui-là?.. ah ça! voyons, et le souper, est-ce pour aujourd'hui?..

PERRINE.

Oui, messieurs, à l'instant.

JULIEN, avec joie.

A l'instant?.. ah! bien, parbleu? pour ta bonne nouvelle, il faut que je t'embrasse. (Il la poursuit.)

PERRINE, se sauvant.

M'embrasser!.. ah! plus souvent!

PIERRE, barrant le passage à Julien.

Dites donc, dites donc, voyageur, on ne joue pas à ce jeu-là, ici, voyez-vous.

JULIEN, le repoussant.

Veux-tu te taire, toi, petit criquet!

EUGÈNE, à Julien.

Allons, sois donc raisonnable, ne tourmente pas cette petite.

JULIEN, attrappant Perrine.

Ah! je la tiens!

PIERRE, hors de lui.

Voyageur, voulez-vous finir à la fin des fins, ou je crie au voleur.

JULIEN, riant.

Voleur de cœurs, tu veux dire?.. Eh bien! corbleu! tu n'en auras pas le démenti! (A Perrine qui se défend.)

Air. Un homme pour faire un tableau.

Mignonne, à tes gentils appas,
Foi de voleur, je rends hommage!

PERRINE.

C'est bon, c'est bon, n' m'approchez pas...

JULIEN.

Pourquoi faire tant de tapage!
Je suis d'humeur à m'amuser,
Allons, fillette au teint de rose,
Quand ce ne serait qu'un baiser,
Je veux te voler quelque chose.

(Il veut la saisir, mais elle lui échappe et il tombe dans les bras de Pierre qu'il embrasse à sa place.)

PIERRE, criant.

Au secours! au secours!

SCÈNE XV.

Les Mêmes, BERNARD.

BERNARD.

Eh bien, eh bien! que se passe-t-il donc ici?

PERRINE, courant à lui.

Ah! m'sieur le curé, c'est vous, quel bonheur! j' suis sauvée!

PIERRE.

Viens, ma pauvre Perrine, ça ne sera rien... a-t-on jamais vu un enragé de voyageur comme ça! (Il sort avec elle.)

EUGÈNE.

Le curé!.. notre hôte est curé?

BERNARD.

Oui, messieurs, je suis le desservant de ce village; et vous reconnaissez bien mal l'hospitalité que vous avez reçue chez moi.

EUGÈNE.

Monsieur, nous ignorions...

JULIEN, gaîment.

Oh! un curé! fameux!.. nous lui boirons son vin, c'est de bonne prise!

EUGÈNE, cherchant à le retenir.

Allons, finis, tu as tort... insulter, maltraiter ce brave homme, la belle prouesse!

JULIEN.

Laisse donc, nous allons rire.

BERNARD, avec calme.

Jeune homme, vous devriez au moins respecter mon âge, mon état...

JULIEN.

Votre état? laissez-moi donc tranquille, je n'aime pas les jésuites, et encore moins les sermons.

BERNARD.

Vous n'avez pas entendu les miens, je n'ai jamais prêché que la tolérance.

JULIEN, s'exaltant.

Ta, ta, ta, ta! à ce que vous dites... Eh bien! corbleu! pour que je le croie, il faut que j'en aie la preuve. Voyons, voyons, fais-nous vite une exhortation sur la tempérance, ou sans ça, marche à ta cave, et apporte-nous de ton meilleur.

BERNARD, faisant de visibles efforts pour se contenir.

A moi de pareilles injures! ô ma patience! ma patience!

JULIEN, avec ironie.

Eh bien! tu n'es pas prêt? allons donc, j'attends... est-ce que tu ne sais pas ton rôle?

BERNARD, en demi aparté et avec la plus vive émotion.

Mon Dieu! j'avais renoncé au monde, je croyais avoir étouffé toutes les passions qui ont agité ma vie; et voilà qu'un insensé vient me chercher dans ma retraite, pour troubler mon repos et réveiller encore des souvenirs auxquels je ne voulais plus songer!.. Ah! pitié! pitié, mon Dieu! car mon sang s'allume, ma raison s'égare, et j'oublierais peut-être que ce n'est que par le mépris qu'il faut répondre à sa lâcheté!

JULIEN, poussé à bout, et agitant sa canne qu'il finit par lever sur Bernard.

Lâcheté! vieux radoteur, applaudis-toi de ce que ta faiblesse te protége; sans cela...

EUGÈNE, voulant le retenir et lui arrachant sa canne.

Julien!

BERNARD, ne se contenant plus.

Lever une canne sur moi!.. malheureux! (S'arrêtant tout à coup, et passant de l'exaspération à une colère froide, dont il ne tarde pas à se rendre maître.) Un ecclésiastique! ton hôte! un vieillard que chacun aime et respecte!.. Ah! il y a de ta part bien de la folie! car tu ne sais pas à qui tu t'adresses; regarde: (Il va ouvrir au fond, près de la porte, une petite armoire perdue dans la tenture, et dans laquelle sont deux sabres et un uniforme avec épaulette de sous-officier; puis, prenant les sabres qu'il jette aux pieds de Julien étonné.) ces deux sabres d'honneur, ces épaulettes, je les ai gagnés sur le champ de bataille, à Aboukir, à Essling; moi, qui vingt ans, ai servi mon pays, avant de me vouer à Dieu.

JULIEN et EUGÈNE.

Est-il possible!

BERNARD.

Air : Époux imprudent, fils rebelle.

Jeune encor, j'ai porté les armes,
J'ai suivi nos guerriers fameux ;
Je grandis au sein des alarmes,
J'ai vu tous nos faits glorieux !
Et les combats furent mes premiers jeux.
Apprends-le donc, pauvre petit novice,
Sur le Thabor, j'avais inscrit mon nom ;
J'étais sevré par la poudre à canon,
Que tu n'étais pas en nourrice.

Et maintenant, si je ne ramasse pas une de ces armes pour te demander raison de ton outrage, crois-tu que ce soit la peur qui m'arrête? que la chaleur manque à mon sang, ou que mon bras soit sans force? tu voulais que je te fisse un discours sur la tempérance : je t'ai obéi... quelle plus grande preuve puis-je te donner, que je comprends cette vertu?.. Oh! merci à toi, pure et sainte religion qui, par cette épreuve m'as fait connaître ma véritable force; merci, et sois bénie cent fois, puisqu'au lieu de haine, tu m'inspires encore d'oublier ses injures!

EUGÈNE, avec émotion.

Ah! monsieur, cette noble conduite...

SCÈNE XVI.

LES MÊMES, RÉMOND, ISIDOR, qui a changé de costume.

RÉMOND, entrant.

Que vois-je?.. des sabres, et Bernard tout ému!.. mille carabines! l'un de vous l'aurait-il insulté?

ISIDOR, à Rémond en lui désignant son fils.

Parbleu! c'est mon Julien qui aura encore fait des siennes.

RÉMOND, vivement.

Lui!.. si je savais que ce blanc-bec-là...

BERNARD.

Non, tu te trompes, je t'assure.

JULIEN, vivement choqué.

Blanc-bec!..

RÉMOND.

Oui, un blanc-bec, un mauvais sujet, un drôle !

JULIEN, se mettant en colère et ramassant un des sabres.

Monsieur, ces expressions... pourquoi venez-vous vous mêler...

RÉMOND.

Parce que j'en ai le droit.

EUGÈNE, à Julien.

Vas-tu te faire encore une affaire?

RÉMOND.

Avec moi?.. oh! je suis bien tranquille; quelque crâne qu'il soit, il ne l'osera pas, allez. (Bas à Julien.) Cet homme va être ton oncle, et moi... je me nomme Philippe Rémond.

JULIEN, de même et vivement.

Ciel! mon père!

RÉMOND, même jeu de scène.

Non, pas encore... plus tard, peut-être, je ne dis pas... jusque là, silence, entends-tu.

JULIEN, à part en se frottant les yeux.

Ah! ça me dégrise!

BERNARD, bas à Rémond en lui montrant Julien.

Tu sais donc qui il est?

RÉMOND, de même.

Je crois bien... c'est mon fils.

BERNARD, surpris.

Bah!.. voilà une drôle de reconnaissance, par exemple. (L'examinant, et plus bas à Rémond.) Eh bien! vrai, je trouve qu'il te ressemble un peu.

RÉMOND.

Tu crois?.. (Bas à Julien.) Vilain monstre, va!

JULIEN.

Ah! je m'en veux à présent!.. (A Bernard.) Pardon, monsieur; j'ai bien des torts envers vous, mais lorsque je vous ai insulté j'étais en délire, j'avais ce qu'on appelle un verre de vin de trop dans la tête... je n'en suis pas moins coupable, mais c'est peut-être une excuse; car, dans l'ivresse, je vous le demande, monsieur, sait-on ce qu'on peut dire, ce qu'on peut faire?

BERNARD, à lui-même et comme frappé d'un pénible souvenir.

Dans l'ivresse!.. (A Julien.) Oh! oui, vous avez raison... oui, vous êtes excusable; oublions tout... (A Rémond.) Et toi, cache... cache ces armes; il faut aussi que je me punisse...je ne les regarderai plus...(A Rémond qui, ayant fait ce qu'il vient de lui dire, a refermé l'armoire et lui en présente la clé.) Non, non, je ne répondrais pas de tenir la résolution que je viens de prendre, jette-la par la fenêtre...

SCÈNE XVII.

Les Mêmes, VÉRONIQUE, PIERRE, PERRINE, Villageois, Hommes et Femmes.

CHOEUR.

Air : Déjà pour la cérémonie (De Valentine.)

Ici, nous venons rendre hommage,
A notre évêque à monseigneur.
Sa visit', pour notre village
Est un honneur,
Est un bonheur!

BERNARD.

Mais vous êtes dans l'erreur, mes bons amis; qui donc a pu vous dire...

TOUS.

C'est mam'selle Véronique.

VÉRONIQUE.

Eh! sans doute... comment, mon frère, vous ne l'avez pas vu?.. vous ne savez pas que notre respectable évêque...

ISIDOR, JULIEN, EUGÈNE.

Ah! ah! la bonne méprise!

VÉRONIQUE.

Une méprise! quoi, ce n'était pas lui qui, tantôt...

RÉMOND, à Isidor.

Ah! j'y suis, votre costume...

VÉRONIQUE, reconnaissant Rémond.

Que vois-je! Rémond!.. il n'est point reparti!

BERNARD, à part.

Comment, ils se connaissent!

RÉMOND, bas à Véronique.

Non, ma pauvre Véronique; et maintenant qu'avec un mari, je puis te rendre ton fils... mais silence... (Lui montrant Bernard et Julien.) Ni lui, ni ce jeune homme ne savent rien encore; il fera jour demain.

BERNARD, à Rémond.

Que contes-tu donc là, à ma sœur?

RÉMOND.

Rien, rien... nous causerons de ça... tout ce que je puis te dire pour l'instant, c'est que je renonce au projet que je t'ai confié ce matin, et que tu vas avoir à faire un mariage, dont bien certainement tu ne te serais pas douté. (A part.) Ni moi non plus... elle est furieusement changée tout de même!

PIERRE.

Ah! m'sieur le curé, mariez-nous en même temps; pour faire d'une pierre deux coups.

BERNARD.

Eh! bien, voyons, j'y consens... (Bas à Rémond.) Coquin, si je voulais, je devinerais bien quelque chose... mais je me tais; la foi est une vertu de mon état... que la volonté du ciel soit faite... (S'adressant à tous.) Vous, mes amis; je vous invite tous à la noce: c'est moi qui mettrai la nappe et qui paierai les violons.

VÉRONIQUE.

Comment, vous les recevrez tous?

BERNARD.

Eh! bien, sans doute... est-ce que ce n'est pas ici la MAISON DU BON DIEU?

TOUS.

Vive monsieur Bernard!

CHOEUR.

Air nouveau de M. Roger.

De l'heureux bourg de Sassenage
Fêtons, chantons, le bienfaiteur;
C'est notre pèr', c'est notr' pasteur.
C'est le Fénélon du village.

BÉRARD, au public,

Air du vaudeville de la Partie fine

En cet instant souvent fâcheux,
Par une crainte spontanée,
Sans être superstitieux,
On peut croire à la destinée.
Là haut, vos arrets sont écrits,
Ou succès, ou chute complète;
Ne nous laissez pas indécis,
Aux loges, comme au paradis,
Que votre volonté soit faite.

REPRISE DU CHOEUR.

De l'heureux bourg de Sassenage, etc.

FIN.

TROIS
COEURS DE FEMMES,

VAUDEVILLE EN TROIS ACTES,

PAR MM. ACH. DARTOIS, AD. DENNERY et BURAT DE GURGY.

REPRÉSENTÉ POUR LA PREMIÈRE FOIS, SUR LE THÉATRE DES VARIÉTÉS,
LE 17 NOVEMBRE 1836.

Un homme dans mon appartement! — Parbleu! il y en a bien trois qui frappent dehors.
(ACTE II. SCÈNE XII.)

PARIS,
NOBIS, ÉDITEUR, RUE DU CAIRE, N° 5.

1836.

Personnages.   *Acteurs.*

BABYLAS.   MM. Vernet.
AMÉDÉE.   Alexandre.
SAINT-GILLES.   Hyacinthe.
LÉGER.   Prosper Gothi
LE RÉGISSEUR.   Rébard.
CLORINDE, danseuse.   Mmes Atala.
DOROTHÉE, jeune veuve.   Jolivet.
PAQUITTE, fleuriste.   Hébert-Massy
ESTHER.   Pougaud.
ZÉLIE, } danseuses.   Georgina.
CAMILLE.   Anaïs.
FENELLA.   Alberti.
UNE BONNE.   Fleury.
UNE MODISTE.   Aimée.
UN PETIT GROOM.   M. Mayer.

La scène est à Paris, { au 1er acte, chez Amédée ; au 2me, chez Clorinde ; au 3me, chez Dorothée

J.-R. MÉVREL, passage du Caire, 54.

TROIS COEURS DE FEMMES,

VAUDEVILLE EN TROIS ACTES.

ACTE I.

Une chambre mansardée. — Au fond, un rideau s'ouvrant à volonté; à droite, au fond, une fenêtre; ça et là, quelques bocaux et instrumens de chimie; à gauche, une petite table avec des cartes dessus. Fauteuils.

SCÈNE I.
AMÉDÉE, seul.

(Il est assis dans un grand fauteuil, auprès de lui se trouve encore le costume qu'il portait au bal.)

La belle invention que les bals masqués !.. quelle foule, quel bruit, quelle poussière, quel plaisir, quel ennui, quelle variété, et que d'intrigues !.. Eh bien ! me voici comme les autres... j'admire tout cela.

Air vaudeville de Jadis et Aujourd'hui.

Ces spectacles qui nous séduisent,
N'ont cependant rien d'étonnant;
Que de gens, quand ils se déguisent,
Changent de masque seulement!
Dans ce monde plein de folie,
Où l'on est moqueur ou moqué,
On peut bien dire que la vie
N'est, après tout, qu'un bal masqué.

Ah! mon Dieu! oui, ce n'est pas autre chose... mais cette fois, je n'ai pas perdu mon temps en de folles intrigues... je me suis préparé une occupation très amusante... et de plus, je l'espère, une bonne action ; ce que c'est pourtant que le hasard !.. Le cousin Babylas, que je n'avais point vu depuis mon enfance, s'avise de venir à Paris, et au lieu de descendre directement chez moi, il va se fourvoyer au bal en débarquant de la diligence... Déguisé en magicien, je cherchais quelque bonne tête facile à exploiter... lorsque mon cousin tombe sous ma baguette... sa grosse figure fraîche et niaise me le fait remarquer, je le reconnais à son nom qu'au premier mot il s'empresse de me dire... je m'attache à ses pas, j'épie toutes ses démarches auprès de trois dominos charmans qu'il courtise, et je suis témoin de tout ce qui se passe entre lui et ses belles: bientôt il est victime d'une scène de jalousie ; sur le point d'être arrêté, je le vois poursuivi de toutes parts, franchir l'espace, s'échapper par les loges, les galeries et disparaître enfin dans le paradis !.. le projet le plus bizarre s'offre aussitôt à mon esprit... sachant par lui-même que sa première visite sera pour son cousin Amédée Dennemont, le chimiste, c'est moi ; je me fais passer auprès de ces trois dominos pour un homme extraordinaire... pour le fameux sorcier de Tivoli... et tous trois me promettent séparément de venir me consulter au sortir du bal... Rentré déjà depuis long-temps, j'ai pris toutes mes mesures; dès que ces dames arriveront, des rafraîchissemens préparés fermeront leurs beaux yeux fatigués par le bal... et je veux si bien faire que Babylas se croie ici chez le diable... il est si crédule ! mes traits qu'il ne saurait se rappeler, ce laboratoire, ces ustensiles de chimie... tout doit concourir au succès de cette folie... mais que peut-il être devenu ?.. il serait temps qu'il arrivât... s'il avait été conduit au corps-de-garde !..

SCÈNE II.
AMÉDÉE, BABYLAS.

(Babylas paraît sur le toit, il passe la tête par la fenêtre, et porte encore son costume de pierrot.)

BABYLAS.

Y a-t-il quelqu'un ?

AMÉDÉE.

Que vois-je ?..

BABYLAS.
Ne vous dérangez pas.
AMÉDÉE, à part.
C'est ma foi lui!.. il paraît qu'il a voyagé sur les toits...
BABYLAS.
Pardon, si je ne me suis pas fait annoncer, c'est que je n'ai trouvé personne dans l'antichambre.
AMÉDÉE, à part.
Je le crois bien!
BABYLAS, s'asseyant sur l'appui de la fenêtre.

AIR. On dit que je suis sans malice.
Par ce chemin-là, ma personne
En se présentant vous étonne.
AMÉDÉE.
M'étonne? moi? n'en croyez rien
De cette nuit je me souvien!..
Au paradis, tout d'une haleine
Vous ayant vu monter sans peine,
Je dois trouver tout naturel
Qu'en ces lieux vous tombiez du ciel.

BABYLAS.
Qu'est-ce que vous dites donc?.. quoi! vous savez...
AMÉDÉE.
Votre dispute au bal?.. je sais bien autre chose!.. mais, entrez, car vous êtes mal assis...
BABYLAS.
C'est vrai!.. et puisque vous le permettez... (Descendant et le saluant.) Monsieur, j'ai bien l'honneur...
AMÉDÉE.
Je vous attendais...
BABYLAS, montrant la fenêtre.
Par là?..
AMÉDÉE.
Par là.
BABYLAS.
Ah!.. eh bien! vous saurez donc, que pendant ma dispute au bal, craignant d'être arrêté; je voyais venir la garde, je monte un escalier, deux, trois, quatre... je prends le premier chemin venu.
AMÉDÉE.
C'était un toit.
BABYLAS.
C'était un toit; une fois là-dessus, impossible d'en descendre.
AMÉDÉE.
Et vous avez voyagé au milieu des chats et des paratonnerres, jusqu'à ce que cette fenêtre vous offrît une porte d'entrée.
BABYLAS.
Juste!.. mais qui a pu vous dire?..
AMÉDÉE.
C'est moi qui vous ai suggéré l'idée de venir de ce côté.
BABYLAS, étonné.
Comment?.. c'est vous...
AMÉDÉE, à part.
Soutenons notre rôle! (Avec emphase.) Oui, Babylas!
BABYLAS, plus étonné.
Vous savez mon nom!.. qui donc êtes-vous?..
AMÉDÉE.
Je suis un descendant du célèbre Nostradamus... Rien ne m'échappe, ni l'avenir ni le passé...
BABYLAS, vivement.
Vous êtes sorcier?.. vous étiez peut-être un des chats qui tout à l'heure sur les gouttières me regardaient passer, et qui m'a fait fff.... quand je lui ai marché sur la patte. Eh bien! je ne vous remets pas du tout.

AMÉDÉE, avec assurance.

Tu es Babylas, natif de Caudebec en Normandie; fils unique de Rigobert Babylas et de Perpétue Babylas sa femme, propriétaires, de leur vivant, d'une riche fabrique de racahout des Arabes, autrement dit, fécule de pomme de terre.

BABYLAS.

C'est bien ça !..

AMÉDÉE.

A l'aide de laquelle en te quittant ils t'ont laissé, pour vivre ici-bas, une trentaine de mille livres de rentes.

BABYLAS, pleurant.

Ah! mon Dieu! oui... (Essuyant ses yeux.) Et que je leur rendrais bien volontiers s'ils pouvaient revenir auprès de moi.

AMÉDÉE, à part.

Excellent garçon !.. tu mérites bien que je veille sur toi... (Haut.) Tu vois que je te connais ?..

BABYLAS.

Comme moi-même.

AMÉDÉE.

Mieux encore... je sais l'avenir qui t'est réservé... je sais que tu as courtisé cette nuit trois dominos.

BABYLAS.

C'est-à-dire, trois dames... déguisées en dominos.

AMÉDÉE.

Que l'une t'a donné une bague, l'autre une rose... et la troisième un ruban !..

BABYLAS.

Juste !..

AMÉDÉE.

Je sais même que c'est avec un M. de Saint-Gilles que tu t'es pris de querelle...

BABYLAS.

Saint-Gilles, vous l'appelez ?.. c'est parfait ! quoi !.. vous seriez réellement ce que vous dites ?.. et ça en 1836 ?.. Eh bien ! alors, les reverrai-je, les trois dames ?

AMÉDÉE.

Dès que tu le voudras.

BABYLAS.

Tout de suite.

AMÉDÉE.

Tu es bien pressé... (A part.) On ne m'a pas encore apporté les renseignemens que j'ai envoyé chercher à leur domicile. (Haut.) Tu es donc amoureux de l'une d'elles ?

BABYLAS.

Je suis amoureux de toutes !

AMÉDÉE, à part.

Quel gaillard !.. (Haut.) Mais encore faudra-t-il faire un choix ?

BABYLAS.

Si c'est indispensable, je m'y résignerai.

SCÈNE III.

Les Mêmes, Un Petit Groom.

LE GROOM, bas à Amédée, en lui donnant un papier.

Monsieur, voilà les renseignemens sur les trois dames en domino. (Plus bas.) Elles sont arrivées, elles ont bu et se sont endormies.

AMÉDÉE.

Babylas ! si je voulais, à l'instant même, je te montrerais une de tes trois conquêtes, et je te dirais qui elle est... la rose, par exemple !

(Il parcourt le papier.)

BABYLAS.

Il se pourrait !

AMÉDÉE.

Si je voulais ! je te montrerais deux de tes conquêtes; la blanche et la rose.

BABYLAS.
De plus fort en plus fort!

AMÉDÉE.
Si je voulais, enfin, je te montrerais tes trois conquêtes!.. la blanche, la rose et la bleue.

BABYLAS.
Les trois couleurs sont revenues!.. j'accepte, j'accepte sans tarder davantage!

AMÉDÉE, *prenant sa baguette de magicien et faisant des signes.*
AIR de Psyché.

Ici, tu vas connaître,
Mon art surnaturel !
Tu vas les voir paraître
Ensemble à mon appel !
Venez en sa présence,
Placez-vous à ma voix :
Qu'il croie en ma puissance.

(Il étend sa baguette, au moment où Babylas finit les deux vers suivans, le rideau s'ouvre et laisse voir les trois femmes dans leur costume de bal, endormies sur un canapé.)

BABYLAS.
Jamais je ne crois
Que lorsque je vois.   (*Voyant les trois femmes.*)
Je crois!..

Mais c'est que ce sont elles... je les reconnais tout entières!.. ah! sorcier! décidément tu es sorcier... il faut que je te tutoie... on tutoie toujours les sorciers... Ah! quelles sont jolies!.. sorcier... sorcier... plus tu vas, et plus tu excites mon admiration, je ne sais comment te dire, t'exprimer... il faut que je leur donne un gros baiser.

AMÉDÉE, *étendant sa baguette.*
Arrête !

AMÉDÉE.
Air : Qu'il est flatteur d'épouser celle.

En leur donnant ainsi l'alarme,
Tu verrais le charme cesser...

BABYLAS.
Je crois qu'au contraire le charme,
Ce serait de les embrasser...
Et j'ai cru que par ta magie,
Tu ne les faisais sommeiller
Que pour me donner, bon génie,
L'agrément de les réveiller.

AMÉDÉE.
Regarde-les tant que tu voudras...

BABYLAS, *les regardant.*
Je suis tout je ne sais comment... Ah! Dieu!.. ah! Dieu!

AMÉDÉE.
Allons, calme-toi, il s'agit de choisir.

BABYLAS.
C'est vrai; eh bien! je les choisis toutes les trois.

AMÉDÉE.
Impossible!.. Pour te guider, je vais te dire qui elles sont.

BABYLAS.
Je vous écoute de la tête aux pieds... il me semble que je rêve, que tout ce que je vois n'est qu'une friction... une simple friction !

AMÉDÉE.
Je procède... la blanche a nom Paquitte... c'est une jeune fleuriste, bien douce, bien timide, ayant encore toute son innocence.

BABYLAS.
Je l'épouse !

AMÉDÉE.
Elle n'allait au bal que pour accompagner l'une de ses pratiques.

BABYLAS.
Que pour ça !

AMÉDÉE.
La rose a nom Clorinde... c'est une jeune danseuse de l'Opéra.
BABYLAS.
Une danseuse !
AMÉDÉE.
Bien douce...
BABYLAS.
Bon ! bon ! bien timide, ayant encore toute son innocence.
AMÉDÉE.
Je ne dis pas ça... une danseuse...
BABYLAS.
Comment ?.. est-ce que...
AMÉDÉE.
Ce qui est certain, c'est qu'elle est jolie.
BABYLAS.
Très jolie... et je l'épouse !
AMÉDÉE.
Aussi ?.. la troisième, la bleue, a nom Dorothée; c'est une jeune veuve, bien...
BABYLAS, vivement.
Oui, je sais : bien douce, bien timide, ayant encore toute son innocence.
AMÉDÉE.
Une veuve ?.. ça n'est pas probable...
BABYLAS.
C'est juste !.. n'importe, elle me plaît... et je l'épouse !
AMÉDÉE.
Mais, ça fait trois.
BABYLAS.
Ça ne fait rien ! (Il fait quelques pas vers les femmes.)
AMÉDÉE, étendant sa canne.
Les lois s'y opposent. (Le rideau se referme.)
BABYLAS.
Je n'y prenais pas garde... au fait, d'abord la blanche n'est qu'une fleuriste... une simple femme de ma classe... je ne peux pas descendre jusque-là !..
AMÉDÉE.
Pourquoi la dédaigner ?.. c'est peut-être la meilleure.
BABYLAS.
Allons donc ! une danseuse ! c'est si séduisant ! une jeune veuve, ça a tant d'attraits !
AMÉDÉE.
Eh bien ! agis à ton aise ! elles vont venir toutes trois me consulter comme sorcier... tu prendras ma place, tu en jugeras par toi-même.
BABYLAS.
Ah ! magicien, tu es enchanteur !
AMÉDÉE.
Revêts cette robe magique pour qu'on ne puisse te reconnaître... Prends cette baguette.
BABYLAS.
Il n'y a pas de danger ?
AMÉDÉE.
Aucun... et souviens-toi que je suis à tes ordres.
BABYLAS.
Allons donc, vous plaisantez... c'est bien moi qui suis aux vôtres...
AMÉDÉE.
Air : Final de Victorine.
Mais sans tarder, il faut que je te quitte,
Toutes les trois vont se rendre en ces lieux !
Observe bien leur beauté, leur mérite ;
Puis, nous ferons tout pour te rendre heureux.
BABYLAS. (On frappe à la porte.)
Sorcier, qui frappe ?
AMÉDÉE.
Ah ! ça se voit d'avance ;

Toi-même peux-tu l'ignorer ?
C'est la grisette... l'innocence
Frappe toujours avant d'entrer ! (On frappe encore à la porte.)

BABYLAS.

ENSEMBLE.
{
Il en est temps, sorcier, va-t-en bien vite ;
Toutes les trois vont se rendre en ces lieux,
J'observerai leur beauté, leur mérite ;
Puis, tu feras tout pour me rendre heureux.

AMÉDÉE.
Oui, sans tarder, etc.

(Il sort du côté gauche. — On frappe encore.)

SCÈNE IV.
BABYLAS, puis PAQUITTE.

BABYLAS.

Bon ! je suis prêt... entrez !.. (Voyant Paquitte entrer et refermer la porte.) Oui, ma foi !.. c'est la grisette... la simple grisette ; expédions-la en diligence !

PAQUITTE, descendant la scène, avec naïveté.

Monsieur le sorcier, s'il vous plaît ?

BABYLAS, assis dans le fauteuil.

Il est devant vous.

PAQUITTE.

Devant moi !.. ah ! mon Dieu !

BABYLAS.

Eh bien, quoi !.. vous tremblez !.. (A part.) Oh ! comme elle est gentille ! (Haut.) Regardez-moi donc un peu, pour voir.

PAQUITTE.

Moi !.. sorcier ?..

AIR : Rien n'est si doux que l'air natal.

Te regarder ! suis-je donc si hardie ?
Quand je voudrais devant toi me voiler !
De ce qu'il faut qu'ici je te confie
Comment alors pourrais-je te parler ?
(En s'excusant.)   Sorcier, je suis soumise,
Si ma paupière est encore indécise,
Ah ! dans mes yeux, sorcier, c'est que j'ai peur
    Que ton regard ne lise
Ce qui se passe dans mon cœur !

BABYLAS, à part.

Oh ! comme elle chante !

PAQUITTE.

Mais ce secret, j'éprouve à te le dire
Un embarras qui ne peut s'égaler ;
En ce moment si tu pouvais le lire
Je n'aurais pas besoin de t'en parler,
(Avec résignation.)   Sorcier, je suis soumise
Et je n'ai plus la paupière indécise ;
Vois dans mes yeux, sorcier, je n'ai plus peur,
    Que ton regard y lise
Ce qui se passe dans mon cœur.

BABYLAS, à part.

Pauvre petite poule ! a-t-elle l'air tendre ! (Haut, se levant.) Eh bien ! voyons; je lis dans ces yeux-là que tu viens me consulter sur un jeune homme que tu as vu cette nuit.

PAQUITTE.

C'est ça, sorcier !

BABYLAS, à part.

Elle est charmante ! (Haut.) Un très joli garçon ?..

PAQUITTE.

Non, non... pas joli... oh ! pas joli du tout.

BABYLAS, à part.

Pas joli !.. pas joli !.. décidément ce n'est qu'une grisette comme on en voit tous les jours.

PAQUITTE, avec naïveté.

Mais il avait l'air bien bon enfant !

BABYLAS, à part.

Oui, va, bon enfant ! tu vas voir ! (Mêlant un jeu de cartes.) Otons-lui toute espérance, et bien vite. (Lui montrant trois cartes qu'il tire du jeu.) Jeune fille, les cartes m'annoncent que vous devriez vous faire religieuse.

PAQUITTE.

Religieuse ?.. plus souvent !

BABYLAS.

Religieuse, ou sœur du pot, vous pouvez choisir.

PAQUITTE.

Mais je ne veux pas... ce serait bien la peine d'être gentille et sage, d'avoir résisté à de gros agens de change, et à des petits clercs !..

BABYLAS.

Mais c'est justement à cause de ça... innocente que vous êtes !.. et je vois dans les cartes...

PAQUITTE.

Mais faites-moi donc le grand jeu !..

BABYLAS.

Le grand jeu ?

PAQUITTE.

Eh oui ! sorcier ; tenez, que je vous montre... (Elle prend les cartes et les étale.) Comme ça... car je me tire quelquefois la bonne aventure... Une, deux, trois, quatre, cinq, six et sept... valet de cœur !.. une, deux...

BABYLAS, reprenant les cartes.

Donnez donc !.. donnez donc !.. croyez-vous que je ne sais pas mon métier ?.. (A part, portant la table au milieu du théâtre.) J'ai vu faire ça à M{}^{me} Putiphar, ma vieille gouvernante... (Il étale les cartes.) Jeune fleuriste, les cartes m'annoncent bien des défectuosités pour vous, en amour.

PAQUITTE.

Mais du tout !.. neuf de cœur, réussite !.. as de trèfle, une bonne nouvelle ! trois dix, grand succès !..

BABYLAS.

Bonne nouvelle, réussite, grand succès ! oui, mais pour vos ennemis.

PAQUITTE.

Mais non, pour moi, à cause du valet de cœur... le jeune homme de cette nuit.

BABYLAS.

Mais non... mais non !

PAQUITTE.

Mais si... mais si !

BABYLAS.

Mais du tout, du tout ! vous voyez bien que non, puisque le valet de cœur, le jeune homme de cette nuit ne vous aime pas.

PAQUITTE.

Mais si fait, il m'aime !

BABYLAS.

Il ne peut pas vous souffrir le valet de cœur !.. il en aime une autre, le valet de cœur !.. il en aime même deux autres, le valet de cœur !.. ainsi, ma chère, laissez-le un peu tranquille, et ne le martyrisez pas, ce malheureux valet de cœur !

PAQUITTE.

Mais les cartes disent comme il me disait cette nuit... qu'il m'épousera !

BABYLAS, vivement.

Les cartes disent des bêtises.

PAQUITTE.

Des bêtises !.. les cartes ?

BABYLAS, portant la table à droite.

Elles disent des bêtises, parce que c'est vous qui les faites parler !

PAQUITTE.

Vous êtes bien honnête !

BABYLAS.
Je suis honnête... je suis honnête!.. je suis sorcier!... la vérité, avant tout! la preuve que le valet de cœur ne vous aime pas c'est qu'il a donné à une autre la bague qu'il tenait de vous.

PAQUITTE.
Ma bague!.. il l'a donnée?

BABYLAS, la montrant.
Voilà!..

PAQUITTE, la prenant.
Oui, c'est bien elle... déjà à une autre!.. et qui est-elle cette autre?

BABYLAS.
Une danseuse.

PAQUITTE.
Une danseuse!.. merci, sorcier... je n'en veux pas savoir d'avantage... je ne demande même pas comment cette bague est tombée entre tes mains. oh! mon Dieu! qui m'eût dit, que le premier gage d'amour que je donnerais me reviendrait si vite...

BABYLAS.
Je le garderai, si vous voulez!

PAQUITTE.
Non, non; ce n'était que pour lui. Comment, il renonce à moi?... sans avoir vu mes traits, ma petite mine... il n'est guère curieux... il ne sait pas ce qu'il perd!

BABYLAS.
Oh! que si... et ça me bouleverse!

PAQUITTE.
Air : Adieu!.. a la grace de Dieu!

Je me mettais sous sa puissance,
Et je lui donnais sans regrets
Ma jeunesse, mon innocence,
Le peu de beauté que j'avais;
Mais puisque le perfide cesse,
Par moi déjà d'être tenté
Et qu'il méprise ma jeunesse
Mon innocence et ma beauté.
J'emporte tout... adieu!..
À la grace de Dieu!

(Elle sort. — Babylas la suit tristement des yeux.)

SCÈNE V.

BABYLAS, seul, découvrant sa figure.

Ouf! respirons! la voilà en allée... A LA GRACE DE DIEU!.. eh bien! j'ai le cœur tout je ne sais comment!.. elle semblait m'aimer de si bonne foi!.. et puis, sa petite mine, comme elle l'appelait, m'attirait... me magnétisait... me... ah bah! D'ailleurs, elle ne me trouve pas joli du tout. Et puis est-ce que je n'ai pas dix fois mieux que ça?.. La danseuse!.. et en comptant la veuve... ça fait vingt fois mieux que ça... Qu'est-ce qui ouvre la porte?.. ah! c'est la veuve... c'est pas comme l'innocence, ça ne frappe pas avant d'entrer...

(Il rabat son capuchon.)

SCÈNE VI.

BABYLAS, DOROTHÉE, SAINT-GILLES.

BABYLAS.
Ah! mon Dieu! elle n'est pas seule! (Il s'asseoit dans un grand fauteuil.)

SAINT-GILLES.
Vous le voyez, belle dame... je suis arrivé à temps pour consulter ce célèbre devin.

BABYLAS, à part.
C'est celui avec qui je me suis querellé cette nuit et qui m'a fait voyager comme un lapin de gouttières...

DOROTHÉE, montrant Babylas.
Voici notre sorcier.

BABYLAS, dans son fauteuil.
Qui que tu sois qui veux savoir la vérité, grisette ou duchesse, petit ou grand.
SAINT-GILLES, à part se redressant.
Grand !.. c'est moi...
BABYLAS.
Approche du puits de science !
SAINT-GILLES, tandis que Dorothée ôte ses gants.
M'y voilà ! (Bas, en lui glissant sa bourse.) Tenez, que cela tombe dans le puits, et dites qu'il faut qu'elle épouse un jeune homme charmant qui l'adore... moi, Saint-Gilles... vous l'entendez ?
BABYLAS.
Qu'elle vous épouse... vous ? mais vous faisiez la cour cette nuit à...
SAINT-GILLES, bas.
Comment, grand devin, vous savez cela ? silence !.. ne prononcez pas le nom de Clorinde, de cette ravissante danseuse !
DOROTHÉE, revenant à Saint-Gilles.
Est-il prêt à m'écouter ?
BABYLAS, à part.
Clorinde, la danseuse !.. scélérat ! deux fois mon rival !.. (Haut sans retourner la tête.) Que veux-tu, femme charmante ?
SAINT-GILLES, à Dorothée.
Vous voyez !.. sans regarder... c'est un homme extraordinaire !...
DOROTHÉE.
Sorcier, éclaire-moi sur mon état !
BABYLAS, à part.
Son état !.. oh ! oh !.. qu'est-ce qu'elle veut donc dire ?.. (Regardant les cartes.) Ah ! je le vois... tu n'as pas besoin de parler... Jeune veuve, c'est un mari qu'il te faut !
SAINT-GILLES.
Bravo !.. bravo !.. oh ! grand sorcier ! tu as trouvé juste.
BABYLAS.
La main ?.. (Il la lui prend, et à part.) Elle est très jolie, sa main !
DOROTHÉE.
Eh bien ! sorcier, qu'y voyez-vous ?
BABYLAS.
Qu'il faut épouser un jeune homme charmant qui vous adore.
SAINT-GILLES.
Un jeune homme charmant !.. il a raison, c'est moi qui suis le jeune homme charmant, il faut être sorcier pour voir ça !
BABYLAS, bas à Dorothée.
Éloignez ce monsieur.
DOROTHÉE.
M. de Saint-Gilles, regardez donc toutes ces curiosités...
SAINT-GILLES.
Oui, oui, je comprends ! par modestie, je ne dois pas écouter. (Il va regarder les ustensiles.)
DOROTHÉE.
Eh bien ! monsieur, vous disiez ?..
BABYLAS.
Que celui qui vous aime, vous adore, et qu'il faut épouser... c'est le jeune homme du bal de cette nuit.
DOROTHÉE.
Quoi ! cet inconnu ?
BABYLAS.
Est un jeune prince déguisé.
DOROTHÉE.
Un prince !
BABYLAS.
Un prince étranger... (À part.) Un prince normand !
SAINT-GILLES, à lui-même.
C'est ravissant comme ça marche ! j'ai bien fait de solder ce drôle.
BABYLAS.
Vous l'aimerez, n'est-ce pas ?.. vous l'aimerez ?.. et il gardera comme un talisman, ce nœud qui en présage de si doux.

DOROTHÉE.

Mon ruban! comment se fait-il?..

CLORINDE, dehors.

J'entrerai, vous dis-je, je suis lasse d'attendre.

SAINT-GILLES.

Ah! mon Dieu!

DOROTHÉE.

Quel est ce bruit?

SAINT-GILLES, à part.

C'est la voix de Clorinde!.. si elle me voyait!.. pris entre elles deux... sorcier, si tu pouvais m'escamoter?

SCÈNE VII.

LES MÊMES, CLORINDE.

CLORINDE.

Je vous dis que j'entrerai... je ne suis pas venue pour rien... une danseuse ne doit jamais perdre ses pas.

DOROTHÉE.

Une danseuse!

BABYLAS, à part.

C'est ma Clorinde!

SAINT-GILLES, à part.

Je me cacherais dans une clarinette.

CLORINDE.

Que vois-je?.. Saint-Gilles, ici!

DOROTHÉE.

Saint-Gilles!

CLORINDE.

Avec une femme!

DOROTHÉE, à Saint-Gilles.

Vous connaissez des danseuses!.. vous qui voulez m'épouser!..

CLORINDE.

L'épouser!.. l'infâme!.. le perfide!

BABYLAS, à part.

Bon! voilà le ciel qui me venge!

DOROTHÉE.

AIR : Restez, restez troupe jolie.

A ce trait devais-je m'attendre?

CLORINDE.

Ah! vous êtes un monstre affreux;
Nous devrions, pour vous apprendre,
Ici vous arracher les yeux.

SAINT-GILLES.

M'arracher les yeux!.. la colère
Peut-elle ainsi vous égarer?
Si je vous déplais, au contraire,
Laissez-moi les yeux pour pleurer.

DOROTHÉE.

Je vous défends de revenir chez moi... tous les hommes sont des trompeurs...

(Elle va pour sortir.)

BABYLAS, l'arrêtant, bas.

Et le prince étranger?

DOROTHÉE, bas.

Il peut se présenter.

BABYLAS, à part.

Bravo!.. Et d'une!..

(Il reconduit Dorothée.)

SCÈNE VIII.

SAINT-GILLES, CLORINDE, BABYLAS.

SAINT-GILLES, à Clorinde.

Ma bonne amie, je vous jure...

CLORINDE.

Laissez-moi!.. vous me le paierez cher!

SAINT-GILLES.
C'est mon habitude.
CLORINDE.
Je vous hais... je vous déteste!...
BABYLAS, à part.
Bon, bon!.. va toujours!
CLORINDE.
M'abuser ainsi!.. moi, si confiante!.. si naïve!..
BABYLAS, à part.
Grand scélérat!
CLORINDE.
Me sacrifier odieusement, vouloir en épouser une autre, sans avoir même la délicatesse de me prévenir un mois d'avance.
BABYLAS, à part.
C'est vrai!.. le moindre congé... c'est six semaines.
CLORINDE.
Ah!.. c'est horrible!.. c'est... c'est... abominable!..
BABYLAS. (Elle tombe dans un fauteuil.)
Ah! mon Dieu!.. elle se trouve mal!..
SAINT-GILLES.
Vous croyez?
BABYLAS, à part.
Si je pouvais rester seul avec elle!.. (Haut.) Là!.. dans une pièce voisine, vite un flacon de vinaigre!.. Allez donc, monsieur!..
SAINT-GILLES.
J'y vais... j'y vais!..
BABYLAS, se mettant à genoux, et rejetant son capuchon en arrière.
Clorinde!.. chère Clorinde!
CLORINDE.
Où suis-je?.. que vois-je!.. le jeune homme de cette nuit!
BABYLAS.
Lui-même!.. qui ne vous trompera pas, lui; et qui expire d'amour!
CLORINDE.
Mais qui êtes-vous?
BABYLAS, vivement.
Trente mille livres de rentes.
CLORINDE.
C'est un bel état!..
BABYLAS.
De plus, marchand de bois en gros... Et cette rose que je tiens de vous ne me quittera que bien après le trépas!
SAINT-GILLES, encore dans la chambre.
Voilà!.. voilà!..
CLORINDE.
Saint-Gilles!.. je l'oubliais!
(Elle s'évanouit.—Babylas se relève et baisse son capuchon.)
SAINT-GILLES, un flacon à la main.
Tenez... faites-lui respirer ça...
BABYLAS, lisant l'étiquette.
Malheureux! mais c'est de l'acide prussique.
SAINT-GILLES.
Ça pourrait l'incommoder; je vais en chercher un autre.
(Il sort; Clorinde rouvre les yeux.)
BABYLAS, se remettant à genoux.
Chère Clorinde, vous ne m'avez pas dit si je puis espérer... nous n'avons qu'un instant, et il faut que je vous revoie, il le faut!..
CLORINDE.
Laissez-moi, de grace, monsieur... rendez-moi la clé qui est dans mon mouchoir.
BABYLAS.
Il y a une clé?.. Tiens, c'est vrai!
CLORINDE.
C'est celle de ma loge... rendez-la-moi!.. Comment ferais-je, si je n'en avais pas une seconde?

BABYLAS.
Mais, puisque vous en avez une seconde ?
SAINT-GILLES, rentrant.
En voici un autre !.. en voici un autre !... (Clorinde feint d'être encore évanouie.)
BABYLAS.
Voyons... vous voulez lui faire avaler ça ?.. encre de la petite vertu... quelle horrible noirceur !.. allez donc, et choisissez mieux...
SAINT-GILLES.
J'irai tant que vous voudrez... comme ça doit l'ennuyer de rester si long-temps évanouie !
CLORINDE, se levant.
Mais, monsieur, cette clé vous sera inutile ; je ne me trouve dans ma loge que le soir... et je ne suis seule qu'à dix heures.
BABYLAS.
Eh bien donc, ce soir dans votre loge, à dix heures !
SAINT-GILLES, revenant.
J'ai enfin trouvé !.. Elle a repris connaissance ?.. c'était pourtant de l'excellent jus de réglisse !..
CLORINDE.
Allons, c'est bien !.. donnez-moi votre bras jusqu'à votre voiture ; le sorcier m'a appris tout ce que je désirais.
SAINT-GILLES.
Comment !.. pendant que vous étiez évanouie... quand vous aviez les yeux fermés ?
CLORINDE.
Je le voyais mieux qu'à présent.
SAINT-GILLES.
Ah ! bah !.. c'est incroyable !

CLORINDE.
Air de Robin des bois.

Adieu, sorcier ; je suis ravie
De ce qu'ici tu m'as fait voir.
Et je sais, grace à la magie,
Plus que je ne voulais savoir.
J'ai reçu de vous une offense...
Mais je puis pardonner enfin...

SAINT-GILLES.
Ah ! j'embrasse cette espérance.
BABYLAS, prenant la main de Clorinde.
Et moi, j'embrasse cette main.

ENSEMBLE.
CLORINDE.
Adieu, sorcier, je suis ravie... etc.

BABYLAS	SAINT-GILLES
Ah ! quel bonheur ! elle est ravie,	Adieu, sorcier ; elle est ravie
Et je suis fier de la revoir !	Et je crois beaucoup le devoir ;
Danseuse charmante et chérie,	Elle sait, grace à la magie,
A ce soir ! sans faute, à ce soir !	Plus qu'elle ne voulait savoir.

(Saint-Gilles sort avec Clorinde, à qui il donne le bras.)

SCÈNE XI.
BABYLAS, seul.

Bravo !.. bravo !.. ça va un train du diable... la grisette dont je suis débarrassé, la veuve dont j'ai su m'ouvrir le cœur... la danseuse, la ravissante sylphide dont je peux m'ouvrir la porte... et à toute heure encore !.. Maintenant, rappelons mon protecteur...

AMÉDÉE.
Me voici. J'ai deviné ton désir... eh bien ! es-tu satisfait ?
BABYLAS.
Ravi, enchanté, transporté... Je vais à mon garni quitter ce costume, m'habiller... et dès aujourd'hui, chez la danseuse...

Chez la danseuse !

AMÉDÉE.

ENSEMBLE.

AIR : Sors d'ici monstre infâme.

BABYLAS.
Pour mon cœur, plus d'obstacles !
Un génie, avec moi !..
Je ferai des miracles ;
Tout cela grâce à toi !..

AMÉDÉE.
Pour ton cœur, plus d'obstacles,
Un génie, avec toi !..
Tu feras des miracles ;
Et cela grâce à moi !..

FIN DU PREMIER ACTE.

ACTE II.

Un salon. — A gauche, un paravent.

SCÈNE I.

(Toutes les danseuses en costume du matin.)

CLORINDE, ZÉLIE, CAMILLE, FÉNELLA, ESTHER, PLUSIEURS DANSEUSES.

CHOEUR.

AIR . Au plaisir, à la folie. (ZAMPA.)
C'est le moment d'être heureuse,
Allons-nous toutes sauter !
Rien n'est pour une danseuse,
Si doux que de répéter.

CLORINDE, assise.

Mesdemoiselles, j'ai consenti à ce qu'une répétition préparatoire eût lieu ici, chez moi, parce que je suis indisposée...

ZÉLIE, à Camille.

Et qu'elle craint les rhumes de cerveau.

CAMILLE.

C'est gênant pour la danse.

ZÉLIE.

Mais c'est égal. Quoique nous ne soyons pas au foyer, nous avons toutes nos roses...

ESTHER.

Oh ! d'abord, une danseuse sans rose, c'est comme un corps... SANS FLAMME.

FÉNELLA.

Déjà Esther avec ses proverbes.

ZÉLIE.

D'où lui vient donc cette manie de parler en proverbes ? tu déshonores les danseuses, ma parole d'honneur.

CLORINDE, se levant.

Dès que M. Léger, notre maître de ballet sera arrivé, nous répéterons notre ensemble.

ESTHER.

Et ton nouveau pas à toi ?

CLORINDE.

Je ne l'ai pas encore arrêté... je voudrais trouver quelque chose de naïf, d'innocent.

ZÉLIE.

Je crois bien... c'est difficile !

CLORINDE.

Si M. Léger était là, il m'aiderait.

ESTHER.

Ah ! oui, M. Léger. C'est pour toi qu'il m'a coupé un rond de jambe et trois pirouettes.

CLORINDE.

C'est dans ton intérêt ; le commissaire de police dit que les pirouettes allongent le spectacle.

TOUTES, riant.

Ah! ah! ah! cette pauvre Esther!

ESTHER.

Bon! riez, riez... mesdemoiselles... et dire que c'est une cousine qui me vaut ça...on a bien raison de dire : On n'est jamais trahi que par les siens!

TOUTES, riant.

Ah! ah! ah!

CLORINDE.

Allons, finissons, mesdemoiselles! voilà le régisseur et M. Léger.

SCÈNE II.

Les Mêmes, LÉGER, LE RÉGISSEUR.

LÉGER.

Nous voici, nous voici, ravissantes sylphides.

LE RÉGISSEUR.

On va frapper, mesdemoiselles... c'est-à-dire, non, non, pas encore!..

CLORINDE.

Ce pauvre régisseur! il se croit toujours au théâtre, et au lever du rideau.

LE RÉGISSEUR.

L'habitude. Mais, nous ne sommes pas au complet... j'ai ma liste, et je comptais vous trouver au moins vingt ici...

ESTHER.

Ah! dam! qui compte sans sa note compte deux fois.

LÉGER.

Commençons, notre pas, ensuite nous irons le répéter au théâtre.

CLORINDE.

Sans moi, bien entendu; car je suis trop souffrante.

LÉGER, bas à Clorinde.

Oui, il faut vous ménager!

Air de Céline.

Qu'au théâtre l'on se rassemble,
Moi, je m'esquive et vole ici...
Et nous ferons un pas ensemble;
Ah! que ce pas sera joli!

(Clorinde met le doigt sur sa bouche pour indiquer qu'il faut se taire.)

LE RÉGISSEUR, bas à Clorinde.

Vous êtes toujours mon oracle,
Et dans une heure, à vos genoux,
Je viendrai faire mon spectacle...
Ce spectacle sera bien doux.

CLORINDE.

Chut! on nous observe.

LÉGER.

Allons, mesdemoiselles, en position! (Toutes les danseuses, excepté Clorinde, se placent.)

UNE BONNE.

Deux lettres pour mademoiselle.

CLORINDE.

Pour moi... vous permettez? (Lisant pendant que le maître de ballet et le régisseur s'occupent de grouper les danseuses.) « Mademoiselle! souffrez qu'un de vos » admirateurs les plus passionnés vienne aujourd'hui déposer son hom- » mage à vos genoux; je me présenterai par la porte secr... » Et la signature « Anastase X, de la loge infernale, côté droit; » et l'autre... la même demande, et signée : « Auguste W, de la loge infernale, côté gauche. » Il faut que j'écrive, que je m'oppose à ce qu'ils viennent, aujourd'hui surtout.

LÉGER, prêt à jouer de sa pochette.

Attention! prenez bien le mouvement!

FÉNELLA.

C'est dommage qu'il n'y ait pas là quelque amateur pour admirer nos graces. (Le maître de ballet donne l'accord. — On entend sonner.)

TOUTES.

On sonne! on sonne!

SCÈNE III.
Les Mêmes, SAINT-GILLES.

SAINT-GILLES, entrant.

Me voilà! me voilà!

TOUTES, l'entourant.

Eh! c'est M. de Saint-Gilles.

ESTHER.

Il arrive comme Mars en CALÈCHE!

SAINT-GILLES.

Non, je suis venu en coupé... mes petites nymphes.

CLORINDE.

Vos chevaux n'allaient pas vite.

SAINT-GILLES.

Méchante!

LÉGER, au régisseur.

Quelle bonne physionomie il a!

SAINT-GILLES.

C'est que je ne suis pas venu en ligne directe, j'ai passé au théâtre où l'on m'a appris que vous étiez chez vous... avec cet essaim d'abeilles...

TOUTES

Est-il aimable!

SAINT-GILLES.

A qui j'apporte de quoi butiner... Fénella, à vous ce sautoir.

(Il le lui présente.)

FÉNELLA, avec joie.

A moi?

LE RÉGISSEUR.

Comme ça la fait sauter!

SAINT-GILLES.

A Zélie, cette ceinture, et pour Esther ces boutons de roses. (Il présente à chacune l'objet annoncé.)

ESTHER.

C'est ça!.. aux derniers les RONDS!

SAINT-GILLES.

Au reste, ce paquet de petit-four! (Il le donne aux autres danseuses qui se le partagent. A Clorinde.) Quant à vous, belle Clorinde, vous trouverez sur votre toilette, une parure qui vous embellirait... si cela n'était déjà fait.

ESTHER.

Vous êtes un homme charmant!

TOUTES.

Charmant! charmant!

ZÉLIE.

AIR : Pégase est un cheval qui porte.

Je vous trouve, je vous le jure,
L'air d'un milord à sentiment.

ESTHER.

Votre nez dans votre figure,
Me semble même un agrément.

LE RÉGISSEUR.

Vous m'offrez une de ces têtes,
Au front tout-à-fait colossal!..

LÉGER.

Moi, sans vous flatter, vous me faites,
L'effet d'un payeur général.

CLORINDE.

N'est-il pas vrai que monsieur fera un excellent mari?

TOUTES.

Un mari!

ESTHER.

M. de Saint-Gilles se marie?.. et avec quoi?

SAINT-GILLES.

Avec quoi?

CLORINDE.

Oh! ce n'est pas avec moi, toujours... pour le mariage, il faut autre chose qu'une danseuse : aussi, monsieur a-t-il découvert une jeune Agnès qui l'épouse... en troisièmes noces.

TOUTES.

En troisièmes noces! (Riant.) Ah! ah! ah!

SAINT-GILLES.

Du tout!.. en secondes! en secondes! c'est bien assez!

CLORINDE.

Ah! vous en convenez donc?

SAINT-GILLES.

Deux heures! monsieur le maître de ballet! deux heures... régisseur!

LE RÉGISSEUR.

C'est juste!.. en place, mesdemoiselles!.. nous n'avons plus qu'une heure... (Toutes les danseuses se remettent en place.)

LÉGER.

Allons, écoutez l'accord et partons ensemble!

UNE BONNE, entrant.

Il y a là une demoiselle...

TOUTES.

Une demoiselle?..

LA BONNE.

Elle vient de l'Opéra, où elle a demandé monsieur le maître de ballet... on l'a envoyée ici.

LÉGER.

Une demoiselle qui me demande?..

SAINT-GILLES.

Une nouvelle débutante, peut-être!

CLORINDE.

Faites entrer... (La bonne sort.) Mesdemoiselles, chacune à sa place, et que l'on s'observe.

LE RÉGISSEUR.

La voilà!

SCÈNE IV.
Les Mêmes, PAQUITTE.

PAQUITTE.

Oh!.. mon Dieu! que de monde!..

ENSEMBLE.
Air de Mila.

PAQUITTE.	TOUS.
De peur,	De peur,
Mon cœur	Son cœur
Tremble et s'agite ;	Tremble et s'agite,
En vain je veux	Déjà ses yeux
Lever les yeux,	Sont tout honteux,
Et, dans ces lieux,	Et, dans ces lieux,
Toute interdite,	Toute interdite,
Je ne sais même pas comment	Elle ne sait, la pauvre enfant,
Je dois parler en ce moment.	Comment parler en ce moment.

LÉGER, l'encourageant.

Si peu hardie!..

SAINT-GILLES.

Et si jolie!..

CLORINDE.

Cela ne saurait s'expliquer.

PAQUITTE.

Ils disent que je suis jolie,
Je crois que je peux me risquer...

(Les saluant naïvement.)

Bonjour, messieurs et mesdames...

ESTHER, à ses compagnes.

Elle se risque.

ENSEMBLE.

TOUS.	PAQUITTE.
De peur,	De peur,
Son cœur	Mon cœur
Bien moins s'agite,	Bien moins s'agite;
Déjà ses yeux	Je dois, je peux
Sont moins honteux,	Lever les yeux,
Et, dans ces lieux,	Et dans ces lieux,
Cette petite	Moins interdite,
Paraît savoir parfaitement	Je crois qu'à tout événement
Comment parler en ce moment.	Je dois parler en ce moment.

CLORINDE.
Peut-on savoir ce qui vous amène ?
PAQUITTE.
Ce qui m'amène... c'est le désespoir !
TOUTES.
Le désespoir !..
PAQUITTE.
Je suis une pauvre jeune fille, bien malheureureuse ; j'étais décidée à me périr.
TOUTES.
Se périr !..
PAQUITTE.
Par le charbon...
CLORINDE.
C'est une blanchisseuse !
PAQUITTE.
Ou, la rivière.
CLORINDE.
Raison de plus.
PAQUITTE.
J'hésitais entre ces différens genres de mort, quand je me suis décidée pour l'état de danseuse...
LE RÉGISSEUR.
Mais on ne meurt pas de cet état-là...
ESTHER.
Au contraire !

PAQUITTE.
Air : Vaudeville de Turenne.

Comme vous, je veux être artiste
Et pour la danse maintenant
Quitter mon état de fleuriste.
ESTHER.
Ce n'est pas du tout désolant.
CLORINDE.
C'est difficile seulement.
PAQUITTE.
Oh ! devenir danseus' sans aucun doute...
Lorsque l'on est innocente, cela
Doit toujours bien coûter,
ESTHER.
Ah ! bah !
Il n'y a que l' premier pas qui coûte.
LE RÉGISSEUR, à part.
Voilà le premier qu'elle dit juste.
CLORINDE.
Mais d'où vient votre désespoir ?
PAQUITTE.
Figurez-vous que je m'étais laissée éblouir par un jeune homme qui paraissait bien bon, bien sincère...
ESTHER.
Bien sincère !.. ah ! ah ! ah !
PAQUITTE.
Vous riez de ça ?

ESTHER.

Je ris toujours, moi, je suis gaie comme un POINÇON.

CLORINDE, à Paquitte avec intérêt.

Eh bien?..

PAQUITTE.

AIR : Je sais attacher des rubans.

A son regard aussi doux qu'amoureux,
J'avais jugé que son âme était belle;
Et le sommeil le montrait à mes yeux
Toujours aimant, toujours fidèle!..
A mon réveil je m'attendais
A le trouver ainsi... mais, ô mensonge!
Un homme aimant, fidèle... j'ignorais
Qu'on ne peut voir ces choses-là qu'en songe.
Un homme aimant, fidèle... j'ignorais
Qu'on ne peut voir cela qu'en songe.

SAINT-GILLES.

Il vous a trompée!..

PAQUITTE.

Mon Dieu oui!

TOUS.

Oh! c'est affreux!

ZÉLIE.

Encore une victime!.. monstres d'hommes, va!.. et dire que j'ai été douze fois victime, à moi toute seule.

PAQUITTE.

Je vous plains bien.

CLORINDE.

Pauvre enfant!.. je comprends votre désespoir... mais pourquoi vouloir être des nôtres?

PAQUITTE.

Parce que c'est une danseuse qu'il me préfère, et je veux danser pour le narguer...

LÉGER.

C'est fort bien vu.

PAQUITTE.

Et lui prouver qu'une fleuriste peut s'élever comme une autre.

ESTHER.

Je vois la chose : Mademoiselle veut avoir deux CORNES à son ARCHE... mais qui trop EMBRASE, mal ÉTEINT, comme dit le proverbe... entre deux selles le NEZ à terre!

TOUS, riant.

Ah! ah! ah!..

LE RÉGISSEUR.

En voilà une ribambelle!

ESTHER.

Ah! LIBAMBELLE... tant que vous voudrez... il faut réfléchir avant de changer d'état. BIERRE qui COULE n'amasse pas mousse..

SAINT-GILLES.

C'est un déluge.

CLORINDE.

Mademoiselle est assez gentille pour espérer des succès.

PAQUITTE.

N'est-ce pas, madame?.. et avec du travail et quelques dispositions...

LE RÉGISSEUR.

Certainement!..

LÉGER.

Montrez-nous un peu ce que vous savez faire.

PAQUITTE.

Comment... devant tout le monde?..

LE RÉGISSEUR.

Ce sont vos camarades... il y aura bien plus de monde quand vous serez devant le public.

PAQUITTE.

Oh! le public... ça ne me fait pas si peur!.. on dit qu'il est très bon enfant quelquefois... mais c'est égal... elles riront si elles veulent... je suis prête.

LÉGER.

Voyons donc... A la première position.

PAQUITTE, mettant tout simplement un pied devant l'autre.

Voilà !..

LÉGER.

Voilà, quoi?..

PAQUITTE.

Me voilà à la première position venue...

TOUTES, riant.

Ah! ah! ah!..

ESTHER.

Elle est jolie la position!

LÉGER.

Oh! mais ce n'est pas ça...   (Il veut lui faire mettre les pieds en dehors.)

PAQUITTE.

Vous allez me jeter à terre!

LÉGER.

Cependant il faut bien...

PAQUITTE.

Il faut d'abord se tenir sur ses pieds...

LÉGER.

Oh! ça ne peut pas aller.

PAQUITTE.

Comment!.. ça ne peut pas aller?.. laissez-moi donc aller, pour voir.

CLORINDE.

Rassurez-vous, ma petite... je veux être votre maîtresse, moi... et vais vous donner une leçon... dansez à votre manière.

PAQUITTE.

A la bonne heure... et vous me reprendrez... je vais vous danser quelque chose de ma façon, ça sera bien gentil.

ESTHER, au maître de ballet.

Et nous nous mettrons toutes de la partie... ça fera tableau.

(Paquitte se met à danser d'une manière simple, naïve et comique à la fois.)

TOUS, pendant qu'elle danse

Air de la Fiancée.

Ah! quel air gracieux!
Est-elle originale!
Quelle mine virginale,
Quand elle baisse les yeux!

CLORINDE, qui a suivi tous les mouvemens de Paquitte.

Mais voici le pas que je cherche!..   (Tout le monde se met à danser.)

TOUS, applaudissant.

Bravo!.. bravo!..

CLORINDE.

C'est très bien, très bien, mademoiselle.

PAQUITTE.

Je vous remercie, madame, de la leçon que vous avez bien voulu me donner.

LE RÉGISSEUR, tirant sa montre.

Ah! mon Dieu! trois heures un quart... allons... à présent que nous avons bien répété notre ensemble...

TOUTES.

Oh! oui... joliment!

SAINT-GILLES.

Il faut partir!

TOUTES.

Partons!.. partons!

CLORINDE.

Vous, mademoiselle, attendez-moi.

PAQUITTE.

Oui. vous me donnerez encore une leçon...

CHOEUR.

Air. La voilà. (APPRENTI)

Partons tous !
Au théâtre on nous demande,
Il est temps... hâtons-nous !
Qu'on s'y rende ;
Partons tous !

(Les danseuses, Saint-Gilles, Leger et le Régisseur sortent. Clorinde rentre dans son appartement, Paquitte reste seule en scène.)

SCÈNE V.

PAQUITTE, seule.

Danseuse !.. je serai danseuse... hélas ! ce n'est pas là ce que j'avais rêvé... Ah ! Babylas !.. Babylas !.. j'espérais, unie à toi, habiter quelque comptoir, car, avant de te connaître, je m'étais créé ton image, ta profession même... je me le figurais toujours herboriste ou ferblantier... mais tout espoir a disparu... adieu mes pratiques que j'embellissais !.. adieu leur amitié, adieu simples et fraîches fleurs !..

SCÈNE VI.

PAQUITTE, BABYLAS, AMÉDÉE.

AMÉDÉE, entrant le premier, à la cantonnade.

C'est bien, nous attendrons dans ce salon.   (Il entre.)

BABYLAS, entrant.

Oui, nous attendrons dans ce salon.

PAQUITTE, à part.

Ah ! mon Dieu !.. je ne me trompe pas, c'est lui !.. lui, ici, dans cette maison... et c'est d'une danseuse qu'il est amoureux !..

BABYLAS.

Tiens ! c'est assez voluptueux l'appartement d'une danseuse... (Apercevant Paquitte sans la reconnaître.) Ah ! quelqu'un... la femme de chambre, sans doute. (Haut.) Jeune cameriste ?

PAQUITTE, à part.

Il me prend pour une servante ! (Haut.) Monsieur je ne suis pas cameriste !

BABYLAS, sans la regarder.

Bah !.. qu'est-ce que vous êtes donc ?

PAQUITTE.

Je ne suis rien du tout !

BABYLAS.

C'est encore moins... (La regardant.) Ah ! mon Dieu ! mais... si fait, vous êtes... c'est Paquitte !

PAQUITTE.

Comment ! vous me reconnaissez ?

BABYLAS, à part.

Je serais curieux de savoir si elle a gardé tout ce qu'elle emportait à la grace de Dieu. Ah ! bah ! (Haut.) Faites-moi l'amitié, ma petite, d'aller dire à Mlle Clorinde qu'on la demande.

PAQUITTE.

Qui ?.. moi ?..

AMÉDÉE, à Babylas.

Mais vous lui faites de la peine.

BABYLAS.

C'est vrai ! j'oubliais que la petite en tient pour moi.

PAQUITTE.

Vous vous trompez, monsieur je n'en tiens pas... au contraire, je vous déteste... je vous...

BABYLAS.

Plus bas donc !.. plus bas !.. diable ! si l'autre arrivait !

PAQUITTE.

Allez, monsieur... c'est affreux ! vous ne voulez pas de moi... vous êtes libre... chacun son goût ! vous ne l'avez pas bon... ça finit là... mais venir m'humilier !..

BABYLAS.
Silence donc!.. silence!
PAQUITTE.
Comment, vous voulez m'empêcher de crier, de me plaindre... de gémir?
BABYLAS.
Mais, non, non; plaignez-vous, gémissez... mais en dedans... ou dehors...
PAQUITTE.
Dehors!.. dehors!.. eh bien, soyez content, je m'en vais..
BABYLAS.
A la bonne heure!
PAQUITTE.
Vous, monsieur, faites la cour aux danseuses, courez après leur cœur! je souhaite que votre bonheur dure plus long-temps qu'un balancé ou une pirouette... (Elle fait la révérence et sort.)

SCÈNE VII.
BABYLAS, AMÉDÉE.
AMÉDÉE.
Pauvre petite!..
BABYLAS.
Ma parole d'honneur! c'est désolant d'inspirer des passions aussi disproportionnées!
AMÉDÉE.
Vous êtes bien cruel envers cette jeune fille.
BABYLAS.
Que voulez-vous, mon cher diable? on ne peut pas se prodiguer à tout le monde... je n'ai qu'un cœur, et je ne peux pas le partager comme une pomme, ou un melon! Mais, enfin, nous voilà chez elle... chez ma Clorinde adorée!..
BABYLAS.
Je t'ai suivi pour te prouver que tu as tort de t'attacher à ces deux belles dames... tandis que tu dédaignes cette modeste grisette, dont le cœur est pur et désintéressé...
BABYLAS.
Mais celui de ma danseuse et de ma veuve... le sont aussi, purs et désintéressés.
AMÉDÉE.
Nous verrons bien... Pour nous en convaincre, commençons par la danseuse... la voilà!.. je te laisse seul avec elle! (Il se cache derrière le paravent.)

SCÈNE VIII.
BABYLAS, CLORINDE.
BABYLAS.
C'est elle!.. je sens mes jambes flageoller!
CLORINDE, arrivant.
Il faut vite envoyer ces deux lettres... (Apercevant Babylas.) Ciel!.. mes trente mille livres de rente, autrement dit mon gros marchand de bois!
BABYLAS.
Me reconnaissez-vous, ma sylphide?
CLORINDE.
Comment... vous ici!.. déjà?
BABYLAS.
C'est l'amour qui m'amène!
CLORINDE.
L'amour?.. ah! je connais...
BABYLAS.
Vous avez connu l'amour?
CLORINDE, baissant les yeux.
De réputation, seulement... pendant bien long-temps... mais depuis...
BABYLAS, vivement.
Mais depuis notre dernière entrevue, depuis ce délicieux bal masqué où vos regards me transportaient au septième ciel, et où je me suis enfui par le paradis...

CLORINDE.
Depuis ce jour où je vous ai donné...
BABYLAS.
Cette rose que je garderai comme une croix d'honneur !..
CLORINDE, avec feu.
Eh bien! oui !.. depuis ce jour-là...

Air : Ne vois-tu pas jeune imprudent.

Ah! c'est inconcevable, en moi
Quel changement vient de se faire !
Je crois que j'aime... oui, je croi
Qu'un nouveau jour brille et m'éclaire.
Il me semble dans ce moment
Brûler d'une fidèle flamme ;
Enfin, je crois réellement
Que je deviens une autre femme !

BABYLAS.
O femme céleste, va !..
CLORINDE.
Et puis marchand de bois, c'est un bon état, n'est-ce pas?
BABYLAS.
On est sur la voie de la fortune... et la mienne est à vous, si vous m'aimez sincèrement.
CLORINDE.
Si je t'aime !.. si je l'aime !.. ah ! tous mes trésors sont ta tendresse, tes beaux yeux sont tous mes amours.
BABYLAS.
Il se pourrait... Clorinde !.. (A part.) Et lui qui doutait de sa tendresse pour moi! (Haut.) Ma Clorinde! (Criant vers le paravent.) Tous ses trésors sont ma tendresse... et mes beaux yeux... mes beaux yeux sont tous ses amours!
CLORINDE.
Babylas, de grace !..
BABYLAS, à genoux.
C'en est fait, je mets ma main à tes pieds...et je le jure... à toi, à toi, pour l'éter... (On frappe à la porte.) Qu'est-ce qui est là?..
LE RÉGISSEUR, en dehors.
C'est moi... peut-on entrer?
CLORINDE, à part.
Le régisseur !.. (Haut.) Votre présence me compromettrait, Babylas; il faut vous cacher.
BABYLAS.
Me cacher?
CLORINDE.
Oui, là... dans cette chambre, pour un instant.
BABYLAS.
Mais...
CLORINDE.
De grace !..
BABYLAS.
Je m'y résouds...
(Il entre dans la chambre, et tandis que Clorinde va ouvrir, Amédée l'en fait sortir et se cache avec lui derrière le paravent.)
AMÉDÉE.
Voilà que ça commence.

SCÈNE IX.

CLORINDE, LE RÉGISSEUR, AMÉDÉE et BABYLAS, cachés.

LE RÉGISSEUR.
Me voilà, cher ange ! j'ai quitté la répétition pour un petit moment, et j'accours près de vous.
CLORINDE, à part.
Oh ! mon Dieu! quel importun ! (Riant.) Et qu'avez-vous à me dire?
LE RÉGISSEUR.
Ce que j'ai à vous dire, ô mon amour?

BABYLAS.
Son amour!..
AMÉDÉE.
Silence donc!..
LE RÉGISSEUR.
J'ai à vous dire que, depuis huit jours, vous êtes avec moi d'une froideur, d'une cruauté!
BABYLAS.
Je voudrais bien voir qu'elle fût autrement...
AMÉDÉE.
Silence donc!
CLORINDE.
Mais en vérité, monsieur, je ne vous comprends pas...
LE RÉGISSEUR.
Monsieur!.. je ne comprends pas!.. vous le voyez... ai-je tort de me plaindre?
CLORINDE, à part.
Comment faire pour m'en débarrasser?
LE RÉGISSEUR.
Vous qui naguères me promettiez...
BABYLAS.
Qu'est-ce qu'elle lui promettait?
AMÉDÉE.
Silence donc!
CLORINDE.
Ce que je vous promettais...
LE RÉGISSEUR.
Lorsque, pour vous faire obtenir votre nouvel engagement, vous me disiez : Badouleau, mon Badouleau!
BABYLAS.
Son Badouleau?
LE RÉGISSEUR.
Tous mes trésors sont ta tendresse, tes beaux yeux sont tous mes amours.
BABYLAS.
Juste ce qu'elle me disait... et à un Badouleau encore!
CLORINDE.
Sans doute, mais... (A part.) Il ne s'en ira pas!
LE RÉGISSEUR.
Vous ne répondez rien. Oh! dites que vous n'êtes pas changée!..
CLORINDE.
Mais songez donc qu'au théâtre on peut s'impatienter... que dirait-on de votre absence?
LE RÉGISSEUR.
Oh! charmante sollicitude, qui craint pour moi le savon du directeur!
CLORINDE.
Oui... allez! allez!

LE RÉGISSEUR.
Air de Quinze ans d'absence
Écoutez, soyez moins tremblante.
CLORINDE.
Non. Vous m'avez assez parlé...
Je n'aurai l'âme un peu contente
Que quand vous serez en allé...
LE RÉGISSEUR.
Mon amour vous plût à l'extrême...
CLORINDE, à part
Combien il me causait d'ennuis.
LE RÉGISSEUR.
Maintenant, est-ce encor de même?
CLORINDE, vivement
Maintenant, c'est encore bien pis.
LE RÉGISSEUR, prenant le change.
Ah! cette assurance me ravit, me transporte... (Il veut lui baiser la main.)

CLORINDE.
Allez donc !.. allez donc !
LE RÉGISSEUR.
J'emporte du bonheur pour trois répétitions. (Il sort.)
CLORINDE.
Ah ! m'en voilà débarrassée !

SCÈNE X.
CLORINDE, BABYLAS, se montrant.

BABYLAS.
C'est une indignité, une infamie, une horreur, une grande petitesse de votre part !
CLORINDE.
Ah ! mon Dieu ! il entendait...
BABYLAS.
Oui, j'entendais... et vous n'êtes qu'une trompeuse, une indélicate.
CLORINDE.
Moi... et pourquoi ?
BABYLAS.
Elle me le demande !.. dire à cet homme le même serment d'amour, juste le même... tous mes trésors, etc... et ses beaux yeux sont tous vos amours ?.. ses beaux yeux ! précisément il est louche.
CLORINDE.
Eh bien ! vous voyez que je me moque de lui.
BABYLAS.
Je ne vous crois pas.
CLORINDE.
Mais songez donc que cet homme... je suis obligée de le ménager.
BABYLAS.
Vous ne l'aimez donc pas ?
CLORINDE.
Pas le moins du monde ; mais au théâtre il y a bien des gens auxquels on doit des égards... un régisseur ne se met pas à la porte comme un agent de change.
BABYLAS.
Il se pourrait !.. ainsi, ces paroles que vous lui disiez..
CLORINDE.
Paroles en l'air pour le renvoyer et me trouver plus vite auprès de vous.
BABYLAS.
Auprès de moi, auprès de moi !

CLORINDE, vivement.
AIR : Mire dans mes yeux, etc.
Vois donc dans mes yeux
Les feux
Preuves de ma flamme ;
Vois donc dans mes yeux
Mes feux
Et ton sort heureux !
Mes yeux
Miroirs de mon ame,
Mes yeux
Te montrent mes feux !
(En le cajolant.) Puis un régisseur, c'est comme
Une ombre qui suit nos pas !..
Pour nous ce n'est pas un homme !..
Et cela ne compte pas...

ENSEMBLE.
Vois donc dans mes yeux
Les feux, etc.

BABYLAS.
Je vois dans ses yeux
Les feux

Preuves de sa flamme.
Je vois dans ses yeux
Ses feux
Et mon sort heureux.
Ses yeux,
Miroirs de son ame,
Ses yeux
Me montrent ses feux !

BABYLAS, se jetant à ses genoux.

Oh ! oui, je te crois, je te crois, ma Clorinde ; et je suis à toi, à toi pour l'éter... (On frappe à la porte.) Encore !

CLORINDE.

Qui est là ?..

LÉGER, en dehors.

C'est moi... le maître des ballets... Léger... ouvrez, ouvrez vite !

BABYLAS, se relevant.

Il est pressé, ce monsieur... qu'il reste à la porte.

CLORINDE.

Mais...

BABYLAS.

Quoi donc ?

CLORINDE.

Il faudrait...

BABYLAS.

Me cacher encore ?

CLORINDE.

Songez que ma réputation l'exige.

BABYLAS.

Ah ! mais... ah ! mais...

CLORINDE.

Je vous en prie, pour un instant !

BABYLAS.

Allons ! pour un petit instant, soit ! pourvu qu'il ne soit pas trop long...
(Il entre dans le cabinet.)

CLORINDE, fermant la porte à double tour.

Cette fois, prenons nos précautions !.. (Elle va ouvrir la porte du fond.)

AMÉDÉE, délivrant Babylas.

Et nous, prenons les nôtres... (Il le fait passer derrière le paravent.)

SCÈNE XI.
LES MÊMES, LÉGER.

CLORINDE.

Quoi ! c'est vous, M. Léger !

LÉGER.

Moi-même... ne m'attendiez-vous pas ? n'étions-nous pas convenus de nous revoir ?

BABYLAS.

Convenus de se revoir ! je suis abasourdi... convenus de se voir !.. je n'y vois plus !

LÉGER.

Je suis parvenu à augmenter de beaucoup votre pas.

CLORINDE.

En vérité ?.. ah ! c'est bien !.. c'est très bien à vous...

LÉGER.

Et de plus, j'ai trouvé moyen de diminuer celui de Fénella.

CLORINDE.

Vraiment !.. ah ! c'est encore mieux, et je vous embrasserais de bon cœur !

BABYLAS.

Ça serait gentil !

LÉGER.

Ce n'est pas moi qui m'y opposerai... mais...

CLORINDE.

Mais ?.. qu'avez-vous donc ?

LÉGER.

Je ne sais si je dois réaliser ce projet, c'est une nouvelle ennemie que je me ferai, et cela, sans me conserver votre amitié.

CLORINDE.

Oh! vous ne le pensez pas!

LÉGER.

Vous êtes bien changée, Clorinde; je sais que vous n'attachez aucun prix à mon amour... et ce sacrifice que je vous ferais, s'adresserait peut-être à une ingrate.

CLORINDE.

Léger, M. Léger, vous ne pensez pas ce que vous dites.

BABYLAS.

Léger? ça s'appelle Léger, ça?

LÉGER, avec feu.

Oh! répètes-moi ces paroles que tu dis si bien!

BABYLAS.

Tu, tu... il la tutoie!

CLORINDE.

Ces paroles...

LÉGER.

Je t'en supplie, dis que tu ne dédaignes pas mon amour!

CLORINDE.

Mais vous le savez... tous mes trésors... sont...

BABYLAS.

Les mêmes encore! (Éternuant.) Ahtzi!

LÉGER.

Qu'est-ce que c'est que ça?

CLORINDE.

Rien, rien! mon perroquet qui s'enrhume! Ainsi, vous me promettez de tenir votre promesse? et ce pas?..

LÉGER.

Je cours à l'instant le régler sur notre nouveau plan; adieu, ma toute belle, adieu! (Il lui baise la main et sort. Clorinde va ouvrir le cabinet.)

SCÈNE XII.

CLORINDE, BABYLAS.

BABYLAS, se montrant.

Madame!.. non, je suis ici... je vous donne ma malédiction!..

CLORINDE.

Comment! comment! vous étiez là, malgré le tour?..

BABYLAS.

De clé... et malgré celui que vous venez de me jouer...

CLORINDE.

Que voulez-vous dire?

BABYLAS.

Que cet horrible bipède qui sort d'ici, n'est pas un régisseur sans conséquence.

CLORINDE.

Mais, vous avez bien entendu que c'est le maître de ballet; vous savez que de lui dépend toute ma gloire, ma réputation!

BABYLAS.

Mais, ce n'est pas une raison pour lui répéter les mêmes paroles...

CLORINDE, riant.

Ah! bah!

BABYLAS.

Comment?.. ah! bah!.. et ce baiser...

CLORINDE.

Sur la main! qu'est-ce que ça dit?

BABYLAS.

Si ça ne dit rien, ça sonne toujours, et ça fait beaucoup!

CLORINDE.

Ça ne fait rien du tout! d'ailleurs, nous sommes toutes comme ça, dans les danseuses.

BABYLAS.
Vraiment, toutes ?

CLORINDE.
Qu'importe une faveur bannale; qu'importe ce qu'on dit à tous, quand on ne le pense que pour un seul !

BABYLAS.
Pour un seul.. le fait est qu'il n'a pas l'air dangereux, et qu'il est très laid ! il est encore plus vilain que le louchon.

CLORINDE.
Oui... et quelle différence !

BABYLAS, à part.
En voilà donc une qui me trouve joli ! (Haut.) Oh !.. Clorinde !.. Clorinde ! vos regards m'éblouissent, me vaccinent, ma parole d'honneur ! si je ne suis pas vacciné.

CLORINDE.
Vois donc dans mes yeux
Les feux,
Preuves de ma flamme !
Vois donc dans mes yeux
Mes feux,
Et ton sort heureux !
Mes yeux,
Miroirs de mon ame,
Mes yeux
Te montrent mes feux !
Puis, des ballets, c'est le maitre,
Il fait tant pour nos appas !..
Il faut bien le reconnaître,
Et cela ne compte pas !

ENSEMBLE.

CLORINDE.	BABYLAS.
Vois donc dans mes yeux, etc.	Je vois dans ses yeux, etc.

BABYLAS, avec feu.
Oui, quoique l'état de danseuse soit une profession bien scabreuse et très exigeante du côté des régisseurs sans conséquence, et autres maîtres de danse, je consens à fermer les yeux, à tout oublier...

CLORINDE.
Bon Babylas !

BABYLAS, à genoux.
Je veux t'appartenir... être à toi, à toi pour l'éter... (On frappe de nouveau. Ah ! pour le coup, c'est trop fort !

CLORINDE.
Mais, qui donc peut venir encore ?

BABYLAS, se relevant.
Est-ce que je le sais, moi ?

SAINT-GILLES, en dehors.
Y êtes-vous, Clorinde ?

BABYLAS.
C'est la voix du grand nez, que je ne peux pas sentir !.. Du tout, elle n'y est pas !..

CLORINDE.
Que faites-vous ?

SAINT-GILLES.
Alors, ouvrez-moi !

BABYLAS.
Plus souvent ! je n'y suis pas non plus ; il n'y a personne.

CLORINDE.
Mais, vous me perdez... c'est M. Saint-Gilles, mon seul appui, mon seul protecteur, à moi, malheureuse jeune fille, seule et abandonnée dans ce monde.

BABYLAS.
Oui, oui, j'entends ! vous n'avez que lui, et tous vos trésors sont sa tendresse, ses beaux yeux sont tous vos amours...

CLORINDE.

Quel embarras, grand Dieu!..

Vois donc dans mes yeux
Les feux! etc.

BABYLAS, avec reproche.
En vain de vos yeux
Les feux
Montrent votre flamme!
En vain de vos yeux,
Les feux
Sont très lumineux!
Vos yeux
Miroirs de votre ame!
Vos yeux
Me sont très douteux.

CLORINDE.
Puis, ce protecteur si tendre,
Doit-il donc compter, hélas?

BABYLAS.
Ah ça! mais, à vous entendre,
Tout Paris ne compt'rait pas.

(On entend aussi frapper à la porte de droite.)

Encore par là!

CLORINDE, à part.

Ah! ciel!.. l'abonné de la loge infernale, je n'ai pas envoyé mes lettres! (On frappe à la porte de gauche.) Et l'autre, maintenant!

BABYLAS.

Et par ici aussi!

CLORINDE.

Ah! je vous jure...

BABYLAS.

Allons donc!

CLORINDE.
Vois donc dans mes yeux...
Les feux, etc.

BABYLAS.

Assez! assez!

(On frappe aux trois portes successivement. — La musique continue jusqu'à la chûte du rideau.)

CLORINDE.

Que devenir?..

AMÉDÉE, sortant la tête par-dessus le paravent.

Eh bien! Babylas?

CLORINDE.

Un homme! un homme dans mon appartement!

BABYLAS.

Parbleu! il y en a bien trois qui frappent dehors...

CLORINDE.

Je vais m'évanouir!

BABYLAS.

Attendez! reprenez avant cette rose artificielle, à laquelle je renonce de fond en comble... à présent, vous pouvez vous évanouir. (Clorinde tombe sur un fauteuil. — On frappe aux trois portes à la fois.)

AMÉDÉE.

Et maintenant, maître, où allons-nous?

BABYLAS.

Chez la veuve!.. (Ils se dirigent vers la porte du fond. — On frappe encore à toutes les trois. — Le rideau baisse.)

FIN DU DEUXIÈME ACTE.

ACTE III.

Un salon. — A droite, une psyché; à gauche, une table.

SCÈNE I.
DOROTHÉE, PAQUITTE.

DOROTHÉE, tenant à la main plusieurs roses blanches qu'elle vient de choisir parmi d'autres fleurs.

Vous pouvez remporter toutes vos autres fleurs, Paquitte ; ces roses blanches sont les seules qui me plaisent...
PAQUITTE.
Je suis sûre qu'elles vous iront à merveille avec ce bonnet que vous attendez...
DOROTHÉE.
Mon deuil finit aujourd'hui ; à compter de demain je ne veux porter que du blanc.
PAQUITTE.
C'est la meilleure enseigne pour trouver un mari.

DOROTHÉE, d'un air innocent.

AIR : Depuis long-temps j'aimais Adèle.

Chaque couleur, à chaque femme,
Offre un éclat plus ou moins doux ;
Le blanc, image de mon âme,
Doit seul convenir à mes goûts.
Je suis, et si fraîche et si bonne!..
Le croiriez-vous? j'ai vingt-deux ans,
Et n'ai jamais trompé personne.
PAQUITTE.
Il vous reste encor bien du temps.

SCÈNE II.
LES MÊMES, SAINT-GILLES.

SAINT-GILLES entrant, est censé parler à des domestiques du dehors.
Ne m'annoncez pas!.. ne m'annoncez pas!.. j'ai mes entrées...
DOROTHÉE, avec reproche.
Ah! vous voilà, M. de Saint-Gilles!..
SAINT-GILLES.
Oui, enfin... me voici, me voici près de vous, ma toute belle! je viens chercher mon pardon ; j'accours sur les ailes du repentir!
DOROTHÉE.
C'est donc pour cela que vous tardez tant à arriver.
SAINT-GILLES.
Ah! si vous saviez comme le temps est long loin de vous!
DOROTHÉE.
Et comme il passe vite près de votre danseuse!..
PAQUITTE, finissant d'arranger ses fleurs.
C'est vrai!.. c'est le monsieur que j'ai rencontré chez les danseuses.
SAINT-GILLES.
Cruelle Dorothée, vous m'en voulez encore pour un peu de légèreté, que je me reproche comme un vol... un vol de nuit... ma parole d'honneur.
DOROTHÉE.
Il est bien temps!..
SAINT-GILLES.
Il n'est jamais trop tard pour faire pénitence.

DOROTHÉE.

Comment, monsieur, c'est pour faire pénitence que vous venez chez moi?.. eh bien! sachez donc, que tout à l'heure encore... oui, monsieur, tout à l'heure... j'ai reçu une lettre...

SAINT-GILLES.

Une lettre!

DOROTHÉE, montrant Paquitte.

Cette petite est là pour le dire.

PAQUITTE.

Oh! ça... je l'affirme.

DOROTHÉE, reprenant vivement.

Une lettre où il y avait tout à la fois de l'amour, de la grace... de la passion... tout ce que vous voudrez!..

SAINT-GILLES.

Tout ce que je voudrai!.. dites donc tout ce que je ne voudrai pas!.. Et vous l'avez déchiffrée?..

DOROTHÉE.

Dévorée, monsieur!

PAQUITTE.

C'était si délicat.

DOROTHÉE.

Elle est d'un jeune officier qui sort de l'école.

SAINT-GILLES, avec indignation.

Un officier!.. vous êtes en correspondance avec la garnison... et vous recevez des poulets que vous dévorez!..

DOROTHÉE.

Oui, monsieur... (Avec fierté.) Et je les brûle ensuite.

SAINT-GILLES.

Vous les brûlez!..

PAQUITTE.

Et dans le feu encore.

SAINT-GILLES.

Dans le feu!.. ah! Dorothée, si constante... si sage... et moi, si léger... si horriblement léger!.. c'est à présent que je vois la difformité de ma conduite!.. que vous êtes belle auprès de moi!.. que je suis laid auprès de vous!.. (Plus vivement.) Je suis un monstre... toujours auprès de vous... accordez moi ma grace... (Il se jette à genoux.)

DOROTHÉE.

Votre grace!.. quand vous osez me méconnaître... me soupçonner, moi!.. (A part.) Allons donner l'ordre de laisser entrer mon jeune prince étranger!

(Elle sort brusquement par la gauche.)

SCÈNE III.

SAINT-GILLES, PAQUITTE.

SAINT-GILLES.

Là... voilà encore mon mariage reculé!.. me faire une scène, et devant témoin encore... devant une fleuriste!.. ce qu'il y a de plus bavard en France... la perruche de la civilisation...

PAQUITTE.

Ce pauvre monsieur!.. Il a l'air tout drôle.

SAINT-GILLES, à part.

Tâchons de prévenir le ridicule qui pourrait m'en arriver... enchaînons sa langue... et puis, c'est qu'elle est charmante! (Haut.) Jeune Paquitte!..

PAQUITTE.

Monsieur?

SAINT-GILLES, lui prenant la taille.

Jolie Paquitte!

PAQUITTE, se retirant.

Finissez donc!..

(Saint-Gilles continue à la lutiner.)

SCÈNE IV.
Les Mêmes, BABYLAS et AMÉDÉE, paraissant dans le fond.

BABYLAS, entrant.

Paquitte chez la veuve!

AMÉDÉE.

Je vais te rendre invisible...cachons-nous. (Ils se mettent derrière la psyché.)

PAQUITTE, à Saint-Gilles.

Mais, restez donc tranquille!

SAINT-GILLES, à part.

Employons tous mes moyens de séduction... (Haut.) Un mot, bel ange... il faut que je te dise ce que j'éprouve auprès de toi.

PAQUITTE.

Je ne comprends pas, monsieur.

BABYLAS.

Je comprends très bien, moi!

AMÉDÉE, le pinçant.

Chut!

BABYLAS.

Aie!..

SAINT-GILLES.

Paquitte... si tu avais un appartement à choisir, dans quelle rue le louerais-tu?.. la rue Coquenard te sourirait-elle?..

PAQUITTE.

Non, j'aimerais mieux une toute petite chambre rue Sainte-Anne, près du magasin... j'ai vu un écriteau par-là...

SAINT-GILLES.

Va pour une petite chambre composée d'un salon, d'une chambre à coucher, etc., etc.

BABYLAS.

C'est une atrocité!

AMÉDÉE, le pinçant.

Encore!..

BABYLAS.

Aie!..

SAINT-GILLES.

Et que dirais-tu d'une petite maisonnette à Auteuil, d'une demi-fortune pour t'y transplanter?

PAQUITTE.

J'aimerais mieux tout bonnement un petit champ à Belleville, pour y manger des fraises, boire du lait et monter à âne.

SAINT-GILLES.

Eh bien! va pour les fraises, le lait et l'âne!..

PAQUITTE.

J'aime mieux me passer de tout ça et rester sage.

BABYLAS.

Bravo! (Amédée le pince.) Aie!.. décidément vous pincez trop fort, bon diable! il y a long-temps que vous ne vous êtes fait les ongles.

SAINT-GILLES.

Ainsi, tu fais fi de tout?

PAQUITTE.

De tout, absolument.

SAINT-GILLES.

C'est égal!.. je te l'ai proposé, c'est comme si tu l'avais accepté.

PAQUITTE.

Ah! par exemple!..

SAINT-GILLES.

Oui, oui!.. (A part.) Si elle bavarde, je dirai que je n'ai pas voulu... ça se fait toujours comme ça... quand on est un peu fashionable... (Haut.) tu as beau me prier, je suis cruel, je ne veux pas...

PAQUITTE.

Comment? mais c'est bien moi...

SAINT-GILLES.

Je ne veux pas... je ne veux pas!.. (Il sort.)

SCÈNE V.
PAQUITTE, BABYLAS, AMÉDÉE.

PAQUITTE.

En voilà un effronté!

BABYLAS.

Impertinent Lovelace!

PAQUITTE.

Babylas!.. chez cette veuve... et elle qui attend une visite!.. oh! l'ingrat! feignons de ne pas le voir.

BABYLAS.

Recevez mes éloges, Paquitte!.. pour une fleuriste, vous vous êtes joliment conduite!

PAQUITTE, à part.

Il écoutait!..

BABYLAS.

Elle ne me répond pas... ah! j'oubliais que je suis invisible... mon cher diable!

AMÉDÉE.

Que veux-tu?..

BABYLAS.

Comment, ce que je veux!.. mais moi, donc... ma forme, mon corps, mes attraits... faites-moi le plaisir de rendre tout cela visible...

AMÉDÉE.

C'est juste. (Il lui impose les mains.)

BABYLAS.

Est-ce fait?..

AMÉDÉE.

Oui!

BABYLAS.

Paquitte, votre conduite est sublime!.. par où entre-t-on chez Mme Dorothée?

PAQUITTE.

Encore!.. il faut donc, monsieur, que je vous mène chez toutes mes rivales?.. oh! M. Babylas, c'est affreux!.. vous qui avez bon cœur... car, vous avez bon cœur!

BABYLAS.

Certainement, j'ai bon cœur... et ça me fait une peine du diable de vous tourmenter... mais est-ce ma faute à moi, si j'ai enflammé trois femmes à la fois!.. tenez, voyez-vous, Paquitte... vous m'intéressez si fort... que pour vous je voudrais être laid... oh! mais laid comme une vieille portière.

AMÉDÉE.

Ah! voilà une preuve d'intérêt!

PAQUITTE.

Et tout ça... parce que je suis grisette... et peu vous importe que je me désole... que je me tue!..

BABYLAS, vivement.

Vous tuer!.. ah! je devine vos sinistres pensées, jeune fille. Détruire un ouvrage si gentil... mais c'est un meurtre!

PAQUITTE.

Vous croyez?

BABYLAS.

C'est-à-dire que vous êtes très jolie... que vous avez une innocence... qu'il n'y a personne qui ne doive courir après..,

PAQUITTE.

Excepté vous.

BABYLAS.

Moi, comme les autres!.. parce que il est des choses... on a beau faire... on sent là... il faut absolument... qu'est-ce que je dis donc?.. enfin, il ne faut pas vous tuer...

AMÉDÉE, riant.

Il faut même bien s'en garder!

PAQUITTE.

Ah! soyez tranquille!.. j'ai dit ça dans le moment... mais certainement, je n'en ferai rien... qui gagnerais-je?

AIR : Laissez-moi le pleurer ma mère.

De vous avoir devant ma vue,
Je trouve encore ici-bas le moyen.
Je souffre, d'amour éperdue ;
Mais vous, vous vous portez si bien !
Dans ce monde où tout sait vous plaire,
Rester bien tard, à vous c'est votre espoir.
Si je partais sitôt de cette terre,
Je serais trop long-temps sans vous voir ;
Oui, je serais trop long-temps sans vous voir.

BABYLAS.

Mais, qu'est-ce qui se passe donc dans tout mon individu ?.. Paquitte, vous avez une ame, des yeux, une bouche, une voix... entrons bien vite chez la veuve, car mon cœur ne sait plus où donner de la tête !

(Ils entrent chez Dorothée.)

SCÈNE VI.

PAQUITTE, seule.

Ah ! j'en suis sûre... il a été ému... oui, oui, il tremblait en parlant, il me regardait, il me souriait... il battait la campagne !.. je crois même qu'il m'a serré la main... enfin, comme il le disait lui-même... son cœur ne savait plus où donner de la tête... que j'étais contente !.. ah ! oui... mais c'est déjà passé... il est entré chez la veuve... et je serai toujours malheureuse !..
(Pleurant.) Ah ! ah !..

SCÈNE VII.

PAQUITTE, CLORINDE, paraissant vêtue en petit officier, et avec des moustaches.

CLORINDE.

Ah ! m'y voici !.. qu'est-ce qui pleure donc là ?.. (A part.) Eh ! mais, c'est la petite grisette !..

PAQUITTE, à part.

Tiens ! un officier !.. sans doute, celui qui a écrit à la veuve.

CLORINDE, à part.

Il faut que je la console en militaire... (Allant à Paquitte.) Comment, ma belle enfant, nous versons des larmes... pour un amant volage, peut-être ? mais ma chère, un de perdu trois de retrouvés.

PAQUITTE.

Mais, monsieur l'officier, avoir trois amans !..c'est bon pour une danseuse !

CLORINDE, à part.

Attrape !.. (Haut.) Mais je vous assure que c'est très bon pour toutes les jolies filles en général... (A part.) Essayons notre rôle avec la petite... (Haut, en lui pressant la taille.) Et si vous vouliez, ma charmante...

PAQUITTE.

Doucement, monsieur... ce n'est pas à moi que vous avez écrit une lettre bien tendre.

CLORINDE.

Ah ! tu sais cela.

PAQUITTE.

Et je l'ai vue brûler...

CLORINDE.

C'est impossible.

PAQUITTE.

Quel amour-propre !

CLORINDE.

Impossible, te dis-je... (A part.) C'est la copie de celle que m'écrivait un petit sous-lieutenant... je ne l'ai pas brûlée, moi... et toutes les femmes se ressemblent.

PAQUITTE.

Ainsi, vous espérez...

CLORINDE.
Tourner la tête à la veuve, m'en faire aimer, chérir, idolâtrer... (A part.) Et évincer cet ingrat Babylas qui, j'espère, me reviendra.

PAQUITTE, à part.
Dieu! s'il pouvait réussir, et faire congédier Babylas... peut-être qu'alors...

CLORINDE.
Eh bien! que dis-tu!

PAQUITTE, vivement.
Je dis que vous avez raison, qu'il faut que vous arriviez jusqu'à elle... et je suis prête à vous seconder! mais si elle résiste?

CLORINDE.
Alors je l'enlève!

PAQUITTE.
Vous l'enlevez?

CLORINDE.
Avec l'aide de mes camarades que voici!
(Elle frappe dans ses mains, entrent toutes les danseuses vêtues aussi en petits officiers.)

SCÈNE VIII.

Les Mêmes, CAMILLE, ZÉLIE, FENELLA, ESTHER, etc.

TOUTES.
Nous voici!

CHOEUR.
Air : La belle nuit.

Au rendez-vous,
Ici, nous sommes.
Nous ferons tous, (bis.)
De fameux hommes!
Oui, comme nous,
On voit peu d'hommes...
Nos yeux, (bis.)
Sont des armes à feu!

ZÉLIE.
En voilà une échappée!

CLORINDE.
Silence!.. cette petite ignore...   (Elles reprennent leur tenue.)

PAQUITTE.
Par exemple, ils ne sont pas grands, vos militaires!

CLORINDE.
Ils ont la taille... tout le régiment est dans ce genre-là.

PAQUITTE.
C'est un joli genre!

CLORINDE, aux danseuses.
Êtes vous sûres que personne ne vous ait vues?

ZÉLIE.
Personne!

CLORINDE.
Eh bien! camarades!,.tâchez jusqu'à la fin de n'être pas surpris. Dès que la nuit viendra, concentrez vos forces sous le balcon, et à ma voix bravez tous les dangers pour accourir...

ESTHER.
Pour ce qui est d'accourir.:. tu peux être tranquille... je suis bon soldat... vaincre ou courir, voilà ma devise!

CLORINDE.
Que, sous aucun prétexte surtout, M. de Saint-Gilles ne puisse venir jusqu'ici. Maintenant, il faut entrer!

PAQUITTE, la retenant.
Oh! vous ne le pouvez pas... D'abord, la veuve est avec votre rival.

CLORINDE.
Raison de plus!

PAQUITTE.
Ensuite, on vous a consigné devant moi.
ESTHER.
Tant mieux! il faut briser les portes... forcer la consigne, et...
PAQUITTE.
Ah! mon Dieu! quel homme vous faites! vous avez l'air si doux... si pacifique!
ESTHER.
Ça ne prouve rien! il n'est pire HOMME que L'HOMME qui dort!
FÉNELLA.
Alerte! alerte! voilà quelqu'un qui vient par-là!
(Elle montre la porte par laquelle est sorti Babylas.)
ESTHER.
Sauve qui peut! (Elles se sauvent.)
CLORINDE, remontant la scène.
Moi j'attends de pied ferme!

SCÈNE IX.
BABYLAS, CLORINDE, PAQUITTE.

BABYLAS, sortant de chez Dorothée*.
J'en ai donc trouvé une qui m'aime! (Se retournant vers la porte.) Charmante veuve!.. ne désire plus, ne soupire plus... je suis ce qui te manque.
CLORINDE.
C'est ce que nous verrons.
BABYLAS, apercevant Paquitte.
Ah! c'est la fleuriste! (A lui-même.) Conçoit-on ce damné sorcier! il n'en veut pas démordre, et malgré le ravissant accueil de Dorothée... il veut me ramener à cette petite!
CLORINDE, à part.
Tu vas avoir à qui parler.
BABYLAS, à Paquitte.
Adieu, ma petite, adieu!.. tu viendras à ma noce.
PAQUITTE, à part.
Est-il cruel!
CLORINDE, se présentant à Babylas qui va pour sortir.
Holà, mon brave!
BABYLAS, étonné.
Un militaire! il est joliment tourné.
CLORINDE, haussant la voix.
Un mot s'il vous plaît!
BABYLAS.
Dix-sept, si vous voulez.., mes oreilles sont à votre disposition.
CLORINDE.
Alors, j'ai bien envie de les couper.
BABYLAS.
Vous dites?
PAQUITTE.
N'en faites rien!
BABYLAS.
Militaire, ce ton tranchant ne me convient guère. Me couper les oreilles!
CLORINDE.
Il me paraît que je suis arrivé à temps... vous venez de chez la veuve.
BABYLAS.
Chasseur, ça ne vous regarde pas.
CLORINDE.
Eh bien! je vous préviens que si jamais vous passez la porte... vous ne sortirez que par la fenêtre.
PAQUITTE, à Clorinde.
Bien! mettez-le à la porte!
BABYLAS.
Grenadier, qu'est-ce que tout ça veut dire? vous voulez me mutiler... me mettre à la porte par la fenêtre... pour qui me prenez-vous?

Air : T'en souviens-tu?

Ah ! vous ne me connaissez pas sans doute
Pour m'adresser ces discours superflus.

CLORINDE.

Oh ! je vois bien aux propos que j'écoute,
Que vous ne me connaissez pas non plus.
Mais vous saurez tout ce qui peut s'en suivre,
Lorsque l'on ose affronter mon courroux !
Et je veux vous apprendre à vivre.

BABYLAS.

Je sais vivre aussi bien que vous !
Aussi bien que vous je sais vivre,
Et la preuve, c'est qu'entre nous
Je suis un peu plus gras que vous.

CLORINDE.

Insolent !.. alors, monsieur, il faut vous battre !

PAQUITTE.

Ah ! mon Dieu !

CLORINDE.

Je vous laisse le choix des armes.

BABYLAS.

Le choix des armes !

CLORINDE.

Allons, dépêchez-vous.

BABYLAS.

Un instant donc !.. puisque vous me laissez le choix des armes, donnez-moi donc le temps de choisir... je choisis... je choisis la persuasion...

PAQUITTE.

Ah ! oui... la persuasion... c'est une arme si douce !

BABYLAS.

Écoutez-moi, dragon.

CLORINDE, tapant du pied.

Point d'explication, monsieur ! j'aime Dorothée, j'en suis aimé !

BABYLAS.

Vous en êtes aimé ! vous ! c'est impossible.

CLORINDE.

Impossible ? si vous voulez en être convaincu, revenez dans une heure.

BABYLAS, regardant à sa montre.

Dans une heure, je serai convaincu ?.. j'accepte...

CLORINDE.

Et si vous me trouvez à ses genoux, si vous êtes certain de l'amour que je lui inspire, vous y renoncerez ?

BABYLAS.

J'y renoncerai à perpétuité !

PAQUITTE, à part.

Il y renoncerait !..

CLORINDE.

Maintenant laissez-moi seule !

BABYLAS.

Je vous laisse ; mais profitez bien des instans... car, voyez-vous... si vous me trompez !..

CLORINDE, vivement.

Nous nous battrons ?

BABYLAS.

Du tout ! nous ne nous reverrons plus... j'aime mieux ça. Adieu, cuirassier.

(Il sort.)

SCÈNE X.

CLORINDE, PAQUITTE, UNE MODISTE, puis DOROTHÉE.

CLORINDE.

Maître du champ de bataille !

UNE MODISTE, avec un carton.

Madame Dorothée?

PAQUITTE.

C'est le bonnet qu'elle attend; donnez. (Elle prend le carton; la modiste sort.)

CLORINDE.

Bon! il nous servira de passeport. (Se mettant derrière Paquitte.) Allons!

PAQUITTE.

Ah! mon Dieu! la porte s'ouvre, c'est Mme Dorothée!

CLORINDE.

Sois donc tranquille... (Elle se met derrière la psyché.) Voyons-la venir.

DOROTHÉE.

Eh bien! Paquitte, n'est-il venu personne pour moi?

PAQUITTE, regardant Clorinde qui lui fait des signes.

Non... si, madame, il est venu...

DOROTHÉE.

Ah! l'on m'a apporté cet élégant bonnet que j'avais commandé?

CLORINDE, à part.

Elle appelle ça un bonnet, c'est plutôt un chapeau.

DOROTHÉE.

Tu l'as vu?

Air du Baiser au Porteur.

Est-il joli?

PAQUITTE.
    Sa grace enchante,
Et pourrait briller n'importe où!

DOROTHÉE.

Sa forme?

PAQUITTE.
    M'a paru charmante;
Selon mo c'est un vrai bijou!

DOROTHÉE.

S'il a des qualités si belles,
Peut-il trop cher être payé?..

PAQUITTE.

Ah! vous m'en direz des nouvelles
Quand vous en aurez essayé!

Adieu, madame, (En sortant.) Il en arrivera ce qui pourra. (Elle sort.)

SCÈNE XI.
DOROTHÉE, CLORINDE.

CLORINDE, à part.

La voilà seule, c'est le moment de se montrer.

DOROTHÉE, qui a remonté un peu la scène.

Que vois-je? un militaire! qui êtes-vous? que voulez-vous? comment êtes-vous là?

CLORINDE, d'un air doux, résigné et baissant les yeux.

Je puis répondre à vos trois questions... je suis le jeune officier que vous avez avez consigné... je veux être aimé de vous... et je me trouve là parce que Paquitte m'a dit de vous y attendre... Pardon, madame.

DOROTHÉE.

Comment! Paquitte! quelle trahison! Mais sortez, monsieur, sortez à l'instant! je vous l'ordonne!

CLORINDE, à part.

La colère... je connais ça!... tout à l'heure ce sera la pitié... (Avec timidité et soumission.) Hélas! madame... ce que je crains surtout, c'est de vous déplaire.., et je sors, puisque vous l'ordonnez... Pardon, madame.

(Elle se dirige vers la porte de gauche.)

DOROTHÉE, à part.

Comme il est obéissant! (Se retournant vivement.) Mais par là monsieur... c'est ma chambre à coucher.

CLORINDE.

Je suis si troublé... si malheureux de votre colère... vous que l'on disait sensible, bonne... bonne autant que vous êtes jolie... pardon, madame.

DOROTHÉE.

Allons, rassurez-vous.

CLORINDE, à part.

Oh! elle me rassure! (Reprenant son air et son ton calins.) Pauvre petit orphelin, je venais, près de vous, chercher une amie et des consolations...

DOROTHÉE, à part.

Comme sa voix est douce! (Haut.) Vous êtes orphelin?

CLORINDE.

Et confiant dans la bonté de votre cœur, je voulais vous demander un peu d'affection pour m'aider à vivre.

DOROTHÉE, à part.

Pauvre jeune homme! je ne peux pas lui refuser ça... (Haut.) Mais c'était autre chose que vous demandiez dans votre lettre.

CLORINDE.

Oh! non, madame... relisez-la, vous verrez.

DOROTHÉE la tirant de son sein.

Mais si... je vous assure!.. tenez, vous allez voir...

CLORINDE, vivement.

Ma lettre! ma lettre!..

DOROTHÉE, baissant les yeux à son tour.

Qu'ai-je fait!..

CLORINDE.

Ce n'est donc pas elle que vous avez jetée au feu, comme disait Paquitte?

DOROTHÉE.

Il fallait bien brûler quelque chose devant cette jeune fille.

CLORINDE, avec feu.

Ah! Dorothée! vous conserviez ma lettre sur votre sein!.. elle vous avait émue... elle avait su toucher votre ame!.. oh! je suis trop heureux! (Voulant lui prendre les mains.) Pardon, pardon, pour un cœur trop ardent!

DOROTHÉE.

Vous dites toujours pardon, et vous ne m'en offensez que davantage.

CLORINDE.

C'est le dernier que je vous demanderai...(A part.) De l'aplomb. (Regardant sa montre.) Babylas ne peut tarder à arriver, pressons la manœuvre. (A la veuve.) A présent, madame, il faut que vous me promettiez de ne plus recevoir ce jeune homme qui, ce matin, vous a rendu visite.

DOROTHÉE, à part.

Le prince étranger! (Haut.) Vous le connaissez?

CLORINDE, avec feu.

Il vous trompe!

DOROTHÉE.

Il me trompe, dites-vous?

CLORINDE.

Oui, Dorothée; et moi seul, je t'aime avec passion... avec... avec... (A part.) Ah! mon Dieu! comment disait-il donc, Arthur?.. (Se rappelant.) Avec délire... oh! ma Dorothée... mon bras, ma vie, mon ame... je suis prêt à tout te consacrer! (Regardant sa montre.) Encore cinq minutes...

DOROTHÉE.

Que de vérité dans son amour!

CLORINDE.

Ah! je le vois dans tes yeux, tu as pitié de moi, n'est-ce pas? de mes dix-huit ans et de mes longs malheurs... Dorothée, une main, une seule main, que je la couvre de baisers!.. (Elle se jette à ses pieds.)

DOROTHÉE.

Monsieur...

CLORINDE. l'interrompant.

Je m'appelle Arthur... appelle-moi Arthur!

DOROTHÉE, avec attendrissement.

Eh bien! Arthur...

CLORINDE, a part, regardant à sa montre.

L'heure est passée... il n'arrive pas... c'est très embarrassant... je ne sais plus que lui demander... je vais la remercier... (Haut.) Merci! merci! ange adoré, c'est trop de bonté, de bonheur! (A part.) Ces diables d'hommes, faut-il que ça ait les genoux durs!

SCÈNE XII.
Les Mêmes, BABYLAS.

BABYLAS.

Bien! très bien!

DOROTHÉE.

Mon prince étranger!

CLORINDE, à part.

Ah! enfin... il était temps!

DOROTHÉE, à Clorinde.

Relevez-vous donc, monsieur!

BABYLAS.

Oh! parbleu! c'est inutile, il n'a pas besoin de se presser.

CLORINDE, à part, se relevant.

Oui, mais moi, je suis fatiguée...

BABYLAS.

J'ai suivi la gradation... j'ai tout entendu... tout vu! et je ne me suis montré que lorsque j'ai été sûr de mon fait... grace à mes yeux et à mes oreilles, il m'est impossible de douter...

DOROTHÉE.

Quoi! monsieur, vous croyez?..

BABYLAS, indigné.

Ah! ah! si je crois!.. elle demande si je crois!.. ainsi, deux fois trompé en un jour... c'est fini!.. je renonce aux veuves, qui ne valent pas mieux que les danseuses.

CLORINDE.

Bravo!

BABYLAS.

Et aux danseuses qui valent beaucoup moins que les veuves!

CLORINDE.

L'impertinent!

DOROTHÉE.

Soit! monsieur... je reprends ma promesse.

BABYLAS.

Vous reprenez!.. oh! que c'est adroit!.. c'est-à-dire que vous n'avez pas attendu pour ça... Voyez-vous, madame, dans l'état d'exaspération où vous m'avez mis, je ne me connais plus... j'épouserais n'importe qui... la première personne venue... justement, voici quelqu'un! (Il va vers la porte.) Je l'épouse!

SCÈNE XIII.
Les Mêmes, SAINT-GILLES, arrivant tout essoufflé; puis, LES OFFICIERS.

BABYLAS.

M. de Saint-Gilles... c'est-à-dire, non, je ne l'épouse pas... je ne peux pas l'épouser!.. si je pouvais l'épouser, je l'épouserais!

SAINT-GILLES.

Sauvez-moi! cachez-moi! j'ai un régiment à mes trousses!

LES OFFICIERS, dans la coulisse.

Par ici! par ici! (Ils entrent tous et entourent Saint-Gilles en le lutinant.)

ENSEMBLE.

Air : Vive l'amour, etc (Chalet.)

LES OFFICIERS.	SAINT-GILLES.
Ah ! quel plaisir,	Je suis martyr...
De vous faire courir !	Voulez-vous bien finir !
Il faut en convenir,	Je dois en convenir,
Oui, vous voltigez à ravir...	Je suis las enfin de courir !
Ah ! quel plaisir !	Je suis martyr...
Mais, pourquoi donc nous fuir !	Cessez de m'assaillir !
Est-ce pour nous punir,	C'est malgré mon désir
Qu'ainsi vous faites le zéphir ?	Que je fais ainsi le zéphir...
Quand vous saurez mieux qui vous voulez fuir,	Je vous connais tous assez pour vous fuir ;
Que vous aurez alors de repentir !	Il est, messieurs, temps de vous repentir !

TOUS LES AUTRES.

C'est un plaisir
Que de le voir courir !
Il faut en convenir,
Saint-Gilles voltige à ravir !
C'est un plaisir !
Doit-il se dégourdir !..
Mais c'est que pour les fuir,
A merveille il fait le zéphir...
Il leur répète en vain qu'il est martyr ;
C'est qu'ils n'ont pas l'air de se repentir !

BABYLAS.

Mais enfin, qui sont-ils ?.. d'où viennent-ils ?.. si j'y comprends quelque chose, que le diable m'emporte !

SCÈNE XIV.

Les Mêmes, AMÉDÉE, amenant PAQUITTE qui se tient à l'écart.

AMÉDÉE.

Me voici, mais je ne t'emporterai pas, car je ne suis pas le diable.

BABYLAS.

Vous n'êtes pas ?..

AMÉDÉE.

En ma qualité de ton cousin, Amédée Dennemont, à qui l'on t'avait adressé...

BABYLAS.

Qu'entends-je ?

AMÉDÉE.

Je t'amène le bonheur. (Il lui présente Paquitte.) Le voici !

BABYLAS.

Paquitte !.. eh bien, oui, je l'épouse.

TOUS.

Il l'épouse !

BABYLAS.

Oui, j'épouse Paquitte, qui refuse l'appartement rue Coquenard, la maisonnette à Auteuil, le petit champ à Belleville, les fraises, le lait de M. de Saint-Gilles, et cet âne de M. de Saint-Gilles.

CLORINDE, à Babylas avec sentiment.

Vous l'épousez ?.. alors, j'ai travaillé pour une autre ; mais je ne m'en repens pas, et pour signaler ma générosité, je rends à M. de Saint-Gilles tous ses droits sur le cœur de la jolie veuve.

SAINT-GILLES.

A moi ? allons donc ! quand tout à l'heure...

CLORINDE.

Je réponds de sa vertu ! et j'en donne pour gage...

SAINT-GILLES.

Quoi ?

CLORINDE.

Mes moustaches. (Elle les ôte.)

TOUS, excepté les danseuses.

Clorinde!

ESTHER, FENELLA, ZÉLIE.

Et ses compagnes... (Toutes montrent leurs moustaches qu'elles ont ôtées.)

TOUS.

Les danseuses!

CHOEUR.

Air Final de la chambre de Rossini.

La chose est merveilleuse,
Leurs / Vos yeux n'y voyaient rien !
Il faut être danseuse,
Pour nous / les tromper si bien !

BABYLAS.

Comment! dans tous ces militaires, il n'y avait pas un homme?.. fiez-vous donc aux moustaches!.. c'est égal! c'est un beau corps... de ballet!

PAQUITTE.

Enfin, c'est moi qu'il préfère!

BABYLAS.

Oui, Paquitte, et cette fois, à toi pour l'éter... j'écoutais si l'on allait frapper encore... nité, le voilà! (Aux danseuses.) Quant à vous, messieurs; ah! non, pas vous... singuliers messieurs que vous autres. (Au public.) Je m'adresse à vous, jeunes hommes de tous les rangs, de tous les âges... fashionables ou épiciers, à gants jaunes ou sans gants, avec ou sans moustaches... Règle générale, voulez-vous vous marier? prenez une femme... méfiez-vous des veuves, car c'est déjà trop... et surtout des danseuses, car ça l'est encore plus... Choisissez-en une, bien jeune, bien naïve, bien candide; qu'elle ait avec tout ça, la voix, l'humeur et la peau douce, et je vous réponds que vous serez parfaitement heureux avec elle... si vous la trouvez!..

CHOEUR.

La chose est merveilleuse, etc.

FIN.

UN SECRET D'ÉTAT,

COMÉDIE-VAUDEVILLE EN UN ACTE,

PAR MM. LEMOINE-MONTIGNY ET LEFORT.

REPRÉSENTÉE POUR LA PREMIÈRE FOIS, SUR LE THÉÂTRE DE L'AMBIGU-COMIQUE, LE 27 NOVEMBRE 1836.

Ah! mon dieu! — C'est lui! — Eh bien! qu'as-tu donc?

(SCÈNE II.)

PARIS,
NOBIS, ÉDITEUR, RUE DU CAIRE, N° 5.

1836.

Personnages. Acteurs.

LE PRINCE DE MASSÉRANO, ambassadeur d'Espagne.	MM. ST.-FIRMIN.
FERDINAND DE CASTELNERO, colonel d'état-major.	CULLIER.
GABRIEL FORTIN, son ami.	MUNIÉ.
UN SUISSE.	GARCIN.
UN DOMESTIQUE AUVERGNAT.	MONNET.
LA MARQUISE DE CASTELNERO, mère de Ferdinand.	Mmes STÉPHANIE.
CAROLINE, femme de Ferdinand.	BERGEON.
CÉLESTE NADAU, pupille de la marquise.	MARIA.
DEUX DOMESTIQUES, personnages muets.	

La scène est à Paris en 1806

Les personnages sont inscrits dans l'ordre qu'ils occupent à la scène, le premier tient la droite de l'acteur.

J.-R. MEVREL, Passage du Caire, 54.

UN SECRET D'ÉTAT,

COMÉDIE-VAUDEVILLE EN UN ACTE.

Un salon à l'hôtel de Castelnéro.

SCÈNE I.
FERDINAND, GABRIEL.
(Ils entrent du fond.)

FERDINAND.

Comment, vilain sournois, depuis un mois que Paris vous possède, c'est aujourd'hui la première fois que vous paraissez à l'hôtel de Castelnéro!.. vous oubliez donc vos amis?

GABRIEL.

Oublier mes amis!.. des amis tels que toi... mais on leur serait fidèle, quand ce ne serait que par amour-propre... Le colonel Ferdinand de Castelnéro, premier aide-de-camp du maréchal Lannes... un des vainqueurs d'Austerlitz... et mon ancien camarade de classes!.. oh! non... mais je te croyais en tournée.

FERDINAND.

Depuis huit jours, le Journal de l'Empire a annoncé le retour du maréchal. D'ailleurs ma femme était ici... ma mère également.

GABRIEL.

Très bien, très bien... mais tu me connais... timide et rougissant comme une jeune fille...tu te rappelles... au collège, on m'appelait LE CANDIDE... eh bien, mon ami, je ne suis pas changé... et me présenter seul devant ces dames seules aussi... c'était trop mâle pour un adolescent... n'est-ce pas, mon cher colonel?

FERDINAND.

Allons donc, monsieur LE CANDIDE... dans votre petite ville de Tarbes, où je suis passé, on ne parlait que de vos bonnes fortunes... vous êtes le Lovelace des Hautes-Pyrénées.

GABRIEL.

Oh! non, non...mais on a ses petits moyens, ses petites occasions dont on sait profiter; tu penses bien qu'à mon âge... avec mon physique et ma tournure, un jeune homme ne vit pas d'eau fraîche seulement... aussi j'étais impatient de revoir Paris... D'abord parce qu'à Paris est celle que j'adore... car j'adore mademoiselle Céleste... ensuite...

Air du partage de la richesse.

J'aime Paris, la ville enchanteresse,
  Divin séjour, sol enivrant!
  Où tout vous parle de tendresse,
  Où l'on est heureux en courant..
Quoiqu'amoureux, j'ai dû payer moi-même
  Un tribut que chacun lui doit.
On vient ici pour voir tout ce qu'on aime,
  On est forcé d'aimer tout ce qu'on voit.

FERDINAND.

Diable! mon ami... pour un candide...

GABRIEL.

Ça t'étonne... écoute, colonel... Nous sommes intimes... je te dois plus qu'une demi-confidence... vu ton grade et notre amitié.

FERDINAND.

Qu'as-tu à m'apprendre?..

GABRIEL.

N'allons pas si vite... tu sauras tout... Tu sais déjà pourquoi je suis venu à Paris?.. pour me marier... c'est très moral. Ta mère, madame la marquise a bien voulu me mettre de côté une épouse de son choix... une jeune fille naïve et gentille, à ce qu'on dit... pour moi qui suis ce que tu sais et... ce que l'on voit; une héritière de quatre cent mille francs et pas noble, pour moi qui n'ai d'autre noblesse que vingt-cinq mille livres de rente.

FERDINAND.

C'est la bonne.

GABRIEL.

C'est toi qui es trop bon... Revenons à l'héritière... je la prends de confiance... c'est encore très moral.

FERDINAND.

Où veux-tu en venir?

GABRIEL.

Toujours trop vite!.. J'arrive il y a un mois... en février... plein carnaval, le carnaval à Paris!.. je ne l'avais jamais vu que du vivant de papa... de loin... à la fenêtre... quand je regardais passer les masques... ce n'est pas ça. D'un autre côté, je me disais : une fois marié... une fois le oui fatal prononcé... comme je veux être le modèle des maris, plus de folies!.. si je ne fais pas cette année, le carnaval des garçons, je ne le ferai jamais...

FERDINAND

Eh bien?..

GABRIEL.

Eh bien, mon ami, tu n'étais pas là... toi, mon mentor... j'ai voulu me lancer... et je suis parti en bacchante... avec une peau de tigre, une couronne de pampres, un thyrse et quelques feuilles de vigne...

FERDINAND, riant.

Vraiment!..

GABRIEL.

Parole d'honneur!.. je voulais à tout prix des aventures... et j'en ai eu de toutes les couleurs... de charmantes, d'étourdissantes... la dernière surtout, écoute-la, mon cher, ça tient du roman.

FERDINAND.

Voyons le roman?

GABRIEL.

Le mardi gras, je soupais, moi candide, avec une douzaine de mes amis, déguisés en satyres... c'était chez un restaurateur de la rue des Filles-Saint-Thomas... c'est bien la rue des Filles-Saint-Thomas, celle qui longe l'emplacement où l'on doit construire la nouvelle bourse?..

FERDINAND.

Oui, c'est bien cela.

GABRIEL.

Nous devions passer la nuit à courir les bals... Et préalablement, pour nous donner... ou plutôt pour me donner l'aplomb nécessaire, car mes amis n'en manquaient pas d'aplomb... dix bols de bischop au Champagne avaient été votés à la majorité imposante de onze voix contre une.... c'était la mienne. Je me trouvais déjà bien comme cela ; je chancelais comme un Silène... mais j'étais hardi comme un César... A telle enseigne que je parlais tout haut à la dame du comptoir ; je caressais son chien, je dialoguais avec son perroquet... et tout cela devant mes amis.... ça m'était égal... Je n'avais pas peur... j'étais très bien!

FERDINAND, avec un sérieux comique.

Ceci devient grave.

GABRIEL.

Tu n'es pas au bout!.. Pendant le sacrifice des susdits bischops en l'honneur des bacchanales, j'allais, je venais, je faisais les cent pas..... particulièrement devant les portes des cabinets particuliers, j'étais très bien... Tout-à-coup un cabinet s'ouvre, il en sort un monsieur d'un certain âge. La porte était restée entr'ouverte... J'entre... C'était une chose qu'on pouvait se permettre dans les jours gras, où l'on se permet tant de choses.

FERDINAND.

Et, dans ce bienheureux cabinet, tu trouves?..

GABRIEL.

Deux dames en dominos, l'un noir, l'autre rose. Le noir était resté assis et avait gardé son masque ; outre cela, il se cachait la figure dans les deux plus jolies mains.... L'autre, le domino rose, qui n'avait plus de masque, tombe à mes pieds, en me suppliant de me retirer..... Un ange! mon cher!.. seize à dix-sept ans au plus!.. En ce moment le Champagne me travaillait d'une force.... Oh! j'étais bien, bien!...

FERDINAND.

Alors, que fais-tu ?

GABRIEL.

Je ne sais pas ce que j'allais faire, quand le cabinet se trouve envahi par mes amis, qui, de leur côté, n'étaient pas mal, les maudits satyres!.. Ils m'appelaient, criaient... c'était à faire trembler ! Aussi la jeune fille rose, qui était devenue toute pâle, se tenait si près de moi, que ses pieds foulaient un pan de mon manteau... car mon manteau couvrait ma peau de tigre... C'était heureux... j'aurais effrayé la pauvre petite qui me suppliait de la défendre, elle et sa compagne. J'étais trop bien pour rien refuser à deux femmes charmantes. Je lance à mes indiscrets amis un SORTEZ TOUS! des plus majestueux. J'avais mon thyrse à la main.... On me répond par un hourra d'éclats de rire.... Je ne sais pas trop ce qui advint, si ce n'est qu'on démoucheta deux fleurets, et ma foi....

AIR : De sommeiller encor, ma chère

Ivre de rage et de Champagne,
La tête et les sens éperdus,
J'allais, je battais la campagne....
Ce que je fis, je ne m'en souviens plus.

FERDINAND.
Ainsi cette belle équipée,
Mon pauvre ami, ne t'a rapporté rien?

GABRIEL.
Si fait vraiment... deux coups d'épée,
Après lesquels j'étais tout-à-fait bien.
Quand j'eus reçus deux coups d'épée,
Je me trouvai mon cher tout-à-fait bien.

FERDINAND.

Et tes deux sylphides?

GABRIEL.

Je ne les ai pas revues... excepté en rêve, pendant les trois jours de fièvre chaude qui ont suivi cette adorable aventure... Oh! la petite rose surtout !.. je l'avais sans cesse devant les yeux... J'ai passé trois nuits de suite avec elle. Un instant je me suis mis dans la tête de la retrouver, et j'ai même fait pour cela des bêtises, des folies que je te conterai, colonel.

FERDINAND.

Qu'en voulais-tu faire ?.. ta femme ?

GABRIEL.

Allons donc! profond scélérat... tu sais aussi bien que moi qu'on n'épouse pas une aventure de mardi gras.... Ma femme !..: mais c'est mademoiselle Céleste Nadau que je brûle de connaître, que j'adore déjà les yeux fermés, Car, je te le disais, je veux être un mari modèle, je veux aimer ma femme autant que toi la tienne.

FERDINAND.

Autant que moi... non, c'est trop; j'aime en jaloux.

GABRIEL.

Je veux aimer comme cela. C'est un défaut très distingué... Je serais au désespoir de ne pas être jaloux.... Je veux être l'Othello de mon département....

FERDINAND.

Tu as tort; cela fait souffrir.... Croirais-tu que moi, tout certain que je suis de l'amour de ma femme, la seule pensée qu'avant d'être recherchée par moi, elle devait, par des arrangemens de famille, épouser son cousin. Cette pensée suffit pour me donner quelquefois les soupçons les plus ridicules, les craintes les plus absurdes.... Quand je m'éloigne surtout, quand le devoir me force de me séparer d'elle, si je ne la savais alors sous les yeux de ma mère, si je n'étais assuré qu'elle ne peut faire un pas sans être accompagnée par la marquise dont je connais les principes sévères..

GABRIEL.

Je conçois cela; mais tu es trop heureux... La marquise de Castelnéro... ce nom seul prévient tous les soupçons ridicules, fait taire toutes les craintes insensées, colonel.

FERDINAND.

C'est ce qui a pu me décider à habiter sous le même toit que ma mère ; car tout n'est pas rose dans le caractère de la marquise... Hautaine, exigeante, minutieuse pour tout ce qui tient à l'étiquette... Et puis sa haine pour l'empereur... Issue d'une des premières familles du Piémont, ancienne dame d'atours de la reine d'Espagne, ma mère oublie trop souvent que je me suis fait naturaliser Français, et que je sers l'empereur que j'admire et que j'aime.

GABRIEL.

Comme nous l'admirons tous ! C'est un homme très capable, et si j'avais eu les inclinations militaires !... mais chacun ses petits moyens... Moi, j'ai tout ce qu'il faut de courage pour recevoir ou donner une piqûre de fleuret, mais la bataille rangée ça n'est pas dans mes goûts.

FERDINAND.

Tiens, si tu veux voir ta future, tu peux la juger avant qu'elle en fasse autant de toi, la voici.

(Ils se tiennent à l'écart. Céleste entre de la gauche.)

SCÈNE II.
LES MÊMES, CELESTE.

CELESTE, à la cantonnade.

Louise, passez donc ce matin chez Mme Deville... je n'ai pas une chaussure mettable... (A elle-même) Et puisque ce monsieur doit venir aujourd'hui et qu'on m'a recommandé d'être belle....

FERDINAND, bas à Gabriel.

Comment la trouves-tu ?

GABRIEL, de même.

Ravissante !.. Je ne la vois pas.... mais la taille !.. et puis le pied !... et elle se plaint d'être mal chaussée.... un pied d'Albanaise.

CELESTE, à elle-même.

Je suis bien sûre que celui-là ne me plaira pas comme l'autre.

FERDINAND, haut.

Mademoiselle Céleste, permettez-moi de vous présenter M. Gabriel Fortin, mon ami.

GABRIEL, s'avançant.**

Mademoiselle... (A part) Ah ! mon dieu !

CELESTE, faisant la révérence.

Monsieur.... (A part) C'est lui !...

FERDINAND, bas à Gabriel.

Eh bien ! qu'as-tu donc ?

CELESTE.

Pardon, M. Ferdinand... pardon, messieurs... je ne m'attendais pas... C'est Caroline que je cherchais... Veuillez m'excuser.

(Elle salue de nouveau et sort par la droite.)

SCÈNE III.
GABRIEL, FERDINAND.

FERDINAND.

Gabriel, d'où vient ta surprise ?

GABRIEL.

AIR : Alerte.

C'est elle ! (bis)
Qui l'eût dit ?
J'en suis interdit !
C'est elle ! (bis)
J'en perds l'esprit.

FERDINAND.

Voudrais-tu m'expliquer la cause ?...

GABRIEL.

Mon cher, c'est mon domino rose !

---

* Gabriel, Ferdinand, Céleste.
** Ferdinand, Gabriel, Céleste.

FERDINAND.
Ton domino?

GABRIEL.
Quel désespoir :
Le rose, je viens de le voir...
Et je vois tout en noir !

ENSEMBLE.
C'est elle ! etc., etc.

FERDINAND.
Mais es-tu bien sûr?..

GABRIEL.
Mon ami, je n'ai vu l'une et l'autre qu'un instant, c'est vrai; mais si l'autre n'est pas identiquement la même que l'une, je voue mon nez et mes yeux aux lunettes pour le reste de mes jours.

FERDINAND.
As-tu réfléchi, Gabriel, que tu ne peux compromettre Céleste sans accuser aussi sa compagne de tous les instants.... ma femme?

GABRIEL.
J'avoue, colonel, que je n'y ai nullement réfléchi... Si j'avais pu prévoir... je t'aurais conté l'histoire des deux dominos comme s'il n'y en avait qu'un... Mais j'ai un esprit dont la présence ne se fait sentir qu'à de si longs intervalles....

FERDINAND.
Et le domino noir est resté masqué?

GABRIEL.
Oh! masqué hermétiquement... Je défie qu'on donne sur le bout de son nez le moindre renseignement.

FERDINAND.
C'était elle!.. Oh! bien certainement si l'une était Céleste....

GABRIEL.
Pour Mlle Céleste, c'est prouvé, comme deux et trois font cinq, colonel.

FERDINAND.
Prouvé par tes yeux?.. Mais si tu as mal vu...

GABRIEL.
ERRARE HUMANUM EST... Il est permis de voir trouble... mais je t'ai dit que je m'étais mis en tête de retrouver ce petit masque rose, que pour cela j'avais fait des niaiseries; eh bien! ces niaiseries-là seront des preuves aujourd'hui.

FERDINAND.
Et ces preuves où sont-elles?

GABRIEL.
A mon domicile.

FERDINAND.
Viens-y tous deux... La marquise! qu'elle ne nous voie pas... partons.
(Il sortent par le fond.)

SCÈNE IV.

LA MARQUISE, UN DOMESTIQUE, puis TROIS DOMESTIQUES, encore sans livrée.

LA MARQUISE,
Faites entrer les nouveaux venus.
(Le domestique sort. La marquise s'assied dans un fauteuil. Entrent les trois domestiques sans livrée. *)

LA MARQUISE.
Qui de vous trois m'est recommandé par le prince de Massérano, l'ambassadeur d'Espagne?

PREMIER DOMESTIQUE, avec l'accend allemand, et parlant bas.
Moi, matame.

LA MARQUISE.
Approchez. (Il fait un pas.) Vous êtes Suisse?

PREMIER DOMESTIQUE.
Oui, matame.

LA MARQUISE.
De quel canton?

* La marquise, Le Suisse, les deux Auvergnats.

PREMIER DOMESTIQUE.

Te Perne.

LA MARQUISE.

Catholique... cela va sans dire; marié?

PREMIER DOMESTIQUE.

Oui, matame.

LA MARQUISE.

Vous êtes petit... avez-vous bien l'accent d'un suisse?

PREMIER DOMESTIQUE, parlant toujours entre ses dents,

Oui, matame.

LA MARQUISE.

Ouvrez la bouche.

PREMIER DOMESTIQUE, ouvrant la bouche.

Il me manque trois dents.

LA MARQUISE.

Stupide!.. dites, en ouvrant la bouche : oui, madame.

PREMIER DOMESTIQUE, avec force.

Oui, mâtâme.

LA MARQUISE.

Très bien. On m'assure que vous savez votre service : toujours en livrée toujours à votre poste, la grande tenue, le baudrier. Quand vous ouvrez la porte cochère pour moi ou pour mon fils, alors la hallebarde en main, le chapeau sur la tête; surtout de la mémoire... allez. (Il salue et sort. La marquise fait signe aux deux autres d'approcher, ils avancent en saluant.) De quel pays êtes-vous?

DEUXIÈME DOMESTIQUE, avec l'accent auvergnat.

D'Auvergne, madame.

LA MARQUISE.

Bonnes gens... sobres, délicats.

DEUXIÈME DOMESTIQUE, saluant,

Bien bonne, madame la marquije... je chommes pas trop délicats.

LA MARQUISE.

Assez.

DEUXIÈME DOMESTIQUE, saluant,

Oui, madame la marquije.

LA MARQUISE.

Est-ce que vous aviez l'habitude de saluer ainsi chez vos maîtres?

DEUXIÈME DOMESTIQUE, saluant.

En Auvergne... oui, madame la marquije... le rechepect...

LA MARQUISE.

Le respect consiste à se tenir debout, droit devant nous, comme un soldat sous les armes... à recevoir les ordres sans répondre... à vous lever quand nous passons, et à parler toujours à la troisième personne,

DEUXIÈME DOMESTIQUE.

Et quand madame la marquije chera toute cheule?

LA MARQUISE.

Ceci est de trop... allez... je vous reçois.   (Ils sortent tous deux.)

UN TROISIÈME DOMESTIQUE, en livrée, entre du fond et annonce :

Son excellence le prince de Masserano.

SCÈNE V.
LA MARQUISE, LE PRINCE.

LE PRINCE.

Bonjour, ma chère Bianca... j'accours près de vous.

LA MARQUISE.

Vous accourez, cher prince!.. et votre goutte?

LE PRINCE.

Eh! vraiment j'ai bien le temps d'avoir la goutte! je vais droit au fait; qu'est-ce qu'un ambassadeur sans ambassade?

LA MARQUISE.

Ah! bon Dieu! seriez-vous rappelé?

LE PRINCE.

Pas encore... mais d'un jour à l'autre...

LA MARQUISE.

Et le motif?.. vous aurez déplu au caporal-empereur?

LE PRINCE, effrayé.

Chut!.. faites-vous donc, Bianca, une habitude de parler plus bas.... et quand l'idée vous viendra de parler du grand homme, faites-vous l'habitude de ne pas parler du tout; cet homme admirable, voyez-vous, possède une police admirable comme lui... il a des armées sur tous les points de l'Europe, et des oreilles dans toutes les antichambres.

LA MARQUISE.

Je me moque de ses oreilles comme de ses armées... je suis chez moi!

LE PRINCE.

Tant mieux pour vous, si vous en êtes sûre... Il y a si peu de souverains qui puissent en dire autant. Mais grâce pour ce cher empereur... ce n'est pas lui qui me menace dans mon existence diplomatique.

LA MARQUISE.

Eh qui donc?

LE PRINCE.

C'est ma très honorée souveraine, la reine d'Espagne!

LA MARQUISE.

La reine!.. mon adorée maîtresse... elle qui fait tant de cas de vos talens!

LE PRINCE.

Comme diplomate... je ne dis pas; mais aujourd'hui... écoutez-moi, je vais droit au fait.

LA MARQUISE.

De quoi s'agit-il?

LE PRINCE.

D'un secret de la plus haute importance... d'un secret d'état.

LA MARQUISE.

Vous m'effrayez!

LE PRINCE.

Il n'y a pas de quoi.

LA MARQUISE, troublée.

L'honneur d'une pareille confidence... dans les circonstances graves où nous vivons... ces courriers qui arrivent sans cesse à votre hôtel... pour en repartir à des intervalles si rapprochés...

LE PRINCE, vivement.

Ah! l'on a remarqué?

LA MARQUISE.

On remarqué tout, cher prince

LE PRINCE.

Et les conjectures?

LA MARQUISE.

Les conjectures sont à perte de vue... on a deviné...

LE PRINCE.

Quoi?

LA MARQUISE.

Qu'une crise se prépare en Europe... que l'Espagne se décide enfin à prendre un rôle dans la coalition... que...

LE PRINCE,

Ah! c'est là tout ce qu'on a deviné?.. oh bien! vous ne savez encore rien... je vais droit au fait... (Regardant autour de lui.) Vous êtes sûre que personne?..

LA MARQUISE.

Oh! personne... je suis seule à vous écouter.

LE PRINCE.

Lisez vous-même...   (Il lui présente un papier.)

LA MARQUISE.

Que vois-je!.. l'écriture de la reine!..

LE PRINCE.

Vous la reconnaissez?.. c'est la note apportée par l'avant-dernier courrier.

LA MARQUISE, à part.

Que vais-je apprendre... (Lisant haut.) « Il faut que chacun puisse être con-
» tenu dans ma main, sans que rien en paraisse au dehors, bien qu'elle
» soit fermée. » (Parlé.) Il est question de quelques papiers importans?

LE PRINCE.
Voici maintenant la note venue avec le dernier courrier.
(Il présente un autre papier.)
LA MARQUISE.
Le dernier?.. celui qui a fait faire tant de suppositions... (Elle lit.) « Qu'ils » semblent avoir été peints sur mon pied, ou qu'on ne m'en parle pas. Moi la reine. » (Elle reste un moment interdite et paraissant ne pas comprendre, puis elle reprend.)

AIR : Vos maris en Palestine.

Ce langage énigmatique
Doit avoir un sens caché,
Mais ce nœud diplomatique,
Votre esprit l'aura tranché,
Je l'aurais en vain cherché.
Sans doute il s'agit de faire
Mouvoir des peuples entiers?..

LE PRINCE.

Non pas; il s'agit ma chère,
D'une paire de souliers.

(Il tire de sa poche une petite paire de souliers roses.)

LA MARQUISE, reculant de surprise.
Ah!.. comment, prince, dans la crise actuelle de l'Europe, l'Espagne est intéressée...

LE PRINCE.
Pour une douzaine de paires de souliers.

LA MARQUISE.
Et la reine emploie son ambassadeur...

LE PRINCE, piteusement.
A courir incognito tous les magasins de chaussures de la capitale, sous prétexte que c'est à Paris seulement qu'on a du goût... à relancer dans leur mansardes les ouvriers et les ouvrières les plus habiles... grimper des quatre et cinq étages... jugez quand j'ai ma goutte... comme la nuit du mardi-gras, où vous avez couru pour moi, dans une voiture de place... car je ne pouvais bouger et le courrier attendait!.. confier à un subalterne le secret de cette correspondance dont on parle tant, c'eût été le dire à la police, à tout Paris, aux journaux... c'eût été me livrer à la risée de l'Europe!

LA MARQUISE.
Oh! vous avez bien fait!..

LE PRINCE.
Encore si l'on réussissait à satisfaire d'augustes exigences!.. mais chausser une reine!.. et une reine comme celle-là... à trois cents lieues de distance!.. c'est à en perdre l'esprit d'abord... et mon ambassade ensuite!.. car le pied royal est mécontent... il se plaint le pied royal... et dans quels termes! je sais que mes ennemis là-bas disent que je vieillis...que je ne suis plus bon à rien... on m'appelle ganache... et tout cela, pour des souliers qui ne vont pas!..

LA MARQUISE, qui a examinée les souliers.
Mais en effet, cher prince... mais ils sont bêtes ces souliers...

LE PRINCE.
Vous trouvez?..

LA MARQUISE.
En ma qualité d'ancienne dame d'atours, je sais par cœur l'adorable pied de ma souveraine... un pied de fée!.. ces souliers doivent la blesser...

LE PRINCE.
La blesser... mais où s'il vous plaît?..

LA MARQUISE.
Où?.. mais ici... mais là... et puis ces points arrière... ces points barbares!.. mais c'est la chose du monde la plus simple à corriger... il ne faut que connaître et expliquer...

LE PRINCE.
Et vous croyez qu'en expliquant?.. ô Bianca, je vous devrai la vie... et mon ambassade!.. dites-moi, comme je ne veux plus rien avoir de caché pour vous... je vais droit au fait : J'ai donné rendez-vous ici à un ouvrier des plus habiles dont on m'a parlé hier... je ne l'ai pas encore vu...

mais on dit que c'est un homme très bien... j'ai tort de dire un ouvrier... c'est un artiste !.. une des premières capacités chaussantes du monde connu !

LA MARQUISE.

Je le recevrai... il travaillera sous mes yeux...

LE PRINCE.

Sous nos yeux... en petit comité, il aura ses heures d'audience... ah ! mon Dieu ! à propos d'audience... (Il tire sa montre.) Le grand homme m'attend..

LA MARQUISE.

Qu'il attende !

LE PRINCE.

Non, non... il fait attendre les autres, mais il n'attend pas, lui... adieu... inutile de vous recommander la discrétion... l'ambassadeur d'Espagne intendant de la chaussure royale... il y a des gens qui auraient la petitesse de trouver cela ridicule.

ENSEMBLE.
Air des Puritains.

D'une telle conférence
Cachons bien le résultat ;
Car le plus profond silence
Doit couvrir les secrets de l'état.

(Le prince sort par le fond. Caroline et Céleste entrent de la droite, pendant que la marquise est occupée à contempler les souliers déposés sur un guéridon à gauche.)

SCÈNE VI.

CÉLESTE, CAROLINE, LA MARQUISE.

CAROLINE.

Ah ! madame ! ah ! ma mère... si vous saviez...

LA MARQUISE, se retournant vivement.

Pourquoi ces cris ? que veut dire cette façon d'aborder les gens ?

CÉLESTE.

Ah ! c'est qu'il y a des momens où on n'a pas le temps de faire la révérence...

LA MARQUISE.

Et vous aussi, petite ! taisez-vous, s'il vous plaît.

CÉLESTE.

Je veux bien me taire, Mme la marquise... mais à ma place, laissez parler cette lettre... elle est de M. Visconti, adressée à Caroline, il y a quinze jours.

LA MARQUISE, à Caroline.

Une lettre de votre cousin, Visconti, il y a quinze jours, et je n'en savais rien !

CAROLINE.

Madame... (Elle lui montre d'un air suppliant Céleste qui s'apprête à lire.)

CÉLESTE, lisant

« Ma cousine. » Vous voyez, Mme la marquise, ça n'est plus moi qui parle, c'est la lettre. « Ma cousine, j'arrive d'Italie, pour rendre compte,
» demain, d'une mission importante que j'ai eue à remplir dans une ville,
» près de laquelle votre mari a des terres, et où son nom n'est pas sans in-
» fluence. Il suffira sans doute de ce peu de mots BIEN COMPRIS, pour lui ins-
» pirer le vif désir d'apprendre de moi VERBALEMENT ET AUTRE PART QUE CHEZ
» MOI des nouvelles de son pays. Je serai ce soir au bal de l'Opéra, je por-
» terai un domino noir, bordé de bleu, le nœud du capuchon, bleu aussi,
» tombera jusqu'à terre ; dans son intérêt comme dans celui de sa mère,
» que votre mari soit exact au rendez-vous. VISCONTI.

LA MARQUISE.

Et cette lettre est datée ?

CÉLESTE, la lui montrant.

Du mardi-gras.

LA MARQUISE, à Caroline.

Votre mari était encore absent.

Céleste, la Marquise, Caroline.

CAROLINE.
Et vous aussi, madame, car cette nuit-là...

LA MARQUISE.
C'est vrai...mais il fallait m'en parler le lendemain matin; car cette lettre était alarmante...

CÉLESTE.
Le lendemain matin, il n'y avait plus de danger.

LA MARQUISE.
Qui vous l'a dit?

CÉLESTE.
Monsieur Visconti, lui-même.

LA MARQUISE, à Caroline.
Vous l'avez vu?

CÉLESTE.
Heureusement!

LA MARQUISE, à Caroline.
Quoi, madame, vous avez osé...

CAROLINE.
Sauver mon mari, et la mère de mon mari!

LA MARQUISE.
Expliquez-vous?

CAROLINE.
Mon cousin, me dis-je, après avoir lu cette lettre, arrive de Naples; Ferdinand a des terres à Capoue... le prince de Massérano parlait, il y a peu de jours, de troubles qui avaient eu lieu dans cette ville... de français égorgés... mon mari et sa mère se seraient-ils compromis?.. votre absence se prolongeait... mille idées sinistres se présentent à mon esprit... j'entre dans le cabinet de Ferdinand... une lettre frappe mes yeux... elle est d'un banquier de Capoue... il accuse réception d'une somme considérable...plus de doute! on soupçonne mon mari d'avoir soldé la rébellion! mais cette somme, je le sais, était destinée à libérer ses terres d'une créance qui en absorbait le revenu... la quittance du créancier, je l'ai entre mes mains... il n'y a pas à hésiter... il faut que mon cousin, avant de faire son rapport, ait ces preuves matérielles de l'innocence de ma famille; mon mari ne peut aller à ce rendez-vous... mon devoir est d'y aller! Céleste et moi, revêtues de dominos... nous partons... il était temps, madame... un jour plus tard, l'ordre était donné de vous arrêter!

LA MARQUISE.
Arrêtée! moi, la marquise de Castelnéro! ah! ma fille, que ne vous dois-je pas!..mais combien il est heureux aussi, que votre mari, jaloux comme il l'est, n'ait rien su...

CÉLESTE.
Mais il sait tout!

LA MARQUISE.
Lui! comment se fait-il?..

CÉLESTE.
Notre fiacre a versé.

LA MARQUISE.
Vous étiez dans un fiacre?

CÉLESTE.
Où, par parenthèse, Caroline a perdu un magnifique mouchoir à vous, Mme la marquise.

LA MARQUISE.
Un de ceux qui me viennent de la reine d'Espagne...

CAROLINE.
Je l'avais pris je ne sais comment... par mégarde...

CÉLESTE.
Et par mégarde aussi, elle en aura fait cadeau à ce maudit sapin... une course de cent écus!.. et cela pour n'avoir pas voulu compromettre...

LA MARQUISE.
La livrée des Castelnéro... vous avez bien fait.

CÉLESTE.
Au contraire, c'est ce que nous avons fait de mal... la livrée des Castelnéro n'a jamais versé, tandis que nous, en revenant, au beau milieu de la

rue des Filles-St.-Thomas... une roue se brise... heureusement c'était en face d'un restaurant encore ouvert.... j'avais reçu une forte contusion... on nous fait entrer dans un cabinet, où un vieux médecin, nommé Férier, nous donne ses soins.

LA MARQUISE.

Et l'on vous a vues?

CAROLINE.

Non pas moi, qui suis restée toujours masquée... mais Céleste.

CÉLESTE.

Et qui m'a vue, s'il vous plaît?.. M. Gabriel Fortin, qui s'est trouvé là précisément, pour nous défendre contre une douzaine de jeunes gens...

LA MARQUISE.

On vous insultait?..

CÉLESTE.

Et il a reçu deux coups d'épée, le pauvre jeune homme!.. nous l'avons su avant de partir... mais je l'ai vu ce matin, il n'y paraît plus du tout, du tout.

CAROLINE.

Je vous le demande, madame, que dire à Ferdinand? lui avouer tout...

LA MARQUISE.

Oh! jamais!.. le nom seul de votre cousin, de votre cousin qui dût être votre époux!.. enfin, Caroline, ce n'est pas vous qu'on a vue?

CAROLINE.

Non... mais Céleste qui ne me quitte pas.

CÉLESTE, écoutant.

J'entends M. Ferdinand, il parle avec quelqu'un... (A part.) M. Gabriel, peut-être...

CAROLINE.

Que faire?

LA MARQUISE.

Vous retirer.

CAROLINE.

Que lui direz-vous?..

LA MARQUISE.

Je l'ignore... mais si M. de Castelnéro est dans un accès de jalousie, il est hors du cercle des convenances que sa femme se présente à lui.

AIR : Au revoir.

Le voici !
D'un mari
Craignez la colère ;
Mais j'espère,
Qu'une mère,
Peut bien se risquer ici.

CÉLESTE, à part.

Il est là peut-être aussi !
Maintenant, je gage,
J'aurais le courage
De lui dire enfin merci.

ENSEMBLE.

Le voici ! etc.

(Céleste et Caroline sortent par la droite, Ferdinand et Gabriel entrent du fond.)

SCÈNE VII.

GABRIEL, FERDINAND, LA MARQUISE.

FERDINAND.

Ma mère, je vous présente, M. Gabriel Fortin.

GABRIEL, saluant.

Je prie Mme la marquise de vouloir bien agréer mes hommages les plus respectueux, et l'assurance de ma haute considération. (La marquise s'incline.)

FERDINAND.

M. Gabriel, à qui j'avais fait part de nos projets de mariage entre lui et

Mlle Céleste Nadau, votre pupille, avait d'abord accueilli nos offres avec un empressement...
LA MARQUISE.
Dont ma pupille est digne, je pense ?
GABRIEL, à part.
Profondément dans l'erreur, marquise.
FERDINAND.
Peut-être.
LA MARQUISE.
Mon fils, voici un PEUT-ÊTRE qui me paraît tout-à-fait hors du cercle...
FERDINAND.
Des convenances ? vous allez en juger, madame ; monsieur assure avoir vu votre pupille dans un lieu où elle ne devait pas être...
GABRIEL, à part.
Avec une bacchante et onze satyres.
FERDINAND.
Sous des habits qu'elle ne devait pas porter.
GABRIEL, à part.
Sous le gros de naples rose de carême-prenant.
FERDINAND.
Une femme était avec votre pupille ; cette femme, quelle était-elle ?.. monsieur n'a pu voir sa figure... mais je crois inutile de vous faire remarquer, ma mère, que Mlle Céleste est l'amie intime, la compagne assidue de Mme de Castelnéro, et dès-lors...
LA MARQUISE.
Dès-lors, le champ est ouvert à vos soupçons, jaloux... je comprends cela ; mais d'abord, monsieur est-il bien sûr de ce qu'il avance ?
GABRIEL, un peu gêné.
Mais, madame la marquise...
LA MARQUISE, le regardant en face.
Vous avez vu Mlle Céleste ?
GABRIEL.
Comme j'ai l'honneur de voir en ce moment Mme la marquise... seulement... ah ! seulement nous étions beaucoup plus près l'un de l'autre... car son pied...
LA MARQUISE, avec dignité.
Monsieur !..
GABRIEL, confus.
Pardon, Mme la marquise, pardon... je supprime les détails.
FERDINAND, vivement.
Mais non, mon cher, mais non... continue... il n'y a rien là qu'une femme ne puisse entendre...
LA MARQUISE, à Gabriel.
Mais avez-vous réfléchi, monsieur, qu'il y a quelquefois des ressemblances...
FERDINAND.
Oui, ma mère, oui... cela est vrai... les souvenirs peuvent abuser... mais les objets... mais les preuves matérielles ne peuvent tromper... et nous en avons une !
LA MARQUISE.
Laquelle ?
GABRIEL.*
La voici, madame... (Il tire de sa poche de côté, un papier servant d'enveloppe à un objet de forme longue et platte.) Dans la rencontre en question, le pied de la jeune personne en litige vint se placer, d'aventure, sur un pan de mon manteau... il avait plu... et les deux dames avaient été obligées de traverser la rue pédestrement... le soulier de satin rose s'imprima tout entier en boue sur le tissu bleu d'Elbeuf. Quelques jours après, par un motif que mon ami connaît, j'eus la fantaisie de me procurer le portrait exact de ce pas mystérieux ; j'allai chez un cordonnier pour dames, expert assermenté près les cours et tribunaux, et l'artiste me découpa, avec la plus scrupuleuse exactitude, le second volume de l'empreinte laissée sur mon manteau tout neuf... le voici. (Il tire la semelle de son papier.

*Ferdinand, Gabriel, la Marquise.

LA MARQUISE, à part.

Tout est perdu!

FERDINAND.

Maintenant, ma mère, faites appeler Mlle Céleste...

LA MARQUISE.

Y pensez-vous, mon fils!.. mêler cette jeune fille à toute cette intrigue avant même de savoir...

FERDINAND.

Il me semble cependant que pour savoir... il n'y a qu'un moyen...

GABRIEL.

Colonel, mon ami, madame ta maman a raison... la présence de Mlle Céleste n'est pas positivement indispensable; je me contenterais quant à moi de la présence de ses sandales.

FERDINAND.

C'est juste... ma mère, veuillez envoyer...

GABRIEL, qui vient d'apercevoir sur le guéridon les souliers laissés par le prince.

Peut-être même il est inutile de déranger personne... je crois que voici là...

FERDINAND, les prenant. **

En effet... ma mère, ces souliers ne sont pas les vôtres?

LA MARQUISE.

Non.

FERDINAND.

Ce ne sont pas non plus ceux de ma femme... Céleste seule...

GABRIEL.

Ah! colonel, quelle lueur soudaine!.. Ce matin, en entrant ici, son premier mot a été : « Qu'on passe chez Mme Deville... »

FERDINAND.

Sa cordonnière!

GABRIEL.

C'est la première personne qui lui est sortie de la bouche.

FERDINAND, à part.

Ces innocens ont un instinct de jalousie... ça n'oublie rien.

GABRIEL, montrant les souliers.

On vient de les apporter sans doute... nous jugerons sous les yeux de Mme la marquise elle-même... et cela sans sortir du cercle...

LA MARQUISE, à part.

Je respire!.. (A Gabriel qui mesure.) Eh bien?

FERDINAND, de même.

Est-elle coupable?

GABRIEL, stupéfait.

Il s'en faut d'un pouce.

FERDINAND.

vraiment?..

GABRIEL.

Vois, toi-même... c'est-à-dire qu'à côté de ces souliers-là... ma semelle est celle d'un Nabuchodonosor... un véritable pied de gendarme... un pied à dormir debout... et depuis quinze jours, je garde ça comme quelque chose de rare!..
(Il jette sa semelle avec mépris.)

LA MARQUISE, d'un ton de reproche.

Eh bien, mon fils?..

FERDINAND.

Madame, je suis confus...

LA MARQUISE. ***

Voilà de vos soupçons, messieurs!.. sur une prétendue ressemblance...

GABRIEL.

C'est qu'au fait, maintenant que je me remémore de sang-froid.... Il y a ressemblance, c'est vrai... mais de ces ressemblances comme on en voit tant. Tous les jours on trouve deux visages pareils... (tenant un soulier) mais je défie qu'on trouve deux pieds comme celui-là... c'est-à-dire si... on peut, on doit même en trouver deux, mais on n'en trouvera pas trois.

* Ferdinand, la Marquise, Gabriel.
** La Marquise, Ferdinand, Gabriel.
*** Ferdinand, la Marquise, Gabriel.

####### FERDINAND.

Sais-tu, Gabriel, que si tu n'étais pas mon ami et le futur époux de Céleste....

####### GABRIEL.

Colonel, pardonne-moi, ça n'est pas ma faute.... quand je me mêle d'être bête, on ne sait pas jusqu'où ça peut aller ! Mais Mme la marquise voudra-t-elle bien oublier mes énormités, et replacer les choses dans leur situation primitive ?

####### LA MARQUISE.

J'oublie tout, monsieur, je vous conserve la parole que je vous ai donnée ; mais, je vous en prie, plus de visions.

(Gabriel s'incline dans une respectueuse ivresse.)

Air de Victorine.

Adieu, messieurs, il faut que je vous quitte ;
Je vous pardonne un imprudent soupçon ;
Mais que du moins votre injuste conduite
Pour l'avenir vous serve de leçon.

####### FERDINAND, à Gabriel.

J'ai, près d'ici, quelques courses à faire,
Me suivras-tu ?

####### GABRIEL.

Non, si tu le permets.

####### FERDINAND.

Je dois passer au bureau de la guerre.

####### GABRIEL.

Je veux rester pour faire ici ma paix.

####### LA MARQUISE.

Adieu, messieurs, etc.

####### FERDINAND et GABRIEL.

ENSEMBLE.
Pour la frayeur, heureux d'en être quitte,
J'abjure ici mon imprudent, etc.
Je le promets, mon, etc.
Va désormais me servir, etc.

(La Marquise sort par la droite, Ferdinand par le fond.)

SCÈNE VIII.

####### GABRIEL, seul.

Oh ! oui, oui, je veux la revoir ! je veux réparer ma stupide entrée de jeu de ce matin. Ce que c'est pourtant qu'une imagination frappée... j'aurais juré....

AIR. J'en guette un petit de mon âge.

Oui, ce matin, dans mon erreur profonde,
D'avoir raison j'étais bien convaincu.
On m'aurait dit les plus bell's chos's du monde,
Je répondais par un seul mot... J'ai vu !
Pour soutenir que c'était elle,
Je me serais fait couper par quartiers !
Et, ma foi, sans ces bienheureux souliers,
J' n'aurais pas rompu d'un' semelle.

Et cependant, un pouce de différence !.. (Les considérant.) Est-ce mignon ! c'est pour chausser une biche... Quelle tige fine et musculaire doit s'élever de là-dedans... pour se perdre dans une infinité de contours tous plus gracieux les uns que les autres. Oh ! scélérat de Candide ! comme tu montes ton imagination ! (Il s'est assis et les contemple.) C'est un pied de reine !

(Le Prince, qui est entré sur les derniers mots, aperçoit Gabriel tenant les souliers roses qu'il regarde avec admiration.)

SCÈNE IX.

####### LE PRINCE, GABRIEL.

####### LE PRINCE, à part.

Ah ! fort bien ! voilà notre homme... on ne m'a pas trompé... il a tout-à-fait bon air. (Il s'approche de lui et lui dit d'un air d'intelligence.) Comment le trouvez-vous ?

GABRIEL, se retournant.

Quoi ?

LE PRINCE.

Le pied.

GABRIEL.

Sylphe! aérien! mythologique!... Je le trouve mythologique!

LE PRINCE.

C'est à vos mains que nous voulons le confier.

GABRIEL.

Je le sais bien. (A part.) Au fait, avec la main j'obtiens le pied en mariage... (Haut et se levant.) Mais à qui ai-je l'honneur ?...

LE PRINCE.

Inutile que vous connaissiez mon nom et mon rang. Sachez seulement qu'à dater de ce jour, je prends à tout ce qui vous touche le plus haut intérêt.

GABRIEL, après avoir salué, à part.

Ah! j'y suis! l'ambassadeur d'Espagne doit signer au contrat!.. C'est lui! Gros bonnet diplomatique!.. Respectons son incognito.

LE PRINCE.

Vous comprenez, sur cet échantillon, combien l'objet est délicat....

GABRIEL.

Soyez tranquille. (A part.) Est-ce qu'il croit que je veux la mener à coups de cravache?.. (Haut.) J'y mettrai toutes les formes possibles.

LE PRINCE, souriant.

Une suffira ; mais qu'elle convienne.

GABRIEL, riant tout-à-fait.

Ah! ah! ah! bien... bien... (A part.) Une fois mari, ça me regardera.

LE PRINCE.

Au reste, la marquise et moi, nous vous aiderons de nos conseils, nous vous dirons ce que vous aurez à faire.

GABRIEL, après avoir salué, à part, avec un rire mal étouffé.

C'est fort drôle! il me prend pour un novice... Flattons sa manie. (Haut.) Je me conformerai, monsieur, à toutes vos instructions.

LE PRINCE.

Surtout à celles de Mme la marquise.

GABRIEL, saluant.

Surtout celles... (Il rit.)

LE PRINCE.

Je vais la revoir, nous ferons, elle et moi, nos observations dernières, nous conviendrons des corrections à faire....

GABRIEL, à part.

Des corrections?.. au contrat sans doute.

LE PRINCE.

Air : d'Ed. Bouvé.

Dans un instant nous allons nous entendre
Sur quelques points qu'il faut établir mieux ;
Puis à loisir vous pourrez les reprendre.

GABRIEL.

Je le ferai dans l'intérêt des deux.

LE PRINCE.

Des deux? fort bien... mon avis est le vôtre,
Car dans ce cas il me semble qu'on doit
Faire pour l'un ce que l'on fait pour l'autre.

GABRIEL.

C'est le moyen, monsieur, de marcher droit.

ENSEMBLE.

Dans un instant, etc.

LE PRINCE.

Surtout pas de points arrière. (Il sort par la droite.)

SCÈNE X.
GABRIEL, puis CÉLESTE.

GABRIEL.

Qu'est-ce qu'il veut dire avec ses points... Ah! il est étranger... C'est égal... il est très bien cet ambassadeur... mais très bien... très bien!... Une conversation enjouée... et cependant une réserve!... Nous n'avons parlé que de mon mariage... et le mot n'a pas été prononcé une fois! c'est ce qu'on appelle le biais diplomatique.

AIR : Fils imprudent, etc.

Le biais flatte l'indépendance,
Lorsqu'elle est la reine du jour ;
Le biais caresse l'opulence,
Et dès qu'il peut flatter la cour,
Il est opulent à son tour.
Il méconnaît ses pauvres dieux pénates ;
Enfin, avec un peu d'esprit, les niais,
Lorsqu'à propos ils se servent du biais,
Deviennent de grands diplomates.

CÉLESTE, entrant sans voir Gabriel.

(A part.) Mme la marquise n'a pu me dire que ces mots : « Tout est arrangé... » Sans doute elle aura mis M. Gabriel dans la confidence... (L'apercevant.) C'est lui!...

GABRIEL.

C'est elle!.. (Il s'approche.) Mademoiselle, agréez mon MEA CULPA... et inondez-moi de reproches.

CÉLESTE.

Des reproches à vous ?

GABRIEL.

A moi-même. Anéantissez-moi, vierge indulgente... vous avez vu ma conduite ridicule de ce matin... Si je vous disais les rêveries impertinentes que je m'étais fourrées en tête...

CÉLESTE.

Je les connais.

GABRIEL.

Vraiment! et vous daignez oublier...

CÉLESTE.

Puisque vous les oubliez vous-même.

GABRIEL.

Oh! moi... il s'agit bien de moi! C'est-à-dire que je serais un monstre d'homme... un... tout ce qu'on voudra, si je me cramponnais encore à ces sottes idées-là!.. Mais non... non je ne les ai jamais eues... Pour mon honneur de galant chevalier, je ne veux pas les avoir eues.

CÉLESTE.

Je vous remercie, monsieur.

GABRIEL.

Elle me remercie!... (A part.) quand je devrais baiser la poussière de ses pieds... (Les regardant.) de ses amours de pieds que je croyais connaître... aveugle que j'étais!... de ses pieds... qui m'ont ouvert les yeux !

CÉLESTE.

Que dites-vous donc ainsi tout seul?

GABRIEL.

Que je suis le plus fortuné des mortels... foi de Gabriel!

CÉLESTE.

Gabriel!... le joli nom!... le nom d'un ange...

GABRIEL.

Oui... de l'ange qui vint annoncer à Marie... CONCEPIT DE SPIRITU SANCTO... Et ce nom-là vous plaît?... Ah! tant mieux!... Mais j'ai été bien près de m'appeler autrement.

AIR de l'Angelus.

J'étais encore dans le néant,
Qu'on me cherchait un nom sublime ;

On voulait m'appeler Gontrand,
Ou Philogène, ou bien Alcime,
Ou Babilas, ou Théotyme.
Les calendriers étaient lus,
On allait me nommer modeste...
Par bonheur sonna l'ANGELUS,
Et le nom de l'ange me reste...
Aimez toujours ce nom... Céleste.

CÉLESTE.

Oh! toujours!

GABRIEL, lui prenant la main.

Et... avec le nom... un peu aussi celui qui le porte, n'est-ce pas? (Céleste baisse les yeux. — A part.) Elle baisse les yeux et ne répond rien... Langage allégorique que nous traduisons, nous autres, mauvais sujets, par... « Je ne demande pas mieux. » Pauvre agneau, va!... Maintenant que je la vois en face et tout près de moi... je me demande comment j'ai pu trouver la moindre ressemblance... elle a le plus joli petit nez comme ceci... L'autre avait le nez comme ça... (Il revient et lui baise la main avec effusion.) Ah! Céleste... si j'avais su ce matin...

CÉLESTE.

Vous ne m'auriez pas refusée à première vue, n'est-ce pas?...

GABRIEL.

J'étais, en venant ici, dans les meilleures dispositions du monde pour vous adorer; mais quand je vous vis, j'avoue qu'une révolution subite détraqua mon individu... je devins furieux... je n'étais plus un homme... j'étais un tigre!

CÉLESTE, riant.

Comme la nuit du mardi-gras?

GABRIEL.

Du mardi-gras!

CÉLESTE.

Où vous étiez si en colère... où vous vous êtes fait notre défenseur... où vous avez reçu pour nous deux coups d'épée.

Air de Marianne.

Se battre ainsi c'est être brave...

GABRIEL, abasourdi.

Quoi!

CÉLESTE.

Vous étiez notre soutien.
De cette blessure si grave,
Dites, ne ressentez-vous rien?
Vous étiez, vous,
Bien en courroux,
Je vous entends dire encor : « Sortez tous! »
Oui votre sort,
M'attristait fort,
Je vous croyais, hélas, à moitié mort.

GABRIEL, avec une rage concentrée.

Merci, merci, de soins si tendres...
J'aurais voulu que sans éclat,
A moitié mort, on me brûlât,
Le mercredi des cendres!

CÉLESTE.

Vous parlez encore tout seul? j'ai peut-être eu tort de vous rappeler cela; je n'aurais pas dû vous dire...

GABRIEL, vivement.

Si fait... si fait... au contraire... on doit tout dire...

CÉLESTE.

A son mari...

GABRIEL.

Oui... à son mari. (A part.) Compte là-dessus.

(On entend la voix de Ferdinand.)

SCÈNE IX.
GABRIEL.

CÉLESTE.

M. Ferdinand !.. je me sauve... c'est peut-être inconvenant qu'on nous trouve déjà ensemble... (Elle se sauve par la droite.)

SCÈNE IX.
GABRIEL.

C'était donc bien elle !... Je ne m'étais pas trompé... Mais ces souliers si différens... mais sa figure que j'avais fini par ne plus trouver ressemblante... Au diable ! que voulez-vous que je vous dise !... puisqu'elle en convient... Je ne m'exténuerai pas plus long-temps à me prouver le contraire... Adieu, hôtel amphigourique... maison imbrogliote... famille logogryphique !... Cherche qui voudra le mot de votre hideuse charade... Je jette ma langue aux chiens, et je pars! (Il se trouve nez à nez avec Ferdinand.)

SCÈNE XII.
FERDINAND, GABRIEL.

FERDINAND.

Où vas-tu ?

GABRIEL.

Je ne sais pas.

FERDINAND.

Tu as la figure toute renversée.

GABRIEL.

Ça m'est égal !

FERDINAND.

J'ai vu à l'état-major plusieurs de nos amis communs... Il m'ont chargé de te féliciter...

GABRIEL.

Sur quoi ?

FERDINAND.

Sur ton mariage.

GABRIEL, criant très fort.

Je ne me marie pas !

FERDINAND.

Tu n'épouses pas Céleste ?

GABRIEL.

Je n'épouse personne !

FERDINAND.

Qu'est-ce à dire ? vous refusez, maintenant ?

GABRIEL, exaspéré.

Oui... oui... cent mille fois oui... Je refuse, refuse, refuse !

SCÈNE XIII.
LES MÊMES, LE PRINCE.*

LE PRINCE, entrant de la droite.

Comment !... Monsieur refuse, maintenant ?...

FERDINAND.

Vous l'entendez.

LE PRINCE, à part.

La marquise aurait-elle mis Ferdinand dans le secret ? Allons droit au fait... (Bas à Ferdinand.) Est-ce que vous sauriez pourquoi ?...

FERDINAND.

Mais non... je n'en sais rien.

LE PRINCE, à part.

Je respire ! (Bas à Gabriel.) Surtout, monsieur, pas une syllabe qui puisse faire soupçonner à M. de Castelnéro le motif des propositions de la marquise... C'est un mystère !

GABRIEL, bas au Prince.

Le mystère n'est que trop clair, monsieur... (A part.) Voilà le mot... D'un

---

* Ferdinand, Le Prince, Gabriel.

côté deux femmes masquées... De l'autre, un ambassadeur... Ah! mon pauvre colonel!.. et l'on voudrait faire de moi ce que l'on a fait de toi...

FERDINAND, avec colère.

Il faut en finir!..

LE PRINCE, l'arrêtant.

Non, laissez-moi... j'ai plus de sang-froid que vous... je le persuaderai...

FERDINAND.

Persuadé ou non, il faudra bien...

LE PRINCE.

Allons, doucement, je vous prie... (Il s'approche de Gabriel.) Mon ami, vous nous mettez là dans un grand embarras.

GABRIEL.

Je le crois. (Bas au Prince avec ironie.) Vous, particulièrement.

LE PRINCE, bas.

C'est la vérité. Mais si vous comprenez la situation pénible dans laquelle votre refus nous plonge.

GABRIEL, avec un mépris profond.

Vous vous y êtes bien plongé vous-même!

LE PRINCE, de même.

C'est encore vrai... mais plus bas.... je vous en conjure!.. Il est des circonstances, vous le savez, où l'on n'est pas maître...

GABRIEL, de même.

A votre âge!.. Mais on est Espagnol... On a vécu sous un ciel brûlant... et les femmes...

LE PRINCE.

Monsieur, ces insinuations me blessent... elles deviennent injurieuses pour ma maîtresse elle-même...

GABRIEL.

Sa maîtresse!.. il l'avoue!..

LE PRINCE, à part.

Dieu!.. me suis-je trahi!..

GABRIEL, à part, regardant Ferdinand avec compassion.

Pauvre colonel!.. malgré son grade!

FERDINAND, s'approchant de nouveau.

Savez-vous que je suis las de vos airs de pitié... vous expliquerez-vous enfin catégoriquement?

GABRIEL.

Oui, je m'explique : Il y a ici un complot dirigé... je m'abstiendrai de dire contre qui... (Montrant le Prince.) Monsieur que voilà voudrait m'y faire tremper les mains... mais ma réputation...

LE PRINCE.

Elle ne peut qu'y gagner!

GABRIEL.

Bien obligé... je n'en veux pas à ce prix-là.

LE PRINCE.

Mais le prix, monsieur... le prix n'est rien... je vais droit au fait... on vous paiera ce qu'il faudra.

GABRIEL, hors de lui.

Me payer!.. ah! c'est hideux... hideux... hideux!.. de l'or à moi!

FERDINAND, au prince.

Mais, prince, je ne comprends pas...

LE PRINCE.

Moi non plus, je ne comprends rien à cet homme... (A Gabriel.) Comment! ces souliers...

GABRIEL, très haut.

Ces souliers, monsieur, ne prouvent rien!

LE PRINCE, bas.

Silence! au nom du ciel!.. Je sais qu'ils sont mal faits...

GABRIEL, toujours très haut.

Si mal faits, monsieur... qu'ils s'en faut d'un pouce pour qu'ils aillent à son pied! *

LE PRINCE.

Vous en êtes sûr?

* Le Prince, Gabriel, Ferdinand.

FERDINAND, s'approchant.

Qui t'a dit cela?

GABRIEL.

Tu l'as vu comme moi... un pouce de différence avec la semelle...

LE PRINCE, ébahi.

Comment! il le tutoie maintenant!.. Quelle semelle?

GABRIEL, très sévèrement.

Celle du domino rose, monsieur!

FERDINAND.

Mais ce domino rose?..

GABRIEL.

C'était Mlle Céleste elle-même... elle vient de me l'avouer ici... il n'y a qu'un instant... Je te demande maintenant, mon cher colonel, si je peux me permettre d'épouser...

FERDINAND, furieux.

Ah!.. Il faut enfin que cette mystérieuse affaire s'éclaircisse... (Regardant à droite.) Justement, voici ma mère...*

LE PRINCE, à part, regardant Gabriel.

« Son cher colonel... Epouser!.. » Ah ça, mais ce n'est donc pas?.. Cet homme est un protocole vivant auquel je ne comprends pas un mot... Je crois que je ferai bien de m'en aller. (Il se dirige vers la porte.)

FERDINAND, lui offrant un fauteuil.

Restez, prince... vous nous aiderez de vos lumières.

LE PRINCE, à part.

Mes lumières... dans une affaire où je ne vois goutte. (Il s'assied.)

SCÈNE XIV.

LES MÊMES, CAROLINE, LA MARQUISE, CÉLESTE **.

FERDINAND, donnant des siéges.

Asseyez-vous, mesdames... Il y a ici un mystère... et comme je ne veux pas, dans ma maison, d'autres secrets que ceux dont j'ai la clef, nous ne sortirons d'ici qu'après avoir débrouillé à fond toute cette intrigue.

LA MARQUISE, en s'asseyant.

Manière honnête de nous déclarer à nous autres femmes que nous sommes vos prisonnières...

FERDINAND.

Pour cette fois, ma mère, passons sur la forme... (A Gabriel.) Monsieur, persistez-vous à soutenir que Mlle Céleste Nadau a été vue par vous dans le restaurant de la rue des Filles-St-Thomas, pendant la nuit du mardi-gras?

GABRIEL.

J'y persiste d'autant plus que mademoiselle vient d'en convenir tout à l'heure avec moi.

FERDINAND, à Céleste.

Vous entendez, mademoiselle...

CÉLESTE.

Oui, monsieur.

FERDINAND.

Vous avouez maintenant ce que vous avez nié ce matin.

LA MARQUISE, vivement.

Ce que, moi, j'ai nié.

FERDINAND, mécontent.

C'est juste... Mais avec mademoiselle était une autre femme; mademoiselle refuse-t-elle encore de faire connaître cette femme?

CÉLESTE, à part.

Que faire?

CAROLINE, à part.

Je tremble!

FERDINAND, à part, observant sa femme.

Caroline pâlit.

* Ferdinand, le Prince, Gabriel.
** Céleste, Caroline, La Marquise, Ferdinand, le Prince, Gabriel.

GABRIEL, à part.

Infortuné colonel !

FERDINAND, hors de lui.

Puisqu'on m'y force, je la nommerai cette femme... car je la connais, moi... (Regardant Caroline en face.) Cette femme, c'était...

LA MARQUISE, se levant.

C'était moi !

FERDINAND ET LES AUTRES.

Vous !.. Mme la marquise !

LA MARQUISE, à Ferdinand.

Puisque votre jalousie ombrageuse ne craint pas de descendre jusqu'à l'espionnage... Puisqu'il faut que votre mère vous rende compte même des démarches qu'elle voudrait cacher à tous; oui, je l'avoue, c'est moi qui ai couru toute la nuit du mardi-gras dans un fiacre, lequel a fini par verser à la porte d'un restaurant où je me suis réfugiée...

FERDINAND.

Vous, ma mère !..

GABRIEL, très confus *.

Comment, Mme la marquise, c'était vous !..

LA MARQUISE, très froidement, lui montrant ses mains.

Est-ce que vous ne trouvez plus mes mains aussi jolies ?

GABRIEL, les regardant en extase.

En effet, ces deux mains charmantes derrière lesquelles vous vous cachiez... Je les reconnais !

LA MARQUISE.

Et vos paroles à vos amis : « Sortez-tous ! »

GABRIEL.

Juste !.. et le geste avec.

LA MARQUISE.

Et le médecin qui vous a pansé après nous avoir secourues, mademoiselle et moi... Son nom ?..

GABRIEL, cherchant.

Son nom...

LA MARQUISE.

Ferrier.

GABRIEL.

Encore vrai !.. ma parole d'honneur la plus sacrée, Mme la Marquise ; c'était vous !

FERDINAND.

Mais pour quel motif ?..

LA MARQUISE.

Le motif ?.. Je vais vous l'expliquer **.

LE PRINCE, s'élançant de son fauteuil.

Marquise !... au nom du ciel... pas un mot de plus !

LA MARQUISE.

Il faut pourtant...

LE PRINCE.

Il faut vous taire !.. ou vous me perdez, et vous manquez à votre serment !

LA MARQUISE.

Mais ne puis-je, sans le trahir ?..

LE PRINCE.

Non, madame, non... vous ne le pouvez pas !.. Compromettre d'augustes noms dans vos querelles de famille ! Qu'on se contente ici de ma déclaration ; je vais droit au fait : Il s'agissait du service de ma cour... d'un ordre personnel de LL. MM. catholiques mes maîtres. Cet ordre très urgent, je ne pouvais l'accomplir moi-même, empêché que j'étais par une violente attaque de goutte... fort heureusement madame pouvait et à bien voulu me suppléer.

LA MARQUISE.

Je dois même avoir encore un billet de vous, daté du même jour...

* Céleste, Caroline, La Marquise, Ferdinand.
** Céleste, Caroline, La Marquise, Le Prince, Ferdinand, Gabriel.

GABRIEL, s'avançant.

Pardon, Mme la Marquise, mais en fait de preuve matérielle, je crois avoir mieux que tout cela...

FERDINAND, avidement.

Quoi donc?..

GABRIEL.

Quelque chose que je n'étais pas pressé de te montrer, colonel, quand je croyais que le domino noir était... mais puisque c'était Mme la Marquise... Je me fais un devoir de lui restituer... son mouchoir. (Il le tire de sa poche.)

TOUS.

Son mouchoir !

GABRIEL.

Que je lui ai dérobé... C'était le carnaval... les farces étaient permises.

FERDINAND, qui s'en est emparé.

Voyons le chiffre... B. D. C. c'est bien cela! Bianca de Castelnéro... (Le rendant à la Marquise.) C'est bien à vous, ma mère... c'est un des mouchoirs que vous a donnés la reine d'Espagne.

CAROLINE, à part.

Enfin !.. que de peines pour cacher une bonne action !

CÉLESTE, à part.

C'est pour cela qu'on préfère quelquefois les mauvaises.

FERDINAND, à Caroline.

Caroline, me pardonnerez-vous? (Elle lui tend la main qu'il embrasse.)

GABRIEL, s'approchant de Céleste.

Mademoiselle... je me réitère de rechef.

CELESTE.

Monsieur, je suis toute prête... mais songez-y, le domino rose, c'était bien moi.

GABRIEL.

Oui... mais le domino noir, c'était Mme la Marquise.

LE DOMESTIQUE auvergnat, entrant du fond.

Laquelle des six qui est la troijième perchonne?

LA MARQUISE.

Qu'y a-t-il?

LE DOMESTIQUE.

C'est un cordonnia qui demande...

LE PRINCE, vivement.

C'est bien... c'est bien... assez!...

FERDINAND.

Qu'est-ce donc, Prince?..

LE PRINCE, très gravement.

C'est un secret d'état!

AIR : Encore un préjugé.

C'est un secret d'état
Qui me regarde
Et que je garde;
Ici le moindre éclat
Pourrait compromettre l'état.
(Au Public.)
A la cour il nous sied
De saisir une aubaine;
Les souliers de ma reine
Pourraient me mettre en pied.

GABRIEL, s'avançant.

Mais de ses souverains
S'il encourt la disgrace,
Permettrez-vous qu'il place
Ces souliers dans vos mains?
Pour ce secret d'état
Qu'avec mystère
Il voudrait taire,
Ne craignez pas l'éclat...
Publiez le secret d'état.

FIN.

LE
CAMARADE DE CHAMBRÉE,

COMÉDIE-VAUDEVILLE EN UN ACTE,

PAR MM. BARTHÉLEMY et EUGÈNE FILLOT,

REPRÉSENTÉE POUR LA PREMIÈRE FOIS A PARIS, SUR LE THÉATRE DE LA GAITÉ,
LE 4 DÉCEMBRE 1836.

(DIRECTION BERNARD-LÉON.)

Blanc-bec vous-même. — Insolent!.. — Bien touché! (SCÈNE XII.)

PARIS,
NOBIS, ÉDITEUR, RUE DU CAIRE, N° 5.

1836.

Personnages.   *Acteurs.*

RICHARDET, maire.   MM. CAMIADE.
ROBERT   }   ARMAND.
JEAN PACOT, militaires.   RAYMOND.
JEANNETTE, filleule de Richardet, cousine de
  Pacot et de Perrette.   Mlles ROUGEMONT.
PERRETTE, sœur de Pacot.   PAULINE.

La scène se passe dans un petit village, aux environs de Champaubert, en 1814.

S'adresser pour la musique de cette pièce, à M. Béancquit, chef d'orchestre du théâtre de la Gaîté.

J.-R. MÉVREL, passage du Caire, 54.

LE CAMARADE DE CHAMBRÉE,

COMÉDIE-VAUDEVILLE EN UN ACTE.

Le théâtre représente la grande salle de la mairie.—Portes latérales et de fond. A gauche, un cabinet dont la fenêtre s'ouvre en face du spéctateur; du même côté, une table avec tout ce qu'il faut pour écrire.

SCÈNE I.
RICHARDET, PERRETTE.

RICHARDET.
Eh bien! Perrette, as-tu prévenu ta cousine Jeannette que je l'attendais ici?

PERRETTE.
Oui, M. Richardet.

RICHARDET.
Je vais donc enfin savoir ce qu'elle est devenue depuis bientôt trois mois qu'elle a quitté le pays?..

PERRETTE.
C'est drôle tout d'même, cette absence-là!..

RICHARDET.
C'est plus que drôle, c'est cocasse... une jeune fille qui disparaît, juste le jour de l'entrée des Cosaques...

PERRETTE.
Ça a joliment fait jaser dans le village.

RICHARDET.
J'espère qu'elle aura confiance en moi... d'ailleurs je l'interrogerai, comme parrain et comme maire... je vais profiter des quelques heures de liberté que me laisse mon emploi, pour recevoir dans mon sein le secret que Jeannette a promis d'y épancher.

PERRETTE.
Le fait est que vous n'avez pas beaucoup de temps à vous, monsieur l'maire.

RICHARDET.
Les nouvelles fonctions que j'ai acceptées, depuis l'entrée de nos amis les ennemis dans la capitale des Gaules, occupent tous mes instans.

PERRETTE.
Et maintenant que v'là l'armée française licenciée, ce sera ben pire encore.

RICHARDET.
Ne m'en parle pas, il faut à chaque instant que je vise les feuilles de route de tous les soldats qui passent par ce village pour se rendre dans leurs foyers.

PERRETTE.
Sans compter les actes de naissances, de baptêmes et de mariages que vous êtes obligé d'enregistrer.

RICHARDET.
AIR du Porteur d'eau.

Ah! les mariages surtout!
C'est vraiment une épidémie...
On ne voit que cela partout;
Et l'on m'assiège à ma mairie,
De craint' de fâcheux accidens,
C'est étonnant, dans les familles,
D'puis que les Cosaqu's triomphans
Sont v'nus ici, comme les parens
Se press'nt de marier leurs filles!

Cela se comprend, ce pays a tellement souffert de la guerre!..

PERRETTE, soupirant.
Ah! oui, ça a été un bien mauvais quart-d'heure à passer!

RICHARDET.
Nos paysans se sont bien défendus pourtant...

PERRETTE.
Et nos paysannes donc!..

RICHARDET.
Oui, les vieilles femmes... quant à moi, malheureusement, mon age m'empêchait d'avoir du courage... c'est égal, je me suis bien montré...
PERRETTE.
Par le soupirail de votr' cave.
RICHARDET.
De là je les exhortais de la voix et du geste.
PERRETTE.
Convenez que vous avez joliment eu peur.
RICHARDET.
Taisez-vous, petite sotte... et va me chercher ta cousine.
PERRETTE.
La v'là justement qui sort de sa chambre.
RICHARDET.
En ce cas, laisse-nous. (Perrette sort.)

SCÈNE II.
RICHARDET, JEANNETTE.

RICHARDET.
Ah! c'est toi, Jeannette... Voyons! approche, mon enfant... n'aie pas peur... je suis prêt à entendre ta justification.
JEANNETTE.
Vraiment! mon parrain, je ne sais si je dois...
RICHARDET.
Tu as promis de me dire toute la vérité... c'est à cette condition seulement que j'ai consenti à te recueillir dans ma maison... je veux être sûr que tu es digne de l'hospitalité que je t'accorde depuis trois jours que tu es de retour.
JEANNETTE.
Certainement que j'en suis digne.
RICHARDET.
Je le présuppose... cependant, on jase dans le pays.
JEANNETTE.
Sur moi?
RICHARDET.
Oui, on dit que tu t'es laissée enlever par un officier prussien.
JEANNETTE.
Un Prussien?.. par exemple!.. je ne peux pas les sentir.
RICHARDET.
C'est une calomnie, sans doute; c'est peut-être un Russe qu'on a voulu dire.
JEANNETTE.
Faut-il être mauvaise langue? C'est précisément pour éviter de me trouver en présence des militaires ennemis que j'ai quitté le village, et ma vieille tante... qui depuis est morte de frayeur, à c'que j'ai appris.
RICHARDET.
Elle a attendu bravement les Cosaques, elle.
JEANNETTE.
A soixante-quinze ans, elle n'avait rien à craindre... tandis que moi...

Air de Céline.

Je vais vous fair' ma confidence,
Mon parrain, écoutez-moi bien :
J'ai dû sauver mon innocence,
C'était là mon unique bien,
Ma propriété...

RICHARDET.
C'est fort sage,
Car, en passant, des Cosaqu's effrontés
Ont ravagé dans chaqu' village
Hélas! bien des propriétés.

JEANNETTE.
C'est pour ça... on m'avait tant parlé de la terreur que les Cosaques inspiraient aux jeunes filles et aux mères...
RICHARDET.
A qui le dis-tu, ces gens-là m'ont bien vieilli!..

JEANNETTE.

Qu'épouvantée à leur approche, j'ai employé un stratagème qui m'a parfaitement réussi.

Air du Malade par circonstance

Le jour où notre village
Fut surpris par les enn'mis,
L'honneur de chaqu' fille sage
Était grav'ment compromis.
Tout's se désolent d'avance ;
Pour sauver l'mien, j'ai mon plan,
Et j' prends, pour la circonstance,
L' costum' d'un jeun' paysan.
Sous ces habits déguisée,
Je sens palpiter mon cœur,
Jeanne-d'Arc improvisée,
D'un homme j'ai la valeur.
J'entends le canon qui tonne,
Ce bruit me fait peur d'abord,
Mais enfin l'honneur m'ordonne
D'aller affronter la mort.
Chaqu' paysan court aux armes
Pour défendre ses foyers ;
Moi, sans crainte et sans alarmes,
Je suis ces nouveaux guerriers.
Chacun d'eux dans la mêlée
Est aussitôt confondu ;
Par leur ardeur stimulée,
Dans leurs rangs j'ai combattu.
A travers la fusillade,
Marchant d'un pas affermi,
Derrière une barricade,
J'ai fait feu sur l'ennemi.
Soutenus dans notr' vaillance
Par un régiment français,
Nous faisons bonn' contenance
Jusqu'au soir... mais sans succès...
Bientôt la tristess' dans l'ame,
Nous nous voyons repoussés...
Je m' souviens que je suis femme...
Et j' veux panser nos blessés.

Mais je n'en eus pas le temps... Pendant la nuit, plusieurs détachemens russes et autrichiens forcèrent les sentinelles, et mirent la déroute dans notre camp... il n'y eut rien de sacré pour eux, pas même la tente du général, qui fut pillée, volée...

RICHARDET.

La tante du général?.. Que diable aussi les vieilles femmes vont-elles faire à l'armée?..

JEANNETTE.

Je vous parle de la tente où couchait le général.

RICHARDET.

Ah! bien, je confondais.

JEANNETTE.

Le régiment battit en retraite... et moi je me trouvai ainsi éloignée du pays, obligée de suivre mes nouveaux compagnons pour ne pas tomber au pouvoir des ennemis... aussitôt après leur départ, j'espérais rentrer au village... mais...

RICHARDET.

Qui t'en a empêchée?

JEANNETTE.

Dès le lendemain on nous enrégimenta tous... à cette époque on avait tant besoin d'hommes!

RICHARDET.

Mais on n'avait pas besoin de femmes...

JEANNETTE.

Je vécus ainsi trois mois au régiment, cachant mon stratagème et mon sexe à tout le monde.

RICHARDET.
Pauvre enfant!

JEANNETTE.
Heureusement, personne ne découvrit mon secret... pas même mon camarade de chambrée...

RICHARDET.
Malheureuse! tu avais un camarade de chambrée... et tu veux qu'on croie à ta vertu?

JEANNETTE.
Ah! si Robert était ici, il pourrait vous dire si j'ai cessé d'être vertueuse, il le sait mieux que personne lui... quel excellent jeune homme!

RICHARDET.
Qui ça, Robert?

JEANNETTE.
Un de mes camarades de chambrée.

Air de l'Anonyme.

Ce bon Robert! m'aimait-il quand j'y pense,
Que d' prévenanc's et de soins délicats
Il eut pour moi!.. dans mainte circonstance,
Il m'a prêté le secours de son bras...
Au régiment il était mon Pylade;
Il m' défendait quand on m' faisait la loi,
Si je m' battais avec quelqu' camarade
C'était Robert qu'était blessé pour moi.

RICHARDET.
Comment! on ne s'est pas aperçu?

JEANNETTE.
Jamais... c'est qu'aussi pour ne pas éveiller les soupçons, j'étais obligée de boire, de chanter et de fumer comme les autres... je crois même que j'ai juré...

RICHARDET.
Allons! je vois que tu étais un petit troupier fini.

JEANNETTE.
Qu'est-ce qu'on ne fait pas pour sauver son innocence?..

RICHARDET.
Hum! ton innocence moralement est bien endommagée... je ne te dissimule pas qu'après une pareille équipée, il te sera fort difficile de trouver un mari.

JEANNETTE.
Vous croyez? Eh bien! ayons donc de la vertu, pour rester fille toute notre vie? c'est bien encourageant!

RICHARDET.
Parbleu! si ton cousin Pacot était ici... il t'épouserait les yeux fermés; enfin, il peut revenir d'un moment à l'autre de l'armée où il est depuis plusieurs années.

JEANNETTE.
Mon cousin Pacot? je le déteste, il était si laid... si bête...

RICHARDET.
Pourtant, d'après le testament de feue ta tante, s'il revient, il faut que tu l'épouses.

JEANNETTE.
Je le sais, elle ne m'a laissé la moitié de sa fortune qu'à cette condition.

RICHARDET.
Garde-toi bien de jamais parler de ton aventure à ton cousin, car s'il apprenait...

JEANNETTE.
Il n'y a que vous et moi, mon parrain, qui le sachions... et puis Robert.

RICHARDET.
Ah! oui, mais quant à celui-là, il faut espérer que tu ne le reverras plus.

JEANNETTE.
C'est qu'il serait capable de divulguer mon secret partout.

SCÈNE III.
Les Mêmes, PERRETTE, accourant.

PERRETTE.
M. Richardet, M. Richardet! v'là un militaire qui demande à vous parler.

RICHARDET.

Que me veut-il?

PERRETTE.

Il vient faire viser sa feuille de route, il dit qu'il est très pressé.

RICHARDET.

Il est pressé? qu'il attende! je vais ceindre mon écharpe, on ne peut pas être un instant tranquille. (Il entre dans le cabinet à droite.)

PERRETTE, allant à la porte du fond.

Entrez, monsieur le soldat, entrez, monsieur le maire va venir.

(Elle sort.)

SCÈNE IV.
ROBERT, JEANNETTE.

ROBERT, entrant.

Merci, mon enfant, que l'autorité ne se dérange pas pour moi.

JEANNETTE, à part, l'examinant.

Ah! mon Dieu! je ne me trompe pas... cette voix... ces traits... c'est lui!

ROBERT, sans voir Jeannette.

Il me semble qu'en attendant l'inspection de mes papiers, je puis bien me débarrasser de mon azor, autrement dit, ridicule, meuble totalement inutile pour le quart-d'heure. (Il ôte son sac.)

JEANNETTE, à part, avec embarras.

Fâcheuse rencontre!.. s'il me reconnaît, je suis perdue... évitons sa présence.

ROBERT, l'apercevant, à part.

Ah! diable! du sexe ici. (Haut à Jeannette qui cherche à entrer dans sa chambre.) Eh ben! la belle enfant, vous vous sauvez?

JEANNETTE, à part, tournant le dos à Robert.

Il m'a vue! comment faire!

ROBERT.

Est-ce que je vous fais peur?

JEANNETTE, cherchant à contrefaire sa voix.

Bien au contraire, monsieur l' militaire.

ROBERT.

C'est mes diables de moustaches qui font encore des siennes; mais soyez calme, dans quelques jours on fera une coupe réglée.

JEANNETTE, à part.

Quel dommage! ça lui allait si bien!

ROBERT.

Ça me fera de la peine de me séparer de mes vieilles camarades, elles ont fait toutes les campagnes avec moi, que voulez-vous?.. nous avons eu le dessous, et je rentre dans le civil, je retourne au pays sans congé, comme on dit; là, si je trouve une jeune fille sage et rangée, je l'épouserai, si toutefois elle veut me prendre pour chef de file.

JEANNETTE, voulant sortir.

Mais peut-être êtes-vous pressé, et je cours prévenir monsieur le maire...

ROBERT, la retenant.

Non, restez, j'ai du temps devant moi. (A part.) C'est qu'elle me fait l'effet d'être fort gentille, cette petite. (Haut.) Est-ce que monsieur le maire serait votre père?

JEANNETTE.

C'est mon parrain, pour vous servir.

ROBERT.

Il peut se flatter d'avoir une filleule charmante, si j'en juge par votre tournure. (Jeannette se retourne.)

JEANNETTE, à part.

Quel embarras!

ROBERT, s'approchant d'elle et cherchant à voir son visage.

Quand on est jolie, comme vous devez l'être, est-ce qu'on craint de se montrer. (L'examinant.) Ah! cré coquin... ne bougez pas...

JEANNETTE, à part.

Il m'a reconnue! payons d'audace! (Haut.) Qu'avez-vous donc à me dévisager ainsi?

ROBERT.

Ah! c'est étonnant! c'est à s'y méprendre. (Vivement.) Dites-moi, mam'zelle, vous n'avez jamais servi?.. (Se reprenant.) C'est-à-dire, vous n'avez jamais eu un cousin-germain, un frère au service?..

JEANNETTE.
Pourquoi me demandez-vous ça?
ROBERT.
C'est que vous lui ressemblez beaucoup.
JEANNETTE.
A qui?
ROBERT.
A mon camarade de chambrée.

Air : Restez, restez, troupe jolie.
Quelle étonnante ressemblance!
C'est mon camarad' trait pour trait!
Plus j' vous regarde et plus je pense,
Que vous êt's son vivant portrait.
Vrai! je ne sais plus, sur mon ame,
Que décider en ce moment?
Êt's-vous un homme? êt's-vous un' femme?

JEANNETTE.
J' suis l'un ou l'autre assurément.
ROBERT.
Je m'y perds, et il serait votre frère, que la ressemblance ne serait pas plus frappante.
JEANNETTE, à part.
Que dit-il? ah! quelle idée!
ROBERT, l'examinant toujours.
Décidément, ça doit être votre frère.
JEANNETTE, après avoir réfléchi.
Oui... en effet... j'ai... un frère... qui s'appelle...
ROBERT.
Julien?
JEANNETTE, vivement.
Oui, oui, Julien.
ROBERT.
Voltigeur au 40me léger!
JEANNETTE.
C'est bien cela!
ROBERT.
Un petit jeune homme charmant! doux comme une demoiselle, l'air gauche, embarrassé, et timide! un vrai conscrit.
JEANNETTE.
Ah! vous l'avez connu?
ROBERT.
Certainement! nous étions même très liés ensemble; je me rappelle encore, quelque temps avant notre séparation, lui avoir gravé, avec de la poudre à canon, un aigle en sautoir sur le bras droit, avec ces mots : ROBERT FECIT.
JEANNETTE, à part, cachant son bras.
Ah! je n'y pensais plus!..
ROBERT.
C'était un de mes meilleurs élèves, possédant crânement ses quatre parades... un fort gentil garçon, ma foi... c'est prodigieux comme vos traits et les siens...
JEANNETTE.
Nous sommes sœur et frère jumeaux.
ROBERT.
C'est donc ça... je me disais aussi...
JEANNETTE.
Mais n'en parlez à personne, c'est un mystère.
ROBERT.
Suffit! c'est mort! c'est égal! quand on vous regarde, il n'est pas si bien que vous, il n'a pas ces yeux-là!
JEANNETTE.
Vous trouvez?..
ROBERT.
A propos, où est-il, ce cher Julien?.. il doit aussi avoir quitté le régiment, depuis le licenciment de l'armée?
JEANNETTE.
Il est ici.

ROBERT.

Vraiment? j'espère bien alors ne pas partir sans le voir, l'embrasser, ce cher ami.

JEANNETTE, à part.

Voilà qu'il veut parler à Julien, à présent, je n'avais pas songé à cela.

ROBERT.

Dites-lui qu'il y a ici un militaire qui désirerait causer avec lui... surtout, ne me nommez pas... la surprise lui fera plus de plaisir.

JEANNETTE, à part.

Me voilà bien! (Haut.) Peut-être n'aurez-vous pas le temps de l'attendre, mon parrain va venir visiter vos papiers, et...

ROBERT.

Maintenant que je vous ai vue, ma belle demoiselle, et que je sais que mon petit Julien est ici, je reste; d'ailleurs, j'ai rendez-vous, à cette mairie, avec un soldat, mon compagnon de route, qui est précisément de ce village... il s'est arrêté à l'entrée du pays, pour dire bonjour à d'anciens amis; mais il me fait l'effet d'un fameux traînard, ce diable de Pacot.

JEANNETTE, étonnée.

Pacot, dites-vous?

ROBERT.

Un petit maigrelet qui veut faire le malin... le loustic, comme on dit au corps... et qu'est bête comme tout.

JEANNETTE.

Plus de doute, c'est lui... il ne manquait plus que ça.

ROBERT.

Vous le connaissez?

JEANNETTE.

Eh! mon Dieu! c'est mon cousin... il revient de l'armée pour m'épouser, je suis sûre.

ROBERT.

Vous épouser? (A part.) Diable! ça me chiffonne. (Haut.) Est-ce que vous l'aimeriez?

JEANNETTE.

Je n' crois pas.

ROBERT.

Tant mieux, morbleu!

JEANNETTE.

Pourquoi?

ROBERT.

Parce que... suffit... je m'entends... allez d'abord me chercher mon camarade Julien, votre frère, je lui conterai l'apologe...

JEANNETTE, à part.

Mon frère! mon frère! il parait qu'il y tient, il faut pourtant que j'en trouve un... (Elle semble réfléchir.)

ROBERT.

Je vous le répète : qu'il ignore que c'est Robert qui le demande.

JEANNETTE, à part,

Ma foi, oui! c'est cela, c'est le seul moyen, essayons toujours. (Haut.) Eh bien! attendez, monsieur le militaire... je vais vous envoyer Julien.

ROBERT.

Air Allons tous nous mettre à table.

Ma chère, allons! partez vite,
J'attends votre frère en ces lieux,
Mais surtout je vous invite
A revenir tous les deux.
Il me tarde en votr' présence
De voir Julien aujourd'hui,
Pour juger la ressemblance...

JEANNETTE.

Vrai! c'est comme si c'était lui.

ENSEMBLE.

ROBERT.	JEANNETTE.
Ma chère; allons, partez vite,	Oui : de ce pas je vais vite
J'attends votre frère en ces lieux;	Amener mon frère en ces lieux;
Mais surtout je vous invite (A part.)	Grâce à ma second' visite
A revenir tous les deux.	Il croira nous voir tous les deux.

(Jeannette sort.)

SCÈNE V.

ROBERT, un instant seul, puis **PACOT**.

ROBERT, regardant sortir Jeannette.

Elle est ma foi, fort bien, cette petite, je ne sais si c'est à cause de l'amitié que je portais au frère, mais je crois que j'ai déjà pour la sœur quelque chose qui ressemble à de l'amour...à propos! moi qui veux me marier cette alliance-là m'irait comme une bague! et c'est cet imbécile de Pacot qui serait son époux? c'est par trop invraisemblable...au surplus j'en toucherai deux mots à Julien, j'entends quelqu'un, c'est lui sans doute, non c'est l'autre.

PACOT, entrant en riant.

Ah! ah! ah!

ROBERT.

Qu'est-ce que t'as donc à rire?

PACOT, riant toujours.

Ah! ah! ah! mon ami, laisse-moi me dilater...ces imbéciles qui ne voulaient pas me reconnaître, sont-ils paysans! sont-ils paysans!..

ROBERT.

Dam! s'il y a long-temps qu'ils ne t'ont vu.

PACOT.

C'est pas comme la Grise... elle ne s'y est pas trompée, elle... elle m'a sauté au cou de joie!

ROBERT.

Qu'est-ce que c'est que la Grise? une de tes anciennes maîtresses?

PACOT.

Eh! non, c'est une jument à ma tante, que je soignais quand j'étais garçon de ferme, et qui m'allongeait toujours des ruades... c't animal-là m'aimait comme une bête... et moi aussi.

ROBERT.

Enfin t'as vu tout ton monde?

PACOT.

Ah ben oui! il y a encore ma petite sœur Perrette, le père Richardet le maire, et ma cousine Jeannette... tu ne la connais pas ma cousine?

ROBERT.

C'est elle sans doute que je viens de voir tout à l'heure, une belle brune ma foi! elle se nomme Jeannette, dis-tu?

PACOT.

Oni, elle porte ce nom-là depuis son baptême... je parie qu'elle ne me reconnaîtra pas non plus... il est vrai de dire que depuis cinq ans que je l'ai quittée, j'ai du service et que j'ai bien changé, à mon avantage.

Air de Calpigi.

J'ai du physiq', de la tournure,
J' suis l'enfant gâté d' la nature!
Dieu! qu' j'étais bête, que j'étais lourd
A mon départ;

ROBERT.

Comme à ton r'tour;
A ton départ comme à ton retour.

PACOT.

Bien plus encor! puisque ma mère
Voulait fair' valoir ça d'vant l' maire
Et d'vant l' conseil de révision,
Comme un motif d'exemption.

Et ma cousine Jeannette, fallait voir comme elle pleurait quand on lui disait que je serais son mari!..

ROBERT.

C'est qu'elle ne t'aimait pas!

PACOT.

A cette époque-là, possible, elle était si jeune!.. mais maintenant ça ne sera plus ça, d'autant mieux que ce mariage-là nous assure une petite fortune que nous a laissée feue notre tante, et s'il en était autrement... adieu la part de succession pour Jeannette.

ROBERT.

Eh ben! elle en épouserait un autre; elle est gentille, sage...

PACOT, à part.

Sage, c'est une question, ce qu'on m'a dit dans le village me donne joliment à réfléchir, une jeune fille qui fait une absence de trois mois, merci.

ROBERT.

Je ne m'attendais guère, en venant dans ce pays avec toi, à rencontrer dans ta cousine, la sœur d'un camarade?

PACOT.

Comment, la sœur?

ROBERT.

Julien, mon camarade de chambrée est son frère.

PACOT.

Comme ça se trouve! elle n'en a pas.

ROBERT.

J'te dis que si... à preuve que sa naissance est un mystère... elle m'a conté tout ça...

PACOT.

Vrai! elle t'a dit? ça me parait bien louche, il est vrai qu'elle n'est pas née dans c' pays, faudra que j'éclaircisse ça... (A part.) Et l'autre chose...

ROBERT.

Silence! voici l'autorité ornée de son écharpe.

SCÈNE VI.
Les Mêmes, RICHARDET, JEANNETTE, et PERRETTE.

RICHARDET.

Pardon, messieurs les militaires, de vous avoir fait attendre, mais les formalités avant tout, j'ai dû me revêtir de mes insignes... à présent, donnez-moi vos feuilles de route. (A Robert.) Voyons d'abord la vôtre.

ROBERT, la lui remettant.

Présent! mon magistrat!

PERRETTE, à part.

C'est étonnant comme ma cousine regarde le militaire de tout à l'heure.

ROBERT, bas à Jeannette qui s'est approchée de lui.

Et Julien, l'avez-vous vu?

JEANNETTE, bas.

Il viendra quand vous serez seul.

PERRETTE, à part.

Bon! v'là qu'ils se parlent tout bas... qu'est-ce qu'ils peuvent se dire?

RICHARDET, à Pacot.

Et vous, jeune homme, votre feuille de route?

PACOT.

Ma feuille à moi? c'est fameux! comment, père Richardet, vous ne me reconnaissez-pas? j'en étais sûr... je suis pourtant du pays.

RICHARDET.

Il est parti tant de jeunes gens du village, que mes souvenirs sont un peu brouillés.

PACOT.

Comme vos lunettes! Comment, vous ne vous rappelez pas un joli garçon qui tourmentait toujours les filles?

RICHARDET.

Ah! Pichu?

PACOT.

Pas ça, un autre.

RICHARDET.

Gigomard?

PACOT.

Mieux que ça, je suis Jean Pacot.

RICHARDET.

Quoi! vous seriez?..

PERRETTE, sautant au cou de Pacot.

Mon frère!

JEANNETTE.

Mon cousin! (A part.) J'crois qu'il est encore plus laid.

PACOT, à part.

V'là que je produis mon effet... (Ouvrant les bras.) Allons, Jeannette, n'écoute que ton cœur et viens dans mes bras.

JEANNETTE, froidement.

Vous oubliez, mon cousin, que je ne suis plus une petite fille.

PACOT.
Ah! c'est juste! (A part.) C'est son parrain qui l'intimide.
RICHARDET.
Dites-moi, jeune homme?
PACOT.
Vieillard?
RICHARDET.
Vous êtes toujours dans l'intention d'épouser votre cousine?
PACOT.
C'tte bêtise! je r'viens exprès pour ça.
ROBERT, à part.
C'est ce que nous verrons.
JEANNETTE, de même.
Plus souvent que je l'épouserai!
PERRETTE, sautant de joie.
Oh! quel bonheur! une noce! il y aura des violons?
RICHARDET.
Tu vois Jeannette, que ton cousin n'a que de bonnes intentions à ton égard.
ROBERT.
Faites-moi le plaisir de viser ma feuille de route, je suis pressé.
RICHARDET.
Comment donc! je suis à vos ordres et je cours de ce pas chez mon adjoint... Perrette, fais rafraîchir ces messieurs, en attendant.
JEANNETTE, après avoir fait quelques signes d'intelligence à Robert.
J'y vais moi-même, mon parrain.
(Elle sort avec Perrette; Richardet entre dans son cabinet.)

SCÈNE VII.
PACOT, ROBERT.

PACOT.
Eh! bien, Robert, qu'est-ce que tu dis de la cousine?
ROBERT.
Charmante!
PACOT.
T'es pas dégoûté... vous a-t-elle une tournure?
ROBERT.
Et une taille?
PACOT.
Et des yeux? cré coquin! j'ai bien du service, mais j'n'en ai jamais vu comme ça.
ROBERT.
C'est au point, mon ami, que j'en suis fou... de ta cousine!
PACOT.
Tu veux dire que j'en suis fou, moi?
ROBERT.
Non, je sens que je l'aime.
PACOT.
Ah! ça, voyons, entendons-nous, est-ce toi ou moi?
ROBERT.
C'est moi, te dis-je!
PACOT.
Air de Partie et Revanche
Mon cher, ta conduite est infâme!
ROBERT.
Je me mets sur les rangs...
PACOT.
C'est affreux!
Quoi! tu veux m'enlever ma femme?
ROBERT.
Qu'elle choisisse entre nous deux!
PACOT, à part.
Cela m'rassure... en bonn' justice,
J'crois que j'suis un peu mieux que lui!
J'suis plus malin, j'ai du service,
Et j'offre un cœur qui n'a jamais servi.

ROBERT.

Au surplus, je l'adore, et je me couperai plutôt la gorge que de renoncer à elle.

PACOT.

Un suicide?

ROBERT.

Avec toi?..

PACOT.

Ah! encore des coups de sabre, merci, j'sors d'en prendre. (A part.) C'est qu'il le ferait comme il le dit; j'ai bien envie de lui raconter ce qu'on m'a confié au sujet de Jeannette...ça lui fera peut-être changer d'avis

ROBERT.

D'ailleurs elle ne t'aime pas, ta cousine.

PACOT.

Après ça, je n'y tiens pas autrement; c'est déjà pas un si bon parti.

ROBERT.

Elle me plaît comme ça.

PACOT.

Et puis, certain bruit qui court...

ROBERT.

Sur Jeannette?

PACOT.

Mais je ne veux pas me mêler de tous ces cancans-là.

ROBERT.

Cependant, si tu sais quelque chose?

PACOT.

Du tout! et si je te disais qu'elle a disparu du pays, pendant trois mois... à l'époque des Cosaques, ça te ferait de la peine; aussi, si tu l'apprends, ça ne sera jamais par moi.

ROBERT.

Es-tu bien sûr de ce que tu avances, au moins?

PACOT.

Moi, je n't'ai rien dit... (A part.) C'est adroit!

ROBERT.

Tu fais le discret avec moi? je saurai bien par son frère... (On entend Jeannette chanter dans la coulisse.) Mais qu'entends-je?.. cette voix!.. c'est son refrain favori...précisément, c'est lui... c'est Julien! (Il court vers la porte.)

PACOT.

J'peux m'vanter d'être assez bon physionomiste... eh bien! je ne reconnais pas cette voix-là pour être de la famille.

SCÈNE VIII.

ROBERT, PACOT, se tenant à l'écart. JEANNETTE, habillée en soldat, capote, sabre et bonnet de police.

JEANNETTE, entrant.

Air Rapataplan, de la fille de Dominique.

Rapataplan! quel bel état!
Ah! que celui d'être soldat!
Quel heureux temps, sur mon honneur,
Que l'temps où j'étais voltigeur.
   La gloire avait des charmes;
   J'étais, je m'en souvien,
   Fort gentil sous les armes,
   Et je me battais bien.
   Je faisais sans cesse
   La maraude et l'amour;
   Mais j' quittais ma maîtresse
   Au premier coup d' tambour. .
Rapataplan, etc.

   Par un' fatale chance,
   Enfin je suis vaincu;
   J' vois envahir la France,
   Je m' tiens pas pour battu.
   S'il fallait, je l' confesse,
   Repousser les enn'mis,
   Puis, avec politesse,
   Les r'm'ner dans leur pays...

Rapataplan ! tambour battant,
R'joignant bientôt mon régiment,
Je m' rappel'rais, avec bonheur,
Le temps que j'étais voltigeur

ROBERT, à part.

Quel petit gaillard ! toujours le même... Ma foi ! je n'y tiens plus... (Allant au-devant de Jeannette, haut.) Julien !..

JEANNETTE.

Robert !
(Ils tombent dans les bras l'un de l'autre.)

AIR : Une somnambule jolie.

ENSEMBLE. Ah ! quel plaisir ! bonheur extrême !

JEANNETTE.

C'est toi, Robert ?..

ROBERT.

C'est toi, Julien ?
Je r'vois l' camarade que j'aime...

JEANNETTE.

De tes bontés je me souvien.

ENSEMBLE. { Se r'voir, s'embrasser quand on s'aime.
Pour deux amis que c'la fait d' bien !

ROBERT.

Puisque le hasard ici nous rassemble...
Restons maint'nant, restons toujours ensemble..

ENSEMBLE. { Puisque le hasard ici nous rassemble,
Restons maint'nant, restons toujours ensemble.

ROBERT.

Rappelons-nous, mon cher, en ce moment,
Notre amitié de régiment !

ENSEMBLE. { Rappelons-nous, mon cher, en ce moment,
Notre amitié de régiment.

ROBERT.

Ce cher Julien ! Embrassons-nous donc encore ?

PACOT, à part.

Ah ! ça, il va l'étouffer ?

ROBERT.

Je ne m'attendais guère, ma foi, à te rencontrer ici ?

JEANNETTE.

Ni moi non plus.

PACOT, à Jeannette.

Et moi, cousin, vous ne me dites rien ?

JEANNETTE.

Comment, cousin ?

PACOT.

Certainement, cela vous étonne, je suis Pacot, militaire en congé illimité aussi.

JEANNETTE.

Pacot ? inconnu !

PACOT.

Puisque Jeannette est ma cousine, naturellement, vous qui êtes son frère, vous devez être...

JEANNETTE.

C'est logique... en ce cas, touchez là.

PACOT.

Nous ferons plus ample connaissance...

JEANNETTE.

Le verre à la main... Ah ! ça, Robert, où vas-tu comme ça ?

ROBERT.

Je retourne au pays.

JEANNETTE.

Pour te marier, sans doute ?

ROBERT.

C'est mon intention... mais peut-être bien que je me marierai en route.

JEANNETTE.

Comment cela ?

ROBERT.

J'ai mon idée, et tu peux me servir ?

JEANNETTE.

Moi?

ROBERT.

Oui! à propos, tu ne m'avais jamais dit que tu avais une sœur?

JEANNETTE.

Ah! c'est vrai, je l'avais oublié.

ROBERT.

Sais-tu qu'elle est charmante... et comme elle te ressemble?

JEANNETTE.

C'est ce que tout le monde trouve, quand nous étions jeunes, on nous confondait toujours l'un avec l'autre.

ROBERT.

Tout à l'heure j'y ai été pris moi-même, je ne sais si c'est cette ressemblance qui m'a produit de l'effet, mais depuis que je l'ai vue, que je lui ai parlé... mon cœur bat la générale.

PACOT.

Et le mien marche au pas redoublé.

ROBERT.

Laisse-nous donc tranquilles.

PACOT.

C'est-à-dire laisse-moi tranquille, ne vas-tu pas encore recommencer?

ROBERT.

Hein? est-ce que tu n'es pas content?

PACOT.

Tout juste! car j'ai des prétentions aussi.

ROBERT, mettant la main sur son sabre.

En ce cas tu n'as qu'à parler.

PACOT.

Je n' dis rien.

JEANNETTE.

Voyons! je parlerai à ma sœur en ta faveur, Robert.

PACOT.

Et moi?

JEANNETTE.

Plus tard!

ROBERT.

Ce bon Julien! tu crois que ta sœur consentirait?

JEANNETTE.

J'ai beaucoup d'empire sur elle, ce que je veux, elle le veut.

ROBERT.

Tâche de la décider.

JEANNETTE.

Je m'en charge.

PACOT, à part.

Je mettrai des bâtons dans les roues.

ROBERT.

Il me tarde d'être ton beau-frère!

JEANNETTE.

Tu l'aimes donc bien?

ROBERT.

Je t'en réponds! et la preuve, c'est qu'on m'a conté certains bruits qui courent sur son compte, et qu' j'ai refusé d'y croire.

JEANNETTE, à part.

On lui a tout dit, je saurai qui! (Haut.) Quels bruits, explique-toi?

ROBERT.

On prétend qu'elle s'est échappée du village, à l'époque des Cosaques, et on jase là-dessus, v'là tout.

PACOT, à part

Est-il bête d'aller lui répéter ça!

ROBERT.

N'est-ce pas, Pacot?

PACOT.

Moi, je ne sais rien.

ROBERT.

Alors, qu'est-ce que tu es donc venu me dire tout à l'heure, imbécile?

JEANNETTE, grossissant sa voix.

Ah! c'est le cousin qui s'est permis...

ROBERT.

Allons, ne te fâche pas.

Air : De Sommeiller encor, ma chère
Ce sont des cancans de village
Auxquels je n'ajoute pas foi.

JEANNETTE.

Apprends qu'ma sœur est un' fill' sage,
Je réponds d'ell' comme de moi.
De ces propos je veux tirer vengeance,
Je dois ici punir quelqu'un ;
Lorsqu'on insulte Jeannette, on m'offense,
Ma sœur et moi ne faisons qu'un.

(A Pacot.) Il me faut une réparation, vous m'entendez. (A part.) Tâchons de l'effrayer et de le faire renoncer à ma main. (Haut.) Allons, en garde!

PACOT. (Elle tire son sabre.)

Robert, retiens-le, il va faire un malheur!

JEANNETTE, à part.

Il est poltron, je ne risque rien. (Haut.) Eh bien! blanc-bec!

PACOT.

Blanc-bec vous-même.

JEANNETTE, lui donnant un soufflet.

Insolent!

ROBERT.

Bien touché!

PACOT.

C'est un peu trop fort! (Portant la main à sa joue.) Ça aura des suites.

ROBERT.

Ah! diable! ça devient sérieux, je vais arranger l'affaire.

PACOT.

Je m'en rapporte à toi.

ROBERT.

Vous vous battrez... tout à l'heure... derrière l'église du village.

JEANNETTE.

Non, ici, à l'instant même, encore une fois, en garde!

ROBERT.

Puisque c'est comme ça, un instant, mes amours. (A Jeannette.)

Air des Visitandines
Mais ainsi l'on ne se bat pas...
Vraiment tu me fais de la peine,
Tu dois d'abord mettre habit bas..
Ote-moi ce col qui te gêne. (Jeannette reste immobile et hésite.)
Comme au régiment te voilà!
Quitte aussi, pour être plus leste,
Gilet.. chemise... et cœtera...

JEANNETTE, à part, embarrassée.

Je ne pensais pas à cela.

ROBERT.

Tu peux, je crois, garder le reste.
Je veux bien t'épargner le reste.

PACOT.

Eh bien! non, je ne me battrai pas... avec le frère de ma cousine, je pourrais le blesser, et Jeannette ne voudrait pas épouser le meurtrier de son frère.

ROBERT.

Est-ce qu'elle songe à t'épouser?

PACOT.

J'aime mieux faire des excuses.

ROBERT.

Excusez!

JEANNETTE, à part.

Je suis sauvée. (Haut.) Je les accepte et je consens à oublier le soufflet que je vous ai donné... votre main.

PACOT.

Sans rancune.

ROBERT.

Allons! puisque l'honneur est satisfait, je vous laisse, mes amis.

JEANNETTE.

Tu t'en vas?

ROBERT.

Oh! mais je ne quitte pas le village, je vais chercher une auberge où je puisse passer cette nuit... et les suivantes, car je compte rester avec vous.

PACOT.

Mais, j'y pense, tu n'as pas besoin d'aller si loin pour trouver un gîte et un lit... le cousin peut bien te prêter le sien... quand il y a place pour un, il y a place pour deux; d'ailleurs, il a été ton camarade de chambrée.

ROBERT.

Tiens! c'est vrai!

JEANNETTE, à part, effrayée

Ah! mon Dieu!

ROBERT.

Nous nous croirons encore au régiment, qu'en dis-tu, Julien?

JEANNETTE, avec embarras.

Comment donc? mais certainement.

ROBERT.

Eh bien! v'là qui est convenu!

JEANNETTE, à part.

Que faire, pour éviter?.. Ah!.. éloignons d'abord Robert. (Bas à Robert.) Pacot va sans doute mettre tout en jeu pour obtenir la main de ma sœur, si tu m'en crois nous terminerons cette affaire dès ce soir, va chercher des témoins et le père Richardet, moi, je cours décider Jeannette.

ROBERT, bas à Jeannette.

Dans cinq minutes, je suis ici.

(Il sort par le fond; Jeannette se précipite dans le cabinet à gauche.)

SCÈNE IX.

PACOT, d'abord seul, un peu après, JEANNETTE.

PACOT, regardant autour de lui.

Eh bien! plus personne?.. par où s'est-il évaporé, le p'tit voltigeur?.. il était là, tout à l'heure... Je n' sais pas... mais il n' me revient guère, le cousin ministériel... j'ai toujours son soufflet sur le cœur... et si ce n'avait pas été pour Jeannette, je me serais fâché... car on peut croire que j'ai boudé... ai-je boudé?.. ça en a tout l'air... cependant...

AIR : Je ne suis plus Jean-Jean.

1er COUPLET.	2e COUPLET.
Je n' suis pas poltron.	Le métier d' soldat
J'aurais pu, je pense,	Ne me conv'nait guère,
Lui d'mander raison	J'étais, par état,
De cett' grave offense.	Pas né pour la guerre,
J' suis brav' par moment,	Je m' rappell' que l' bruit
J'ai l'am' sanguinaire,	De la canonnade
Mais dans mainte affaire,	Me rendait malade;
On m'a vu souvent,	C'était l' mal subit
Comme ici, fort accommodant.	Que souvent éprouv' chaqu' conscrit.
On s' demand', je parie,	Qu'est-c' qui vous travaille
C' que c'la signifie?	L' premier jour d'un' bataille?..
Moi j' sais ben c' que c'est,	Moi j' sais ben c' que c'est,
Mais c'est mon secret.	Mais c'est mon secret.

(On entend du bruit dans le cabinet à gauche.)

On a renversé un meuble? c'est Julien sans doute qui est dans ce cabinet... (Regardant par le trou de la serrure.) Tiens! qu'est-ce qui fait donc là?.. que vois-je?.. en v'là une drôle de charge, il a pris des habits d' femme... pourquoi faire?

JEANNETTE, sortant du cabinet avec mystère; elle a repris son costume de femme.

Robert n'est pas encore de retour... personne ne se doute de rien...

PACOT, lui frappant sur l'épaule.

Excepté moi, mon p'tit cousin.

JEANNETTE, à part.

Je suis prise!..

PACOT.

J'ai tout vu par le trou de la serrure... Depuis quand les voltigeurs portent-ils des jupons?

JEANNETTE, à part.

Ma ruse est découverte.

PACOT.

C'est pas l'embarras... vous êtes gentil tout d' même comme ça...l'habit de femme vous va bien... mais à votre tournure on s'aperçoit bien vite que vous êtes un homme déguisé.

JEANNETTE, à part.

Dieu merci! il ne sait rien.

PACOT.

Ah! ça, pourquoi diable ce changement d'uniforme?

JEANNETTE.

Vous ne comprenez pas?

PACOT.

Pas encore.

JEANNETTE.

En ce cas, je vais tout vous dire... d'ailleurs, il est inutile de feindre avec vous.

PACOT.

Oh! c'est pas à un malin comme moi qu'on en fait accroire; j'ai du service.

JEANNETTE.

Promettez-moi d'être discret.

PACOT.

Comme une consigne.

JEANNETTE.

Vous n'êtes pas sans avoir remarqué la ressemblance qui existe entre moi et ma sœur Jeannette?

PACOT.

PARBLEUR! et en ce moment l'illusion est complète.

JEANNETTE.

Eh bien! j'ai pris ce costume pour jouer une farce à Robert.

PACOT.

Vrai?

JEANNETTE.

Je veux l'intriguer et voir quel air il aura en faisant sa déclaration à ma sœur...

PACOT.

Ah! j'y suis! fameux! J' suis sûr qu'il aura l'air bête comme tout, et nous allons joliment rire, je suis du complot? hein?

JEANNETTE.

Vous serez de la mystification; silence! on vient.

Air des Couturières.

Chut! chut! ne disons rien.
Je ris d'avance
C'est Robert qui s'avance;
De ma sœur prenons bien,
En sa présence,
L'air, le ton et l' maintien.

ENSEMBLE.

JEANNETTE.	PACOT.
Chut! chut! ne disons rien.	Chut! chut! ne disons rien,
Je ris d'avance,	Je ris d'avance,
C'est Robert qui s'avance;	C'est Robert qui s'avance,
De ma sœur prenons bien,	De voir' sœur prenez bien
En sa présence,	En sa présence,
L'air, le ton et l' maintien,	L'air, le ton et l' maintien.

SCÈNE X.
Les Mêmes, ROBERT.

ROBERT, à part.

Jeannette seule ici avec Pacot?

JEANNETTE, bas à Pacot

Laissez-moi faire.

ROBERT.

Votre frère, mamzelle Jeannette,...

PACOT, bas à Jeannette.

Oh! mamzelle Jeannette... donne-t-il d' dans!

ROBERT, continuant.

A dû vous parler de certains projets d'union.

JEANNETTE.

Julien m'a tout conté... il parait même que mon cousin Pacot a la générosité de renoncer.

PACOT.

Comment? je renonce?

JEANNETTE, bas à Pacot.

Oubliez-vous nos conventions?

PACOT, à part.

Ah! oui, oui... relativement à la mystification... (Haut.) Certainement, je cède la place et mes droits à Robert.

ROBERT.

Tant de bonté, vraiment, Pacot, je ne sais comment reconnaître.

PACOT.

Je veux que tu ne r'connaisses rien du tout... et pour ne pas troubler ce délicieux tête-à-tête! je me dissimule... j' suis bon enfant, moi... Bonne chance, Robert. (Il rit.) Ah! ah! ah! (Il va jusqu'à la porte du fond, où il s'arrête, il remonte la scène sur la pointe du pied, se cache dans le cabinet, puis il écoute à la fenêtre qui est en vue du public.)

ROBERT.

Qu'est-ce qu'il a donc à rire?.. Enfin nous voilà seuls... ainsi, charmante Jeannette, ma proposition ne vous déplait pas?

JEANNETTE.

Au contraire, M. Robert, vous êtes si bon... et puis cela semble faire tant de plaisir à mon frère Julien.

ROBERT.

Vous m'aimeriez?..

JEANNETTE.

J'ai déjà beaucoup d'amitié pour vous...

PACOT, dans le cabinet, à part.

Comme il l'entortille! avec sa voix douce et son ton câlin.

ROBERT.
Air de l'Artiste,
Ah! vous comblez mon ame
De joie et de plaisir;
A devenir ma femme
Vous daignez consentir?

JEANNETTE.
Je ne vois pas je pense,
Pour vous rendr' bien heureux,
Aucun obstacle!

PACOT, à part.
D'avance,
Moi j'en vois de fameux.

ROBERT.

Que je suis donc joyeux! pour la peine, il faut que je vous embrasse...

PACOT, à part.

Bon! v'là qu'il l'embrasse, à présent... le malheureux! est-il volé!

JEANNETTE.

Prenez garde, M. Robert, si quelqu'un entrait?..

PACOT, à part.

Comme il fait sa tête! Robert n'y voit que du feu.

JEANNETTE.

Précisément, voici mon parrain.

PACOT, à part.

Ah! tant pire! c'était amusant!

SCÈNE XI.

LES MÊMES, RICHARDET, PERRETTE.

RICHARDET.

On m'a dit qu'on me demandait, pour un mariage... un contrat, où sont les futurs? ah! voici d'abord ma filleule, mais je n' vois pas Pacot...

PACOT, sortant du cabinet.

Présent! mais ce n'est plus moi qui épouse... (Montrant Robert.) Voici mon remplaçant.

RICHARDET.

Que signifie?

PACOT.
Cela signifie, papa Richardet, que ces jeunes gens s'aiment et que j'étais un obstacle à leur bonheur... ainsi, unissez-les...

ROBERT.
Ce bon Pacot !

JEANNETTE.
Que ne vous dois-je pas, mon cousin?

PACOT, bas à Jeannette.
Satané farceur, va ! tu peux te flatter de me causer de l'agrément.

RICHARDET.
Comment, mademoiselle, vous n'épousez pas votre cousin?

JEANNETTE.
Dam ! mon parrain, puisqu'il consent..

PACOT.
Je suis généreux, et je veux l'être jusqu'au bout... je prétends doter Jeannette, à condition qu'elle prendra pour mari, mon ami Robert.

TOUS.
Quel beau trait !

PACOT.
Voilà comme je suis, moi... Écrivez, père Richardet : j'abandonne à ma cousine la part de succession de feue ma tante, consistant en un quartier de terre, attenant aux biens de la commune... une paire de chaussettes... trois douzaines de chemises de calicot, en superbe toile de Hollande... deux coquetiers en buis... et une roue de cabriolet.

RICHARDET.
C'est écrit... maintenant nous allons procéder à la signature du contrat, M. Robert d'abord.

ROBERT.
Volontiers !..

PACOT, à part.
Dieu me pardonne, il signe ! il pose trop bien... il n'y a pas de plaisir...

RICHARDET.
Jeannette, à ton tour, mon enfant. (Jeannette signe.) Et vous, M. Pacot?

PACOT.
Moi? je signe aveuglément. (Bas Jeannette à pendant que Robert fait signer les témoins.) Ah ! ça, est-ce que vous pousserez la plaisanterie jusqu'au bout?

JEANNETTE, de même.
Pourquoi pas?

PACOT, de même.
Alors, nous tombons dans un comique extravagant...

RICHARDET.
Voici qui est fait. (A Jeannette.) Et te voilà madame Robert...

PACOT, à part.
Bon ! v'là l'autorité qui patauge aussi... ça s'complique furieusement.

ROBERT.
A demain la noce, mes amis... quant à ce soir... (Regardant Jeannette.) Vous comprenez...

PERRETTE.
Mes compagnes et moi, cousine, nous serons tes demoiselles d'honneur.

JEANNETTE.
Je le veux bien.

PACOT, bas à Jeannette.
Comment? tu vas te laisser déshabiller par les jeunes filles, à présent? infâme Lovelace, va ! ah ! ça, pas de bêtises...

JEANNETTE, bas à Pacot.
Il n'y a pas de danger.

ROBERT.
Dépêchez-vous de me rendre ma femme.

PACOT, à part.
Ta femme? tu m'en donneras des nouvelles.

PERRETTE.
Pacot, empêche-le d'entrer.

PACOT.
C'est-à-dire que c'est toi que je vais empêcher d'entrer... il ne manquerait plus que cela... c'est-y curieux ces petites filles ! tu vas accompagner le père Richardet.

PERRETTE.
Pourquoi cela?.. que c'est ennuyant!
RICHARDET.
Allons, mes amis...

Air : Travaillons, mesdemoiselles.
Que chacun d'nous se retire,
Laissons les futurs conjoints ;
Pour ce qu'ils ont à se dire
Ils n'ont pas besoin d' témoins.
REPRISE EN CHOEUR.
Que chacun d'nous se retire, etc.

SCÈNE XII.
PACOT, ROBERT.
PACOT.
Dis donc... Robert?
ROBERT, réfléchissant.
Eh bien?..
PACOT.
Heureux coquin que tu es... dans une heure... hein?
ROBERT.
Quand je pense que ta cousine est là, dans cette chambre et que je suis son mari... eh ben ! ça me fait un effet... ouf !
PACOT.
Tu nous fais des soupirs... qu'on croirait vraiment que tu prends ta respiration par tes boutons de guêtres.
ROBERT.
C'est que je l'aime, celle-là !..
PACOT.
J' sais c' que c'est, j'ai du service.
ROBERT.
C'est au point que si on me l'avait refusée... j'aurais fait quelque coup de ma tête.
PACOT, à part.
Ah ! mon Dieu ! s'il prend ça au sérieux... quand il va savoir...
ROBERT.
J'aurais fait un malheur, c'est sûr.
PACOT, à part.
J'ai bien envie de le désabuser, il serait capable de s'en prendre à moi. (Haut.) Ce que tu me dis là, me donne l'idée de te faire une confidence.
ROBERT.
Une confidence ? à moi ?..
PACOT.
Voyons ! qui crois-tu avoir épousé, franchement?
ROBERT.
Parbleu ! Jeannette !
PACOT.
En es-tu ben sûr?
ROBERT.
Cette question !.. pourquoi me demandes-tu ça?
PACOT.
Ah ! dam ! c'est que... souvent quand on se marie, on croit la première nuit de ses noces, avoir une jolie femme à ses côtés... et il s' trouve que cette femme est une personne d'un autre sexe.
ROBERT.
Qu'est-ce que c'est que tous ces ragots-là? explique-toi catégoriquement.
PACOT.
Eh ben ! tu t'es laissé attraper comme un conscrit.
ROBERT.
En de quoi ?
PACOT.
Écoute ; j'ai de l'amitié pour toi, et je ne veux pas que tu sois victime d'un quiproquo aussi indécent.
ROBERT.
Quel quiproquo?
PACOT.
Apprends donc que Julien s'est moqué de toi... profitant de sa grande

ressemblance avec sa sœur, il lui est venu à l'idée de prendre les habits de Jeannette, et de se faire passer pour elle à tes yeux.
ROBERT.
Allons donc! c'est impossible! est-ce que mon cœur aurait pu s'y méprendre?
PACOT.
Ton cœur a la berlue; méfie-toi, te dis-je?.. foi de Pacot, c'est Julien... fais bien toutes tes réflexions avant d'entrer là-dedans, te v'là prévenu...
(Il sort.)

SCÈNE XIII.
ROBERT, d'abord seul; puis JEANNETTE.

ROBERT, seul.
Qu'est-ce qu'il a donc, ce diable de Pacot, avec ses phrases entortillées? je devine, le logogriphe, il en tient encore pour sa cousine, et il veut retarder mon bonheur, en me persuadant que c'est Julien qui est là; plus souvent que je donnerai dans le piége; mais motus, voici Jeannette, ma p'tite femme, est-elle jolie comme ça! ce n'est pas Julien qui aurait cette tournure et cet air décent... un voltigeur!
JEANNETTE.
Ah! vous étiez là, Robert?
ROBERT.
Immobile, et au port d'armes... je ne suis pas fâché d'être seul avec vous; on a tant de choses à se dire un premier jour de mariage.
JEANNETTE.
Si l'on se dit tout en un jour... le lendemain...
ROBERT.
Eh ben! le lendemain, on recommence, et ainsi de suite, quand on s'aime.
JEANNETTE
Hélas! le voltigeur est bien léger.
ROBERT.
Est-ce pour moi, que vous dites ça?
JEANNETTE.
On m'a raconté quelques-unes de vos aventures, et je crains...
ROBERT.
Des aventures de régiment, c'est sans conséquence; je suis sûr que c'est ce bavard de Pacot qui aura encore fait jouer sa langue, ne le croyez pas, c'est la jalousie qui le fait parler; il m'disait bien tout à l'heure que vous n'étiez pas une femme, que c'était Julien votre frère; que sais-je? moi, des absurdités, des invraisemblances, quoi!
JEANNETTE.
Par exemple!
ROBERT.
Je lui ai ri au nez; il m'a suffi de vous entrevoir pour me convaincre du contraire. (La prenant par la taille.) Je vous l'demande, un voltigeur peut-il avoir des épaules blanches comme ça, une peau aussi douce, un bras aussi rond et aussi bien fait, ce n'est point d'ordonnance; permettez qu'un chaste baiser. (Il relève la manche de Jeannette, et au moment où il va pour lui baiser le bras, il s'arrête stupéfait.) Que vois-je?
JEANNETTE.
Est-ce que vous vous êtes piqué?
ROBERT.
Juste, l'aigle que j'ai tracé sur le bras de Julien... avec mon nom...
JEANNETTE, à part.
Je suis trahie!
ROBERT, s'éloignant d'elle.
Que signifie ce mystère?..
JEANNETTE, à part.
Que lui dire?
ROBERT.
Répondez, mamzelle.... c'est-à-dire monsieur... êtes-vous Jeannette, ou Julien, répondez!
JEANNETTE.
Je suis l'un et l'autre.
ROBERT.
Et cet aigle? ne cherchez pas à me tromper plus long-temps... Pacot avait donc raison... ah! se jouer ainsi de moi... de mon amour...

JEANNETTE, *cherchant à le calmer.*

Mon cher Robert...

ROBERT.

Laissez-moi, monsieur... madame... c'est indigne... vous vouliez me faire devenir la fable, la risée de tout le village... vous paierez cher cette plaisanterie.

AIR de Wallace.

Redoutez ma colère
Et sans plus de façon,
De cet affront, j'espère,
Vous me rendrez raison.

ROBERT.

Redoutez ma colère, etc.

JEANNETTE, *à part*

ENSEMBLE.

Je n' crains pas sa colère,
Il changera de ton;
De cet affront, j'espère,
Il n'aura pas raison.

SCÈNE XIV.
LES MÊMES, RICHARDET, PACOT, PERRETTE.

CHŒUR.

AIR de Gribouille.

D'où vient ce bruit et ce tapage?
Qui cause ici votre courroux?
Quel scandale dans le village,
Pour vous calmer, nous voici tous.

PACOT.

Déjà de la brouille dans le ménage...

ROBERT.

Arrivez donc, monsieur le maire?

RICHARDET.

Qu'y a-t-il?

ROBERT.

Il y a?.. que je casse tout.

RICHARDET.

Comment! vous cassez tout?

ROBERT.

Oui... le mariage... le contrat...

PACOT, *à part.*

Il se s'ra aperçu de quelque chose?

ROBERT.

Je n' veux plus entendre parler de rien... d'ailleurs, ce mariage est impossible, attendu que mademoiselle... est un garçon!

RICHARDET.

Par exemple! ma filleule serait un garçon? en êtes-vous bien sûr?

ROBERT.

Est-ce que sous ce costume, vous ne reconnaissez pas Julien?

RICHARDET.

Julien? qu'est-ce que c'est que ça? où prenez-vous Julien?

ROBERT.

C'est le frère de Jeannette!

RICHARDET.

Jamais Jeannette n'a eu le moindre frère.

ROBERT.

Elle me l'a avoué elle-même... Pourquoi n'est-elle pas là pour vous confondre tous?

JEANNETTE.

Elle est devant vous!..

ROBERT.

Comment?.. et Julien?

JEANNETTE.

Julien est un être imaginaire...

ROBERT.

C'est un peu fort! je me rappelle bien qu'au régiment il était mon camarade de chambrée, peut-être...

JEANNETTE.
C'était moi.

ROBERT.
Qu'entends-je?

TOUS.
Que dit-elle?

RICHARDET.
Oui, mes amis, elle m'a tout confié à moi... Lorsque les alliés ont assiégé notre village, Jeannette a pris des habits d'homme, pour mettre son honneur à couvert, et a été faire le coup de fusil.

JEANNETTE.
Quelques jours après, j'ai été incorporée, malgré moi, dans le régiment de Robert, sous le nom de Julien.

PACOT.
En v'là une drôle d'histoire!

ROBERT.
Je commence à comprendre; c'est donc ça qu'en arrivant ici, j'ai été frappé de la ressemblance.

JEANNETTE.
C'est ce qui a fait votre erreur; pardonnez-moi de l'avoir prolongée si long-temps.

ROBERT.
Oh! maintenant, je pardonne tout.

JEANNETTE.
Et notre mariage?

ROBERT.
Je le maintiens bon et valable!

PACOT.
Un instant!.. à mon tour, je casse tout!

ROBERT.
Qu'est-ce que tu réclames?

PACOT.
Ma cousine... on a surpris ma religion... j'en rappelle...

RICHARDET.
Il n'y a rien à changer au mariage ni au contrat... tout est fait dans les règles, d'ailleurs votre signature fait foi.

PACOT.
C'est vrai, j'ai signé comme un imbécile, mais on ne m'y reprendra plus... j'ai du service...

ROBERT, à Jeannette.
Je n'en reviens pas encore!.. comment, mon camarade de chambrée, c'était vous?

JEANNETTE.
Mon Dieu, oui!

ROBERT, à part.
Cré coquin! si je m'en avais douté!..

JEANNETTE, au Public.
AIR : Rapataplan, de la Fille de Dominique
Rapataplan! c'est le refrain
Que j'entendais soir et matin;
Applaudissez et frappez fort
Qu'au régiment je m' croie encor.
 Quand j'étais militaire
 Je n' craignais pas l'enn'mi,
 J'aimais l' bruit de la guerre,
 Mais je tremble aujourd'hui.
 J' serais rassurée,
 Si j'avais l'espoir,
 Messieurs, d'avoir chambrée
 Complète ici chaqu' soir.

CHOEUR.
Rapataplan! c'est le refrain
Qu'elle entendait soir et matin;
Applaudissez et frappez fort,
Qu'au régiment ell' s' croie encor.

FIN.

AVIS AUX COQUETTES,

ou

L'AMANT SINGULIER,

COMÉDIE-VAUDEVILLE EN DEUX ACTES,

PAR MM. SCRIBE et ALEXIS DECOMBEROUSSE,

REPRÉSENTÉE POUR LA PREMIÈRE FOIS, SUR LE THÉATRE DU GYMNASE-DRAMATIQUE,
LE 29 OCTOBRE 1836.

... j'en suis sûr ! c'est un diable ! (ACTE II, SCÈNE XIII.)

PARIS,

NOBIS, ÉDITEUR, RUE DU CAIRE, N° 5.

1836.

Personnages.	Acteurs.
VAN-BROOK, négociant Hollandais.	MM. ALLAN.
ALFRED DE LUCENAY.	DAVESNE.
LISTOU, domestique de l'hôtel.	SYLVESTRE.
CAROLINE D'EMERY, jeune veuve.	Mmes ALLAN-DESPRÉAUX.
Mme DESNELLES, sa tante.	JULIENNE.
ÉDOUARD SENNEVAL.	EUGÉNIE-SAUVAGE.

La scène se passe à Bagnères de Bigorre dans la maison des bains.

Les personnages sont inscrits dans l'ordre qu'ils occupent à la scène, le premier tient la droite de l'acteur.

J.-R. MEVREL, Passage du Caire, 54

AVIS AUX COQUETTES,

COMÉDIE-VAUDEVILLE EN DEUX ACTES.

ACTE I.

Le théâtre représente un salon de la maison des bains, à Bagnères. Il est ouvert par le fond et donne sur les jardins. Porte latérale à gauche, croisée à droite ; une table et tout ce qu'il faut pour écrire, sur le devant à gauche ; à droite et sur le même plan, un gueridon, sur lequel sont des brochures, et des journaux.

SCÈNE I.

VAN-BROOK, étendu dans un fauteuil auprès de la table; LISTOU, debout près de lui.

LISTOU. *
Voilà qui est prêt... j'ose dire qu'il n'y a pas mon pareil à Bagnères de Bigorre pour la vivacité et l'intelligence... (Faisant le geste de tourner un robinet) Ça coule de source... (A Van-Brook.) Si monsieur veut prendre son bain ?

VAN-BROOK.
Non !

LISTOU.
Je viens de le préparer.

VAN-BROOK.
Je ne le prendrai pas !

LISTOU.
Monsieur aime mieux déjeuner ?

VAN-BROOK.
Non !..

LISTOU.
Monsieur aime mieux faire avant une promenade dans la vallée de Campan.

VAN-BROOK.
Non, laisse-moi tranquille, je suis heureux... je me porte bien et je pense !

LISTOU.
C'est que tout à l'heure monsieur était à bâiller.

VAN-BROOK.
Parce que je pense !.. c'est toujours l'effet que me produisent mes pensées... va-t-en ne les dérange pas.

LISTOU.
Diable de Hollandais, qui s'ennuie pour s'amuser... il est lourd comme son or.

ALFRED, en dehors.
Eh bien ! les garçons !..

LISTOU, voyant entrer Alfred.
Ah! en voici un qui n'a pas l'air de peser autant.

SCÈNE II.
LES MÊMES, ALFRED.

ALFRED.
Le maître de l'hôtel, les filles, les garçons, n'y a-t-il personne ?.. Ah! qui es-tu ?

LISTOU.
Listou, paysan Basque, garçon baigneur, surnommé col-de-cygne par les Parisiens qui font toujours des gorges-chaudes.

ALFRED.
Ah! tu es montagnard ?

LISTOU.
Autrefois, j'avais une cabane à la montagne.

* Listou, Van-Brook.

ALFRED.
Air : De sommeiller encore ma chère.
C'est là, sans que rien vous enchaîne,
Que l'on peut vivre indépendant !
LISTOU.
Oui, mais il fallait tout' la s'maine,
Travailler... c'est humiliant !
Moi, d'être libre, je me pique ;
Car, voyez-vous, j'ai d' la fierté !
Et je me suis fait domestique,
Afin de vivre en liberté.
ALFRED, souriant.
Vraiment !
LISTOU.
Comme ça je suis mon maître, à vos ordres, à votre service ?.. Monsieur vient-il pour se baigner ?
ALFRED.
Non.
LISTOU.
Et lui aussi... il paraît qu'aujourd'hui personne ne vient ici pour ça.
ALFRED.
Une chambre... un appartement s'il y en a ?
LISTOU.
Le numéro 9 est vacant... la petite porte, en retour sur le jardin.
ALFRED.
Je le prends... mais je ne vois personne au salon, où sont donc ces dames ?
LISTOU.
Dans leur lit... à cette heure-ci, tout le monde dort... excepté ce monsieur Hollandais, qui n'a pas d'heure, et qui dort toute la journée. (Il sort.
ALFRED, s'avançant et le regardant.
M. Van-Brook !
VAN-BROOK, levant la tête.
Mon jeune officier !.. M. Alfred de Lucenay.
ALFRED.
Qui ne vous avait pas vu depuis notre rencontre à Bruxelles... où sans moi, et entre votre qualité de Hollandais...
VAN-BROOK
Ils me brûlaient vif, moi et mes marchandises, ça m'a dégoûté du commerce !
ALFRED.
Il y a de quoi !
VAN-BROOK.
J'ai cédé mes fabriques, réalisé quelques millions et je me suis mis à rien faire.
ALFRED.
Un bel état !
VAN-BROOK.
Pas tant ! ça m'a ennuyé... l'ennui m'a rendu malade, m'a dégoûté de tout, m'a donné le spleen... l'hiver dernier en arrivant à Paris, j'étais décidé à me tuer, j'avais même arrangé tout pour cela...
ALFRED.
Ah ! mon Dieu ! et qui donc, grace au ciel, vous en a empêché ?
VAN-BROOK.
Les journaux ! je lisais tous les jours : Un tel, commis voyageur, s'est asphyxié avec Mlle Josephine couturière !.. Un tel, garçon apothicaire, s'est brûlé la cervelle parce qu'il ne pouvait pas faire de pillules... Un tel, cordonnier, s'est pendu, parce que sa femme rentrait trop tard !
ALFRED.
C'est ma foi vrai, je l'ai lu aussi !
VAN-BROOK.
Alors, quand j'ai vu que tout le monde s'en mêlait, ça m'a paru si commun, si vulgaire, si peu comme il faut... autrefois je ne dis pas, c'était dis-

^v Alfred, Van-Brook.

tingué, c'était des sénateurs Romains, des lords, des philosophes, des sages... on était du moins en bonne société ; il y avait du plaisir.

Air du Piége.

Mais à présent et sur sa barque, hélas,
Caron passe à chaque voyage ;
De pauvres niais, ou des gens qui n'ont pas
De quoi lui payer leur passage.
Rien que les voir partir pour l'autre bord,
D'y descendre m'ôte l'envie...
Car en restant sur terre... on est encor,
En moins mauvaise compagnie !

C'est ce qui fait que je suis resté.

ALFRED.

Et vous avez bien fait de renoncer à votre dessein.

VAN-BROOK.

Pas tout à fait... d'abord j'ai pris un médecin!..

ALFRED.

C'est égal ! c'est toujours moins dangereux.

VAN-BROOK.

Il m'a conseillé d'aller aux eaux de Cotterets... le postillon qui s'est trompé m'a conduit à celles de Bagnères.

ALFRED.

Qui vous ont guéri !

VAN-BROOK.

Précisément, quoique je n'en aie pas pris.

ALFRED.

Comment donc cela ?

VAN-BROOK.

J'ai rencontré ici une Parisienne, une grande dame du faubourg Saint-Germain, jolie et coquette à elle seule comme toute la chaussée d'Antin... ça m'a été agréable ! je me suis mis à l'aimer, ça m'a ranimé, elle a reçu mes hommages, ça m'a fait prendre goût à l'existence ; j'ai vu qu'elle recevait de même les hommages de tout le monde, ça m'a rendu jaloux et une fois jaloux, ça m'a fouetté le sang, ça m'a rendu de la vivacité, de l'impatience, de la colère... j'ai vécu, j'ai tenu à la vie, j'y tiens comme un enragé ; car je suis malheureux comme un diable, mais en même temps je suis guéri, voilà où j'en suis.

ALFRED.

Je vous en fais compliment... et du côté de votre inhumaine, vous avez cependant quelque espoir ?

VAN-BROOK.

Sans doute, elle ne désespère personne et j'ai cru ces jours-ci que j'étais décidément le préféré, mais avant-hier, par malheur, est arrivé un petit jeune homme, que toutes ces dames ont trouvé charmant ; un jeune vicomte, un lycéen qui a déjà eu dit-on deux ou trois aventures, et qui, avant d'entrer à Saint-Cyr, commence ses voyages par Bagnères de Bigorre... Il est resté toute la soirée au salon, sans faire attention à elle et depuis ce moment c'est sur lui qu'elle a dirigé ses attaques... le croirait-on, un écolier...

ALFRED.

Ce qui vous rend furieux ?

VAN-BROOK.

Non pas! comme on dit dans vos comédies, JE DISSIMULE, je prends patience et je prends des notes... Chaque impertinence, chaque caprice, chaque coquetterie, je l'inscris, et quand nous serons mariés, je lui ferai payer tout cela d'après mon registre qui forme déjà un in-folio tenu à parties doubles, par doit et avoir !

ALFRED.

Mais cela fera un ménage à la diable !

VAN-BROOK.

C'est ce qu'il me faut... on m'a conseillé les irritans ! une bonne femme de ménage, une bonne Hollandaise me ferait périr de bonheur et d'ennui.

Air du Ménage de garçon

Mais ici quelle différence !
De fureur toujours agité,
Le sang circule avec aisance...
Seul moyen, par la faculté,
De me maintenir en santé.
Pour moi, spéculateur dans l'ame,
C'est sur-le-champ un double gain...
Chez moi, j'ai de plus, une femme,
Et j'ai de moins un médecin.

ALFRED.

C'est différent... si c'est pour raison de santé...

VAN-BROOK.

Certainement... dès aujourd'hui je fais ma demande en mariage... pas de vive voix... c'est trop difficile, mais par écrit, on est plus sûr de ses idées et si elle accepte, je vous invite à ma noce.

ALFRED.

Et moi, à la mienne qui, je le crois précédera la vôtre...

VAN-BROOK.

C'est juste ! j'oubliais de vous faire mes complimens... je vois que mes lettres de recommandation pour Bordeaux vous ont porté bonheur et la maison Van-Open à qui je vous avais adressé...

ALFRED, à part.

O ciel !

VAN-BROOK.

Le viel ami et ancien associé de mon père maître Van-Open nous écrivait il y a quelques mois qu'il regardait comme à peu près sûr votre mariage avec sa seconde fille, la petite Emma... et l'affaire n'est pas mauvaise pour vous, mon gaillard, car le père Van-Open est au moins aussi riche que moi, et il n'a que deux filles... l'aînée déjà mariée à monsieur Delmar. Une femme de tête et d'esprit à ce que tout le monde dit; car je ne la connais pas... et la seconde qui promet d'être charmante... aussi je m'en vais dès aujourd'hui envoyer ma lettre de félicitations. (Il passe à droite.)

ALFRED, avec embarras.

Non... non... je vous en prie... n'en faites rien.

VAN-BROOK.

Et pourquoi donc ?

ALFRED.

Le mariage n'a pas lieu... tout est rompu ! par moi, par ma faute !.. ce n'était là qu'un mariage de raison, et depuis, une inclination... un amour véritable...

VAN-BROOK.

Qu'est-ce que vous me dites là ?

ALFRED.

Tout était convenu et arrêté, il est vrai... et j'étais venu à Paris demander au ministre de la guerre la permission de me marier, lorsque j'ai vu une personne, je ne vous en parlerai pas... parce que ce sont de ces rencontres qui décident de la destinée... de ces femmes qu'on était appelé à aimer et dont le premier regard vous enchaîne pour la vie... et si bonne, si gracieuse, si aimable... ce n'est pas celle-là qui est coquette... ce n'est qu'à moi seul qu'elle voudrait plaire... du reste, une haute naissance, mais une fortune fort modeste... ainsi l'on ne dira pas du moins que l'intérêt m'a guidé... mais ce changement, cette rupture, il fallait l'annoncer à M. Van-Open. Je suis parti pour Bordeaux ; mais arrivé à leur porte, je n'ai pas osé en franchir le seuil, je suis rentré à mon hôtel et après de nouvelles hésitations, j'ai écrit à M. Van-Open, que l'honneur, la délicatesse me faisaient un devoir de lui avouer... enfin vous vous doutez de ce que l'on dit en pareil cas, et je suis parti sans regarder derrière moi, sans réfléchir... je suis retourné à Paris... j'ai couru chez celle que j'aimais et j'apprends qu'elle a été obligée d'accompagner aux eaux, une vieille parente qui l'a élevée, qu'elle me supplie de l'attendre... ah ! bien oui, dans mon dépit dans mon impatience, je repars de nouveau.

* Van-Brook, Alfred.

VAN-BROOK.
Vous connaîtrez la route, car de bon compte voilà..
ALFRED.
Eh! qu'importe? pourvu que je la retrouve... que je la revoie...
VAN-BROOK, regardant par la fenêtre à droite.
Taisez-vous donc! c'est ma passion qui descend au jardin avec sa tante.
ALFRED, un peu ému.
Sa tante...
VAN-BROOK.
Tous les matins... j'ai l'habitude de lui offrir des fleurs, qu'elle accepte. Je suis en retard, et je vais remplir mes fonctions de soupirant...
(Il sort par le fond à droite.)

SCÈNE III.

ALFRED, seul, s'approchant de la croisée qui donne sur le jardin.

Ce pauvre M. Van-Book amoureux, et d'une coquette! ô ciel! qu'ai-je vu? c'est Caroline et sa tante... c'est elle qu'il ose calomnier ainsi... ah! je ne le souffrirai pas... ah! mon Dieu, il l'aborde, il la salue, elle l'accueille de l'air le plus gracieux, ah! c'en est trop! (Il veut courir vers la porte du fond et s'arrête.) Qu'allais-je faire? une scène... un éclat qui me couvrirait de ridicule.. et que peut-être elle ne me pardonnerait jamais... car après tout faut-il adopter sans examen tout ce qu'il a plu à M. Van-Brook de me débiter, un Hollandais qui ne comprend pas le français et qui aura pris pour des coquetteries ou des avances, de l'amabilité et des politesses, ils n'y sont pas habitués en Hollande et peuvent se tromper... mais cet autre petit jeune homme, je le saurai... j'examinerai... oui, cachons encore mon arrivée, ne nous montrons pas et d'ici à ce soir... (Regardant par le fond.) on vient... c'est elle... ah! le numéro 9. (Il s'élance par le fond à gauche, au moment où Caroline paraît arrivant du jardin.)

SCÈNE IV.

CAROLINE, à la porte du fond, puis Mme DESNELLES.

CAROLINE, regardant du côté où elle a vu sortir Alfred.
Eh bien! ma tante, arrivez donc.
Mme DESNELLES.
Encore faut-il le temps, vous me laissez là avec M. Van-Brook, et vous vous élancez seule dans l'allée...
CAROLINE.
J'avais cru apercevoir une certaine personne... qui à mon aspect a disparu comme une ombre.
Mme DESNELLES.
C'est ce que tout homme devrait faire à votre approche, ma nièce.
CAROLINE.
Vous n'avez pas bien dormi cette nuit, ma tante?
Mme DESNELLES.
Si, si, parfaitement.
CAROLINE.
Est-ce que vous allez recommencer à me gronder?
Mme DENELLES.
Je n'avais pas encore fini quand M. Van-Brook nous a interrompues.
CAROLINE.
Le temps est bien beau, ma tante; si vous vouliez attendre un jour de pluie!
Mme DESNELLES.
Attendre, mademoiselle...
CAROLINE.
Pardon, je ne suis plus demoiselle; et vous oubliez que je suis veuve.
Mme DESNELLES.
Raison de plus pour rougir de vos étourderies, de vos inconséquences, au moment de contracter un mariage qui vous plaît et que vous avez désiré de tous vos vœux.

CAROLINE.
Il vous sied bien de m'accuser, quand c'est pour vous que j'ai quitté Paris où mon prétendu allait revenir, quand pour vous accompagner aux eaux de Bagnères, j'ai fait un sacrifice...

Mme DESNELLES.
Qui, dans ce moment ne parait guère vous coûter.

CAROLINE.
Et c'est pourtant la vérité ! je pense toujours à ce pauvre Alfred, qui m'inquiète horriblement, j'ai une peur terrible qu'il n'arrive.

Mme DESNELLES.
Bah ! l'aveu est naïf, et pourquoi ?

CAROLINE.
C'est qu'une fois ici, je crains bien...

Mme DESNELLES.
Qu'il ne soit jaloux !

CAROLINE.
Oh ! non, il n'aura pas occasion de l'être, ce n'est pas pour lui que ça m'effraye... c'est pour moi... quand il sera là, bon gré, mal gré, il faudra ne plaire qu'à lui tout seul, c'est fort ennuyeux ! tandis que maintenant, au lieu d'aimer, être aimée, faire tourner mille têtes, lancer un regard qui va porter le trouble dans un cœur qui se croyait inaccessible, voir une victime se débattre long-temps avant de tomber à vos pieds, et quand elle est là... rire aux éclats et lui offrir la main pour se relever, c'est charmant.

Mme DESNELLES.
C'est indigne.

CAROLINE.
En quoi donc ? c'est pourtant bien calculé ; une fois mariée, plus de coquetterie, car j'aime Alfred, je n'aime que lui ; mais d'ici là je veux profiter du peu de temps qui me reste, et faire bien des malheureux, avant de faire un ingrat.

Mme DESNELLES.
Des malheureux ! vous n'en faites que trop... et ce pauvre M. Van-Brook, cet honnête Hollandais.

CAROLINE.
Lui ! ne vous y fiez pas ! avec son air simple et bonhomme, il est très content de son gros mérite et ne doute pas du succès... car il a comme un autre sa fatuité... une fatuité Néerlandaise la plus lourde du monde à supporter et dont il m'est permis de me venger... d'ailleurs je ne lui dois aucun égard et c'est de bonne guerre, la Hollande n'est pas déjà si bien avec la France.

Mme DESNELLES.
A la bonne heure ! je vous abandonne celui-là, il peut se défendre, mais il en est d'autres qui ne méritent pas votre colère et avec qui la victoire ne serait pas digne de vous, ce jeune homme qui est descendu avant-hier à l'hôtel...

CAROLINE, riant.
Ah ! vous l'avez remarqué, ce jeune vicomte, qui nous arrive du collége sans son précepteur ! il connaît fort bien, sans doute, le grec et le latin ; mais fort peu les lois de la politesse ; car il ne parle à personne.

Mme DESNELLES.
Il est peut-être timide, et son extrême jeunesse...

CAROLINE.
Mon Dieu, ma tante, c'est la jeunesse d'à présent, qui a surtout besoin de leçons ! voyez-vous tous ces petits messieurs, qui au lieu de danser, jouent à la bouillotte, et qui au lieu de nous faire la cour, font de la politique ! les voyez-vous, tristes, graves, et taciturnes.... pour nous persuader qu'ils pensent ! mais, si on les laisse faire, ils tourneront tous aux Hollandais... ils en ont déjà la légèreté, la grace... et la fumée... car ils fument, je l'oubliais ! la jeunesse actuelle qui fume !

AIR : Vaudeville de l'Apothicaire.

Ma tante, il faut en convenir,
C'est déjà d'un triste présage ?

Comment veut-on que l'avenir
Ne se couvre pas d'un nuage !
Jadis, la jeunesse, rêvant
Combats, victoire, et renommée !
Tenait à la gloire ! à présent,
Elle ne tient qu'à la fumée !
Oubliant la gloire, à présent,
Elle ne tient qu'à la fumée !

Mme DESNELLES.

Celui dont je parle n'en est pas là, il a l'air distingué, et de bonnes manières.

CAROLINE.

Il ne m'a jamais saluée.

Mme DESNELLES.

Peut-être ne vous a-t-il pas remarquée...

CAROLINE.

Le compliment est flatteur !

Mme DESNELLES.

Voici M. Van-Brook.

CAROLINE.

Tant mieux, j'ai l'idée, aujourd'hui, de le tourmenter terriblement.

Mme DESNELLES, souriant.

Parce que ce jeune homme ne l'a pas saluée.

SCENE V.

CAROLINE, VAN-BROOK, Mme DESNELLES.

VAN-BROOK, tenant un bouquet dans du papier.

Pardon, mesdames, de vous avoir si brusquement quittées... c'était pour m'occuper de vous, j'aurais voulu vous offrir nos belles tulipes de Harlem.

Mme DESNELLES.

Que les amateurs paient, dit-on, cinq ou six mille francs.

VAN-BROOK.

Celles-là, du moins, eussent été dignes de vous ; mais, dans ces montagnes, nous n'avons guère que la rose des Alpes, le RHODODENDRUM FERRUGINEUM.

CAROLINE.

Ah ! si vous allez parler Hollandais...

VAN-BROOK.

C'est du latin.

CAROLINE.

En vérité ! (Regardant le bouquet dont Van-Brook a ôté le papier.) Ah ! le joli bouquet !

VAN-BROOK, le lui offrant.

Le plus joli revient de droit à la plus belle.

CAROLINE.

Y pensez-vous, monsieur, et ma tante ?..

VAN-BROOK, embarrassé.

Vous ne m'avez pas laissé achever... à la plus belle des blondes, je présume que madame votre tante a été brune.

CAROLINE, riant.

A ÉTÉ ! voilà un passé... (Montrant son bouquet.) qui gâte le présent.

Mme DESNELLES.

Non ma nièce, je me console d'avoir été jolie, si mes amis pensent que je suis bonne !

VAN-BROOK.

Parfaitement, bien répondu ! charmant ! charmant ! charmant !

CAROLINE.

Comment, charmant ! c'est une épigramme contre moi, une manière de me dire que je suis méchante.

VAN-BROOK, avec humeur et à part.

Ah ! qu'est-ce qu'elle a donc, aujourd'hui ? (Il passe à la droite de Caroline.)

* Van-Brook, Caroline, Mme Desnelles.

Mme DESNELLES, bas à Caroline.

Le voilà tout déconcerté.

CAROLINE, de même.

Le grand mal !

VAN-BROOK, à part.

Ah ! si jamais elle est ma femme, comme elle me paiera tout cela. (Haut.) Pouvez-vous, madame, me supposer une pareille idée ; moi qui fais votre éloge à tout le monde ; moi qui, tout à l'heure encore, parlais de vous.

CAROLINE.

A qui ?

VAN-BROOK.

A ce petit jeune homme. . M. Edouard.

CAROLINE.

Le jeune lycéen.

VAN-BROOK.

Avec qui j'avais lié conversation.

CAROLINE.

Ah ! il parle !.. vous l'avez entendu !.. vous êtes bien heureux !

VAN-BROOK.

Oui, ma foi !

Mme DESNELLES.

AIR : Sur tout ce que je vous dirai.

C'est un garçon qui n'est pas mal !

VAN-BROOK.

Charmant d'esprit et de visage ;
Mais diablement original,
Car déjà, malgré son jeune âge,
Si sérieux est son abord,
Sa gravité paraît si grande !..

CAROLINE.

Que monsieur a cru tout d'abord,
Qu'il arrivait de la Hollande !

VAN-BROOK, s'inclinant.

Vous êtes bien bonne !

CAROLINE.

Et puisqu'il vous a honoré de ses idées, oserais-je vous demander ce qu'il pense de moi ?

VAN-BROOK, s'excusant.

Je ne puis vous le dire.

CAROLINE, gaîment.

Du bien !

VAN-BROOK.

Non, madame !

CAROLINE, vivement.

Du mal ?

VAN-BROOK.

Non, madame ; il ne m'en a pas dit un seul mot !

CAROLINE, piquée.

Ah ! c'est encore pire !

VAN-BROOK.

Mais il m'a laissé parler tout le temps sans me contredire.

CAROLINE.

C'est trop honnête à lui, et je suis désolée de n'avoir pas assisté à une conversation, ou plutôt à un monologue aussi intéressant ; puisque c'était vous, monsieur, qui en faisiez les frais. (A Mme Desnelles.) Dites-moi, ma tante, est-ce que nous ne sortirons pas ce matin, il fait un si beau soleil.

VAN-BROOK.

Mais nous devons aujourd'hui aller à Gripp, voir les cascades de Tremesaigues, et descendre jusqu'à Barrèges par le Tourmalet.

CAROLINE.

Moi !.. y pensez-vous ? faire un pareil chemin dans vos affreuses montagnes...

VAN-BROOK.
C'était convenu depuis hier. (A Mme Desnelles.) N'est-il pas vrai ?
Mme DESNELLES.
Je crois en effet me rappeler.
VAN-BROOK.
A telle enseigne que j'avais invité d'autres personnes des bains, retenu des guides, des conducteurs, commandé des chevaux, des mulets.
CAROLINE.
Eh bien ! monsieur, vous décommanderez tout votre monde ! ou vous irez sans moi ; car à coup sûr, je ne me déciderai jamais à une pareille expédition, pour me fatiguer, pour avoir la migraine.
VAN-BROOK, tirant un carnet de sa poche.
Ah ! morbleu !

Air de M. Hormille

CAROLINE.
Eh ! mais, qu'avez-vous donc de grace ?
VAN-BROOK.
Rien ! (A part.) N'oublions pas celui-là ;
(Écrivant sur son carnet.) Je prends des notes et j'amasse,
Tout cela se retrouvera.
C'est un capital qui s'augmente ;
Et vienne l'hymen, je promets,
Que ma femme en paiera la rente,
Et l'intérêt des intérêts.

ENSEMBLE.

CAROLINE.	Mme DESNELLES.
Le Hollandais fait la grimace ;	Le pauvre homme fait la grimace ;
Mais qu'importe ; il obéira,	Mais à coup sûr, il cedera,
Et dans un instant, quoiqu'il fasse,	Un seul regard, et quoiqu'il fasse,
Son courroux s'évanouira.	Son courroux s'évanouira.

VAN-BROOK.
Obéissons de bonne grace ;
Mais n'oublions pas celui-là.
Je prends des notes et j'amasse,
Tout cela se retrouvera. (Il sort par le fond à gauche.)

SCÈNE VI.

Mme DESNELLLES, CAROLINE.

Mme DESNELLES.
En vérité, ma nièce, c'est trop abuser de l'empire que vous avez sur lui.
CAROLINE.
Je vous avais promis de le maltraiter.
Mme DESNELLES.
Et vous tenez vos sermens avec une fidélité désespérante.
CAROLINE.
Vous en convenez donc ! et cette fois ! il ne l'a que trop mérité ; vous n'avez pas vu avec quel air malin il me parlait de M. Edouard.
Mme DESNELLES.
Je n'ai pas vu cela !
CAROLINE.
Vous n'avez pas remarqué avec quelle apparente bonhomie il arrangeait ce récit où il n'y a pas un mot de vrai.
Mme DESNELLES.
Pas un mot...
CAROLINE.
Pas un seul ! croyez-vous bonnement que ce jeune homme l'aura écouté sans lui répondre... ce n'est pas possible... fut-ce pour m'attaquer, il aura parlé, j'en suis certaine... et alors M. Van-Brook se serait bien vite empressé de me communiquer ses observations critiques ; or, comme il ne l'a point fait, c'est que ces remarques ne sont point défavorables...au contraire !

Mme DESNELLES, riant

Ce sont peut-être des éloges!

CAROLINE.

C'est probable! voilà pourquoi M. Van-Brook s'est bien gardé de m'en faire part, et moi qui d'abord ai été sa dupe... (Edouard paraît au fond du jardin.) Car, tenez, tenez, que vous disais-je?.. ce jeune homme qui évite même de parler de moi, le voilà qui nous cherche.

Mme DESNELLES.

Vous croyez?

CAROLINE.

Regardez plutôt... comme il s'avance doucement... et à peine a-t-il fait quelques pas, que déjà il s'arrête! que c'est amusant un élève de St-Cyr, un petit jeune homme si timide... et puis ce n'est pas commun, il ne sait comment nous aborder et nous saluer... enfin il s'approche! (Au moment où elle se retourne pour faire la révérence, croyant qu'elle va être saluée par Edouard, celui-ci s'assied à une table et prend un journal.)

Mme DESNELLES.

Il paraît que ce monsieur gardera encore sa timidité pour aujourd'hui, ma nièce.

CAROLINE, à part.

Ah! c'est trop fort! il devient réellement prodigieux, et j'avoue qu'une telle indifférence finit par me piquer. (Voyant qu'Edouard se lève.) Ah!.. pourtant il se décide! (Edouard regarde l'heure à sa montre, fait quelques pas pour sortir, aperçoit Caroline et sa tante qu'il n'avait pas encore vues, les salue respectueusement, et s'éloigne.)

Mme DESNELLES, riant.

Eh bien! ma bonne amie, il se décide à s'en aller et cette fois, il nous a vues, il nous a saluées très respectueusement... il n'y a pas le moindre reproche à lui faire; seulement il paraît que notre société n'a pas pour lui une vertu attractive.

CAROLINE.

Après tout, je ne vois pas que ce soit une grande perte pour nous d'être privées de sa compagnie et je m'en console aisément.

Mme DESNELLES.

De mon temps, ma chère Caroline, il y a trente ou quarante ans:

Air : Vaudeville de Jadis et aujourd'hui

Dix amans nous rendant les armes
Avaient à nos yeux moins de prix
Qu'un seul qui dédaignait nos charmes;
Du moins c'était ainsi jadis!
Notre dépit, notre colère,
Se cachaient sous un air riant;
Et si je m'y connais, ma chère,
C'est encor de même à présent.

CAROLINE.

Ma tante voilà une méchanceté qu'il faudra que quelqu'un me paie! j'aurais bien du malheur si ce n'était pas ce petit monsieur-là. Mais d'abord comme il est important que je sache ce qu'il fait ici, j'ai envie d'interroger le domestique de cet hôtel. (Elle va pour sonner.)

Mme DESNELLES, l'arrêtant.

Vous n'y pensez pas, ma nièce, une jeune dame qui s'informe d'un jeune homme; mais c'est de la dernière inconvenance.

CAROLINE.

Vraiment... alors ma petite tante, ce sera vous...

Mme DESNELLES.

Moi!.. par exemple, je serais bien fâchée!

CAROLINE, qui a sonné très fort.

Voyons, décidez-vous, il n'y a plus à reculer d'abord... vous ou moi.

Mme DESNELLES.

Ah! mon Dieu! mon Dieu! me mettre dans un pareil embarras!.. m'exposer...

SCÈNE VII.
Les Mêmes, LISTOU.

CAROLINE, à Listou qui reste à la porte.

Approchez, mon ami, ma tante veut vous demander quelques renseignemens sur une personne, un jeune homme, qui est ici depuis deux jours.

Mme DESNELLES, à Caroline, passant entre elle et Listou. *

Allons, puisqu'il faut céder à toutes vos fantaisies, je questionnerai ce garçon, moi-même. (A Listou.) Vous le nommez?

LISTOU.

Qui donc?

Mme DESNELLES.

Mais apparemment celui dont on vous parle.

LISTOU.

Ah! M. Edouard Senneval, madame... un beau garçon qui va entrer à St-Cyr, un jeune homme bien joliment élevé... il donne toujours aux domestiques, il paie toujours quatre fois plus que ça ne vaut; oh! il est d'une justice...

CAROLINE, à Listou, elle passe entre Mme Desnelles et Listou. **

Et sans doute ce monsieur Edouard connait beaucoup de monde ici?

LISTOU.

C'est possible, c'est même probable, madame, oui! mais il ne voit personne, ne parle à personne et n'a d'autre distraction qu'une promenade qu'il fait tous les jours...

CAROLINE, vivement.

Et de quel côté?

LISTOU.

Oh! de tous les côtés; ça varie, car il ne manque jamais de sortir quelques minutes après madame et de prendre toujours par le même chemin.

CAROLINE, avec joie.

Ah! vous avez remarqué...

LISTOU.

C'est positif; du reste, il passe sa vie dans son appartement.

Mme DESNELLES.

Par ordonnance du médecin?

LISTOU.

Lui! il se porte comme un charme; mais il déteste la société... quand je dis la société, ce n'est pas toutes les sociétés, car la mienne par exemple lui est fort agréable, depuis quelques jours qu'il est arrivé, il ne m'a pas quitté... il veut même m'acheter à Tremesaigues, une petite cabane que je n'habite plus et qui est à vendre; en attendant, il me fait gravir toutes les montagnes des environs qu'il connait maintenant aussi bien que moi, et chemin faisant, il est si heureux de me faire causer...

CAROLINE.

Vraiment, et sur quoi?

LISTOU.

Oh! sur bien des choses, il s'informe de tous ceux qui sont ici, de vous par exemple... hier encore.

CAROLINE, vivement.

De moi... il est bien curieux ce monsieur Edouard, ah! il s'informe de moi, et comment?

LISTOU.

Comme madame le fait en ce moment... Madame n'a plus rien à me demander.

CAROLINE.

Non, mon ami, non, vous pouvez vous retirer.

LISTOU.

Je n'en suis pas fâché, parce que j'ai à faire... je vais apprêter le bagage de M. Edouard qui va ce matin à Gripp.

* Listou, Mme Desnelles, Caroline.
** Listou, Caroline, Mme Desnelles.

CAROLINE, vivement.

Vous en êtes sûr!

LISTOU.

Il me l'a dit, son intention est de partir après déjeuner.

CAROLINE, avec joie et préoccupée.

C'est bon, c'est bon, je ne vous retiens pas.

LISTOU, qui a tendu la main et qui voit qu'on ne lui donne rien.

Décidément, cette petite femme-là, ne me revient pas du tout, et je dirai à M. Edouard de s'en méfier. (Il sort.)

SCÈNE VIII.

Mme DESNELLES, CAROLINE puis ALFRED.

CAROLINE, avec joie.

Je savais bien, moi, que M. Van-Brook n'avait pas le sens commun. Et voyez ma tante comme on est injuste, quelquefois!.. tout à l'heure, j'ai regardé ce jeune homme avec une sévérité qui certainement, n'a pas dû l'encourager... Ah! mon Dieu! comme je suis mal habillée! en vérité, j'ai dû lui faire peur, de toutes les manières.

Mme DESNELLES. *

Ah! ma nièce, c'est à vous que vous devriez faire peur, car ce que vous méditez là est bien épouvantable!

CAROLINE, riant.

Allons, allons, ma petite tante, ne me regardez donc pas avec cet air de désespoir, il s'agit seulement de me faire bien belle aujourd'hui... (S'approchant de la fenêtre.) Voyez donc quel temps, quel beau soleil... ah!.. (Venant prendre Mme Desnelles par la main et l'entraînant à la fenêtre.) Tenez, tenez, ma tante!.. (Alfred paraît dans le jardin et s'avance jusqu'à la porte du salon.)

ALFRED, à lui-même.

Caroline!.. j'avais bien reconnu sa voix.

CAROLINE.

Là-bas... au bout de cette allée...

ALFRED, à lui-même.

Qu'examine-t-elle ainsi?

CAROLINE, continuant.

Le voyez-vous?

Mme DESNELLES.

Qui donc?

CAROLINE.

Mais celui dont nous parlions, M. Edouard.

ALFRED, de même.

Edouard!

CAROLINE.

Il fait semblant d'être bien occupé du livre qu'il a dans les mains... nous allons voir... il approche... le voilà au pied de la terrasse... je le forcerai bien à lever la tête... (Poussant un cri.) Ah! mon bouquet!

Mme DESNELLES.

Eh bien! que faites-vous donc?.. ce jeune homme va s'imaginer que vous l'avez laisser tomber exprès pour qu'il vous le rapporte.

CAROLINE.

Mais, j'y compte bien!

ALFRED.

Elle ose l'avouer!.. oh! je n'y puis plus tenir, et je vais...

Mme DESNELLES, à la fenêtre.

Grace au ciel, il passe à côté sans daigner le regarder.

CAROLINE, près de la fenêtre et avec incrédulité.

Laissez donc!

ALFRED, à part.

C'est moi, madame, moi, qui vais vous le rapporter. (Il sort vivement.)

* Caroline, Mme Desnelles.

Mme DESNELLES, avec joie.

Il continue son chemin en lisant et comme si de rien n'était.

CAROLINE.

Parce qu'il vous aura aperçue... et tout à l'heure, quand vous n'y serez plus, il reviendra sur ses pas pour le ramasser... c'est un calcul, et je ne crois plus à son indifférence; car vous sentez bien que ce matin, s'il va à Gripp, c'est dans l'intention de nous voir, de nous rencontrer; nous devions faire une promenade, il l'aura su, ce n'était pas difficile, une partie convenue et arrangée depuis hier soir!

SCÈNE IX.

Les Mêmes, VAN-BROOK.

CAROLINE, vivement.

Eh bien! monsieur, tout est-il prêt? partons-nous?..

VAN-BROOK.

Pour où?

CAROLINE.

Pour Gripp!

VAN-BROOK.

Je viens de tout décommander!

CAROLINE.

Est-il possible! par un temps pareil... une partie superbe!

VAN-BROOK.

Mais vous m'avez dit tout à l'heure...

CAROLINE.

Moi!..

VAN-BROOK, montrant Mme Desnelles.

Je m'en rapporte à madame, vous avez affirmé que cela vous ennuierait.

CAROLINE.

Certainement!.. mais quand on est aux eaux ce n'est pas pour son plaisir, c'est pour sa santé, et j'aurais refusé que par intérêt pour moi, vous deviez m'y contraindre; mais vous ne devinez rien... vous ne comprenez rien.

VAN-BROOK.

J'ai compris que vous aviez peur de la migraine.

CAROLINE.

Comme c'est probable!.. dans les montagnes et au grand air, la migraine! mais c'est vous, monsieur, c'est vous qui me la donneriez... avec votre gravité, et votre sang-froid... hâtez-vous, donnez des ordres.

VAN-BROOK.

C'est ce que je vais faire, au risque de passer ici pour atteint d'aliénation mentale.

CAROLINE.

Comment, monsieur!..

VAN-BROOK.

Ça me regarde, madame, ne vous inquiétez pas, c'est sur moi que cela tombera et d'ici à une demi-heure, j'espère bien que tout sera prêt.

CAROLINE.

A la bonne heure, à cette condition-là, je vous pardonne.

VAN-BROOK.

Que de bontés!

CAROLINE, avec abandon et lui donnant la main.

Et je vous offre la paix, car en vérité, vous êtes si aimable, si complaisant, que j'ai quelquefois des remords d'abuser ainsi...

VAN-BROOK, avec amour.

Jamais! jamais!.. et je suis trop heureux quand vous êtes assez bonne pour accepter mes services.

CAROLINE.

Eh bien! pour aujourd'hui, j'en ai encore un à vous demander...

VAN-BROOK.

Parlez, madame, ma vie... mon bras...

* Mme Desnelles, Caroline, Van-Brook.

CAROLINE.

Justement...c'est votre bras que tantôt à cette promenade...je vous prierais d'offrir à ma tante.

VAN-BROOK, à part avec dépit.

O ciel! (Haut et s'efforçant de sourire.) Comment donc!.. ravi, enchanté... et j'allais de moi-même...

CAROLINE.

Nous allons prendre nos ombrelles.

Mme DESNELLES.

Que vous avez laissées hier au pavillon, étourdie que vous êtes.

CAROLINE.

C'est vrai... adieu, monsieur, je compte sur vous, et ma tante aussi.

(Elle sort avec sa tante par le fond à gauche.)

SCÈNE X.

VAN-BROOK, tirant avec fureur son carnet de sa poche.

En voilà une... que j'ai soin d'enregistrer... et qu'elle ne pourra jamais assez me payer... Me charger de sa respectable tante, qui s'appuie toujours quand elle a peur...et elle s'effraie à chaque pas!.. et puis elle pendant ce temps-là... (Voyant Alfred et Edouard qui traversent le jardin.) Ah! voilà mon petit jeune homme de ce matin... un brave garçon celui-là, il ne pense pas à elle.

SCÈNE XI.

VAN-BROOK, EDOUARD, entrant par le fond avec Alfred.

ALFRED, lui serrant la main.

A demain, monsieur, à demain...

EDOUARD, froidement.

Si cela peut vous être agréable...

ALFRED.

Je compte sur vous!

EDOUARD, de même et s'inclinant.

Vous me faites trop d'honneur!   (Alfred rentre dans la chambre n. 9.)

VAN-BROOK, regardant Alfred avec étonnement.

Eh bien! il passe sans me parler, et même sans me voir!.. (A Edouard.) Vous connaissez comme moi, M. Alfred de Lucenay.

EDOUARD.

Non, monsieur, je ne l'avais jamais vu!

VAN-BROOK.

Mais vous venez de faire connaissance.

EDOUARD.

A l'instant même... c'est un très aimable jeune homme!

VAN-BROOK.

Aux eaux, on se lie aisément et je vois qu'il vous a proposé quelque partie de plaisir.

EDOUARD, froidement.

De me brûler la cervelle avec lui.

VAN-BROOK.

Ah! mon Dieu... et pourquoi?

EDOUARD.

Il y a ici une dame qu'il aime!

VAN-BROOK.

Je le sais!.. une femme charmante, qu'il doit épouser.

EDOUARD, avec émotion.

Ah! vraiment, je l'ignorais! et voyant dans mes mains un bouquet à elle, que je venais de ramasser par hasard et que j'allais jeter, il m'a ordonné de le lui rendre, ce qui m'a décidé à le garder...

VAN-BROOK.

Est-il possible!

EDOUARD.

Alors, il m'a défié...

VAN-BROOK.
Vous! qui n'êtes pas encore entré à Saint-Cyr?
EDOUARD.
Oui, il s'est conduit en jeune homme et moi en homme raisonnable... Si vous vous trompiez, lui dis-je, si l'on vous aime, c'est inutile de vous battre... si on ne vous aime pas, c'est bien absurde!
VAN-BROOK.
C'est parfaitement juste, et cela a dû le convaincre.
EDOUARD.
Du tout, mais j'ai obtenu du moins qu'il attendrait un jour, qu'il observerait en secret, qu'il s'assurerait de la vérité, et s'il lui est bien prouvé que sa maîtresse est infidèle... demain au point du jour...
VAN-BROOK.
Vous vous battrez?
EDOUARD, froidement.
Comme vous dites.
VAN-BROOK.
Et vous êtes d'un sang-froid... savez-vous qu'il se bat bien!..
EDOUARD.
J'en suis persuadé.
VAN-BROOK.
Que je l'ai vu en Belgique, au milieu du feu et de la mitraille, et qu'il allait comme un enragé.
EDOUARD.
Qu'importe?
VAN-BROOK.
Et vous, à votre âge?
EDOUARD.
A tout âge, on peut bien lâcher la détente d'un pistolet, ça n'est pas difficile!..
VAN-BROOK.
Oui, mais il s'agit de viser juste.
EDOUARD.
Ça se donne, et je l'ai appris, quant à avoir du cœur, cela ne se donne pas; mais je crois que j'en ai... ainsi, soyez tranquille.
VAN-BROOK.
Non, morbleu! je ne le suis pas... parce que je m'intéresse à vous deux, et j'arrangerai cela
EDOUARD.
je ne demande pas mieux, car, pour ma première affaire, il me paraît si absurde de me battre pour une femme, et surtout pour un bouquet.
(Il le tire de son sein.)
VAN-BROOK.
Ah! mon Dieu!.. la rose des Alpes, le RHODODENDRUM FERRUGINEUM... (A part avec colère.) Encore un rival... (Haut.) Monsieur!..
EDOUARD.
Qu'y a-t-il?
VAN-BROOK, à part.
Qu'allais-je faire? le défier aussi, lui qui ne songe à rien, qui ne l'aime pas! car jusqu'ici, il s'est bien conduit, il n'a pas fait attention à elle... il est gentil, ce jeune homme! et si je pouvais seulement l'éloigner.
EDOUARD.
Que dites-vous?..
VAN-BROOK.
Je dis... qu'en ami... et dans votre intérêt, je ne conçois pas ce qui peut vous retenir dans ce mauvais village des Pyrénées... que diable, jeune homme, à votre âge... on ne reste pas aux eaux à ne rien faire, voilà le moment de vous lancer dans le monde, de commencer votre état, votre carrière... et si je peux vous y aider, disposez de mon crédit, de ma fortune... M. Van-Brook, autrefois dans le commerce.
EDOUARD.
Je le sais, monsieur... j'ai entendu parler de vous depuis long-temps... bien plus, j'ai mille raisons pour vous rendre service, et j'espère bien vous

le prouver... plus tard, nous en causerons, mais ce matin, je vous demande pardon, je pars à l'instant pour Gripp.

VAN-BROOK, vivement et le retenant.

Vous partez pour Gripp, ce matin.

EDOUARD.

Oui, vraiment!..

VAN-BROOK, à part.

Ah! mon Dieu!.. est-ce pour cela qu'elle n'a plus la migraine, elle qui ne voulait plus et qui veut maintenant... mais je serai là, je connaîtrai ses projets... oui, oui, c'est le meilleur moyen d'observer et de savoir à quoi m'en tenir... Je vais tout commander... adieu, adieu, monsieur Edouard, bientôt nous nous reverrons! (Il sort en courant.)

EDOUARD.

Il sort, il me laisse!.. si je pouvais... il me semble entendre du bruit dans la chambre de ces dames.

(Il s'approche de la porte de l'appartement de Caroline et regarde par le trou de la serrure.)

SCÈNE XII.

EDOUARD, regardant par le trou de la serrure de la porte à droite; CAROLINE et Mme DESNELLES, entrant par le fond.

CAROLINE, apercevant Edouard.

Tenez, tenez, ma tante! le voyez-vous?

Mme DESNELLES.

Que fait-il là.

CAROLINE.

Il regarde.

Mme DESNELLES, souriant.

C'est qu'il est curieux!

CAROLINE.

Ou mieux que cela! (Allant à Edouard qui regarde toujours par la serrure.) Pardon, monsieur.

EDOUARD, à part.

Ah!

CAROLINE.

Désolée de vous déranger! je désire rentrer dans mon appartement, et nous ne pouvions deviner, ma tante et moi, ce que vous faisiez si près de cette porte.*

EDOUARD, embarrassé.

Moi!.. mon Dieu, madame, rien du tout... je... je... me promenais...

CAROLINE, d'un air triomphant.

En vérité! c'est une singulière habitude que vous avez là, de vous promener à travers les serrures...

(Mme Desnelles s'assied auprès du guéridon à droite, et prend un journal qu'elle parcourt.)

EDOUARD, à Caroline.

Vous ne m'avez pas laissé achever, madame... je voulais dire que je me promenais dans ce salon, examinant s'il ne venait personne pour me surprendre ou me déranger... attendu que je voulais écrire...

CAROLINE, d'un air moqueur.

Un thème... ou une version...

EDOUARD, piqué.

Non, madame, je ne suis plus au collège.

CAROLINE.

Je l'aurais cru à vos manières.

EDOUARD.

Qui sont en effet bien gauches, et bien innocentes... mais je me formerai peut-être, j'étudie les bons modèles... pardon, madame, j'ai là une réponse très pressée, une lettre à écrire à ma sœur.

CAROLINE, à part.

A cet âge-là, ils ont toujours des sœurs.

EDOUARD.

Et si je ne craignais d'être indiscret, je vous demanderais la permission...

* Mme Desnelles, Edouard, Caroline.

CAROLINE.
Comment donc, monsieur! ce salon est commun à tous les habitans de l'hôtel, liberté entière... (Pendant qu'Edouard s'assied à la table à gauche, et se met à écrire, Caroline qui est allée auprès de Mme Desnelles lui dit tout bas.) Eh bien!.. qu'en pensez-vous?
Mme DESNELLES.
Qu'il a peut-être dit la vérité, car il écrit pour tout de bon, et sans faire attention à nous.
CAROLINE.
Laissez donc, je sais maintenant à quoi m'en tenir sur ses airs d'indifférence... Ah! M. Edouard, quand vous croyez n'être pas aperçu, vous me suivez, vous épiez mes moindres démarches! et maintenant... (A Mme Desnelles.) Soyez tranquille, il a beau faire... seulement dix minutes de conversation et je l'amène à mes pieds.
Mme DESNELLES.
A quoi bon, et pourquoi?
CAROLINE.
Cette question!.. pour me moquer de lui, pour lui apprendre à vouloir jouter.
Mme DESNELLES.
Y pensez-vous, ma nièce?
CAROLINE.
Oui, ma tante, dans l'intérêt général, si on le laissait faire, si on n'y mettait pas ordre de bonne heure, il deviendrait le séducteur le plus dangereux... d'autant qu'il n'est vraiment pas mal... dans ce moment, surtout, regardez donc, ma tante.
Mme DESNELLES.
Moi!
CAROLINE.
Pourquoi pas?
Mme DESNELLES.
Ma nièce, si le feu du ciel ne tombe pas sur vous, ce sera une grande injustice; car vous l'avez bien mérité.
CAROLINE, riant.
Comme Don Juan.
Mme DESNELLES.
Dans votre genre!.. certainement.

SCÈNE XIII.
Mme DESNELLES et CAROLINE, à gauche, VAN-BROOK et LISTOU, entrant par le fond, EDOUARD, à la table.
CAROLINE, à Van-Brook.
Qu'y a-t-il? que venez-vous nous annoncer?
VAN-BROOK, à Caroline.
Que tout est prêt.
LISTOU, de l'autre côté, à Edouard.
Voilà nos mulets qui s'impatientent.
EDOUARD, cachetant sa lettre.
J'ai fini, et nous partons.
CAROLINE, jouant l'étonnement.
Comment?.. est-ce que monsieur va aussi à Gripp.
(Edouard s'inclinant en signe d'assentiment.
LISTOU.
Sans doute! c'est moi qui le conduit, madame le sait bien!
VAN-BROOK.
Comment cela?
LISTOU.
Parce que madame me l'a demandé ce matin.
EDOUARD, à part avec joie.
Est-il possible?
VAN-BROOK, avec reproche.
Comment, madame?..

CAROLINE, riant.

C'est juste! (Montrant Listou.) Il me l'avait dit et je l'avais oublié; je m'en accuse!.. Monsieur vient-il avec nous par la vallée de Campan?

EDOUARD.

Non, madame, par un autre côté.

CAROLINE, étonnée.

Ah!..

EDOUARD.

Par les montagnes que je ne connais pas encore et comme je pars demain...

VAN-BROOK, avec joie.

Demain!..

Mme DESNELLES, bas à Caroline.

C'est bien fait!

CAROLINE, avec crainte.

Ce n'est pas possible, vous changerez d'idée.

EDOUARD.

Demain au point du jour.

VAN-BROOK, à part.

Le brave jeune homme!

Mme DESNELLES, bas à sa nièce dont elle remarque le dépit.

Ah! si j'osais, je l'embrasserais!

ÉDOUARD, a part.

Elle veut que je reste! c'est bon signe.

CAROLINE, bas à Mme Desnelles.

Patience! il n'est pas encore parti.

Mme DESNELLES, étonnée.

Et comment!

CAROLINE.

Cela me regarde!

AIR final du Cheval de Bronze. (Ier acte.)

ENSEMBLE.

Mme DESNELLES, EDOUARD, VAN-BROOK.

Partons, la matinée est belle,
Et dans ce pays enchanté,
C'est le plaisir qui nous appelle,
Le plaisir donne la santé.

CAROLINE.

Il n'a de salut qu'en l'absence
Je vois quels projets sont les siens
Mais pour qu'il tombe en ma puissance
Un jour suffit, et je le tiens.

VAN-BROOK.

Un des rivaux est en retraite.
Et pour éloigner l'autre, hélas!
Je ne quitte pas la coquette.

(Il offre son bras à Caroline, qui lui montre sa tante.)

CAROLINE.

Ma tante accepte votre bras.

(Van-Brook s'empresse d'offrir son bras à Mme Desnelles qui l'accepte. En ce moment Alfred paraît à la porte de la chambre à gauche.)

EDOUARD.

Du courage, et de l'espérance,
Je vois quels projets sont les siens.
Pour qu'elle tombe en ma puissance,
Un jour suffit et je la tiens.

TOUS

Partons, la matinée est belle,
Et dans ce pays enchanté,
C'est le plaisir qui nous appelle,
Et le plaisir rend la santé

(Van-Brook sort en donnant le bras à Mme Desnelles, et en regardant toujours Caroline. — Caroline sort par la droite, en regardant Edouard — Edouard sort par la gauche avec Listou. — Alfred sort de sa chambre et les suit de loin.)

FIN DU PREMIER ACTE.

ACTE II.

Une cabane dans les Pyrénées; porte au fond et porte à droite. — Une mauvaise table et quatre vieilles chaises; dans un coin un tas de broussailles. — Une cheminée à droite auprès de la porte.

SCÈNE I.
LISTOU, seul.

Il ne vient pas! et il ne fait pas chaud à cette heure-ci... quelle diable d'idée a-t-il eue de m'envoyer comme ça en avant... nous avons aperçu au-dessous de nous, dans un ravin, toute la société qui gravissait lentement la montagne... alors, il a souri d'un air qui semblait dire : ça va bien ! puis il m'a dit : Listou, va m'attendre dans ta cabane, et n'y laisse entrer personne que moi... j'ai répondu : je pars! mais je suis resté encore un peu... parce que je voulais voir... ça m'amusait! et caché derrière une touffe de sapins... je l'ai aperçu qui descendait de rocher en rocher comme un izar... et puis tout à coup cet étonnement qu'il a fait en apercevant Mme d'Eymery... comme si c'était par hasard qu'il se trouvait là... et puis, ils ont marché l'un près de l'autre pendant quelque temps avec toute la société... et puis la dame a fait... comme si elle trébuchait, alors... il lui a offert son bras qu'elle a accepté... le sentier était rude elle s'appuyait sur lui... ils allaient d'abord lentement... et ensuite plus vite... plus vite... je les ai perdus de vue... j'ai gravi tout d'une haleine par la gorge d'enfer... il y fait un froid du diable... et me voilà! voilà trois quarts-d'heure que j'attends et que je souffle dans mes doigts. (On entend au dehors appeler Listou.) C'est lui qui appelle !
(Il va ouvrir.)

SCÈNE II.
LISTOU, ÉDOUARD.

ÉDOUARD.
Te voilà fidèle au rendez-vous!

LISTOU.
Sans vous le reprocher, vous m'avez fait attendre assez long-temps.

ÉDOUARD.
On ne va pas vite dans vos montagnes, avec une dame sous son bras... surtout quand on est occupé à perdre son chemin... et j'en suis venu à bout.

LISTOU.
Vraiment!

ÉDOUARD.
Tout-à-fait égarés... impossible de rejoindre sa tante et la société... que nous appelions en vain... j'avais eu soin seulement de m'égarer dans la direction de ta cabane... et comme ma compagne de voyage ne voulait plus marcher... je l'ai laissée se reposer quelques instans au pied du grand rocher; il y a là une grotte où elle est à l'abri et je suis venu à la découverte... tout est-il disposé pour nous recevoir?

LISTOU.
Dam! monsieur, vous voyez... c'est simple.

ÉDOUARD.
Mais, c'est bien laid... le mobilier surtout... quatre chaises et une table.

LISTOU.
J'ai vendu tout le reste... voulant quitter l'habitation.

ÉDOUARD.
C'est bien! (Regardant autour de lui.) Seulement, je crois qu'un peu de feu et de lumière ne gâteraient rien.

LISTOU, lui montrant des broussailles dans un coin.
Oh! avec ce tas de broussailles, vous auriez de quoi brûler la maison... et pour de la lumière, voilà. (Il prend son briquet, fait du feu, et allume une chandelle qui est sur la table.)

ÉDOUARD.
Cela suffira! tu n'as ici aucun voisin!

LISTOU.

Pourquoi donc?

ÉDOUARD.

Je te le demande.

LISTOU.

Est-ce que vous auriez en tête quelque mauvais dessein?

ÉDOUARD.

Imbécile!

LISTOU.

Dam! les amoureux d'à présent sont si drôles, ils se tuent seuls ou en compagnie par partie de plaisir.

ÉDOUARD.

Sois tranquille, je n'en ai pas envie, ni elle non plus! as-tu quelque voisin?..

LISTOU.

Il y a bien près d'ici le vieux Pierre, qui m'a loué une espèce de grange où il met ses bestiaux, il n'y est pas aujourd'hui, il est à Bagnères pour le marché.

ÉDOUARD.

Ainsi, tu es sûr que je serai seul avec Mme d'Émery.

LISTOU.

Oui, monsieur; vous avez un air si décidé que vous me faites peur pour elle...

ÉDOUARD.

Toi, qui ce matin tremblais pour moi!

LISTOU.

Je crois maintenant que vous êtes de force!.. je vous conseille cependant de prendre garde à vous; j'ai rencontré en vous quittant un monsieur qui était à l'arrière-garde et qui avait l'air de vous suivre.

ÉDOUARD.

Qui donc?

LISTOU.

Celui qui est arrivé ce matin, ce jeune homme qui a des moustaches...

ÉDOUARD.

Alfred de Lucenay...

LISTOU.

Justement, il m'a demandé le chemin qu'avait pris Mme d'Émery.

ÉDOUARD.

Et tu lui en as indiqué un autre.

LISTOU.

Je crois bien! avec les renseignemens que je lui ai donnés, il est capable de marcher toute la nuit sans trouver une maison, ni une figure humaine; et comme voilà justement un petit orage qui se prépare...

ÉDOUARD, lui mettant de l'argent dans la main.

AIR. Moi je connais une maîtresse (DES CHAPERONS BLANCS.)

J'estime l'esprit et le zèle.

LISTOU.

C'est trop pour un tel rendez-vous!

ÉDOUARD.

L'amour qui dans ces lieux m'appelle,
Me réserve un prix bien plus doux.
Mais sans pitié que tout le monde,
Par toi, soit chassé de ces lieux;
L'éclair brille! l'orage gronde!
Le beau temps pour des amoureux!

ENSEMBLE.

LISTOU.	ÉDOUARD.
Oui, monsieur, comptez sur mon zèle,	Oui, je compte ici sur ton zèle,
J'éloignerai tous les jaloux.	Eloigne bien tous les jaloux.
L'amour qui dans ces lieux l'appelle	L'amour qui dans ces lieux m'appelle
Lui réserve un prix bien plus doux.	Me réserve un prix bien plus doux.

(Edouard sort et l'on entend gronder le tonnerre dans le lointain.)

SCÈNE III.

LISTOU, seul.

Là! voici la pluie et le tonnerre à présent; il va être joliment arrangé, cela lui est égal... il descend en courant au bord des précipices... je n'y conçois rien... si jeune, si intrépide... et si malin... malin comme un démon... c'en est peut-être un !.. c'est possible ! dans les montagnes surtout où il y a, dit-on, des farfadets, des esprits follets... et je le croirais presque, si ce n'étaient ces pièces de cent sols qui n'ont rien de fantastique, comme ils disent, et qui me rassurent complétement; trente francs, pour passer une nuit sur une chaise, dans une cabane.

AIR : Un homme pour faire un tableau.

C'est qu'elle est ouverte à tout vent...
Et cette méchante chaumière
N'offre rien de bien attrayant ;
Il me semble même, au contraire,
Qu'il y sera joliment mal ;
Et pour séduir' celle qu'il aime,
N' pouvant compter sur le local,
Il faut qu'il compt' bien sur lui-même !

(Il met l'une après l'autre les pièces de cent sols dans une bourse de peau.)

SCÈNE IV.

LISTOU, ALFRED.

ALFRED, entrant, il est tout mouillé.

Quel temps épouvantable !.. impossible de faire un pas de plus, ou de songer à retrouver Caroline, il faut que je demande un abri dans cette cabane. (Frappant Listou sur l'épaule.) Camarade.

LISTOU, laissant tomber sa bourse.

Au voleur!

ALFRED, riant.*

Rassurez-vous! je ne suis point un voleur, et loin de prendre votre bourse, je vous offre la mienne, si vous voulez me donner un gîte.

LISTOU.

Oh! là! là!.. c'est bien pis qu'un voleur! l'officier que je croyais au diable!

ALFRED, le reconnaissant.

Le garçon de l'hôtel !.. dites donc, mon gaillard, vous m'avez drôlement indiqué le chemin.

LISTOU, à part.

Trop bien encore! qu'est-ce que je vas en faire à présent de c't' homme? (Haut.) Je suis sûr, monsieur, que vous vous êtes égaré.

ALFRED.

Parbleu! vous m'apprenez là quelque chose de nouveau ; mais à qui la faute ?

LISTOU.

Dam! je vous avais bien expliqué, pourtant...

ALFRED.

Joliment! toujours à gauche, m'as-tu dit.

LISTOU.

C'est vrai !

ALFRED.

Et à gauche, il n'y avait que des précipices.

LISTOU, à part.

J'ai voulu trop bien faire.

ALFRED.

As-tu rencontré ces dames, sais-tu où elles sont?

LISTOU, vivement.

J'allais partir au-devant d'elles, et si vous voulez venir avec moi.

ALFRED, à part.

Décidément, ce garçon n'est pas franc! il m'a perdu à dessein, et main-

* Alfred, Listou.

tenant, il veut m'éloigner, raison de plus pour que je reste. (Haut.) Eh bien, qu'as-tu donc?.. tu allais partir à la découverte, que je ne te retienne pas, cela te vaudra une bonne récompense.
LISTOU.
Oui, monsieur; mais vous laisser seul ici.
ALFRED, s'asseyant.
N'as-tu pas peur qu'on vole le mobilier?
LISTOU.
Ça m'est égal, il est assuré; mais, vous mourrez de faim.
ALFRED.
Je fumerai un cigarre!
LISTOU.
Et dormir?
ALFRED.
Je ne dors jamais. (Avec impatience.) Ainsi, te je le répète, vas-t'en... ou je penserai que tu t'es joué de moi, et je te jette alors dans le premier précipice.
LISTOU, à part.
Est-il brutal et entêté. (Haut.) Je m'en vais. (A part.) Faut avoir l'air de m'en aller, ça le décidera peut-être à en faire autant. (Haut.) Je m'en vais, monsieur, vous le voyez bien. (Il sort par la porte du fond.)

SCENE V.
ALFRED, seul.
Oui, Listou avait un motif pour me renvoyer... s'entendrait-il avec un rival... avec ce jeune Edouard... non, non, je m'étais trompé sur son compte et j'ai été le provoquer, le défier, lui qui ne songeait même pas à Caroline, c'est elle seule qui est coupable, et Van-Brook avait raison; oui, elle est coquette, elle le sera toujours! et malgré moi je l'aime encore! et c'est pour elle que j'ai renoncé à un ange; à celle qui possédait toutes les vertus... pauvre Emma! mais, n'importe, et quoiqu'il arrive, le sort en est jeté, je poursuivrai mon dessein : Caroline sera à moi, je ne la céderai à personne, je la disputerai à tous mes rivaux et jusqu'à ce que j'aie la preuve évidente de sa trahison... qui vient là? encore ce paysan; non, Van-Brook.

SCENE VI.
VAN-BROOK, ALFRED.
VAN-BROOK.
Au diable les montagnes, et surtout la nuit; des rochers, des précipices, et personne pour vous dire : casse-cou. (Apercevant Alfred.) Est-il possible? M. Alfred, égaré comme moi!
ALFRED.
Précisément! mais vous, du moins, vous n'étiez pas seul.
VAN-BROOK.
Je le crois bien! j'en ai là une fatigue au bras droit, sans compter celle des jambes; une lieue entière sans nous apercevoir que nous nous étions trompés; et revenir sur nos pas, et des chemins affreux, et le tonnerre, et la pluie qui tombe toujours... enfin, à deux cents pas d'ici, nous avons rencontré une espèce de grange où étaient des bestiaux, et sans demander permission aux locataires, toute la société s'y est installée, enchantée de trouver un abri, et j'ai cru que j'allais me reposer un instant; mais Mme Desnelles qui me criait sans cesse : et ma nièce, monsieur, et ma nièce, qu'est-elle devenue?
ALFRED.
Comment Caroline n'est pas avec vous.
VAN-BROOK.
Eh! non, vraiment!
ALFRED.
Et qu'en avez-vous fait?
VAN-BROOK.
Allons, le voilà comme les autres! est-ce qu'on me l'a confiée? c'est elle

au contraire qui m'avait confié sa tante, et j'en suis venu à mon honneur, j'ai rempli ma tâche... une tâche difficile, j'ose le dire !

ALFRED.

Mais, Caroline ! où est-elle ?

VAN-BROOK.

Parbleu ! c'est justement là la question, et si je le savais, je ne vous le dirais pas !.. j'irais moi-même !..

ALFRED.

Et je ne vous quitterais pas ! car celle dont je vous ai parlé ce matin, celle que j'aime et que je veux épouser, c'est Caroline !

VAN-BROOK.

Eh ! monsieur ! je ne le sais que de reste !

ALFRED.

Et, malgré cela, vous continuez à lui faire la cour ?

VAN-BROOK,

Je lui ai remis, tantôt à la promenade, la lettre où je demande sa main.

ALFRED.

Quand elle a reçu mes sermens !..

VAN-BROOK.

Si elle ne recevait que les vôtres... si il y avait exception en votre faveur, je ne dis pas, parce que j'ai toujours respecté les droits et priviléges, mais quand c'est le caprice seul qui la décide, et souvent le caprice le plus extravagant... il me semble, alors, que j'ai des titres, j'en ai peut-être plus qu'un autre et je me mets sur les rangs...

ALFRED.

Pour l'épouser ?

VAN-BROOK.

Qui, vraiment !

ALFRED.

Monsieur ! après ce que j'ai fait pour vous !

AIR de la Valse du ballet de Cendrillon.

Ce procédé me prouve en ce moment. .

VAN-BROOK.

Que je vous sers en ami véritable !
En l'épousant, vous seriez... c'est probable...

ALFRED, avec colère.

Et vous, monsieur ?..

VAN-BROOK.

Oh ! moi, c'est différent !
Quoique j'en sois, comme un autre, irrité,
 Ce doute qui vous met en peine,
 Serait pour vous nuisible à la santé ;
  Il est favorable à la mienne.

ENSEMBLE, se menaçant.

Je défendrai, fut-ce au prix de mon sang,
Mes droits d'amant et d'époux véritable,
Je suis, monsieur entêté comme un diable,
Craignez l'effet de mon ressentiment.

SCÈNE VI.

VAN-BROOK assis sur la chaise à droite; ALFRED près de la table à gauche; LISTOU paraissant à la porte du fond.

LISTOU, à part.*

Voyons s'il est parti... ah ! mon Dieu !.. il y en a deux maintenant... c'est le diable qui s'en mêle !

VAN-BROOK, et ALFRED, se retournant.

C'est Listou !

LISTOU.

Oui, messieurs... (A part.) et monsieur Edouard qui me suit... qui sera ici dans quelques minutes.

* Van-Brook, Listou, Alfred.

ALFRED.
D'où vient cet air d'effroi ?
LISTOU.
Du tout ! c'est un air de joie !.. un air joyeux ; j'ai de bonnes nouvelles à vous annoncer, j'ai retrouvé tout le monde.
VAN-BROOK, à Alfred.
Est-il possible !
LISTOU.
Mme Desnelles et les autres dames... et le petit substitut, et les deux officiers, enfin, toute la société de Bagnères, est à deux cents pas d'ici, dans une étable que j'ai louée à maître Pierre.
VAN-BROOK.
Nous le savons !
LISTOU.
Et, quoiqu'ils soient bien mal, personne n'ose sortir parce qu'il pleut toujours.
ALFRED.
Que nous importe !.. et Caroline, as-tu de ses nouvelles ?
LISTOU, avec intention.
Oui, monsieur, et elle est bien mieux ; j'ai rencontré un chevrier qui l'a vue avec M. Edouard qui lui donnait le bras.
ADERED, vivement.
Edouard !. ce jeune homme...
VAN-BROOK.
Eh ! oui, sans doute, nous les avons perdus tous les deux !
ALFRED, passant au milieu.
Et vous ne me le dites pas... vous êtes d'une sécurité...
LISTOU.
N'ayez pas d'inquiétude, le chevrier les a vus entrer tous les deux et avant l'orage dans le moulin qui est sur le Gave, à un quart de lieue d'ici, une maison seule... ils y seront à merveille...
ALFRED.
Tu vas m'y conduire.
VAN-BROOK.
Moi de même.
LISTOU.
A cette heure-ci, par un temps affreux !

AIR. Bonheur de la table. (HUGUENOTS)

ALFRED et VAN-BROOK.
Rien ne m'intimide,
Viens, sois notre guide,
D'un pas intrépide,
Nous t'escorterons !
Le dépit, la rage,
Doublent mon courage,
Et malgré l'orage,
Nous arriverons.
VAN-BROOK, donnant une bourse à Listou
Prends cette somme,
Marche... obéis !
Ou je t'assomme !..
ADFRED.
Allons, choisis.
LISTOU.
Loin que j'hésite,
Je prends l'argent...
Mais passez vite...
Passez devant.
ENSEMBLE.
Rien ne m'intimide,
Viens, sers-nous de guide, etc.

(Listou ouvre la porte à droite, fait passer devant lui Alfred et Van-Brook, et au moment où il va les suivre, paraît Edouard à la porte du fond, Listou lui fait signe qu'ils sont partis, il sort, et ferme la porte sur lui.)

SCÈNE VII.
EDOUARD, CAROLINE.
EDOUARD, paraissant le premier.
Entrez, entrez, madame; voici le seul abri que j'aie découvert.
CAROLINE.
Où sommes-nous donc?
EDOUARD.
Dans une cabane abandonnée, qui est devenue, je crois, une espèce de rendez-vous de chasseurs.
CAROLINE.
Mais c'est affreux!
EDOUARD.
Je le sais bien.
CAROLINE.
Et vous m'y avez conduite?
EDOUARD.
Je n'avais pas le choix.
CAROLINE, à part.
Quelle tranquilité! il est vraiment insupportable... (Haut.) Quel horrible pays!
EDOUARD.
Je ne dis pas non.
CAROLINE.
Au fait, il faut bien souffrir un peu, pour avoir quelque chose à dire de ses voyages... Oh! quand je serai de retour à Paris, dans mon petit boudoir, et auprès d'un bon feu, comme je vais en raconter!.. comme je vais mentir!.. c'est là le seul plaisir, après les grands dangers, et nous en avons couru d'épouvantables.
EDOUARD.
Lesquels!
CAROLINE.
Mais d'abord, celui d'une fluxion de poitrine... vous surtout, qui vous êtes privé pour moi, de votre manteau, ce qui ne m'a pas empêchée d'avoir bien froid.
EDOUARD.
Si nous pouvions faire du feu... les chasseurs dont je vous parlais, ont dû laisser quelques provisions... du bois, par exemple... (Voyant les broussailles qui sont auprès de la porte.) Tenez, voilà justement ce qu'il nous faut.
(Il les met dans la cheminée, prend la chandelle qui est sur la table et y met le feu.)
CAROLINE, pendant qu'Edouard fait du feu.
Si attentif, si dévoué... et malgré cela, il ne parle pas... ces petits jeunes gens, si timides, c'est amusant; mais c'est terrible, car il ne dit rien... rien dont on puisse tirer avantage... même dans les momens de dangers, qui, d'ordinaire rendent si communicatif.
EDOUARD, qui vient d'allumer le feu.
Tenez, tenez, voyez-vous comme ces broussailles prennent vite, dans un instant vous aurez un feu magnifique... regardez déjà.
CAROLINE.
Je vous donne une peine... combien vous êtes bon!
EDOUARD.
Pas tant, c'est pour moi, ce que j'en fais... je serais trop malheureux si cette promenade devait vous rendre malade... Allons, maintenant approchez-vous, ce bon feu va vous remettre... (Plaçant une buche devant la chaise.) Vous mettrez vos pieds là-dessus, ils sécheront mieux.
(Il lui prend la main pour la faire asseoir.)
CAROLINE, avec douceur.
Mais vous, monsieur, votre main est glacée, pauvre jeune homme! il est tout tremblant!
EDOUARD, appuyé sur le dos de la chaise de Caroline.
C'est de froid, madame!.. (Vivement.) Mais qu'importe? je ne m'en aper-

cois pas, parce qu'il y a là, quelque chose qui me réchauffe et m'anime, une bonne pensée qui me donne du courage, un espoir qui me soutient.
CAROLINE, vivement.

Lequel?
EDOUARD, avec hésitation.

Celui de vous défendre, et de vous protéger, c'est ma seule idée.
CAROLINE, le regardant avec expression

Pas d'autre?
EDOUARD.

Non, madame, et si je peux vous ramener auprès de votre tante.
CAROLINE.

Ah! mon Dieu! vous avez raison, cette pauvre tante doit être d'une inquiétude, elle va s'imaginer que je suis perdue, que je suis morte... Oui, monsieur, c'est votre faute, on ne se charge pas de conduire les gens, quand on ne connait pas les chemins, et à moins, vraiment que vous ne l'ayez fait exprès.
EDOUARD.

Peut-être bien, je n'en voudrais pas répondre.
CAROLINE.

Comment, monsieur, dans quel but, quelle intention? je ne resterai pas un instant de plus...
EDOUARD, timidement.

Vous en êtes la maîtresse; mais vous ne pouvez partir seule, la nuit, au milieu des précipices; d'ailleurs, la pluie qui redouble vous retient près de moi, et vous pouvez rester sans crainte, je jure, par ce qu'il y a de plus sacré au monde, de vous respecter comme un frère!..
CAROLINE.

Je vous crois.
EDOUARD.

Ah! il est des gens qui ne laisseraient pas échapper une si belle occasion... qui se trouvant ainsi seuls auprès de vous, la nuit, et dans un désert, oseraient vous parler d'amour; ils en seraient capables... mais moi, je vous l'ai dit... moi qui n'ai que des idées pures et désintéressées, je suis prêt, s'il le faut, à m'éloigner de vous, et je vous promets, si vous l'exigez, de ne pas même vous adresser la parole.
CAROLINE, à part.

La belle avance.
EDOUARD.

Me craignez-vous encore?
CAROLINE.

Oh! non, monsieur.

AIR . Mire dans mes yeux tes yeux.

Vraiment je n'y conçoit rien,
Mais prenons courage;
Si timide est son maintien
Qu'on ne risque rien.
Non rien,
Avec lui, je gage,
Non rien,
L'on ne risque rien.
(A part) J'ai juré que le coupable,
A mes genoux tomberait.
(Haut) Une conduite semblable,
Doit cacher quelque projet.
EDOUARD, timidement
Peut-être est-ce véritable...
Mais si c'était mon secret,
CAROLINE, le regardant.
Ah, quel regard est le sien!
Allons, du courage,
Si timide est son maintien
Qu'on ne risque rien.

Avec lui je gage,
L'on ne risque rien.

(S'approchant d'Edouard.)

Ce secret peut-on l'apprendre?

EDOUARD.

Pourquoi le dirais-je ici,
A qui ne peut me comprendre?

CAROLINE, le regardant avec expression.

Qui vous fait parler ainsi?

EDOUARD, timidement.

Ah! si l'on savait m'entendre!

CAROLINE.

Pourquoi donc trembler ainsi?

ENSEMBLE.

EDOUARD.	CAROLINE.
Ah! quel regard est le sien!	Grand Dieu! quel trouble est le sien!
Allons, du courage!	Allons, du courage!
Maintenant, je le vois bien,	Si timide est son maintien,
Je ne risque rien.	Qu'on ne risque rien.
Non rien.	Non rien.
Allons du courage,	Avec lui je gage,
Non rien.	Non rien,
Je ne risque rien.	L'on ne risque rien.

EDOUARD.

Eh bien! puisque vous me forcez à vous dire ce que j'avais juré de cacher, à vous, et au monde entier... je vous aime.

CAROLINE, avec joie.

Ah! c'est donc là ce secret, si terrible, dont vous ne vouliez pas convenir, bien plus, vous vouliez me persuader le contraire....c'était une trahison, oui, monsieur, demandez-m'en pardon... là! à genoux... (Edouard tombe à ses genoux.) Et maintenant, (D'un air tendre et confiant.) pour tenir ma promesse, pour que, moi, vous ne puissiez jamais m'accuser de fausseté, pour que ma franchise égale la vôtre, je vous dirai la vérité toute entière, c'est, que... je ne vous aime pas.   (Elle part d'un grand éclat de rire.)

EDOUARD, toujours à genoux.

Ah! vous riez... eh! bien, j'en suis fâché, madame; mais, vous l'avez voulu, je vous aime, et je suis très entêté.   (Il se lève.)

CAROLINE.

Comment, monsieur, que signifie?..

EDOUARD.

Nous sommes entrés tous les deux dans une route dont nous ne pouvons plus sortir... ce n'est pas volontairement que j'y ai fait les premiers pas, vous m'y avez entraîné, maintenant j'y marcherai plus vite que vous.

CAROLINE.

Mais sans moi!..   (Elle se dirige vers la porte.)

EDOUARD, l'y devançant et en ôtant la clé.

C'est ce que nous allons voir.

CAROLINE.

Comment, monsieur?..

EDOUARD, mettant la clé dans sa poche.

J'ai toujours vu qu'on prenait son parti des choses irrémédiables.

(Au moment même on frappe aux deux portes.)

VAN-BROOK, frappant en dehors à la porte du fond.

Il y a du monde dans cette cabane, car je vois de la lumière.

CAROLINE.

M. Van-Brook!

ALFRED, frappant en dehors à la porte à droite.

Qui que vous soyez!.. ouvrez-nous!

CAROLINE.

O ciel!.. cette autre voix... à peine je respire...

ALFRED, en dehors.

Ouvrez, ou j'enfonce la porte!

CAROLINE, avec désespoir.

C'est Alfred!.. c'est lui... et M. Van-Brook de l'autre côté!..

(Pendant ce dialogue, Alfred et Van-Brook chantent en dehors.)

AIR: Bonheur de la table.

Rien ne m'intimide, etc.

EDOUARD, qui s'est relevé et est allé s'asseoir sur la chaise à droite, à Caroline qui le supplie.

Que voulez-vous que j'y fasse?

CAROLINE, à Edouard.

Répondez, monsieur... répondez...

EDOUARD.

Et que leur dire?..

CAROLINE.

Que vous êtes seul!.. qu'on n'entre pas!

EDOUARD, froidement et sans remuer.

Pourquoi donc? je n'ai aucune raison de me cacher...

(Au même moment, Van-Brook et Alfred enfoncent les deux portes.)

SCÈNE VIII.

VAN-BROOK, entrant par le fond; ALFRED, par la droite; CAROLINE, près de la chaise d'Edouard qui reste assis; LISTOU, entrant après Alfred.

VAN-BROOK et ALFRED.

Caroline!..

CAROLINE, s'élançant près d'Alfred.

Monsieur!.. monsieur, daignez m'entendre!

LISTOU, bas à Edouard.

Je les ai promenés pendant une heure... c'est tout ce que j'ai pu faire

EDOUARD, bas.

C'est bien!

ALFRED.

En tête à tête avec monsieur!

VAN-BROOK, tirant son calepin de sa poche.

Et depuis trois heures!

CAROLINE.

Quand vous saurez...

ALFRED.

Je ne veux rien entendre...

VAN-BROOK.

Ni moi non plus...

ALFRED.

Tous nos nœuds sont rompus, mais c'est à monsieur que je demanderai raison...

VAN-BROOK.

Oui, monsieur, nous exigeons une explication.

ÉDOUARD, toujours sur sa chaise.

Et sur quoi, s'il vous plait? je n'ai rien à vous dire!

VAN-BROOK.

C'est juste! les faits parlent d'eux-mêmes.

ÉDOUARD, se levant.

C'est moi à mon tour qui vous demanderai de quel droit vous venez ainsi faire un éclat... dans un logis que j'ai loué... qui m'appartient, et où je suis le maître.

ALFRED, avec colère.

De quel droit.

VAN-BROOK.

Vous le savez bien...

ALFRED.
Et si vous l'ignorez, je me charge de vous l'apprendre.
ÉDOUARD.
Quand vous voudrez...
ALFRED.
Ici-même.
ÉDOUARD.
Vous êtes deux, messieurs...
ALFRED, allant à Edouard.
Un seul suffira et c'est moi.
VAN-BROOK.
Non, morbleu.
ALFRED.
Je l'exige.
VAN-BROOK.
Et je ne le souffrirai pas...
ÉDOUARD.
Je vous mettrai d'accord, car c'est à tous les deux que je m'adresse.
LISTOU, à part.
Est-il enragé, ce petit-là.
ÉDOUARD.
Quant à l'ordre du combat, le sort en décidera, mais je suis sans armes.
ALFRED.
Les officiers qui sont avec ces dames nous prêteront leurs épées... je cours les chercher...
VAN-BROOK.
Et moi j'ai vu chez le meunier du Gave, de vieux pistolets que je lui emprunterai.
ÉDOUARD.
Soit, je vous attends. (Van-Brook et Alfred sortent.)

SCÈNE IX.

CAROLINE, qui est tombée anéantie sur la chaise à gauche auprès de la table; ÉDOUARD, LISTOU.
LISTOU, bas à Edouard.
J'en suis encore tout tremblant... et il n'est pas possible qu'à votre âge?
ÉDOUARD, souriant.
Tu crois cela, laisse-nous un instant... mais ne t'éloigne pas! j'aurai besoin de toi.
LISTOU.
Je reviens à ma première idée... c'est quelque lutin.
(Il sort par la porte à droite.)

SCÈNE X.
ÉDOUARD, CAROLINE.
ÉDOUARD.
Eh bien! madame, la leçon ne s'est pas fait attendre, seulement je ne l'aurais pas crue si prompte ni si forte... voilà trois hommes qui pour vous vont s'égorger dans un instant.
CAROLINE, avec effroi.
Ah!
ÉDOUARD.
Vous en êtes désolée! je le crois bien, non pour des rivaux qui probablement vous sont fort indifférens, mais pour vous qu'un pareil éclat va perdre à jamais...
CAROLINE.
Et voilà qui est indigne, car mieux que personne vous savez que j'en aimais un autre et que je ne suis point coupable!
ÉDOUARD.
Vous en aimiez un autre! mais c'est bien pire encore!.. vous en aimiez

un autre! et vos regards, vos paroles ont sollicité mon amour... vous lui avez été infidèle de cœur et de pensée... et vous croyez n'être pas coupable.

CAROLINE.

Monsieur...

ÉDOUARD.

Vous l'avez été... vous avez été perfide et cruelle envers moi qui vous avais épargnée, envers moi qui avais été généreux et veux l'être plus encore...

CAROLINE.

Que dites-vous?

ÉDOUARD.

Votre honneur compromis; votre réputation, je puis tout vous rendre d'un seul mot.

CAROLINE, se levant.

Après un éclat pareil... un duel.

ÉDOUARD.

Il dépend de vous de l'empêcher, il y a ici deux rivaux... je ne parle pas de moi, je me retire du concours... eh bien! madame, il faut en épouser un, vous allez me demander lequel? attendez... j'ai cru voir... j'ai pu me tromper, et peut-être vous-même n'en savez-vous rien... j'ai cru voir que vous préfériez Alfred...

CAROLINE.

Oh! oui monsieur, c'est lui que je préfère.

ÉDOUARD.

Alors, c'est celui-là que vous n'épouserez pas.

CAROLINE.

Et vous vous imaginez, monsieur, que je vous laisserai ainsi disposer de mon sort? que d'un mot, vous briserez ma volonté, mes sentimens?

ÉDOUARD.

Eh! mon Dieu! vous obliger à être millionnaire; à briller au premier rang... la punition est-elle donc si rigoureuse... M. Van-Brook, c'est le mari qu'il vous faut.

CAROLINE.

Jamais.

ÉDOUARD.

Ah! prenez garde, c'est la condition expresse que je vous impose; sinon, je me tais; sinon, ce double duel, et toutes ses suites; vous avez sur vous une lettre de M. Van-Brook, qui demande votre main; un mot de réponse, au bas de sa lettre; réponse affirmative. (Il lui présente un crayon.)

CAROLINE.

Ah! monsieur, c'est affreux! c'est indigne! parce que vous voyez une pauvre femme bien effrayée, bien malheureuse, vous croyez pouvoir l'humilier, la tyranniser, me faire renoncer à celui que j'allais épouser!

ÉDOUARD.

Eh! ne vous a-t-il pas donné l'exemple? ne vous a-t-il pas dit tout à l'heure qu'il renonçait à vous? et quant à moi... (Avec malice.)

Air : Mire dans mes yeux, tes yeux.

Oh! moi, vous le savez bien,
Sans peine, on m'oublie!
Avec moi, vous savez bien,
Qu'on ne risque rien!
Non rien,
Ma belle ennemie,
Non rien,
L on ne risque rien!

Pour moi, loin d'être alarmée,
Sur le destin des combats,
Que votre ame soit calmée;
Car, s'il faut le dire, hélas!
Je ne vous ai pas aimée

CAROLINE, étonnée.

Comment, monsieur? qu'est-ce que cela signifie.

ÉDOUARD, achevant l'air
Et je ne vous aime pas.

ENSEMBLE.

CAROLINE.	ÉDOUARD.
Ah! quel complot est le sien!	Ce secret-là, c'est le mien;
Quelle perfidie!	Mais, dans cette vie,
Vraiment, je n'y comprends rien,	En ne disant jamais rien,
Je ne comprends rien;	On ne risque rien;
Non rien,	Non rien,
A sa perfidie;	Ma belle ennemie;
Non rien,	Non rien,
Je n'y comprends rien!	L'on ne risque rien.

LISTOU, entrant en tremblant.

M. Alfred, avec deux épées sous le bras.

CAROLINE.

Alfred! et ce duel, et pas d'autre moyen de l'empêcher; tenez, tenez, monsieur. (Elle écrit vivement, et donne la lettre à Edouard.) Il ne sera pas dit que quelqu'un s'est exposé pour moi... Ah! je suis bien malheureuse.
(Elle sort par la porte à droite.)

ÉDOUARD.

Listou, conduis madame auprès de sa tante. (Listou sort avec Caroline.)

SCÈNE XI.

ALFRED, entrant par le fond, ÉDOUARD.

ALFRED.

Voici des armes... et maintenant, je suis à vos ordres.

ÉDOUARD.

C'est bien!

ALFRED.

Vous pouvez choisir.

ÉDOUARD.

Un instant... il faut attendre M. Van-Brook.

ALFRED.

A quoi bon?

ÉDOUARD.

Je lui ai promis que le sort déciderait... et si vous me tuez, j'aurai privé cet honnête homme d'une satisfaction à laquelle il avait droit.

ALFRED.

Mais, monsieur.

ÉDOUARD.

Il y compte... je le lui ai dit... je tiens à ma parole.

ALFRED.

Nous devions nous battre ce matin, si je découvrais que vous fussiez aimé... et maintenant que j'en ai la preuve... maintenant qu'il ne me reste aucun doute.

ÉDOUARD.

Vous êtes bien bon, moi, j'en ai encore, et si je n'avais l'air à vos yeux de vouloir éviter un combat, je vous dirais que, dans ce moment, nous nous disputons tous les deux une conquête que nous enlève un troisième.

ALFRED.

Que dites-vous?

ÉDOUARD.

Que Caroline épouse aujourd'hui M. Van-Brook.

ALFRED.

Ce n'est pas possible.

ÉDOUARD.
Je vous l'atteste, j'ai vu la demande et la réponse.

ALFRED.
Il se pourrait!.. Caroline...

ÉDOUARD.
Et c'est pour cette femme, que vous avez abandonné une pauvre fille qui vous aimait tant.

ALFRED, tressaillant.
Monsieur.

ÉDOUARD.
C'est au moment d'un mariage, quand elle vous attendait, que sans égards, sans pitié, sans la préparer à ce coup fatal, vous écrivez qu'un autre hymen...

ALFRED.
Ah! qui vous l'a dit?

ÉDOUARD.
Ce billet où vous renonciez à elle, ce billet qui l'aurait tuée!.. Si elle ne l'avait pas reçu?.. s'il était tombé entre les mains de sa sœur, que vous ne connaissez pas... et qui, joyeuse, arrivait pour ce mariage.

ALFRED.
Ah! s'il était vrai? quoi, sa sœur?..

ÉDOUARD.
Oui, sa sœur aînée, Mme Delmar, qui voyant le désespoir d'Emma, est partie pour veiller sur vous, et lui a promis de vous ramener près d'elle.

ALFRED.
Il serait vrai!

ÉDOUARD.
Eh bien! ai-je tenu parole.

ALFRED.
Quoi! c'est vous... vous seriez...

ÉDOUARD.
Eh! oui...

ALFRED, se jetant à ses pieds.
Ah! madame!..

SCÈNE XII.

VAN-BROOK, ÉDOUARD, ALFRED.
(Van-Brook entre, tenant sous son bras deux énormes pistolets.)

VAN-BROOK.
Madame!.. une femme!

ALFRED.
Eh! oui... la fille de M. Van-Open.

VAN-BROOK.
L'associé de mon père, et moi qui voulais la tuer... Ah! madame!..
(Il se jette aux genoux d'Édouard.)

SCÈNE XIII.

ALFRED, VAN-BROOK, ÉDOUARD, CAROLINE, Mme DESNELLES ET LISTOU, entrant par la droite *.

CAROLINE, apercevant Van-Brook et Alfred aux genoux d'Édouard.
Tous deux à ses pieds.

LISTOU, à part.
C'en est un, j'en suis sûr! c'est un diable!

ÉDOUARD, relevant Van-Brook.
Vous, l'ancien ami de ma famille, vous que j'estime et que j'aime; je vous disais bien hier que je vous défendrais... que j'étais de votre parti... et en voici la preuve... vous épousez madame qui y consent.

* Mme Desnelles, Caroline. Van-Brook, Édouard, Alfred, Listou.

VAN-BROOK.

Est-il possible!.. (A Caroline.) Quoi! vous consentiriez?..

CAROLINE, avec humeur.

Eh! oui, monsieur.

VAN-BROOK.

Que vous êtes bonne!.. et Alfred?

ÉDOUARD.

Alfred y consent aussi.

ALFRED.

Je pars dès ce soir... pour Bordeaux.

ÉDOUARD.

Où il va épouser Emma.

VAN-BROOK, montrant Édouard.

La sœur de madame!

CAROLINE et Mme DESNELLES.

C'est une femme?

ÉDOUARD, à Caroline.

Oui, vraiment... et vous voyez bien que d'un mot vous voilà justifiée.

LISTOU, regardant Édouard.

Une femme! eh bien! au fait... il y avait bien quelque chose de ce que je disais!

Mme DESNELLES, à Edouard.

Votre main, mon beau monsieur... c'est-à-dire ma belle petite... enchantée de la leçon que vous avez donnée à ma nièce.

CAROLINE, à part.

C'est égal, si ça n'avait pas été une femme!..

CHOEUR.

C'en est fait sa coquetterie
Reçoit une juste leçon;
Désormais pour toute sa vie
Elle revient à la raison.

FIN.

LES PETITS SOULIERS,

ou

LA PRISON DE SAINT-CRÉPIN,

VAUDEVILLE EN UN ACTE,

PAR MM. AD. DENNERY et EUGÈNE GRANGER.

REPRÉSENTÉ POUR LA PREMIÈRE FOIS A PARIS, SUR LE THÉATRE DU PANTHÉON, LE 2 DÉCEMBRE 1836.

Posez donc cette corbeille, vous avez l'air d'un âne avec ses paniers. (SCÈNE II.)

PARIS,

NOBIS, ÉDITEUR, RUE DU CAIRE, N° 5.

—

1836.

Personnages.	Acteurs.
PATROT.	MM. Ségond.
JULIEN.	Lionnel.
LOUISE.	Mmes Despréaux.
GERVAISE.	Herfort.

La scène se passe dans un village de Normandie

J.-R. MEVREL, Passage du Caire, 54.

LES PETITS SOULIERS,

VAUDEVILLE EN UN ACTE.

Le théâtre représente l'intérieur d'une ferme.

SCÈNE I.
GERVAISE, puis LOUISE.

GERVAISE.
Ouf! reprenons haleine... voilà la toilette de Louise à peu près terminée, j'ai cru que ça n'en finirait jamais... « Ma cousine, ce cordon n'est pas as- » sez serré... ma cousine, mon fichu ne va pas bien... » Puis c'était une épingle par ci... une épingle par là... Je l'aurais piquée de bon cœur... ce n'est pas que je sois jalouse, mais j'étouffais; c'est si dur à mon âge de faire une toilette de mariée, quand cette toilette n'est pas pour soi... Enfin, m'en voilà débarrassée, ça n'est pas malheureux.

LOUISE, en dedans.
Gervaise! Gervaise!

GERVAISE.
Allons, qu'est-ce qu'elle veut encore?

LOUISE, de même.
Gervaise! mais viens donc?

GERVAISE.
Plus souvent que je vas me déranger... elle peut bien appeler pendant trois heures; je ne bouge plus, d'abord...

LOUISE, entrant.
Eh bien! cousine est-ce que tu ne m'entends pas...

GERVAISE.
Si fait, si fait, mais je rangeais quelque chose ici...

LOUISE.
Oh! c'est que je suis d'une impatience...

GERVAISE.
Je le conçois, quand on va épouser celui qu'on aime.

LOUISE.
Ce cher Julien, je ne veux pas qu'il me trouve en retard... tiens! attache-moi ce bouquet.

GERVAISE.
Comment, ce n'est pas encore fini.

LOUISE.
Allons, dépêche-toi donc; en vérité, Gervaise, tu es aujourd'hui d'une lenteur...

GERVAISE.
Ah! c'est que je ne me marie pas, moi!

LOUISE.
Comme tu me dis cela, est-ce que mon bonheur te fais de la peine...

GERVAISE.
De la peine, allons donc...

LOUISE.
Dam! nous devions faire les deux noces ensemble... nous marier le même jour, toi avec Jean Patrot, le cordonnier, et moi avec Julien... ce n'est pas ma faute si tu as changé d'idée... si tu as voulu retarder ton mariage.

GERVAISE.
Sans doute... ce Jean Patrot... ah! je ne suis pas pressée, moi.

LOUISE.
Moi, c'est différent... je sens que ça presse...Julien et moi nous nous aimons tant. (Jetant un cri,) Aïe! aïe! aïe!

GERVAISE.
Eh bien! qu'as-tu donc?

LOUISE.
Pardine! tu viens de me piquer...

GERVAISE.
Bah! bah! un jour de noce, est-ce qu'on fait attention à ces choses-là... Il faut souffrir pour être belle...

LOUISE.

Ça n'est pas une raison pour m'enfoncer des épingles comme dans une grimace... as-tu fini ?

GERVAISE.

Oui, voilà qui est fait...

LOUISE.

Merci, cousine... ah ! à propos... je savais bien que j'avais quelque chose à te demander...

LOUISE.

AIR : Le beau Lycas, etc.

Tu m'as prêté, pour me fair' belle,
Un' ceintur' blanche et ta croix d'or;
J'ai pris ton fichu de dentelle...

GERVAISE.

Est-ce que ce n'est pas tout encor ?

LOUISE.

On est si méchant dans l' village
On vous r'garde, on vous dévisage,
Et pour être au complet, j' soutiens
Qu'y m' manque encore quequ'chose...

GERVAIS.

Eh bien ?

LOUISE.

Dam, le jour de mon mariage,
Je veux qu'il ne me manque rien.

GERVAISE.

Enfin, que te manque-t-il donc ? tu sais, cousine, que nous avons la même taille, à preuve que tes robes m'habillent comme si on les avait faites pour moi..., ensuite...

LOUISE.

Nous avons aussi le même pied, tes souliers me vont comme un gant! et comme je ne peux pas me marier en sabots...

GERVAISE.

Là, tu n'as pas pensé à en commander !

LOUISE.

Que veux-tu, je songeais à tant d'autres choses, les souliers me sont sortis de la tête.

GERVAISE.

Et M. Julien, est-ce qu'il n'aurait pas dû songer à ça ; mais ces hommes, un jour de mariage, ça ne pense qu'à la fleur-d'oranger !

LOUISE.

Enfin, le mal n'est pas grand, tu es si complaisante, quand tu veux, tu vas m'en prêter.

GERVAISE.

T'en prêter, c'est bientôt dit ; mais je n'ai que des souliers de peau noire.

LOUISE.

Ah ! que c'est désagréable ! des souliers de peau noire avec une robe blanche, on a l'air d'une blanchisseuse ; enfin, c'est égal, ça vaut encore mieux que des sabots.

GERVAISE.

Ils sont à ton service ; mais, je t'en préviens, ils t'iront mal ; ils ont été faits par ce maladroit de Patrot, et c'est tout dire...

SCÈNE II.

LES MÊMES, PATROT, avec une corbeille de mariage.

PATROT.

Présent ! qu'est-ce qui a demandé Patrot ?

GERVAISE.

Ah ! c'est vous...

PATROT.

Moi-même, de la tête aux pieds... brossé, ciré, habillé à neuf, avec la corbeille ci-jointe.

AIR : Dans ma chaumière

Cette corbeille (BIS)
Est un hommage de son cœur ;

Mais la rose la plus vermeille
N'est pas, sur ma foi d'homm' d'honneur,
Dans la corbeille. (bis.)

LOUISE.
Ah! qu'elle est jolie!

PATROT.
Elle a son charme; mais c'est colifichet, Julien n'a pas voulu m'écouter.

LOUISE.
Comment!

PATROT.
Sans doute, je lui avais dit : quand on se met en ménage, règle générale, faut pas donner dans les FANFRELUCHES, faut penser à l'utile; mets-moi là-dedans des bons souliers, seulement, varie les espèces; souliers en nankin, souliers en maroquin, souliers en peau de chèvre; un assortiment complet, quoi !

GERVAISE.
Beau cadeau pour une jeune mariée, et si c'est comme ça que vous voulez vous comporter...

PATROT.
Oh! moi, c'est différent, ma corbeille est là; d'abord douze aunes d'étoffe pour me faire des gilets et autres choses de flanelle, la santé de l'époux, c'est le plus beau cadeau à faire à l'épouse... ensuite...

GERVAISE.
C'est bon, c'est bon, vous n'en êtes pas encore là.

LOUISE.
Mais, où donc est Julien?

PATROT.
Julien est en train de s'adoniser; un jour de noces, faut parer son physique; soyez tranquille, il va nous arriver sur les ailes de l'amour et du désir.

GERVAISE.
Mais, posez donc cette corbeille, vous avez l'air d'un âne avec ses paniers.

PATROT.
Remarque spirituelle et pleine de sens; oùs que je vas les poser?

GERVAISE.
Sur cette table.

PATROT.
Elle est remplie d'instinct! pendant que la petite s'extasiera devant ses cadeaux, je pourrai causer avec vous.

GERVAISE.
Vous avez quelque chose à m'apprendre?

PATROT.
Oui, toujours la même chose, je ne suis pas versatile et caméléonien.

GERVAISE.
J' gage que vous allez me parler de notre mariage.

PATROT.
Aussi, pourquoi que vous lambinez, que vous traînassez; le mariage, c'est comme une médecine, faut l'avaler tout d'un coup!

GERVAISE.
Bah! bah! nous avons le temps.

PATROT.
Toujours même réponse; mais, je serai votre appui, votre soutien; réfléchissez, Gervaise; une femme sans mari, c'est comme un soulier sans contre-fort.

LOUISE, regardant.
Oh! que de choses! que de choses!

PATROT.
Oui, trop de choses, et pas assez de souliers.

LOUISE.
Des étoffes, des rubans, des gants, un nécessaire en maroquin rouge.

PATROT.
Du si beau maroquin, qu'on en aurait fait des souliers charmans!

LOUISE.
Est-il joli!

PATROT.
Un nécessaire, c'est du superflu.

LOUISE.
Que vois-je ! des souliers !
GERVAISE.
Des souliers !
LOUISE.
De satin blanc.
PATROT.
De pur satin blanc, c'est la seule paire que j'ai pu lui insinuer.
LOUISE.
Oh ! que c'est délicat ! que c'est aimable ! je suis d'une joie... moi qui justement n'ai pas de souliers blancs.

Air : Vaudeville de l'Apothicaire.

Est-il un cadeau plus galant !
Avec ça que j' vais êtr' bien mise,
Le gentil petit satin blanc !
En vérité, je suis surprise
Qu'on ait pu les faire à mon pié.

PATROT.

D'abord, mamzell' je n' suis pas bête,
Et puis Julien, comme marié,
Avait votre pied dans la tête.
Comme amoureux et comme marié,
Il avait vot' pied dans la tête.

LOUISE, à Gervaise.
Vois donc comme ils sont mignons.
PATROT.
Un peu, qu'ils le sont, c'est moi qui les a inventés.
GERVAISE.
Comment ! inventés, il y a beau jour qu'on en porte.
PATROT.
Qu'on en porte d'autres, possible ; mais ceux-ci sont de mon invention.
GERVAISE.
Que ne demandez-vous un brevet.
PATROT.
J'en ai eu l'idée ; mais faudrait se courber, faudrait s'aplatir, et j'ai la fierté du vrai talent ; le vrai talent haricotte, et ne s'abaisse pas ; voilà mon opinion politique !
LOUISE.
Voici Julien ! voici Julien !

SCÈNE III.
Les Mêmes, JULIEN.

PATROT.
Le marié ! salut, marié !

JULIEN et LOUISE, ensemble.

Air :

Quel plaisir ! (bis)
Ce jour enfin va nous unir.
Quel plaisir ! (bis)
Pour nous quel heureux avenir.
Louise, le voilà,
Avec ce bouquet-là,
Encor plus fraîche, sur mon âme !
Je vais donc, aujourd'hui,
M'appeler ton mari.

LOUISE, avec importance.
Et je vais m'appeler madame !

ENSEMBLE.
{
LOUISE et JULIEN.
Quel plaisir ! etc.
PATROT et GERVAISE.
Quel plaisir ! (bis)
Ce jour enfin va les unir.
Quel plaisir ! (bis)
Pour eux quel heureux avenir !
}

JULIEN.
Bonjour, Patrot, bonjour, Gervaise.
GERVAISE.
Bonjour, monsieur Julien.
JULIEN.
Monsieur Julien! quel ton cérémonieux... dans une heure ne serais-je pas votre frère.
GERVAISE.
M. Julien, croyez que je prends sincèrement part à votre bonheur... et que je forme des vœux...
JULIEN.
Merci, merci, Gervaise; quant à moi, je suis ce matin d'une gaîté... je chante, je ris, j'ai l'air d'un fou.
LOUISE.
Ce cher Julien.
PATROT, à Gervaise.
Et dire que si vous vouliez, je roucoulerais aussi...
GERVAISE.
Ça n'est pas pressé!..
PATROT.
Ça n'est pas pressé, excusez! en attendant, la voix se rouille.
LOUISE.
A propos, Julien, il faut que je vous gronde...
JULIEN.
Me gronder, moi!..
LOUISE.
Oui, vous faites des dépenses, des folies... cette corbeille...
JULIEN.
Ne parlons pas de ça, je ne pouvais mieux placer mes économies, et si elle t'a fait plaisir...
LOUISE.
Peux-tu en douter...(A Gervaise.) N'est-ce pas qu'elle est de bien bon goût?
PATROT.
Oui, tout est charmant!.. tout de fond en comble!.. seulement toujours pas assez de souliers.
JULIEN.
Mais il faut que je m'absente encore un instant...
LOUISE.
Déjà!..
JULIEN.
Oui, j'ai encore quelques préparatifs à faire, dans un quart-d'heure je reviens pour ne plus te quitter...
LOUISE.
Pendant ce temps-là, je vais terminer ma toilette, et mettre les souliers.
JULIEN.
C'est ça... Patrot, tu vas venir avec moi...
PATROT.
J'te suis... (Bas.) Nous boirons bouteille en route, un jour de noce, faut s'étourdir... (Haut.) A revoir, ma future... Passe devant, marié.
JULIEN.
Au revoir, ma Louise!..

Air : Désormais plus d'absence.

Déjà je me retire,
Il le faut,
Trop heureux de te dire,
A bientôt!
Ce n'est qu'en ta présence
Qu'il est du bonheur pour moi...
LOUISE.
Pendant ton absence,
Je ne penserai qu'à toi!..
PATROT, à Gervaise.
Vous pouviez, plus ingambe,
Faire une paire d'heureux.
C' mariage n'a qu'un' jambe...
Vous l'avez rendu boiteux.

ENSEMBLE.

PATROT.
Déjà je me retire,
Il le faut,
Quand me fera-t-on dire
A bientôt.

LOUISE et GERVAISE.
Gaîment on se retire,
S'il le faut,
Lorsqu'on peut se dire
A bientôt.

(Il embrasse Louise et sort avec Patrot.)

SCÈNE IV.
GERVAISE, LOUISE.

LOUISE.
Maintenant, essayons mes petits souliers.

GERVAISE.
J'ai bien peur que tu ne puisses pas les mettre.

LOUISE.
Pourquoi donc.

GERVAISE.
Dam, ils m'ont l'air bien petits.

LOUISE.
Du tout, du tout... (Elle s'assied.) Je parierais, au contraire, qu'ils sont trop grands... as-tu là une corne...

GERVAISE.
Pourquoi faire, puisqu'ils sont trop grands.

LOUISE, essayant les souliers,
C'est juste, je m'en passerai. (Elle en met un avec peine et frappe du pied.)

GERVAISE.
Eh! est-ce qu'ils n'entrent pas?..

LOUISE.
Tu vois bien que si... mais le satin, ça prête si peu, et puis des souliers neufs... n'importe, ça ira; à l'autre, maintenant... (Elle le met.) Le pied droit est toujours un peu plus fort, et puis je ne sais pas, il me semble que j'ai les pieds un peu enflés, ce matin.

GERVAISE.
Ne vas pas te gêner, mes souliers noirs sont toujours à ta disposition.

LOUISE.
Merci, v'là que ça y est... (Elle se lève et marche avec difficulté.) je savais bien qu'ils étaient trop larges.

GERVAISE.
On dirait que tu boites?..

LOUISE.
Je boite, moi!.. par exemple, ça te plaît à dire, je danse là-dedans... tiens, tiens, vois plutôt... (Elle fait un entrechat et retombe en jetant un cri.)

GERVAISE.
En effet, je vois que tu danses dans tes souliers... (A part.) Elle souffre le martyre! (Elle sort.)

SCÈNE V.
LOUISE, seule.

Je n'ai pas voulu en convenir devant Gervaise, mais ils me font fièrement mal... enfin c'est égal, il faut les garder, vaut encore mieux souffrir un peu que d'être mal chaussée... voyons donc, en marchant, je les avachirai... mais v'là le diable!.. ils sont trop courts.

AIR. Mire dans mes yeux, tes yeux

Oui, je l'avoûrai tout bas,
Ce soulier me presse.
Oui, je l'avoûrai tout bas,
Je n' puis faire un pas,
Hélas! ce satin me blesse,
Hélas! je n'puis faire un pas,

Il faut que je le confesse,
C'Patrot est un fier clampin.
J' suis, grace a sa maladresse,
Dans la prison de Saint-Crepin.

Oui, je l'avoûrai, etc.

Vraiment, je suis au supplice,
Je souffre que c'est pitié;
Mais si j'en f'sais l' sacrifice,
On me croirait un grand pied;
Et ça s'rait un autre supplice,
De paraître avoir grand pied !

(Parlé.) D'ailleurs, si je les ôtais, Gervaise serait trop contente, et puis Julien à qui j'ai promis de m'en parer... décidément je m'immole, mais c'est égal...

Oui, je l'avoûrai tout bas,
Ce soulier me presse;
Oui, je l'avoûrai tout bas,
Je n'puis faire un pas.
Hélas!
Ce satin me blesse.
Hélas!
Je n'puis faire un pas!..

En vérité, le cœur me manque. (Elle frappe du pied avec colère.) Dieu de Dieu! que c'est bête de souffrir comme ça !.. (Elle se laisse tomber sur une chaise.)

SCÈNE VI.
LOUISE, JULIEN.

JULIEN, à part.
La voilà... elle est seule... elle pense à moi, sans doute.
(Il s'avance doucement derrière elle et l'embrasse.)
LOUISE, jetant un cri de douleur.
Ah!.. (Voyant Julien et se levant.) Comment, c'est vous...
JULIEN.
Oui, je me suis pressé, j'ai couru, et j'arrive... mais qu'as-tu donc, Louise?
LOUISE.
Moi, je n'ai rien, mais vous m'avez fait peur.
JULIEN.
Peur !..
LOUISE.
On ne surprend pas ainsi les gens... venir comme ça par derrière, en sournois... on croit que monsieur est bien loin, il est là, à vous espionner.
JULIEN.
Monsieur!.. à vous espionner!.. Vous avez de l'humeur à ce qu'il paraît.
LOUISE.
C'est qu'aussi il n'y a rien de si bête que de vous embrasser sans dire gare... oh! c'est bien bête!.. (A part.) Dieu que je souffre.
JULIEN.
En vérité, Louise, vous avez quelquefois des expressions...
LOUISE.
Elles fâchent monsieur... c'est bien dommage...
JULIEN.
Mais c'est vous qui vous fâchez, au contraire.
LOUISE.
A vous entendre, on croirait que je suis acariâtre, insupportable, difficile à vivre...
JULIEN.
Je ne dis pas cela... mais aussi vous me recevez d'une manière...

Air d'Yelva.
Qu'ai-je donc fait, et qu'est-ce qui m'attire
Un accueil aussi peu flatteur?
Suis-je coupable! oh! daigne me le dire,
Apprends-le-moi, pour rassurer mon cœur.
Si c'est l'baiser que j'ai su prendre,
Pour te prouver mon repentir,
Louise, je suis prêt à rendre
Ce que je viens de te ravir

LOUISE.
Du tout, du tout, monsieur !..
JULIEN.
Moi, qui accourais si content, si joyeux !..

LOUISE.
Il paraît que vous avez laissé votre bonne humeur à la porte, car vous me faites une mine...

JULIEN.
Vous verrez que c'est moi qui ai tort... Eh bien! si vous le voulez, si vous y tenez absolument, oui, j'ai l'air maussade... j'aurai tous les airs qu'il vous plaira.

LOUISE.
Ah! vous l'avouez donc enfin... et peut-on savoir ce qui a mis monsieur de mauvaise humeur?

JULIEN.
Comment! ça n'est pas encore terminé...

LOUISE.
Je vous ennuie...

JULIEN.
Non, mais...

LOUISE.
Voilà un mais, bien poli... j'ennuie monsieur!.. (A part.) Oh! les maudits souliers!..

JULIEN.
Louise, au nom du ciel! écoute-moi!.. voyons, dis-moi ce qui te fâche...

LOUISE.
Encore!..

JULIEN.
Il y a un motif que je ne connais pas, que je ne puis deviner, mais certes, tu n'es pas comme d'habitude, ta figure même...

LOUISE.
Eh bien!..

JULIEN.
On dirait que tu souffres; que...

LOUISE.
Mais du tout, du tout, monsieur, je ne souffre pas, au contraire...

JULIEN.
Tiens! et maintenant, tu me dis cela d'un air... il me semble que je vois une larme dans tes yeux?

LOUISE.
Oh! quel entêtement!.. eh bien! oui, oui, une larme, de dépit, de colère, contre vous, qui vous plaisez à me tourmenter.

JULIEN.
Moi... mais, Louise.

LOUISE.
Oh! laissez-moi, laissez-moi... (Elle s'assied et lui tourne le dos.)

JULIEN, avec colère.
Soit; je me trompais, tout ceci n'est qu'un caprice...

LOUISE.
Un caprice!.. par exemple, voilà un mot que je ne puis pas endurer de sang-froid... (Elle se lève avec colère.) Monsieur!.. (Poussant un cri.) Aïe!.. monsieur, vous êtes un grossier

JULIEN.
Des injures!.. eh bien! c'est très gracieux pour le jour de son mariage.

LOUISE.
Oh! ce mariage n'est pas encore fait... heureusement...

JULIEN.
Que dites-vous?..

LOUISE.
Je dis... je dis... que je veux que mon mari soit aimable, complaisant, honnête... et Dieu merci...

JULIEN.
Eh bien! achevez.

LOUISE.
Dieu merci, je n'irai pas loin pour trouver mieux que vous. (A part.) Ah! Sortons, sortons, car je n'en puis plus.   (Elle sort.)

SCÈNE VII.
JULIEN, puis PATROT.

JULIEN, seul.
Qui se serait jamais attendu à pareille chose, moi qui lui croyais un si

bon caractère, se fâcher parce que je l'embrasse... par exemple, si elle croit que je reviendrai, elle se trompe.

PATROT, entrant.

Eh bien! tout est-il prêt, partons-nous...

JULIEN.

Partir? où veux-tu donc aller...

PATROT.

C'te bêtise! eh bien! à la mairie...

JULIEN.

A la mairie!

PATROT.

Sans doute, et ensuite à l'auberge du Faisan-d'Or; le maire est écharpé et les canards impitoyablement égorgés; on n'attend plus que nous.

JULIEN.

On a tort d'attendre, car je n'irai pas.

PATROT.

Comment...

JULIEN.

Plus de noce, plus de fête, plus de repas.

PATROT.

Plus de repas? qu'est-ce que tu dis donc?

JULIEN.

Je viens d'avoir avec Louise, une scène terrible.

PATROT.

Une querelle!.. ah bah! vous êtes Français, l'affaire peut s'arranger.

Air : On dit que je suis sans malice.

Tu te r' mettras avec ta belle,

JULIEN.

Après une telle querelle,
Je ne conserve pas d'espoir
De parvenir à la revoir.

PATROT.

J' t'offrirais ben mon patronage
Mais, si j' fais un raccommodage,
Je f' rais peut-êtr' moins aisément,
Mon cher, un raccommodement.

JULIEN.

Un raccommodement... rupture complète...

PATROT.

Rupture complète... ça me rompt bras et jambes.

JULIEN.

Dans tous les cas, je ne ferai pas la première démarche.

PATROT.

Approuvé... avec les femmes, faut du caractère.

JULIEN.

Me chercher une querelle d'Allemand! je suis d'une colère...

PATROT.

T'as tort... faut du sang-froid; après tout, qu'est-ce que tu perds; un bon repas, c'est vrai; encore nous pouvons toujours l'avaler à nous deux.

JULIEN.

Je m'embarrasse bien de cela.

PATROT.

Dans le fait, ça n'est pas embarrassant.

JULIEN.

Ce qui me vexe, c'est cette rupture... juste au dernier moment; qu'est-ce qu'on va penser dans le village...

PATROT.

On pensera ce que ça voudra; d'ailleurs, tu te seras bientôt rassorti, je suis cordonnier, je te trouverai chaussure à ton pied... tiens, justement, y a Marie Robichon qu'est disponible... si tu veux je lui parlerai...

JULIEN.

C'est inutile...

PATROT.

T'en as le droit, Liberté! libertas!

JULIEN.

Mais, dans tous les cas, je ne remettrai pas les pieds ici.

Air : Allons, de la philosophie.

Je veux montrer du caractère,
Oui, je saurai me contenir,
Par la froideur et non par la colère
Je prétends ici la punir,
Un pareil caprice...

PATROT.

. Est infâme.
Mais song' qu'un repas nous attend ;
On peut bien bouder une femme,
Son estomac c'est différent.

JULIEN.	ENSEMBLE.	PATROT.
Je veux montrer du caractère,		Il faut montrer du caractère,
Oui, je saurai me contenir,		Oui, tâche de te contenir,
Par la froideur et non par la colère,		Par la froideur et non par la colère,
Je prétends la punir.		Mon cher, tu sauras la punir.

Adieu, Patrot.

PATROT.

A revoir, ex-marié.

JULIEN, à part.

J'en mourrai peut-être, mais je ne reviendrai pas. (Il sort.)

SCÈNE VIII.
PATROT, GERVAISE.

PATROT.

Tiens ! tiens ! tiens !..

GERVAISE.

Est-ce que Julien n'était pas avec vous.

PATROT.

Si fait... il sort d'ici... Brouillés...

GERVAISE.

Brouillés... qui donc ?

PATROT.

Nos amoureux, Julien et Louise...

GERVAISE.

Comment, ils sont brouillés ?..

PATROT.

A la vie à la mort.., c'est une passion exterminée...

GERVAISE.

Mais êtes-vous bien sûr...

PATROT.

Sûr comme de la limonade, adorable amie.

GERVAISE.

De qui le tenez-vous ?

PATROT.

De la bouche en personne de Julien.

GERVAISE.

Je n'en reviens pas.

PATROT.

Cet étonnement vous honore, Gervaise...Dieu de Dieu ! ça n'est pas vous qui changeriez comme ça... ni moi non plus, notre amour à nous, c'est un amour à double-couture.

GERVAISE, réfléchissant.

Brouillés ! c'est incroyable...

PATROT.

C'est incroyable, je le crois...

GERVAISE.

Après tout, vous en dites peut-être plus qu'il y en a... ce n'est probablement qu'un nuage, il passera.

PATROT.

Il crevera plutôt ; d'abord, Julien est bien décidé à ne pas revenir.

GERVAISE.

Vraiment...

PATROT.

J'en jeterais ma main au feu. (Julien paraît au fond.)

GERVAISE.
Voyez donc comme il ne reviendra pas, le voilà; pauvre garçon comme il a l'air affligé.
PATROT.
Il a l'air d'une sainte-Madeleine ou d'un saule pleureur.
GERVAISE.
Laissez-moi, je vais tâcher de le consoler un peu.
PATROT.
Si nous le consolions ensemble.
GERVAISE.
Du tout, une femme s'entend mieux à ces choses-là... Allons, je vous dis de vous en aller.
PATROT.
Ne vous fâchez pas, on s'en va; ramadouez-le tout à votre aise. (A Julien.) Laisse-toi ramadouer, bah! (Il sort.)

SCÈNE IX.
GERVAISE, JULIEN.

GERVAISE, à part.
Ce pauvre Julien, il me fait vraiment de la peine. (Haut.) Eh bien! vous ne dites rien; vous étiez peut-être venu pour faire votre paix avec Louise!
JULIEN.
La paix! ce n'est pas à moi de la demander; si j'avais tort, à la bonne heure.
GERVAISE.
Dam! je ne peux pas juger, je ne sais pas comment cette querelle est venue.
JULIEN.
Est-ce que je le sais plus que vous.
GERVAISE.
Comment!
JULIEN.
Sans doute... j'arrive tout joyeux, je trouve Louise en train de réfléchir, je l'embrasse... elle se fâche.
GERVAISE.
Parce que vous l'avez embrassée?
JULIEN.
Pour cela seulement... et là-dessus, elle se met à me dire des choses très dures.
GERVAISE.
Ah! dam! vous n'avez pas cru épouser l'agneau pascal; et puis, vous l'avez peut être brusquée.
JULIEN.
Moi! au contraire; j'ai fait tout ce que j'ai pu pour lui faire entendre raison; mais mademoiselle avait la tête montée.
GERVAISE.
C'est pas pour en dire du mal, mais elle est impérieuse, la cousine.
JULIEN.
Oh! ça, c'est vrai!
GERVAISE.
Elle aime à faire toutes ses volontés, elle a été élevée à ça; moi, c'est différent, quand j'étais petite fille, on me tapait sur les ongles... aussi maintenant.
JULIEN.
Oui, maintenant, vous êtes bonne... et si vous aviez un mari...
GERVAISE.
Oh! si j'avais un mari, ben gentil, bien aimable... et que j'aimerais bien, je ferais tout ce qu'il voudrait, d'abord.
JULIEN.
Quelle différence avec Louise!
GERVAISE.
J'aurais ben soin de lui, et, au lieu de chercher à lui aigrir le caractère... eh ben! au contraire, je le calmerais.
JULIEN.
Voilà une femme! en voilà une... ainsi, Gervaise, vous convenez que tous les torts sont du côté de Louise.
GERVAISE.
Je ne dis pas tout-à-fait ça... Louise a du bon, au fond.

JULIEN.

Elle cherche encore à l'excuser ! (Haut.) Mais voyez si elle montre le moindre regret... voyez si elle songe à revenir.

GERVAISE.

Ah! dam! elle est trop fière pour ça... moi, je sais bien qu'à sa place...

JULIEN.

A sa place...

GERVAISE.

Je vous aurais déjà demandé pardon ; mais tous les caractères ne se ressemblent pas.

JULIEN.

Heureusement ! je ne sais vraiment pas comment j'ai pu m'amouracher de cette petite Louise.

GERVAISE.

Allons, Julien, vous y mettez de l'aigreur.

JULIEN.

Non ; seulement je commence à voir clair... Louise est emportée, coquette.

GERVAISE.

Oui, mais elle est jolie...

JULIEN.

Jolie, c'est vrai ; mais après tout, il y en a d'autres qui la valent, qui valent mieux, même... et sans aller bien loin encore... sans aller bien loin... Gervaise...

GERVAISE, à part.

Comme il me regarde. (Haut.) C'est peut-être le dépit qui vous fait dire ça.

JULIEN.

Le dépit... ma foi, non ; et tenez, Gervaise, si j'osais vous dire...

GERVAISE.

Quoi donc ? (A part.) Nous y voilà...

JULIEN.

Oui, tout ce que je viens d'entendre... la comparaison que je fais de votre caractère doux, complaisant, avec le caractère capricieux, impérieux de Louise.

GERVAISE.

Eh bien ! Julien...

JULIEN.

Eh bien ! tout cela réuni fait que je vous aime, et que si vous voulez, je vous épouserai.

GERVAISE.

M'épouser... mais, y songez-vous, Julien... l'amitié que j'ai pour Louise...

JULIEN.

Louise m'a refusé... elle a rompu la première les liens qui allaient m'attacher à elle.

GERVAISE.

La première... en êtes-vous bien sûr...

JULIEN.

La première, la première... sans cela, est-ce que nous serions brouillés...

GERVAISE.

Dam, alors, vous êtes libre...

JULIEN.

Sans doute.

AIR : Tournez fuseaux. (DAME BLANCHE.)

A présent qu'ell' vous refuse,
Et qu'elle renonce à tout,
Ça peut vous servir d'excuse,
Pour devenir mon époux.

JULIEN.

Elle refuse ma tendresse,
A vous épouser je suis prêt.

GERVAISE.

Enfin, puisqu'elle vous délaisse,
Ça n'est plus un vol qu'on lui fait.

JULIEN.

Certainement ; ainsi vous consentez.

GERVAISE.

Je ne dis pas non... mais laissez-moi le temps de réfléchir un peu.

JULIEN.
Oh! non, non, pas de réflexions... le maire, le curé nous attendent ; le contrat est dressé, les noms sont en blanc... Eh bien! au lieu de Louise, on mettra Gervaise, la bonne, la douce Gervaise... voilà tout.
GERVAISE.
En vérité, vous y mettez une précipitation... une chaleur...
JULIEN.
Un mot! un mot... et je cours...
GERVAISE.
Eh ben!.. eh ben... puisque vous le voulez absolument... Oui!..
JULIEN, à part.
Je serai peut-être malheureux ; mais n'importe, ça la fera enrager et je serai vengé... (Haut.) Au revoir, au revoir, ma chère Gervaise. (Il sort.)

SCÈNE X.
GERVAISE, LOUISE.

GERVAISE, seule.
Ah ça! est-ce un rêve?.. suis-je bien éveillée... je vais être la femme de Julien... c'est qu'il est un peu plus gentil que Patrot... et puis un clerc de notaire, ça tient un rang distingué dans le monde... Mais je bavarde, je bavarde, faut penser à m'habiller... j'ai le temps tout juste...
(Elle va pour sortir ; Louise entre deshabillée et en sabots.)
LOUISE, entrant et à part.
Maintenant que j'ai ôté ces vilains souliers qui me fesaient tant de mal, il me semble que j'ai eu tort avec ce pauvre Julien... faut que je consulte Gervaise... (Haut.) Te voilà, cousine, j'ai un conseil à te demander...
GERVAISE.
A moi!..
LOUISE.
Tu sais sans doute que Julien et moi nous sommes brouillés.
GERVAISE.
Je sais ça, mais il paraît que son amour n'était pas bien violent.
LOUISE.
Comment?..
GERVAISE.
Sans doute, puisqu'une fois dégagé vis-à-vis de toi, il s'est hâté de faire un nouveau choix.
LOUISE.
Et ce choix, ce choix, quel est-il?..
GERVAISE.
Ma bonne cousine, je crains de t'affliger, mais tu ne l'aime plus, n'est-ce pas?
LOUISE.
Oh! non, non, je ne l'aime plus... mais enfin, qui donc a-t-il choisi?..
GERVAISE.
Tu comprends que sans cette assurance, je n'aurais jamais accepté.
LOUISE.
Accepté... ah!.. c'est... c'est toi qu'il épouse... au fait, puisqu'il devait changer, être infidèle... autant avec toi qu'avec une autre ; et quand vous mariez-vous...
GERVAISE.
Mais aujourd'hui même...
LOUISE, à part.
Aujourd'hui... quelle idée, (Haut.) Mais tu n'as pas de toilette de mariée... eh bien! pour te prouver que je renonce sans regret à M. Julien, je te prêterai ma robe, mon bouquet, tout jusqu'aux souliers de satin blanc...
GERVAISE.
C'est bien gentil à toi...
LOUISE.
Tu les trouveras dans ma chambre ainsi que toute ma toilette... va t'habiller.
GERVAISE.
J'y cours... merci, cousine... (A part.) Elle a beau dire, elle enrage...
(Elle sort.)

SCÈNE XI.
LOUISE, seule.

Oui, oui, va mettre mes souliers, vas-y, vas-y, tu m'en diras de bonnes nouvelles.

AIR : Quel plaisir d'être marié (ESTHER.)

Oui, je m'applaudis de ma ruse,
Et mon projet réussira.
En secret déjà je m'amuse,
De la mine qu'elle fera.
Elle boitera,
Elle souffrira,
Et cela me vengera.
Ah! tu me prends celui que j'aime,
Comm' s'il était facil' de s' marier ;
Eh ! bien, dans mon depit extrême,
Pour la peine, je vais l'estropier.
Oui, je m'applaudis, etc.

Ah! voilà ce pauvre Patrot... c'est lui qui va être désolé, quand il saura la nouvelle.

SCÈNE XII.
LOUISE, PATROT.

PATROT, entre en chantant.
Nos amours ont duré toute une semaine, etc.

LOUISE.
Vous voilà bien gai, m'sieur Patrot.

PATROT.
Oui, c'est une opinion comme ça... Où donc est Gervaise?..

LOUISE.
Elle est dans ma chambre, en train de s'habiller.

PATROT.
Ah bah! est-ce que ça serait renoué.

LOUISE.
Quoi donc?..

PATROT.
Eh! ben, la noce.

LOUISE.
Oui, en effet, la noce a lieu... mais ce n'est pas moi qui me marie.

PATROT.
Ah! bah! qu'est-ce qui se marie donc?..

LOUISE.
Ça va bien vous; étonner c'est Gervaise.

PATROT.
Gervaise!.. ah! bah!..

LOUISE.
Elle va épouser Julien.

PATROT.
Ah! grand Dieu!.. que m'apprenez-vous là... c'est un cancan.

LOUISE.
Du tout, ça n'est que trop vrai.

PATROT.
Ah! grand Dieu! ah! grand Dieu!.. je reste anéanti... soutenez-moi, ou je vas tomber.

LOUISE.
Allons, remettez-vous...

PATROT.
Avancez-moi une chaise... je sens mes genoux flageoller, c'est fini, je n'ai plus le moindre genou.

LOUISE.
Monsieur Patrot!..

PATROT.
N'y a pas de Patrot!.. ni de monsieur Patrot... la perfide... la girouette!

LOUISE.
Un peu de courage.

PATROT.
Du courage... oui, j'en aurai... donnez-moi le pot-à-l'eau...

LOUISE.
Le pot-à-l'eau...

PATROT.
J'ai soif!.. je lance des flammes... je suis comme une bête fauve... si j'avais là mon alêne, je ferais un horrible massacre...

LOUISE.
O ciel! y pensez-vous!..
PATROT.
Moi qui, pour lui plaire, m'étais confectionné une paire de très jolis petits escarpins... ma position est des plus larmoyantes... je suis sûr que ce soir j'aurai un saignement de nez!..
LOUISE.
Cela n'est pas dangereux!
PATROT.
Une hémorragie... une paralysie foudroyante, un gros rhume!
LOUISE.
Faudra vous soigner...
PATROT.
Non, non, je ne me soignerai pas, je me laisserai dépérir... je viendrai mourir à sa porte comme un pauvre animal...tout ça pour le narguer, l'atroce créature!...
LOUISE.
Il est fou!
PATROT.
Ou plutôt, non, mourir! moyen usé... je ferai mieux, je me laverai les mains avec de la pâte d'amande ou du savon noir, je porterai un jabot, je porterai des manchettes, je mettrai des souliers de deux pouces trop court; et je me laisserai pousser de la moustache sous le menton...

Air du Matelot. (Mlle Marguerite.)
Des mirliflors je vais être le singe,
J'veux que l'on dise en m'voyant : quel seigneur!
Qu'il est bien mis! Dieu, qu'il a du beau linge!
Enfin, j'veux être un profond séducteur.
Ordinairement, quand une femme est perfide,
On dépérit, on est horrible à voir...
J'rajeunirai cet usage stupide ;
Je serai beau par desespoir!
Beau de mon désespoir
Beau par mon désespoir!

LOUISE.
Mon Dieu! contenez-vous... voilà Julien.
PATROT.
Julien! odieux rival, ah! s'il n'était pas plus fort que moi... mais il est plus fort que moi, j'aurai pitié de sa faiblesse!

SCÈNE XIII.
Les Mêmes, JULIEN.

JULIEN.
Pardon, mademoiselle; ce n'est pas vous que je cherchais.
PATROT, à part.
Infâme Sainte-Mitouche!
LOUISE.
Je le sais, monsieur Julien; je sais aussi que vous allez épouser ma cousine.
JULIEN.
Oui, mademoiselle; ne m'avez-vous pas dit que j'étais libre...
LOUISE.
Aussi je ne me plains pas, je ne vous reproche rien... tout ce que je vous demande, c'est d'oublier ce qui s'est passé entre nous, et de vivre comme de bons amis.
JULIEN, à part.
Que dit-elle!.. quel changement!
PATROT, à part.
Cette villageoise est sublime! (Haut.) Vous êtes sublime, villageoise!
LOUISE.
Gervaise mérite votre amour, elle est bonne...
PATROT, à part.
Imprudente flatterie!
LOUISE.
Douce, complaisante, sensible surtout.

PATROT, à part.
Oui sensible comme un quarteron de clous...
LOUISE.
Elle vous rendra heureux, du moins je le crois, je le désire...
JULIEN, avec émotion.
Je le crois, comme vous, mademoiselle, je serai heureux, mais très heureux avec votre cousine...
PATROT, à part.
Va, va, chenapan; je ne te donnerai pas ma bénédiction toujours!
LOUISE.
La voilà! je vous laisse avec elle... adieu, mon ami... puissiez-vous être heureux.
PATROT, à part.
En avant la toilette écrasante, je veux noyer mon chagrin dans le luxe des habits.

LOUISE.

Air. Séduisante imago (GUSTAVE III.)

Quoiqu'une querelle,
Nous ait désunis,
Un' chaîne nouvelle,
Peut nous rendre amis.

JULIEN, à part

Plus je la considère,
Et moins j'ai de colère.

LOUISE.

Vous serez mon frère,
Et ce titre flatteur,
C'est encor du bonheur!

ENSEMBLE.

LOUISE.
Quoiqu'une querelle, etc.
JULIEN.
Quoiqu'une querelle,
Nous ait désunis ;
J' sens qu'un' chaîn' nouvelle,
Peut nous rendre amis.
PATROT.
Quoiqu'aucun' querelle,
Nous ait désunis ;
Null' chaîne nouvelle,
N' peut nous rendre amis.

(Ils sortent.)

SCÈNE XIV.
JULIEN, GERVAISE.

JULIEN, d'abord seul, et les yeux fixés sur le chemin qu'a pris Louise.
C'est singulier, je me sens tout ému... Ah! si je n'avais pas promis à Gervaise...
GERVAISE, arrive en boitant; elle a le costume et les souliers de Louise, à part.
Les souliers de cette petite Louise me font un mal horrible... le v'là! n'ayons pas l'air de boiter devant lui; on croirait que j'ai le pied plus grand qu'elle.
JULIEN.
Vous n'avez pas mis beaucoup de temps à votre toilette.
GERVAISE.
Vous trouvez? il paraît que le temps ne vous semble pas long en mon absence...
JULIEN.
Ce n'est par cela que je veux dire.
GERVAISE, changeant de ton.
Au surplus, je conçois que les instans vous aient semblés courts... lorsqu'on est en compagnie... car, si je ne me trompe, Louise était avec vous.
JULIEN.
En effet, Louise et Patrot.
GERVAISE.
Et que vous a-t-elle dit...
JULIEN.
Mais, des choses qui m'ont fort étonné...

GERVAISE.

Ah ! ah !..

JULIEN.

Je m'attendais à de la froideur, à des reproches... Eh bien ! au contraire.

GERVAISE.

Au contraire...

JULIEN.
Air d'Arwed

Par un retour vraiment des plus étranges,
Sa voix avait une aimable douceur...
Oh ! c'était la bonté des anges !

GERVAISE, avec dépit.

De tels aveux, devant moi, c'est flatteur !
Vous devriez...

JULIEN.

Pourquoi cette querelle ?
Ne puis-je donc, sans vous mettre en courroux,
Une fois admirer en elle,
Ce que toujours je veux aimer en vous ?

GERVAISE.

La bonté des anges ! l'expression est bien trouvée... (A part, et piétinant.) Dieu que ces souliers me font mal. (Haut.) Mais j'espère, monsieur, que c'est la dernière fois que vous aurez de semblables conversations avec Louise.

JULIEN.

Cependant, je ne puis pas éviter...

GERVAISE.

Il faudra tâcher pourtant... après ce qui s'est passé entre vous, je vous verrais ensemble avec répugnance... vous entendez, avec répugnance.

JULIEN.

Allons, ne vous emportez pas... je vous promets de faire en ce point votre volonté.

GERVAISE.

C'est fort heureux !

JULIEN.

Occupons-nous maintenant, de changer les noms sur le contrat.
(Il va s'asseoir à la table à l'extrémité du théâtre.)

GERVAISE.

Comment, ce n'est pas encore fait...à quoi pensez-vous donc ?

JULIEN.

Mais je pensais à être plutôt de retour près de vous...

GERVAISE.

Près de moi, ou près de Louise.

JULIEN.

Ne parlons plus de cela, je vous en prie ; voyons, Gervaise, venez donc à côté de moi.

GERVAISE, à part.

A peine si je puis marcher. (Elle fait quelque pas en boitant, et s'arrête.) Il me semble pourtant que c'est plutôt à vous de vous déranger.

JULIEN, avec humeur.

Je ne puis pas porter les meubles près de vous.

GERVAISE.

Soit ! restez... prenez vos aise, mais je vous préviens que je n'irai pas plus loin.

JULIEN, avec douceur.

Gervaise !..

GERVAISE.

Vous avez beau prier... je ne ferai point un pas de plus, je ne le veux pas ! (A part.) D'ailleurs je souffre trop pour ça.

JULIEN.

Quel ton !.. (Il se lève.) Vous aviez raison de me dire que Louise était d'humeur maussade ; mais vous êtes bien sa cousine...

GERVAISE.

Des injures ! songez, monsieur, que je suis bonne, complaisante.

JULIEN.

Je m'en aperçois.

GERVAISE.

Je suis un mouton, pour la douceur... mais il ne faut pas qu'on en abuse qu'on me pousse à bout... ou sans cela...

JULIEN.

Quel joli petit caractère !

GERVAISE.

S'il ne vous convient pas, il n'y a rien de fait, rien de signé...

JULIEN.

Parbleu, mademoiselle, c'est comme il vous plaira.

GERVAISE.

Ah! vous me mettez le marché à la main.

Air : Ah ! j'étouffe de colère (PHILTRE.)

ENSEMBLE.

C'est affreux ! abominable !
Cet accueil est fort aimable !
C'en est fait, plus d'hymen,
Je renonce à votre main.
Une semblable querelle,
Heureusement me révèle,
C' caractèr' plein d'aigreur
Qui ferait notre malheur.

SCENE XV.
LES MÊMES, LOUISE.

LOUISE.

Pourqui ce bruit, cette colère ?
Quoi c'est vous qui vous chamailliez !
Avant d'aller chez monsieur l' maire...

GERVAISE.

Plus de maire et plus de mariés !..

JULIEN.

Je renonce à mademoiselle...

GERVAISE.

Je renonce à monsieur Julien...

LOUISE, à part.

Allons, grace à cette querelle,
J' crois que j' vais rentrer dans mon bien.

LOUISE.

L'ai-je bien entendu !.. est-il vrai que vous ne vous mariez plus ?

JULIEN.

Non, parbleu !..

GERVAISE.

Non, certainement...

LOUISE, à Julien.

Alors, moi, si j'avouais mes torts, si je vous demandais pardon.

JULIEN.

Vous !..

LOUISE.

Ou plutôt si je vous prouvais que j'avais pour me mettre en colère un motif plus puissant que ma volonté... me pardonneriez-vous, Julien ?..

JULIEN.

Sans doute... mais ce motif ?..

LOUISE.

Tout à l'heure... je veux avant, savoir de Gervaise si notre mariage ne lui laisserait aucun regret...

GERVAISE.

Oh! par exemple, je le jure !..

LOUISE.

Et tu reprendrais ce pauvre Patrot, qui t'aime, et que ton infidélité a réduit au désespoir.

GERVAISE.

Patrot... non pas, non pas !.. c'est un imbécile...

SCÈNE XVI.

LES MÊMES, PATROT, entrant en boitant.

PATROT.

Un imbécile!.. bien obligé, il ne vous faut rien pour ça...

GERVAISE.

Laissez-moi tranquille...

LOUISE.

Mais vois donc son chagrin... vois donc ses larmes.

PATROT.

Oui, mes larmes... que font couler votre cruauté, et ces horribles souliers... qui me coupent les pieds en petits morceaux...

GERVAISE.

C'est inutile... je suis inflexible... rien ne saurait m'attendrir en sa faveur...

PATROT.

Cette femme rendrait des points aux rochers.

LOUISE.

J'ai pourtant un moyen à te proposer...

GERVAISE.

Un moyen... quel est-il?..

LOUISE, lui présentant une paire de sabots.

Le voici...

GERVAISE.

Que signifie?..

LOUISE.

Ote ces souliers qui te gêne, et tu redeviendras bonne fille; ce sont eux qui te rendent cruelle envers lui comme ils m'ont rendue colère et injuste envers Julien...

JULIEN.

Il se pourrait... c'est pour ça que tu m'as cherché querelle...

PATROT.

Oui, une querelle à propos de bottes... c'est à dire à propos de souliers... (A Gervais qui s'est déchaussée.) Eh ben, ça ne va pas mieux.

GERVAISE.

Oui!.. ah! ça soulage... Tiens, ce pauvre Patrot, comme il a l'air triste!..

PATROT.

Elle s'en aperçoit.

GERVAISE.

Allons, je vous rends mon cœur, et je vous épouse...

PATROT.

Accepté... ça me chausse... mais tenez, si vous m'en croyez, pour éviter d'nouvelles bisbilles, nous ferons la noce en sabots.

CHOEUR FINAL.

Air. L'or est une chimère.

Chantons cet instant propère,
Et que tout soit oublié;
Le grand point est, sur la terre,
D' trouver chaussure à son pied.

Air de Céline

PATROT.

Ne plaisantons pas; je vous jure,
Et j' m'y connais, j' suis cordonnier,
Que bien souvent de la chaussure,
Dépend le sort du monde entier.

LOUISE, l'arrêtant.

Messieurs, je tremble pour la pièce,
On en voit tomber par milliers;
Et quoiqu'en sabots, je l' confesse,
Je suis dans mes petits souliers. (bis.)

Chantons cet instant prospère, etc.

FIN.

MARIE-HONNÊTE,

COMÉDIE EN VERS,

EN TROIS ACTES ET EN TROIS ÉPOQUES.

Imitation burlesque de Marie.

PAR M. DUMERSAN.

REPRÉSENTÉE POUR LA PREMIÈRE FOIS, SUR LE THÉATRE DES VARIÉTÉS,
LE 24 DÉCEMBRE 1836.

Bon ! je puis me vanter, dans cet hymen barroque,
Que ma femme est du moins de la première époque.
(ACTE Ier, SCÈNE IX.)

PARIS,

NOBIS, ÉDITEUR, RUE DU CAIRE, N° 5.

1836.

Personnages. *Acteurs.*

CÉLERI, ancien caporal et fruitier.   MM. RÉBARD.
MÊLETOUT.   DAUDEL.
L'ÉTOFFÉ, capitaliste.   CAZOT.
CHARLOT, grand jeune homme.   GABRIEL.
MARIE.   Mmes FLORE.
Mme FOLIGNY.   VAUTRIN.
FIFINE, fille de Marie.   LOUISA.
NANETTE, nourrice.   GEORGINA.
LA SERVANTE.   ALBERTY.

La scène est à Paris.

Le 1er acte se passe en 1836, chez le père Céleri
Le 2e en 1866, chez M. l'Étoffé
Le 3e en 1896, chez la veuve l'Étoffé,

J.-B. MEVREL, Passage du Caire, 54.

MARIE-HONNÊTE,

COMÉDIE EN VERS, EN TROIS ACTES ET EN TROIS ÉPOQUES.

ACTE I.
PREMIÈRE ÉPOQUE.

L'arrière-boutique d'un fruitier-verdurier.

SCÈNE I.
LE PÈRE CÉLERI, assis, tenant un pistolet.

Exemple malheureux des caprices du sort,
Vieux soldat, subirai-je une bourgeoise mort!
Après avoir cueilli dans plus d'une campagne,
Et l'ognon dans l'Egypte et l'orange en Espagne,
Il est dur de les vendre en ignoble fruitier :
Vainqueur, de détailler mes feuilles de laurier,
Et, de tous les journaux qui chantaient mes victoires,
De faire des cornets de raisins ou de poires.
J'ai vu Vienne et Berlin, et la ville des arts,
Et je mourrais obscur au sein des épinards!
Non... De mes jours encor laissons filer la trame,
Car en la finissant, ça finirait le drame.
Et puis, le suicide est vraiment trop commun;
Tous les jours, à Paris, on s'en régale d'un :
On se noie, on se pend, se brûle la cervelle,
On s'asphyxie; enfin, c'est la mode nouvelle.
Des sots ambitieux, c'est le moyen banal,
Pour voir, le lendemain, leur nom dans un journal,
Quand il sont morts! — Ne puis-je en trouver un plus drôle?
Ah! j'en perdrai l'esprit!

SCÈNE II.
CÉLERI, MÊLETOUT.

MÊLETOUT, gaiment.
　　　　Non pas, sur ma parole!
Perdre l'esprit, mon cher, vous ne le pouvez pas!
CÉLERI, piqué.
Vous n'êtes pas poli.
MÊLETOUT.
　　　　Ce n'est pas l'embarras,
Je ne me suis jamais piqué de politesse :
Je suis un vrai farceur.
CÉLERI.
　　　　Parfois votre ton blesse.
MÊLETOUT.
Je m'en moque pas mal. Médire est mon penchant,
Et je suis enchanté qu'on m'appelle Méchant.

Je voudrais même, ici, que sous mon enveloppe,
On me trouvât un peu Tartufe, Misantrope.
CÉLERI.
Rien que ça!
MÊLETOUT.
Ces messieurs ont un renom fort beau :
Mais on me met près d'eux!
CÉLERI.
Pour faire ombre au tableau.
MÊLETOUT.
Ah! vous êtes mauvais, pour moi d'humeur si ronde.
CÉLERI.
Mon cher, je suis pour vous comme pour tout le monde.
MÊLETOUT.
Moi, qui vous servirais...
CÉLERI.
Servez-moi, Mêletout,
Puisque de mon rouleau vous me voyez au bout.
MÊLETOUT.
Voulez-vous de l'argent? aujourd'hui je m'engage
A vous faire trouver certain prêteur sur gage...
CÉLERI.
Des gages? par ces mots tout se trouve arrêté,
Puisque tous mes effets sont au Mont-de-Piété.
Je vais alors, donnant de courage une preuve,
M'asphyxier.
MÊLETOUT.
Laisser un enfant, une veuve?
C'est immoral, mon cher.
CÉLERI.
Par l'immoralité,
Dans notre siècle, on marche à l'immortalité.
MÊLETOUT.
En se tuant! — Tenez... je suis malin, banquiste.
Bateleur, médecin, funambule, dentiste,
J'ai beaucoup de secrets; partout je suis cité
Comme le plus fameux courtier de nouveauté!
Je fais payer l'annonce à deux francs par syllabes ;
Je vends Paraguay-Roux, Racahout des Arabes,
Pommade du Lion, bois au poids, à couvert,
Le biberon d'Arbo, puis le fusil Robert,
Pour cors et durillons, la merveilleuse toile,
Et cols en crinoline et bougie à l'Étoile!
Je vous sauverai donc et ne vous prendrai rien;
Vous êtes ruiné!.. Mais l'autre paîra bien.
Pour arranger cela, donnez-moi la journée,
Et ne vous tuez pas, avant l'après-dînée.
CÉLERI.
Ce sera pour dessert... Mon ami, j'y consens.
MÊLETOUT.
C'est fort bien. De mourir on a toujours le temps.
Je connais l'Étoffé, je sais par où le prendre :
Sans adieu. Dès ce soir, il sera votre gendre. *(Il sort.)*

SCÈNE III.
CÉLERI, seul.

Mon gendre! ah! quel toupet a ce mauvais plaisant!..
Il sait que ma Marie est encore un enfant,
Qu'on me l'a ramenée aujourd'hui de nourrice.
Il n'aurait pas fallu qu'avant je la promisse
Au compère Lebel, pour son petit garçon!
L'Étoffé, cependant, est un parti fort bon.
Par son moyen, surtout, si je payais mes dettes!
J'admire Mêletout et toutes ses recettes;
Voilà ce qu'on appelle un homme intelligent,
Avec la gélatine, il ferait de l'argent!
On devrait le nommer aux finances d'Espagne,
Avec lui don Carlos soutiendrait la campagne.
En lui j'ai confiance en cette occasion,
Et je vais me hâter d'éteindre mon charbon.   (Il sort.)

SCÈNE IV.
MÊLETOUT, L'ÉTOFFÉ.

MÊLETOUT.
Il s'en va! bien!.. je puis faire entrer ma ganache!
L'Étoffé, venez donc!

L'ÉTOFFÉ.
        Il est temps que je sache,
Pourquoi vous m'amenez dans ce vilain endroit.

MÊLETOUT.
Est-ce qu'à votre avis, je suis un maladroit?
Fiez-vous à mes soins, à mon tact, à mon zèle.

L'ÉTOFFÉ.
Oui, vous me préparez quelque farce nouvelle.

MÊLETOUT.
Ne m'avez-vous pas dit, vous-même, le premier,
Que vous voudriez bien, enfin, vous marier?

L'ÉTOFFÉ.
Eh bien! je vous l'ai dit, et je vous le répète:
Mais je veux épouser une simple fillette,
Une Agnès, une enfant qui ne connaisse rien,
Qui ne veuille pas prendre un mari pour son bien,
Dont le cœur ne soit point gâté par la lecture
Des drames, des romans, dont frémit la nature;
Qui n'aime point ces lieux où, trop éblouissans,
Les plaisirs vont au cœur par la porte des sens.
Je ne veux épouser qu'une fille farouche,
Qui n'ait jamais dansé le cancan, la catchoucha,
Qu'elle soit toute jeune, et je tiens à ce point,
Qu'elle raisonne peu, qu'elle n'écrive point,
Surtout pour le théâtre, et soit, pour mon bien-être,
Innocente... comme un enfant qui vient de naître.

MÊLETOUT.
Et je vous prends au mot, j'ai trouvé votre fait;

Jurez donc d'épouser, si la fille vous plaît.
Je prétends qu'elle soit, au dernier point naïve,
Fraîche comme une fleur quand le printemps arrive,
Que ce soit en un mot une femme qui n'ait,
Pas un défaut de plus, qu'un jeune enfant qui naît.
L'ÉTOFFÉ.
A ce prix je consens.
MÊLETOUT.
           Je vais trouver le père,
Et bientôt vous verrez la fille.
L'ÉTOFFÉ.
              Je l'espère.
MÊLETOUT.
Et si vous convenez que je n'ai pas menti,
En déterrant pour vous un si joli parti,
J'aurai, vous l'avez dit, mes cent écus de prime?
L'ÉTOFFÉ.
Vous aurez cent écus, et de plus mon estime.
MÊLETOUT.
Cela fait cent écus! je crois qu'il est permis
De faire sa fortune en servant ses amis...
Dans le monde, l'on voit bien souvent le contraire!   (Il sort.)

SCÈNE V.
L'ÉTOFFÉ, seul.

Que l'innocente soit de Rome ou de Nanterre,
J'ai promis, je tiendrai : mais je voudrais la voir;
Car dans un cas pareil, gare le pot au noir.
Quelqu'un vient par ici; c'est sans doute la belle,

(On entend Nanette chanter dans la coulisse.)

Dans le courant de l'eau qui marche,
Laver les napes du couvent, etc.

Quel air simple et naïf! Assurément c'est elle!,
Je n'en suis pas connu, je la verrai venir;
Je vais savoir à quoi je pourrai m'en tenir.   (Il se tient à l'écart.)

SCÈNE VI.
L'ÉTOFFÉ, NANETTE.

NANETTE, entrant niaisement.

Enfin, j'ai ramené c't' enfant; Dieu me bénisse.
Voilà bientôt trois ans que je l'ons en nourrice,
Et je n' connaissons pas seulement le bourgeois;
Voyons donc, à la fin, s'il me paîra mes mois.
L'ÉTOFFÉ.
Elle me convient fort, déjà, par l'apparence.
NANETTE.
C'est-y vous, qu'est l' mossieur?
L'ÉTOFFÉ.
              Dieu! quel air d'innocence!

NANETTE.

Ah! vous êtes ben bon!.. je viens...

L'ÉTOFFÉ.

Votre minois,
Ne semble, ni malin, ni rusé, ni sournois.

NANETTE.

Oh! pour sournoise, non : mais j' sis un brin maligne.

L'ÉTOFFÉ.

Et vous en convenez, ce n'est pas mauvais signe.

NANETTE.

Vous parliez d'innocence; est-ce pour vous gausser?
Pour innocente, moi, je n' voulons point passer.

L'ÉTOFFÉ.

Innocente, veut dire...

NANETTE.

Eh! ça n' veut dir' qu'un' chose.

L'ÉTOFFÉ, à part.

Il faut donc qu'elle en ait une terrible dose.

(Haut) Voyons, ma belle enfant, causons un peu tous deux :
Vous n'avez jamais lu de livres dangereux?

NANETTE.

Je ne savons pas lire.

L'ÉTOFFÉ.

Oh bien! j'aime les femmes
Qui ne lisent jamais. Dites, quels sont les drames
Que l'on vous a fait voir?

NANETTE.

Je n' connaissons pas ça.

L'ÉTOFFÉ.

Quoi? vous n'avez rien vu des pièces où l'on va?

NANETTE.

Rien.

L'ÉTOFFÉ.

Mais, le Mauvais-Oeil à l'Opéra-Comique,
Nabuchodonosor à l'Ambigu-Tragique,
Pierre-le-Rouge, au Vau-deville national;
Aux Variétés, Kinne ou Kéan, c'est égal,
Le Muet d'Ingouville!

NANETTE.

Ah ben oui! pas si buse,
Je ne vais qu'aux endroits où j' suis sûr' qu'on s'amuse,
Et l'on dit qu'on n' rit pas avec tous ces gens-là!

L'ÉTOFFÉ.

Quoi! vous n'avez pas vu, comédie, opéra?
Les théâtres, pour vous, en vain, ouvrent boutique?

NANETTE.

Oh! si fait! j'avons vu la lanterne magique!
Avec mon amoureux! Gros-Pierr'... non, c' n'était pas
Gros-Pierre ni Bastien... c'était avec Colas.
Y n' faisait qu' m'embrasser, sous l' rideau z'où l'on s' cache;

Moi, j' l'y disais : Colas, finis donc, ou je m' fâche :
Mais y n' finissait point.
L'ÉTOFFÉ.
Vous plaisantez, je crois ;
Comment, un amoureux ?
NANETTE.
Nanni ! j'en avions trois.
L'ÉTOFFÉ.
C'est une horreur !
NANETTE.
Du tout, y m'aimiont, dans c' village ;
Mais, j'en avons fini par un bon mariage
Avec Colas.
L'ÉTOFFÉ.
Comment ! vous avez un mari ?
NANETTE.
Eh non ! je n'en ai plus ! le pauvre homm' s'a péri.
L'ÉTOFFÉ.
Ainsi, vous êtes veuve : et sans enfans, j'espère.
NANETTE.
Nanni ! de deux jumeaux je me trouvons la mère,
Y sont morgué tous deux, bien portans, gros et gras.
L'ÉTOFFÉ.
Mèletout m'a trompé, je n'épouserai pas.
NANETTE.
Ah ça ! monsieur, tout d' même, il n' s'agit pas de rire,
J' voulons voir votre argent.
L'ÉTOFFÉ.
Comment !
NANETTE.
Ça va s'en dire.
L'ÉTOFFÉ.
Je suis volé.
NANETTE.
Ma foi, c'est vous qu'êtes l' voleur ;
Vous voudriez pour rien que je donn' ma fraîcheur,
Que je perde avec vous mon temps et ma jeunesse !
L'ÉTOFFÉ.
L'effrontée !
NANETTE.
Excusez, si mon propos vous blesse !
Mais par quatre chemins, morgué je n'allons pas,
Pas d'argent pas de Suisse, et là-d' sus je m'en vas.
L'ÉTOFFÉ, vivement.
Allez-vous-en !
NANETTE.
Eh ben ! il se met en colère !
Outre l' prix convenu qui n'est pas des plus gros,
Songez donc que j' comptions encor sur des cadeaux ;
On s'ra jeune et gentille, et, pour votre service,

De sa belle jeunesse on fera l' sacrifice !
L'ÉTOFFÉ.
D'un semblable discours je demeure surpris.
NANETTE.
Faut que d' sa complaisance on ait au moins le prix ;
Ne comptez plus du tout sur moi.
L'ÉTOFFÉ.
Quelle friponne !

SCÈNE VII.
Les Mêmes, MÊLETOUT.

MÊLETOUT.
Vous voilà ? l'enfant crie, allez le voir ma bonne !
Il a soif.
NANETTE.
Je courons l'y en donner à gogo : (Regardant l'Étoffé.)
Mais, mordienne ! le père est un vilain magot ! (Elle sort.)

SCÈNE VIII.
L'ÉTOFFÉ, MÊLETOUT.

L'ÉTOFFÉ.
A nous deux, maintenant. Vous avez trouvé drôle,
De me faire d'avance engager ma parole.
Vous êtes mon garçon, un fort mauvais plaisant.
MÊLETOUT.
Comment ? quand je vous fais le plus joli présent !
L'ÉTOFFÉ.
Le marché ne tient pas.
MÊLETOUT.
Bon : j'ai votre promesse.
L'ÉTOFFÉ.
Oui, pour une innocente.
MÊLETOUT.
Elle l'est.
L'ÉTOFFÉ.
La drôlesse !
Trois amans ! un mari !
MÊLETOUT.
Cela ne se peut pas.
L'ÉTOFFÉ.
Qu'elle vienne.
MÊLETOUT.
Elle n'a pas fait son premier pas.
L'ÉTOFFÉ.
Elle en a fait plus d'un.
MÊLETOUT.
Pour nous tirer de peine,
Heureusement, voilà son père qui l'amène.

SCÈNE IX.

Les Mêmes, CÉLERI, NANETTE, apportant une table sur laquelle est la petite Marie assise dans un petit fauteuil. *

CÉLERI.
Sur la table posée, on verra mieux l'enfant.

MÊLETOUT.
Elle est bien élevée... eh bien! est-ce innocent?

L'ÉTOFFÉ.
C'est là ma fiancée!.. Et l'autre?

MÊLETOUT.
Est sa nourrice.

NANETTE.
Comme vous le voyez : ben à votre service.

L'ÉTOFFÉ.
Que faire de cela?

MÊLETOUT
Patienter quinze ans,
Elle deviendra grande et belle avec le temps.

L'ÉTOFFÉ.
Bon! je puis me vanter, dans cet hymen baroque,
Que ma femme est du moins de la première époque.

MÊLETOUT.
Vous êtes sûr d'avoir une Agnès, pour le coup.

CÉLERI.
Voyez qu'elle est gentille! elle promet beaucoup.

NANETTE.
Vous pouvez l'élever, monsieur, à la brochette.

L'ÉTOFFÉ.
Parle-t-elle déjà?

CÉLERI.
Fais-la parler, Nanette.

NANETTE,
Parle, chouchou.

MARIE, balbutiant.
Papa.

NANETTE.
Encor!

MARIE.
Maman, maman.

L'ÉTOFFÉ.
Oui, sa langue va bien.

NANETTE.
Encor.

MARIE.
Nanan, nanan.

* Marie est représentée par un petit mannequin assis sur un petit fauteuil et posé sur la table, Marie placée derrière, met la tête à la place de celle de l'enfant dont elle fait mouvoir les bras et les jambes avec une ficelle. La table vient sur un plancher à roulettes sur lequel est posée Marie.

L'ÉTOFFÉ.

Elle sera ma femme. (Il lui prend la main.)

CÉLERI, s'essuyant les yeux.

En sortant de nourrice,
Pour son père, elle fait son premier sacrifice.

(Il les unit et les bénit.)

(L'orchestre joue l'air MES CHERS ENFANS UNISSEZ-VOUS.)

FIN DU PREMIER ACTE.

ACTE II.
DEUXIÈME ÉPOQUE.

Un salon chez l'Etoffé. A droite de l'acteur, fenêtre et rideau.

SCÈNE I.

MÊLETOUT.

Si je sais calculer d'une manière exacte,
C'est trente ans qu'a duré notre petit entr'acte.
Cela se fait ainsi, nous avons changé l'art
Qui guidait au théâtre et Molière et Regnard.
Cet enfant au berceau, cette aimable fillette,
Que par diminutif on nommait Mariette,
Elle est femme à présent. Le père l'Etoffé,
Du chapeau de mari s'est à la fin coiffé,
Il a ses soixante ans, son épouse en a trente;
Je suis un jeune fou qui n'en a que cinquante.
Mais de physique au moins nous ne vieillissons pas.
Le ton, le sentiment, l'esprit et les appas,
Rien ne change chez nous, et donne, je l'assure,
Les plus beaux démentis aux lois de la nature.
Dans son ardeur de gain, le père l'Etoffé,
A pris l'épicerie; il est dans le café,
Le chocolat, le suif, le poivre et la canelle,
Dans son comptoir encor, tient aussi la chandelle.
Il doit se retirer, et retarde toujours!..
Mais quelqu'un vient!.. ce sont mes énormes amours.
Madame Foligny!

SCÈNE II.

MÊLETOUT, Mme FOLIGNY.

Mme FOLIGNY.

Quoi! toujours chez Marie?

MÊLETOUT.

On peut bien fréquenter les gens que l'on marie.

Mme FOLIGNY.

Vous la fréquentez trop, madame l'Étoffé!

Je lui trouve à présent un air ébouriffé !
Elle qui pleurait tant depuis son mariage !
MÊLETOUT.
Son époux est bien vieux !
Mme FOLIGNY.
Mais est-elle bien sage ?
MÊLETOUT.
Autant que vous !
Mme FOLIGNY.
Méchant !
MÊLETOUT.
Toujours dans un comptoir,
Vendant du chocolat, on peut broyer du noir :
Mais las de voir des pleurs inonder sa paupière,
Le monde va jouir de la belle épicière.
Son époux la décide à se montrer au bal,
Et nous allons, ce soir, danser tous au Vauxhall.
Mme FOLIGNY.
Danser ? j'en suis, j'y veux danser la galopade,
Je m'appuierai sur vous.
MÊLETOUT, à part.
Ouf ! j'en serai malade.
Mais la voici...

SCÈNE III.
Mme FOLIGNY, MÊLETOUT, MARIE.

MARIE.
Bonjour.
Mme FOLIGNY.
Bonjour.
MARIE.
Bonjour, ami.
Comment vous portez-vous, cousine Foligny ?
Vous ne maigrissez pas.
Mme FOLIGNY.
Maigrir, et pourquoi faire ?
MARIE.
Pour vous désennuyer.
Mme FOLIGNY.
Taisez-vous donc, ma chère.
Je m'amuse beaucoup.
MARIE.
Eh bien ! tant mieux pour vous.
Je m'amuse aussi, moi, pour plaire à mon époux.
Mme FOLIGNY.
Vous avez bien changé ! triste et mélancolique,
Vous aviez autrefois l'air d'avoir la colique.
MARIE.
Je suis folle à présent du spectacle, du bal,
Pour moi, toute l'année est un long carnaval.

Je vais chez les traiteurs, de Champagne à la glace,
Je bois huit ou dix coups sans faire la grimace.
De flacre, d'omnibus, je ne me gêne en rien,
Je vais au Jardin-Turc, aux concerts de Julien.
Par-dessus tout plaisir, je préfère la danse;
Oui, j'adore galop et valse et contredanse;.
Je m'en donne ce soir... Comment me trouvez-vous?
Pour plaire et pour briller, j'ai mis tous mes bijoux.
Et chrysocalque et straz sur ma parure abonde.
C'est du faux, direz-vous! tout est faux dans le monde:
Des femmes, les appas; des hommes, les mollets,
Ceux que l'on trouve beaux sont souvent les plus laids;
Articles de journaux et discours de tribune,
Amoureux de vingt ans, habitans de la lune,
Chemin de fer, vapeur, Tonnel... je m'étourdis,
Et ne sais vraiment plus du tout ce que je dis.

MÊLETOUT.
Si j'y comprends un mot, que le diable m'emporte.

Mme FOLIGNY.
On tient à Charenton, des discours de la sorte.

MÊLETOUT.
Ah! voilà son mari!

SCÈNE IV.
Les Mêmes, L'ÉTOFFÉ.

L'ÉTOFFÉ.
Bonjour petit fripon.
Bonjour, belle cousine.

Mme FOLIGNY.
Eh bien! charmant barbon,
Etes-vous bien heureux, depuis le mariage?

L'ÉTOFFÉ.
Je suis heureux autant qu'on peut l'être en ménage,
Ma femme fut toujours fort mausade; à présent,
Elle a pris l'air grivois, le ton badin, plaisant:
Du matin jusqu'au soir, elle rit, chante, danse,
Et ne regarde plus du tout à la dépense.
Enfin, je suis heureux, à jeter les hauts cris.
Le papa Céleri s'ennuyait à Paris,
Je viens de l'envoyer loger aux Batignolles,
Avec cinquante écus de rentes espagnoles,
Tout en bons sur Cuba.

MÊLETOUT.
Voilà de bon argent!

MARIE, à l'Etoffé.
Dandin auprès de vous, n'était que d' la saint Jean.

L'ÉTOFFÉ, ravi.
N'est-ce pas?

MARIE.
Mais je dois vous dire qu'un jeune homme...

L'ÉTOFFÉ.
Je ne veux pas savoir même comme il se nomme :
Le stupide papa n'eut-il pas le dessein
D'unir Marie au fils d'un compère voisin ?
MÊLETOUT.
Je m'en souviens.
Mme FOLIGNY.
Sans doute ; hé bien ?
MARIE, embarrassée.
Hélas, je pense,
Qu'ayant pu, par hasard, faire sa connaissance,
J'aurais pu le connaître, et...
L'ÉTOFFÉ.
Bah ! n'en parlons pas.
J'attends quelqu'un qui doit porter ici ses pas,
Et qu'il faut qu'à ma femme aujourd'hui je présente :
Je l'ai connu, ma foi, d'une façon plaisante,
C'est un garçon naïf qui, pour se délier,
Vient apprendre, chez moi, le métier d'épicier.
MÊLETOUT.
Il n'est pas dégoûté. (A part.) Mais dans l'épicerie,
Ce garçon pourrait bien ne chercher que Marie.
L'ÉTOFFÉ.
Je l'entends, il arrive.

SCÈNE V.
Les Mêmes, CHARLOT.

MARIE.
Ah ! grand Dieu ! c'est Charlot !
L'ÉTOFFÉ.
Approchez, grand garçon.
Mme FOLIGNY.
Quelle tête à Calot !
MARIE, à part.
Dissimulons.
CHARLOT, avec trouble.
Madame...
Mme FOLIGNY.
Il a l'air d'une asperge.
MARIE, saluant.
Monsieur !
L'ÉTOFFÉ.
Qu'avez-vous donc ?
CHARLOT, à part.
Ah ! peut-être me perds-je !
L'ÉTOFFÉ.
Si l'on veut l'écouter un seul petit moment,
Ce joli garçon va vous conter son roman.
MARIE, modestement.
Ce roman se peut-il conter devant des femmes ?

Mme FOLIGNY.
Moi j'aime les romans quand ils sont bien infâmes.
CHARLOT.
Le mien est très moral,
Mme FOLIGNY.
Il doit être ennuyeux,
S'il était indécent, je l'aimerais bien mieux!
CHARLOT.
Il était une fois, dans cette capitale,
Des voleurs qui volaient d'une façon brutale.
Je sortais du concert Musard, quand devant moi,
Je vois un gros monsieur qui me glace d'effroi...
Je lève mon bâton, à frapper il s'apprête ;
Je recule, il recule, je m'arrête, il s'arrête.
Nous avions l'air tous deux de ces deux généraux,
Que l'on voit se poursuivre et se tourner le dos.
D'Alaix et de Gomès nous imitions l'allure.
Enfin je me rassure, alors il se rassure.
Tous les deux à la fois, nous criions au voleur!
A ce cri belliqueux, tous les deux morts de peur,
Nous tombons; il me dit : Monsieur, voilà ma bourse!
J'allais donner ma montre et puis prendre ma course,
Lorsque nous expliquant, pour nous apprécier,
Il m'apprit à la fin qu'il était épicier.
Ce mot me rassura! — Calme ta peur fatale,
Dis-j', je suis caporal dans la gard' nationale!
Nos dangers respectifs devenant moins réels,
Nous tombâmes soudain dans nos bras mutuels!
Et depuis ce temps-là comm' la Suisse et la France,
Nous vécûmes tous deux en bonne intelligence.

Mme FOLIGNY.
C'est joli.
L'ÉTOFFÉ.
Je lui dois la vie.
MÊLETOUT, à part.
Et moi, pour cause,
Je pense qu'il pourra lui devoir autre chose.
L'ÉTOFFÉ, à Marie.
S'il eût été voleur, tu perdais ton mari,
Je veux d'après cela qu'il soit de toi chéri,
Qu'il soit dans ma maison, tout comme dans la sienne,
Que libre auprès de toi, sans cesse il aille et vienne.
MÊLETOUT.
C'est un peu singulier!
L'ÉTOFFÉ.
Vous en êtes jaloux?
Et je sais bien pourquoi! J'ai mes soupçons sur vous.
Farceur!.. Je m'en vais faire un voyage à Pontoise.
Et je veux qu'il surveille et vous et la bourgeoise.
MÊLETOUT.
Me surveiller!

L'ÉTOFFÉ.

Mais oui ; je veux ce soir, qu'au bal
Il aille avec ma femme et vous.

MÊLETOUT.

C'est idéal.

CHARLOT, timidement.

Je ne sais pas danser : au bal qu'irai-je faire?

L'ÉTOFFÉ.

Oh! vous irez, monsieur. Priez-le donc, ma chère!

MARIE, embarrassée.

Ce n'est pas à la femme, à prier les messieurs!
Pardon! pour un moment, il faut que j'aille ailleurs.
Madame Foligny, tenez-leur compagnie. (Elle sort.)

Mme FOLIGNY.

Du tout, il m'ennuirait par sa monotonie.
Je vais finir de lire un roman de Balzac,
Puis au Jardin-des-Plant's m'amuser à voir Jack,
L'Orang-Outang! (Elle sort.)

L'ÉTOFFÉ.

Vraiment elle a le ton des halles!
Je vais pour mon départ faire arranger mes malles. (Il sort.)

SCÈNE VI.

MÊLETOUT, CHARLOT.

MÊLETOUT.

Eh bien! mon grand jobard, vous n'êtes pas si niais
Que vous en avez l'air, hein? Vous vous taisez?

CHARLOT, avec mystère.

Paix!

MÊLETOUT.

Le bonhomme est parti ; faites-moi confidence
De vos desseins,

CHARLOT.

Monsieur, en vous j'ai confiance,
Je suis un grand jeune homme! un père que j'avais
Dans ma tendre jeunesse avait fait des projets.
Il m'avait fiancé, comm' qui dirait, en herbe,
Je devais épouser une femme superbe :
Hélas! je vins au monde un petit peu trop tard :
Son papa la força d'épouser un vieillard.
C'est embêtant! pourtant je la connais, je l'aime;
Mais la drôle de femme est bégueule à l'extrême.
Vous devinez que c'est madame l'Étoffé!
Pour la voir je venais acheter du café,
Parfois du raisinet ou de la castonnade...
Je risquais par amour d'avoir la bastonnade :
Mais qu'importe le dos quand le cœur est charmé!
Enfin en vil garçon je me suis transformé,
Je viens vendre en ces lieux le poivre et la chandelle.
Pour brûler à mon aise, en me rapprochant d'elle.
Je la verrai sans cesse!

MÊLETOUT.
En serez-vous plus gras!
CHARLOT.
C'est cet espoir si doux qui guide ici mes pas.
MÊLETOUT.
Enfin ?
CHARLOT.
Je ne connais l'amour qu'en théorie.
MÊLETOUT.
Vous voulez la pratique ?
CHARLOT.
Ah! j'en ai bien envie!
MÊLETOUT.
Marie est en effet un charmant professeur!
Vous l'aimez donc beaucoup!..
CHARLOT.
Oh! oui! comme une sœur.
MÊLETOUT, bas.
C'est pour l'aimer ainsi, que chez elle on se glisse ?
CHARLOT.
J'espère l'adoucir, en vendant la réglisse.
MÊLETOUT.
Soyez donc plus malin, plus hardi, mon garçon,
A Marie on peut bien faire entendre raison,
Et si je le voulais... C'est que sans flatterie,
Pour nous, pour le public, rien n'égale Marie,
Elle a pour nous charmer des yeux pleins de douceur.
Un sourire divin, un organe enchanteur!
Coquette, elle séduit par ses brillantes armes,
Qu'elle pleure, et bientôt chacun verse des larmes;
Avec le naturel dont elle embellit tout,
Elle a le don si rare et si puissant du goût.
Ne parlez pas du temps : les Graces n'ont point d'âge.
Et de plaire sans cesse ont le juste avantage.
Qui donc de ses succès voudrait borner le cours ?
L'heureux droit du talent est de régner toujours.
On ne vit pas Ninon cesser d'être jolie :
Nous en aurons donc une au temple de Thalie,
Dont le feu vif et pur, et dont l'éclat charmant,
Mérite ce surnom si vrai... de diamant!
CHARLOT.
Un diamant! quel bonheur si je l'avais en bague!
MÊLETOUT, le parodiant.
Ah! dans sa passion le pauvre homme divague.
CHARLOT, appuyant.
Non, monsieur, JE DIS VRAI, je ne DIVAGUE point!
MÊLETOUT.
Allez, nous n'aurons pas de débats sur ce point.
Mais j'aperçois Marie et vous laisse avec elle.
(A part) Il a l'air assez sot pour qu'elle soit cruelle. (Il sort)

SCÈNE VII.

MARIE, CHARLOT.

CHARLOT.
La voilà. Je n'ai pas la force de rester!
MARIE.
Seul, ici! près de lui je ne puis m'arrêter.
(Ils s'en vont l'un et l'autre et restent chacun a une porte.)
CHARLOT.
Mais pourtant, m'en aller, cela serait bien bête.
MARIE.
Au fait, c'est mon mari qui veut ce tête-à-tête.
CHARLOT.
Oh! restez s'il vous plaît!
MARIE.
   Pourquoi faire, vraiment?
CHARLOT.
Je veux vous distiller un peu de sentiment.
MARIE.
Pas de ça, car je suis une femme fidèle.
CHARLOT.
De quoi donc vous parler?
MARIE, cherchant
   De savon, de canelle...
De votre état enfin.
CHARLOT.
   Quand nous nous rapprochons,
Est-ce donc pour penser, madame... (Avec dédain) aux cornichons!
MARIE.
Quel hors-d'œuvre! — Au comptoir on vous attend, je pense.
CHARLOT.
D'un garçon épicier je n'ai que l'apparence.
Sous ce vieux pantalon je cache un jeune amant,
L'engelure à mes mains prouve le sentiment.
Dans les quatre-mendians je demande l'aumône,
L'aumône d'un seul mot · il faut qu'on me la donne.
Ah! dites-moi JE T'AIME!
MARIE.
   Ah! non!.. je ne peux pas.
CHARLOT.
Si.
MARIE.
  Non.
CHARLOT.
 Si fait.
MARIE.
  Non pas.
CHARLOT.
   Dites-le moi tout bas.

MARIE.
Ni tout bas, ni tout haut!

CHARLOT.
Il faut me le promettre.

MARIE.
Une femme ne peut ainsi se compromettre.

CHARLOT.
Tout cela c'est des mots! avant que d'être nés,
Nos parens nous avaient à l'hymen destinés,
Tout petits, tout petits, nous avions même flamme,
J'étais petit mari! vous ma petite femme!
Vous avez oublié ce temps si doux! fort bien!
Alors, je vous méprise!

MARIE, émue.
Oh! non, il n'en est rien.

CHARLOT.
Si fait!

MARIE, désolée.
Comment, de lui je, serais méprisée!

CHARLOT.
Oui, oui.

MARIE, égarée.
Non, non, j'étais par moi-même abusée.

CHARLOT, avec amertume.
Vous ne m'aimâtes donc jamais!

MARIE.
C'est délirant!

CHARLOT, de même.
Ah! vous me déchirez le cœur.

MARIE.
C'est déchirant!

CHARLOT, de même.
On pourra vous fair' voir comme la femme sauvage,
Pour deux sous.

MARIE.
Le cruel!

CHARLOT.
Oui, femme antropophage.

MARIE, s'écriant.
Ah! je n'y puis tenir! apprends donc mes secrets!
Eh bien! oui, je t'aimais et je te le taisais!
Dans les premiers momens d'un fatal mariage,
En pensant à papa, je prenais du courage,
Mais quand je repensais à ses premiers projets,
A toi je revenais et je te revoyais!
En vain je me parais de rubans, de dentelle,
Pour toi seul, je voulais essayer d'être belle;
Mais alors je souffrais, pâlissais, rougissais,
Et puis je me pâmais, et mourir me sentais!

CHARLOT.
A la bonne heure! eh bien! même sort nous rassemble!

Nous étions séparés et nous vivions ensemble,
Car, moi, de loin, de près, souffrais quand tu souffrais,
Riais quand tu riais, pleurais quand tu pleurais.

MARIE.

C'est assez, quittons-nous : car la femme en ces crises,
Quand elle en dit, est prête à faire des sottises.

CHARLOT, avec amour.

Ah! faisons-en!

MARIE, sévèrement.

Charlot, taisez-vous!

CHARLOT, de même.

Non, tu peux
Faire mon bonheur!

MARIE, s'exaltant.

Heureux!.. il serait heureux.

CHARLOT.

Deux cent mille fois plus que je ne peux le dire.

MARIE.

Qui donc me défendra de mon propre délire!

CHARLOT.

Pourquoi cette pensée, ah! ne te défends pas.

MARIE.

Qui, moi, je tomberais!

CHARLOT.

Oui, tombe dans mes bras.

MARIE.

Non, non; à mon secours, dans ce moment critique,
J'appelle la vertu!

CHARLOT.

Voilà ta domestique.

SCÈNE VIII.

Les Mêmes, LA SERVANTE.

LA SERVANTE.

Monsieur fait demander de venir en ce lieu,
Pour embrasser madame et pour lui dire adieu.

MARIE.

Un mari n'a-t-il pas droit d'entrer chez sa femme?

LA SERVANTE.

Monsieur avait p't-êtr' peur de déranger madame! (Elle sort)

L'ÉTOFFÉ, en dehors.

Apportez tout ici.

MARIE.

Dieu! voilà mon époux!
Que dira-t-il?

CHARLOT.

Il m'a permis...

MARIE.

Non, cachez-vous.

CHARLOT.

Me cacher!

MARIE.

La pensée, ami, n'est pas mauvaise;
Quand il sera parti, nous serons à notre aise,
Pour nous voir, nous parler, nous aimer, soupirer.

CHARLOT.

C'en est assez, je vois ce qu'il faut espérer;
Ces mots à double sens, sont du plus doux augure.

(Il se cache derrière le rideau.)

SCÈNE IX.

L'ÉTOFFÉ, MARIE, CHARLOT caché, VALETS, apportant plusieurs malles.

L'ÉTOFFÉ.

On va dans un moment envoyer la voiture.
Ah ça! ma chère enfant, tu te tiens à l'écart,
Je voulais t'embrasser au moment du départ.

MARIE, embarrassée.

M'embrasser? mais monsieur, moi, je voudrais vous dire...

L'ÉTOFFÉ.

Tout ce que tu voudras, tu connais ton empire;
Mais avant de partir, je voulais à genoux,
Te demander pardon d'avoir été jaloux.
Ce Mêletout, vois-tu, me trottait par la tête,
J'avais tort; car ma femme est une femme honnête.

MARIE, à part.

C'est la première fois qu'il me tient ce discours.

L'ÉTOFFÉ.

Que dirai-je à ton père, en arrivant à Tours?

MARIE, embarrassée.

Rapportez des pruneaux.

L'ÉTOFFÉ.

Et puis, si je te quitte,
En passant aux Vertus, je verrai la petite,
La nourrice, vraiment, ne nous l'amène plus!

MARIE, à part.

Ça me fait souvenir... ma fille et les Vertus!
Ah! je prends mon parti.

L'ÉTOFFÉ.

Pendant tout mon voyage,
Seule, tu t'attendais à t'ennuyer, je gage,
De me suivre, j'ai craint de te faire une loi :
Mais pour t'aider, ma chère, à te passer de moi,
Je laisse ici Charlot, en qui j'ai confiance,
Il t'amusera bien, pendant ma longue absence;
Au spectacle, les soirs, l'ami te conduira,
Lui-même avec grand soin, il te ramènera.

MARIE.

Charlot?

L'ÉTOFFÉ.

Oui, ce garçon porte un air débonnaire,
Je suis persuadé qu'il fera ton affaire.

MARIE.

Des beaux garçons, dit-on, il faut se méfier.

L'ÉTOFFÉ.

D'après cela, Charlot ne doit pas m'effrayer.

MARIE, a part

Il est trop bon enfant, c'est vraiment un cassandre.

CHARLOT, caché.

Il faudrait le brûler pour en avoir la cendre.

MARIE, hésitant.

Je ne sais trop, monsieur, comment vous dire ça,
J'en suis bien sûre, ici, ça vous étonnera ;
Mais, tenez, il m'en coûte à faire la sournoise,
C'est décidé! je pars avec vous pour Pontoise.

L'ÉTOFFÉ.

Ah! quel beau dévoûment!

CHARLES, se jetant dans une malle

Elle m'enmènera. (Il referme la malle,

SCÈNE X.

Les Mêmes, Mme FOLIGNY, MÊLETOUT.

MÊLETOUT, entrant

Que diable, l'amoureux va-t-il donc faire là?

Mme FOLIGNY, entrant

Eh bien! donc, pour le bal es-tu prête, cousine?

MARIE, sèchement.

Je n'y vais pas.

Mme FOLIGNY.

Vraiment! tu restes? (A part.) Je devine.
C'est quelqu'amour caché qui la retient ici.

MARIE.

Pour Pontoise, je pars, avec mon cher mari.

L'ÉTOFFÉ.

Ah! cela vous surprend! (Aux valets) Qu'on prenne chaque malle,
Et qu'on l'attache bien dessus l'impériale.

MÊLETOUT.

Qu'emportez-vous donc là?

L'ÉTOFFÉ.

Des cadeaux élégans,
Que j'avais destinés pour mes correspondans;
Mais pour remercier ma femme si fidèle,
Du plaisir que j'éprouve à voyager près d'elle,
Je ne donnerai rien, je lui garderai tout,
Ce que j'emporte là, sera fort de son goût.
Quand nous arriverons, vers la fin de décembre,

Je ferai déposer tout cela dans ta chambre ;
Et si tu crois trouver quelque colifichet,
Tu seras bien surprise, en voyant ce que c'est.

LA SERVANTE, entrant.

Monsieur, votre voiture est là, sous la fenêtre,
L'escalier est étroit, et les malles peut-être
N'y pourraient point passer.

L'ÉTOFFÉ.

Oui, le fait est réel.
Comme on n'a, là-dedans, rien mis de casuel,
On peut du haut en bas jeter tout ce bagage.

CHARLOT, passant sa tête.

Grand Dieu ! l'appartement est au troisième étage.

L'ÉTOFFÉ.

Jetez, jetez cela promptement dans la cour,
C'est, vous le voyez bien, le chemin le plus court.

MÊLETOUT, à part.

Il faut la prévenir ; si l'on ne les arrête,
A ce pauvre garçon, ils vont casser la tête.

(Les domestiques commencent a jeter les paquets par la croisée

CHARLOT, à part.

Par la fenêtre, hélas ! faut-il faire le saut !

MÊLETOUT, a Marie

Ma chère, empêchez donc qu'on ne casse Charlot.

MARIE.

Comment ?

MÊLETOUT.

Pour l'autre monde, à l'instant on l'emballe !
Il s'est fourré le sot...

MARIE.

Où donc ?

MÊLETOUT.

Dans cette malle.

Au moment où les domestiques vont l'emporter, Marie s'assied dessus

MARIE.

Ah ! mon Dieu !

L'ÉTOFFÉ.

Qu'as-tu donc ?

MARIE.

Je vais me trouver mal.

MÊLETOUT, à part.

C'est fort bien !

(L Etoffe court à sa femme, et s'assied sur la malle auprès d'elle,

MARIE.

Mon ami, si ça vous est égal,
Laissez là cette malle : elle contient des choses
Que vous vouliez m'offrir ; je n'en veux point pour causes.

(Elle se lève et éloigne son mari

CHARLOT, sortant sa tête de la malle.

Comment, sortir d'ici, pour sortir d'embarras ?

L'ÉTOFFÉ.
C'est offert de bon cœur pourtant.
MARIE.
Je n'en veux pas.
Je prétends, à mon rôle en me montrant fidèle,
Que l'on dise de moi, c'est la femme modèle.
L'ÉTOFFÉ, montrant la malle aux domestiques.
Qu'on l'enferme au grenier, sous quatre cadenas.
(A Marie.) Je te la donnerai lorsque tu reviendras.
CHARLOT, sortant sa tête de la malle.
Peste ! je serais mort ! et la charge est trop forte.
(Bas à Marie.) Vous auriez bien mieux fait de me mettre à la porte.
MARIE, bas à Charlot
Taisez-vous, grand dadais, car c'est votre devoir
D'étouffer là, plutôt que de vous faire voir. (Elle referme la malle.)
(Tendrement) J'étais prête à céder : oui, j'avais un caprice ;
(Sèchement.) Mais, je pars ! et voilà mon second sacrifice.

(L'orchestre joue : BON VOYAGE CHER DUMOLLET.)

FIN DU DEUXIÈME ACTE

ACTE III.
TROISIÈME ÉPOQUE.

Décoration du premier acte.

SCÈNE I.
MÊLETOUT, UNE SERVANTE balayant.
MÊLETOUT, en dehors.
Pan, pan, pan !
LA SERVANTE.
Qu'est-c' qu'est-là ?
MÊLETOUT, ouvrant la porte
Peut-on entrer, la bonne ?
LA SERVANTE.
C'est une permission, qu'enfin madame donne ;
Car elle n'a voulu rien voir pendant son deuil.
MÊLETOUT.
Ou qu'on ne la vit pas ! enfin je risque un œil.
Est-elle bien, encor ?
LA SERVANTE.
Mais elle n'est pas mal.
MÊLETOUT.
L'habitude !
De plaire, si long-temps elle a fait une étude.

LA SERVANTE.
Vous êtes, je le vois, monsieur, de ses amis.
MÊLETOUT.
Je voudrais être plus! mais ce n'est pas permis.

SCÈNE II.
MARIE, MÊLETOUT.

MÊLETOUT.
J'entends quelqu'un qui vient, c'est l'aimable Marie.
(La servante sort.)
MARIE.
Bonjour! AH! C'EN EST FAIT, et je me remarie.
MÊLETOUT.
Avec Charlot? ses feux ne sont pas amortis!
MARIE.
Nous chanterons : IL FAUT DES ÉPOUX ASSORTIS.
MÊLETOUT.
Quel exemple fameux que trente ans de constance!
MARIE.
Oui, c'est rare! et cela ne se voit guère en France.
MÊLETOUT.
Aussi, ça fait courir!
MARIE.
Long-temps ça le fera,
Combien de gens voudraient cette recette-là.
MÊLETOUT.
Parlons de votre époux : il a quitté la place.
MARIE.
J'avais trois médecins; mais il était tenace!
Enfin, LAIUS EST MORT, il n'en faut plus parler,
Et d'un autre contrat je vais me régaler.
Vous serez mon témoin.
MÊLETOUT.
Et qu'en dit votre fille?
Sait-elle?
MARIE.
Pas encore. En mère de famille,
Afin de surveiller son éducation,
Je l'avais loin de moi placée en pension,
Et par la Foligny, ma fille fut guidée.
MÊLETOUT.
Diable! elle a pu jouer la Fille mal gardée.
MARIE.
A ma noce je veux qu'elle vienne danser.
MÊLETOUT.
C'est à quoi chez la folle elle aura dû penser.
Car la chère cousine a le cœur à la danse,
Et plus vieille que vous, elle tombe en enfance!
Tenez, j'entends danser, sans doute la voilà.

SCÈNE III.

Les Mêmes, Mme FOLIGNY.

Mme FOLIGNY, entre en dansant.

Colinette au bois s'en alla,
En sautillant par-ci par-là
Tra laderi dera...

MARIE.

Toujours follette !

Mme FOLIGNY.

Il faut pour le bal qu'on s'apprête.
Mes jambes vont aller ! déjà j'en perds la tête.

MÊLETOUT.

Au moins elle en convient.

Mme FOLIGNY.

Quel est donc le chéri,
Que tu vas te donner comme second mari?

MÊLETOUT.

Ça se demande-t-il ?

Mme FOLIGNY.

Ce n'est pas vous, mon drôle !

MÊLETOUT.

Je fus toujours ami, je veux garder mon rôle.

MARIE.

Tu ne devines pas que j'épouse Charlot ?

Mme FOLIGNY.

Hein ? prends-y garde, au moins! Charlot est-il ton lot ?
Je sais qu'il est charmant, toujours plein de jeunesse.
Comme nous !

MARIE, souriant

Pour cela faut-il que je le laisse ?

Mme FOLIGNY.

Ce n'est pas pour cela; mais mon cœur enchanté,
Doit te dire aujourd'hui certaine vérité...
Charlot va revenir, il t'épousera, même !
Mais on n'épouse pas toujours celle qu'on aime.

MARIE.

Qui donc aimerait-il ?

Mme FOLIGNY.

Eh mais ! peut-être... moi !

MARIE.

Vieille folle.

Mme FOLIGNY.

Je suis bien plus jeune que toi.

MARIE.

Autrefois, cependant, vous étiez mon aînée.

MÊLETOUT.

Fort bien ; mais tous les ans elle s'ôte une année.
D'ailleurs nous avons vu la révolution

De dix-huit-cent-trente, et dans notre nation,
Elle a tant réformé d'abus, sans qu' ça paraisse,
Qu'elle peut bien avoir réformé la vieillesse.
C'est un terrible abus, ma foi, que de vieillir.
Mme FOLIGNY.
C'est un abus criant! qu'on devrait abolir!
MARIE.
Allons, vous nous chantez toujours la même antienne.
Ça n'est pas amusant; taisez-vous, mon ancienne.
Mme FOLIGNY.
Il me suivait partout!..

SCÈNE IV.
LES MÊMES, FIFINE.

FIFINE, accourant
Maman, maman, maman!
V'là tout plein d' beaux joujoux! est-c' que c'est l'jour de l'an?
Les marchands sont là-bas...
MARIE.
C'est des cadeaux de noces.
FIFINE.
Qui donc va s' marier, est-c' moi?
MARIE.
Qu'elle est précoce.
Non! c'est moi.
FIFINE.
Tiens!
MARIE.
Mignonne, il faudrait un amant
Pour te marier,
FIFINE.
J' peux en avoir un, maman;
MARIE.
Il faudrait avoir vu des jeunes gens, ma chère.
FIFINE.
Crois-tu qu'en pension, nous en manquions, ma mère?
On nous en faisait voir, et des mieux assortis,
Des blonds et des châtins, des grands et des petits,
Tous frères ou cousins de nos jeunes élèves;
Il en est un surtout que je voyais en rêves,
Ses cheveux en bandeau, ses légers favoris,
Son air même un peu niais, enchantaient mes esprits.
MARIE.
Ah! bah!
Mme FOLIGNY.
Mais pourquoi pas! la voilà grande fille.
MÊLETOUT
Un enfant de trente ans.
Mme FOLIGNY.
Elle tient de famille!

FIFINE.
Ma mère, j'ai tout plein de chos's à te conter,
MÊLETOUT.
Ici nous les gênons, il n'y faut pas rester.
MARIE.
Vous me ferez plaisir.
Mme FOLIGNY.
Avant ton équipée,
Demande à cette enfant si je me suis trompée,
Et si Charlot... suffit ! (Elle sort en dansant)

Ma commère quand je danse,
Mon cotillon va-t-il bien.

SCENE V.
FIFINE, MARIE.

MARIE, rêveuse.
Certes, je ne crois pas
Que pour me supplanter elle ait assez d'appas,
Quoiqu'elle en ait beaucoup !
FIFINE, avec malice.
Je suis donc oubliée !
Voyez-vous ce que c'est qu'un' jeune mariée !
MARIE.
Ah ! voyons, ma mimi ! causons. (Elle s'assied.)
FIFINE.
Oui, s'il vous plaît.
MARIE.
Mets-toi là.
FIFINE.
Je reprends mon petit tabouret.
(Elle s'assied comme un enfant)
MARIE.
Voyons, mademoiselle, il faut être bien sage,
Si vous voulez qu'on pense à votre mariage.
FIFINE.
Parlons d'abord du tien, ma petite maman.
MARIE.
Non; vous avez tantôt lâché le mot d'amant,
Je veux savoir...
FIFINE.
Eh bien ! il faut donc vous le dire ?
J'aime un joli garçon, et ce n'est pas pour rire.
C'est celui qu'autrefois en rêve j'avais vu,
Et qui, chez ma cousine, est encore venu.
Va, quand tu le verras, il te plaira, je gage,
Non pas qu'il ait toujours un séduisant langage;
On peut lui reprocher qu'il fait son embarras,
Parfois de petits yeux, et toujours de grands bras;

Mais, il est bien gentil!

MARIE.
S'il te plaît, ma petite.
Par prudence, je veux, te marier bien vite.

FIFINE.
Confiance qui m'honore et m' flatte infiniment.

MARIE, à part.
Le proverbe a raison, IL N'Y A PLUS D'ENFANT.

LA SERVANTE, entrant.
V'là mossieu vot' notair' qui vient fair' son ouvrage.

MARIE.
Il fera deux contrats! Mon bijou, prends courage.
(A part.) Je pourrais demander le nom de son amant :
Mais il vaut mieux garder ça, pour le dénoûment.

(La servante sort par le fond et Marie par la droite.)

SCÈNE VI.

FIFINE, seule.

Plus d'raquett's, de volant, de bilboquet, d'poupée.
C'est bien d'un autre jeu que j' vais être occupée;
Tous les jours, à présent, je vais jouer au mari.
Quelque chos' me dit là, qu' c'est un jeu fort joli.
Mais comment faire, ici, venir celui que j'aime?

LA SERVANTE, annonçant
Monsieur Charlot...

FIFINE.
Il vient comme mars en carême.

(La servante sort.)

SCÈNE VII.

FIFINE, CHARLOT.

FIFINE.
C'est bien lui.

CHARLOT.
Ciel! c'est elle! Eh quoi! Fifine ici?

FIFINE.
Elle en doit être aux ang's, puisque vous y voici.
Mais que vous venez tard! c'est laid de s' faire attendre,
Et l'absence est bien dur' quand on a le cœur tendre.
Et je l'ai!

CHARLOT.
Quoi! le cœur gelé?

FIFINE.
Quel esprit vif!
Il fait un calembourg; non : JE L'AI, verbe actif!
Mais j'ai dit à maman que j'aimais un bel homme.

CHARLOT.
M'a-t-ell' deviné ?
FIFINE.
Non.
CHARLOT.
Il faudra qu'on la somme,
Pour nous unir !
FIFINE.
Mon Dieu ! le mauvais garnement.
Quoi ! monsieur, vous voulez qu'on assomme maman !
CHARLOT.
Oh ! qu'elle est jeune !.. Non, mais pour notre union ;
J'ai bien peur qu'il ne faille une sommation.
FIFINE, effrayée.
Est-ce qu'elle voudrait tromper mes espérances ?
CHARLOT, finement.
Elle joue avec art les FAUSSES CONFIDENCES !

SCÈNE VIII.

LES MÊMES, Mme FOLIGNY.

Mme FOLIGNY, chantant.
J'ai du bon tabac dans ma tabatière,
J'ai du bon tabac tu n'en au...
Ah ! vous voilà tous deux ; eh bien ! c'est entendu,
Tu sais que de ta mère il est le prétendu !
FIFINE, surprise
Lui !
Mme FOLIGNY.
Ta belle maman doit te l'avoir dit,
FIFINE.
Elle !
CHARLES, à part
Ah ! la vielle javotte ! insipide femelle !
FIFINE.
Je vais me trouver mal ! vous êtes un sournois,
Et ma mère ! il lui faut vraiment la fleur des pois !
Ah ! j'étouffe !
Mme FOLIGNY.
Il faudrait délacer son corset.
CHARLOT.
Je vais...
Mme FOLIGNY.
Holà ! tout beau ! restez là, s'il vous plaît.
Viens, mon enfant. (Elle l'emmène.)

SCÈNE IX.

CHARLOT, seul.

Ma foi, je crois que ça s'embrouille,
Tâchons, pour m'en tirer, d'être fin comm' Gribouille.

SCÈNE X.
CHARLOT, MARIE.

MARIE.
Me voilà, tout est prêt, et notaire et cadeaux,
Et moi de même. Et vous? vous me tournez le dos!

CHARLOT, se retournant
De face, me voilà.

MARIE.
Charlot, je suis jalouse.

CHARLOT.
Pourquoi cette apostrophe, ô ma future épouse!

MARIE.
Charlot, m'aimez-vous?

CHARLOT.
Moi?.. Je dis la vérité,
Mon cœur n'a pas changé plus que votre beauté.

MARIE.
Charlot, ça n'est pas clair.

CHARLOT.
Pourquoi donc ce colloque?
Tout en parlant d'amour, vous battez la breloque.

MARIE.
C'est vous; et l'on m'a dit, mon cher petit malin,
Qu'auprès d'un autre objet vous faisiez le câlin.

CHARLOT, d'une voix flûtée
Moi?

MARIE, de même
Vous!

CHARLOT,
Mais...

MARIE.
Allons donc.

CHARLOT.
Pour me rendre infidèle,
Il faudrait, comme vous, qu'on eût été...

MARIE.
Quoi?

CHARLOT.
Belle.

MARIE.
Merci!

CHARLOT.
Pour adorer, Marie, un autre objet,
Il eût fallu pour moi qu'il fût votre portrait;
Et j'avais cru trouver...

MARIE.
Mon portrait?

CHARLOT, à part
Quelle adresse!

(Haut.) Votre portrait vivant, avec plus de jeunesse.
MARIE.
Merci, c'est très poli, monsieur.
CHARLOT.
Je ne dis pas!..

(Langoureusement.)
Quelques trente ans de moins augmentaient ses appas.
MARIE, à part.
Ignorerait-il donc l'âge de ma cousine?
CHARLOT, à part.
Je suis dans un état, qui vraiment me chagrine.
MARIE.
Ah çà! finissons-en. Peut-être, un autre objet,
Sur ton cœur, neuf encore, a produit quelqu'effet.
Tu te seras laissé prendre par une mine
Fraîche et bien colorée, une taille enfantine;
C'est bien commun, mon cher, on rencontre partout
De ces jeunesses-là. Ça réveille le goût:
Mais ça ne va pas loin. Une femme un peu faite,
Pour le vrai connaisseur est beaucoup plus parfaite.
CHARLOT.
Qu'entendez-vous par là?
MARIE.
Charlot, dis, l'aimes-tu?
CHARLOT.
Qui?
MARIE.
L'autre.
CHARLOT.
Laquelle autre?
MARIE, minaudant.
Était-ce une vertu?
Enfin. m'épouses-tu sans regret, sans partage?
CHARLOT, avec passion.
Ah! pourrais-tu douter ici de mon courage!
Ma femme. mon épouse, oui, nous nous marierons,
Dimanche!
MARIE.
A la bonne heure! et pour lors nous rirons.

SCÈNE XI.
Les Mêmes, Mme FOLIGNY, MÊLETOUT, FIFINE, LA SERVANTE.
LA SERVANTE.
V'là tout l' monde qui vient.
Mme FOLIGNY.
Je ramène Fifine.
MÊLETOUT.
Les témoins sont en bas, dans une citadine.
MARIE.
Mais qu'est-ce qu'a ma fille? elle a l'air tout contrit!

Mme FOLIGNY.

Ce mot de mariage! elle est comme un conscrit
Qui, la première fois, se trouve à la bataille.

MÊLETOUT.

Mais l'hymen en est une!

Mme FOLIGNY.

Il faut toujours qu'il raille.
Dis bonjour à Charlot!

MARIE, à sa fille.

Tu le connais, comment?

CHARLOT, à part.

Si je pouvais filer, ce serait le moment.

MARIE

Parlez donc tous les deux?

CHARLOT, à part.

Je sais ce que je risque.

MARIE.

Il reste planté là, sot comme l'obélisque.

FIFINE, timidement et chantant.

Ah! vous dirai-je maman!..

MARIE, à part

Je comprends la chanson.
Et je vois que Charlot est un grand polisson.

(Avec inspiration.)

Mes bons amis, il faut que je fasse une épreuve,
Je ne vous dirai pas qu'elle sera bien neuve :
Mais pour percer vos cœurs d'un clairvoyant regard,
Je m'en vais me servir d'un petit savoyard;

(On entend jouer dehors l'air : NOS AMOURS ONT DURÉ TOUT UNE SEMAINE.)

Et de sa comédie éminemment classique.

(Au Savoyard.)

Entrez.

(Le petit Savoyard pose sa lanterne magique sur une table, il est suivi d'un autre qui pose un orgue de Barbarie.)

MARIE, aux autres.

Vous allez voir la lanterne magique.

(A la servante.)

Emportez la lumière.

Mme FOLIGNY.

On n'y voit plus.

MARIE.

C'est sûr..
Mais notre dénoûment en sera plus obscur. *
Allez.
Voyez présentement ce tableau qui vous représente le Théâtre-Français,
rue Richelieu, vis-à-vis le pâtissier; voyez la foule accourir, c'est une foule
de femmes; elles pleurent en lisant l'affiche, elles pleurent en prenant des
billets, elles pleurent!.. Les femmes sont fort sensibles cette année. —
Changement de décoration! — Vous voyez un ancien général rempli d'hon-

---

* Les tableaux sont imités au moyen de transparens que l'on fait passer derrière une ouverture pratiquée au fond.

neur, qui veut se brûler la cervelle par suite des brillantes affaires qu'il a faites à la Bourse. Devant cet ancien général rempli d'honneur, est sa fille qu'il a vendue à un vieux capitaliste pour payer ses dettes. Sa fille brûlait pour un joli garçon; elle lui brûle la politesse et le général ne se brûle rien du tout. — Changement de décoration! — La fille est mariée; l'amant s'introduit dans la maison avec des intentions criminelles; il se démène comme un télégraphe : la femme innocente, heureuse et persécutée envoie l'amant au diable, et part avec son mari pour Bordeaux, afin d'y goûter la paix du cœur et du vin de Château-Margot. — Changement de décoration! — Vous voyez un homme entre deux femmes, l'une est la mère, c'est la plus jeune; l'autre est plus âgée, c'est sa fille. L'homme a l'impudeur d'hésiter entre les deux. Voyez comme il balance, tantôt à droite, tantôt à gauche, on dirait l'ours du Jardin-des-Plantes. Enfin il donne à gauche!..

FIFINE, s'écriant.

Ah! maman, j'y vois clair!

MARIE.

Puisqu'elle y voit clair, rapportez les chandelles.

FIFINE.

Je vois que tu sais tout, je n' te cach'rai plus rien.
Hélas! je n' savais pas que l' mien était le tien.

Mme FOLIGNY.

Moi qui voulais le leur!

MARIE, à part.

Il faut que j'accomplisse,
Pour chauffer l'intérêt, mon dernier sacrifice.

(A Fifine, avec abandon.)

Tu vois ce beau garçon, Fifine? il est à toi. (Elle lui pousse Charlot.)

FIFINE, le repoussant.

Vous êtes bonne enfant! mais je n'en veux pas, moi.

MARIE, le repoussant.

Ma fille, ne crains pas que je te le conteste.

FIFINE, de même.

On dira c' qu'on voudra, je n' veux pas d' votre reste.

MARIE, de même.

Va, je t'en fais cadeau.

FIFINE, de même.

Je vous en fais présent.

CHARLOT.

Ell's sont comm' deux raquett's et moi comme un volant.

FIFINE, à Charlot.

Si vos enfans, sur moi, compt'nt pour avoir un' mère,
Vous pouvez vous flatter de n' jamais être père.

MARIE.

S'il n'était que nous deux sur la terre aujourd'hui,
Le monde, mon garçon, serait bientôt fini.

FIFINE.

Allez, grand scélérat, trompeur de demoiselles.

CHARLOT.

Voilà comme un amant se trouve entre deux selles.

Souvent par terre.
Mme FOLIGNY.
Eh bien! grand nigaud, tu le vois.
Il ne faut pas courir deux lapins à la fois.
MÊLETOUT.
Enfin, de tout ceci, quelle est donc la morale?
MARIE.
Je vais vous l'expliquer dans ma phrase finale :
Ce drame intéressant finement vous fait voir,
Qu'on n'est jamais heureuse en faisant son devoir;
Que sagesse et vertu ne donnent que des peines;
Qu'il est plus doux de vivre en faisant des fredaines.
Que chacun A SON LOT dans ce monde, et qu'il faut,
Afin de réussir, être heureux EN CE LOT.

FIN.

LE DIABLE A PARIS,

FOLIE FANTASTIQUE EN UN ACTE,

Mêlée de couplets,

PAR MM. BRAZIER et GABRIEL;

REPRÉSENTÉE POUR LA PREMIÈRE FOIS A PARIS, SUR LE THÉATRE DE LA GAITÉ, LE 29 DÉCEMBRE 1836.

(DIRECTION BERNARD-LÉON.)

Rodile prendra don Gomès,
Si don Gomès atteint Rodile.   (SCÈNE X.)

PARIS,
NOBIS, ÉDITEUR, RUE DU CAIRE, N° 5.

1836.

Personnages.	Acteurs.
FILOSELLE, ancien marchand bonnetier.	M. PARENT.
JEAN, son domestique.	M. LEBEL.
DIAVOLO, envoyé de Lucifer.	Mlle ROUGEMONT.
PIGOCHE, gamin du boulevart.	M. LHÉRIE.
LE CONCERT VIVIENNE.	M. CAMIADE.
LE CONCERT TURC et SAINT-HONORÉ.	M. PANSERON.
M. CORRESPONDANCE.	M. LHÉRIE.
L'HIRONDELLE.	Mlle LÉONTINE.

L'ÉCOSSAISE,
LA BATIGNOLAISE,
L'ORLÉANAISE,
LA BÉARNAISE.
LA DAME FRANÇAISE,
LA DAME BLANCHE,
LA DILIGENTE,
LA FAVORITE,
} Voitures publiques de Paris, représentées par des jeunes filles.

UN PETIT SGANARELLE.	la Petite FONBONNE.
UNE PETITE DANSEUSE.	Mlle RICHARD.
L'EMPAILLEUR, employé au cabinet d'histoire naturelle.	M. RAYMOND.
JACK, l'orang-outang du jardin des Plantes.	M. GIREL.

CINQ MUSICIENS, de la suite des concerts.
CINQ SOLDATS.
DEUX DÉMONS en garçons marchands de vin.

J.-R. MÉVREL, passage du Caire, 54.

LE DIABLE A PARIS,

FOLIE FANTASTIQUE MÊLÉE DE COUPLETS.

Une chambre modestement meublée ; à droite, une cheminée ; au fond, la porte d'entrée.

SCÈNE I.
FILOSELLE, JEAN.

(Au lever du rideau, Filoselle, est assis devant la cheminée, il se chauffe comme un homme souffrant. Jean, de l'autre côté de la scène, prépare de la tisane dans un verre.)

JEAN.
Tout d'même, ça ne doit pas être trop bon à boire, ça, monsieur ?
FILOSELLE.
Voyons, as-tu bientôt fait ? voilà une heure que j'attends...
JEAN.
Une heure... diable comme le temps passe vite avec vous ; si j'étais obligé d'avaler ça, je dirais : ne vous pressez pas.
FILOSELLE.
Ne pas pouvoir quitter la chambre, être condamné à rester là... maudites jambes !.. voilà pourtant déjà un an que ça dure.
JEAN.
Ah ! c'est vrai, que c'est bien rude ; avec ça que vous étiez si alerte, que vous aimiez tant à aller voir tout ce qui se passait dans Paris.
FILOSELLE.
En me retirant du commerce de la bonneterie, je n'avais rien de mieux à faire.
JEAN.
V'là qu'la goutte vous prend juste au moment où vous y pensiez le moins et tout exprès pour donner un croc-en-jambe à vos habitudes quand vous étiez bonnetier, M. Filoselle, et que j'étais votre garçon, et que je travaillais matin et soir aux chaussettes et aux bretelles de coton, vrai, nous étions plus heureux tous les deux... rien ne vous empêchait de marcher, et moi je ne vous entendais pas crier.
FILOSELLE.
C'est vrai ; je marchais, dans ce temps-là.
JEAN.
Et l'an passé encore, vous alliez comme le vent, vous pouviez contenter votre curiosité, vous pouviez tout passer en revue.
FILOSELLE.
Et j'ai manqué l'Arc-de-Triomphe, et je ne connais pas encore l'Obélisque ! Il y a des momens où je me donnerais au diable ; car enfin, mon pauvre Jean, j'ai de l'appétit, le coffre est bon...
JEAN.
Je crois bien ; je vous l'ai dit cent fois, sans vos jambes, vous marcheriez... Tenez, avalez ça. (Il lui donne à boire.)
FILOSELLE, tâtant ses jambes.
Aïe !.. voilà une douleur qui me prend...
JEAN.
Vous êtes un peu douillet... vous me direz, un ancien bonnetier qui a été élevé dans du coton...
FILOSELLE.
Tais-toi, bavard, et rends-toi tout de suite chez mon homme d'affaires pour savoir s'il a reçu les actions que je viens de prendre sur le chemin de fer que l'on va établir.
JEAN.
Ah ça ! mais, monsieur, vous changerez donc toujours votre argent contre ces chiffons de papier ? c'est drôle ; moi, j'aime mieux ce qui sonne.
FILOSELLE.
Avant dix ans, j'aurai quadruplé mes capitaux.
JEAN.
Ou vous serez ruiné ; c'est l'un ou l'autre.
FILOSELLE.
Allons, pars tout de suite. et donne-moi ma béquille...

JEAN, à part.

En revenant, j'irai voir un peu l'amie de mon cœur, mamzelle Zizinne; elle est malade, c'est une bonne action que je ferai là.
(Il lui donne une canne a béquille.)

FILOSELLE, se levant.

Qu'est-ce que tu parles de bonne action? Sois bien tranquille, mon pauvre Jean, je n'en prends pas de mauvaises.

AIR : La nuit porte conseil.

Vivent les actions,
Chacun à sa guise
Les prise;
Vingt spéculations
S'enrichissent par actions.
Je mets là tout mon bien,
Car j'en suis idolâtre...
J'en ai dans chaque théâtre,

JEAN, à part
Qui n' lui rapporte rien.

FILOSELLE.
Et sur un pont nouveau
J' viens d'en prendre un' douzaine,

JEAN, à part.
Ça n' fait-y pas d' la peine,
V'là son argent dans l'eau !

ENSEMBLE.
{
FILOSELLE.
Vivent les actions, etc.
JEAN.
Moi prendr' des actions,
Non ' je n' f'rai jamais c'te bêtise,
Les spéculations.
S'enfoncent avec les actions.
}
(Il sort)

SCÈNE II.
FILOSELLE, seul.

Maintenant que je suis seul, je vais lire mon journal avec tranquillité... (Il prend un journal.) Qu'est-ce que je vois donc là... on parle du bruit souterrain que nous entendons depuis quelques jours dans ce quartier, et qui fait jaser tout Paris. (Il lit.) « Un bruit extraordinaire se fait entendre tous » les soirs au faubourg Saint-Antoine et met tout le quartier en émoi... les » recherches les plus minutieuses viennent d'être faites, et rien n'a en- » core pu faire découvrir la cause de ce vacarme singulier... Il est des gens » crédules qui croyent déjà voir leurs caves envahies par des êtres fantas- » tiques. » — Je ne suis pas crédule, mais c'est mon opinion... Il y a quelque chose là-dessous; enfin, j'y pense toute la nuit. C'est effrayant!.. ça commence toujours par un coup bien fort, comme un coup de tonnerre... et puis ça gronde, ça gronde; et puis on dirait qu'on casse toutes les vitres de la maison, et que les cheminées tombent dans la cour.... (Coup de tonnerre qui fait sauter Filoselle.) Ah! mon Dieu! voilà que ça commence, c'est à la même heure qu'hier... et Jean qui n'est pas là, me voilà bien. (Il tremble. — Bruit de chaînes dessous le théâtre.) Ah! ça ne peut être que le diable en personne qui fasse un pareil bruit... Si c'est vous, monsieur le démon, et si vous avez envie de me rendre visite, de grace, prenez une figure présentable, ne me faites pas mourir de frayeur..
(Le bruit redouble, le plancher s'ouvre au milieu, des flammes brillent; Filoselle tombe dans son fauteuil en poussant un grand cri.)

SCÈNE III.
FILOSELLE, DIAVOLO, sortant de dessous le plancher.

DIAVOLO.
AIR . Mue dans mes yeux.

Je viens dans ce beaux pays
Pour rire a mon aise,
Et j'offre à tes yeux surpris
Le diable à Paris,
Le diable, le diable à Paris. (bis)

De te voir je suis bien aise,
Pour toi je quitte l'enfer,
Et je sors de la fournaise
De mon ami Lucifer ;
Il fait chaud, ne t'en déplaise,
Aussi j'ai besoin d' prendre l'air.
Je viens dans ce beau pays,   etc.

FILOSELLE, à part.

Comment, c'est là le diable, mais il n'est pas effrayant du tout... (Haut.) C'est ce petit démon-là qui faisait autant de bruit?

DIAVOLO.

Oui, c'est moi, Diavolo, qui vient tout exprès du noir séjour pour m'amuser un peu aux dépens de tout le monde. Pluton me donne une journée pour voir toutes les curiosités que Paris a admirées dans l'année, et je te réponds que je vais en profiter.

FILOSELLE.

Ah! si je pouvais les voir avec vous, moi qui suis resté toute l'année dans ma chambre.

DIAVOLO.

Eh bien! suis-moi.

FILOSELLE.

C'est ça, vous suivre, quand une maudite goutte...

DIAVOLO.

Ah! tu as la goutte, tant pis... mais attends donc... je puis sans sortir d'ici... oui... c'est ça... tu voudrais voir les curiosités de Paris? tu n'as plus besoin de quitter ton fauteuil.

FILLOSELLE.

En vérité!

DIAVOLO.

J'ai là ma baguette, je vais les faire défiler toutes dans ta chambre.

FILOSELLE

Ça n'est pas possible.

DIAVOLO.

Tu vas bien voir... j'ai peu de chose à faire pour mettre ce projet à exécution.

Air de la Vieille.

Plus d'une drôle de figure,
Va prendre place auprès de toi :
Mainte bonne caricature
Te fera sourire, je croi.
Et de ce monde en miniature
Ici tu vas être le roi...

(Il lève sa baguette)   Allons, enfans, écoutez-moi !..

(La porte du fond s'ouvre et laisse voir une voûte azurée.)

Depuis un an, goutteux inguérissable,
Le jour, la nuit, tu te donnes au diable ;
Je veux prenant un air bien serviable,
Une heure entièr' te paraître agréable,
Dis un seul mot, forme un souhait,
Et tout paraît et disparait.   (bis)

FILOSELLE.

Tout ce qui se passe ici m'étonne au dernier point, si je le faisais mettre dans un journal, on ne le croirait pas... Eh bien! gentil démon, je voudrais bien voir ces concerts d'été et d'hiver, dont on parle tant à présent. (Diavolo lève sa baguette, on entend crier en dehors.) Qu'est-ce qui nous arrive?

DIAVOLO.

C'est un enfant du boulevart, qui va t'annoncer les concerts de Paris.

SCÈNE IV.

FILOSELLE, DIAVOLO, PIGOCHE.

PIGOCHE, entre très gaîment avec un bâton de sucre d'orge à la main, qu'il met de temps en temps dans sa bouche.

Air de la Palisse

Je suis le vrai gamin
Du boul'vart du Temple,
Là, du soir jusqu'au matin,
D' la gaîté j' donn' l'exemple.

Tout le long des boulevarts,
　　　Je ris, j' flane et j'ricane,
　　　Je fais des niches aux jobards
　　　Et je bois d' la tisane.
　　　Je suis le vrai gamin, etc.

　　　Je ne dissimul'rai point
　　　Qu'en faisant mes bamboches,
　　　Si j'ai donné d' bons coups d' poing
　　　J'ai r'çu d'affreus's taloches
　　　Je suis le vrai gamin, etc.

　　　Je tire d'un air jovial
　　　La langue au sergent d' ville,
　　　J' respecte l' municipal,
　　　Dès qu'il me r'garde, j' file.
　　　Je suis le vrai gamin, etc.

　　　　　　FILOSELLE.
Voilà un petit gaillard qui ne paraît pas engendrer la mélancolie.
　　　　　　DIAVOLO.
C'est Pigoche, le gamin du boulevart, qui vous annonce les concert à la mode à Paris...
　　　　　　FILOSELLE, voulant se lever.
Monsieur Pigoche...
　　　　　　PIGOCHE, le faisant rasseoir.
Restez, mon ancien, vous êtes enfoncé... vous voyez devant vous presque un artiste; je suis apprenti luthier, mon bourgeois fabrique des cordes de Naples, rue du Grand-Hurleur... passionné pour la musique, je sais par cœur tous les morceaux du POSTILLON DE LONJUMEAU, des HUGUENOTS et du MAUVAIS OEIL... à l'œil...
　　　　　　FILOSELLE.
Qu'est-ce qui parle de mauvais œil?
　　　　　　PIGOCHE.
Oui, du mauvais œil, il ne faut pas me regarder de travers pour ça... J'ai donné rendez-vous ici à deux orchestres de musiciens célèbres qui vont venir vous montrer comme quoi la musique se perfectionne de jour en jour, vous n'aurez jamais entendu des choses comme ça... c'est effrayant...
　　　　　　FILOSELLE.
Comment, je vais voir tous les concerts ici?
　　　　　　PIGOCHE.
En personnes naturelles... Hein! c'est cet été qu'il fallait entendre celui du Jardin-Turc!.. moi, j'étais là tous les soirs aux premières loges, je n'en perdais pas une goutte, j'allais et je venais, les mains dans la bavette de mon tablier.
　　　　　　DIAVOLO.
Silence!.. je vous annonce le concert Vivienne.
(Tous les personnages qui vont être présentés par Diavolo, entreront par la voûte azurée qui offre au fond une longue perspective formée avec des nuages.)

SCÈNE V.

LES MÊMES, M. VIVIENNE, il a un petit bâton à la main; il est suivi de TROIS MUSICIENS; le premier porte une grosse caisse et les deux autres des chaises.

　　　　　　M. VIVIENNE.
　　　　　　Air de la Légère.

　　　Qu'on y vienne,
　　　Qu'on y vienne,
　　Je suis le concert Vivienne.
　　　Que l'on vienne,
　　　Ru' Vivienne,
　　　Tout Paris
　　　Sera surpris.

　　　J'abandonne le plein air,
　　　Aux musiciens nomades
　　　Qui font de nos promenades
　　　Une salle de concert.

Ah ! vive le chromatique,
Que chacun peut écouter ;
Mais au diable la musique
Que le vent peut emporter.

Qu'on y vienne ! etc.

FILOSELLE.

Des musiciens qui portent une grosse caisse et des chaises, voilà de drôle d'instrumens.

DIAVOLO.

Place au concert Turc et Saint-Honoré... celui-là cumule...

UNE VOIX, en dehors.

Par file à gauche, en avant, marche !

SCÈNE VI.

LES MÊMES, HONORÉ, suivi de trois soldats, l'arme au bras ; un musicien, portant une basse, et un autre portant un cor de chasse.

HONORÉ.

AIR · Voulez-vous des bijoux. (DU CONCERT A LA COUR.)

Voulez-vous les concerts
Que chacun cite ?
Voulez-vous de doux airs
Pleins de mérite ?
Ecoutez nos
Accords nouveaux,
Et sans rivaux.
Nous surpassons
Nous enfonçons,
Fifres, bassons.

DIAVOLO,

Grand Dieu ! pour moi qu'un orchestre a de charmes,
Ici surtout quand je l' vois sous les armes...

LES CONCERTS.

Ecoutez nos
Accords nouveaux
Et sans rivaux,
Nous surpassons
Nous enfonçons,
Fifres, bassons.

FILOSELLE.

Ah ça ! dites donc, est-ce qu'ils vont faire le siége de ma maison ?

DIAVOLO.

Tu n'as rien à craindre.

FILOSELLE.

Et ces gens-là vont exécuter un concert ?

PIGOCHE.

A grand orchestre... vous allez entendre la mélodie la plus mélodieuse, et la plus fantastique...

FILOSELLE.

AIR du Carnaval de Beranger

Des musiciens armés d' fusils et d' chaise,
Et tout cela pour donner des concerts !..

PIGOCHE.

Voilà pourtant la musique française,
Et son succès étonne l'univers.
Si cela dur', faudra fermer boutique,
Pleurez sur l' sort de nos pauvres luthiers !
On achèt'ra les instrumens d' musique,
Chez les tourneurs et les arquebusiers.

Ça nous coupera l'herbe sous le pied, vrai.

VIVIENNE.

J'ai la vogue et je ne la laisserai pas échapper.

HONORÉ.

Moi, je suis à la mode, je puis marcher le front levé.

DIAVOLO.

Mon cher Honoré, vos concerts d'hiver sont délicieux, mais nos dames préfèrent vos concerts d'été.

Air du Comte Ory

Le Jardin-Turc est unique,
On y peut, sans trop de frais,
Entendr' de la bonne musique
Et sous de jolis bosquets,
Chaque soir prendre les frais.

PIGOCHE.

On est fou d' vos harmonies,
Mais sans en déranger rien,
Quelquefois, quand la nuit vient...
On entend des symphonies,   (Il joue les baisers,
Qui n' sont pas de monsieur Julien. (bis.)

FILOSELLE.

Je suis impatient d'entendre ces concerts-là...

DIAVOLO, aux concerts.

Allons, mes maîtres, mettez-vous à l'œuvre, comme dirait un romantique, commençons...

PIGOCHE.

A vous, monsieur Vivienne.

Air de la chaise brisée de Musard

Vivent les instrumens
Qui font du bruit à la ronde !
On en parle dans l' monde,
Leurs succès sont éclatant ;

M. VIVIENNE, à ses musiciens.

Attention au commandement !   (Ils lèvent leurs chaises en l'air.)

PIGOCHE

Votre nouvelle musique
Aux autr's fera la nique,
Allons.
Flûtes, violons,
Bassons,
Pistons,
Nous écoutons !..
(Les musiciens brisent leurs chaises sur le plancher)

CHOEUR GÉNÉRAL.

Vivent les instrumens, etc.

DIAVOLO.

A vous, Jardin-Turc et Saint-Honoré !

HONORÉ, à ses hommes.

Attention au commandement... portez armes !.. préparez armes !..

PIGOCHE.

Il faut qu'on se distingue,
En avant tout l' bastringue,
Doublez d'effort,
Encor, encor,
De plus fort, en plus fort !..

HONORÉ, parlant.

En joue ! feu !..   (Les fusils partent.)

CHOEUR GÉNÉRAL.

Vivent les instrumens
Qui font du bruit à la ronde, etc.

DIAVOLO, à Filoselle.

Comment trouvez-vous ça ?

FILOSELLE.

C'est superbe ! mais je crains pour les oreilles de ceux qui écoutent cette musique-là...

PIGOCHE.

Messieurs, vous avez tous des droits aux applaudissemens du monde musical ; donnez-vous la main...

HONORÉ.

Jamais !..

VIVIENNE.

Jamais !..

ENSEMBLE.

Air : Valse de Robin des bois.

Rivaux de gloire et d' mélodie,
Pour nous unir, vous faites d' vains efforts ;
Ne nous prêchez pas l'harmonie,
Jamais nous ne serons d'accords.

VIVIENNE.

L' concert Vivienne attir'ra l'influence...

DIAVOLO.

Près de la Bourse on doit fair' de l'argent.

HONORÉ.

Le concert Turc aura la préférence,

PIGOCHE.

Oui, son succès doit aller en croissant.

TOUS LES MUSICIENS, en sortant.

Rivaux de gloire et d' mélodie, etc.

SCÈNE VII.

FILOSELLE, DIAVOLO, PIGOCHE.

PIGOCHE.

En v'là de la fameuse, de l'harmonie !.. si on exécutait celle-là en plein champ... je crierais gare aux allouettes !.. c'est pourtant c'te musique-là qui échauffe tous les pierrots et les pierrettes, au carnaval.

DIAVOLO.

Est-ce que tu vas au bal masqué ?

PIGOCHE.

Je crois bien ; trois costumes dans la même nuit... un marquis en paillettes, un jeannot avec sa lanterne, et un Espagnol avec des bottes à revers et une mandoline... il faut me voir dans un bal déguisé...

Air : Contredanse de Musard.

Dès que l' signal
Ouvre le bal,
J'invite
Ma petite ;
Et nous chantons ce joli r' frain
Qui met tout le monde en train :
Ah ! ah ! ah ! ah !
Comme Pigoche
Bamboche ;
Ah ! ah ! ah ! ah !
Comme on s'en donne là !

Je sens qu' j'ai chaud,
J'aval' bientôt
Un grand verre
De bonn' bière,
Je vais vit' me r'placer,
Car j'aim' à r' commencer.
Ah ! ah ! ah ! ah !
Comme Pigoche
Bamboche !
Ah ! ah ! ah ! ah !
Comme on s'en donne là !

Rien ne me r' tient,
V'là l' jour qui vient,
Le bruit du cuivre
M'enivre !..
J' galoppe et j' tomb' sur l' casaquin,
D'un jobard d'arlequin.
Ah ! ah ! ah ! ah !
J' m'enroue
Et j' fais la roue,
Ah ! ah ! ah ! ah !
On n' s'amus' pas comme ça !

(Il sort vivement par le fond en faisant la roue.)

SCÈNE VIII.
DIAVOLO, FILOSELLE.

FILOSELLE, en riant.

Ah! ah!.. ils sont très amusans.

DIAVOLO.

N'est-ce pas? maintenant, que veux-tu voir?

FILOSELLE.

Ce que tu voudras; j'aime mieux ça... Les concerts m'ont mis en gaîté. fais-moi bien vite venir autre chose.

DIAVOLO, lève sa baguette.

Ah! tu me laisse l'embarras du choix. Eh bien! je vais te faire venir les voitures les plus à la mode aujourd'hui; celles qui vous transportent à peu de frais dans tous les quartiers de la capitale.

FILOSELLE.

Vraiment... on dit qu'on en voit paraître des nouvelles tous les jours, et qu'il y en a autant que de pavés... où faut-il me mettre pour ne pas être accroché?..

DIAVOLO.

Ne crains rien; elles ont des représentantes fort gentilles, c'est avec elles que tu vas faire connaissance. (On entend la ritournelle de l'air qui suit.)

SCÈNE IX.
FILOSELLE, DIAVOLO, L'HIRONDELLE a la tête de huit jeunes filles.

(Une Orleanaise, une Béarnaise, une Écossaise, une Batignolaise, une Dame Française, une Dame Blanche, une Diligente et une Favorite. Elles portent chacune un étendart surmonté d'un pavillon sur lequel on lit le nom d'une voiture Parisienne. L'Hirondelle a des petites ailes noires aux épaules, et un spencer de la même couleur relevé en queue au bas de la taille. Elle a un petit fouet à la main.)

TOUTES.

Air : Je suis le petit tambour.

Place, messieurs, place pour
Les voitures à la mode;
Est-il rien de plus commode
Que de rouler nuit et jour.

L'HIRONDELLE.

Depuis queuqu' temps par la ville,
On entend de toute part;
Voilà l'Omnibus qui file,
V'là la Favorite qui part.
    Clic, clac, clic, clac, clic, clac,
    Dieux que d' gros sous on empile,
    Clic, clac, clic clac, clic, clac,
        Crac.
    V'la les six sous dans l' sac.

CHOEUR.

Place, messieurs, place pour etc.

FILOSELLE.

Mais c'est un régiment de cochers femelles.

L'HIRONDELLE.

Houp!.. salut, monsieur le bourgeois...

DIAVOLO, a Filoselle.

Comment les trouves-tu?

FILOSELLE, regardant l'Hirondelle.

En voilà une petite qui me paraît fort gentille... Dites donc, la jeune fille, puis-je savoir quelle voiture vous êtes?

L'HIRONDELLE.

Air. Dans ma chaumière.

J'suis l'Hirondelle, (bis)
Lorsque je vole dans Paris,
J' n'ai qu'à donner un p'tit coup d'aile,
Et tous les voyageurs sont pris
    Par l'Hirondelle. (bis.)

FILOSELLE.

C'est que je me laisserais bien prendre aussi, moi.

L'HIRONDELLE.
Les Hirondelles, (bis.)
Se mett'nt en route, au point du jour.
Et l'on trouve toujours fidèles,
Au départ, ainsi qu'au retour,
Les Hirondelles. (bis.)

DIAVOLO.
Et vous êtes venues toutes seules?..

L'HIRONDELLE.
Oh! que non!.. notre bon ami va venir.

FILOSELLE.
Vous avez un bon ami?..

L'HIRONDELLE.
Je crois bien!.. et sans lui nous étions toutes enfoncées... mais depuis qu'il s'est mis à notre tête, il y a queue chez nous... il y a un monde... un monde... ho... houp!..

FILOSELLE.
Peut-on savoir le nom de votre protecteur?

L'HIRONDELLE.
Y a gros il s'appelle Correspondance; sans lui, la moitié de nous serait depuis long-temps sous le hangar, ou la remise si vous aimez mieux... ajoutez à ça que c'est un joyeux luron...

FILOSELLE, à Diavolo.
Dites donc, petit diable, il paraît qu'il y a du tirage dans les voitures?.. moi qui ai des actions sur presque toutes.

L'HIRONDELLE.
Quoi, mon brave homme, vous êtes actionnaire?.. j'aurais dû le deviner à votre figure... avec une balle comme ça, on ne peut être qu'actionnaire ou bonnetier.

DIAVOLO, riant.
Il est tous les deux à la fois... ah! ah! ah!..

L'HIRONDELLE.
Ah! farceur!.. bravo! vous avez bien fait, mon ancien, de prendre des actions dans les voitures; l'argent est rond, c'est pour rouler... et ça roule joliment dans Paris à l'heure qu'il est; avez-vous placé quelque chose sur moi?.. sur l'Hirondelle?.. vous ne serez pas volé... j'ai un fier fil!.. je n'attends pas les voyageurs, il y a toujours de la place chez moi, et chez mes petites camarades... n'est-ce pas?..

TOUTES.
Oui, oui, oui, oui!

L'HIRONDELLE.
AIR. L'autre jour, la petite Isabelle.
Toutes nos voitures sont bonnes,
Quoiqu'elles roulent pour six sous,
Elles contienn'nt quinze personnes,
Ce qui fait quinze fois six sous.
Et d' six sous en six sous, ça monte,
Au bout du jour, à tant d' six sous,
Que l'soir j'ai honte,
Lorsque je compte
Mes six sous.
Que l'on soit riche ou dans la gêne.

Tout l' monde prend les voitures à six sous, je crie au passant: montez il y a encore une place, un monsieur va descendre, je lui dis jeune homme, mettez-vous sur un petit banc, n'ayez pas peur... Clic, clac... eh! houp!.. complet!..

Honneur aux six sous!
Mes enfans, je vous mets sans peine
A l'abri des rhum's pour six sous. (bis.)

TOUTES.
Non, ma foi, ce n'est pas la peine
D'attraper un rhum' pour six sous.

L'HIRONDELLE.
Et v'là comme nous faisons toutes notre chemin.

CORRESPONDANCE, en dehors.
Où sont-elles? où sont-elles, mes petites mignonnes?..

CHOEUR DES JEUNES FILLES avec L'HIRONDELLE.

AIR :
Le voilà, le voilà, le voilà.
Vous allez l' connaître,
Car il va paraître...
Le voilà, le voilà, le voila.
Jamais c'luron-là
Ne bronchera.

L'HIRONDELLE.

Par ici, par ici...

SCÈNE X.

LES MÊMES, CORRESPONDANCE vêtu en conducteur d'omnibus.

CORRESPONDANCE, entrant.

Ah! les voilà, les voilà, mes petites voitures publiques.

L'HIRONDELLE.

Je dis que nous ne boudons pas, nous sommes toujours là !..

CORRESPONDANCE.

Oui, quand vous n'êtes pas en retard.

L'HIRONDELLE.

Ah! comment, vous allez nous reprocher...

CORRESPONDANCE.

D'aller trop vite, non... les voyageurs ne s'en plaignent pas, ni moi non plus, et puis vous savez bien que j'ai un faible pour vous toutes... Mes chers enfans, je viens de faire les rapports les plus avantageux sur vous toutes.

LA BATIGNOLAISE.

Qu'est-ce que vous avez dit de moi, M. Correspondance?

CORRESPONDANCE.

J'ai dit que les Batignolles étaient dans une ivresse toujours croissante, et que si jamais on essayait à arrêter la marche des Batignolaises, il y aurait émeute à la barrière Clichy.

L'ÉCOSSAISE.

Avez-vous parlé de moi aussi, M. Correspondance?

CORRESSPONDANCE.

Si j'ai parlé des Écossaises, je le crois bien ; sur toute la ligne, du faubourg Saint-Jacques au faubourg Montmartre... quant aux Dames-Françaises, je n'ai qu'une chose à dire sur leur compte : Je suis Français, mon pays avant tout !.. c'est un peu rococo, mais c'est égal.

TOUTES LES VOITURES.

Vive M. Correspondance !

CORRESPONDANCE.

Qu'elles sont aimables !..

(Il prend le menton à deux ou trois.)

TOUTES.

Vive M. Correspondance !

CORRESPONDANCE.

Assez, assez, vous me feriez faire des bêtises... (Il essuye ses yeux.) Le sentiment s'en mêlerait.

DIAVOLO, à Filoselle.

Eh bien ! que dis-tu de ce tableau ?

FILOSELLE.

C'est très touchant !

CORRESPONDANCE, à part.

Elles me rendent tout fier !.. dans ce moment-ci, je suis sûr que j'ai la taille d'un tambour-major ; je dois avoir six pieds !.. (Il se lève sur les pointes. Haut.) Ah! mes petites amies, j'ai de grandes nouvelles à vous annoncer, nous allons doubler la correspondance sur toutes les lignes... tout correspond dans la nature, vous le savez; l'amant correspond avec sa maîtresse, Passy avec Auteuil, le créancier avec son débiteur ; Boulogne avec Saint-Cloud, etc, etc, etc. mais il est question d'établir de nouvelles voitures qui iront en Allemagne, en Italie, en Russie et en Espagne.

FILOSELLE.

Toujours par correspondance?

CORRESPONDANCE.

Toujours... et pour six sous.

FILOSELLE.

Si jamais on va en Espagne pour six sous, j'irai le dire à Rome !.. Monsieur, en parlant de l'Espagne, où en sont s'il vous plait les deux illustres généraux Don Gomès et Rodile?

CORRESPONDANCE.

Eh! monsieur, ça commence à s'échauffer... voilà deux ans qu'ils se poursuivent avec un acharnement... (Ici, il coiffe ses deux pouces avec des petits bonnets de papier.) Tenez, regardez bien, voilà don Gomès et Rodile en présence. (Il met ses pouces en mouvement.)

Air :
Rodile poursuit don Gomès,
Et don Gomès poursuit Rodile ;
Rendons justice à don Gomès,
En félicitant tous Rodile.
Suivez la march' de don Gomès,
Et tous les progrès de Rodile ;
Rodile prendra don Gomès,
Si don Gomès atteint Rodile. (bis.)

Toujours, par la correspondance.

FILOSELLE.

Ah! monsieur...

CORRESPONDANCE.

Ne riez pas, monsieur... La correspondance doit un jour mener à tout... à moins que les ballons n'établissent des concurrences.

L'HIRONDELLE.

Ah! les ballons vont comme le vent.

CORRESPONDANCE.

Je considère les ballons comme des particuliers gonflés d'amour-propre... Voyez ce ballon monstre, que ces Anglais ont enlevé à la caserne Poissonnière...

Air : Ces postillons sont d'une maladresse.
Concevez-vous une pareille folie,
Rien ne ressemble à notre temps ;
Dans un ballon vouloir risquer sa vie,
Et fair' payer pour monter d'dans,
Vingt-cinq louis pour monter d'dans.
Vous trouvez p't'être la somme exorbitante ;
Un' fois en l'air, je crois que sans efforts,
Chaqu' voyageur en eût donné cinquante,
Pour en être dehors. (bis.)

FILOSELLE.

Si les ballons s'en mêlent, qu'est-ce que feront les chevaux d'omnibus, de fiacres, de coucous?..

CORRESPONDANCE.

Ils ferons des courses au Champ-de-Mars.

L'HIRONDELLE, riant.

Les chevaux de coucous?

CORRESPONDANCE.

Il faut bien qu'ils fassent quelque chose... on ne les nourrirait pas pour rester les bras croisés.

DIAVOLO.

Mais, monsieur Correspondance, vous ne nous parlez pas des pigeons voyageurs... en voilà qui font la correspondance à votre nez et votre barbe.

CORRESPONDANCE.

Je le sais... messieurs les pigeons ont bien des choses à se reprocher... ils marchent tous les jours...je veux dire ils volent sur les brisées de l'administration des postes... du moment que le gouvernement les laisse faire, n'y a pas le plus petit mot à dire ; mais il ne viennent pas vous raconter les accidens qui leur arrivent en chemin...

Air . Chaqu' soir au boulevard
Tous ces facteurs de contrebande,
De lettres, de paquets munis,
S'envolent gaîment de Hollande
Croyant arriver à Paris.
Mais souvent, à peu de distance,
On prend le pigeon voyageur,

On saisit la correspondance
Et l'on fait rôtir le facteur. (bis.)

DIAVOLO.
Ces pauvres petits pigeons, ça fait de la peine...

CORRESPONDANCE, tirant sa tabatière.
Ça ne m'en fait pas du tout à moi... je ne suis ni un Cannibale, ni un terroriste; mais je dirai aux pigeons : de quoi vous mêlez-vous?

FILOSELLE.
Moi, j'éprouverais de la répugnance à manger des pigeons si intelligens.

CORRESPONDANCE.
Eh bien! moi, on m'en servirait sur ma table, soit en compote, soit à la crapaudine, je les mangerais... avec délices... il faut des exemples!.. si les pigeons se font facteurs de la grande poste, si les lapins battent la caisse, si les caniches jouent aux dominos, si les serins font l'exercice, notez que je ne vous parle pas des puces travailleuses, enfin si les animaux veulent entrer en concurrence avec nous autres, alors nécessairement il nous faudra prendre leur place... moi je veux qu'on me dise si je suis un homme ou si je suis une bête... on finirait par ne plus savoir de quelle espèce on est...

DIAVOLO.
Ne vous emportez pas!..

CORRESPONDANCE.
Vous avez raison... ça ne servirait à rien... Je suis content de vous; allons, sur deux rangs, les voitures; l'Hirondelle en tête. En route! bonjour, la compagnie...

TOUTES, en sortant.
Ah! houp! complet... (Elles sortent toutes sur l'air · TOT, TOT, TOT, ayant Correspondance à leur tête.)

SCÈNE XI.
DIAVOLO, FILOSELLE.

FILOSELLE.
Je marche de surprise en surprise... ah ça! mais il me semble que le nombre de ces voitures augmente tous les jours.

Air : Un homme pour faire un tableau.

Grâce aux voitures omnibus,
Dont la fureur est sans égale
Bientôt on ne trouvera plus
Un piéton dans la capitale,

DIAVOLO.
Je n' vois pas grand mal à cela.
La spéculation est bonne,
En voitur' quand tout l' monde ira
On n'écrasera plus personne. (bis.)

SCÈNE XII.
DIAVOLO, FILOSELLE, JEAN.

JEAN, entrant par la porte à droite et parlant à la cantonnade.
Je vous dis, moi, que monsieur Filoselle n'y était pour personne, mais maintenant que me v'là de retour, vous pouvez laisser entrer. (A Filoselle.) Ah! monsieur, ah! monsieur, je viens d'apprendre une drôle de nouvelle.

FILOSELLE.
Qu'est-ce que c'est?

JEAN.
Nous sommes menacés d'une invasion de rats que l'on veut chasser de Pantin et qui veulent entrer à Paris à main armée.

FILOSELLE.
Comment! on veut rabattre sur Paris les rats qui sont à Pantin? nous en avons pourtant bien assez chez nous.

Air du Baiser au Porteur.

On ne devrait faire aucun' grâce,
A nos rats d' cav's et de greniers;
On d'vrait aussi donner la chasse
A ces rats qu'on nomme usuriers,
Et qu'on rencontre en tous lieux par milliers.

Ah ! pour nous tous quel jour de fête,
Si l'on pouvait, avec le temps,
Nous délivrer de toutes les bêtes !
Qui s'engraissent à nos dépens...   (bis)

JEAN, regardant Diavolo.

Ah! mon Dieu ! d'où vient donc ce petit monsieur-là ?

FILOSELLE.

Silence, Jean... je suis dans des méditations; regarde et ne dis rien. (Réfléchissant.) Qu'est-ce que je voudrais voir, à présent?.. l'orang-outang du Jardin-des-Plantes... ce Jack dont les journaux parlent tant.

(Musique en dehors.)

DIAVOLO.

Tu veux voir un singe; c'est facile... il n'en manque pas aujourd'hui.

(Il lève sa baguette.)

SCÈNE XIII.
Les Mêmes, L'Empailleur.

(Il entre en chantant; il tient une grande boîte à la main. La boîte est grillée sur le devant, et l'ouverture est fermée par un rideau.)

L'EMPAILLEUR, il bégaye

Air : Faut d'la vertu, pas trop n'en faut.

Je tiens mon.. mon orang-outang
Qui voulait me quitter pourtant !
Pouvais-tu, cher orang-outang '
Fuir le maître qui t'aimait tant ?

FILOSELLE.

Je vois, d'histoire naturelle,
Ici sans doute un professeur ?

L'EMPAILLEUR.

Ma ta... tâche n'est pas si belle...
Je ne suis que simple empailleur !

Je tiens mon...mon orang-outang, etc.

JEAN, à part.

Qu'est-ce que c'est donc que celui-là ?

L'EMPAILLEUR.

Empa...pailleur, monsieur, comme je viens d'avoir l'honneur de vous le dire, et employé au...au Jardin-des-Plantes de père en fils.

FILOSELLE.

Vous avez dû voir bien des bêtes dans votre vie ?

L'EMPAILLEUR.

Mais j'en...j'en vois encore tous les jours.

FILOSELLE.

Vous êtes bien bon.

JEAN.

Vous empaillez les savans ?

L'EMPAILLEUR, se retournant.

Non, non ; les bêtes, mon ami...

FILOSELLE.

Et vous avez bien voulu apporter chez moi ce grand singe dans cette petite boîte ?.. Monsieur, vous m'excuserez si je vous adresse quelques questions ; ayant été bonnetier, je ne suis pas fort en histoire naturelle.

L'EMPAILLEUR.

Chacun sa partie... on n'a pas besoin d'être élève de l'École Polytechnique, pour vendre des bas...bas et des bo...bonnets de coton de soie noire.

FILOSELLE.

Est-il vrai que les orangs-outangs marchent dans leur pays par troupes, armés de bâtons et de fusils de chasse ?..

L'EMPAILLEUR.

C'est attesté par Pline le jeune...

JEAN.

On dit aussi qu'ils pêchent à la ligne.

L'EMPAILLEUR.

Ça n'est pas prou...prouvé... mais avec le temps et la patience on peut y arriver.

FILOSELLE.

Monsieur, d'après ce que j'ai lu dans le Journal des Connaissances Utiles, dont j'ai l'honneur d'être actionnaire, nous possédons plusieurs sortes de singes ?

L'EMPAILLEUR.

Autant que de grains de sable dans la mer... d'étoiles dans le firmament, d'auteurs de vau...vaudevilles...

FILOSELLE.

Alors, c'est innombrable... encore une question?.. de quoi se nourrit-il?

L'EMPAILLEUR.

De sou...soupe... de pain... de bou...bouilli...

JEAN.

Mange-t-il des légumes?..

L'EMPAILLEUR.

Il dine avec moi, ma ma femme, mes enfans...

JEAN.

En famille... ça doit être gentil.

L'EMPAILLEUR.

Mon Dieu... il ne me cause aucun...aucun embarras...

FILOSELLE.

C'est inconcevable!..

AIR : Cavatine du Bouffe.

Quoi! de tout, il s'arrange?..

L'EMPAILLEUR.
Comm' moi.

JEAN
Il dort, il boit, il mange?

L'EMPAILLEUR.
Comm' moi.

FILOSELLE.
Seul, il fait sa toilette?

L'EMPAILLEUR.
Comm' moi.

JEAN.
Il n'est donc pas plus bête?

L'EMPAILLEUR.
Que moi (TER.)

FILOSELLE.

Maintenant, vous allez me le faire voir?..

L'EMPAILLEUR.

A l'instant... Je vais avoir l'honneur d'offrir à votre vue, l'animal rare et curieux, qui...qui...qui fera quand il le voudra l'admiration de toutes les cours de l'Europe et des princes de la confédération du Rhin... Allez, la musique.

(L'orchestre joue un air très vif, le singe sort de la boîte que l'empailleur vient d'ouvrir. Il porte une petite blouse et une casquette, il se livre à des gambades, il fait mille grimaces, court dans l'appartement, saute sur les meubles, renverse les chaises et finit par sauter sur les épaules de Jean et s'y tient en équilibre.)

JEAN.

Ah! qu'il est vilain!..

L'EMPAILLEUR.

Voy...voyons, Jack, finissez cette plaisanterie et descendez tout...tout de suite...

(Le singe quitte les épaules de Jean et met la robe de chambre de Filoselle Il se coiffe d'un bonnet de coton.)

FILOSELLE.

Assez de singe comme ça, il va tout casser ici.

DIAVOLO.

Allons, M. Jack, suivez votre maître et laissez-nous le champ libre.

L'EMPAILLEUR.

Je vous qui... quitte, v'là mon... mon singe qui est rentré, je l'emmène, viens, mon...mon pauvre Jack, allons nous... nous-en l'un portant l'autre.

(Ils sortent sur l'air : BON VOYAGE CHER DUMOLET.)

SCENE XIV.
FILOSELE, JEAN, DIAVOLO.

DIAVOLO, à Filoselle.

Maintenant, j'attends tes ordres.

FILOSELLE.

Ah! j'ai une idée; je voudrais bien voir transporter ici un de nos théâtres, avec plusieurs de nos grands acteurs en réputation et de nos danseuses en vogue.

DIAVOLO, surpris.

Tu veux que je fasse venir un théâtre dans ta chambre? elle est bien petite.

FILOSELLE.

Je croyais que rien n'était impossible à ta puissance diabolique.

DIAVOLO.

Si tu me demandais un théâtre en détail, je ne dis pas... mais tu deviens d'une exigeance...

FILOSELLE.

Ah! j'étais bien sûr que je t'embarrasserais.

DIAVOLO.

Tu crois... eh bien! tu vas voir... (Il lève sa baguette.) Esprits, soumis à ma puissance, envoyez ici un de nos grands théâtres avec une troupe bien complète...et, s'il le faut, enlevez le plafond de cette chambre pour l'y faire entrer.

FILOSELLE.

Comment, ils vont enlever le plafond de ma chambre...

(Il lève les yeux en l'air; au même instant, l'orchestre exécute : DODO, ENFANT, DODO; le plancher s'ouvre, on voit arriver un petit théâtre de quatre pieds de hauteur, avec son rideau baissé.

DIAVOLO, riant bien fort.

Ah! ah! ah!..

FILOSELLE.

Ah! grand Dieu!.. qu'est-ce que c'est que ce théâtre-là?

(On entend frapper trois coups.)

DIAVOLO.

Voilà le signal, tais-toi, le spectacle va commencer.

(Le petit rideau se lève, la décoration représente un jardin.)

SCENE XV.

Les Mêmes, UN PETIT SGANARELLE, en grande livrée, sort d'une coulisse, fait trois saluts, et s'exprime ainsi :

LE PETIT SGANARELLE.

» Messieurs et mesdames, une indisposition subite arrivée à l'une de nos » camarades nous empêchera de jouer Riquet à la Houpe annoncé sur l'af-
» fiche... nous nous voyons obligés de vous prier de vouloir bien passer au » bureau, pour y reprendre votre argent.

FILOSELLE.

Comment, voilà vos grands acteurs?

DIAVOLO.

En miniature. (Au petit acteur.) Monsieur le premier sujet, un moment, s'il vous plaît... voulez-vous bien me dire quel emploi vous jouez?..

LE PETIT SGANARELLE.

Les premiers comiques seul et sans partage dans la comédie, et les basses-tailles dans l'opéra.

FILOSELLE.

Les basses tailles, je le crois bien; il n'est pas plus haut que ça...

DIAVOLO.

Et vous avez une artiste indisposée ce soir?

LE PETIT SGANARELLE.

Oui, notre première amoureuse... je vous le dis à vous, mais n'en parlez pas... elle est en pénitence... sa mère vient de lui donner...

(Il frappe sur le dos de sa main.)

FILOSELLE.

Oh! oh! diable... voilà qui est bien grave.

####### DIAVOLO.
Pauvre petite! c'est désagréable, pour une amoureuse.
####### FILOSELLE.
C'est que sa maman n'entend pas de c't'oreille-là.

Air : Vaudeville de la Famille du Porteur d'eau

Un enfant doit êtr' corrigé,
Lorsque sa faute est sans pareille.
####### DIAVOLO.
Qu'a-t-ell' donc fait?
####### LE PETIT SGANARELLE.
Elle a mangé
Un pot d' confitur's de groseilles...
####### DIAVOLO.
Pauvre bijou, quel évén'ment!
La correction est trop dure;
Entre nous le tort n'est pas grand,
Quand une amoureuse vraiment,
N'aime encore que la confiture. (bis.)

####### FILOSELLE,
Comme ça, nous n'aurons pas de spectacle?
####### DIAVOLO.
J'espère bien que si... Votre première danseuse a-t-elle aussi mangé des confitures?..
####### LE PETIT SGANARELLE.
Non... la première danseuse est à vos ordres...
####### DIAVOLO.
Qu'elle vienne donc sur-le-champ nous faire connaître cette danse dont on parle tant aujourd'hui.
####### FILOSELLE.
La galoppade?
####### DIAVOLO.
Non, la cachoutcha!..
####### FILOSELLE.
Oh! la cataquoi, bravo!.. je vais faire connaissance avec elle.
####### DIAVOLO.
C'est une Taglioni de cinq ans et demi, une Elssler de trois pieds quatre pouces qui va la danser comme au grand Opéra.

SCENE XVI.
Les Mêmes, Une Petite Danseuse.

(Une petite danseuse élégamment vêtue, parait subitement sur le théâtre enfantin et prend une pose La petite danseuse descend sur la scène avec Sganarelle et danse la cachoutcha en imitant parfaitement Mlle Elssler, au grand contentement de Filoselle, qui saute de joie sur son fauteuil.)

####### FILOSELLE.
C'est surprenant! c'est superbe! c'est admirable!.. il n'y a plus d'enfant. venez m'embrasser, mademoiselle Elssler de trois pieds quatre pouces.
####### LE PETIT SGANARELLE, avec colère.
Et les mœurs, monsieur!
(La petite danseuse s'arrête, et en ratisse à Filoselle en exécutant une pantomime gracieuse puis elle prend sérieusement la parole.)
####### LA PETITE DANSEUSE.
A notre âge, les danseuses n'embrassent pas les messieurs.
####### FILOSELLE.
Ah! que je suis bête, c'est vrai... c'est quand elles sont plus grandes...
(Le rideau du petit théâtre se baisse et tout disparait sur l'air : DODO ENFANT DO.)

SCÈNE XVII.
DIAVOLO, FILOSELLE.

####### FILOSELLE.
Cette petite a des yeux qui feront un jour bien des malheureux.
####### DIAVOLO.
Et ses jambes donc, ce sera bien autre chose.

FILOSELLE, tâtant sa jambe.

Aïe... aïe... v'là que ça me reprend encore... quand je vois un gentil visage c'est toujours comme ça.

DIAVOLO.

Ah! M. Filoselle, vous avez été un gaillard dans votre temps; et cette goutte...

FILOSELLE.

Eh bien! non, c'est ce qui te trompe... Mais sais-tu ce que je voudrais bien voir, maintenant?.. je voudrais me voir marcher... marcher lestement comme à vingt ans... en fait de curiosité, c'est ça qui serait curieux.

DIAVOLO.

Je le crois bien... comment es-tu devenu goutteux?

FILOSELLE.

A la suite d'un grand diner, d'une goguette à Belleville.

JEAN.

Oui, chez M. Desnoyers, dans le salon de vingt-cinq couverts, ils étaient cinquante...

FILOSELLE.

Bourgogne, Chambertin, Bordeaux, Champagne, tout y a passé... c'était un diner de société chantante; les amis de la joie!..

DIAVOLO.

Et je vois que vous avez bu?..

FILOSELLE.

Comme des sonneurs! si bien que le lendemain on a été chercher le médecin... Il m'a dit: mon vieux, vous avez la goutte, en avant l'eau de chiendent et les pieds dans la moutarde, et marchez avec ça si vous pouvez.

DIAVOLO.

Ah! c'est une goguette qui t'a retiré l'usage de tes jambes; eh bien! mon pauvre ami, une autre goguette peut te guérir.

FILOSELLE.

Comment ça?

DIAVOLO.

Par l'homœopatie.

FILOSELLE.

Qu'est-ce que c'est que L'HOMOPATIE?

DIAVOLO.

C'est la guérison radicale de toutes les maladies par les semblables... par exemple, tu as un enrouement qui te fait tousser...

FILOSELLE.

Eh bien! je me tiens bien chaudement.

DIAVOLO.

Non, tu tâches d'attraper un gros rhume et ton enrouement disparait: voilà la médecine à la mode... en veux-tu d'autres exemples, demande à nos docteurs en vogue. La cure va commencer... tâche d'avoir bien soif. A moi, mes pharmaciens!

(Deux garçons marchands de vins paraissent; ils ont des visages de démons, ils portent des paniers de vins et des verres.).

JEAN.

Comment, des garçons marchands de vins.

AIR : Vaudeville des Moralistes.

Tu vas suivre l'ordonnance
D'un médecin très savant;
V'là la cure qui commence
Le verre en main, en avant (Il lui donne un verre.)

FILOSELLE.

Quoi, vous pensez qu'il faut boire?

DIAVOLO.

Le vin t'a rendu perclus;
Bois mon vieux, tu peux m'en croire.
A ton mal tu n' pens'ras plus...
Pauvres goutteux, vous que le mal agite
Et qui dans un fauteuil souffrez,
Versez, versez, versez vite;
Versez vite et vous guérirez.

ENSEMBLE, en buvant.

Versez, versez, etc.

FILOSELLE, à Jean.
Tu bois aussi, toi, misérable?
JEAN.
Oui pour me donner la goutte, et puis je reboirai après pour me la guérir.
FILOSELLE, buvant un second coup.
Cette liqueur salutaire
Semble m'avoir dégourdi.
DIAVOLO.
Allons, tends encore ton verre ;
Tu n'es pas encor guéri.
FILOSELLE, buvant toujours
C'est étonnant comm' ça file.
DIAVOLO.
Bois à perdre la raison !
FILOSELLE.
Je m' sens tout-à-fait agile.
DIAVOLO.
V'là l' moment d' la guérison.
Pauvres goutteux vous que le mal agite,
Et qui dans un fauteuil souffrez,
Versez, versez, versez vite;
Versez vite et vous guérirez.
ENSEMBLE, en buvant.
Versez, versez, etc.
FILOSELLE.
Plus de fauteuil, plus de béquille.   (Il se lève et marche vite.)
JEAN.
Ah! v'là notr' maître qui marche.
FILOSELLE, souriant.
AIR - L'or est une chimère
Quoi, j'ai retrouvé mes jambes !
Ton remède est surprenant ;
Je me sens des plus ingambes
J'irais au diable à présent.
DIAVOLO.
Parle, dépêche-toi.
Un' dernièr' fantaisie...
DIAVOLO.
Je puis te satisfaire encor.
FILOSELLE.
Vraiment je meurs d'envie
D'aller admirer le Luxor!..
DIAVOLO.
Le Luxor! tu n'es pas dégoûté... un monument qui ne coûte que deux millions ; celui-là, tu le verras sur place... donne-moi le bras et partons comme une paire de bons amis... Jean, suis-nous!
JEAN, à part.
Me v'là le valet du diable... pourvu qu'il ne me fasse pas pousser des cornes.
ENSEMBLE, en sortant.
Oui, j'ai retrouvé mes jambes, etc.
DIAVOLO et JEAN.
Il a retrouvé ses jambes,
Le remède était puissant;
Le voilà des plus ingambes.
Ah! comme il marche à présent.

(Le théâtre change et laisse apercevoir la place de la Concorde. Le rideau du fond représente l'obélisque de Luxor entouré de la foule, et la belle avenue des Champs-Elysées avec le grand Arc-de-Triomphe qui domine à l'horizon. Cette décoration est du plus bel effet.)

SCÈNE XVIII.
DIAVOLO, FILOSELLE, JEAN, CORRESPONDANCE, L'HIRONDELLE
et toutes ses Compagnes, PEUPLE.

CHOEUR.

Air du Hussard de Felsheim

France, en merveilles si féconde,
Pour voir un jour, dans ton sein réunis,
Les plus beaux monumens du monde,
Il faudra venir à Paris.

DIAVOLO, à Filoselle.

Tu vois ce que je te ménageais pour le dénouement.

FILOSELLE.

C'est superbe!..

JEAN.

Tiens, notre maître, v'là l'Obélisque, tout d'même, et l'Arche de Triomphe.

DIAVOLO, à Filoselle.

Maintenant, es-tu bien content de moi?

FILOSELLE.

Ne m'en parle pas... je t'embrasserais si nous n'étions pas sur une place publique... J'ai tout vu n'est-ce pas?

DIAVOLO.

Oui; mais sois tranquille, avec le temps, tu verras bien autre chose.

VAUDEVILLE FINAL.

Air connu

DIAVOLO.

On n' verra plus les partis
S'attaquer s' defendre.

CHOEUR.

On n' verra etc.

DIVAOLO.

Tous les homm's seront unis ;
Il n' sagit qu' d'attendre.

CHOEUR.

Tous les hommes etc.

L'HIRONDELLE.

Viv'nt les actions! maintenant,
Tout l' mond' veut en prendre.

CHOEUR.

Viv'ent les actions etc.

L'HIRONDELLE.

Quant à l'intérêt d' l'argent...
Il n' sagit qu' d'attendre

JEAN.

Quand vous prêt'rez de l'argent,
On viendra vous l' rendre.

CHOEUR.

Quand vous pret'rez etc.

JEAN.

Ça vous parait etonnant ;
Il n' sagit qu' d'attendre.

CHOEUR.

Ça vous parait etc.

L'EMPAILLEUR, begayant.

Aux... aux chambres... certai... nement
J' pourrais m' faire en... entendre.

CHOEUR.

Aux chambres, etc.

L'EMPAILLEUR.
Je... je parle très fa... facilement...
Il n'sagit d'attendre.
CHOEUR.
Il parle très facilement etc.

(Ici le petit Sganarelle et sa petite danseuse s'avancent et chantent en s'adressant au Public.)

LE PETIT SGANARELLE.
Nous somm's de bien p'tits talens
On peut nous en r'vendre.
CHOEUR.
Nous sommes etc.

LA PETITE DANSEUSE.
Souvent les p'tits devienn'nt grands,
Il n'sagit qu' d'attendre.
CHOEUR.
Souvent les p'tits etc.

CHOEUR GÉNÉRAL.
France, en merveilles si féconde,
Pour voir un jour, dans ton sein réunis,
Les plus beaux monumens du monde,
Il faudra venir à Paris!

(Bruit d'orchestre. Le rideau baisse.)

FIN.

SCIPION,

ou

LE BEAU-PÈRE,

COMÉDIE-VAUDEVILLE EN TROIS ACTES;

PAR M. ROCHEFORT.

REPRÉSENTÉE POUR LA PREMIÈRE FOIS, SUR LE THÉATRE DES VARIÉTÉS,
LE 15 DÉCEMBRE 1836.

(ACTE II, SC. VII.)

PARIS,
NOBIS, ÉDITEUR, RUE DU CAIRE, N° 5.

—

1836.

Personnages.	Acteurs.

SCIPION COURTOIS, ancien militaire. (36 ans.) MM. Frédéric-Lemaître.
MAGLOIRE, fils de Mme Perrichon.   Gabriel.
EUGÈNE,   Alexandre.
BALOUFEAU, batelier de La Villette.   Dumoulin.
GOURDON, vieux tailleur.   Prosper Gothi.
UN FAUX SERGENT DE LA LIGNE.   Mayer.
UN PAYSAN DE LA VILLETTE.   George.
Mme PERRICHON, veuve d'un ancien marchand
   de bois de La Villette. (55 ans.)   Mmes Lecomte.
BARBE RICHARD, rosière de La Villette.   Flore.
ROSINE, jeune marchande de nouveautés, nièce de
   Gourdon.   Georgina.
Une Bonne.   Fleury.
Bourgeois, Bourgeoises.
Paysans, Paysannes.
Quatre soldats de la ligne.
Musiciens.

La scène est au 1er acte, à Paris
   au second, à La Villette,
   au 3e, à Paris

J.-R. MÉVREL, passage du Caire, 54.

SCIPION,

COMÉDIE-VAUDEVILLE EN TROIS ACTES.

ACTE I.

Le théâtre représente une chambre avec deux cabinets. Meubles, chaises, une table sur le côté, etc.

SCÈNE I.
EUGÈNE, MAGLOIRE.

(Au lever du rideau, le théâtre est vide, Magloire et Eugène se parlent des deux cabinets, dont les portes sont ouvertes.)

EUGÈNE, *dans la coulisse à droite.*

Magloire! tu n'as pas pris ma cravate? je ne peux pas la trouver.

MAGLOIRE, *dans le cabinet à gauche.*

Je ne mets que des cols de crinoline Oudinot.

EUGÈNE, *de même.*

Ah! la voilà! elle était sous ma robe de chambre moyen âge...

MAGLOIRE, *de même.*

Eugène?.. est-ce que tu as mes bretelles en gomme élastique?

EUGÈNE, *de même,*

Je ne me sers que de ceintures.

MAGLOIRE, *de même.*

Ah! je les tiens!.. elles étaient tombées dans la ruelle du lit.

EUGÈNE.

Es-tu prêt?

MAGLOIRE.

Voilà que j'ai fini de m'habiller...

EUGÈNE, *sortant du cabinet.*

Et moi aussi!.. J'espère qu'on a un genre...

MAGLOIRE, *sortant également.*

Voici l'individu!..

EUGÈNE.

Oh! un pantalon de nankin, pour assister à un mariage, mais c'est inconvenant!

MAGLOIRE.

Pourquoi inconvenant?.. le pantalon de nankin est ami de l'homme, il est de toutes les saisons! et puis, qu'est-ce que ça me rapportera d'être bien costumé? je ne suis pas un fashionable comme toi, et le mariage de notre mère est une chose si calamiteuse que ce n'est point la peine de s'embellir à son occasion!

EUGÈNE.

Il est vrai, mon pauvre frère, que nous allons être bien malheureux!

MAGLOIRE.

Une maman de cinquante-cinq ans, se remarier à un homme qui n'a pas pour trois livres dix sous de propriétés, ou de n'importe quoi!..mais c'est odieux!.. ça ne s'est jamais vu ni d'Eve ni d'Adam!..

EUGÈNE.

Si, malheureusement, ça se voit tous les jours, et quand le cœur d'une femme d'un certain âge se livre à l'amour...

MAGLOIRE.

C'est dix fois pire que le cœur d'une innocente!

Air : Vaudeville de Turenne.

Dans une maison toute neuve,
Pour éteindre un feu dangereux,
Vingt fois on en a fait l'épreuve,
Il suffit d'un pompier ou deux.
Mais par un sort qui vient de nous atteindre,

Lorsque le feu, décidément,
A pris dans un vieux bâtiment,
C'est bien le diable pour l'éteindre !
Le diable ne pourrait l'éteindre !

Toi, Eugène, tu te tireras encore d'affaire ; notre papa, qui était de son vivant le plus gros marchand de bois de La Villette, t'avait choisi pour son Benjamin ; tu étais son chéri, son toutou, il t'a fait éduquer dans les colléges et t'a mis dans l'Ecole de droit, tu peux marcher tout seul... mais moi, j'étais garçon de chantier avec papa, j'ai grandi au sein des falourdes et des cotrets, je sais lire comme je danse et si j'ai appris à écrire, c'est à bâtons rompus !..

EUGÈNE.

Oh ! si j'acquiers un jour de la fortune, tu ne manqueras de rien !..

MAGLOIRE, lui serrant la main.

A la bonne heure !.. voilà un frère pour de vrai !.. un ami qui a de l'ame jusqu'au bout des ongles !.. et au fait, si nous ne nous soutenons pas tous les deux, nous sommes bien sûrs de dégringoler dans la débine.

EUGÈNE, avec un soupir.

Ah ! ce qui me tourmente le plus, c'est ma petite Rosine.

MAGLOIRE.

La nièce de cette riche marchande de nouveautés du faubourg Saint-Martin ?

EUGÈNE.

Oui ; tu sais comme elle m'aime... et je tremble à présent que ma mère ne s'oppose à notre mariage !

MAGLOIRE.

C'est comme moi, la grosse Barbe Richard de La Villette... j'en suis amoureux à fendre les pierres... et voilà qu'on est sur le point de la faire rosière... on va l'unir à quelque imbécile de la commune, je voudrais la préférence.. Eh ! ben, je parie toutes sortes de choses que, si je parle de ma passion à maman, elle ne voudra pas entendre de cette oreille-là, et qu'elle se bouchera l'autre !

EUGÈNE.

Ah ! quel changement dans notre position ! ce qui me surprend le plus, dans cette union, c'est que ma mère est une femme qui craint beaucoup l'opinion publique ; elle tremble devant un bavardage de commère, elle a peur du ridicule...

MAGLOIRE.

Oui, mais du moment où elle prend un parti, elle ne reviens plus sur ses pas ; rien ne pourra la détacher de cet intrigant qui fait semblant d'être enflammé d'elle et qui dévorera sa fortune jour et nuit.

EUGÈNE.

Qui nous gênera dans nos plaisirs !..

MAGLOIRE.

Qui nous fera manger du miroton toute l'année, et nous fera avaler de la morale tous les jours !..

EUGÈNE.

Moi qui ai des dettes chez mon bottier, chez mon tailleur et autre part... comment ferais-je pour avoir de l'argent ?

MAGLOIRE.

Supporterons-nous ce dur esclavage sans nous plaindre ?..

MAGLOIRE.

Plus souvent !.. je veux me plaindre à ventre déboutonné, moi !.. je veux ameuter tous les voisins contre notre beau-père !.. je lui ferai des farces indignes, je mettrai ensemble toutes mes idées pour trouver des tours étonnans à lui jouer ! enfin je lui rendrai la vie bien embêtante, car je serai toujours à ses trousses.

EUGÈNE.

Et s'il se fâche ?..

MAGLOIRE.

Pour lors, je l'insulterai, je le provoquerai !.. et tu te battras avec lui !

EUGÈNE.

J'allais te le proposer.

MAGLOIRE.
On verra si je recule !..

EUGÈNE.
Ainsi nous sommes bien d'accord pour lutter tous deux contre son autorité?

MAGLOIRE.
Oui, frère !..

EUGÈNE.
Alors, conduisons-nous avec prudence, et voyons-le venir...

MAGLOIRE.
C'est ça, voyons-le venir...

SCIPION, dans la coulisse.
C'est bien, c'est bien, mes bonnes dames...

MAGLOIRE.
Ça ne sera pas long, car je crois que le voilà.

EUGÈNE, remontant le théâtre.
Oui, ma foi, c'est lui ! en grande toilette, habit noir, gants blancs etc... Il reçoit les bouquets et les embrassades des dames de la Halle !

SCIPION, toujours dans la coulisse.
Buvez à ma santé !..

EUGÈNE.
A sa santé !

MAGLOIRE.
Il ne se porte déjà que trop bien !

SCIPION, toujours dans la coulisse.
Et à celle de mon estimable épousée !

SCÈNE II.
MAGLOIRE, SCIPION, EUGÈNE.

SCIPION, un gros bouquet à la main.
Excellentes poissardes !.. leurs manières franches et amicales m'ont tout ému !.. oh! oui, ce jour est un beau jour !..

EUGÈNE.
Pour lui, c'est possible !

MAGLOIRE.
Il y a de la cruauté dans ses yeux !

SCIPION, voyant les deux frères.
Ah ! messieurs mes beaux-fils, je suis le vôtre.

MAGLOIRE, avec fierté.
Moi, pas !.. (A part.) Attrape !

SCIPION, sans faire attention à Magloire.
Je quitte à l'instant votre adorable mère, nous allons partir pour la municipalité dans une quinzaine de minutes, et je viens savoir, messieurs, si vous êtes prêts à nous escorter...

MAGLOIRE.
Nous sommes prêts si nous voulons, ça ne regarde personne !..

EUGÈNE.
Nous attendrons que ma mère nous donne ses ordres elle-même, monsieur !..

MAGLOIRE, répétant.
Elle-même, monsieur !

SCIPION.
Comme ça vous sera agréable, messieurs mes beaux-fils !.. mais je croyais avoir le droit...

EUGÈNE, avec passion.
Le droit ?.. vous n'en avez aucun sur nous, monsieur ; votre position ici n'est point encore établie d'une manière bien fixe, et nous en avons une, nous, que nous ne devons jamais oublier...

MAGLOIRE, à part.
Mets ça dans ta poche, et ton mouchoir par-dessus, vilain beau-père !

SCIPION, piqué.
Je vois, M. Eugène, que mon union avec madame Perrichon, n'est pas

de votre goût, vous auriez peut-être voulu qu'elle vînt vous demander la permission de se remarier ?.. Aujourd'hui, il y a beaucoup d'enfans de bonne maison, qui en sont là avec leurs pères et mères ; c'est un perfectionnement dans les mœurs, qui nous conduit tout droit à la suppression de l'hôtel des Invalides, et de tous les cheveux gris en général...

MAGLOIRE.
Eh ! bien, oui, monsieur, si on nous avait consultés, nous n'aurions pas donné notre consentement, là !..

SCIPION.
Vous voyez donc, alors, qu'on a bien fait de s'en passer !..

EUGÈNE.
Les volontés de ma mère doivent être sacrées pour nous, mais...

SCIPION.
Mais vous ne vouliez pas qu'elle prît un second mari ? je conçois parfaitement vos raisons... Que vous importait en effet que madame votre mère, encore sensible, d'un physique agréable, aimant à causer, n'eût personne à qui parler et faire part de ses sensations... personne qui lui fît un doigt de cour... Il ne vous manquait rien à vous!.. vous buviez, mangiez, dormiez, aimiez, quand ça vous faisait plaisir, sans penser que votre tendre mère se privait de tout !

EUGÈNE.
Monsieur, faites-nous grace de votre morale...

MAGLOIRE.
Elle est monotone, la morale !

SCIPION.
C'est juste, et rien n'est ennuyeux comme un beau-père, surtout quand il n'a pas un sou vaillant, comme j'ai l'honneur d'être ; c'est un pique-assiette qui vient manger la portion des autres, et qui ne paie jamais sa part dans le pique-nique.

EUGÈNE, vivement.
Si vous ajoutez que ce pique-assiette (c'est vous qui le qualifiez ainsi)... n'est connu de personne, qu'on ignore d'où il vient, ce qu'il a été, ce qu'il a fait... vous avourez qu'on ne peut trop se défier d'un pareil aventurier ?

MAGLOIRE, répétant.
Oui, aventurier !..

SCIPION, avec force.
Aventurier ?.. le mot est dur, messieurs !.. (Se radoucissant.) Mais, je ne m'en fâche pas... vous voulez savoir qui je suis ? c'est assez juste, et je ne demande pas mieux que de vous bavarder mon histoire, d'autant plus que je suis très conteur de ma nature : D'abord, je m'appelle Scipion.

MAGLOIRE.
L'Africain ?

SCIPION.
Non, Scipion Courtois ; mon père était épicier en détail ; il y avait six ans que je gagnais des engelures dans sa boutique, lorsque l'âge de ma conscription arriva ; je plantai là le miel de Narbonne, la mélasse et le cacao, pour me faire soldat, ce n'était pas si bête ; mon père mourut après avoir mangé son fond, et me laissa le monde entier à conquérir, pour me faire des rentes ; après avoir été apprenti maréchal de France, pendant mes huit ans, je rentrai dans mes foyers où il n'y avait plus de feu pour moi : il fallait vivre, je me remis dans la ligne, comme remplaçant ; on m'envoya en qualité de caporal dans le royaume d'Alger ; mais comme je n'y attrapais que des milliers de piqûres de moustiques, je me glissai inopinément dans la Légion-Etrangère, qui allait prendre don Carlos tout vivant ; néanmoins, voyant que ça n'allait pas, et qu'en fait de prisonniers, nous ne prenions en Espagne que la faim, la soif et la misère, je me mis à me dégoûter de la gloire et de ses lauriers ; en ce temps, je passai sergent et secrétaire du colonel, ça me forma le style et l'éducation ; je m'imaginai de séduire les Biscayennes en pinçant de la guitare sous leurs fenêtres ; il y eût une veuve dans Bilbao qui se laissa enlever à l'escalade ; j'allais l'épouser, lorsque sa ville fut prise par les carlistes, je n'eus que le temps de me faire administrer une bonne blessure, qui me fit renvoyer à Paris... J'y flânais depuis six mois, quand je rencontrai, un soir, votre excellente mère à l'Ambigu-Comique, elle pleurait sur le sort d'Héloïse et d'Abeillard ;

je lui offris d'être l'un si elle voulait être l'autre, nous nous enflammâmes comme le briquet et l'amadou, tout fut décidé en huit jours et nous enlaçons nos deux cœurs ce matin. Voilà, messieurs mes beaux-fils, ma biographie personnelle, si elle vous convient, tant mieux pour vous, mais si elle vous déplait, je suis autorisé à vous dire que je m'en moque supérieurement !..

EUGÈNE.

Vous avouerez, au moins, monsieur, qu'il n'y a pas trop de quoi se vanter de vous avoir pour beau-père!

MAGLOIRE.

Je crois bien!.. un fils d'épicier!..

SCIPION.

Qu'est-ce à dire, messieurs?.. l'épicier est une des capacités les plus curieuses, les plus indispensables de ce siècle industriel et philantropique!.. par lui, les lumières se propagent, depuis la bougie de deux sous jusqu'au lampion!.. par lui, le sucre et la canelle filtrent dans les derniers rangs de la société... Il est bon père, bon époux, paisible citoyen, il paie ses impôts, sans sommation avec frais, monte sa garde en uniforme, et fait sa faction sans arrière pensée... en un mot, messieurs, après tant de révolutions, si la bonne foi et la vertu étaient bannies de toute la terre, on les retrouverait dans le cœur des épiciers!..

MAGLOIRE.

Ça, c'est une question!..

SCIPION.

Je l'ai lu plus de cent fois dans un journal très connu!..

EUGÈNE.

Il n'en est pas moins vrai que votre mariage nous froisse dans nos intérêts.

MAGLOIRE.

Et qu'il nous aplatit singulièrement.

SCIPION.

Ah! ce n'est pas mon affaire! ça regarde votre maman; car ici, ce n'est pas moi qui épouse, c'est moi qui suis épousé!

EUGÈNE.

Vous êtes bien fat, monsieur?..

SCIPION.

Je l'ai toujours été, et ça m'a toujours réussi!..

EUGÈNE, chaudement.

Nous verrons si cette fois...

SCIPION, riant.

Ne vous emportez pas, jeune homme, nous avons tous besoin de notre gaité pour la fête qui s'apprête, comme on dit dans les chœurs de l'Opéra-Comique.

MAGLOIRE, à part.

Il a l'air de folâtrer!.. nargue, nargue! tu n'en es pas encore quitte!..

SCIPION.

Ainsi, voilà notre connaissance faite; quand madame votre mère m'aura épousé, je me ferai connaître encore mieux... et j'espère, messieurs, mes beaux-fils, que chacun sera content de sa position... moi, d'abord, je serai content de la mienne.

MAGLOIRE, en colère.

Mais c'est outrageant de nous dire de telles fariboles!.. vous n'êtes qu'un Bédouin!

SCIPION, avec calme.

Allez votre train, mon fils, si les bêtises vous étouffent, continuez de parler.

EUGÈNE, avec énergie.

Ah! c'est trop fort, monsieur, et nous ne souffrirons pas...

SCIPION.

Silence!.. j'entends votre respectable mère.

SCÈNE III.

LES MÊMES, Mme PERRICHON, en toilette de mariée.

Mme PERRICHON, d'un air léger.

Me voilà, mon ami, ma toilette est terminée.

SCIPION, avec un ravissement comique.
Ah! quel effet vous me produisez!..

Mme PERRICHON, avec une grace comique.
AIR : Vaudeville du Premier Prix.

Dans ce jour si beau, je me donne,
Autant de charmes que je peux !
Et je tâche que ma personne,
Soit à la hauteur de tes feux !
Scipion, je suis si jalouse,
De te plaire, d'être à ton goût,
Que je voudrais, quand je t'épouse,
Qu'il ne me manquât rien du tout !

SCIPION.
Vous êtes ravissante !.. vous ressemblez comme cela, à je ne sais pas quoi ! Si! si!.. vous me rappelez une Andalouse que j'ai bien aimée quand j'étais en Espagne! une nommée Ambrosina !..

Mme PERRICHON, le regardant en riant.
Ah! mauvais sujet !.. en avez-vous fait des malheureuses !..

SCIPION.
Hélas, oui, j'ai la vanité d'en avoir fait pas mal !.. j'étais très couru...

MAGLOIRE, à part.
C'est ça, fait donc le beau !.. piaffe, piaffe, va !..

Mme PERRICHON.
Mais, en entrant, il m'a semblé qu'on se disputait ici ?..(Regardant ses deux fils.) Est-ce que par hasard, on se serait permis ?..

SCIPION.
Tout juste, chère amie, on s'est permis de me traiter très cavalièrement.

Mme PERRICHON, avec dureté.
Je voudrais bien voir qu'on osât...

SCIPION.
Je ne sais pas ce que j'ai fait à ces messieurs, mais il est de fait qu'ils m'ont en horreur... ils m'ont même appelé Bédouin !

Mme PERRICHON.
Bédouin ?.. quelle énormité !.. quelle insolence !.. Ainsi, messieurs, vous voulez vous faire prendre en grippe par votre mère ?.. vous avez résolu de me faire sortir de mon caractère ?.. eh bien! j'en sortirai !..

SCIPION, triomphant.
Elle en sortira! nous en sortirons tous les deux !..

EUGÈNE, avec mépris.
Vous savez déjà, monsieur, que ce n'est pas vous que je crains ici... et je vous le prouverai !..

Mme PERRICHON, vivement.
Comment !.. des menaces ?.. et en ma présence encore !.. vous n'êtes que des ingrats !.. si je me remarie, si mon cœur s'est laissé reprendre aux douceurs de l'amour, c'est pour vous, méchans enfans que vous êtes !.. j'ai voulu vous donner un protecteur, un appui... et voilà comme vous reconnaissez mes bontés !.. mais c'est odieux !.. je suis la veuve la plus malheureuse de France.

SCIPION.
Et d'Alger !..Tenez, messieurs, voyez l'état où vous la mettez !..ses beaux yeux vont pleurer !..

Mme PERRICHON, s'essuyant rapidement les yeux et avec énergie.
Ne croyez pas que je serai votre esclave !.. non !.. j'en ai assez supporté comme ça !.. Défunt votre père ne m'avait rien apporté que sa personne, tout le bien venait de mon côté, et vous n'avez rien à réclamer, mes petits amis...

MAGLOIRE.
Pardine, nous le savons bien !

Mme PERRICHON.
Je voulais étudier votre conduite, votre caractère, pour savoir ce que j'aurais à faire à votre majorité; mais puisque vous le prenez sur ce ton-là, je déclare qu'aujourd'hui même je reconnaîtrai à mon nouveau mari, par contrat, une somme égale à tout ce que je possède.

SCIPION.

EUGÈNE, à part.

Grand Dieu!..

SCIPION.

La!.. voilà ce que c'est, messieurs, que de faire les mauvaises têtes!.. je suis forcé d'approuver complètement la punition que ma tendre amie vous inflige.

MAGLOIRE.

Mais, maman, vous n'y pensez pas...

Mme PERRICHON.

J'y pense si bien, qu'en sortant de la mairie, je me rendrai chez mon notaire...

SCIPION, aux deux frères.

C'est bien fait!..

Mme PERRICHON.

Cette maison, celle de la Villette, je donne tout!..

SCIPION.

C'est bien fait!..

EUGÈNE, bas à Scipion.

Si vous acceptez, vous n'êtes qu'un lâche!..

SCIPION, bas et avec énergie.

Un lâche!.. petit blanc-bec!.. vous me rendrez compte de ce mot-là!..

EUGÈNE, bas.

Quand vous voudrez!..

SCIPION, à Mme Perrichon avec abandon.

En vérité, chère amie, cette scène m'a bouleversé pour vous; votre douceur naturelle a été forcée de vous quitter... ça me fait une peine atroce!

Mme PERRICHON.

Oh! ce n'est rien! et comme je veux être libre et tranquille chez moi, le reste de ma vie, je vous préviens, messieurs mes fils, que dans huit jours vous partirez pour aller retrouver votre oncle à la Martinique!..

EUGÈNE.

A la Martinique!

SCIPION.

C'est un beau climat!

Mme PERRICHON.

Votre oncle vous a déjà demandés plusieurs fois; il veut vous enrichir.

SCIPION.

Songez donc que c'est le pays des oranges, des patates, des ananas...

MAGLOIRE, vivement.

Et des maringouins! merci!.. j'aime mieux être fendeur de bois, ou marchand de coco, que d'aller à votre Martinique!..

EUGÈNE.

Vous me permettrez aussi, ma mère...

Mme PERRICHON, l'interrompant.

En voilà assez, n'en parlons plus et suivez-nous à la mairie...

EUGÈNE, avec calme.

Ma mère, je n'irai pas.

MAGLOIRE, bas

Ni moi!.. à la Martinique!

SCIPION.

Alors, messieurs, on se passera de vous, restez...

MAGLOIRE.

Vous nous dites de rester?

SCIPION.

Sans doute!

MAGLOIRE.

Eh bien! j'y vas, pour vous vexer!

Mme PERRICHON.

Mlle Rosine ne m'apporte pas les gants que je lui avais demandés, c'est fort désagréable...

SCIPION, fouillant dans sa poche et lui remettant un papier.

C'en est une paire que j'ai achetée pour vous!..

Mme PERRICHON.

Il pense à tout! ce bon ami!..

SCIPION, avec amabilité.

Cela vous va ?

Mme PERRICHON, souriant.

Comme une mitaine !.. Ah! voilà nos témoins et nos invités.

CHŒUR DE PARENS ET D'AMIS.
Air chœur final du Comédien de Salon.

Pour assister à votre mariage,
Nous accourons, madame, en ces lieux;
Que le bonheur, pour vous, soit sans nuage,
Et que l'amour comble toujours vos vœux.

EUGÈNE, bas à Scipion.

Songez, monsieur, que je vous attends.

SCIPION.

Ici, après la cérémonie.

(Scipion donne la main à sa femme, tous sortent en reprenant le chœur. Eugène reste seul.)

SCÈNE IV.

EUGÈNE, seul, se promenant avec agitation.

Certainement que je l'attendrai !.. nous envoyer dans les colonies !.. mais c'est donc un exil, un bannissement !.. oh! non, ça ne se passera pas comme ça... (Il entre dans son cabinet et en rapporte une boîte de pistolets qu'il pose sur une chaise, en les regardant.) S'il me tue, il en portera le blâme toute sa vie !.. si je triomphe, tout ce qui porte un cœur de jeune homme m'excusera et prendra ma défense... Mais Rosine, ma chère Rosine, que deviendra-t-elle ?..

SCÈNE V.

EUGÈNE, ROSINE.

ROSINE.

Vous êtes seul, M. Eugène ?

EUGÈNE.

Ah! Rosine, c'est vous !..

ROSINE.

Oui, avec les gants que madame votre mère a fait demander à notre magasin.

EUGÈNE.

Elle est partie, sans les attendre.

ROSINE.

Je m'en doutais !.. et je me doutais aussi que vous n'étiez pas avec elle.

EUGÈNE.

Je crois bien! est-ce que je puis voir un mariage comme celui-là ?.. un mariage qui détruit mes plus chères espérances, et qui menace de nous séparer pour jamais!

ROSINE.

Qui fait plus que de nous menacer!

EUGÈNE.

Que dites-vous?

ROSINE.

Que le mariage de madame Perrichon fait manquer le nôtre, du côté de ma tante.

EUGÈNE.

Qui! votre tante ?..

ROSINE.

Dit que votre beau-père vous enlève tout espoir de fortune, et que votre fortune étant perdue, il ne doit plus être question de votre amour...

EUGÈNE.

Ça ne se comprend pas !..

ROSINE.

Je ne l'ai pas compris non plus... alors elle m'a ordonné de vous éviter, de vous fuir, en me défendant de penser à vous!

SCIPION.

Air : On dit que je suis sans malice

A cette défense alarmante,
Je demande à ma chère tante,
D'apporter les gants que voici;
Et comptant vous trouver ici,
Puisqu'on veut que je vous évite,
J'accours.....

EUGÈNE.
Pour me faire bien vite
Vos adieux?..

ROSINE.
Non, mais pour savoir
Comment nous ferons pour nous voir.

EUGÈNE.
Oui, Rosine, nous nous reverrons encore!.. soyez tranquille; je prépare un événement qui peut amener bien des choses!

ROSINE.
Quel événement?

EUGÈNE, montrant la boîte aux pistolets.
J'ai là de quoi nous protéger...

ROSINE.
O ciel!.. des armes!.. Eugène, vous voulez vous battre? avec votre beau-père, peut-être?..

EUGÈNE.
Que voulez-vous donc que je fasse?.. j'ai des dettes que je n'oserai plus avouer à ma mère... un amour... dont elle ne voudra pas non plus entendre parler!..

ROSINE.
Et croyez-vous l'attendrir en lui tuant son mari?.. voyons, ne nous désespérons pas... peut-être mon oncle Gourdon, en priant bien votre mère et ma tante, pourrait-il obtenir leur consentement?

EUGÈNE.
Mais, Rosine, il y a de nouveaux projets pour mon frère et pour moi!.. et puis votre oncle Gourdon, le tailleur, je lui dois de l'argent!..

ROSINE.
C'est vrai! que les jeunes gens sont malheureux, aujourd'hui!..

EUGÈNE.
Et c'est un créancier qui tient à être payé.

ROSINE.
Mais vous savez qu'il n'est pas méchant.

EUGÈNE.
Je sais qu'il le dit; c'est sa manière de parler.

SCÈNE VI.
Les Mêmes, GOURDON.

GOURDON.
Ah! M. Eugène!..

EUGÈNE, bas à Rosine.
Justement! le voilà, votre oncle!..

GOURDON.
Je suis charmé de vous rencontrer!

EUGÈNE, à part.
Il est charmé, ça ne s'annonce pas mal.

GOURDON.
Tiens! ma nièce Rosine?.. que viens-tu donc faire ici, toi!

ROSINE.
Je viens, mon oncle, pour... parce que... j'ai apporté des gants à Mme Perrichon!

GOURDON.
Hé! tout... la mariée... je viens de la voir descendre à la municipalité! le futur est, ma foi, très beau cavalier... ça fesait de la peine à tout le monde!

les voisins, et les voisines surtout, disaient que c'était un homme sacrifié; après ça, moi, je répète ce que j'ai entendu... c'est une manière de parler, je ne suis pas méchant!

ROSINE, vivement.

Oh! non, certainement, mon bon oncle!..

EUGÈNE, l'interrompant.

Et qu'est-ce qui me procure donc l'honneur de votre visite, M. Gourdon?

GOURDON.

Voilà : comme je ne vous ai pas aperçu près de votre mère, ça m'a fait penser à vous...

EUGÈNE.

Tant pis!..

GOURDON.

Et par conséquent à certain billet de cinq cent francs qui expire ce matin.

(Il fouille dans un portefeuille.

EUGÈNE.

Ce matin?.. je ne m'en souvenais pas du tout!.. c'est donc pour cela que vous étiez charmé de me rencontrer?..

GOURDON.

C'est une manière de parler, qui ne doit pas vous choquer... car ce billet est le prix de plusieurs fournitures que je vous ai faites pour votre embellissement personnel... je vous ai rendu joli garçon toute une année à crédit.

ROSINE, vivement et en le calmant.

Ce qui ne vous empêchera pas encore, mon oncle, de patienter volontiers.

GOURDON.

C'est ce qui vous trompe, ma nièce... je ne suis pas méchant, mais je patiente très difficilement.

EUGÈNE.

Je vous avoue que je me trouve sans argent, dans ce moment-ci!..

GOURDON.

Mon jeune ami, j'en suis au désespoir!.. je ne sais pas ce que je donnerais pour que vous eussiez de l'argent!..

ROSINE.

Ah! je vous reconnais là!..

GOURDON.

Car vous me mettez dans la position d'un homme qui n'est pas méchant, et qui est forcé de vous poursuivre avec la dernière rigueur.

ROSINE.

Le poursuivre!.. mais c'est infâme!..

GOURDON.

Qu'est-ce qui te dit le contraire?.. hélas!.. mais on vient de m'attacher en qualité de costumier à un théâtre des boulevarts, on y monte une immense pièce militaire... et mon devoir avant tout!

Air du Calife.

Ce poste important m'electrise,
Fournisseur de chaque soldat,
C'est une très noble entreprise;
Et je vais tailler en plein drap :
Mais pour soigner ma renommée,
Et pour fournir la grande armée,
D'habits, culottes, pantalons,
Je dois rassembler tous mes fonds,
Oui, j'ai besoin de tous mes fonds.

EUGÈNE.

Vous ne pouvez donc m'accorder au moins quelque temps?

GOURDON.

Oh! ce serait impitoyable et je ne suis pas méchant...

EUGÈNE, l'interrompant et lui prenant la main.

Monsieur Gourdon, ce procédé...

GOURDON.

Je vous accorde un quart-d'heure.

EUGÈNE, désappointé.

Ah!..

GOURDON.

Si ça vous est agréable!..

EUGÈNE.

N'importe! je prends toujours!.. (A Rosine.) Mon frère me procurera peut-être la somme par un de ses amis.

GOURDON.

Ainsi, M. Eugène, je suis à vous dans la minute...

EUGÈNE.

Dans quinze minutes, vous voulez dire?..

GOURDON.

Oui, oui... c'est une manière de parler!

ROSINE.

Mon bon oncle, ne voulez-vous pas rendre une visite à ma tante? ça lui fera plaisir.

GOURDON.

Ma foi, je veux bien!

ROSINE, bas à Eugène.

Je le retiendrai toute la journée. (Haut.) Adieu, M. Eugène... (Elle regarde les pistolets.) Tâchez qu'il ne se passe rien ici, qui puisse effrayer ceux qui vous aiment! (Elle sort avec Gourdon.)

SCÈNE VII.
EUGÈNE, puis MAGLOIRE.

EUGÈNE.

Non!.. je n'écoute point Rosine, mon projet est bien arrêté... Ah! monsieur mon beau-père, nous saurons jusqu'où va votre courage.

MAGLOIRE, paraissant au fond et s'avançant d'un air solennel.

Eugène!

EUGÈNE.

Ah! c'est toi?.. eh bien! mon ami?..

MAGLOIRE.

Eh bien! mon frère, notre malheur est consommé!.. l'hyménée a reçu son exécution!.. nous pouvons mettre des crêpes à notre chapeau, nous venons de perdre maman... Perrichon!

EUGÈNE.

Et M. Scipion que disait-il?..

MAGLOIRE.

Il riait de joie, le misérable sans cœur!.. et quand il a eu fait sa parataphe sur le grand livre des infortunes publiques, il s'est mis à se redresser comme un vainqueur!.. il avait onze pieds d'haut!.. on aurait dit qu'il touchait à l'Arche-de-Triomphe de l'Etoile!

EUGÈNE.

Nous verrons s'il soutiendra ce ton insolent, en présence de ces deux pistolets.

MAGLOIRE, les regardant.

Tiens! c'est tout prêt?.. dis donc, où vous battrez-vous?..

EUGÈNE.

Dans le jardin!

MAGLOIRE.

Ah! mon pauvre frère!.. s'il allait te massacrer!..

EUGÈNE.

Eh! qu'importe!..

AIR de La Sentinelle

Tu seras là pour me venger!..

MAGLOIRE.

Ah! pour ça, c'est tout autre chose!..

EUGÈNE.

Pourrais-tu bien te laisser outrager?..

MAGLOIRE.

Oui, mais sais-tu que l'on s'expose?..
Je l'avourai de bonne foi,

Si l'adversaire était en ma présence,
Je crois que je mourrais d'effroi ;
Là-dessus je suis sûr de moi,
Tout comme de mon existence !

SCÈNE VIII.

Les Mêmes, SCIPION, en entrant il ferme la porte sur lui.

SCIPION, gaîment.

Mes aimables beaux-fils, me voici à vos ordres !.. mon épouse m'a quité pour aller chez son notaire, ainsi nous ne serons pas dérangés.

EUGÈNE.

Monsieur, il y a là des armes qui vous attendaient.

SCIPION.

Ah ! ah ! déjà ?.. (Il regarde les pistolets et les prend.) Ces pistolets sont chargés d'avance ?.. ça ne se fait pas, cela, M. Eugène ; il est d'usage qu'on ne les charge que sur le terrain.

EUGÈNE.

Qu'à cela ne tienne, monsieur, il est très facile...
(Il veut prendre les pistolets.)

SCIPION, lui repoussant la main.

C'est inutile, il y a un moyen plus expéditif... (Il appelle.) Magloire ?..

MAGLOIRE.

Eh ben ! quoi ?..

SCIPION, qui s'avance près de la fenêtre.

Venez ici, mon ami, près de cette fenêtre.

MAGLOIRE, à part en s'avançant doucement.

Qu'est-ce qu'il veut donc faire ?

SCIPION.

Voyez-vous, sur la plus haute branche ce pommier, un petit pierrot qui a l'air d'avoir du chagrin ?

MAGLOIRE.

Oui, je le vois, mais je crois que c'est une mésange...

SCIPION.

Nous le vérifierons tout à l'heure... (Il tire son pistolet par la croisée et regarde.) Vous aviez raison, c'est une mésange ; tenez, regardez au pied de l'arbre où elle est tombée, on voit ses plumes blanches...

MAGLOIRE, regardant.

C'est pourtant vrai !..   (Il porte ses yeux avec effroi sur Eugène.)

SCIPION.

Tenez, nous allons la retourner...   (Il tire le second pistolet.)

MAGLOIRE.

Touché !.. à la queue !..

SCIPION, remettant les pistolets dans la boîte.

Vos pistolets sont assez bons, M. Eugène.

EUGÈNE.

Je vous comprends, monsieur, mais on peut rendre les armes égales.

SCIPION, à part.

Il a du cœur !.. (Haut.) avant tout, vous ne me refuserez pas un mot d'explication ?..

EUGÈNE.

Monsieur...

MAGLOIRE.

Comment donc !.. c'est trop juste !.. quelquefois, c'est en s'expliquant qu'on s'arrange.

SCIPION.

Messieurs, si vous voulez, nous allons nous asseoir ?..
(Eugène et Magloire s'asseyent, Scipion se place au milieu d'eux.)

MAGLOIRE, à part.

Ça va être chaud !..

SCIPION, d'un ton dur.

Messieurs, depuis ce matin, vous vous êtes conduits avec moi d'une manière peu galante, vous m'avez torturé comme une victime, j'ai enduré une multitude de mots très amers.

MAGLOIRE.
Je conviens qu'il y avait un peu de chicotin, allons!..
EUGÈNE, vivement.
Monsieur, est-ce pour entendre vos reproches?..
SCIPION.
Non, monsieur, car je ne vous en ferai pas un seul, j'ai tout oublié ; mais si j'ai eu assez d'aplomb pour garder mon calme et me faire un caractère de sévérité jusqu'au mariage, à présent, messieurs, je vais me dévoiler dans toute mon ampleur...
EUGÈNE.
Que voulez-vous dire, monsieur?
SCIPION.
Je veux dire, jeunes ingénus que vous êtes, que votre beau-père Scipion Courtois n'est pas autre chose qu'un farceur...
MAGLOIRE.
Ah! bah!..
SCIPION.
Un bambocheur fini qui n'aurait jamais pu vivre dans l'eau douce du ménage, s'il n'avait pas été sûr de trouver en vous, deux francs amis, deux inséparables pour se plonger avec lui dans la folie jusqu'au cou!
MAGLOIRE.
Je suis abruti d'étonnement!
SCIPION.
Avez-vous imaginé qu'un luron de ma complexion, qui se sent vivre comme il n'est pas possible, allait se renfermer dans son pot-au-feu, ainsi qu'une poule mouillée, et boire du vin ordinaire, ainsi qu'un perruquier? abus, messieurs!..
EUGÈNE.
Mais, monsieur, il n'y a rien de changé pour moi et mon frère dans tout cela?..
SCIPION.
Rien de changé?.. est-ce que je ne serai pas votre Mentor vis-à-vis de la maman? et votre caissier général vis-à-vis de Bacchus et des amours?..
EUGÈNE.
C'est différent!
MAGLOIRE.
C'est prodigieusement différent!.. ça me va très bien, moi, beau-père!..
SCIPION, les prenant sous le bras.
Nous nous entendrons tous trois, nous nous défendrons mutuellement.
MAGLOIRE.
Vous qui tirez si bien le pistolet!
SCIPION.
Ah! ça, ne dites rien à mon épouse!.. c'est une brave femme que nous rendrons heureuse à notre manière... vous voyez que je me livre à vous tout vif!..
EUGÈNE.
C'est le meilleur moyen d'obtenir notre confiance entière!..
SCIPION.
Eh bien! mes enfans, racontez-moi vos petites intrigues amoureuses, s'il y a des obstacles, nous marcherons dessus, si les fils sont trop embrouillés, nous les couperons...
EUGÈNE.
J'aime une jeune marchande de nouveautés du voisinage, qui mourra si je ne l'épouse pas!
SCIPION.
Mourir?.. ça n'aura pas lieu de mon vivant!..
MAGLOIRE.
Moi, une bonne fille, toute franche, de la Villette, avec qui que j'ai joué dans mon enfance... nous avons été élevés ensemble dans un village de la Brie.
SCIPION.
Bon! je vois ça d'ici ; bonnet rond, jupon de laine... (A Eugène.) Le nom de la marchande de nouveautés?

EUGÈNE.

Rosine.

SCIPION, à Magloire.

Celui de la paysanne?

MAGLOIRE.

Barbe.

SCIPION.

Son état?

MAGLOIRE.

Rosière, de cette année.

SCIPION.

Rosière!.. vous avez puisé à deux sources bien opposées; vous dans les rosières, et vous dans les modistes.

MAGLOIRE, lui frappant sur le ventre en riant.

C'est ça, papa beau-père!

SCIPION, à Magloire.

Mais la mère, qu'est-ce qu'elle fait?

MAGLOIRE.

Sa profession est d'être infirme depuis six ans..,

SCIPION.

Et quand la couronne-t-on rosière?..

MAGLOIRE.

Demain.

SCIPION.

Diable! il ne nous reste que la nuit pour déranger tous ces plans-là... il faut la mettre à profit...

EUGÈNE.

Mais que dira ma mère?

SCIPION.

Voilà le plus difficile!.. pourtant, c'est bien séduisant de faire mes adieux au célibat par un dernier tour de garnison, qui nous abreuverait tous d'allégresse.

MAGLOIRE.

C'est que maman jettera feu et flamme, si vous disparaissez comme ça, la première fois...

SCIPION.

Parbleu! je le sais bien!.. aussi, il s'agit de la tromper complètement. (A lui-même,) Au fait, j'ai promis de faire le bonheur de ses jours, mais je n'ai pas parlé des nuits!.. (Haut.) Ecoutez! j'ai toujours eu dans la tête un tas de rubriques très audacieuses; voilà le moment de leur donner le jour. Ma respectable épouse est dans l'intention de me garder près d'elle jusqu'à demain...

MAGLOIRE.

Bien sûr!

SCIPION.

Il faut donc nous échapper par ruse!.. Elle a une maison à la Villette?

EUGÈNE.

C'est là que nous sommes nés tous les deux.

SCIPION.

Si je pouvais...

SCÈNE IX.
LES MÊMES, GOURDON.

GOURDON.

Pardon, M. Eugène, mais le quart-d'heure est expiré il y a cinq minutes, et l'on m'attend à mon théâtre.

EUGÈNE.

Ah! mon Dieu! et Rosine qui m'avait promis de le retenir!..

SCIPION.

Quel est ce monsieur?

MAGLOIRE, bas.

M Gourdon, un créancier de mon frère, son tailleur.

GOURDON, regardant Scipion.

Eh! je ne me trompe pas!.. c'est monsieur le marié?

SCIPION.

Lui-même, monsieur, et qui vous offre sa pratique; mais il paraît que mon fils Eugène est en compte avec vous, combien vous doit-il?

GOURDON.

Cinq cents francs, monsieur, dont le billet ci-joint fait foi.

(Il montre le billet à Scipion.)

SCIPION, le prenant, et fouillant dans son portefeuille dont il tire un billet de banque qu'il donne à Gourdon.

Voilà un billet de banque en échange du vôtre, monsieur.

EUGÈNE, vivement.

Ah! mon beau-père! vous êtes mon sauveur!

SCIPION.

C'est mon rôle de caissier qui commence.

MAGLOIRE, à part.

Gnia pas moyen de ne pas chérir cet homme-là!..

GOURDON, saluant.

Il ne me reste plus qu'à vous souhaiter toutes sortes de joies et de prospérités, monsieur... car je ne suis pas méchant.

(Il fait quelques pas pour sortir.)

SCIPION, qui a réfléchi.

Permettez, monsieur... N'avez-vous pas parlé de théâtre, en entrant?

GOURDON.

Oui, monsieur, parce que j'ai l'honneur d'être costumier d'une entreprise dramatique...

SCIPION.

Costumier?.. Monsieur, vous sentez-vous capable de garder un secret?

GOURDON.

Monsieur, je suis aussi discret qu'un sourd-muet de naissance.

SCIPION.

Eh bien! écoutez-moi. (Il lui parle bas.) Parlez-en à mon beau-fils.

(Il indique Magloire. Gourdon lui parle à l'oreille, Scipion parle bas à Eugène.)

MAGLOIRE, qui a écouté.

Parlez-en à mon frère.

(Ils se parlent bas tous les quatre, en chuchottant.)

EUGÈNE.

Allons, M. Gourdon, suivez-moi.. (A part.) Je passerai en même temps chez Rosine, pour lui rendre l'espérance.

SCIPION.

Vous, Magloire, allez où nous sommes convenus.

MAGLOIRE.

J'y cours. (Ils sortent.)

SCÈNE X.

SCIPION, puis Mme PERRICHON.

SCIPION, avec gaîté.

Me voilà lancé!.. le drame bouffon ira jusqu'au bout!.. mais ne nous compromettons pas avec la maman!.. il ne faut pas détruire son fanatisme amoureux... elle est douée de vingt mille livres de rentes!.. j'aurai tout!.. elle m'a promis tout!.. c'est une considération superlative! mais c'est égal j'éprouve le besoin de m'amuser... et il faut que ça ait son cours comme le cinq pour cent!

Mme PERRICHON, arrivant par le fond.

Ah! je vous retrouve, mon bon ami? Je sors de chez mon notaire, tous les actes sont signés; ils vous seront remis demain.

SCIPION, à part.

Demain! (Haut.) Vous vous êtes bien pressée!..

Mme PERRICHON.

J'ai toute confiance en vous!.. je suis si sûre que vous me rendrez heureuse!

SCIPION.

Oh! oui, vous le serez!.. vous pouvez vous vanter d'avoir fait une bonne affaire en m'épousant!.. j'ai mille qualités que vous ne connaissez pas encore...

Mme PERRICHON, avec abandon.

A propos, cher Scipion, je ne vous ai pas encore fait votre cadeau de noces?..

SCIPION.

Femme excellente!.. vous êtes vous-même le plus précieux de tous, pour mon âme enivrée!.. cependant, je ne serais pas fâché de savoir ce que vous pouvez m'offrir encore?

Mme PERRICHON.

Air du Partage de la richesse.

Pour mieux vous rappeler sans cesse
Un objet cher et séduisant,
C'est de la plus tendre maîtresse
Que je veux vous faire présent!

SCIPION, parlant.

Présent d'une maîtresse? je ne saisis pas l'amphibologie...

Mme PERRICHON.

Une femme qui ne soupire
Que pour vous... vous seul en secret!

SCIPION, parlant.

C'est drôle!..

Mme PERRICHON.

Ah! n'est-ce pas assez vous dire
Que je vous donne mon portrait. (bis.)

(Elle lui offre une miniature dans une petite boîte.)

SCIPION, la prenant et la regardant.

Oh! que c'est ressemblant!.. ça parle, ma parole!.. si jamais il me vient dans la pensée de prendre du tabac, je le ferai incruster sur ma tabatière, foi de soldat français! (Il le sert dans son portefeuille.) En attendant, qu'il reste à perpétuité sur mon cœur?

Mme PERRICHON.

C'est bien!.. vous êtes un homme enchanteur!.. Scipion?

SCIPION.

Mon épouse?..

Mme PERRICHON.

Donnez-moi la main; mes amis nous attendent, il faut aller les rejoindre pour nous asseoir au banquet...

SCIPION.

Les voilà qui viennent nous chercher...

SCÈNE XI.

LES MÊMES. MAGLOIRE, EUGÈNE, TOUS LES INVITÉS.

CHŒUR.

Air : Vive le vin, l'amour et le tabac.

Vivent l'hymen, la joie et le plaisir!
Ici, l'on peut choisir,
Car on a su les réunir!
A ce banquet l'amour est invité;
Amis de la gaîté
Nous boirons tous à sa santé!
Amis! (bis.) Célébrons la gaîté!

(Tout le monde va saluer Mme Perrichon et lui parle bas.)

EUGÈNE, sur le devant de la scène, à mi-voix à Scipion.

Ce que vous avez dit est fait.

SCIPION, de même.

A merveille!

MAGLOIRE, de même.

Ce que vous avez demandé est retenu.

SCIPION, de même.

Ça suffit!.. silence! (A la société.) Mesdames, si avant dîner, nous pincions une petite contredanse, ça nous servirait d'absinthe.

SCIPION.

TOUS.
Oui, oui, dansons. (On forme les quadrilles; au milieu de la contredanse, une bonne vient auprès de Mme Perrichon.)

LA BONNE, effrayée.
Madame, voilà la garde !

Mme PÉRICHON.
La garde !

TOUS.
La garde !

LA BONNE.
La voici ! (Quatre soldats escortés d'un sergent, paraissent à la porte du fond Tout le monde paraît effrayé.)

SCÈNE XII.
LES MÊMES ; LE SERGENT, QUATRE SOLDATS.

LE SERGENT.
N'est-ce pas ici la demeure du sieur Scipion Courtois, ancien militaire?

SCIPION, avec énergie.
Oui, monsieur! que lui voulez-vous?

LE SERGENT.
Nous venons l'arrêter...

Mme PERRICHON et TOUS LES INVITÉS.
L'arrêter !

LE SERGENT.
Comme déserteur !

Mme PERRICHON.
Ah! grands Dieux! lui, déserteur !..

SCIPION.
C'est une méprise, chère amie, un quiproquo!

LE SERGENT.
C'est possible, monsieur, mais il faut obéir!..

Mme PERRICHON.
Obéir!.. quoi, vous auriez le courage d'arracher un mari à sa femme !.. le jour de ses noces !..

SCIPION.
C'est une infamie !..

Mme PERRICHON.
Quand il vous déclare lui-même, que c'est une erreur...

LE SERGENT.
Il s'expliquera là-bas !..

Mme PERRICHON.
Je vous en supplie, monsieur le sergent, ne m'arrachez pas mon époux!

LE SERGENT.
Allons, il faut nous suivre !

TOUS LES INVITÉS.
Nous ne le souffrirons pas.

Mme PERRICHON.
Eh bien ! vous m'emmènerez avec lui !..

SCIPION.
Messieurs et mesdames, du calme. (A Mme Périchon.) Arrêtez, chère amie, votre dévouement nous mènerait trop loin !.. Monsieur le sergent, j'ai été militaire, je me soumets à la loi... marchons !..

Mme PERRICHON et TOUS LES INVITÉS.
AIR : Voici l'instant du mariage.

Ah ! se peut-il ! on $\genfrac{}{}{0pt}{}{me}{nous}$ l'enlève

Quel triste sort ! en ce jour $\genfrac{}{}{0pt}{}{mon}{son}$ malheur s'achève !

Pour lui plus d'espoir de retour !

On le ravit à $\genfrac{}{}{0pt}{}{mon}{son}$ amour !

(Magloire et Eugène suivent Scipion emmené par les soldats, Mme Perrichon s'évanouit sur un fauteuil, tout le monde l'entoure.)

ACTE II.

Le théâtre représente une petite place de La Villette; à gauche, une jolie maison aux fenêtres praticables; devant la maison, une espèce de pavillon y attenant, avec des rideaux qui s'ouvrent en face du public. (LE DUEL ET LE DÉJEUNER.) En face de cette maison, on en voit une autre plus pauvre, il y a aussi une fenêtre praticable; un arbre est auprès, d'autres arbres sont au fond.

SCÈNE I.
(Il est sept heures du soir, il fait encore jour.)

SCIPION, EUGÈNE, MAGLOIRE, suivis de plusieurs MUSICIENS, et d'un MARMITON.

(Le marmiton porte sur sa tête une grande manne pleine de comestibles. Magloire ferme la marche, il joue du trombonne. Scipion tient une guitare et joue l'air suivant, en faisant le tour du théâtre à la tête de la troupe; les autres musiciens l'accompagnent sur leurs instrumens; revenu sur le devant de la scène, Scipion chante en s'accompagnant.)

SCIPION.
AIR : Messieurs les étudians. (RONDE.)

Enfans de la gaîté,
Chantons notre victoire;
En toute liberté,
Ici nous allons boire,
A mort! (ter.)
Sans le moindre remord!
Et glou, glou, glou, tra la, la, la, la,
Chaque luron qui se trouve là,
Rira!

Cette nuit, pour danser,
Empruntons des fillettes;
Et puis, sans balancer,
Grisons tous nos grisettes,
A mort! (ter.)
Sans le moindre remord!
En avant deux, tra la, la, la, la, la,
Tout bas, l'amour qui sera par là,
Rira!

(Tous reprennent le refrain en dansant; le petit marmiton vont danser aussi comme les autres.)

SCIPION, le voyant.

Que vois-je? le marmiton qui tricotte!.. malheureux!.. tu vas renverser nos comestibles! et te baigner dans la sauce, comme un dindon de ton établissement!

MAGLOIRE, riant.

Ah! ah! ah! entends-tu, zéphir de barrière!

EUGÈNE.

Mon cher beau-père, nous voilà arrivés à notre maison de La Villette.

SCIPION.

Et où est donc tout le village? il me semble que nous avons fait une entrée assez foudroyante, pour obtenir au moins quelques gamins comme spectateurs?

MAGLOIRE.

Y en a la moitié à la mairie pour la cérémonie de la rosière.

EUGÈNE.

Et l'autre moitié est déjà endormie.

SCIPION.

Il est vrai que ces particuliers-là sont de l'espèce des serins de Canaries; ils montent sur leur bâton au soleil couché... n'importe, nos folies vont prendre une tournure chaleureuse; nous ne nous sommes déjà pas trop mal tirés de la plus difficile. (Aux jeunes gens.) Messieurs, je vous fait mon

compliment, vous m'avez arrêté avec beaucoup de grace. (A Magloire et Eugène.) Toute la noce me croit en prison, par conséquent me voilà libre!
MAGLOIRE.
Malgré ça, je trouve le tour bien hardi...
SCIPION.
Laisse donc! j'en ai rapporté comme ça plein mon sac, d'Alger, doublé de maroquin; d'ailleurs, moi, je ne marchande jamais une farce, je la saisis, et vous la fais avaler comme un verre de Champagne, avec la mousse. (Aux musiciens.) Messieurs les musiciens, si je vous ai enlevés, en venant ici, du jardin d'Idalie, où vous faisiez sauter des cuisinières, des écaillères et autres divinités olympiques, ne croyez point que vous ayiez à vous en repentir; vous allez souper avec nous, messieurs les musiciens...
(Tous les musiciens saluent.)
MAGLOIRE.
Avec des gens comme il faut!
EUGÈNE.
Qui ne sont pas fiers...
SCIPION.
Il y eut jadis un empereur romain, de Babylone, connu sous la dénomination de Sardanapale, qui ne pouvait pas manger un biffteck aux pommes de terre, une chipolata, ou n'importe quoi, sans avoir des musiciens à ses trousses; eh bien, messieurs, j'ai voulu l'imiter en ce jour toute la nuit; vous nous jouerez des quadrilles des Huguenots et des Puritains, pendant le repas, et si vos crincrins sont un peu aigres, ça nous fera trouver le vin meilleur.
EUGÈNE.
Il y en a du bon dans la cave de ma mère.
MAGLOIRE.
Elle en a ici plus de cinq cents bouteilles de toutes les conditions...
SCIPION.
Cinq cents bouteilles! ô femme adorée, tu mérites ma vénération! (Au marmiton.) Jeune gargotier, entre dans ce pavillon et sers-nous le souper; Eugène accompagne-le, nous irons vous rejoindre quand tout sera prêt.
(Eugène et tous les autres entrent dans la maison en reprenant en chœur:)
Et glou, glou, glou, tra la, la, la, la, etc.

SCÈNE II.
SCIPION, MAGLOIRE.

MAGLOIRE.
A présent, Scipion, parlons de mes amours, de Mlle Barbe Richard?
SCIPION.
Immédiatement; dis-moi, où demeure-t-elle, ta Barbe?
MAGLOIRE, montrant la maison en face.
Là, ci-contre.
SCIPION.
Donne-moi quelques renseignemens; d'abord, es-tu bien sûr d'être aimé?
MAGLOIRE.
Adoré, chéri; cette fille, voyez-vous, elle est innocente d'une manière stupide, elle n'a jamais joué qu'avec moi, quand elle était gamine, si elle a grandi, c'est sans y entendre malice.
SCIPION.
Et pourquoi consent-elle donc à se marier aujourd'hui avec un autre?
MAGLOIRE.
Parce qu'elle a été agonie de méchans propos par toutes la commune; on lui a seriné que je ne voudrais jamais d'elle, que j'étais riche, que j'avais un beau physique, enfin des tas de cancans qui n'ont ni queue ni tête!...
SCIPION.
J'allais le dire!..
MAGLOIRE.
Pour lors, cette jeunesse s'est laissée entraîner du côté du sieur Baloufeau, un batelier du canal: avare comme une fourmi et grossier comme un pain de munition; mais qui est protégé par monsieur le maire, sous

prétexte qu'il a commis des belles actions en sauvant des noyés qui étaient morts de la veille.

SCIPION.
C'est un grand malin !.. néanmoins, on peut faire des tours plus forts que ça! Magloire, va me chercher ta belle ingénue, il faut que je la voie.

MAGLOIRE.
Je vas l'appeler !.. (Il s'avance à la porte de la maison et frappe en appelant.) Mlle Barbe !.. Mlle Barbe !.. Tiens, personne ne répond !.. Mlle Barbe !.. (Il pousse la porte.) La porte est fermée... visage de chêne, pour le moment !..

SCIPION.
Est-ce qu'elle n'a pas de parens, une mère ?..

MALOIRE.
Oui, une mère qui est sourde comme une marmite.

SCIPION.
Alors, nous allons changer de batterie, et en attendant que la rosière réintègre le domicile... (Il prend son portefeuille et écrit quelque chose au crayon sur une feuille qu'il déchire après.) tu vas introduire ce mot d'écrit dans sa serrure.

MAGLOIRE.
Qu'est-ce que c'est, hein ?..

SCIPION.
Je te le dirai plus tard, quand je te donnerai tes instructions pour l'attaque générale... Tiens, porte ce poulet à son adresse... (Magloire va mettre le papier dans la serrure.) C'est qu'il est vraiment bien comique qu'on ose encore faire des rosières, aujourd'hui !.. c'est un abus que nous ne devons pas tolérer, nous autres viveurs !.. ça n'est plus dans les mœurs !..

MAGLOIRE.
Je la guetterai au passage, pour savoir.

EUGÈNE, paraissant sur le pas de la porte en débouchant une bouteille.)
Scipion, la table est servie!

SCIPION.
Bravissimo! la noce va commencer! O Bacchus!.. Dieu de l'ancienne mythologie !.. toi qui ma protégé dans tous les climats, soutiens-moi, mon ami !..car je vas jouer un jeu à... me casser la tête, les jambes et les bras !.. (Il crie.) La musique !..   (Il rentre avec Magloire)

SCÈNE III.
BALOUFEAU, BARBE, HOMMES et FEMMES de La Villette.

CHOEUR.
Air : Allons, amis, le jour vient de finir. (Chevreuil.)

Allons, amis, le prix est bien placé;
Elle est la plus sage et pourtant la moins fière,
Ell' méritait qn'on la nommât rosière,
Et le maire a bien prononcé!

BARBE, aux paysans.
Dites donc, les autres !..vous m'ahurissez !..me v'là rendue cheux nous, c'est point la peine de me reconduire pus loin... marci de vos chansons...

BALOUFEAU, avec prétention.
C'est ça!.. que les hommes aillent s'humecter le gosier avec le lait du marchand de vin, que les femmes rentrent toutes chez soi pour s'ensevelir dans le sommeil... et que personne n'oublie qu'il fera jour demain !..
(Tous reprennent le chœur en sortant)

BALOUFEAU.
C'est donc décidément toisé, Mlle Barbe! vous voici rosière de La Villette, pour ce 15 de juin 1836.

BARBE.
Puisqu'ils l'ont tous voulu, moi, je le voulons ben itou.

BALOUFEAU.
Est-ce que vous n'êtes pas la plus sage du village, à vingt-cinq lieues à la ronde ?..

BARBE.
Dame. je vous trouvons si laids, tretous !..

BALOUFEAU.
Est-ce que vous n'avez pas soigné votre mère? est-ce que vous n'étiez pas toujours là, près de son lit, à passer des nuits blanches qui vous rendaient les yeux rouges?
BARBE.
J'allions quelquefois à la danse, les dimanches, pas moins!
BALOUFEAU.
Ça n'y fait rien, Barbe!

Air : Femmes, voulez-vous éprouver.

Pour vos mérit's, il vous est dû
La plus bell' de tout's les couronnes...
Et vous avez de la vertu,
A vous seul' pour pus d' quinz' personnes.
Belle Barbe, il en est de ça,
Comm' des appas qui sont les vôtres..
La nature vous en donna,
Pour vous et pour cinq ou six autres!

BARBE.
Vous êtes ben gracieux!..
BALOUFEAU.
Aussi le cœur me bat dans le corps de joie, de ce qu'on vous donne une superbe dot pour m'épouser...
BARBE.
Attendez donc, Baloufeau, m'est avis que vous aimez encore mieux l'argent que la fille, vous, hein?..
BALOUFEAU.
Par exemple!..j'avons pour vous un amour impossible!.. je m'ai brouillé avec toutes mes femmes à votre intention; car, il gnia pas à dire, je suis le coq du village!..
BARBE.
Et même un coq plumé qui n'a pas le sou... c'est ce qui fait que je sentons point d'amiqué pour vous, pas une miette, pas un brin.
BALOUFEAU.
Vous êtes ben difficultueuse, Mlle Barbe!.. mais vous verrez, huit jours après le conjungo, vous ne pourrez pus vous défaire de moi!..
BARBE.
C'est pour ça que je voudrions m'en défaire avant...
BALOUFEAU.
Ne dit's donc pas ça, mamzelle... ainsi, c'est établi, gnia pus à vous en dédire, nos fiançailles sont baclées pour de bon.
BARBE, avec tristesse.
Eh! mon Dieu oui!.. mais voyez-vous, n'écoutez point les menteries qu'on vous dira d'ici à demain. Y a la Julienne, la Borgnotte et la Blaisot qui mourront de rage de n'avoir pas été rosières, et qui vont bavarder du mal de moi tout partout...
BALOUFEAU.
C'est des envieuses!.. à qui que j'couperai la musette!..
BARBE.
Ça me fera plaisir!.. allons, adieu, Baloufeau, je rentrons dans noul' maison...
BALOUFEAU.
A revoir, fille de mœurs et de vertu!.. (A part.) Pour y gagner le cœur tout à fait, je vas l'y apporter un présent, qu'elle en tombera de surprise de son haut!.. (A Barbe.) Avant de vous quitter, Mlle Barbe, v'lez-vous me donner un bon baiser, s'il vous plait?..
BARBE, surprise.
Un baiser?.. une rosière!.. ça serait du propre!..
BALOUFEAU.
Adieu méchante!.. (A part.) Je reviendrai à la pique du jour. (Il sort.)

SCÈNE IV.
BARBE, seule.
C'est pourtant ben désagréyable d'être à c't'homme-là, tandis que j'en

avons un autre là, dans le cœur, que personne ne sait... et v'là le pourquoi, t-est-ce qu'on m'a jugée la pus sage!.. jobards de paysans, va!.. Allons, rentrons, et ne pensons plus à ce Parisien de M. Magloire, qui ne pense guère à moi... (Elle va à sa porte et cherche à mettre la clé dans la serrure.) Tiens est-ce qu'il y a des miettes de pain dans ma clé?.. (Elle souffle dedans et la remet.) Eh! non!.. c'est un p'tit chiffon de papier qui est niché là!.. (Elle s'avance sur le devant de la scène.) Quoi que ça veut donc dire ça?.. je gage que c'est un tour que la Borgnotte vient de me jouer... (On entend rire dans le pavillon, Barbe est effrayée.) Quoi que c'est que ça, ça me fait peur!.. je vas joliment me renfermer cheux nous!..

(Elle entre en courant chez elle et ferme la porte.)

SCÈNE V.

SCIPION, EUGÈNE, MAGLOIRE, tous les MUSICIENS, ils ouvrent les rideaux du pavillon et on les voit tous à table.

TOUS, trinquant.
Où peut-on être mieux, (bis)
Qu'au sein de sa famille.

TOUS, riant.
Ah! ah! ah! ah!..

SCIPION.
Messieurs, je suis content de vous!.. nous en sommes à la vingt-septième bouteille!.. mais ça ne suffit pas, et nous allons terminer le divertissement par le coup de grace : (D'un ton de commandement.) Soldats! à vos rangs! (Tout se lèvent.) Portez armes! (Il prennent chacun une bouteille.) Apprêtez armes! (Ils en font sauter les bouchons.) Joue! (Ils la penchent.) Feu!..
(Ils boivent tous en même temps; ils posent ensuite leurs bouteilles et chantent.)

CHOEUR.
Air de l'Orgie. (DE LA TENTATION.)

Qu'au milieu de l'orgie
Notre ardente énergie,
Notre face rougie
Brillent de toutes parts!

Buveurs, qu'on se dévoile!
Nuit, déchirons ton voile!
Faisons pâlir l'étoile
De Vénus ou de Mars!

Qu'au milieu de l'orgie, etc.

Pendant le chœur, Scipion, Magloire et Eugène descendent en scène, les amis d'Eugène les suivent.

MAGLOIRE, un peu gris et se jetant au cou de Scipion.
Ah! beau-père, vous êtes mon ami, mon camarade pour toujours! vous refaites mon éducation qui avait été manquée... je ne veux plus d'autre percepteur que vous...

SCIPION.
C'est la plus douce récompense de mes faibles efforts! et dans le fond, c'est très moral! un père avec ses enfans, qu'est-ce qu'on peut dire?

MAGLOIRE.
Rien de rien! tout ça est dans l'ordre de la nature humaine.

SCIPION.
Eh bien! musiciens du café des aveugles, comment trouvez-vous que je vous fais passer l'existence?.. (Il rit.) Ah! ah! mes gaillards, vous ne vous attendiez guère à être submergés à ce point-là! hein?

EUGÈNE.
Ils ne peuvent pas répondre, la tête leur tourne.

SCIPION.
C'est singulier! j'ai toujours remarqué que les peintres et les musiciens ne pouvaient pas supporter de vin.

MAGLOIRE.
Ce sont deux classes bien à plaindre!

SCIPION.
Mais à présent il faut parler d'affaire, mes enfans! Eugène, tu vas re-

tourner à Paris, et tu feras remettre secrètement cette lettre à la Rosine.
(Il lui donne un billet.)
EUGÈNE, le prenant.
Son magasin n'est pas encore fermé, elle y sera sans doute.
SCIPION.
Allons, pars, mon garçon, pendant que je vas m'occuper de ton frère.
EUGÈNE.
Adieu; je vous attendrai à la maison, et je vous préviendrai de ce que ma mère aura pu dire de notre absence.
SCIPION.
C'est ça! (Eugène sort avec ses amis, en fredonnant le chœur : Glou, glou, etc.)

SCÈNE VI.
SCIPION, MAGLOIRE.

SCIPION.
Dis donc, Magloire, nous ne sommes pas gris, n'est-ce pas ?
MAGLOIRE.
Ah! je crois ben! un petit gris-perle, tout au plus.
SCIPION.
C'est que nous avons besoin de notre tête, pour ce qui va suivre; voyons, es-tu prêt à devenir aimable et séduisant, tout de suite ?
MAGLOIRE.
Toujours; ça ne me quitte jamais ces sortes de choses...
SCIPION.
Donne-moi ma guitare.
MAGLOIRE.
Est-ce que nous allons danser ?
SCIPION.
Non, mais nous allons en pincer. (Magloire lui donne sa guitare.) Vois-tu, mon beau-fils, une supposition que nous sommes en Espagne, voici la manière de prendre une femme quelconque, par les deux oreilles, sans la faire crier. (Il prend la guitare des mains de Magloire, se place sous la fenêtre de Barbe, et joue l'air suivant en chantant.)

Air Arrangé par M. Massé.
Connaissez-vous dans Barcelone,
Que je suis simple, je me crois toujours dans l'Andalousie, lorsque je suis tout bonnement dans la banlieue.
Connaissez-vous dans La Villette,
La belle Barbe au grand œil...
(A Magloire.) La couleur de ses yeux ?
MAGLOIRE.
Bleus.
SCIPION.
Au grand œil bleu;
Elle est fraîche, elle est...
(A Magloire.) Elle se porte bien, n'est-ce pas ?
MAGLOIRE.
Moi, je la trouve grasse.
SCIPION.
Elle est grassouillette,
Et c'est une ardente brunette.
MAGLOIRE.
C'est qu'elle est blonde.
SCIPION.
Ça ne fait rien!
Et c'est une ardent' blondinette,
Qui met son quartier tout en feu. (bis.)
Cette rosière est idéale...
On donnerait des millions pourqu'...
MAGLOIRE.
Hein?

SCIPION.
On la rendit sentimentale ;
Car c'est Jeanne-d'Arc, la Vestale,
Sur les bords du canal de l'Ourcq.

Elle est sourde comme un pot, ta rosière ; prends-moi ta trombonne et accompagne-moi.

(Ils recommencent l'air, Magloire souffle de toutes ses forces dans son instrument.)

SCÈNE VII.

LES MÊMES, BARBE, paraissant à sa fenêtre.

BARBE.
Qui qu'appelle ? avec sa musique ?

SCIPION, à mi-voix.
Un individu mystérieux !

BARBE.
Quoi que vous v'lez ?..

SCIPION, bas à Magloire.
Oh! quoi que vous v'lez!.. elle parle français comme une génisse espagnole, ta rosière.

MAGLOIRE, bas.
Ça n'y fait ni chaud ni froid ; allez toujours.

BARBE.
Voyons, voulez-vous me dire de quoi que vous v'lez ?

SCIPION.
Vous voir et vous parler, fille charmante !

BARBE.
C'est-y point vous des fois qu'avez écrit un mot d'écrit pour moi ?

SCIPION.
Oui, ma belle !

BARBE, avec énergie.
Pour lors, vous êtes un faux, un scélérat de coquin !.. vous venez de la part de la Borgnotte.

SCIPION.
La Borgnotte !

BARBE.
Elle nous jalousons, et vous envoyons tout fin dré pour qu'on dise demain, dans toute la commune, que je ne méritons pas la rose.

SCIPION.
Vous vous trompez, Barbe.

BARBE.
Pour faire des manigances aussi vilaines, faut que vous soyais un fier guerdin ! mais ça ne prend pas... Bonsoir, au plaisir ! (Elle ferme sa fenêtre.)

SCIPION, à Magloire.
En voilà une curieuse Andalouse! qu'est-ce que tu dis de tout ça, toi ?

MAGLOIRE.
Moi, je dis pas un chat.

SCIPION.
C'est démoralisant ! que veux-tu qu'on fasse avec une imbécile d'un numéro si supérieur ?

MAGLOIRE.
Dame! des rosières, c'est pas comme tous les autres mortels.

SCIPION.
Comment diable as-tu pu aimer ça ?

MAGLOIRE.
Ça me vient d'enfance, je peux pas m'en guérir.

SCIPION.
Alors, mon ami, pour venir à bout de l'attirer ici, il faudra employer les grands moyens... nous allons nous livrer à la chasse du furet ; pendant que j'entrerai dans le terrier d'un côté, le gibier sortira de l'autre, et tu seras là pour le recevoir ? (Il grimpe à l'arbre qui est près de la croisée de Barbe.)

MAGLOIRE.
Vous voulez monter à l'arbre ?.. ah! si vous alliez vous détailler en dégringolant ?

SCIPION.

Ne crains rien, je sais monter à l'assaut. (En disant ces derniers mots, il est arrivé au haut de l'arbre; il pousse la croisée qui résiste et finit par céder, il entre par la fenêtre.)

MAGLOIRE.

Air : L'exercice fait les talens.

Me voilà près de son logis,
Comme auprès d'une souricière,
Et je dois être à mon affaire
Comme un chat qui guette un' souris.
A la porte ici quand je gratte,
J' fais des gros yeux et des jurons...
Mais quand j'aurai mis d'ssus la patte,
Je f'rai joliment des ronds ronds !

Attention !.. (On entend Barbe jeter un cri d'effroi dans la maison.) Oh! voilà la souris qui crie !.. guettons, guettons; je suis un fameux Rominagrobis !..

SCÈNE VIII.

MAGLOIRE, BARBE, sortant de la maison par la porte.

BARBE, courant sur le théâtre.

Au secours! au secours!.. Je sons tous pardus !.. le cœur me manque et les jambes aussi... je vas me trouver incommodée !..
(Elle va tomber sur un banc de gazon qui est au pied de l'arbre.)

MAGLOIRE, à part.

Avançons à pas de chat. (Il s'approche d'elle.)

BARBE, regardant partout et le voyant dans l'ombre.

O ! sainte Barbe, ma patronesse !.. en v'là encore un... et j'ai des fromis dans les pieds !.. je pouvons pus m'en sauver !..

MAGLOIRE.

Barbe !.. c'est ton amant charmant !..

BARBE, le regardant avec surprise.

Quiens ! c'est M. Magloire Perrichon!

MAGLOIRE.

Oui, Barbe Richard ! c'est votre amoureux qui est venu à La Villette, pour vous secourir, à point nommé.

BARBE.

Est-ce que vous êtes d'accord ensemble avec le bandit qui s'a introduit cheux nous par la croisée?

MAGLOIRE, embarrassé.

Le bandit?..

SCIPION, le soufflant d'en haut.

Non! je ne le connais pas!

MAGLOIRE, répétant après avoir regardé Scipion.

Je ne le connais pas.

BARBE, entendant remuer les feuilles.

Qu'est-ce qui souffle donc par là ?

MAGLOIRE.

C'est le vent.

SCIPION, soufflant.

Il faut d'abord vous mettre en sûreté!

MAGLOIRE.

Il faut d'abord vous mettre en sûreté. Suivez-moi.

BARBE.

Je peux pas... et mon innocence pour demain ?.

SCIPION, soufflant.

Ça se retrouvera!

MAGLOIRE.

Ça se retrouvera!

BARBE.

Oh! non... ça n'se r' trouve pas!

MAGLOIRE, se rapprochant de Scipion

Ell' refuse...

SCIPION, à Magloire.
Va toujours !.. le bon motif... ton amour... ta mère, etc.

MAGLOIRE, avec un feu comique.
Barbe ! vous me mettez dans un état ridicule ! (Se mettant à genoux.) Je vous aime depuis l'âge de six ans et demi ! j' voulais vous épouser...

BARBE, avec joie.
M'épouser ?.. (Elle se met à genoux.)

MAGLOIRE.
Très bien !.. et au lieu de ça, vous voulez devenir Mme Baloufeau !..

BARBE.
Dam ! est-ce que j' savions, moi ! si vous m'aviez dit tout ça d'abord.

MAGLOIRE.
Ne restons pas plus long-temps dans la rue, Barbe... venez chez ma mère, en face, j'en ai bien d'autres à vous conter.

BARBE.
Au fait, pisque je pouvons point rentrer cheux nous, je serons plus en sûreté dans voute maison... (S'arrêtant à la porte du pavillon.) Pourtant, si on vient à savoir le cancan, je n'aurons pus la rose !

MAGLOIRE.
Bah ! il y en a d'autres dans notre jardin !..

(Il l'entraine et ils disparaissent tous deux.)

SCÈNE IX.

SCIPION, sur le balcon, puis BALOUFEAU.

SCIPION.
Enfin la colombe est dans nos filets ! ce n'a pas été sans peine !.. hélas ! qu'un bon père a de mal pour faire le bonheur de ses enfans !..

BALOUFEAU, arrivant avec mystère ; il tient un bouquet.
V'là un gros bouquet, dans quoi que j'ai mis une croix d'or et des blouques d'oreilles.

SCIPION, sans le voir.
Ma mission est remplie, décampons sans tambour ni clarinette...
(Il se dispose à descendre de l'arbre.)

BALOUFEAU.
Je vas y attacher ma surprise à sa croisée. (Il monte à l'arbre.) Ça la flattera à son réveil.   (Arrive au milieu de l'arbre, il se rencontre avec Scipion.)

SCIPION.
Qui vive ?

BALOUFEAU.
Qui vive toi-même ?.. Un individu mâle chez la rosière... Je t'empoigne !

SCIPION, le menaçant et le saisissant.
Tu en as menti ; c'est moi qui t'arrête !

BALOUFEAU, descendant.
Bon ! bon ! nous allons voir !

SCIPION.
Qu'est-ce que vous demandez, homme du commun ?

BALOUFEAU.
Comment, ce que je demande ?.. et vous ?

SCIPION.
Moi ? rien !

BALOUFEAU.
Quoi que vous faites donc là ?

SCIPION.
Je prends le frais pour ma santé.

BALOUFEAU.
Chez ma fiancée !.. faut que vous ayez un fameux front pour me répondre de cette couleur-là ?..

SCIPION.
Batelier, si vous vous mettez comme ça en fureur, le brouillard va vous enrhumer !..

BALOUFEAU, avec agitation.
La surprise me coupe l'haleine ! ah ça ! me prenez-vous pour un mouton

de pré salé, de croire que ça va se passer sans une explication fumante !
(Il descend de l'arbre.)
SCIPION.
Aimable marin d'eau douce, que voulez-vous de moi?
BALOUFEAU.
D'abord, je vais chercher Mlle Barbe, pour lui faire en votre présence une avanie affreuse !
(Il fait un mouvement.)
SCIPION.
N'y allez pas !.. la pastourelle n'y est plus.
BALOUFEAU, furieux.
De quoi ! enlevée !.. vous m'auriez arraché...
SCIPION.
Votre Barbe !..
BALOUFEAU.
Ah ! vilain particulier, ça passe les bornes !.. mais descends donc, nous allons nous brûler la cervelle à grands coups d'escarpins !
SCIPION.
Ça te ferait donc bien plaisir?
BALOUFEAU.
Oui, oui, tout de suite !
SCIPION.
Bon !
(Il descend de l'arbre.)
BALOUFEAU, pendant que Scipion descend.
O Barbe ! est-ce que tu m'aurais déjà coupé l'herbe sous le pied avant la moisson !.. ma vue est falsifiée par des bluettes ! je vois trente-six mille chandelles, quoi !

(Scipion arrive sur le théâtre. Baloufeau court à lui : une lutte s'engage ; Scipion pare ses coups en lui en donnant un chaque fois ; il finit par lui saisir les deux mains, et lui donnant un croc en jambe qui le renverse à terre.)

SCIPION.
Prenez garde mon ami, vous laissez tomber quelque chose..,
(Il se sauve dans le pavillon.)

SCÈNE X.
BALOUFEAU, puis DES PAYSANS.

BALOUFEAU, à terre, voyant entrer Scipion dans le pavillon.
Il détale, le poltron... parce qu'il est le plus fort !.. (Il se relève.) Mais quoi que je ferai pour ravoir ma fiancée, sans que le village sache qu'elle a été perdue toute une nuit ? (Après avoir réfléchi.) Oh ! m'y v'là !.. m'y v'là très bien ! tous mes camarades sont encore au cabaret... J'allons les faire accourir. (Il va au bord de la coulisse et se met à crier de toutes ses forces :) Au voleur ! au voleur !

CHOEUR de gens du peuple qui arrivent en désordre.
Air de Mathilde de Shabran.

Ici qu'est-c' qui crie au voleur ?
Nous accourons avec ardeur ;
Où s'est caché le malfaiteur ?
Qu'il redoute notre fureur !

BALOUFEAU.
Mes amis, c'est un coquin, un voleur bien couvert qui cherchait à crocheter les portes, il m'a vu et s'est blotti chez Mme Perrichon, courez le pincer à domicile, et emmenez-le au poste de la mairerie !..

UN HOMME DU PEUPLE.
Allons !.. suivez-moi, compagnons !
(Ils se précipitent tous dans la maison de Mme Perrichon.)
BALOUFEAU.
Moi, il ne faut point que je soyons présent, parce que le misérable perdrait tout en racontant l'aventure de Mlle Barbe... (Il regarde dans la coulisse.) Ah ! je voyons là-bas une dame de la ville qui descend de voiture, allons me cacher chez ma future pour n'être vu de personne.
(Il entre dans la ferme.)

SCÈNE XI.

Mme PERRICHON, entrant lentement en scène.

Ah! je suis morte de fatigue!.. je ne savais plus où aller!.. j'en deviendrai folle!.. j'ai couru à la Préfecture, à l'Abbaye, à toutes les prisons, enfin!.. aucune nouvelle de mon mari!.. on s'est moqué de moi, partout, et quand je suis rentrée, je n'ai entendu que des plaisanteries insolentes de tous mes invités, c'était à qui ferait des gorges-chaudes sur la première nuit de mes noces!.. quelle horrible canaille que les amis d'aujourd'hui... Enfin je leur ai abandonné la place!.. qu'ils dansent, qu'ils boivent chez moi tant qu'ils voudront, je me suis sauvée à La Villette; j'y serai tranquille. (Elle s'avance vers sa maison. On entend crier dans l'intérieur du pavillon.) Il est pris!.. il est pris!.. (Trois hommes du peuple sortent en même temps.)

Mme PERRICHON, étonnée.

Des étrangers, chez moi!..

L'HOMME DU PEUPLE.

Quiens! c'est vous, Mme Perrichon!.. vous arrivez ben à temps.

Mme PERRICHON.

Qu'y a-t-il donc?..

L'HOMME DU PEUPLE.

C'est un brigand de voleur qui s'a introduit en vot' domicile.

Mme PERRICHON.

Un voleur!.. juste ciel!.. je suis dévalisée!.. tous les malheurs m'arrivent coup sur coup!.. là-bas, on m'enlève mon mari, ici on m'enlève tout ce que j'ai!..

L'HOMME DU PEUPLE.

Le voilà! le voilà!..

SCÈNE XII.

LES MÊMES, SCIPION, amené par plusieurs hommes; il est tout déchiré et se débat encore.

SCIPION.

Misérables!.. lâchez-moi!.. ou je vous brise contre la muraille!..

L'HOMME DU PEUPLE.

Non! non!.. serrez-le plus fort!

SCIPION.

Mais je vous dis que je ne suis pas un voleur!

Mme PERRICHON, regardant.

Qu'entends-je?.. ô providence! je ne me trompe pas!.. c'est lui c'est Scipion! mon mari!

TOUS, le lâchant, avec surprise.

Son mari!..

SCIPION, à part.

Ma femme!..

Mme PERRICHON.

Ah! mon ami, laissez-moi mourir de joie dans vos bras!..

SCIPION.

Ils vous sont ouverts, tendre épouse!   (Elle s'y précipite.)

Mme PERRICHON.

Mais comment vous trouvé-je à La Villette?

SCIPION, à mi-voix et l'amenant sur le devant de la scène.

Chut!.. parlons bas, ces gens-là nous écoutent... (Il regarde et à part.) Le batelier n'y est pas... je puis mentir en toute sûreté... (Haut.) Sachez, excellente amie, qu'au moment où les tourloureux qui m'emmenaient en prison, arrivèrent au coin de la rue du Ponceau, j'eus l'adresse de m'échapper de leurs mains et de gravir, comme un écureuil, le petit escalier.

Mme PERRICHON.

Oui, je vois ça d'ici...

SCIPION.

Je m'élançai à corps perdu sur la voie publique, les pantalons garances furent bientôt dépistés, je me précipitai dans un omnibus qui me conduisit jusqu'à la barrière, et je me rendis à votre maison; mais le désordre de mes traits, jeta l'épouvante parmi tous ces faubouriens, (En riant.) qui me prirent pour un de ces voleurs nocturnes qu'on a l'avantage de rencontrer dans toutes les rues de Paris.

Mme PERRICHON.

Votre adresse nous a tirés pour le moment, d'un grand embarras !.. (Aux paysans.) Mes amis, vous voyez que c'était une erreur, il n'y a personne ici qui mérite d'être arrêté.

L'HOMME DU PEUPLE.

Excusez, bourgeois, de not' ignorance...c'est ce farceur de Baloufeau qui nous avait induits !..

SCIPION.

Je ne vous en veux pas, mes enfans, et pour vous le prouver, il me prend envie de vous combler de bienfaits ! je vais vous donner de l'argent, pour boire à ma santé... non !.. à celle de mon épouse !..

L'HOMME DU PEUPLE.

C'est ça qui serait une fière vengeance de vot' part !..

SCIPION, après avoir tâté ses goussets, il prend le sac de sa femme, fouille dedans et remet des pièces de cent sous à l'homme du peuple.

Tiens, distribue cela à tes camarades...mais j'y mets une condition, c'est que vous donnerez une bonne correction à M. Baloufeau, quand il vous tombera sous la main !..

L'HOMME DU PEUPLE.

Ah ! oui, par exemple !.. et de bon cœur !.. il recevra une roulée mémorable !.. il peut s'en vanter !

Mme PERRICHON.

Et nous, Scipion, nous allons rester ici tous les deux...

(Elle indique sa maison.)

SCIPION.

Tous les deux ?.. impossible ! cela serait inconvenant... retournons à Paris, vos amis sont dans l'inquiétude, je veux les rassurer par ma présence et embrasser mes deux beaux-fils !..

Mme PERRICHON.

Mais croyez-vous qu'il soit bien prudent...

SCIPION.

Ne craignez rien, il y aurait plus de danger pour moi, ici, qu'à Paris... (A un paysan.) Fais-moi avancer un fiacre.

Mme PERRICHON, avec un soupir, regardant sa maison et son mari.

Allons, il faut bien vous obéir !..

(Scipion sort avec sa femme; pendant ce temps, on voit Baloufeau sortir mystérieusement de la maison de Barbe.

BALOUFEAU, aux paysans.

Eh ben ! est-il emballé ?

L'HOMME DU PEUPLE.

Vlà Baloufeau !.. tapons dessus !

CHOEUR des paysans qui tombent sur Baloufeau

Air du Galop de Gustave.

Tapons sur lui,
Car aujourd'hui
Il a voulu s' moquer d' nous

TOUS.

C'est mérite,
En vérité.
Punissons-le de sa fauss'té !

(Baloufeau se débat, reste à terre et les paysans se moquent de lui. Pendant la bataille, Magloire se sauve avec Barbe par le fond.)

FIN DU DEUXIÈME ACTE

ACTE III.

Une jolie chambre; un divan et des fauteuils; deux portes d'appartemens à droite et à gauche; porte au fond; une fenêtre à gauche.

SCÈNE I.

EUGÈNE, *entrant par le fond, il regarde sa montre.*

Six heures du matin!.. tous nos amis invités à la noce sont encore en bas, dans le jardin; les uns dansent, les autres font des observations malignes sur la disparition de ma mère, personne ne veut partir avant son retour, et moi je ne sais que penser de son absence; que sera devenu mon beau-père et surtout ce pauvre Magloire avec sa rosière? En attendant, j'ai fait porter hier au soir, la lettre de Scipion à ma chère Rosine, mais consentira-t-elle à venir ici, selon les ordres qui lui sont donnés par mon beau-père?.. Ah! l'inquiétude me tourmente trop, il faut que j'aille encore chez elle...

(Il s'avance jusqu'à la porte du fond; au moment où il l'ouvre, on voit Rosine.)

SCÈNE II.

EUGÈNE, ROSINE.

ROSINE, *ramenant Eugène par la main.*

C'est inutile, monsieur, car me voilà!..

EUGÈNE.

Rosine!.. vous me comblez de joie!.. Je vous attendais depuis si longtemps, je n'osais plus espérer!..

ROSINE.

Pourquoi donc, mon ami? j'ai trouvé un prétexte pour sortir et faire une absence très longue; ainsi, nous pourrons causer...

EUGÈNE.

Vous avez reçu hier le billet que je vous ai fait remettre?

ROSINE.

Oui, je l'ai même lu plusieurs fois pour deviner les intentions de votre beau-père.

EUGÈNE.

Ses intentions sont excellentes, il veut nous marier.

ROSINE.

Ah! M. Eugène quelle erreur est la vôtre!..

EUGÈNE.

Comment?

ROSINE.

C'est pour vous éclairer sur les projets de M. Scipion, que j'ai consenti à venir vous trouver ce matin...

EUGÈNE, *surpris.*

Expliquez-vous?..

ROSINE.

Personne dans notre quartier n'est dupe de la comédie que votre beau-père a jouée à votre maman...

EUGÈNE, *avec étonnement.*

Ah! ah?

ROSINE.

Mon oncle Gourdon qui dînait chez nous, a parlé d'habits militaires qu'il avait fournis; ensuite nous vous avons vus passer en voiture devant la boutique; vous étiez avec votre frère et M. Scipion vous paraissiez très gais, on vous aurait pris pour des fous... et certainement on ne pouvait pas croire que parmi les trois, il y en avait un qui se dît sérieusement amoureux!

EUGÈNE.

Rosine, je vous en conjure, ne parlez à personne...

ROSINE.
C'est très mal! et on voit bien que vous êtes déjà devenu l'ami de M. Scipion.
EUGÈNE.
Que voulez-vous!.. Il s'est montré si aimable, si généreux!..
ROSINE.
C'est précisément là-dessus qu'il faut vous désabuser. Ma tante a dit qu'il s'était fait ce caractère-là pour mieux vous tromper, jusqu'au moment où Mme Perrichon lui aura signé l'abandon de toute sa fortune... qu'il n'a pas encore!..
EUGÈNE.
J'ai toute confiance dans les promesses de mon beau-père; mais cependant vos réflexions peuvent être justes...
ROSINE.
Défiez-vous de lui, ne vous laissez pas entraîner par ses folies ou ses habitudes dangereuses; il vous dégradera en vous donnant des vices que vous n'avez pas, et puis il sera le premier à demander à votre mère qu'elle vous fasse partir...
EUGÈNE.
Si je croyais Scipion capable de tant de fausseté!.. oh! non! non! c'est impossible!.. dans cette occasion pourtant, nous devons saisir tous les moyens de nous en assurer. Rosine, vous pouvez m'être d'un grand secours si vous voulez?
ROSINE.
Parlez, Eugène, je ferai ce qui dépendra de moi pour vous convaincre de la vérité.
EUGÈNE.
D'abord, suivons les instructions que mon beau-père nous a données, afin de le rendre seul responsable de tout ce qui s'est fait cette nuit.
ROSINE.
Très bien; je veux moi-même parler à votre mère, pour le démasquer et le brouiller avec elle!
EUGÈNE.
Permettez!.. seulement, si nous reconnaissons que c'est un traître...
ROSINE.
C'en est un, j'en suis sûre!
EUGÈNE.
Ma mère peut revenir d'un moment à l'autre... attendez-la, dans cet appartement, ainsi que l'a prescrit Scipion.   (Il indique la porte à droite.)
ROSINE.
J'y consens, et j'y resterai toute la journée s'il le faut, pour saisir une bonne occasion... Laissez-moi faire... je vous montrerai que j'ai de l'esprit!
EUGÈNE.
Je n'en ai jamais douté!

Air de Mila
>Adieu, surtout point d'imprudence,
>Un seul mot nous compromettrait;
>Nous assurons notre vengeance
>   En gardant tous le secret. (bis)
>   (Rosine entre dans le cabinet, Eugène le referme)

MAGLOIRE, en dehors, appelant.
Eugène! Eugène!
EUGÈNE.
C'est la voix de Magloire?..   (Il va à la porte.)

SCÈNE III.
EUGÈNE, MAGLOIRE, BARBE.

MAGLOIRE, conduisant Barbe par la main.
Air : Le plaisir.
>La/me voila! (bis)
>Qui pourrait le croire!

La me voilà ! (bis)
Quelle victoire
J'ai là !
EUGÈNE.
Quoi ! tous deux ?.. c'est peu moral !..
MAGLOIRE.
Quelle erreur extrême !
BARBE.
Du moment qu'il m'aime
Ça m'est ben égal !..

REPRISE ENSEMBLE.

EUGÈNE.   MAGLOIRE et BARBE.
La voilà ! (bis)   La Me voilà ! (bis)

Qui pourrait le croire !   Qui pourrait le croire !
La voilà ! (bis)   La Me voilà ! (bis)

Quelle victoire !   Quelle victoire !
Il a là !   J'ai là !

MAGLOIRE.
Tout a réussi ! l'enlèvement est consommé. Barbe est à moi ! elle a ma foi !..
BARBE.
Oui, ma foi, j'ai sa foi !
EUGÈNE, à Barbe.
Comment, sensible rosière, vous n'avez pas eu peur d'être ravie ?..
BARBE.
Ravie que vous dites ? je l'avons été d'aise, quand il m'a eue emmenée ; j'en somme contente comme tout !..

Air de la Bonne aventure

D' l'ancienne amitié que j'ai
J' gardons la mémoire,
Vot' frèr' m'épous' pour de vrai
Sans dot, ni grimoire ;
Baloufeau s'est intrigué,
C'ti-là n' veut qu' mon cœur morgué ;
J'aimons mieux Magloire,
O gué !
J'aimons mieux Magloire.

MAGLOIRE, à Eugène.
Voilà une innocence qui ne se dément pas, dans les positions les plus scabreuses !.. trouve-m'en donc beaucoup comme ça à Paris, même parmi les marchandes de modes !
EUGÈNE.
Je suis enchanté de vous voir si bien d'accord ; mais comment êtes-vous rentrés en ville ?
MAGLOIRE.
Dans un coucou...
BARBE.
Que j'avons pris à la barrière... ah ! il a eu bientôt fait sa route, allez !.. et pendant ce temps-là, moi, je rions, je rions comme une folle, en pensant à la mine que fera Baloufeau, quand il va pus me retrouver !.. ah ! ah ! ah ! ah ! (Elle a écouté au fond.) Dites donc, M. Magloire, quoi que j'entendons là tout proche ?
MAGLOIRE.
Ce sont des amis qui forment des contredanses dans le jardin...
BARBE.
Dans le jardin ?.. est-ce que je ne pourrions pas m'en mettre de la compagnie ?..
EUGÈNE.
Ah bien ! cela nous jetterait dans un bel embarras !..

SCIPION.

BARBE.
Pourquoi ?

MAGLOIRE.
Il ne faut pas qu'on vous voie encore.

BARBE.
Ah ! tant pire ! moi, je voulons aller à la danse.

MAGLOIRE.
Ce serait digne de Charenton !

BARBE.
De quoi, Chalenton ?.. je savons danser aussi bien que pas une Parisienne, et la valse donc !.. c'est ma plus belle science !.. tenez, acoutais !.. en v'là une qui commence.

BARBE.
Air de la Folle.

Tra, la, la, la !.. (bis.)
Queuqu'c'est que c't air-là ?
Tra, la, la, la ! (bis.)
V'là que j'saut' déjà !..

(Elle entraîne Magloire qui valse malgré lui.)

MAGLOIRE, la quittant et se jetant sur un fauteuil.
Achève qui voudra ; la corvée est trop dure !..

SCÈNE IV.

LES MÊMES, SCIPION, entrant par le fond, il a changé d'habit.

SCIPION.
Enfin, mes amis, me voilà !.. (Il voit Barbe valsant.) Mais que vois-je ?.. une valseuse sans cavalier ?..
(Il court la prendre sous les bras et ils continuent de valser tous deux.)

BARBE, sans le regarder et dans l'ivresse.
A la bonne heure... soutenez-moi ben toujours !

SCIPION.
C'est que vous me marchez sur les pieds.

BARBE.
C'est mes souliers... (Elle le regarde.) Mais dites donc, c'est point vous qui m'avez commencée ? je vous reconnaissons !..

SCIPION.
Et moi aussi !..

BARBE.
Vous êtes le scélérat qu'a grimpé dans not' maison, à La Villette ?..

SCIPION.
J'ai cet honneur-là !..

BARBE.
Comment que ça va ?

SCIPION.
Bien, et vous ?

BARBE.
Point mal !.. quoi que vous venez faire ici ?..

SCIPION.
Je viens vous faire valser, comme vous voyez !..

BARBE.
Ah ! c'est ben drôle, tout de même...

SCIPION.
C'est horriblement comique !

BARBE, s'arrêtant.
Là, en v'là assez ! (A Magloire.) Dites donc, M. Magloire, c'est le brigand de là-bas...

MAGLOIRE, riant.
Eh ! je le sais bien !..

EUGÈNE.
C'est un de nos amis !..

BARBE.
C'est un beau chrétien, cet homme-là !

SCIPION.
Est-ce que vous m'en voulez de vous avoir fait enlever?..

BARBE.
Point un brin!..eh! tenais, pisque j'avons dansé tous deux, embrassez-moi, bah!..

SCIPION.
Ce n'est pas de refus! (Il l'embrasse.) A toi, Magloire... (Magloire l'embrasse aussi.) Voilà comme je comprends les rosières!.. Maintenant, mes enfans, parlons de nos projets, votre mère est en bas qui reçoit les félicitations de tous ses amis; Eugène, où est ta Rosine?..

EUGÈNE, à mi-voix.
Elle est là!..   (Il montre la chambre.)

SCIPION.
A présent, il ne nous reste plus qu'à cacher aussi la rosière...

BARBE.
Me cacher?.. je voulons point; j'aimons mieux aller à la danse...

MAGLOIRE.
Encore!.. ah! ça, c'est donc une hydrophobie!..

SCIPION.
Si Mme Perrichon savait que vous êtes ici, nous serions tous compromis.

MAGLOIRE.
Notre mariage manquerait.

BARBE.
Vous croyais?.. mais à la fin de ça, quoi que vous voulez donc faire de moi?

SCIPION.
Est-ce que nous le savons encore? il faut des ruses diaboliques, des préparations incroyables pour venir à bout de nos plans!.. n'entravez pas nos opérations par votre entêtement de mule espagnole.

BARBE.
Mule espagnole?.. allons, criez point, je me rangeons à vot' idée... cachez-moi queuque part, là...

SCIPION, allant ouvrir la porte du cabinet de gauche.
Tenez, ici!..

BARBE, regardant.
C'est une chambre grande comme tout!.. eh ben! j'y entrons, mais je vous avertissons de pas m'y laisser trop, et outre ça, si j'entendons encore les violons je me mettrons à danser toute seule, d'abord.

SCIPION.
Tant que vous voudrez!..

BARBE, entrant dans la chambre en chantant.
Tra, la, la, la!.. etc.

SCIPION, fermant la porte sur elle et prenant la clé.
Elle ne sortira pas sans ma permission... (Allant à l'autre cabinet dont il prend également la clé.) ni celle-là non plus.
    (On entend dans la coulisse la voix de Mme Perrichon.)

EUGÈNE.
Ma mère!..

MAGLOIRE.
Il était temps!..

SCÈNE V.
Les Mêmes, Mme PERRICHON.

Mme PERRICHON, avec gaîté.
Je suis triomphante!.. Mme Crépin, Mme Raguenot, Mlle Hardoin, ne savent plus que dire!.. tous mes détracteurs sont atterrés par votre retour, mon cher Scipion, et moi je suis la plus heureuse des épouses!..
    (Elle s'assied.)

SCIPION.
Vous seriez bien bonne, charmante amie, de vous irriter des caquets frivoles du vulgaire; ce sont des femmes envieuses, qui donneraient, en fortune, tout ce qu'elles possèdent, et en beauté, tout ce qu'elles ne possèdent pas, pour me posséder à votre place.

Mme PERRICHON.

Aussi je me ris de leurs opinions sur votre compte... je ne croirai jamais que vous!..

SCIPION.

C'est bien comme ça que je l'entends.

Mme PERRICHON, voyant ses deux fils.

Ah! vous voilà, messieurs!.. qu'êtes-vous donc devenus cette nuit, tous les deux?

EUGÈNE, embarrassé.

Ma mère... nous étions...

MAGLOIRE, de même, regardant Scipion.

Nous avons été...

SCIPION.

Allons... achevez donc, messieurs, vous avez été vous coucher...

Mme PERRICHON.

Ainsi, quand j'étais agitée par tant d'inquiétude... que je cherchais partout quelqu'un pour me consoler, m'accompagner dans mes démarches, ces messieurs dormaient bien paisiblement!..

SCIPION.

Ce n'est pas leur faute; quand on dort, il est difficile de faire autre chose, dans ce moment-là!..

Mme PERRICHON.

Laissez donc!.. ce sont deux égoïstes!..

SCIPION.

Excusez-les, chère amie, et n'oublions jamais que nous avons été jeunes comme eux!..

Mme PERRICHON, avec aigreur.

Nous avons été?.. mais j'espère bien que je le suis encore?..

(Elle se lève.)

SCIPION, se reprenant.

Oui, oui, oui!.. aussi ce n'est pas pour vous que je dis ça... c'est pour moi.

MAGLOIRE, à part.

Flatteur, va!..

Mme PERRICHON.

J'espère au moins, M. Eugène, et vous M. Magloire, que vous aurez assez de civilité pour aller reconduire des dames qui sont encore en bas et qui n'ont pas de cavaliers.

EUGÈNE.

Puisque vous l'ordonnez, ma mère...

MAGLOIRE.

Nous y allons de ce pas.

Mme PERRICHON.

Ah! c'est bien heureux!..

SCIPION.

Faut-il que je les suive?..

Mme PERRICHON, d'un air tendre.

Non, Scipion, restez; nous avons à causer.

(Eugène et Magloire sortent par le fond.)

SCÈNE VI.

SCIPION, Mme PERRICHON.

Mme PERRICHON, allant s'asseoir sur une chaise.

Après une nuit de trouble et de tourmens, je suis bien aise, mon ami, de me trouver seule ici, avec vous...

SCIPION.

Et moi donc!..

Mme PERRICHON.

Venez vous asseoir, là... près de moi!..

SCIPION, à part, allant prendre une chaise qu'il place à distance de celle de sa femme.

Ah! ah! qu'est-ce qu'elle va donc me dire?.. (Il s'assied.)

Mme PERRICHON.

Vous ne pouvez vous figurer, Scipion avec le cœur tendre que vous me connaissez, la crise nerveuse que j'ai eue lorsqu'on est venu vous arrêter!..

j'ai cru que j'allais mourir suffoquée, et je sens que je ne supporterais pas une seconde épreuve comme celle-là !..

SCIPION, à part.

Pauvre femme !..

Mme PERRICHON.

Aussi, mon ami, j'ai une question à vous faire pour ma tranquillité personnelle : Est-il vrai que vous ayiez déserté ?..

SCIPION.

Moi !.. jamais !.. mes papiers sont en règle ; monsieur le maire les a vus ; tenez, je vais vous montrer... (En disant ces derniers mots, il fouille dans sa poche.) **Ah ! je n'ai pas mon portefeuille... je l'aurai laissé dans mon autre habit... mais soyez calme là-dessus, je vous réitère que c'est une erreur de nom... au régiment, nous étions quatre ou cinq Scipion, et huit ou dix Courtois... la police militaire se sera trompée !..**

Mme PERRICHON.

Ah ! vous me rassurez tout-à-fait !.. Votre chaise est bien loin de la mienne, mon ami !..

SCIPION.

Ne faites pas attention !..

Mme PERRICHON, elle se rapproche, Scipion recule la sienne adroitement.

N'importe, Scipion, il faudra que vous alliez ce matin au ministère de la guerre pour faire cesser ce quiproquo désagréable...

SCIPION, se levant vivement.

J' vas tout de suite, si vous voulez ?..

Mme PERRICHON.

Oh ! nous avons le temps !.. parlons de notre ménage... (Scipion se rassied.) D'abord, le soir je réunis des amis et nous jouons aux cartes...

SCIPION.

A cet égard-là, je ne connais que la drogue !..

Mme PERRICHON.

Ou au loto...

SCIPION.

Jeu ravissant depuis que l'on a supprimé la loterie !..

Mme PERRICHON.

J'ai l'habitude de me coucher à neuf heures.

SCIPION.

Oh ! diable !.. et moi qui aime le spectacle d'une manière épouvantable !

Mme PERRICHON.

Nous irons les dimanches !..

SCIPION.

Je préférerais tous les jours, car en fait de théâtre, j'ai des inclinations prononcées... (Il se lève.) **Quand nous étions en Afrique, pour nous distraire un peu des coups de fusils des Maroquins d'Abdel-Kader, et autres insectes, nous nous permettions de jouer la tragédie sous nos tentes.**

Mme PERRICHON.

Ah ! ah !..

SCIPION.

C'était moi qui faisait les hommes bien mis, les héros ! une fois, les camarades m'avaient emmailloté la tête d'un burnous et je m'étais obscurci le visage ; dans cet état dramatique, je me mis à jouer Othello, tragédie de toute beauté ! c'était une vivandière qui faisait la princesse ; au moment où je prends mon poignard, en lui disant avec l'organe d'un lion qui rugit, et un regard vitriolique :

> Avant que le sommeil fermât votre paupière,
> Avez-vous adressé votre prière à Dieu ?

Voilà ma tragédienne qui se sauve dans les bras d'un chasseur, en criant que je vais l'assassiner !.. le bruit se répand au-dehors qu'un Algérien a voulu tuer une Française ; on bat la générale, le colonel arrive avec trois commissaires, tout s'explique et nous finissons par nous rouler de rire pour conclusion de la tragédie, en buvant à la santé de la cantinière Hédelmonc, qui s'appelait Zoé Bernicot.

(Il va s'asseoir sur le canapé, Mme Perrichon s'y assied aussi.)

Mme PERRICHON.

Oui, cela devait être amusant!.. mais je vous disais donc que j'ai pour habitude à neuf heures du soir...

SCIPION, l'interrompant.

Et les drames modernes!.. en avons-nous consommé là-bas!.. vrai, ça répandait la gaîté la plus vive dans tous les camps!

Mme PERRICHON.

Laissons là vos drames, et répondez-moi sur une question plus sérieuse. (D'un air tendre et s'approchant de lui.) Avez-vous eu beaucoup de passions amoureuses, à l'armée?

SCIPION.

Qui! des maîtresses?.. mais dam! cela dépendait des localités... à Alger, par exemple, il n'y avait pas moyen... les Bédouines sont si affreuses de visages, que le diable en donnerait sa démission; à Paris, on vous les fait voir chez les marchands de gravures, avec des teints de lys et de rose, mais là-bas ce n'est plus ça; elles ont la peau blanche comme l'Obélisque de Louqsor!..

Mme PERRICHON, se rapprochant de lui.

Et en Espagne?

SCIPION, s'asseyant sur le bras du canapé.

Oh! c'est un autre genre!.. Il y a là des grands yeux noirs et des cheveux idem, qui ne sont pas à faire reculer de frayeur!.. on s'y fait très bien... aussi mon cœur a reçu dans ces cantons, pas mal de coups de soleil je me plais à le confesser!..

(Il se lève et se met à cheval sur une chaise près du canapé.)

Mme PERRICHON.

Et vous n'en avez pas gardé quelques souvenirs?..

SCIPION.

Ma foi, non!.. mes amourettes sont restées de l'autre côté des Pyrénées, j'en ai fait cadeau aux camarades qui n'avaient pas leur congé de réforme; c'est l'usage entre militaires.

Mme PERRICHON.

Mais j'ai entendu bourdonner à mes oreilles, que depuis votre retour...

SCIPION.

Eh ben, qu'est-ce?

Mme PERRICHON.

Allons, soyez franc?..

SCIPION.

Oh! presque rien... une ou deux... ça n'a pas été à trois...

Mme PERRICHON.

C'est déjà bien gentil!

SCIPION.

Pas trop; après ça j'ai toujours eu une drôle de monomanie, moi; partout où j'ai voyagé, je n'ai jamais cherché à séduire que les maîtresses de mes ennemis; il m'était défendu de me battre, au régiment, sous prétexte que j'étais trop fort à ce jeu-là; or, quand j'avais une dispute avec n'importe qui, j'en demandais satisfaction à sa belle; je n'en manquais pas un et pas une...

(Il se lève.)

Mme PERRICHON.

Et vous en faisiez-vous beaucoup d'ennemis?

SCIPION.

Tant que je pouvais!

Mme PERRICHON.

En avez-vous encore?

SCIPION.

Très peu.

Mme PERRICHON.

Il faudra vous raccomoder avec eux le plus tôt possible...

SCIPION.

C'est inutile; car aujourd'hui, j'ai affranchi mon cœur et coupé tous mes nœuds, pour ne plus songer qu'à vous à la vie et à la mort!..

Mme PERRICHON, se levant.

Ah! voilà le mot que j'attendais!.. mon ami, vous me charmez par votre franchise !.. Allez chez mon notaire, et dites-lui de vous remettre de ma part, le contrat que j'ai signé hier, il est à vous, je vous le donne.

SCIPION, à part.

Le contrat! (Haut.) Je vous obéis soudain, tendre amie!.. mais réfléchissez encore, n'aurez-vous point de regrets?..

Mme PERRICHON, avec abandon.

Non ! non !.. allez et revenez vite !..

SCIPION.

Ça ne sera pas long !.. (La regardant avec tendresse en s'en allant.) Adieu ! vous me reverrez bientôt, et toujours aussi sentimental qu'un Jupiter avec sa femme Proserpine !.. (Revenant.) Non ! je me trompe, sa Pénélope !..

(Il sort.)

SCÈNE VII.

Mme PERRICHON, puis GOURDON.

Mme PERRICHON, regardant sortir Scipion

Qu'il est bien cet être-là, avec des cheveux en bandeau ! Toutes les voisines en sèchent de jalousie ! elles se moquent de moi, elles disent que je suis une vieille extravagante... mais je les attraperai bien, quand elles verront mon bonheur, et que je leur prouverai que mon mari est aussi rangé qu'il est sincère et délicat !

GOURDON, entrant par le fond.

Serviteur très humble à Mme Perrichon !

Mme PERRICHON, d'un ton sec.

Madame Courtois, monsieur le tailleur !

GOURDON, avec un sourire caustique.

Je n'aurais jamais osé vous donner ce nom-là !.. je ne suis pas méchant !

Mme PERRICHON.

A quelle occasion me rendez-vous une visite si matinale?.. est-ce encore pour me demander de l'argent que vous doit mon fils Eugène?..

GOURDON.

Nullement, madame, M. Eugène ne me doit plus rien ; c'est autre chose qui m'amène chez vous...

Mme PERRICHON.

Et quoi donc?..

GOURDON, tirant un journal de sa poche.

Un article de journal que voilà.

Mme PERRICHON.

De journal?.. quel rapport puis-je avoir?..

GOURDON.

Vous allez l'apprendre, madame, si vous voulez me faire l'amitié de m'écouter. (Il lit.) « On assure qu'une arrestation importante a eu lieu hier, » dans le faubourg St-Martin ; le nommé Scipion Courtois, qu'on dit être » un condamné politique évadé, vient d'être repris et transféré en prison. »

Mme PERRICHON.

Un condamné politique ! mon mari !.. Scipion démentira lui-même cette calomnie ridicule ; tout le quartier peut certifier qu'il n'a point été arrêté pour la politique...

GOURDON.

Je crois bien, puisqu'il n'a même pas été arrêté du tout !..

Mme PERRICHON.

Pour ça, vous vous trompez... on l'a véritablement emmené...

GOURDON.

C'est-à-dire que c'est lui qui s'est fait emmener !..

Mme PERRICHON.

M. Gourdon, est-ce que vous devenez fou?

GOURDON.

Non, madame, je suis sûr de ce que je dis. Cinq ou six de ses amis se sont déguisés en soldats...

Mme PERRICHON.

Par exemple !.. vous mentez avec une effronterie !..

GOURDON.

Je mens si peu, que j'ai prêté les uniformes moi-même...

Mme PERRICHON.

Prêté?..

GOURDON.

Ce qui fait que je viens les rechercher, parce que cette plaisanterie peut avoir des suites fâcheuses pour moi, si les journaux s'en mêlent,..

Mme PERRICHON.

On m'aurait fait évanouir!..on m'aurait mise dans des transes mortelles, et tout ça pour rire à mes dépens!..

GOURDON.

Ces aventures-là arrivent souvent dans les mariages disproportionnés!

Mme PERRICHON, en colère.

Eh! disproportionné vous-même, vieux bancal!..

GOURDON, se regardant.

Madame, je ne l'ai jamais été! je suis très-bien pris dans ma taille...

Mme PERRICHON, avec agitation.

M. Gourdon, vous avez inventé cette histoire-là!.. vous êtes un émissaire des méchantes langues du faubourg, qui veulent me tourmenter!..

GOURDON.

Mme Perrichon, tout ce que je vous ai dit est vrai; faites venir votre mari...

Mme PERRICHON.

Il est sorti!..

GOURDON.

Alors, je l'attendrai pour ravoir mes habits!

SCÈNE VII.

Les Mêmes, BALOUFEAU; il entre en ouvrant la porte avec fracas, il tient un gros bâton.

BALOUFEAU, avec insolence.

Le sieur Scipion, sans vous commander?

Mme PERRICHON, se levant avec inquiétude.

Que lui voulez-vous?..

BALOUFEAU, d'une voix forte.

Je veux le diviser en mille neuf cents morceaux!..

GOURDON, à part.

Diable!.. c'est beaucoup!..

Mme PERRICHON.

Pourquoi en voulez-vous à mon mari?.. qu'est-il arrivé?

BALOUFEAU.

Il est arrivé que votre homme nous a emporté cette nuit, de La Villette..

GOURDON.

Il vous a emporté?..

Mme PERRICHON, vivement.

Quoi donc?..

BALOUFEAU.

Not' rosière!..

Mme PERRICHON.

Juste ciel!..

BALOUFEAU.

Il est venu avec un tas de bandits comme lui, ravager nos habitations et nos femmes!..

Mme PERRICHON.

Comment, lorsque je l'ai rencontré?..

BALOUFEAU.

Il était en train de commettre ses iniquités!

Mme PERRICHON, avec réflexion.

Suis-je ici la victime d'un complot infernal?.. ou Scipion est-il en effet le plus scélérat des trompeurs?..

BALOUFEAU.

Vous ne croyez pas?.. tenez, reconnaissez-vous ce portefeuille que v'là, avec votre portrait dedans?.. j' l'avons trouvé dans la maison de la rosière, où qu'il l'avait laissé glisser insensiblement.

Mme PERRICHON, prenant le portefeuille et regardant le portrait.

C'est bien mon visage! ô monstruosité!..

GOURDON, le regardant aussi.

Le verre est cassé... on a marché sur votre figure... on vous a même crevé un œil!..

Mme PERRICHON.

Je suis hors de moi!.. mais si on vient à savoir tout cela, je n'oserai plus me montrer!..

BALOUFEAU.

Sur ce, je veux qu'on me rende ma fiancée, et que l'enleveur vienne se découper avec moi, au tranchant de deux briquets de la garde nationale, que j'ai laissés en bas...

Mme PERRICHON.

Mon mari est absent.

BALOUFEAU.

Couleur que tout ça!.. je le veux, il me le faut, ou j'égruge la maison en mille miettes!

Mme PERRICHON.

Oh! je vous en conjure!.. point de bruit!.. Je ne refuse pas de vous aider à confondre l'homme qui me fait plus de mal qu'à vous!.. mais je crains le scandale; attendez-le tous deux dans ces cabinets, et quand il viendra, je vous avertirai...

BALOUFEAU.

Comme ça, je consens... surtout pas de tricherie!..

GOURDON.

Ni d'escamotage!.. que la tendresse conjugale ne vous égare pas!..

Mme PERRICHON.

Soyez tranquilles!.. une femme enlevée!.. je ne me connais plus!.. entrez, entrez; je l'attends de pied ferme!

GOURDON, qui a été à la porte de droite.

Il n'y a pas de clé?..

BALOUFEAU, qui est de l'autre côté.

C'est fermé aussi, par-là?..

(Ils secouent la porte; Barbe et Rosine sortent en même temps.)

SCÈNE IX.

LES MÊMES, BARBE et ROSINE.

GOURDON, reculant de surprise.

Ma nièce!..

BALOUFEAU, de même.

Ma Barbe!..

BALOUFEAU, GOURDON, Mme PERRICHON.

Air. Quelle aventure. (Rossini.)

Ah' quel scandale,
Pour la morale!
Deux femmes qu'il cachait ici!
Un jour de noce,
Quel tour atroce,
C'est un crime pour un mari!

GOURDON, à Rosine.

Eh! quoi, mademoiselle ma nièce!..

BALOUFEAU, à Barbe.

Vous v'là donc retrouvée, rosière égarée?..

ROSINE, à Gourdon.

Mon oncle, vous ne comprenez pas...

BARBE, à Baloufeau.

Qué que vous demandais, vous?.. je vous reconnaissons point!..

BALOUFEAU.

V'là du curieux, à présent!..

SCIPION.

GOURDON, à Rosine.

Votre tante le saura!..

GOURDON et BALOUFEAU, ensemble.

C'est indigne, c'est affreux!..

BARBE et ROSINE, parlant ensemble.

Mais si nous ne pouvons pas nous expliquer...

Mme PERRICHON, les interrompant tous.

Silence!.. laissez-moi les interroger!.. (A Rosine.) Comment vous trouvez-vous dans ce cabinet, mademoiselle?

ROSINE, baissant les yeux.

Par ordre de M. Scipion!..

Mme PERRICHON, à Barbe.

Et vous, qui est-ce qui vous y a fait entrer?..

BARBE.

C'est itou M. Pion.

Mme PERRICHON, à Rosine.

Je dois croire que vous avez été séduite?

ROSINE.

Hélas, madame, je suis forcée de l'avouer!..

Mme PERRICHON, à Barbe..

Quand il a voulu vous enlever et vous conduire à Paris...

BARBE.

Dans un coucou.

Mme PERRICHON.

Vous n'avez donc pas résisté?..

BARBE.

Résister!.. ah! ben ouiche!.. j'en étions trop énamourée pour ça!..

BALOUFEAU.

Elle l'aimait!.. (A Mme Perrichon.) Vous voyez, à c'te heure, que tout ça est clair comme de l'ieau d'Arcueil... Mlle Barbe, vous allez quitter ce local et vous en retourner...

BARBE.

Ouais?.. je n'entendons point ça du tout...

BALOUFEAU.

De quoi?.. vous auriez l'abomination...

BARBE.

Je voulons pus de vous.

BALOUFEAU, à Barbe.

Alors, vous me renvoyez, eh ben! je m'en vas!.. mais j'attendrai en bas, celui que je veux déraciner de fond en comble... qu'il se tienne bien; nous allons faire de la limaille!..

Air du Méléagre Champenois.

Je suis caporal de la banlieue,
Je sais jouer du bancal en plein air,
J' verrons, malin, qui veux m' fair' la queue,
Lequel des deux mang'ra la lam' de fer.   (Il sort furieux.)

SCÈNE X.

LES MÊMES, moins BALOUFEAU, et, peu après, MAGLOIRE.

BARBE.

Qui trotte où qui voudra, tiens!.. j'avons pus besoin de lui, n'est-ce pas, Mme Perrichon?..

Mme PERRICHON.

Taisez-vous, mademoiselle! vous devriez rougir jusqu'au fond de l'âme. (A Rosine.) Et vous aussi! (A Gourdon.) Ah! mon cher M. Gourdon, l'indignation a fini par épuiser ma colère!.. je suis anéantie, j'étouffe!..

GOURDON.

Vos connaissances vous le disaient bien, madame; ces mariages-là ne réussissent jamais, jamais!

Mme PERRICHON.

Et moi qui lui ai tout donné!

GOURDON.
Tout donné! mais vous êtes donc aliénée, Mme Perrichon!
Mme PERRICHON.
L'acte est chez le notaire... s'il était encore temps...
GOURDON.
Il faut y courir...
Mme PERRICHON.
Oui, vous avez raison...   (Elle fait un mouvement vers la porte.)
MAGLOIRE, entrant avec désordre et arrêtant sa mère.
Maman! maman! un grand malheur!
TOUS.
Quoi donc?
MAGLOIRE.
Mon beau-père, en rentrant, a rencontré à la porte un homme qui l'a attaqué comme un furieux!
BARBE.
C'est Baloufeau!
MAGLOIRE.
Tiens, vous ici, Mlle Barbe?
Mme PERRICHON.
Ensuite?
MAGLOIRE.
Ils se battent au sabre.
Mme PERRICHON.
Où ça?
MAGLOIRE.
Dans le jardin!   (Tout le monde court à la fenêtre.)
Mme PERRICHON.
Eh! voilà les suites... pourvu qu'il ne lui arrive rien... je le déteste, je voudrais qu'il fût mort... mais pourtant je l'aime trop, pour le voir blessé.
GOURDON.
Ah! il y en a un de touché.
Mme PERRICHON.
Lequel?
BARBE.
On ne sait point.
GOURDON.
Le faubourien s'est jeté sur son adversaire comme un furieux.
ROSINE.
M. Scipion le ménageait, il ne faisait que parer les coups.
Mme PERRICHON, allant vers la fenêtre.
Mais, enfin, ne peut-on me dire...
MAGLOIRE, la ramenant.
Éloignez-vous, maman! éloignez-vous!..
Mme PERRICHON.
Non! je veux savoir lequel des deux est blessé!

SCENE XI.

Les Mêmes, SCIPION, soutenu par EUGENE, paraissant au fond.

SCIPION, pâle et le bras en écharpe.
C'est moi!
Mme PERRICHON.
Vous!
SCIPION.
C'est un coup de maladroit, auquel je ne m'attendais pas... cependant, calmez-vous, je n'ai pas le projet d'en mourir! (Bas à Eugène.) Une égratignure, dont je saurai tirer parti!
Mme PERRICHON.
Ah! tant mieux! car si vous aviez payé de votre existence, toutes les fautes graves que vous avez à vous reprocher depuis hier, j'aurais été forcée de vous les pardonner, et ce n'est pas mon intention, monsieur...
SCIPION.
A quel propos me dites-vous cela, madame?

Mme PERRICHON.

J'aurais pu excuser votre déguisement, et les folies que vous avez faites cette nuit...

SCIPION.

Vrai? alors, ça suffit, j'en prends acte.

Mme PERRICHON.

Mais le premier jour de mes noces, chercher à me donner un ridicule public! m'outrager au point de...

SCIPION.

Au point de quoi?

Mme PERRICHON.

Au point d'amener deux femmes chez moi... voilà ce que je ne pardonnerai jamais!

SCIPION.

Deux femmes? c'est une calomnie!

Mme PERRICHON.

Une calomnie? les voilà!   (Elle montre Barbe et Rosine.)

SCIPION, les regardant.

En effet! je vois que nos secrets sont éventés, et que c'est moi qui en porte le péché; ceci me force de participer à ma justification. Avant de me reprocher mes zigs-zags dans ma conduite, prenons une lunette d'approche pour voir si vous avez toujours marché droit, chère épouse! d'abord, vous m'avez pris à la volée sans préjugé, et sans informations; j'étais raffalé comme un matelot vénitien, pas le sou dans mon gousset, mais de la pénurie en gros et en détail, ça ne vous a pas arrêtée; vous me vouliez à tout prix pour mari, je me suis laissé faire votre bonheur? c'était fort doux, et je n'avais pas le droit de crier... à la garde; cependant, vous aviez des enfans qui vous chérissaient, et pour lesquels vous n'étouffiez pas d'amitié...

Mme PERRICHON.

Je ne les aimais pas?

SCIPION.

Vous les aimiez tout doucement, au moins, puisque vous leur laissiez sur le corps des dettes on ne peut pas plus criardes...

EUGÈNE.

Scipion! vous oubliez que nous sommes présens... ménagez ma mère, devant nous...

SCIPION.

Bien! Eugène, ceci vous honore, mais ça ne doit point m'empêcher de défiler mon discours moral. (A Mme Perrichon.) Vos deux fils, ci-dessus nommés, vous gênaient, vous imaginez de les faire changer d'air, en leur donnant une feuille de route pour les Antilles septentrionales.

Mme PERRICHON.

Ils auraient pu s'y enrichir!

SCIPION.

Mais ce n'est pas encore tout... au lieu de vous informer de la situation de leurs cœurs enflammés, vous les deshéritez très agréablement.

Mme PERRICHON.

Ah! si j'avais su!..

SCIPION, tirant un contrat de sa poche.

Voilà le contrat! le notaire me l'a délivré de votre part; je suis propriétaire de votre bien, tout ce qui se trouve ici est à moi, à perpétuité!

ROSINE, bas à Eugène.

Que vous disais-je? vous êtes perdu!

Mme PERRICHON, à part.

Ah! qu'ai-je fait! (Haut.) Ainsi, vous osez me reprocher jusqu'à mes bienfaits.

SCIPION.

Oui, sans doute? car si je veux pousser le genre comique au-delà de toute expression, qu'est-ce qui m'empêche de profiter de la position orientale où vous m'avez placé? Eh bien! madame, c'est aussi ce que je vas faire pour qu'on me connaisse sous toutes mes faces. (A Eugène et Magloire.) Mes amis, hier, vous étiez vaincus devant votre mère, vous n'aviez pas même le simple toupet de lui parler des objets de vos amours...

Mme PERRICHON, regardant ses fils.

Quoi ! ce serait pour eux...

SCIPION.

Alors, c'est moi qui les ai fait venir dans ce local ; on voulait vous envoyer cueillir des cocos à la Martinique ? c'est moi, aussi, qui vous déclare que vous resterez avec nous ; enfin, on vous avait deshérités ? (Il fouille dans sa poche et en tire un second contrat.) Et c'est moi encore qui se glorifie de vous remettre ce papier que je viens de signer, pour vous assurer dès aujourd'hui, la moitié de ma fortune.

MAGLOIRE.

La moitié ? n'ai-je pas la berlue ?

EUGÈNE, prenant le contrat et serrant la main de Scipion.

Ah ! mon ami ! mon père !

SCIPION, les serrant tous deux contre lui.

Oui, votre père ! je vous en servirai toute la vie, mes bons camarades, et ici comme à l'armée, je serai toujours un fidèle remplaçant.

Mme PERRICHON.

Ah ! tant de générosité...

SCIPION, gaîment.

Générosité ? pourquoi donc ? je ne suis tout simplement qu'un ex-mauvais sujet, qui est resté bon enfant. Je partage le butin après la bataille.

EUGÈNE, bas à Rosine.

Vous voyez, Rosine ?

ROSINE.

J'étais bien injuste !

Mme PERRICHON.

La leçon que j'ai reçue est assez forte ; je m'en souviendrai !

SCIPION, à Rosine et à Barbe.

Ah ça ! il est bien convenu mesdemoiselles que demain nous affichons quatre noms chéris, à la mairie du 6e.

GOURDON.

Ma sœur n'y mettra point d'obstacle.

BARBE.

Ni moi aussi, brave homme que vous êtes...

MAGLOIRE.

Cette fois, nous valserons comme des insensés !

SCIPION, réunissant tout le monde autour de lui.

Nous vivrons tous en famille, sous la même tente et du même fricot ; passé aujourd'hui, on ne fera plus de morale, c'est trop emblématique ; on aimera bien sa maman, on ne détestera pas trop son papa, et de temps en temps on ira encore s'amuser... (Bas à Eugène.) en cachette de ses femmes; (Haut.) enfin, on mènera une vie pétillante, animée d'amour, de boléros espagnols, de cigarres de la Havane, et de vin de Champagne ! voilà mon programme, qui m'aime me suive.

Mme PERRICHON.

Scipion, vous êtes toujours un homme charmant !.. votre blessure sera-t-elle long-temps à guérir, mon ami ?

SCIPION.

Environ quinze jours... et quinze nuits...

CHOEUR GÉNÉRAL.

Air : Allez servir la pratique.

Après un jour de folie
Que le plaisir a payé ;
Serrons le nœud qui nous lie,
Par l'amour et l'amitié.

Air du Vaudeville de Fanchon

GOURDON, indiquant Scipion

Votre tâche est remplie,

Mme PERRICHON.

Vous fixez pour la vie ..

SCIPION.
Le bonheur parmi nous !
ROSINE.
De cette noble tâche,
EUGÈNE.
Si des gens se montrent jaloux,
BARBE.
Et si quelqu'un se fâche,
MAGLOIRE, montrant Scipion.
Il nous défendra tous.

REPRISE.
Après un jour de festin, etc.

FIN.

www.ingramcontent.com/pod-product-compliance
Lightning Source LLC
Chambersburg PA
CBHW070332240426
43665CB00045B/1550